RICHARD FRIEDENTHAL
KARL MARX

SERIE PIPER
Band 1172

Zu diesem Buch

»Es fehlt wahrlich nicht an grauen und pedantischen Marx-Biographien, jetzt wird man sie noch schneller vergessen können«, schrieb Heinz Abosch nach dem Erscheinen des vorliegenden Buches in der »Süddeutschen Zeitung«. Wie bei seinen vorhergehenden Lebensbeschreibungen über Luther und Goethe, die seinen Ruf als Biograph begründet haben, schildert Richard Friedenthal auch hier nicht nur eine Person, sondern bettet sie ein in die Darstellung einer Epoche, ihrer zentralen Ereignisse, ihrer Atmosphäre. Erst vor diesem Hintergrund wird die große Gestalt Karl Marx' in ihrer ganzen Vielschichtigkeit sichtbar, wird deutlich, wie das Werk in der Auseinandersetzung mit den geistigen Strömungen seiner Zeit, den anderen großen Denkern, wie Saint-Simon, Bruno Bauer, Feuerbach, entstanden ist. Auch die große Bedeutung seiner Freunde und Mitkämpfer, an erster Stelle natürlich Friedrich Engels', wird ebenso dargestellt wie die Familie, der Karl Marx ein »Familienvater alten Schlags« war. In diesem letzten Werk Friedenthals scheint nochmals seine ganze Meisterschaft auf, »so gründlich und lesbar, herzhaft unterhaltend sogar, so behaglich ausschweifend und gesättigt mit der Kunst der Erzählung« (Golo Mann).

Richard Friedenthal, geboren 1896 in München, Sohn eines Universitätsprofessors. Nach seiner Jugend in Berlin studierte er Literaturgeschichte, Philosophie und Kunstgeschichte, u. a. als Schüler Wölfflins, Fritz Strichs und Max Webers. Bis zu seiner Emigration nach England im Jahr 1938 war er als freier Schriftsteller, Lektor, Herausgeber und schließlich als Verlagsleiter tätig, von 1945–1950 als Herausgeber und Redakteur der Neuen Rundschau im S. Fischer Verlag. Von 1955 bis zu seinem Tod 1979 lebte Friedenthal als freier Schriftsteller in London.

RICHARD FRIEDENTHAL

KARL MARX

SEIN LEBEN UND SEINE ZEIT

Mit 6 Abbildungen

Piper
München Zürich

Von Richard Friedenthal liegen in der Serie Piper außerdem vor:
Goethe (248)
Luther (259)
Leonardo (299)
Diderot (316)
Jan Hus (331)
Das Erbe des Kolumbus (355)
Die Welt in der Nußschale (517)

ISBN 3-492-11172-6
Neuausgabe April 1990
2. Auflage, 28.–32. Tausend 1990
(1. Auflage, 1.–5. Tausend dieser Ausgabe)

Umschlag: Federico Luci
Foto: Süddeutscher Bilderdienst
Foto Umschlagrückseite: Rosemarie Clausen
Gesamtherstellung: Clausen & Bosse, Leck
Printed in Germany

Inhaltsverzeichnis

Trier .. 7
Lob des Herkommens .. 17
Schulzeit .. 32
Die von Westphalen .. 38
Die Revolution der drei glorreichen Tage .. 52
Student in Bonn .. 60
Berliner Luft .. 74
Die Doktordissertation .. 90
Feuerbach .. 115
Hegel .. 133
Zeitungsredakteur in Köln .. 144
Heirat und Ausreise nach Frankreich .. 174
Saint-Simonismus .. 183
Fourier .. 199
Marx und Heine .. 207
Paris .. 217
Zur Judenfrage .. 224
Entfremdung .. 237
Die Chartisten .. 248
Die Heilige Familie .. 262
Deutsche Ideologie .. 270
Das Elend der Philosophie .. 289
Die ersten Kommunisten .. 296
Unmittelbar vor der Revolution .. 314
Das Kommunistische Manifest .. 326
Achtundvierzig .. 337
Die »Neue Rheinische Zeitung« .. 362
Die Londoner Emigration .. 376
Phrenologie .. 383
Der Polizeirat Stieber .. 389

»Die Heilige Familie« 401
Marx und das Britische Museum 416
Lassalle 431
Die Erste Internationale 464
Garibaldi 479
Königgrätz oder Sadowa 493
Der Kapitalist 504
Die Pfandleihe 512
Der Deutsch-Französische Krieg 1870/71 520
Die Kommune Paris 543
Lebensabend 581
Der späte Kreis 594
Nachwort 623
Zeittafel 626
Register 629
Bildnachweis 652

Trier

Der Geburtsort ist die Stadt Trier an der Mosel; man schreibt das Jahr 1818. In der großen Politik war 1818 das Jahr des Kongresses zu Aachen, das als Tagungsstätte für europäische Zusammenkünfte größeren Stils galt. Bei diesem Kongreß handelte es sich um die erste Tagung der Siegermächte über das Napoleonische Imperium, der »Heiligen Allianz«, die im Wiener Kongreß 1814/15 ganz Europa neu zu verteilen und auf ewige Zeiten in der Neuordnung unter Führung der Großmächte zu konsolidieren beschlossen hatte. In Aachen war zu den Siegern als fünfte Macht noch das eben besiegte Frankreich hinzugekommen, und zwar aus Gründen der neu verkündeten Solidarität aller »legitimen« Herrschaften. Der Begriff »Legitimismus« war die Hauptparole der Allianz, die sonst, wie jede Koalition von Siegermächten, schon sehr unheilig zerstritten war, bereit, über sich herzufallen bis an den Rand von neuen Kriegen. Einig jedoch war man sich darüber, daß man fest zusammenhalten müsse im Kampf gegen etwaige zerstörerische, revolutionäre Bewegungen, wo immer sie auftauchen sollten. Und so beschloß der Kongreß, zum Teil in Geheimprotokollen, zum Teil in weiteren Monarchenzusammenkünften, daß die Mächte der Allianz, als Garanten der »legitimen« Ordnung, jetzt und in Zukunft das Recht zu universaler Intervention haben sollten. Zunächst war dabei an Frankreich gedacht; die Französische Revolution und ihr Sohn Bonaparte waren das große Beispiel und Schreckbild für das ganze Jahrhundert. Die These sollte jedoch für jeden Staat gelten, der Revolution machen würde; er sollte unverzüglich alle Rechte auf Mitgliedschaft an der europäischen Ordnung der Allianz verlieren. Und im Falle bedrohlicher Situationen für die Sicherheit der verbündeten Mächte müsse eingeschritten werden, wenn nötig mit militärischen Mitteln, durch Invasion.

Damit war ein neuartiges »völkerrechtliches« Prinzip formuliert.

Es wurde sogleich angewandt, ironischerweise zum ersten Male von Frankreich, gegen das es ursprünglich gerichtet war, im Interventionsfeldzug gegen die revolutionären Wirren in Spanien. Unter immer weiteren Gegensätzen folgten immer weitere Interventionen der Mächte, die dann die »polnische Frage« oder die »orientalische Frage« hießen. Interveniert wurde auch von den Staaten oder Staatengruppen, wie Deutschland es war, im Innern gegen die revolutionären Kräfte, die es zeitweilig, aber nur sehr zeitweilig, zu den Revolutionen von 1830 und 1848 brachten und zu der nur wenige Wochen dauernden Kommune von Paris 1871.

In diese europäische Landschaft wurde Karl Marx hineingeboren, in ihr hat sich sein Leben als Denker, revolutionärer Führer, Flüchtling und lebenslänglicher Exilant vollzogen.

Die Geburtsstadt Trier war durch die Beschlüsse des Wiener Kongresses zusammen mit den »Rheinprovinz« genannten Länderteilen an Preußen gefallen. Dies erst nach langem und gefährlichem Streit hinter den Kulissen und als »Entschädigung« dafür, daß Preußen der Erwerb von ganz Sachsen nicht zugebilligt wurde. Weder Österreich noch England wünschten eine so weit nach Westen vorstoßende Machtverlagerung Rußlands, als dessen nicht nur Bundesgenosse, sondern nahezu »Satellit« Preußen damals galt. Preußen nahm diese Lösung nur mit starken Bedenken an; noch stärker waren die Bedenken der rheinischen Bevölkerung, die überwiegend katholisch war. Sie sollte nun »verpreußt« werden, wie es hieß, einbezogen in einen betont protestantischen Staat mit gänzlich anderer Tradition, anderen Gesetzen, als sie sich unter der französischen Herrschaft herausgebildet hatten, und einem fremden »Akzent«, worunter nicht nur der »schnarrende« preußische Tonfall verstanden wurde, sondern überhaupt das Gehabe der zunächst als »Besatzungsmacht« empfundenen preußischen Beamten und Militärs.

Preußen ging anfänglich vorsichtig um mit den neu erworbenen Gebieten am Rhein. Es beließ als Gerichtsordnung die französischen Bestimmungen des »Code Napoléon«. Es beließ die durch Napoleon vollzogene und schon von den französischen Revolutionstruppen begonnene Aufhebung der feudalen Besitzrechte der vorher zahllosen kleinen Adelsherrschaften; »Junker« gab es im Rheinland nicht, und selbst die wenigen verbliebenen Standesherren erwiesen sich als keineswegs immer willige Parteigänger der neuen

Ordnung. Es ernannte für Trier als ersten Oberbürgermeister einen Sohn der Stadt, der es unter der französischen Herrschaft bis zum Präfekten Napoleons gebracht hatte, und auch dieser zeigte sich bei vielen Gelegenheiten als ein hartnäckig die Interessen seiner Heimatstadt vertretender Opponent. Er blieb allerdings auf lange Zeit hinaus der einzige Trierer, dem dieser Posten anvertraut wurde.

Der Code Napoléon, aus fünf Codes bestehend, sah in seiner Zivilprozeßordnung Geschworenengerichte vor, also Teilnahme des Volkes, mündliche und öffentliche Verhandlung und Vertretung der Parteien durch frei bestimmte Anwälte. Das bedeutete für das Rheinland die Beibehaltung eines eigenen und recht rührigen Advokatenstandes, den es im damaligen Preußen nicht gab. Ein solcher Anwalt, der seine Lehrjahre und Ausbildung als französischer »Avoué« genossen hatte, war der Vater von Karl Marx. Und in den verschiedenen Prozessen der späteren Revolutionsjahre war das Verfahren vor dem – noch nach französischer Wortgebung Assisen genannten – Geschworenengericht ein ganz entscheidender Faktor für Karl Marx wie auch für seinen Mitrevolutionär Ferdinand Lassalle.

Die Stadt Trier nun, Sitz eines Regierungsbezirks und einer Garnison, war im Lauf der letzten Jahrzehnte stark reduziert worden. Sie hatte eine stolze Geschichte und rühmte sich, die älteste römische Gründung auf deutschem Boden zu sein, Kaiserresidenz sogar zur Zeit Diokletians und danach; dann als Sitz eines der ältesten Erzbistümer zu den drei mächtigsten geistlichen Herrschaften gehörend, die im Heiligen Römischen Reich zu den Kurfürsten, den Kaiserwählern, gehörten. Man berief sich noch weiter zurück auf den gallischen Stamm der Treverer, dem Trier seinen Namen verdankte als Augusta Treverorum; ein stets »schwieriger« Volksstamm, der nicht wenige Aufstände verursachte, nach römischen Quellen ausgelöst durch den Finanzdruck der Römer, das »aes alienum«. Aber wir wollen hier keinen Bogen zu den Vorstellungen von Karl Marx ziehen, der übrigens von der Geschichte seiner Geburtsstadt ebensowenig Notiz genommen hat wie von ihren Altertümern. Selbst die imposante Porta Nigra, der größte erhaltene Überrest römischer Architektur auf deutschem Boden, wird von ihm nicht erwähnt. Er hat sich nie als »Mann aus Trier« gefühlt, er war dort nur eben geboren. Das Haus, in dem er seine Jugendjahre verlebte, lag in der Simeonsgasse, die direkt auf die Porta Nigra hinführte; sie hieß nach einem syrischen Einsiedlermönch Simeon, der sich dort niedergelassen und einen bescheidenen Lokalkult mit Kircheneinbauten begründet hatte, die erst in der Napoleonischen Zeit beseitigt wurden. Das eigentliche Geburtshaus, jetzt sorgfältig gepflegtes Museum, lag in der Brückengasse, die hinunterführte zu der ebenfalls aus römischer Zeit stammenden Moselbrücke.

Diese beiden Straßen waren in Marx' Jugend so ziemlich die Hauptstraßen der Stadt, die in der Revolutions- und Franzosenzeit den größten Teil ihres früheren Reichtums und Glanzes verloren hatte. Der letzte Erzbischof hatte bereits seine Residenz nach Koblenz verlegt, das dann auch unter preußischer Einteilung zum Regierungssitz des Oberpräsidenten der Rheinprovinz wurde. Der ursprünglich geplante großartige Bau des kurfürstlichen Residenzschlosses, von französischen Baumeistern entworfen, doch schon in der Ausführung stark verkümmert, wurde dann Kaserne für die Besatzungstruppen, wie ebenso die kleinere Residenz in Trier. Ebenso gingen viele der Klöster, Kirchen und anderen Gebäude diesen Weg der Säkularisierung. Goethe hatte während der Kampagne 1792 in Frankreich – dem ersten großen Interventionskrieg gegen eine revolutionäre Bewegung – Trier noch im Vorkriegsstadium gesehen und fand die Stadt innerhalb der erhaltenen Stadtmauern »von Kirchen, Kapellen, Klöstern, Konventen, Kollegien, Ritter- und Brüdergebäuden belastet, ja erdrückt, außerhalb von Abteien, Stiften, Kartausen blockiert, ja belagert«. Als Führer hatte er einen jungen Schulmann namens Wyttenbach, der später der Schuldirektor des von Marx besuchten Gymnasiums wurde. Er belehrte den Dichter, der es liebte, in Menschen wie in einem Lexikon nachzuschlagen, daß Trier einst mit seiner Erzdiözese bis nach Metz, Toul und Verdun gereicht hatte. Er zeigte ihm die Bauwerke, und Goethe bemerkte schon damals, »mich wollte der Anblick bei einiger Teilnahme verwirren, manches davon ist verschüttet, zerstückt, zu anderem Gebrauch gewidmet«.

Das war noch kurz vor der ungleich weitergehenden »Zerstükkung« der folgenden Jahre. Nur im Kloster St. Maximin, wo Goethe dann mit seinem Herzog Quartier nahm, fand er noch die alte kurfürstliche Herrlichkeit: Zimmer von bedeutender Größe und Höhe, getäfelte Fußböden, samtene und damastene Tapeten, »Vergoldung und Schnitzwerk nicht gespart ... alles doppelt und dreifach in großen Spiegeln wiederholt«. Die Mönche bewirteten ihn mit »köstlichem Tischzeug, sehr schönem Porzellanservice«, die Speisen vorzüglich wie der Wein. Von alledem war zu Beginn des 19. Jahrhunderts äußerst wenig verblieben.

Der Stadtplan von Trier aus der Jugendzeit von Marx weist eine ganz unverhältnismäßig große Fläche von unbebautem Areal auf, Gärten, auch Weinberge, Ödstellen, die eigentliche Stadt zusammengeschrumpft auf wenige, ziemlich enge Gassen, später wohlklingender Straßen genannt. Neubauten gab es so gut wie keine, jedenfalls kaum ein Gebäude von einiger Bedeutung. Nicht wenige Häuser standen leer oder ungenügend benutzt nach Abzug der Franzosen und mit ihnen sympathisierender Einwohner. Die sanitären Verhältnisse waren äußerst kümmerlich. Von irgend erheblichem Handel, abgesehen dem mit Moselwein, war kaum die Rede; von Industrie noch weniger. Das Arbeitshaus, das die Insassen mit Spinnen und Weben beschäftigte und erbitterte Proteste der Heimarbeiter hervorrief, konnte allenfalls als »Textilunternehmen« gelten. Einen Kapitalisten, der nur von weitem diese Bezeichnung verdient hätte, hat Karl Marx in seiner Heimatstadt nicht zu sehen bekommen; erst viele Jahre danach in Köln traten ihm Geldherren und Bankiers entgegen, die seine Zeitungspläne finanzierten. Ein Kaufmann Mohr, der auch Landtagsdelegierter wurde, zählte zu den Honoratioren, er betrieb auch gewisse Geldgeschäfte und war der einsame Bürger, der unter den höchstens sechs Einwohnern aufgeführt wird, die auch einmal eine größere Gesellschaft geben konnten, die anderen fünf waren die hohen Beamten der Regierung, die kommandierenden Offiziere der Garnison und der Bischof. So erzählt es der Sohn Schillers, der zeitweilig am Gericht in Trier tätig war. Die Speisenfolgen und das Tafelservice dürften erheblich bescheidener gewesen sein als die der Mönche von St. Maximin in Goethes bewundernder Darstellung.

An Gegeneinladungen der bewirteten Gäste wurde dabei, so der Landgerichtsrat Schiller, gar nicht erst gedacht; es fehlte den meisten der Teilnehmer schon an entsprechenden Räumlichkeiten. Auch der Anwalt Heinrich Marx hat, soweit wir wissen, nie eine größere »Gesellschaft« gegeben, wie sie dann sein Sohn in London für seine herangewachsenen Töchter veranstaltete, die sich unbedingt bei ihren Bekannten »revanchieren« mußten. Ein Ball für fünfzig Personen war darunter, den wir weder ihm noch den armen Mädchen als »nicht standesgemäß« und »unproletarisch« ankreiden wollen.

Die ständischen Unterschiede in der Provinzstadt Trier waren noch streng gewahrt. Das Militär (um 1828 ein Infanterie- und ein Ulanenregiment, ein Bataillon reitende Artillerie, eine Divisionsschule, ein Landwehrstamm; allein vier Generäle waren vertreten) bildete eine Welt für sich, obwohl die Offiziere an den Veranstaltungen der Kasinogesellschaft teilnahmen. Das Kasino, in einem der wenigen moderneren und eindrucksvolleren Gebäude im Zentrum der Stadt, mit Bibliothek, Leseräumen, in denen auch französische Zeitungen auslagen, und einem Ballsaal, ursprünglich als »literarischer Verein« gegründet, war der ausgesprochene und einzige Sammelpunkt, in dem die Honoratioren der Stadt, die Beamten der Regierung und die sogenannten »besseren Bürger« sich zusammenfanden. Der Vater von Marx war mit Anteilscheinen an der Gründung beteiligt und trat bei Gelegenheit als Festredner in Aktion.

Das Volk von Trier nun bestand überwiegend aus Handwerkern, Kleingewerbetreibenden, Moselschiffern. Die seit der Franzosenzeit und den Stein-Hardenbergschen Reformen geltende Aufhebung des Zunftzwanges hatte eine starke Überbesetzung in fast allen Berufszweigen zur Folge, Zwergbetriebe in Ein-, Zwei- oder Dreimanngestalt. Die Armen oder zumindest »Bedürftigen« und »Notleidenden« waren eine unverhältnismäßig starke Gruppe der Bevölkerung. Die Akten der Stadt zeigen, daß solche, die Unterstützung, zum Teil in Kohlelieferungen, erhielten, etwa ein Viertel der Einwohner ausmachten (1000 Familien, das heißt 4000 von insgesamt 14318 Seelen). Die vielen Anzeigen über Auktionen, auch von Hausgerät, die vielen Verpfändungen von Mobilien und Silber, der lebhafte Wechsel im Kleingewerbe sprechen weiterhin eine deutliche Sprache. Es kam hinzu, daß Trier, als Regierungsbezirk, die ärmsten und am schlimmsten notleidenden Landstriche des Rheinlands umfaßte, den Hunsrück, das wahre Elendsgebiet der Eifel. Der Advokat-Anwalt Heinrich Marx konnte schwerlich auf eine »praxis aurea« rechnen und hatte nur durch unermüdlichen Fleiß sich hocharbeiten und seine zahlreiche Familie unterhalten können. Es ist ihm nicht zu verdenken, daß er seinem studierenden Sohn dies gelegentlich vorhielt, wenn er in Bonn und Berlin dessen Schulden bezahlen mußte.

Ganz abgesehen von generellen Stimmungen der Antipathie und von vagen Erinnerungen an die »bessere Zeit« unter französischer Herrschaft – deren Lasten zum Teil noch auf dem Rheinland und seinen Städten als Verschuldung verblieben waren –, wurde sehr bitter geklagt über neuen, unerträglichen Steuerdruck, besonders bei Verbrauchssteuern wie der verhaßten Mahl- und Schlachtsteuer, die naturgemäß vor allem die ärmeren Bevölkerungsteile traf. Die preußische Regierung, in fast allen Instanzen mit altpreußischen Beamten besetzt, galt als hartherzig und ohne Verständnis. Immerhin heißt es im Bericht des Landrates Trier-Land über die Notlage, die man ihm höheren Ortes offenbar nicht hatte glauben wollen, er müsse »pflichtgemäß als langgedienter Beamter, der in der Provinz eigentlich nicht einheimisch und nicht gewohnt ist, in den beliebten Steuerjammer einzustimmen«, doch bitten, einen Kommissar abzusenden, der sich durch eigene Anschauung überzeugen könne, daß er nicht zu schwarz gesehen habe.

Ein Sekretär bei der Regierung in Trier, Gall, hatte sich vor allem mit der Notlage der Moselbauern beschäftigt und darüber Denkschriften und Publikationen verfaßt, die zu den ersten sozialistischen Anklagen und Äußerungen überhaupt gehören; daß Karl Marx sie je gesehen hätte, ist nicht nachzuweisen. Und überhaupt hat er von diesen Zuständen seiner Vaterstadt und ihrer Umgebung erst Notiz genommen, als er Redakteur einer fortschrittlichen und oppositionellen Zeitung wurde. Wir dürfen aber annehmen, daß die Jugendeindrücke, vor allem über die gesellschaftliche Struktur der Stadt, in der er aufwuchs, nicht gänzlich verlorengegangen sind, wenn sich auch später kaum je ein Wort darüber, nicht einmal Engels gegenüber, finden läßt. An robustem »Preußenhaß«, in dem er sich mit Engels einig war, hat es ihm nie gefehlt.

Doch nicht nur lokale Notlage und provinzieller Mißmut kennzeichneten diese Jahrzehnte. Wie nach jedem großen Siege und hochgespannten Hoffnungen auf eine neue Zeit brachten die zwanziger und dreißiger Jahre nur die schwersten Enttäuschungen. Und enttäuscht waren alle. Die Fürsten der Siegernationen in ihren Erwartungen, und sogar die Generäle, die in Preußen, dem sonst so sparsamen, mit ganz gewaltigen Dotationen an Gütern belohnt wurden, waren mißvergnügt. Der Eiserne Yorck protestierte erbittert dagegen, daß ihm, wie auch einigen anderen Generälen, nur ein Gut im Wert von 100000 Talern zugewiesen werden sollte. Zumal er doch, so führte er unerschrocken aus, bei seiner kriegsentscheidenden Maßnahme, der Konvention von Tauroggen, die das preußische Expeditionskorps Napoleon entzog und den Feldzug von 1812 zum Beginn des Befreiungskampfes machte, ein Angebot des französischen Oberbefehlshabers Macdonald abgelehnt habe, gegen hohe Ernennung und noch höhere Bezüge doch der Sache des Kaisers treu zu bleiben. Die somit ausgeschlagenen Gelder, die keinem der anderen Kameraden offeriert worden seien, müßten jetzt doch in Anschlag gebracht werden. Verbittert und grollend zog er sich auf das 100000-Taler-Gut Klein-Oels zurück. Gegen den strategischen Architekten des Sieges, Gneisenau, liefen sogar zeitweilig Denunziationen und Untersuchungen wegen angeblicher Konspiration. Die Jugend, besonders die akademische, die mitgefochten hatte und sich große Dinge, ein starkes Deutschland, einen Kaiser, eine machtvolle geeinte Nation versprochen hatte, war aufgeregt und rebellisch; auch hier wurde interveniert mit den berüchtigten »Karlsbader Beschlüssen«, Verhaftungen, Zensur und allgemeiner »Demagogenverfolgung«. Das Bürgertum war zu großen Teilen enttäuscht, daß nicht einmal die bescheidene Versprechung des Königs, eine Verfassung zu geben, gehalten wurde; das Wort »Konstitution« wurde zu einer der Parolen und galt bereits als subversiv bei den Herrschern, von denen es im deutschen Gebietsbereich noch sechsunddreißig gab, zusammengefaßt im Deutschen Bund, einer bloßen Diplomatenkonferenz unter Vorsitz Österreichs. Einer der Kleinpotentaten, so wurde erzählt, untersagte seinem Leibarzt, der bei einer Untersuchung von der Konstitution des hohen Herrn sprach, mit zornigen Worten den Gebrauch des ominösen Wortes: »Ich kenne keine Konstitution und will nichts davon hören!«

Der große Publizist Joseph Görres, in diesen Tagen noch wortgewaltiger Sprecher der Linken, ehe er nach München ging und Anwalt der katholischen Partei wurde, brachte 1819 in Koblenz, seiner Vaterstadt, eine Broschüre heraus: »Teutschland und die Revolution«. Sie trug ihm Verfolgung ein, der er sich nur durch Flucht nach Straßburg entziehen konnte. Da heißt es: »Nach vier Jahren eines heftigen Partheykampfes, eines unsinnigen Widerstandes gegen die Ansprüche der Zeit und theilweise Einräumungen von der einen Seite und mancherley Übertreibungen von der andern, ist es endlich dahin gediehen, daß eine allgemeine Gährung aller Gemüther durch ganz Deutschland sich bemeistert, und eine Stimmung eingetreten wie sie wohl großen Catastrophen in der Geschichte voranzugehen pflegt.« Er spart nicht mit Kritik: »Was den thätigsten, ränkevollsten und verschmitztesten demagogischen Umtrieben für sich von unten herauf nimmer gelungen wäre, das friedliche, ruheliebend nüchterne und gemäßigte deutsche Volk in allen seinen Elementen und Tiefen aufzuregen und zu erbittern, das haben die, so von oben die Sache bey dem langen Arme des Hebels angegriffen, durch behendes Entgegenkommen glücklich zu Stande gebracht ..., indem sie jedesmal, wenn die aufgeregten Leidenschaften sich einigermaßen beruhigen wollten, zu schicklicher Zeit für einen neuen Antrieb und Reiz gesorgt.« Und so haben die Regierungen es fertiggebracht, »alle aufzubringen, daß ein allgemeines Gefühl des Unmuts von einem Ende des Vaterlandes zum Andern geht ...«. Görres zählt die Staaten und Länder auf und sieht die Flammenschrift der Bibel mit dem Menetekel großer Katastrophen an den Himmel geschrieben. Revolution ist das Wort. Er spricht ganz wie Hegel, und schon dessen Dialektik vorwegnehmend, von dem Gesetz der Geschichte, »daß jedesmal, wenn die Sachen zu einem Äußersten getrieben, immer ein Widerspruch sich insgeheim aufmacht, erst still anwächst und sich im Verborgnen stärkt, und wenn die Gewalt oder der Frevel an dem längstersehnten Ziele zu stehen glaubt, als eine geharnischte Macht eben von da den Bestürzten entgegentritt, und sie auf die Mitte zurückwirft, und über den Punkt hinaus von wo sie ausgegangen«.

Wir zitieren mit Absicht einen im Grunde, und bald auch in der Praxis, konservativen Autor. Ebendeshalb ist seine Warnung und Analyse so eindrucksvoll. Görres, der sich in seinen Anfängen für die Französische Revolution eingesetzt hatte, sieht besser als andere, daß die Umwälzung nicht vorbei ist, wie »die da oben« glauben.

Görres spricht in »großen Zügen« – und langen Perioden –, und was er an Vorschlägen für Besserung vorbringt, hat nur wenig Gewicht. Was er unter Revolution versteht und kommen sieht, ist vornehmlich der nationale Wunsch zur Einheit; auch dies schon den Oberen grundverdächtig und verhaßt. Und der nationale Gedanke mitsamt dem Nationalismus, der untrennbar damit verbunden ist, erwies sich als eine, und nicht die kleinste, Macht für das ganze kommende Jahrhundert. Daneben aber, oder darunter, meldete sich schon eine neue, potentiell nicht weniger mächtige Strömung zu Worte, die dann »die soziale Frage« und später »der Sozialismus« genannt wurde. Aus Fragen bestanden alle großen Machtprobleme des Jahrhunderts, und keine von ihnen wurde befriedigend beantwortet, zumindest nicht in der Realität.

Von Frankreich her, das nach den Erfahrungen seiner Revolution und deren Folgeerscheinungen zuerst über die rein rational lösbaren Verhältnisse zwischen den Menschen hinausgegangen war, kam eine neue Lehre, die des Grafen Saint-Simon und seiner Schüler. Sie sah mit aller Schärfe den Kampf der Klassen als geschichtlich begründet, wie das auch die zeitgenössischen Historiker schon für die Vergangenheit sehr einleuchtend begründet hatten. Sie sah das Aufkommen einer neuen, von der Revolution von 1789 noch nicht berücksichtigten Klasse, sie zog bereits die unbegrenzten Möglichkeiten der technischen Entwicklung in Betracht, der Wirtschaft, die sie sich sehr viel besser organisiert vorstellte, sowie eine sehr viel gerechtere Verteilung des Wohlstandes durch Abschaffung der Erbgesetze, wenn auch nicht des Privatbesitzes als solchem. Es war die früheste der sozialistischen Bewegungen; zu Unrecht wurde sie dann von den Nachfolgern als »Utopie« gekennzeichnet. Sie hatte eine ganz gewaltige Wirkung auf lange Zeit hinaus; durch die weitere Entwicklung ist dies vielfach überschattet worden.

Auch in dem stillen Provinzstädtchen Trier, so warnte der Oberpräsident der Rheinprovinz von Koblenz seine Beamten, wurden Abgesandte dieser Lehre bemerkt. Sie verteilten Flugblätter und den »Globe«, das sehr geistvoll und gut redigierte Organ ihrer Partei oder »Sekte«, wie manche sie nannten, jenes Blatt also, das auch der alte Goethe in seinen letzten Jahren noch las, anfangs mit großem Interesse, dann innehaltend und zum Schluß besorgt bemerkend: »Verwirrende Lehre zu verwirrtem Handel waltet über der Welt.«

Das war um die Zeit, als der Sohn des Trierer Advokat-Anwalts Heinrich Marx in das Gymnasium der Stadt eintrat.

des 18. Jahrhunderts gewesen. Eine tiefere Lektüre dürfte hier schwerlich dahinterstehen. In seiner Bibliothek, deren Verzeichnis erhalten ist, findet sich kein Werk der Meister, sondern vorwiegend französische juristische Literatur und einiges von deutschen Klassikern. Aber wir wollen nicht, wie es oft geschieht, die »flache und platte« Aufklärung oder den »vagen Deismus« für ihn bemühen. Sein Kennwort war »Moral«. »Doch ein großer Hebel für die Moral ist der reine Glauben an Gott.« So schreibt er dem Sohn. »Du weißt, ich bin nichts weniger als Fanatiker. Aber dieser Glauben ist dem Menschen früh oder spät wahres Bedürfnis, und es gibt Augenblicke im Leben, wo auch der Gottesleugner unwillkürlich zur Anbetung des Höchsten hingezogen wird.«

Der Vorsitzende der Immediat-Kommission, die für das preußisch gewordene Rheinland zu untersuchen hatte, was aus den jüdischen Anwälten werden sollte, die in der französischen Zeit praktiziert hatten und denen nun nach den Intentionen der preußischen Regierung dies untersagt werden sollte, hat den »Avoué« Heschel Marx als einen von nur drei Kandidaten angelegentlich zur Übernahme empfohlen. Er lobt ihn nicht nur als kenntnisreichen und fleißigen Juristen, sondern betont – und das wollte etwas heißen bei den noch weithin geltenden Vorurteilen – besonders, daß er als »rechtliche Persönlichkeit« bekannt sei. Der Innenminister von Schuckmann hielt sich jedoch an die Vorurteile und lehnte ab. Er folgte damit den Weisungen des Königs Friedrich Wilhelm III. Die Zeit der Reaktion nach dem Siege über Napoleon begann. Die »Stein-Hardenbergschen Reformen« der Notzeit nach 1806 hatten unter anderen Maßnahmen 1812 die bürgerliche Gleichberechtigung der jüdischen Mitbürger vorgesehen, auch Zulassung zu Lehr- oder Gemeindeämtern. Die Übernahme in den Staatsdienst hingegen blieb königlicher Sondergenehmigung vorbehalten. Diesen Punkt nahm man nun auf und erklärte die Advokatur für einen Staatsdienst, der Juden nicht gestattet werden könne. Vergeblich hatte der inspizierende Oberlandesgerichtspräsident in seinem Gutachten über Heinrich Marx betont, daß der Mann bei Ablehnung brotlos werden würde. Er hatte auch, was mutig war, angeführt, die drei Empfohlenen hätten doch »das ohne Einschränkung gegebene königliche Wort für sich, daß die vorgefundenen Beamten, wenn sie sich unverweislich betragen haben, behalten werden sollen; vielmehr sprechen die öffentlichen Zeugnisse sehr vorteilhaft für sie«. Das königliche Wort wurde jedoch auch sonst und nicht nur den Juden gegenüber oft nicht gehalten, und um den Bruch des Versprechens einer Verfassung gruppierte sich dann die gesamte liberale Opposition der Zeit bis zur Revolution von 1848.

Die Reformen der Notzeit waren als notwendige Gegenmaßnahme gegen die »Verlockungen«, wie die Reaktionäre es nannten, der Französischen Revolution erlassen worden. Die große Revolution hatte die Gleichberechtigung der Juden verkündet, und in den französisch besetzten rheinischen Gebieten und Ländern wurde sie durchgesetzt. Napoleon dachte daran, im Zuge anderer Planungen, auch die Judenfrage im großen zu lösen, und erhoffte sich dabei tatkräftige Unterstützung seiner Politik. Er ließ 1806 eine große Versammlung von Vertretern der jüdischen Gemeinden aller Länder seines Herrschaftsbereiches einberufen. Er wußte wenig vom Judentum, außer den auch bei ihm geltenden Vorurteilen über Wucher und Sonderleben in eigenen Gebieten, und erfuhr erst jetzt zu seinem Erstaunen, daß es überhaupt keinerlei übergeordnete geistliche Instanz des Judentums gäbe. Schon das erschien seiner zentralistischen Denkweise höchst verbesserungsbedürftig. Er ließ den Delegierten einen Katalog von Fragen vorlegen, darunter auch die für ihn sehr wichtige nationale: »Betrachten die Juden Frankreich als ihr Heimatland und fühlen sie sich verpflichtet, es zu verteidigen?« Ja, ja! Die Delegierten versicherten das mit Emphase, und sie dienten hinfort in den französischen Armeen. Es folgten noch Punkte über »Wucher«, das heißt die ihnen bis dahin allein erlaubten Geldgeschäfte, und über Heiratsprobleme; in der Frage von Mischheiraten mit Nichtjuden waren die Delegierten jedoch weniger enthusiastisch. Immerhin war Napoleon so weit befriedigt, daß er alsbald mit gewohnter Raschheit beschloß, eine bisher fehlende Zentralinstanz des Judentums zu schaffen. Er benannte sie nach historischem Vorbild des jüdischen Hohen Rates das große Sanhedrin oder Synedrium, das wie jenes aus 71 Mitgliedern bestehen sollte. Das Sanhedrin trat im Februar 1807 zusammen und wurde mit offiziellem Pomp eröffnet. Die Sache machte gewaltiges Aufsehen in ganz Europa.

Hören wir, was Johann Peter Hebel, der beste deutsche Volksschriftsteller seiner Zeit, und nicht nur seiner Zeit, dazu sagte, und zwar in seinem »Rheinischen Hausfreund«, den er als Kalender für die Landbevölkerung in Karlsruhe herausgab:

»Daß die Juden seit der Zerstörung Jerusalems, das heißt seit mehr als 1700 Jahren, ohne Vaterland und ohne Bürgerrecht auf der ganzen Erde in der Zerstreuung leben, daß die meisten von ihnen, ohne selber etwas Nützliches zu arbeiten, sich von den arbeitenden Einwohnern eines Landes nähren, daß sie daher auch an vielen Orten als Fremdlinge verachtet, mißhandelt und verfolgt werden, ist Gott bekannt und leid.

Mancher sagt daher im Unverstand: Man sollte sie alle aus dem Lande jagen. Ein andrer sagt im Verstand: Man sollte arbeitsame und nützliche Menschen aus ihnen machen und sie alsdann behalten.

Den Anfang dazu hat der große Kaiser Napoleon gemacht.«

Hebel teilt dann die neun Artikel mit, die beschlossen wurden, im wesentlichen eine Bestätigung der Beschlüsse der Vorversammlung.

So weit, so gut, doch das große Sanhedrin hielt nur wenige Sitzungen ab und wurde nicht wieder einberufen. Napoleon handelte rasch. Er war, angeblich durch Warnungen seines Onkels, des Kardinals Fesch, stutzig geworden, daß eine solche »Lösung der Judenfrage« doch einen bedenklichen Eingriff in den göttlichen Heilsplan, der die Zerstreuung der Juden bis zum Jüngsten Tage vorsah, bedeuten könnte. Er hatte auch Berichte über weiter betriebenen Wucher der Juden angefordert, die zum großen Teil negativ, bis auf einige wohlwollendere Stimmen, ausfielen. Unverzüglich gab er den großen Plan auf. Er ersetzte ihn durch sein Dekret vom 17. März 1808, das erneut scharfe Beschränkungen in Wirtschaftsfragen für die Juden vorsah und sie der Aufsicht seiner Präfekten unterstellte. Ermöglicht jedoch war ihnen die Betätigung als Anwalt.

Dieses Dekret, von den Juden das »décret infame« genannt, hatte für Vater Marx seine Folgen. Er konnte sich, offenbar sehr mühsam, als Anwalt qualifizieren, wie, wissen wir nicht: Von seinem Studiengang ist nichts bekannt, und keine Universität wird genannt. Es ist denkbar, daß er sich zunächst in einer Anwaltskanzlei hocharbeitete. Er hat jedenfalls dem Sohn Karl vorgehalten, als dieser klagte, es werde ihm schwergemacht, sich zu habilitieren: Das sei doch nichts gegen die Schwierigkeiten, die er als junger Mann gehabt habe, um nur Anwalt zu werden.

Gegen Napoleon behielt er zeitlebens eine tiefbegründete Abneigung, sehr zum Unterschied von sonst, besonders später, im Rheinland auflebenden Sympathien, als die Zeiten der großen Kontributionen und Einquartierungen oder des erzwungenen Militärdienstes vergessen waren.

Heine hat dafür reichlich Zeugnis abgelegt. Für Vater Marx war und blieb Napoleon schlechthin ein »Tyrann«; so in einer Eingabe, die er gleich nach Befreiung der Rheinlande an den eben eingesetzten Generalgouverneur machte und in der er energisch auf das Judendekret hinwies. Er protestierte dagegen, daß hier die Wucheranklagen des Dekretes übernommen würden, sprach aber nicht davon, daß seine eigene Laufbahn betroffen war.

Sie wurde jedoch betroffen. Denn nun erließ Preußen die Bestimmung, daß die Gesetze über »Gleichberechtigung« der Juden nicht gleichzeitig Berechtigung zum Staatsdienst bedeuten könnten. Und als weitere Schlußfolgerung: Auch Anwälte gehörten zum Staatsdienst. Der Anwalt Marx stand also vor der Frage, ob er sich taufen lassen oder seinen Beruf aufgeben sollte. Er beschloß, sich taufen zu lassen, und nahm die protestantische Konfession an. Ein Onkel, Bruder seines Vaters und Uhrmacher in Aachen, wurde Katholik. Heschel, nunmehr Heinrich Marx genannt, wählte also das Bekenntnis der jetzt im Rheinland herrschenden Regierung.

Die protestantische Gemeinde in Trier war eine kleine Enklave innerhalb der überwiegend katholischen Bevölkerung. Sie besaß nicht einmal eine eigene Kirche und hospitierte in einem katholischen Gotteshaus. Der Garnisonspfarrer nahm die Taufe vor, denn die Hälfte der Gemeindemitglieder gehörte der preußischen Garnison sowie den Beamtenfamilien an, die nach dem Rheinland geschickt waren.

Erst als der Sohn Karl sechs Jahre alt war und auf dem Gymnasium eingeschult werden sollte, ließ Heinrich Marx auch seine Kinder taufen. Der Vorgang wurde so unauffällig wie möglich im Elternhause vollzogen. Die Mutter zögerte noch und gab zu Protokoll, daß sie aus Rücksicht auf ihre noch lebenden Eltern, den Rabbiner Isaak Preßburg und seine Frau in Nimwegen, den Schritt noch aufgeschoben habe; doch ein Jahr später, 1825, nach dem Tod ihres Vaters, folgte auch sie. Das sind die baren Fakten. Was hinter diesen stehen mag, ist Sache von Deutungen, die oft weit ausgreifen und keinerlei belegbare Unterlagen haben. Mir scheint die offiziell angegebene Begründung mit der Rücksichtnahme auf das Elternhaus durchaus genügend. In vielen jüdischen Familien, die um diese Zeit konvertierten – es war die erste große Welle der Assimilation, oder besser des Assimilationsversuches –, vollzog sich die Loslösung ähnlich allmählich.

Heinrich Marx hat in seinem Beruf nach dem Taufakt keinerlei Schwierigkeiten mehr gehabt. Er war angesehen und beliebt unter den Kollegen, die ihn zum »batonnier du barreau« wählten (das rheinische Gerichtswesen verblieb bis zur Mitte des Jahrhunderts unter dem Code Napoléon, auch noch in vielen Bezeichnungen). Er wird als »Advokat-Anwalt« im Verzeichnis geführt, was bedeutete, daß er sowohl mit schriftlichen Prozeßeingaben wie beim Plädieren vor Gericht auftrat. Woraus seine Praxis im wesentlichen bestand, bleibt unbestimmt. Groß kann seine Kanzlei, die anfangs einen Teil seiner Wohnung im ersten Haus in der Brückengasse einnahm, nicht gewesen sein. Für lukrative Prozesse gab es in Trier kaum Gelegenheit, und er scheint öfter »auf die Dörfer« gegangen zu sein. Der Sohn erwähnt später einmal, als er sich mit der Frage der »Markgenossenschaften« beschäftigt, daß im Hunsrück bei den Bauern noch Reste solcher Bräuche erhalten seien, wie er sie aus Besuchen seines Vaters bei Klienten erinnere. Das ist die einzige Reminiszenz an die Praxis seines Vaters, soweit ich sehe.

Karl Marx hat ihn aber stets sehr verehrt. Zu Papier hat er darüber nichts gebracht, und irgendeine Charakteristik des Verehrten wird man vergeblich suchen. Die Tochter Eleanor hat nur überliefert, daß er eine Daguerreotypie des Vaters – höchstwahrscheinlich nach einer Miniatur oder einem Porträt gefertigt, da Heinrich Marx starb, ehe die neue Kunst in Deutschland eingeführt wurde – immer bei sich trug. Fremden zeigte er sie nie, da sie so »unähnlich« sei. Eleanor, die einzige in der Familie, die von der jüdischen Herkunft sprach, ja sich sogar stolz und trotzig gelegentlich bei öffentlichen Gelegenheiten als »Jüdin« bezeichnete (wozu sie nach orthodoxer jüdischer Ansicht als Tochter einer Christin gar nicht berechtigt war), beschreibt das Dokument: »Mir erschien das Gesicht sehr schön, Augen und Stirne glichen denen des Sohnes, aber die Partie um den Mund und das Kinn waren zarter; das Ganze trug einen ausgesprochen jüdischen, aber schön-jüdischen Typus.« Engels und Eleanor haben das Bild, offenbar einem Wunsch des Verstorbenen entsprechend oder im stillen seinen Brauch ehrend, mit ihm ins Grab legen lassen.

Die zarte untere Partie deutet, wenn wir Physiognomik treiben wollen, auf eine gewisse Schwäche des Vaters hin, die er selber in seinen Briefen häufig bekennt und beklagt, und dies besonders im Verhalten seinem Sohn gegenüber, den er fast unbegrenzt vergötterte. Eine Kämpfernatur war er gewiß nicht, aber es ist ungerecht, ihn als unbestimmte, schwankende Natur abzuwerten. Er hatte sich für Assimilation entschieden, und die religiöse Seite des Schrittes dürfte ihm als »Voltairianer« nicht so schwergefallen sein, zumal nach der frühen Entfremdung von seinem Elternhaus. Er hatte für Preußen optiert und war nun, nach Auffassung der Behörden, »Staatsdiener«. Auch da hatte er keine inneren Vorbehalte. Er glaubte daran, daß Preußen die bessere Wahl sei, und nicht nur deshalb, weil es über den »Tyrannen« Napoleon gesiegt hatte. Das Mißlingen dieses Krieges, so schrieb er dem Sohn, »hätte die Menschheit und besonders den Geist in ewige Ketten gelegt. Nur die heutigen Zwitterliteraten können einen Napoleon vergöttern. Unter ihm hat wahrlich kein einziger das laut zu denken gewagt, was in ganz Deutschland und in Preußen besonders täglich und ohne Störung geschrieben wird. Und wer seine Geschichte studiert hat und was er unter dem tollen Ausdruck von Ideologie verstanden, der darf mit gutem Gewissen seinen Sturz und den Sieg Preußens hoch feiern.« Er schlug dem Sohn, der gerade an eine Dichterlaufbahn dachte, als Thema eine Ode über die Schlacht von Waterloo vor. Theodor Fontanes Jugendfreund Scherenberg hat sich dessen wenig später angenommen und sich damit eine kleine Nische in die recht harte Wand preußischer Staatsdichtung gegraben. Aber Heinrich Marx schrieb auch, mit besseren Vorschlägen zur »Lebensfrage in eigentlicher Bedeutung«, er habe keine Sorge, der Sohn werde sich durch etwaige Rücksichten zu niedrigen, kriecherischen Handlungen verführen lassen. »Mit meinen gebleichten Haaren, etwas gebeugtem Gemüte und der Sorgen voll würde ich noch trotzen und das Niedrige verachten. Du mit Deiner ungelähmten Kraft, von der Natur mit Segen überhäuft, Dir kann so etwas nicht möglich dünken.«

An öffentliches Wirken oder Hervortreten hat Heinrich Marx

nicht gedacht; er hat sogar im späteren Alter mit dem Gedanken gespielt, von der Anwaltschaft zur Magistratur überzuwechseln, woraus jedoch nichts mehr wurde. Er ist nur einmal stärker in den Vordergrund getreten, und zwar bei einem Bankett der Kasinogesellschaft. Solche Bankette, auch in Frankreich, waren die bescheidenen Äußerungen politischen Lebens, und die Einzelheiten erscheinen uns heute leicht etwas kleinlich und unbedeutend. Wer eingeladen wurde, wer fortblieb, wer sprach, das war wichtig, noch wichtiger aber, was in den Reden angedeutet und von den Anwesenden unter dem üblichen Schwall von Phrasen verstanden wurde. Nach der französischen Revolution von 1830 gingen ganze Sturzbäche von Banketten über das Rheinland hernieder. Immer wieder war »Konstitution« das große Wort, hinter dem das gebrochene Königswort aus der Kriegszeit ungesagt stand. In den Provinziallandtagen sah man die ersten, noch sehr beschränkten, Möglichkeiten zur Opposition, wobei man auf weitere parlamentarische Entwicklungen hoffte.

Die Kasinogesellschaft in Trier, als erste im Rheinland, lud im Januar 1834 die drei als liberal bekannten Trierer Abgeordneten des rheinischen Landtags – der konservative Vertreter blieb unberücksichtigt – zu einem Bankett ein, um sie zu feiern. Der Advokat Marx war im Komitee und hielt die Festansprache, mit Toast auf die Delegierten. Es versteht sich, daß er die obligaten Ergebenheitsbeteuerungen für Seine Majestät reichlichst vorbrachte, in die aber Wünsche und Forderungen eingepackt waren. Die Anwesenden verstanden recht gut, was gemeint war. Wenn es beispielsweise hieß, daß man der Hochherzigkeit des Königs »die ersten Institutionen einer Volksvertretung« verdanke, so lag der Ton auf »die ersten«, und weitere sollten baldmöglichst folgen. Standesversammlungen habe er angeordnet, »damit die Wahrheit an die Stufen seines Thrones gelange ...«: wie könnte sie sonst wohl dahin gelangen? Zum Schluß wird noch vom edlen Herzen des Herrschers gesprochen, das »gerechten und vernünftigen Wünschen seines Volkes immer hold und offen bleiben« werde. Die Wünsche verstanden sich hierbei als Forderungen. Wir sind aber erst im Jahre 1834, und die Regierung verstand noch besser als die Zuhörer. Sie lud den Justizrat zur Vernehmung vor, denn der Justizminister in Berlin begriff sehr wohl, daß die Abgeordneten nicht bloß als Deputierte, sondern als »Vertreter des Volkes« gefeiert werden und dafür »die Bürgerkrone« erhalten sollten.

Die Wellen schlugen bis nach Paris hin mit einem kleinen Ausläufer, da der linke »Constitutionnel« über ein »brillantes Bankett« mit »höchst liberalen Reden« berichtete. Die Trierer Presse jedoch durfte nichts veröffentlichen.

Zwei Wochen danach gingen die Wogen noch höher, bei der Gründungsfeier des Kasinos wurde noch deutlicher demonstriert. Eine polizeiliche Untersuchung war die Folge. Einer sollte die Trikolore hervorgeholt haben, es wurden revolutionäre Lieder gesungen, die Marseillaise, die Parisienne; ein Gymnasiallehrer des Sohnes Marx sang mit; ob der Vater dabei war, ist nicht ganz klar. Der Oberbürgermeister Haw, der stets so gut wie möglich die Partei seiner Trierer ergriff, versuchte die Sache in seinem Bericht an die Regierung entsprechend zu entschärfen und sprach hauptsächlich vom Moselwein.

Heinrich Marx war ein liberaler Bürger und hoffte auf Reformen. Im Kölner Kirchenstreit, der das Rheinland noch ganz anders aufrührte als die Konstitutionsfrage und sich um das Eingreifen der Regierung gegen den Kölner Erzbischof in der Frage der Mischehen entspann, schlug er sich durchaus auf die Seite der preußischen Regierung. Dieser Fall ist insofern denkwürdig, weil Karl Marx, Student und Doktorand, an dem Entwurf für eine Broschüre, die im letzten Lebensjahre des Vaters entstand, durch Korrekturen und einen wuchtigen Schlußabsatz eigenhändig mitgewirkt hat, und zwar durchaus im Einverständnis mit den Gedanken des Vaters.

Sollen wir uns auch mit diesem scheinbar entlegenen Streit um die Mischehen befassen? Immerhin stand er am Anfang einer mächtigen Bewegung, des späteren »Zentrums«, und es war der erste »Kulturkampf« in Preußen, aus dem eine wirkliche Volksbewegung wurde, auch wenn sie nicht um soziale Fragen ging. Wohl aber waren auch sehr bedeutende politische Probleme im Spiel. Das katholische Rheinland fürchtete, durch die betont protestantische (zeitweilig auch auf unbestimmte gesamtchristliche Ideen ausgehende) preußische Politik aufgesogen, »verpreußt« und seiner religiösen Eigenart beraubt zu werden. Für Preußen wiederum stand die Staatsautorität auf dem Spiele, und der Gegenspieler war der Vatikan. Es ging somit keineswegs nur um Köln, sondern um zwei Autoritäten, die sich gleich mächtig fühlten, denn auch der Vatikan war nach langen Jahrzehnten der Ohnmacht sehr erstarkt und begann sich nun auch mit Volksbewegungen zu verbinden und diese zu entwikkeln. Wortgewaltige Publizisten wie Joseph Görres, den wir schon erwähnten, griffen ein. Eine strikt parteikatholische Presse entstand. Es waren die Anfänge der Parteienbildung in Deutschland, das bis dahin nur sehr unscharfe Bewegungen gekannt hatte, von denen die Liberalen die unbestimmteste waren.

Es begann mit Stellenbesetzungen, der üblichen »Praxis« im politischen Kampf. Die preußische Regierung hatte, ungeschickt und die Verhältnisse im Rheinland verkennend, etwas verschmitzt unter der Hand mit rheinischen Bischöfen verhandelt. Sie vertraute dabei auf weit zurückreichende Strömungen im Episkopat, die in der Aufklärungszeit zu dem zeitweilig einflußreichen Gedanken einer von Rom weitgehend unabhängigen Episkopat-Kirche, ähnlich der gallikanischen Kirche in Frankreich, geführt hatten. Der Trierer Weihbischof von Hontheim, der sich in seinen Schriften Febronius nannte, galt als der Hauptrufer im Streit. Seine Werke kamen auf den Index und die Bewegung in die Schublade der Weltgeschichte. Die nächste für die Autorität der Kurie bedrohliche Strömung in der Kirche erhob sich, als der Bonner katholische Theologe Georg Hermes in der neu gegründeten Universität eine Lehre entwickelte, die nach ihm dann Hermesianismus genannt wurde; sie war im Gegensatz zum Dogma stark philosophisch bestimmt und lehnte sich an Gedanken von Kant und Fichte an. Hermes wurde einflußreich, die Kurie besorgt. Hermes besetzte zeitweilig die Professuren in wichtigen Universitäten und auch das Priesterseminar in Marx' Vaterstadt Trier mit seinen Anhängern. Es sah bisweilen fast so aus, als ob seine Lehre in Deutschland zum Siege führen könne, wie es einmal im Briefwechsel zwischen Marx und seinem damaligen Freunde Bruno Bauer heißt. Die Kurie griff nun ein, wobei die Streitpunkte freilich eher eine Sache der Doktrin und der Auseinandersetzung in höheren Sphären waren. Weit brennender wurde es, als die Kurie als Nachfolger des Erzbischofs von Köln einen hartschädeligen Westfalen, nämlich Droste zu Vischering, ernannte, der ihre Intentionen besser und radikaler vertrat als sein Vorgänger. Dieser hatte mit der preußischen Regierung Kompromisse in der Frage der Mischehen geschlossen und die von der Kirche geforderte unbedingte Verpflichtung katholischer Elternteile, die katholische Erziehung ihrer Kinder bei Eheschließung im Einverständnis mit der Regierung zu verlangen, abgemildert. Droste forderte nun die unbedingte Verpflichtung und beim Abweichen davon die Verweigerung der Ehe und Ausschluß aus der Kirche. Die preußische Regierung griff ihrerseits erneut ein, und es kam zu einem Kampf, der das ganze Rheinland in Bewegung setzte. Die Regierung setzte den Erzbischof auf Festung, sein Amtsbruder in Posen, das ebenfalls vom Streit ergriffen war, folgte ihm. Die Regierung sah »revolutionäres« Vorgehen im Werke, die Bevölkerung fühlte sich vergewaltigt und »stand in Flammen«, wie man es ausdrückte: Die Erzbischöfe wurden zu Märtyrern. Der Streit tobte mehrere Jahre und endete mit dem Rückzug der Regierung; der Hermesianismus kam ebenfalls auf den Index und nahm von da an seinen Platz in kirchengeschichtlichen Betrachtungen ein.

Karl Marx hat sich mit dem »Kölner Kirchenstreit«, der in der Tat keine bloße Episode war, noch als junger Redakteur beschäftigt. In einer der vielen Broschüren über den Fall hieß es etwas ironisch: »Wie konnte die cölnische Frage es wagen, in allen katholischen und stark gemischten Ländern Deutschlands, neben Runkelrübe und Eisenbahn als drittes Tagesinteresse in Concurrenz zu treten?« Das nämlich waren die beiden großen Umwälzungen in der Landwirtschaft und im Verkehrswesen, und auch der Kirchenstreit hatte seine revolutionäre Seite. Der Student Marx ist in seinen Zusätzen zum Entwurf seines Vaters durchaus noch dafür, daß die Regierung »fest die Würde und das Recht des Staates« wahrnimmt, und sieht in seinem Schlußpassus, der schon unverkennbar die Diktion des späteren Marx zeigt, »wie eine diplomatische Frage zu einem Gewissenspunkt, ein Gewissenspunkt zur Usurpation antiquierter Stellung, die antiquierte Stellung zum weltgeschichtlichen Prinzipienkampfe« gedrängt wird, und daß damit »statt vom Rechte der Geschichte von juristischen Obligationen, statt vom Rechte des Staats von Verbindlichkeit zweier Parteien« die Rede ist.

Heinrich Marx war in erster Linie ein Mann der Familie. Er lebte in glücklicher Ehe und hat nie anders als in liebevollsten Tönen von seiner Frau gesprochen, die er sich aus Holland geholt hatte, Tochter eines Rabbiners und, wie seine eigene Familie, mit einem imponierenden Stammbaum von Rabbinern bis weit hinauf. Sie brachte ihm eine nicht unerhebliche Mitgift mit, denn die Preßburgs waren wohlhabend. Die verschwägerte Familie des Bankiers Lion Philips war sogar reich zu nennen und gehörte zu den ganz wenigen Verwandten, die Karl Marx später geschätzt und bei denen er sich sehr behaglich gefühlt hat. Der noch heute florierende Weltkonzern stammt von dieser Familie her, die übrigens auch konvertierte.

Henriette Marx war eine gute Hausmutter, erzogen in der jüdischen Tradition, die der Frau diese, nur diese Stellung zuwies und ihre Aufgaben auf die der Mutter und Gattin begrenzte. Ihre Erziehung wird entsprechend einfach gewesen sein. Wenn sie zeitlebens mit vielen und krassen Fehlern schrieb, so hat man daraus etwas übertriebene Schlüsse gezogen; auch die Mutter Goethes schrieb schließlich unorthographisch, auch Feldmarschälle und gekrönte Häupter taten das. Hausmutter, das hieß bei Henriette Marx zunächst, Mutter von neun Kindern zu sein, von denen fünf starben, der älteste Sohn schon sehr früh, ein zweiter mit elf Jahren, der dritte mit dreiundzwanzig, zwei Töchter in jungen Jahren. Ihre häufig betonte Ängstlichkeit um das leibliche Wohl ihres Sohnes Karl scheint demnach nicht unbegründet. Er war der einzige männliche Nachkomme der Familie und nahm die Stellung des Ältesten ein, was nach jüdischer Tradition besondere Berufung bedeutete. Auch er war, wie die ganze Familie, gesundheitlich schwer belastet, und der Katalog seiner Leber- und Gallenkrankheiten, Furunkulosen, Brechdurchfälle, Hämorrhoiden, dazu noch schwere Zusammenbrüche aus psychosomatischen Gründen, wird uns noch beschäftigen müssen. Nähere Umrisse der Persönlichkeit der Mutter lassen sich aus den wenigen direkten Zeugnissen kaum erkennen, und ich fühle mich nicht versucht, diese Umrisse durch Vermutungen zu ergänzen. Bloße Spekulationen sind wohl auch die Deutungen, die mangels authentischer Nachrichten versuchen, frühinfantile Erlebnisse für die Störung des Verhältnisses zwischen Mutter und Sohn verantwortlich zu machen, oder ihr, die sich später als ihr Mann taufen ließ, gewichtigere jüdisch-traditionelle Einflüsse auf das Kind zuschreiben zu wollen.

So nehme ich getrost an, daß Henriette Marx eine gute Mutter gewesen ist. Die »Engelsmutter« heißt sie in des Sohnes Briefen, manchmal auch die »große herrliche Frau«. Er hat einmal, das

Schreiben scheint verloren, darüber etwas mehr und im Zusammenhang Bedeutsames gesagt, denn der Vater schreibt in seiner Antwort: »Du selbst hast so schön das Leben Deiner vortrefflichen Mutter geschildert, so tief empfunden, wie ihr ganzes Leben ein fortgesetztes Opfer der Liebe und Treue ist, und Du hast wahrlich nicht übertrieben.« Väterliches Bedenken folgt freilich auf dem Fuße: »Aber wozu die schönen Vorbilder, wenn sie nicht zur Nachahmung beleben? Kannst Du aber – die Hand aufs Herz – dies von Dir bis heran rühmen?«

An geeigneter Stelle werden wir noch davon zu sprechen haben, wie sich das Verhältnis zu der Mutter, die den Vater um zwanzig Jahre überlebte, später gestaltete, und das ist ein trübseliges Kapitel. Sie hat zweifellos die Karriere ihres Sohnes nur mit Kummer und Bedauern verfolgt; Marx selber schrieb, als er zu seinem fünfzigsten Geburtstag einen Rückblick auf sein Leben skizzierte, an den Freund Engels: »Ein halbes Jahrhundert, und immer noch Pauper! Wie recht meine Mutter! Wenn die Karell Kapital gemacht hätte, statt etc.«

Ob sie den Sohn tatsächlich »die Karell« nannte, lassen wir dahingestellt sein. Ich zitiere einen Brief der Mutter an den achtzehnjährigen Studenten, der sie einigermaßen vorstellen kann. Man lasse sich dabei, wie gesagt, nicht durch die Orthographie einer Holländerin, die erst mit ihrer Heirat nach Deutschland kam, irritieren.

»Vielgelibter theurer Carl!
mit viel vergnügen ergreife ich die Feder dir zu Schreiben schon lang liegt den brief vom lieben vatter fertig und immer werde ich abgehalten, dabey mögte ich schon wieder einen schreiben von dir habben, welches mir dein Wohlergehen bezeugt den du kanst mir glauben das ich recht sehr nach dir verlange wir sind der Himmelsey dank noch alle recht gesund alles ist thätig und fleysig auch der Eduard selbst plagt sich so das wir hoffen noch einmahl ein tüchtigen Mann aus Ihm zu machen nun kanst du mirs gahr nicht als eine schwäche unsers geschlechts ansehn wan ich neugierig bin wie du deine kleine haushaltung eingerichtet, ob die Oekonomie auch die Hauptrolle schpielt das bey grosse wie bei kleine Haushaltungen eine unerlässliche nothwendigkeit ist, dabey erlaube ich mir zu bemerken lieber Carl das du Reinlichkeit und Ordnung nie als nebensachen betrachten mus den davon hängt gesundheit und frosin ab halte pünktlich

darauf das deine Zimmeren öfters gescheuert werden setze eine Zeit darauf fest – und scheure du meinen lieben Carl Wöchentlich mit der Schwam und Seife – wie gehts den mit dem Café Fabricirst du Ihn oder wie verhält es sich, ich bitte mir alles was die Haushaltung angeht mitzutheilen, deine Liebenswürdige Muse wird doch nicht durch die Prosa deiner Mutter beleydigt fühlen, sage Ihr durch das niedere wird das höhere und bessere erziehlt, nun so gehabbe dich wohl hast du für die Weynachte einen wunsch zu eusseren die ich genüge leisten kan so bin ich mit vergnügen dazu bereit nun lebe Wohl mein lieber theurer Carl sey braf und gut und habbe immer Gott und deine Eltern für Augen adieu deine dich liebende Mutter Henriettes Marx.

Alle Kinder grüssen dir und küssen dir und wie das nun immer zu gehn pflegt bist du der Liebenswürdigste und beste.«

Karl Marx hatte eine umsorgte und sorgenlose Kindheit, die Lebensumstände waren günstig, die Ehe der Eltern glücklich, und die Geschwister verwöhnten und bewunderten den Bruder. Sie lassen sich ruhig von ihm tyrannisieren, wie die Tanten der Tochter Eleanor noch erzählten: »Er zwang sie, vollen Galopp den Marxberg zu Trier hinunterzukutschieren, und was noch schlimmer war, er bestand darauf, daß sie die Kuchen äßen, welche er mit schmutzigen Händen aus noch schmutzigerem Teige selbst verfertigte. Aber sie ließen sich dies alles ohne Widerrede gefallen, denn Karl erzählte ihnen zur Belohnung so wundervolle Geschichten.« Ein Glückskind also, wie der Vater ihm oft vorgehalten hat, mit dem unverkennbaren Unterton, daß er selber kein Glückskind gewesen sei. Er fragt sich auch früh, wohin seine Gaben dies Glückskind wohl führen werden. Ob sein Herz, »da dasselbe offenbar durch einen nicht allen Menschen verliehenen Dämon belebt und beherrscht wird, dieser Dämon himmlischer oder faustischer Natur ist«?

Aber zunächst müssen wir ihn auf sieben Semester, von 1830 bis 1835, auf das Gymnasium zu Trier schicken, für ein Schulgeld von sieben, dann acht Talern pro Semester.

Schulzeit

Vom Vaterhaus und den Eltern können wir den großen Neinsager und lebenslangen Rebellen nicht allein herleiten, es sei denn, wir beteiligten uns an den vielfachen und zuweilen verlockenden Deutungen, die Gegensätze zwischen Vater und Mutter, womöglich ganz frühe, fast vorgeburtliche Traumata oder sonstige Erschütterungen vermuten, nein feststellen wollen.

Die Schule, sonst ebenfalls oft verantwortlich gemacht für den Werdegang eines Revolutionärs, kann auch im Falle Karl Marx' nicht gut angeklagt werden. Es liegt inzwischen ungewöhnlich reichhaltiges Material darüber vor, das die Trierer Lokalforschung mit großer Umsicht zusammengetragen hat, und zwar bis zu den Abiturientenaufsätzen und Prüfungsarbeiten und den Regierungsberichten über »bedenkliche Umtriebe« politischer Art der Lehrer, des Direktors wie der Schüler und den genauen Analysen der sozialen Gliederung der Schülerschaft mitsamt ihren späteren Berufen, der Lehrpläne und Schulbücher. Wir entnehmen daraus, daß das Trierer Gymnasium eine höchst respektable Anstalt gewesen sein muß. Vielleicht nicht gerade ein Musterinstitut und hervorragendes Beispiel für Reformpädagogik, aber durchaus modern im damaligen Sinne: ein humanistisches Gymnasium als Schule des um die Jahrhundertwende siegreichen Neuhumanismus, der die Wendung zum Griechentum vom bis dahin herrschenden Latinismus als entscheidenden Schritt vollzogen hatte. Karl Marx ist denn auch zeitlebens ein guter Grieche gewesen; er las noch im Alter seinen Aischylos im Originaltext, wie es heißt jährlich. Die übrigen Fächer wurden nicht vernachlässigt, auch Mathematik und Physik nicht. Der Ton zwischen Lehrern und Schülern scheint offen gewesen zu sein, was wir schon daraus schließen möchten, daß die besorgten Regierungsberichte so häufig von dem »bedenklichen Einfluß« von »oben« mißliebigen Lehrern auf die Schüler sprechen. Es ist ein weiter Weg von der Prügelschule, die der Knabe Martin Luther absolvieren mußte, mit dem Rutenbündel als Zepter des Scholarchen, das unbarmherzig gehandhabt wurde, an einem Morgen fünfzehnmal, wie der Reformator von sich berichtet, »ein Eselsstall und eine Teufelsschule«. Ein weiter Weg wiederum noch zu dem preußischen Gymnasium späterer Zeit in diesem Jahrhundert mit seiner Schülerhysterie und Examensnöten und einer ganzen Literatur von Romanen mit Schülerselbstmord aus Schul- und Lebensangst.

Die Mitschüler von Karl Marx, meist älter als er, waren zu einem großen Teil Bauernjungen – als »Bauernlümmel« hat er sie später einmal bezeichnet – oder Söhne von Handwerkern und Kleinbürgern. Er gehörte zu einer Minorität von Söhnen aus den »besseren Ständen«, die noch dazu als Protestanten von der katholischen Majorität unterschieden waren. Die anderen erhielten vielfach Stipendien und wollten dann auf das Priesterseminar gehen. Jugendfreundschaft hat Marx mit keinem geschlossen, es wird nur erzählt, daß er stets zu »Streichen aufgelegt war« und bekannt dafür, daß er satirische Gedichte auf seine Gegner machte. Der Niveauunterschied war beträchtlich. Viele der weniger begünstigten Gymnasiasten blieben öfters sitzen, beim Abitur fiel die Hälfte von Marxens Jahrgang durch. Die Aufsichtsberichte monieren häufiges Verkehren in den Kneipen und Wirtschaften, die in Trier sehr zahlreich waren, und vermerken auch politische Subversion, Flugblätter im umgehenden »Schwindelgeist«. Es kam bei Gelegenheit zu Verhaftungen. Es ist nichts bekannt darüber, daß der junge Marx sich an diesem Treiben beteiligt hätte. Er war kein Musterschüler und kein Rädelsführer, das Pensum bewältigte er, wie sich denken läßt, ohne Schwierigkeiten.

Wir wollen nicht noch nachträglich Zensuren erteilen oder die Zensuren seiner Lehrer kommentieren, die jetzt gedruckt vorliegen. Er fiel jedenfalls nicht auf und hielt sich entschieden über dem Durchschnitt. Ein Versagen ist nur im Fach Mathematik bei der Prüfung verzeichnet, und das ist nur erwähnenswert, weil er später, seiner allesumfassenden Arbeitsweise entsprechend, sich auch in verbissenen Studien um die höhere Mathematik bemüht hat, die heute ebenfalls gedruckt und kommentiert vorliegen. Mathematische Begabung jedoch ist immer und zwangsläufig schon früh und ganz früh auffällig erkennbar. Daß Marx sich selbst bei seinen Berechnungen in den hinterlassenen Bänden des »Kapitals« so vielfach verrechnete, hat dem Herausgeber Engels noch öfter Kopfschmerzen bereitet.

Karl Marx verdankte diesem Trierer Gymnasium auf alle Fälle eine sehr solide und keinesfalls engherzige Bildung. Er hat später, als er seine jüngeren Genossen selber als »Lehrer« unbarmherzig ins Britische Museum trieb und zu intensiven Studien zu zwingen suchte, sich über »mangelhafte Kenntnisse« der ihm nachfolgenden Generationen erhoben und ihnen ihre Sprachschnitzer oder Fehler im Wissen angemerkt. Doch viel Erfolg hat er als Pädagoge nicht gehabt, es blieb beim Respekt vor seinem »überragenden Wissen«, das zweifellos nicht nur vom Gymnasium zu Trier herstammte.

In einem Punkte nur hat der Schüler Karl Marx völlig und nahezu katastrophal versagt, und wir erwähnen das nicht aus schulmeisterlichen Gründen. Er schrieb zeitlebens eine fürchterliche Handschrift, die schon beim siebzehnjährigen Studenten für den Vater kaum leserlich war und in späteren Jahren noch viel unleserlicher wurde. Das gilt nicht nur für die Schriftzüge selbst, sondern ebenso für die Formgebung auf der Seite oder für solche Dinge wie eine leserliche Adresse: Der Vater moniert immer wieder, daß er seit Monaten nicht einmal wisse, wo der Sohn denn nun wohnt, der eben wieder einen neuen Wechsel angefordert hat. Er mahnt ihn: »Adresse ist Form, und daran fehlt es bei Dir.« Adresse hieß im damaligen Sprachgebrauch auch »Gewandtheit« und Sicherheit im Umgang, und daran fehlte es wohl dem Sohn. Ich werde über die Handschrift noch etwas mehr und ausführlicher sagen, wenn wir zu den Manuskripten des Meisters kommen.

Vom Stil ist in diesen Schuljahren noch nichts zu vermelden, und ich möchte auch nicht viel an den beiden Aufsätzen zum Abitur herumfingern, die aus den Akten des Gymnasiums zutage gekommen und eifrigst kommentiert worden sind. Der ausgezeichnete Wyttenbach, Direktor und Spiritus rector der Schule, legte, wie es sich gebührte, Wert auf gute Anordnung und richtigen Ausdruck; er war auch bei dem offenbar nicht sonderlich hohen Durchschnitt seiner Zöglinge schon zufrieden, wenn sie sich einfach und treffend zu äußern wußten. An Marx lobt er bei der Beurteilung des Aufsatzes »Betrachtungen eines Jünglings bei der Wahl eines Berufes« die »gute planmäßige Anordnung und den Gedanken-Reichtum«. Er tadelt, daß der Verfasser »auch hier« – wie anscheinend öfter – in den »ihm gewöhnlichen Fehler« verfällt, in ein »übertriebenes Suchen nach einem seltenen, bilderreichen Ausdrucke; daher fehlt der Darstellung an den vielen angestrichenen Stellen die nötige Klarheit und Bestimmtheit, oft Richtigkeit, wie in den einzelnen Ausdrücken, so in den Satzverbindungen«. Das Ganze erhält die Note »ziemlich gut«, nach drei anderen, die das Prädikat »gut« erhalten, und den vielen anderen mit »mangelhaft« oder, wie bei Nr. 23, »durchaus schlecht«.

Unter »Gedankenreichtum« verstand Wyttenbach vermutlich die von ihm vertretenen und oft vorgetragenen Ideen im Sinne der Aufklärung und Rousseaus. Es wurde ja damals bei solchen Schlußprüfungsaufsätzen über das Thema vorher gesprochen oder zum mindesten erwartet, daß der Prüfling die ihm bekannten Ansichten des Lehrers in Betracht zog. Die Vorstellung, daß der Abiturient möglichst originell sein und eigenartige oder kühne Gedanken entwickeln solle, dürfte auch einem für die damaligen Verhältnisse so liberalen Scholarchen wie Wyttenbach nicht gekommen sein. Er hatte künftige Theologen, Lehrer, Staatsbeamte vor sich, die in ihren Berufen sich tüchtig erweisen und damit dem Wohle der ganzen Menschheit dienen sollten. Das hat der Schüler Marx denn wohl auch verstanden, was durchaus der Denkweise seines Vaters, dem er sehr ausdrücklich seine Ehrfurcht bezeugt, entsprach: »Die Eltern, die schon die Bahn des Lebens durchwandelt, die schon die Strenge des Schicksals erprobt haben, ruft unser Herz«, schreibt er, wenn man sich nicht von Ehrgeiz oder der eigenen Vernunft verführen lassen will. Mit der »Strenge des Schicksals« sind die Erzählungen des Vaters über seine eigene schwere Jugend gemeint, die nicht erst dem Studenten vorgehalten worden sein dürften. Auch das Bewußtsein, unter welchen Verhältnissen er aufgewachsen war und nun einen Beruf ergreifen sollte, kommt zum Ausdruck in einem Satz, den man oft herausgegriffen und endlos kommentiert hat: »Aber wir können nicht immer den Stand ergreifen, zu dem wir uns berufen glauben; unsere Verhältnisse in der Gesellschaft haben einigermaßen schon begonnen, ehe wir sie zu bestimmen imstande sind.«

Man hat darin schon »das erste Wetterleuchten« des historischen Materialismus sehen wollen, und wenn die bloße Verwendung von Wörtern wie Verhältnisse und Gesellschaft dazu schon genügt, so mag das für den Gebrauch von Schulen, die weniger anspruchsvoll sind als die von Marx besuchte, ausreichen. Marx spricht nicht so sehr von der Allgemeinheit als von sich und seiner Familie und schränkt das zudem noch mit einem »einigermaßen« ein, denn er denkt auch jetzt, oder gerade jetzt schon, daran, sich darüber nicht nur einigermaßen, sondern sehr entschieden zu erheben.

Das Thema also lautete Berufswahl, und für die meisten Mitschüler war die Berufswahl entschieden und vorgezeichnet. Für Karl Marx nicht. So hat er denn die ganzen nächsten Jahre bis zum Abschluß seines Studiums, und noch darüber hinaus, zwischen vielen verschiedenen Plänen geschwankt. Er wollte Dichter werden, Theaterkritiker, Philosoph, Dozent, Schriftsteller, Publizist, alles ohne Berücksichtigung der Verhältnisse seiner Familie. Und er sagt sehr brav in seinem Aufsatz: »Jene Stände, die nicht sowohl in das Leben eingreifen, als mit abstrakten Wahrheiten sich beschäftigen, sind die gefährlichsten für den Jüngling, dessen Grundsätze noch nicht gediegen, dessen Überzeugung noch nicht fest und unerschütterlich ist ... sie können den beglücken, der für sie berufen ist, allein sie vernichten den, der sie übereilt, unbesonnen, dem Augenblicke gehorchend, ergreift.«

Eine andere, mehr persönliche Wendung, die dem vielzitierten Satz über die Verhältnisse auf dem Fuße folgt, lautet: »Schon unsere physische Natur stellt sich oft drohend entgegen, und ihre Rechte wage keiner zu verspotten.« Das Sterben der beiden Brüder und der auch sonst oft bedenkliche Gesundheitszustand in der Familie, in der fortwährend irgend jemand krank und leidend war, ist nicht spurlos an ihm vorübergegangen.

Zum Schluß biegt er wieder in die vorgezeichnete Richtung ein, die Wyttenbach ihm aufgewiesen hatte, und preist, so unklar er sich noch darüber ist, welchen »Stand« er denn wählen solle, das Wohl der Menschheit und der eignen »Vollendung« – Vollendung, nicht Veredlung oder Vervollkommnung, wie Wyttenbach lehrte. »Wenn wir den Stand gewählt, in dem wir am meisten für die Menschheit wirken können, dann können uns Lasten nicht niederbeugen, weil sie nur Opfer für alle sind; dann genießen wir keine arme, eingeschränkte egoistische Freude, sondern unser Glück gehört Millionen, unsere Taten leben still, aber ewig wirkend fort, und unsere Asche wird benetzt von der glühenden Träne edler Menschen.«

Der Religionsaufsatz zum Thema »Die Vereinigung der Gläubigen mit Christo nach Joh. 15,1–14« kann zum Religionsverständnis von Marx wenig beitragen; er ist lediglich eine recht mühsame Wiedergabe der Ansichten seines Religionslehrers, des Konsistorialrates

Küpper, der übrigens zu den nicht zahlreichen Bekannten seines Vaters gehörte. Einen zitierbaren Satz, der als »Wetterleuchten« zu deuten wäre, hat man darin nicht finden können, ich sehe hier nicht die kleinste Spur von persönlichen Gedanken. Marx steht darin nicht allein. Auch die sieben anderen evangelischen Mitprüflinge sind mehr oder weniger ratlos. Der Konsistorialrat hatte offenbar mit seinem Thema, das eher in ein theologisches Seminar gehört hätte, und dem langen und schwierigen Text aus dem Johannesevangelium seine Zöglinge überfordert.

Es wäre allenfalls anzumerken, wie vorbehaltlos und ohne jede kleinste ironische Wendung der Abiturient diese Aufgabe absolviert, vielleicht gerade deshalb so glatt, weil ihn keinerlei Bindungen irgendwelcher Art an das ganze Gebiet der Religion daran hindern. Seine später, und nur kurze Zeit lang, unternommenen religionsgeschichtlichen Studien, die nie zu einer zusammenhängenden Arbeit führten, geben Zeugnis davon. Sie zeigen auch, daß er dem vierjährigen Religionsunterricht des Konsistorialrates ohne jede Anteilnahme gefolgt war, wobei wir offenlassen wollen, wieweit derjenige geeignet war, Anteilnahme zu erwecken.

Die Schulzeit war für Marx ein Puppenstadium. Es regte sich schon ungeduldig unter der Decke. Sie brach mit einem Male auf, als der Siebzehnjährige auf die Universität ging, um zunächst – zunächst – Jura zu studieren. Er ließ die Schule hinter sich, das ganze Trier, die Familie, entschieden und für immer.

Nur ein kleiner persönlicher Zug wird berichtet. Es war üblich, daß die Abiturienten ihren Lehrern einen Abschiedsbesuch machten. Diese Aufgabe wurde erledigt, aber mit einer Ausnahme. Die Regierung hatte den Lateinlehrer Dr. Vitus Loers zum Mitdirektor neben Wyttenbach ernannt, zum Mitdirektor und Aufpasser, denn Wyttenbach hatte sich hinlänglich verdächtig gemacht als »Liberaler« und hatte auch die anderen Lehrer, von denen drei als besonders suspekt galten und in polizeiliche Untersuchungen einbezogen wurden, nicht genügend kontrolliert. Der Abiturient Marx unterließ, zusammen mit einem Mitschüler, den Abschiedsbesuch bei Loers. Der Vater schrieb ihm noch nach Bonn, wie sehr ihm die Kränkung Wyttenbachs naheginge, »dessen einziger Fehler allzu große Gutmütigkeit ist. Ich habe mein Bestes getan, um ihm meine Hochachtung zu bezeugen, und sagte ihm unter anderm, wie sehr auch Du ihm ergeben seiest und hättest ihm zu Ehren ein Gedicht machen wollen, hättest aber keine Zeit gehabt. Das machte den Mann glücklich. Willst Du nun mir zulieb einige Verse für ihn mir schicken?« Dafür aber blieb keine Zeit.

Die von Westphalen

Von der Familie Marx hören wir im Leben von Karl Marx sehr wenig. Den verstorbenen Vater erwähnt er kaum, die Mutter, die ja noch lange lebte, kommt nur in Zusammenhang mit den ständigen Geldsorgen und Unterstützungswünschen zur Sprache. Seine Äußerungen sind dabei zugleich brutal und kindlich; er hat seit dem Tode seines Vaters unweigerlich daran festgehalten, daß seine Familie doch recht wohlhabend sei oder vielmehr sein müsse und ihn daher standesgemäß zu unterhalten hätte. Daß die Mutter auch an die Versorgung von fünf unverheirateten Töchtern zu denken hatte und somit der Nachlaß eher bescheiden war, das hat Marx nie wirklich annähernd zur Kenntnis genommen. Von seiner geradezu grandiosen Unwissenheit in Gelddingen wird noch verschiedentlich zu sprechen sein, da sie nun einmal lebenslänglich seine Existenz bestimmt hat. Ihm die einzelnen Etappen und Beträge nachzurechnen hat nicht viel Sinn, zumal er uns immer wieder eine genauere Dokumentation versagt. Er hat es sich einfach gemacht und seine These vom angeblichen Wohlstand, der nur gerade ihm vorenthalten würde, standhaft vor sich und anderen wie dem Freund Engels weitervertreten. Er hat sie dazu benutzt, von sich aus in denkbar schroffer Form mit der Familie, das heißt der Mutter, zu brechen. Mit den übrigen Geschwistern wurden ebenso nur oberflächliche Kontakte unterhalten. Seine ältere Schwester Sophie, mit der er noch gelegentlich Briefe wechselte, schreibt ihm einmal ins Brüsseler Exil, er habe sie gut und lieb behandelt, es scheine aber alles übrige »entfremdet«. Hier taucht bereits der Begriff der Entfremdung auf, wie schon in der Korrespondenz mit dem Vater; hier noch im rein Persönlichen, später in der großen Theorie. Die Schwester meint auch ganz wissend, daß er die Verwandtschaftsbande »wegzuraisonnieren« suche, und schließt mit der – vergeblichen – Mahnung: »Überwinde Dein störrisches Herz, lieber Karl!«

Das Wort »wegraisonnieren« ist durchaus von Bedeutung, gehört es doch zu Marxens Habitus, nicht nur in dieser Familienbeziehung. Unbequeme Tatsachen zu übergehen und von vornherein als gar nicht existent zu betrachten war eine seiner Eigenheiten, die er auch im Politischen anwandte.

Wir können seine langjährigen Geldnöte sehr wohl als empfindlich für einen Mann seines geistigen Kalibers ansehen und beklagen; sie blieben freilich immer die gleichen, selbst wenn ihm größere Beträge aus Erbschaften zuflossen, wie es so selten nicht geschah. Aber die schlichte Realität eines Wechsels, den er unterschrieb, hat er nie zur Kenntnis nehmen wollen. Er schrieb Wechsel aus nach rechts und links – dies übrigens auch in politischer Beziehung –, Wechsel auf Bankleute, Freunde, Bekannte, Wildfremde, ohne die geringsten Bedenken, wie sie zu decken wären. Zuweilen weiß er nach einigen Tagen schon nicht mehr, an wen alles er solche »Fetzen Papier« ausgestellt hat, was sogar der unermüdlich helfende Engels beklagt. Er hat einmal ein ganzes Bukett von Forderungen aus solchen kursierenden Wechseln vor sich, und zwar auf einen Bankier in London, einen »Juden Stiebel«. Er läßt durch seine Frau an die Schwiegermutter von Westphalen schreiben, die aber gerade den ziemlich mißglückten Sohn Edgar nach Mexiko hatte expedieren müssen, so daß »ich *keinen* Centime herauspressen konnte«.

»Dann schrieb ich an meine Mutter, drohte ihr, Wechsel auf sie zu ziehen und im Nichtzahlungsfall nach Preußen zu gehn und mich einsperren zu lassen. Letzteres hatte ich wirklich vor für den eventuellen Fall, aber diese Ressource hörte natürlich von dem Augenblick an auf, wo die Esel in den Zeitungen über den Abfall der Arbeiter von mir, den Verfall meiner Popularität und dergleichen zu heulen begannen. Die Sache hätte sonst wie ein politischer Theatercoup ausgesehen ...«

Die Mutter schrieb darauf einen Brief, »worin sie mir höchst *impertinent* und dabei voller moralischer Entrüstung gegenübertritt und positivement erklärt, daß sie jeden von mir auf sie gezogenen Wechsel protestiert«. So Marx in einem Brief an Engels am 31. März 1851.

Bei Marx zeigt sich hier das durchaus nicht seltene Phänomen, daß der Schuldner sich durchaus als Gläubiger fühlt und demnach gebärdet. Er hat nicht die Spur eines schlechten Gewissens bei solchen doch ziemlich starken Pressionsversuchen, um es nicht schärfer zu benennen. Wir wollen nicht so »bürgerlich« denken, daß wir gerade von ihm das Gewissen des ehrbaren Kaufmanns erwarteten, der seine Unterschrift und Schuldverpflichtung anerkennt; das fiel für ihn fort. Im gleichen Brief an Engels spricht er von einem Fabrikanten, der ihm in Brüssel Geld lieh und ihn nun »tritt«, weil seine Geschäfte schlecht gingen. Dazu bemerkt Marx nur kurz: »Tant pis pour lui. Dem kann ich nicht gerecht werden.«

Wir wollen hier gar nicht an die Tugend der Mutterliebe appellieren; auch andere Große, wie Goethe, haben Züge seltsamster Kälte ihrer Mutter gegenüber an den Tag gelegt und ihre Biographen zu umständlichen Erklärungen genötigt. Wir kennen auch, um noch mehr zur Verteidigung beizubringen, die Bedenkenlosigkeit anderer großer Borg- und Pumpgenies wie Marxens Zeitgenossen Dostojewski und Richard Wagner, die ihre Familienmitglieder oder, im Falle Wagners, selbst den Ehemann ihrer Geliebten ohne große Skrupel erleichterten. Bei keinem freilich finden wir ein solches Ausmaß an Selbstgerechtigkeit wie bei Marx. Er macht nach langen Jahren bei Gelegenheit seiner Reise nach Berlin 1861 einen Besuch in Trier. Darüber heißt es nur: »Meine Mutter, bei der von barem Geld nicht die Rede ist, die aber rasch ihrer Auflösung entgegengeht, hat einige frühere Schuldscheine, die ich ihr ausgestellt, vernichtet. Das war ein ganz angenehmes Resultat der zwei Tage, die ich bei ihr zubrachte. Ich selbst sprach gar nicht mit ihr von money matters, sondern sie nahm in diesem Punkt die Initiative.« Mutter Marx hatte die Verwaltung ihres Vermögens dem Mann ihrer Schwester, dem Bankier Philips im holländischen Zaltbommel, anvertraut, an den Karl Marx sich denn auch meist wandte, wenn er Geld brauchte. »Meinem Onkel habe ich zunächst 160 £ abgepreßt, so daß wir den größten Teil unsrer Schulden abzahlen konnten«, heißt es im schon mehrfach erwähnten Brief an Engels. Das hielt nicht lange vor, und Engels mußte wieder eingreifen. Nach wenigen Monaten schreibt Marx seinem Freund: »Obgleich ich durch Dich befähigt war, die dringlichsten Schufte Anfang September zu befriedigen, so blieb die Hetze doch unerträglich genug und ging während des Oktobers wieder crescendo. Ich schreibe mit diesem Brief gleichzeitig an meine Alte, ob etwas aus ihr herauszupressen.« Dann einige Wochen später: »Von meiner Alten erhielt ich gestern Antwort. Nichts als ›zärtliche Redensarten‹, but no cash. Außerdem teilt sie mir mit, was ich längst wußte, daß sie 75 Jahr alt ist und manche Gebresten des Alters fühlt.«

Als die Mutter Ende 1863 stirbt, eilt Marx, obwohl an schweren Karbunkelanfällen leidend, unverzüglich nach Trier, mit von Engels gezahlten Reisegeldern, die er nahezu gebieterisch angefordert hat: »Ich muß Dich nun bitten, mir *umgehend* so viel Geld zu schikken, daß ich die Reise nach Trier *sofort* antreten kann ... das Schicksal verlangte einen vom Hause. Ich selbst stand schon mit einem Fuß unter der Erde. Unter den gegebenen Verhältnissen bin ich jedenfalls noch nötiger als die Alte.« Soviel über die Mutter, die von da ab in der Marx-Korrespondenz nicht mehr erwähnt wird.

Die Erbschaft war nicht so ganz unbeträchtlich. Sie ergab für jedes der noch lebenden vier Marx-Geschwister etwas über 12000 Gulden, für damalige Verhältnisse ein kleines Vermögen. Davon waren allerdings für Karl Marx über 5000 Gulden als bereits erhalten abzusetzen, wobei nicht ganz klar ist, wieweit die von der Mutter vernichteten Schuldscheine dabei berücksichtigt waren. Ebensowenig, was die Mutter bereits in früheren Jahren, so während seines Aufenthaltes in Brüssel, ihm hatte zukommen lassen. Niemand hat je in die Ökonomie des großen Ökonomen auch nur ungefähre Ordnung bringen können. Jedenfalls hat Henriette Marx es nicht verdient, als hartherzige und geizige Person hingestellt zu werden, die nur »zärtliche Redensarten, but no cash« für ihren Sohn übrig hatte. Sie war zweifellos sparsam und im Alter wohl ein wenig ängstlich, und wenn sie sich um die Gesundheit ihres Ältesten schon in seiner Studentenzeit sorgte, so hatte sie gute Gründe dafür. Marx hat nicht nur in Geldfragen rücksichtslos und unbesorgt drauflosgelebt, sondern ebenso mit seiner Gesundheit gewirtschaftet. Aus mütterlichen Mahnungen ein Charakterbild der Frau konstruieren zu wollen erscheint uns doch gewagt, zumal nur sehr wenige Zeugnisse vorliegen. Darunter überraschend ein Satz von Marx in einem Brief an Lassalle, nach Besuch bei der Mutter geschrieben, in dem er von der Vernichtung der Schuldscheine erzählt: »Übrigens interessierte mich auch die alte Frau wegen ihres sehr feinen Esprit und der unerschütterlichen Charaktergleichheit.« Diese Passage scheint ihm geradezu entwischt zu sein und steht in krassem Widerspruch zu all seinen sonstigen Äußerungen über die »Alte«. Aber sollte von der »unerschütterlichen Charaktergleichheit« nicht doch etwas im Erbgang auf ihn vermacht worden sein?

Das Erbe in Trier machte durch juristische Vollmachtsfragen allerhand Aufenthalt, und Onkel Lion Philips, der Bankier, war Testamentsvollstrecker. Es galt also, alsbald nach Holland zu fahren. Auf dem Wege wurde in Frankfurt Station gemacht, wo noch zwei alte Tanten, Schwestern des Vaters, wohnten, Esther Kosel und Babette Blum, die in einem Brief an Jenny den Zusatz »ist reich« erhält. Auch diese Tanten vererbten ihm noch erkleckliche Beträge.

Ebenso wie die ständigen Schulden begleiten immer wiederholt Erbschaftsfälle das Leben von Karl Marx, teils von seiner Seite, teils von der seiner Frau. Die Erbschaften, ob größer oder kleiner, versikkerten immer unverzüglich und führten stets zu neuen Schulden, über die bald an Engels berichtet wurde. Engels zahlte, mit bewundernswerter Charaktergleichheit und nie im geringsten erschüttert durch die Bedenken, die ihm als geschulten Kaufmann doch unweigerlich nur zu oft aufgestiegen sein müssen angesichts der Ökonomie seines Freundes. Kaum je ein Vorwurf, allenfalls ein guter Ratschlag, der prompt in den Wind geschlagen wird. Kaum je eine Weigerung, auch wenn Engels selbst zuzeiten in Schwierigkeiten steckt; dann borgt er sich das Geld oder greift sogar einmal in die Kasse der Firma und holt dort einen gut verkäuflichen Wechsel heraus, den er etwas später abdecken will. Er zahlt unaufhörlich selbst in diesem Jahr der größeren Erbschaften, das Marx außer dem Nachlaß der Mutter noch das rührende Testament des alten Freundes Wolff, genannt Lupus, beschert, der in sparsamstem Leben und fleißigster Arbeit mit Stundengeben 1000 £ zusammengetragen und sie zum größten Teil Marx vermacht hat. Es ist unerfindlich, wieso diese Gelder innerhalb eines Jahres verschwunden sind. Das Kapital scheint sich förmlich verschworen zu haben, seinem großen Kritiker und Zertrümmerer die tiefe Fragwürdigkeit jeder Akkumulation von Geldmitteln zu demonstrieren.

Marx eilt also nach Zaltbommel zum Onkel Lion Philips. Er leidet noch an seinen Furunkeln und kommt nun in das gepflegte Haus eines Bankiers. So stark die Entfremdung von allem, was Familie heißt, ob Geschwister oder Mutter, sonst sein mag: hier fühlt er sich wohl wie nie sonst in seinem Leben. Er wird verwöhnt. Er charmiert mit der Cousine Nanette, und Marx kann ein Charmeur sein, wenn er will. Er führt weitausgreifende Gespräche mit dem Kapitalisten-Onkel, und zwar keineswegs nur über Finanzfragen. »Der Mann ist zäh, hat aber viel Eitelkeit auf mein Schriftstellertum«, schreibt er an Lassalle, der bei Philips für ihn »Reklame« machen soll durch Berichte über Marxens Publikationen und gemeinsame Zeitungspläne oder ähnliches: »Du verstehst schon, mein Lieber!« Er genießt ganz ausgesprochen das reiche Haus, den patriarchalischen großen Familienkreis. Es sind alles »ausgezeichnete Leute«, sieben Kinder, die Söhne, außer dem Ältesten und Firmennachfolger, Anwälte mit guter Praxis oder im Tabakhandel, die Schwiegersöhne tüchtig und angesehen, der eine Arzt, der andere Pfarrer. Die Philips waren getaufte Juden wie die Familie Marx. Er macht dem Onkel, schwerlich ganz ohne Hintergedanken, aber doch offenbar mit Überzeugung, ganz massive Komplimente:

»Du wirst Dich erinnern, lieber Onkel, wie wir häufig zusammen darüber scherzten, daß die Menschenzucht heutzutage so sehr zurücksteht hinter der Viehzucht. Ich habe nun Deine ganze Familie gesehen und muß Dich demnach für einen *Virtuosen in der Menschenzucht* erklären. Ich habe nie in meinem Leben eine bessere Familie kennengelernt. Alle Deine Kinder sind selbständige Charaktere, jedes eigentümlich, jedes besitzt besondre geistige Vorzüge, und alle zeichnen sich gleichmäßig durch humane Bildung aus.« Und die zwei Monate, die er mitsamt seinen Karbunkeln und Furunkeln bei ihm nach dem Tode der Mutter zugebracht, betrachtet er »als eine der glücklichsten Episoden in meinem Leben«.

Sie blieb, wie alle seine Beziehungen, kurzfristig. Die Briefe aber, die er nach der Rückkehr an die Philips schrieb, sind seine gewandtesten und unterhaltendsten Episteln. Der Cousine Nanette schreibt er wahre Gesellschaftsfeuilletons über seinen Besuch in Berlin, über Lassalle und seine Gräfin Hatzfeldt, ihre Schminkkünste und gesellschaftlichen Ambitionen; er streut eine Dialogszene ein, die andeuten soll, daß die Hatzfeldt auch auf ihn ein nicht unverfängliches Auge geworfen und daß man sogar im Neckton davon gesprochen habe, zusammen den Berlinern davonzulaufen. Die Cousine wird von Marx als Zauberin oder kleine Hexe tituliert; sie hat übrigens dann, aus Respekt vor dem großen Vetter, als Nr. 1 der holländischen Sektion der Ersten Internationale angehört. Mit dem Onkel Lion korrespondiert Marx über die politischen Zeitereignisse, aber auch über naturwissenschaftliche Fragen; es liegt ihm daran, sich als vielseitig interessierten und beschlagenen Gelehrten auszuweisen, und der Bankier muß offenbar seinerseits ein Mann gewesen sein, der hochgebildet war und nicht nur im Geldmachen aufging. Mit einigem Lächeln freilich kann der Bankier nur die Wirtschaftsinformationen zur Kenntnis genommen haben, die Marx ihm zukommen ließ, und die Tatsache, daß der Neffe seine Krankheit und das Verbot der Ärzte, angestrengte geistige Arbeit zu leisten, dazu benutzte, an der Börse zu spekulieren. Er versuchte es in amerikanischen Staatsanleihen und englischen Aktienpapieren, »die wie Pilze in diesem Jahr hier aus der Erde wachsen (für alle möglichen und unmöglichen Aktienunternehmungen), zu einer gewissen unvernünftigen Höhe getrieben werden und dann meist zerplatzen«. Davon dürfte der Bankier bereits einiges erfahren haben. Bedenklicher könnte ihn gestimmt haben, daß Marx ihm triumphierend (doch wohl eher flunkernd) von seinem Gewinn von 400 £ berichtet und fortfährt: »Ich ... werde jetzt, wo die Verwicklung der politischen Verhältnisse neuen Spielraum bietet, von neuem anfangen. Diese Art von Operationen nimmt nur wenig Zeit fort, und man kann schon etwas riskieren, um seinen Feinden das Geld abzunehmen.«

Dies war an den Feind und Onkel-Freund gerichtet, der sich dadurch nicht abhalten ließ, den bedeutenden Schriftsteller-Neffen zu schätzen und als Verwandten zu betrachten. Marx hat den Tod Lions aufrichtig bedauert: »Ein ausgezeichneter Mann ... er starb aber schön, rasch, umgeben von allen seinen Kindern, mit vollem Bewußtsein und den Pfaffen mit feiner Voltairischer Ironie begießend.« Danach verblaßten die verwandtschaftlichen Beziehungen. Der Sohn und Nachfolger des Vaters schrieb 1872, als Marx ihn aufforderte, sich an der Finanzierung der französischen Ausgabe des »Kapitals« zu beteiligen, er habe nicht die Absicht, eine Propaganda für die Internationale zu unterstützen. »Wenn es not tut, bin ich bereit, Dir, dem Freund und Verwandten, auch mit Geld zu helfen; doch für Deine politischen oder revolutionären Zwecke tue ich das nicht.«

Fast ähnlich lautet eine andere Auslassung des Vetters von Frau Marx, Werner von Veltheim, der in seinem Tagebuch notiert: »Marx, der Berüchtigte, hat mich um ein Darlehen von 30 Pfd. Sterling gebeten. Er ist Kommunist, wenn seine Schriften Geltung erhielten, würde ich Eigentum und Familie verlieren, zur Frau hat er meine Cousine, Jenny Westphalen, ist ein Universitätsbekannter, ist in Not – ich habe ihm durch Lorenz Meyer in Hamburg 15 Pfd. Sterling geschickt.«

Von den Verwandten Westphalen ist im Hause von Karl Marx sehr viel mehr die Rede als von denen der Seite Marx. Der Lieblingsbruder Jennys, Edgar, hat sich sogar zeitweilig dem Kommunismus angeschlossen, allerdings ohne sonderliche Energie, die ihm überhaupt abging. Er muß für seine Schwester, die ihn von Jugend auf zärtlich liebte, eine ständige Enttäuschung und Belastung gewesen sein. Marx charakterisiert ihn nur spöttisch, als er in London auftaucht, nach vergeblichen Versuchen, in Amerika Fuß zu fassen; er hat sogar merkwürdigerweise den Sezessionskrieg mitgemacht, und zwar auf seiten der Südstaaten, und dabei nur Mißgeschick erfahren. Man ist froh, als man den fröhlichen Esser, der nicht die geringste Notiz von der bedrängten Lage der Familie nimmt, wieder los wird. Mit einem sehr kümmerlichen, kleinen Beamtenposten in Berlin hat er seine letzten Jahre verbracht.

Auch diesen hatte Edgar nur durch Fürsprache seines Stiefbruders, Ferdinand von Westphalen, erhalten. Der war nun allerdings der »große Mann« der Familie, war er doch immerhin preußischer Minister geworden. Auf das seltsamste geht diese Verwandtschaft mit einem der führenden Reaktionäre der Zeit in Berlin nebenher zu dem führenden Revolutionär in London, der die Stiefschwester Jenny geheiratet hat. Die Wege dieser Geschwister waren schon früh auseinandergegangen: Ferdinand stammte aus der ersten Ehe des Vaters, Jenny aus der zweiten. Ferdinand war früh erfolgreich, tüchtig als Beamter und hatte es bereits zu Lebzeiten des Vaters bis zum Oberregierungsrat gebracht, was dem Alten versagt worden war. Man hatte Ferdinand sogar recht taktlos in Trier eingesetzt, wo der Vater nur mühsam sich hatte behaupten können und bald pensioniert wurde. Ferdinand dürfte es gewesen sein, der am entschiedensten gegen die Heirat Jennys mit dem noch völlig unbeschriebenen Blatt Karl Marx opponiert hat; daß ihm als ehrgeizigen und karrierebewußten preußischen Beamten dann die Verwandtschaft mit einem der führenden Revolutionäre sympathisch gewesen sein sollte, können wir nicht erwarten. Immerhin hat Jenny Marx die Verbindung zu diesem Stiefbruder nie ganz abreißen lassen. Über Erbschaftsfragen gab es jedoch Streit und Ärger: Der fanatisch korrekte Beamte Ferdinand ließ sich natürlich keine Fehler nachweisen, legte auf Heller und Pfennig Rechenschaft ab und zahlte der Schwester ihre Anteile aus; Jenny allerdings fühlte sich benachteiligt, weil er die Dokumente und Feldzugsberichte des Großvaters, des eigentlichen »großen Mannes« der Westphalen, dem sie auch den bescheidenen Beamtenadelstitel verdankten, aus der Zeit des Siebenjährigen Krieges an sich genommen und lediglich eine sehr bescheidene Summe dafür angesetzt hatte, von der er noch die Fracht für den Transport der Manuskriptkisten von Braunschweig nach Berlin abzog. Jenny erregte sich nicht nur über den Wert dieses Materials, sondern vor allem deshalb, weil sie vermutete, Ferdinand wolle die Dokumente aus »patriotischem Feuereifer« dem Hause Hohenzollern oder dem Staat schenken. Das geschah jedoch nicht. Ferdinand behielt sich die Dokumente zur Herausgabe vor und schrieb nach seiner Entlassung aus dem Dienst eine umfangreiche Geschichte des großen Stammvaters, die allmählich auf sechs Bände anwuchs. Ob der Exminister dafür irgendwelche Honorare erhielt, falls überhaupt für eine doch sehr entlegene Studie über eine Nebenfigur der friderizianischen Zeit, ist unklar. Jenny freilich tobte: »Eigentlich hat mein cher frère uns direkt um die Hinterlassenschaft bestohlen«, schrieb sie an Engels, als der erste Band erschien, »und es war eine positive Lüge, als er mir vor mehreren Jahren schrieb, es hätten sich nur ganz zusammenhangslose, verzettelte, unbrauchbare Papiere vorgefunden, mit denen nicht das Geringste anzufangen sei und die eigentlich keinen ›Tauschwert‹ besäßen.« Noch mehr und mit mehr Recht erregte sie sich darüber, daß der Bruder zwar ein ausführliches Porträt des Vaters diesem ersten Band beifügte, dabei aber die zweite Frau, Jennys Mutter, überging. Das war sicherlich nicht gerade großzügig. Ob aber ausführliche Details über das Leben des Geheimrats Westphalen und aller seiner Anverwandten den »Tauschwert« der Manuskripte erhöht hätten, scheint uns fraglich. Der ganze Komplex Westphalen hat ja überhaupt erst im Zusammenhang mit dem Namen Karl Marx einiges Interesse gefunden; das aber sollte noch gute hundert Jahre währen.

Bezeichnend jedoch ist, und nur damit bekommen all diese Quisquilien für uns einige Bedeutung, daß auch hier wieder im Hause Marx unangemessene Hoffnungen auf irgendeinen »Coup«, irgendeine Geldquelle erweckt wurden und daß die Borg- und Schuldenwirtschaft damit neue Nahrung fand, während die realen Nahrungsmittel im Hause knapp wurden und die Lieferanten drohend mit unbezahlten Rechnungen und nicht eingelösten Wechseln vor der Tür standen.

Ferdinand war nach den Auslassungen eines hohen Kollegen, der später Finanzminister wurde, »ein Pedant und bei seiner Pedanterie um so lästiger, als sein Diensteifer groß, sein Verstand sehr mittelmäßig ist«. Seine achtjährige Tätigkeit als Innenminister im Kabinett Otto von Manteuffel 1850 bis 1858 hat nicht viel mehr bedeutet als das Wirken der anderen Minister. Das ganze Kabinett war nur ein Zwischenspiel der entschiedensten Reaktion auf die Revolution von 1848. Ferdinand war bigott und bekannte sich zu den Ultrafrommen der »Erweckungsbewegung«, die einen Neopietismus kultivierte; der altpreußische Ernst Ludwig von Gerlach war einer seiner Gönner. Wir können uns immerhin vorstellen, mit welchem patriotischen Pflichteifer er in seiner Amtsstube die Polizeiberichte des unvermeidlichen Stieber über die Kommunistenverschwörungen durchlas. In denen wird Karl Marx noch keineswegs als der radikalste der Revolutionäre bezeichnet, denn für den Polizeirat vertreten die Willich und Schapper die »reine Lehre des Kommunismus«. Aber ebenso wie auf der Linken sind die Schattierungen auf der Rechten sehr mannigfaltig und nicht immer leicht zu unterscheiden. Über die Hochkonservativen und Erzreaktionäre hinaus gab es noch schärfere Vertreter ihrer Gattung und nach der liberalen Seite hin wieder andere Konservative, denen der Prinzregent und spätere König Wilhelm nahestand. Bismarck wiederum galt den Leuten vom Schlage Gerlachs als Seiltänzer, als verbrecherisch skrupelloser Opportunist, ein Mann ohne rechte christliche Glaubensgrundlage. Und so entließ Prinzregent Wilhelm Ferdinand Westphalen kurzerhand, als er das neue Kabinett ernannte, das die sogenannte »neue Ära« einleiten sollte. Westphalens Nachfolger als Innenminister wurde der Graf Schwerin-Putzar, den die Ultras wegen einiger liberaler Neigungen für einen »Roten« hielten. Die Farbverteilungen waren zu dieser Zeit noch nicht sehr eindeutig. Enttäuscht und verbittert wie sein Vater hat Ferdinand seine letzten Jahre zugebracht und Band um Band über den großen Stammvater publiziert. Die Schwester Jenny hat übrigens bei seiner Entlassung der Schwägerin, zu der sie Verbindung unterhielt, ihr lebhaftes Bedauern ausgesprochen.

Jener Großvater Philipp Westphalen, aus kleinbürgerlicher Familie, Sekretär des Herzogs Ferdinand von Braunschweig und eine Art von Generalstabschef – eine Stellung, die es eigentlich noch nicht gab für dessen Armee –, war zweifellos eine interessante und bedeutende Persönlichkeit. Der Enkel fand reiches Material vor über die Kampagnen, die in der Geschichte des Siebenjährigen Krieges mit damals als »glänzende Siege« bezeichneten Erfolgen vermerkt sind. Westphalen war hier vor allem Organisator: Es galt, mit ziemlich schwachen Kräften die zahlenmäßig weit überlegenen Franzosen abzuhalten und zurückzudrängen auf dem Flankenschauplatz des großen Schachspiels des Preußenkönigs. Oft genug sah es katastrophal oder gar nach Schachmatt aus. Der Braunschweiger und sein Sekretär operierten vorsichtig und geschickt und ernteten nach dem Stil der Zeit »unsterblichen Feldherrnruhm« für ihre Strategie; die Engländer als die Financiers dieses Kriegstheaters konnten mit dem Endresultat jedenfalls zufrieden sein.

Das Manuskriptmaterial des Philipp Westphalen war übrigens deshalb so überreich, weil der Herzog und sein Sekretär trotz ständigen Zusammenseins schriftlich miteinander verkehrten. Der Herzog stand früh auf, Westphalen arbeitete des Nachts, und so hinterließen sie sich jene zahllosen Zettel, die der Enkel Jenny Marx gegenüber wohl nicht ganz zu unrecht als schwer verwendbares Material bezeichnet hatte. Der Sekretär scheint auch beachtliche militärische Gaben besessen zu haben, dazu noch diplomatische. Er hatte mit Hannover, London und dem regierenden Herzog in Braunschweig zu korrespondieren, und nicht zuletzt mit dem höchst schwierigen Friedrich dem Großen. Er erhielt verschiedene Titel, zuletzt nach Kriegsschluß vom Kaiser den Adel als »von Westphalen«; kurios genug, denn seine Verdienste waren doch auf der Seite der Feinde des Kaisers erworben. Die Adelsverleihung war jedoch kaiserliches Privileg, und man gab in Wien dem Antrag des braunschweigischen Herzogs statt. Angebotene höhere Ämter lehnte Westphalen ab, er kaufte vielmehr ein Gut und verlebte dort seinen Lebensabend.

Bald nach Friedensschluß hatte er geheiratet, die Schottin Jeanie Wishart, Tochter des Stadtpfarrers von Edinburgh; er hatte sie während des Krieges im Hauptquartier kennengelernt, als sie ihre Schwester, die mit einem der britischen Generäle verheiratet war, besuchte. Und diese Jeanie nun brachte für Jenny Marx und ihr Haus die große Familienlegende mit; die eigentliche Mitgift dürfte nicht nennenswert gewesen sein, denn Jeanie war die jüngste von fünf Pastorentöchtern. Die Legende aber, die sich zum Teil auch auf genealogische Dokumentation stützen konnte, besagte, daß Jennys Großmutter Jeanie vom ältesten und höchsten schottischen Adel abstammte. Die Wisharts, als direkte Vorfahren, waren freilich nur Geistliche gewesen: Ein George Wishart figurierte ehrenvoll unter den Märtyrern der Reformation, war ein Freund von John Knox, wurde durch Bothwell verhaftet, dem Kardinal David Beaton ausgehändigt und verbrannt. Noch sehr viel stolzer als auf diesen Mann war man im Hause Marx darauf, daß die Mutter der Pfarrerstochter Jeanie aus dem Hause Campbell stammte, das die Herzöge von Argyll stellte. Auch Karl Marx konnte sich nicht enthalten, in seinem wütenden Opus gegen Vogt davon zu erzählen, daß Earl Archibald Argyll als Rebellenführer gegen König Jakob II. auf dem Marktplatz zu Edinburgh hingerichtet worden war. Die ehrenwerte Familiengeschichte der Campbell-Argylls zirkulierte im Hause Westphalen und bei den Marx, und eindringlich wurde diese Verwandtschaft dokumentiert durch das Familiensilber mit dem alten Wappen sowie einen großen Posten Damastservietten, die ebenfalls das Wappen schmückte. Diese Erbstücke wanderten mit Jenny Marx nach London – und dort zu unzähligen Malen ins Pfandhaus. Bei einer Einlösung, die Karl Marx selbst vornehmen wollte, geriet er zum einzigen Male während seines Lebens in London in Polizeigewahrsam. Das große Wappen und das kostbare Silber erregten den Verdacht, es handele sich um Diebsgut. Jenny mußte herbeieilen und die Sache aufklären.

So reichlich kompliziert diese Verwandtschaft war, so schwierig war es auch, aus ihr die erhofften Erbbeträge einzuziehen. Ganz klar sind die Nachrichten über diese Sache nicht; es war von einer Summe von 800 £ die Rede, die in Schottland liegen sollten. Jenny hat denn auch von »alten Verwandten in Schottland« einige hundert Pfund geerbt.

Sie hätte auch noch eine weitere Erbschaft aus dem Nachlaß eines Verwandten ihrer Mutter machen sollen, wie einer der Nachfahren festgestellt hat. Ein amerikanischer Krösus namens Storch, dann Sir William Stork, hatte 50000 £ hinterlassen; daran wäre Jenny beteiligt gewesen, und selbst wenn sie mit den anderen Verwandten hätte teilen müssen, wäre ein Bruchteil dieser Summe genügend gewesen, der Malaise im Hause Marx ein für alle Male ein Ende zu machen. Die Sache ist jedoch ungeschickt behandelt worden: Der preußische Gesandte in London, von Maltzahn, soll sich nicht genügend um die Recherchen bemüht haben, und Marx oder Engels haben nie über diese Angelegenheit gesprochen. Wir erwähnen sie nur, weil sie nochmals zeigt, in welcher eigentümlichen Erwartungsatmosphäre damals in bürgerlichen Kreisen gelebt wurde; und was Erbgelder anbelangte, war die Familie Marx so bürgerlich wie alle anderen. Sie hoffte immer wieder auf ein solches »Himmelsgeschenk«. Wenn der Name irgendeines Großonkels oder einer Großtante auftauchte, so wurde unweigerlich eine Hoffnung daran geknüpft. Ein alter Großonkel Westphalen war noch ein Fall dieser Art.

Am 27. Februar 1852 schreibt Marx an Engels, er habe nun den Punkt erreicht, wo er nicht mehr ausgehen könne, weil alle Röcke im Pfandhaus seien. »Ich fürchte, daß der Dreck einmal mit Skandal endet. Die einzig gute Nachricht haben wir von meiner ministeriellen Schwägerin (der Frau des Ministers Ferdinand von Westphalen) erhalten, die Nachricht von der Krankheit des unverwüstlichen Onkels meiner Frau. Stirbt der Hund jetzt, so bin ich aus der Patsche heraus.« Engels gratuliert zur Nachricht über den alten Braunschweiger »Erbschaftsverhinderer« und hofft, »daß die Katastrophe endlich eintreten wird«. Der Alte ist jedoch zäh und hält noch ein paar Jahre aus. Erst drei Jahre später heißt es: »A very happy event, der Tod des 90jährigen Onkels meiner Frau wurde uns gestern mitgeteilt. Dadurch spart meine Schwiegermutter eine jährliche Abgabe von 200 Talern, und meine Frau wird an 100 bekommen; mehr, wenn der alte Hund den Teil seines Geldes, der nicht Fideikommiß war, nicht seiner Haushälterin vermacht.«

Damit wollen wir es genug sein lassen. Wenn wir auf diese Dinge überhaupt eingehen, dann nicht deshalb, weil wir besonderes Behagen verspüren, Karl Marx und seine Jenny auf solchen Bürgerwegen zu ertappen. Es ist so naiv wie überheblich, an Menschen der Vergangenheit Forderungen aus späterer Sicht zu stellen und sie daran messen zu wollen. Es geht aber ebensowenig an, wichtige Tatsachen, nur weil sie einem Legendenbild abträglich sein könnten, zu unterschlagen. Das mag für belanglose Kleinigkeiten gelten, von denen gerade die Schönfärber gründlichen Gebrauch zu machen pflegen, die etwa Marx als den Kinderfreund, den lustigen Familienvater mit seinen Landpartien kultivieren. Die Finanzmisere, der Erbkomplex und das ewige Schuldenmachen sind jedoch etwas anderes, von grundsätzlicher Natur. Es beginnt ja schon in aller Unbekümmertheit in der Studentenzeit, wo selbst der Wechsel von 500 Talern nicht ausreicht, der sonst nur sehr reichen Söhnen wirklich wohlhabender Väter gereicht wurde, für den Justizrat Marx jedoch, der sich in harter Arbeit emporgedient hatte, eine ungewöhnliche Großzügigkeit darstellte. Auch da schon ist es einigermaßen schleierhaft, wofür das Geld dahinging. Und so geht es weiter. Marx erwartet immerzu und unweigerlich, daß seine Lebensführung von anderen irgendwie finanziert wird; er ist bereits gereizt und grob, wenn darin eine Zögerung eintritt. Das wird für ihn zur lebenslänglichen Übung, die zudem noch damit erklärt werden kann, daß er mit der Familie in ständiger Erwartung lebt. Er erwartet unaufhörlich die nächste Revolution, die »mit einem Donnerschlag« alle Probleme lösen wird. Er erwartet ständig von irgendwoher Gelder. Das geht durchaus zusammen. Es ist nicht nur, daß er – und Jenny, so tapfer sie all die Nöte mit ihm teilte, war darin nur zu ähnlich – ganz unfähig war, eine Bilanz zu ziehen, sich einzurichten oder gar einzuschränken. Er versucht das gar nicht, er will das nicht. Und bis in seine bekanntlich nur sehr selten und undeutlich bekanntgegebenen Vorstellungen von dem, wie das Zukunftsleben nach erfolgreicher Revolution aussehen würde, geht diese Haltung. Denn späterhin soll es ein Leben in völliger Freiheit sein, ohne Zwang, am wenigsten dem Zwang, arbeiten zu müssen und dem Gelderwerb nachzugehen. Daß Marx gleichwohl ein ungeheuer tätiger Mensch war, bedarf keiner Betonung. Daß er Nächte durch las und schrieb, bis er krank wurde, ist bekannt. Daß er dabei die wichtigsten und dringendsten Arbeiten liegen ließ, alle Termine versäumte, jeden Verleger vertröstete, der mit ihm einen Vertrag abgeschlossen hatte, wußte niemand besser als der getreue Engels, der dafür verantwortlich zeichnet, daß überhaupt etwas fertig wurde. Seine unablässigen Mahnungen beginnen früh und hören nie auf.

Wir sehen in all diesen Dingen die »List der Geschichte«, um Hegels Ausdruck zu verwenden. Denn gerade diese Hast und Hetze, diese Malaise waren wohl nötig, um aus diesem höchst komplexen Menschengebilde die spezielle Leistung herauszupressen, die ihm aufgetragen war. Das war in der Tat kein behaglicher Vorgang. Und man kann sich fragen, ob Marx, wenn er die große und ganz unbestimmte Erbschaft des William Stork je gemacht hätte, noch eine Zeile geschrieben hätte. Noch fraglicher ist es, ob er überhaupt eine seiner wesentlichen Schriften verfaßt hätte, wenn er wohlbestallter Professor an der Universität geworden wäre. Er brauchte die Hetze, die Not und die Erwartung. Dann strömten ihm die Gedanken zu, dann flog seine Feder, dann wurde auch sein Stil packend und brillant.

Doch Marx ist nicht nur exzellenter Schreiber. Er ist zugleich der unermüdliche Sammler, wie nur je ein deutscher Gelehrter es war, der Grübler, der Cunctator, der in seiner Arbeit einhält, wenn noch irgendein ungelesenes Buch aus dem Britischen Museum auf ihn wartet. Auch davon wird zu reden sein. Und es wird sich zeigen, daß es für ihn keine einfache Gesamtformel gibt – das ist seine Stärke.

Die Revolution der drei glorreichen Tage

Im Juli 1830 – der zwölfjährige Karl Marx war Trierer Gymnasiast – fand in Paris die Revolution statt, die nach diesem Monatsdatum benannt wurde: die »Julirevolution«. Sie dauerte nicht einmal einen Monat, sondern im Grunde nur drei Tage, die »trois glorieuses«, wie ihre Anhänger sie bejubelten. Ihre Ergebnisse waren jedoch alles andere als glorreich. Immerhin, der letzte König aus der Hauptlinie des Bourbonenhauses mußte abtreten, und er wurde ersetzt durch einen König aus der Nebenlinie des Hauses Orleans, Louis Philippe, der sich als »Bürgerkönig« bezeichnete und ein halbparlamentarisches Regierungssystem einführte. Es hat ganze achtzehn lange Jahre bestanden, bis es bei der neuen und größeren Revolution von 1848 – von den Zeitgenossen mit dem Monatsnamen die »Februarrevolution« getauft – beseitigt wurde.

Man hat dem Louis Philippe nicht die Ehre erwiesen, diesen achtzehn Jahren seinen Namen zu geben; man sprach stets nur von »Julikönigtum« oder, spöttischer, von »juste milieu«, worunter das Vorwalten des bürgerlichen Einflusses verstanden wurde. Ursprünglich war das nicht abschätzig gemeint: Die »rechte Mitte« sollte gehalten werden zwischen den Ultra-Aristokraten, die man verjagt hatte, und den Ultra-Sozialisten von links, die sich bereits zu zeigen begannen, auch wenn sie bei der Julirevolution nur eine sehr bescheidene Rolle gespielt hatten. In Deutschland hieß die historisch entsprechende Epoche »Vormärz«, abermals nach einem Revolutionsdatum, dem der Berliner Revolution vom März 1848; kulturgeschichtlich hat sich die Bezeichnung »Biedermeier« eingebürgert, und zwar nach einer Gestalt der »Fliegenden Blätter«, anfangs satirisch betont, bald aber mit wehmütigem Rückblick auf eine sinnige Epoche bescheidenen Bürgertums mit Kirschholzmöbeln, gestickten Klingelzügen und traulichem Familienleben. Die Familie des Justizrats Heinrich Marx in Trier dürfte eher in dieses Biedermeier gehören als in die schon unruhig drohende Zeit des Vormärz.

Die Julirevolution war an und für sich eine recht zahme und eher zufällige Affäre, die kaum den großen Namen Revolution verdient. Aber sie hatte gewaltige Folgen, schon sogleich, und weit über Frankreich hinaus, und noch auf lange hin. Frankreich, oder vielmehr Paris, hatte sich wieder bedrohlich gerührt. Der »gallische Hahn hat gekräht«, lautete die gängige Formel, die auch Heine verwendete, und dieser Hahnenschrei sollte ein großes Erwachen einläuten.

»Heilige Julitage von Paris!«, harfte Heine ein Jahr nach den Ereignissen bei seinem Bericht über die Gemäldeausstellung von 1831 und das Revolutionsbild von Delacroix, das zu einer Art gemalten Manifestes wurde, »ihr werdet ewig Zeugnis geben von dem Uradel der Menschen, der nie ganz zerstört werden kann. Wer euch erlebt hat, der jammert nicht mehr auf den alten Gräbern, sondern freudig glaubt er jetzt an die Auferstehung der Völker. Heilige Julitage! wie schön war die Sonne und wie groß war das Volk von Paris!« Heine notierte übrigens auch beziehungsvoll, daß nach einem Jahr die Farben auf dem Bild von Delacroix schon stark eingeschlagen seien ...

Er sieht in den Zügen der Freiheitsgöttin auf dem Bilde die Gassenvenus, in ihrem kleinen Begleiter mit der Pistole, dem »Schornsteinfegerkupido«, einen kleinen Zuhälter, im Gesicht des Helden, der mit dem Gewehr dahinstürmt, die Galeere und fügt hinzu: »Aber das ist es eben, ein großer Gedanke hat diese gemeinen Leute, diese Crapüle, geadelt und geheiligt und die entschlafene Würde in ihrer Seele wieder aufgeweckt.«

So in seinem ersten Bericht aus Paris für das »Morgenblatt« des Freiherrn von Cotta. Die Crapüle: das weist auf ein wesentliches Element dieser Sommerrevolution hin, den Mob, die »wilde Volkskraft«. Sie war in der Tat ganz überraschend losgebrochen und weckte die Erinnerungen an die große Revolution.

So schien dieses Ereignis mehr zu sein als nur eine Wachablösung, ein bescheidener Systemwechsel; seine Wirkung entfaltete sich über ganz Europa. Die Restauration, mit der Heiligen Allianz als ihrer Spitze und Exekutivgewalt, hatte geglaubt, erfolgreich dieses Gespenst zu bannen. Nun war es wieder da, obendrein an der gleichen historischen Stelle, in Paris, genauer: auf den Straßen von Paris. Die Straße herrschte erneut, für drei glorreiche Tage. Dann siegten der Sitzungssaal, der Verhandlungsraum, das Komitee.

Die Straße: das war die Demonstration, das Marschieren, Aufbegehren, auch Zerstörung, Herunterreißen von Emblemen, in diesem Falle zumeist die Hoflieferantenschilder mit der bourbonischen Lilie, das Schwenken von Fahnen. Die Trikolore erschien wieder, an einigen wenigen Stellen auch die rote Fahne. Als das Regime sich zur Wehr setzte und Militär antrat oder anritt, wurden Barrikaden gebaut. Die Barrikade wurde zum typischen und auch verhängnisvollen Symbol für die Revolution und das »auf die Barrikaden gehen« zum sprichwörtlichen Terminus für radikale Entschlossenheit. Überraschend und konsternierend war für alle Nichtrevolutionäre die Schnelligkeit, mit der überall in Paris mit einem Schlage Barrikaden errichtet wurden, und das wiederholte sich auch später,

1848, und noch 1871 bei der Kommune, der letzten aktiven Revolutionsbewegung des Jahrhunderts. Die Pariser, darunter viele Bauarbeiter und Handwerker, waren Meister im Errichten von Barrikaden. Die Straßen waren 1830 noch eng und winkelig und leicht zu sperren; das Straßenpflaster aus behauenen Hartsteinen eignete sich vorzüglich zur Aufschichtung von Zyklopenmauern. Napoleon III. hat dann sehr bewußt bei den großen Umgestaltungen des gesamten Stadtbildes durch breite Boulevards, vorgenommen durch seinen Seinepräfekten Haussmann, dafür gesorgt, daß freie Bahn geschaffen wurde für die Kavallerie und notfalls die Artillerie, die traditionelle Hauswaffe der Bonapartes.

Die Barrikade war bei dem damaligen Waffenstand eine starke Waffe, besonders wenn die sympathisierenden Hausbewohner der umliegenden Gebäude noch von den Fenstern her mit in die Kämpfe eingriffen. Friedrich Engels, der unumstrittene Militärsachverständige der Revolution, hat erst gegen Ende des Jahrhunderts gemeint, daß bei dem neuen Stand der Waffentechnik Barrikadenkampf eine nunmehr überholte Sache sei.

Aber die Barrikade hatte auch ihre negative Seite: Man richtete sich auf ihr ein, hielt inne, verteidigte auch, oft mit großer Zähigkeit, die Position. Doch zu gemeinsamem Vorgehen, geschweige einer strategischen oder nur taktischen Zusammenarbeit kam es im Barrikadenkampf nie. Daran sind alle Barrikadenaufstände gescheitert. Eine andere Beschränkung: die Barrikade ist eine ausgesprochene Großstadtinstitution. Auf dem Lande gibt es keine Barrikaden. Paris, und so gut wie ausschließlich Paris, mit nur sehr schwachen Nebenerscheinungen in Großstädten wie Lyon, war allein das Zentrum der bewaffneten Revolution und des Straßenkampfes. Auch das hat immer wieder seine Folgen gehabt. Denn ebensogut wie die Barrikade als lokaler Stützpunkt gewissermaßen das föderalistische Prinzip innerhalb der Stadtgemeinschaft verkörperte, war Paris als Zentrum der Revolution in dem immer stark föderalistischen Frankreich schicksalvoll den unterschwelligen Abneigungen, ja dem offenen Haß der Provinz und des flachen Landes ausgesetzt. 1830 spielten sich die glorreichen drei Tage exklusiv in der Hauptstadt ab.

Eine weitere und für die geschichtliche Bedeutung besonders fatale Folge war es, daß die Sommeremeute vom Juli so ganz unerwartet »siegte«, wobei der Sieg sich dann bei näherer Betrachtung als recht fragwürdig erwies. Es schien leicht, geradezu kinderleicht, einen König, auch wenn er der uralten Dynastie der Bourbonen angehörte, hinauszujagen. Gewiß ist auch gekämpft worden, und es gab einige tausend Tote. Aber von größeren und ernstlichen Auseinandersetzungen war nicht die Rede, und die Sache war fast entschieden, als zwei Linienregimenter mit den Barrikadenkämpfern fraternisierten, und endgültig dann, als dem nach Saint-Cloud und weiter nach Rambouillet geflüchteten König Karl ein Marschall berichtete, das Volk von Paris sei im Anmarsch. Das war das Gespenst der großen Revolution. Der König fragte den Marschall, er sollte ihm auf sein Wort als Soldat sagen, ob diese Nachricht stimme. Es war von Hunderttausenden die Rede.

»Ich beschwöre es, Sire«, antwortete der Marschall.

Darauf der König: »Ich vertraue der Ehre und dem Wort eines Soldaten und bin bereit, nun zu gehen.«

Er bestieg, gestützt auf den Arm eines Präfekten, eine Kutsche und fuhr ins Exil. Für die Überfahrt nach England von Cherbourg aus hatte sein Nachfolger Louis Philippe ein Kriegsschiff bereitgestellt. Es läßt sich beim besten Willen nicht sagen, daß das damit besiegelte Ende der Bourbonen glorreiche Züge trägt. Die Leibgarde und Linientruppe, immerhin noch über 12 000 Mann, flüchteten ebenfalls. Die erwarteten Hunderttausende, größtenteils in Kutschen und Omnibussen, kehrten um und zerstreuten sich. Ein beträchtlicher Teil werden Zuschauer und Neugierige gewesen sein, die überhaupt bei allen Pariser Aufständen eine nicht zu unterschätzende Rolle gespielt und die Kämpfe nur zu oft empfindlich behindert haben.

Goethe, kein Freund von Revolutionen, dichtete dazu:

»Warum denn wie mit einem Besen
Wird so ein König hinausgekehrt?
Wärens Könige gewesen,
Sie stünden alle noch unversehrt.«

Dennoch war diese Julirevolution eine epochemachende Angelegenheit, die einen Zeitabschnitt bedeutete. Man hat sie oft als das wichtigste Ereignis der europäischen Geschichte des 19. Jahrhunderts angesehen, weil in ihr das Prinzip und die Methode der Revolution den Sieg errangen. Die von den herrschenden Großmächten so hoffnungsvoll begonnene Restauration schien damit endgültig zu Ende; die Reaktion blieb freilich und machte die verschiedensten Wandlungen durch. Aber Revolutionen wurden nun die Parole, bürgerliche Revolutionen, nationale, Aufstände aller Arten. Revolution und Revolutionserwartung wurden auch für den vorläufig noch auf der Schulbank sitzenden Karl Marx das Leitmotiv seines Lebens und seiner Arbeit. Die große Revolution, größer und besser selbst als die französische von 1789, die soziale Revolution allerdings, die er dann fast Jahr für Jahr erwartete und prophezeite, kam nicht, weder zu seinen Lebzeiten noch während des ganzen Jahrhunderts. Die Leichtigkeit und Schnelligkeit, mit der 1830 gesiegt worden war, hat dabei immer wieder vor Augen gestanden, wie nochmals gesagt sei.

Die Mächte der Heiligen Allianz, die bereits reichlich zerstritten waren, standen zunächst fassungslos vor den Pariser Tatsachen. Es wurde in der Tat, gemäß den beschlossenen Vereinbarungen von Verona und Laibach, an bewaffnete Intervention gedacht. Die unterblieb, aus Uneinigkeit der Alliierten. Vielfach verstanden die erlauchten Staatsmänner den Vorgang überhaupt nicht recht. Was war denn vorgegangen, daß sich die »wilde Volkskraft« wieder regte? Der Bourbonenkönig, sicher nicht sehr geschickt regierend und offenbar schlecht beraten, hatte doch im Grunde nur versucht, die konstitutionelle Regierung mit einer Kammer und einem Oberhaus auf den Stand zurückzuführen, der in den Ländern der Alliierten, von England und Rußland abgesehen, bestand. Er hatte eine gute und zahlreiche Armee zu seiner Verfügung, die soeben am Vorabend der Julitage den großen Erfolg der ersten Eroberung von Algerien zu verzeichnen hatte. Wahlen, allerdings bei streng auf die Besitzenden beschränktem Wahlrecht, fanden statt. Sie hatten, trotz dieser Beschränkung, die Regierung enttäuscht und in Wirklichkeit ihr eine schwere Schlappe beigebracht. Es war nur natürlich, so meinten die Hochmögenden, daß der König das nicht gut hinnehmen konnte. Er erließ vier Ordonnanzen, mit Kammerauflösung, strengster Zensur und erneuten Beschränkungen für die Wahlberechtigung. Das war alles. Und nun brach die Straße von

Paris los. Bürgerliche Politiker, wie der bekannte Historiker Thiers, Bankiers wie der sehr renommierte Laffitte nahmen sich der Sache an. Der Königsvetter Herzog von Orléans, Sohn des aus der großen Revolution berühmten oder berüchtigten Philippe Égalité, stand im Hintergrund und ließ sich mit einigem Sträuben herbeiholen. Der ratlose Karl suchte die Situation zu retten, indem er Louis Philippe zu seinem Statthalter ernannte und zugunsten seines Enkels abdankte. Der Orléans verkündete, ohne den Enkel oder seine Statthalterschaft zu erwähnen, die Abdankung der Kammer. Er wurde als »König der Franzosen« der »Bürgerkönig«, der sich unter die Trikolore stellte; Bankiers wie Laffitte und dann Casimir Périer wurden seine leitenden Minister. Das alles hätte eigentlich kaum Grund gegeben zu übertriebener Aufregung der Mächte. Aber da war die Tatsache, daß das Volk, die Straße diese Wendung herbeigeführt hatte. Damit war das »System Metternich« als des geistigen Führers der Restauration tödlich getroffen. Die Restauration war gescheitert.

Die Folgen der Julirevolution gingen weit über das hinaus, was zu Paris geschah, wo das »juste milieu« nun einzog. Eine erste veritable Revolution fand nun in Belgien statt, das die Weisheit der Allianz mit Holland zu einem Königreich der Niederlande unter dem Oranier Wilhelm vereinigt hatte. Der protestantische Norden und der katholische Süden verstanden sich schlecht. Beflügelt durch die Juliereignisse kam es in Brüssel im August zur Revolution: Eine Opernaufführung der »Stummen von Portici«, mit dem Führer der unterdrückten Fischer von Neapel, Masaniello, als Helden und sehr wirkungsvollen Marschmelodien Aubers, gab die Auslösung. Die belgische Revolution dauerte nicht nur drei glorreiche Tage; es gab Krieg mit Holland, die Großmächte, besonders England, mischten sich ein, Frankreich intervenierte. Das Endergebnis war die Gründung des neutralisierten Königreiches Belgien unter König Leopold, unter dessen relativ liberaler Regierung Marx dann später drei Jahre als Flüchtling in Brüssel lebte.

Das war die erste der nationalen Revolutionen. Im November folgte die Erhebung Polens, des sogenannten Kongreßpolens, das als nominell selbständiges Königreich in Personalunion mit Rußland seit 1815 verbunden war. Die Begeisterung für die Sache der Polen war groß in ganz Westeuropa, doch Hilfe kam nicht, und nach zwei

Jahren wurde Polen einem wie aus Ironie »organisches Statut« genannten Kolonialregime unter russischer Herrschaft unterworfen. Die polnischen Flüchtlinge, besonders in Paris, gehörten von da ab zu den wesentlichen Elementen der internationalen Emigration; polnische emigrierte Offiziere haben auf allen revolutionären Schauplätzen des Jahrhunderts mit Auszeichnung gefochten.

In Italien kam es zu revolutionären Aufständen im Kirchenstaat und den Herzogtümern Parma und Modena mit ihren Herrschern aus habsburgischen Nebenlinien. Sie wurden sämtlich niedergeschlagen. Auch italienische Flüchtlinge stellten ihr Kontingent zu der europäischen Emigration in Paris und London; an der Spitze Giuseppe Mazzini, der als Flüchtling in London so vielfach mit Marx zusammentraf und zusammenstieß.

Und Deutschland? Die belgische Revolution hatte eine Zeitlang für die preußischen Behörden bedenkliche Sympathien im benachbarten Rheinland, die zu starken Militärmaßnahmen im Grenzgebiet führten. Eine einzige kleine, ja Miniaturrevolution, nur als Kuriosum der Erwähnung wert, fand in Braunschweig statt, wo auch der einzige erwähnenswerte Sturm auf das Schloß eines Herrschers und die Verjagung des jungen und recht miserablen Herzogs Karl verzeichnet werden kann – eine sehr dubiose Revolution, bei der neben dem Braunschweiger Volk auch, und nicht nur im Hintergrund, aristokratische Intriganten erheblich mitgespielt haben. Als der »Diamantenherzog« hat dieser Knabe Karl dann jahrzehntelang eine noch viel fragwürdigere Rolle mit seinem geretteten Millionenvermögen gespielt, das er allen möglichen revolutionären Bewegungen und Unternehmungen offerierte, um wieder auf seinen Thron zu gelangen. Auch bis ganz in die Nähe von Karl Marx ist er bei diesen Finanzierungsexperimenten gekommen.

Bedeutsamer war eine erste große Volksdemonstration in deutschen Landen, das »Hambacher Fest« vom 27. Mai 1832 in der bayrischen Pfalz. Das Versammlungsleben stand sonst unter scharfen polizeilichen Beschränkungen. Man zog nun unter Führung begeisterter Patrioten und Reformer – wie seinerzeit die Taboriten der hussitischen Revolution – auf die Berge und lagerte sich um die mächtige Schloßruine. Feurige Reden wurden gehalten, und sonst ging es bunt und festlich zu, die Bauern und ihre Frauen erschienen in den noch üblichen farbigen Trachten. Ein Redner, Dr. Wirth,

Herausgeber einer »Deutschen Tribüne«, plädierte für ein Bündnis des französischen, polnischen und deutschen Volkes und für eine künftige europäische Staatengemeinschaft. Schwarzrotgoldene Fahnen, das Symbol eines geeinten Reiches, wurden geschwenkt. Der hitzig auftretende Jakob Siebenpfeiffer forderte die europäische Sozialrevolution. Und es gab Stimmen, die vom »Losschlagen« sprachen. Wirth endete seine Kundgebung mit einem Fluch auf die Könige und dreifachem Hochleben der vereinigten deutschen Freistaaten. Er büßte dieses Wagnis mit zwei Jahren Gefängnis. Das Losschlagen war dann auf seiten der Behörden, auch andere »Hambacher« saßen im Gefängnis, manche flüchteten ins Ausland. Durch Bundesbeschlüsse des sonst so wenig tätigen Deutschen Bundes wurden Vereine und Versammlungen oder Volksfeste verboten, ebenso ominöse Kokarden oder Fahnen mit dem verdächtigen Schwarzrotgold. Die sogenannte »Demagogenverfolgung«, für die nach 1819 eigens eine Zentraluntersuchungsbehörde in Mainz geschaffen worden war, begann eine neue Epoche der Aktivität. Die Zensur wurde verschärft, das akademische Leben eingeschränkt, zahlreiche Professoren abgesetzt.

Das »Hambacher Fest« ist auch dadurch denkwürdig, daß einer der Lehrer von Marxens Trierer Gymnasium daran teilnahm. Auch die Schulen wurden kontrolliert. Man fand bei einer Haussuchung Abschriften der Hambacher Reden bei Direktor Wyttenbach. Dieser geriet damit in den Kreis der Verdächtigen, was die Behörden zu den schon erwähnten Maßregelungen veranlaßte und daraufhin den Abiturienten Karl Marx seinerseits zu einer kleinen politischen Demonstration.

Student in Bonn

Im Oktober 1835 bezog Karl Marx die Universität Bonn und blieb dort für zwei Semester. Die gesamte Familie verabschiedete ihn am frühesten Morgen vor dem Dampfschiff. Danach war Stille für drei Wochen. Marx ließ nichts von sich hören. Der Vater mahnte:

»Über drei Wochen sind verflossen, daß Du weg bist, und keine

Spur von Dir! Du kennst Deine Mutter und ihre Ängstlichkeit, und dennoch diese grandiose Nachlässigkeit. Das bestätigt mir leider nur zu sehr die Meinung, welche ich trotz Deiner mancher guten Eigenschaften hege, daß der Eigennutz in Deinem Herzen vorherrschend ist. Die Mutter weiß nichts von diesem Schreiben. Ich will ihre Ängstlichkeit nicht noch vergrößern, aber ich wiederhole es, es ist von Dir unverantwortlich.

Ich meinerseits kann abwarten – aber ich erwarte, daß Du umgehends die Mutter beruhigst.«

Der Sohn hat denn auch, jedenfalls diesmal, reagiert (seine Briefe an den Vater sind verlorengegangen), später auf viele ähnliche Mahnungen nicht mehr. Der Vater ist beileibe alles andere als ein Vatertyrann, vielmehr voll der größten Hoffnungen, mit vielen gutgemeinten Ratschlägen, die sämtlich nicht befolgt werden. Die ständige Sorge um die Gesundheit des Sohnes ist nur zu verständlich, denn schon am Ende des ersten Semesters erlebt Marx einen schweren Zusammenbruch, später dann, noch während des Studium erneut, und so fort bis ins hohe Alter. »Überarbeitung« heißt es, und der Vater meint einmal, »ein siecher Gelehrter ist das unglücklichste Wesen auf Erden«.

Was wir sonst von diesen Bonner Studiensemestern hören, klingt nicht nach Überarbeitung, sondern nach ganz fröhlichem und äußerst normalem Studentenleben. Marx belegt drei juristische Kollegs, dazu drei geisteswissenschaftliche: antike Mythologie bei Welcker, einer der Größen der Universität, Fragen über Homer beim alten August Wilhelm von Schlegel, der ebenfalls zu den Zelebritäten von Bonn gehörte, und neuere Kunstgeschichte bei Professor d'Alton; er erhält alle diese Vorlesungen mit »sehr fleißig« oder sogar »vorzüglich fleißig« testiert. Für das nächste Semester sind dann nur noch drei juristische Kollegs verzeichnet und eine Vorlesung von Schlegel über Properz.

Ansonsten tritt er in die Trierer Landsmannschaft ein und wird einer ihrer Vorsitzenden. Die Burschenschaften waren seit den Karlsbader Beschlüssen verboten, und politische Aktivität jeder Art stand weiterhin unter scharfer Beobachtung. Die Landsmannschaft trieb keine Politik. Sie trank, sang und randalierte oder schlug sich mit dem feudalen Corps Borussia, dem meist Adlige angehörten und bis in unsere Tage hinein auch die Hohenzollernprinzen, soweit sie in Bonn »studierten«. Der Vater gibt dem Sohn, sehr behutsam, zu bedenken, ob denn das Duellieren nicht zu vermeiden sei. »Es ist Achtung, ja Furcht vor der Meinung. Und welcher Meinung? Nicht grade immer der Besseren, und doch!!!! So wenig ist überall im Menschen Konsequenz ... Ich glaube, daß ein vernünftiger Mann sich leicht und mit Anstand darüber hinwegsetzen kann.«

Der Trierer Landsmannschafter schlägt sich jedoch und soll eine Narbe über dem Auge davongetragen haben. Auf ein ernsteres Duell deutet der Vermerk im Abgangszeugnis hin, wonach er angezeigt worden ist, »daß er verbotne Waffen in Köln getragen habe. Die Untersuchung schwebt noch.« Das wichtigste aber für ein solches Zeugnis, das ja auch als Personalausweis diente: »Einer Teilnahme an verbotener Verbindung ist derselbe nicht verdächtig geworden.« Und weniger wichtig, sondern eher das Übliche: daß er wegen »nächtlichen ruhestörenden Lärmens und Trunkenheit eintägige Karzerstrafe sich zugezogen hat«. Das wurde dem Brauch nach mit weiterem Lärmen und Zechen der besuchenden Kommilitonen gefeiert.

Ein Erinnerungsblatt vom Graphiker Levy-Elkan zeigt die Trierer Landsmannschaft vor dem »Weißen Roß« in Godesberg beim Frühschoppen und darunter das früheste Porträt von Karl Marx, noch ohne den Jupiterbart und mit kurzem Schopf.

Freundschaften hat Marx hier ebensowenig geschlossen wie auf dem Gymnasium. Verblieben ist ihm aber eine gewisse studentische Lust an Streichen, wie sie als Privileg der akademischen Jugend galten. Noch der reifere Mann und erklärte Führer der kommenden proletarischen Revolution verschmähte es nicht, mit den jüngeren Genossen eine Bierreise durch ein Dutzend Londoner Lokale in Tottenham Court Road zu machen, wie Liebknecht berichtet, der zeitlebens das Corpsbrüderband seiner Gießener Verbindung treulich beibehielt. Da wird, in immer ansteigender Bierlaune, mit den anderen Gästen in den Pubs erst freundlich diskutiert, dann zunehmend gereizt Politik getrieben. Die Engländer, »brave Spießbürger«, wie Liebknecht sie beschreibt, die sofort bemerkt hatten, daß es sich um deutsche Flüchtlinge handelte, »betrachteten es als ihre Pflicht, tüchtig auf die deutschen Fürsten und auf die russischen Junker zu schimpfen«, wobei sie noch Prussia und Russia verwechseln. Die deutschen Exstudenten fühlen sich plötzlich verpflichtet, auf die Engländer zu schimpfen, auf ihren Snobismus, Marx hält eine Lobrede auf deutsche Wissenschaft und Musik, die Engländer hätten gar keine Musik und stünden »im Grunde tief unter den Deutschen«. Liebknecht fügt noch hinzu, die politischen Zustände in England seien um kein Haarbreit besser als in Deutschland, »der einzige Unterschied sei, daß wir Deutsche wüßten, unser Staatswesen sei miserabel, und die Engländer wüßten es nicht, woraus erhellt, daß wir den Engländern in politischer Intelligenz überlegen seien«. Auch das beliebte Hohnwort vom englischen »cant« wird aufgefahren, bis die Engländer das »damned foreigners« fallenlassen, »die Köpfe erhitzten sich, Fäuste fuchtelten in der Luft, und wir waren vernünftig genug, den besseren Teil des Muts zu erwählen, und bewerkstelligten, nicht ganz ohne Schwierigkeit, einen passabel würdigen Rückzug«. Er will uns nicht so sonderlich würdig erscheinen; wir sehen an diesem Vorfall auch, weshalb von all den vielen internationalen Emigrantengruppen die Deutschen so ziemlich die unbeliebtesten waren. Um das erhitzte Blut etwas zu beruhigen, begannen Marx und seine Kumpanen einen Dauerlauf, einer stolpert über einen Haufen Chausseesteine und – »Hurra, eine Idee!« – nimmt einen der Steine auf und zerschmettert eine Gaslaterne. »Unsinn steckt an – Marx und ich blieben nicht zurück, und wir zerbrachen vier oder fünf Laternen.« Polizisten werden aufmerksam, Gegensignale ertönen, es beginnt eine wilde Jagd, und »Marx entwickelte eine Behendigkeit, die ich ihm nie zugetraut hatte«. Es gelingt ihnen, zu entkommen und nicht, wie seinerzeit in Bonn, wegen ruhestörenden Lärmens und Trunkenheit festgesetzt zu werden.

Es ist sicherlich keine sehr »würdige« Episode, aber sie läßt sich nicht übergehen. Besonders die grundsätzliche Überzeugung, die Deutschen seien doch im Grunde grenzenlos überlegen an politischer Intelligenz, gehört zum festen Bestand in Marxens Denken und muß sich selbst bei solchen späten »Studentenstreichen« äußern. Sehr viel problematischer hat sie sich nur zu oft in seinen Beziehungen zu den englischen Gewerkschaftsführern und Wissenschaftlern nahe benachbarter Geistesrichtungen ausgewirkt. Auch da ist häufig, wenn auch nicht im direkten Wortwechsel, dazu war man zu höflich, das »damned foreigner« unter den verachteten »Spießbürgern« ausgetauscht worden.

Der Studentenbegriff »Philister«, für Marx zeitlebens ein Kennwort und eine Charakterisierung für ihm unsympathische Leute, die nicht einmal Gegner zu sein brauchten, stammt aus der Bonner Zeit. Auch sonst verbleiben Marx studentische Ausdrücke aus jener Zeit. So auch das damals erst aufkommende studentische Modewort »famos« für forsch und flott – »das Wort famos ist jetzt modern und muß sooft als möglich angebracht werden«, schreibt der Dichter Franz Gaudy im Studienjahr des Karl Marx zu Bonn. Und so heißt es bei Marx noch im Alter, als er bei Appian über Spartakus liest: »ein famoser Kerl«.

Das Auffällige an diesen zwei Bonner Semestern ist das ganz normale und geradezu durchschnittliche Verhalten des jungen Marx. Man könnte natürlich, und viele haben das getan, immer die direkte Linie von einem Satz des Abiturientenaufsatzes zum Chef der Weltrevolution verfolgen und alles fortlassen, was retardieren könnte oder »ablenken« vom scheinbar vorgezeichneten Weg. Das aber ergäbe ein »unmenschliches«, weil konstruiertes Bild.

Marx stürzt sich keineswegs direkt von der Schulbank ins politische Treiben. Er beginnt zunächst ganz brav das mit dem Vater besprochene Rechtsstudium. Wenn der Erzeuger mahnt, so weil Karl die »Engelsmutter« und ihre Sorgen ignoriert und auch weil dem Justizrat das übertriebene Studieren, bei Nacht und unter Kerzenlicht womöglich, übertrieben erscheint, was sich noch wesentlich verstärkt, als Marx nach Berlin, der »Arbeitsuniversität« unter den deutschen Hochschulen, kommt. In Bonn macht er das übliche Studententreiben in einer der kleineren Universitäten mit, in denen die Herren Studiosi ganz ausgesprochen privilegiert sind und das ganze »Philisternest« schon rein wirtschaftlich davon abhängt, daß die künftigen Beamten und Funktionäre des Staates sich für die kurze »Fidelitas« ihrer Studienzeit wohl fühlen und später gerührt zurückdenken können: »Ach damals in Bonn, das war eine schöne Zeit.« Der Ernst des Lebens, so lautete die Formel, kommt noch früh genug an sie heran. Die Autoritäten der Universität greifen nur ein, wenn das Treiben etwas allzu munter wird, und auch dann nur mit der als besserem Ulk gehandhabten Karzerstrafe. Sehr viel ernster nehmen sie politische Fragen, denn noch ist die Zeit der »Demagogenriecherei« und der Karlsbader Beschlüsse; noch sitzen nicht wenige verhaftete junge Studenten und Revolutionäre auf Festung. Noch schweben Entlassungsverfahren gegen der Teilnahme an politischer Aktivität verdächtige Professoren. Der Bruder von Marxens Mythologie-Professor Friedrich Gottlob Welcker, Karl Theodor, hatte ein jahrelanges Verfahren wegen »demagogischer Umtriebe« als Bonner Professor der Rechte zu absolvieren, bei dem er allerdings am Ende freigesprochen und durch Berufung nach Freiburg im Breisgau zeitweilig in Ruhe gelassen wurde; lange dauerte sie nicht, denn schon 1832 wurde er auch dort seines Amtes enthoben. Dieser Welcker gehörte mit seinem Freunde Dahlmann zu den führenden liberalen Politikern der Vormärzzeit und wurde, wo immer er an Universitäten auftauchte, demonstrativ gefeiert. Er gehörte 1848 zur großdeutschen Linken der Paulskirche; einflußreich wurde er durch sein vielbändiges »Staatslexikon« von 1834/48, das er gemeinsam mit Professor Rotteck verfaßt hatte, dessen erste Bände während Marxens Bonner Studienzeit erschienen.

Ernst Moritz Arndt, der Sänger der Kampf- und Freiheitslieder der Kriegszeit, die schon in den ersten Kommersbüchern standen und in den frühesten Liederbüchern der Handwerker und Arbeiter, auch er, Professor in Bonn, wurde von den Demagogenriechern nicht verschont. Man enthob ihn seines Amtes, beschlagnahmte alle seine Papiere – es muß eine ganze Wagenladung gewesen sein, denn Arndt schrieb unermüdlich, gewichtige mehrbändige Werke über den »Geist der Zeit« mit rabiatem Franzosenhaß, Flugschriften, »Adressen«, Streitbroschüren und übrigens auch frühe geschichtliche Untersuchungen über die Rolle der Leibeigenschaft in Pommern und Rügen, wozu er als Enkel eines Leibeignen besonders qualifiziert war. Er war willkommen gewesen als publizistischer Mitarbeiter des Freiherrn vom Stein und wie die meisten der Reformer jener Zeit unwillkommen dann nach dem Kriege. Man konnte ihm nichts recht Belastendes nachweisen, außer daß er als Idol der akademischen Jugend galt, aber die Behörden hielten es für notwendig, ihn lahmzulegen. Erst mit dem Regierungsantritt Friedrich Wilhelms IV. wurde Ernst Moritz Arndt wieder rehabilitiert und konnte seine »Erinnerungen« veröffentlichen, die dem jungen Engels in einer seiner ersten Publikationen als Muster »markiger Sprache« galten, wie sie lange nicht gehört worden sei: »Lieber straff als schlaff! und mit ihrem ›männlichen Knochenbau‹ lieber als die schwammige Manier gewisser ›moderner‹ Stilisten.« Der junge Engels, noch Kaufmannslehrling in Bremen, sah den alten Arndt freilich nurmehr als den »treuen Eckart der Sage«, der die deutsche Jugend vor allem Franzosentum warnt. »Aber die wilden Jünglinge achten des alten Recken nicht... so hoch ihn alle schätzen, so genügt ihnen sein Ideal des deutschen Lebens nicht; sie wollen freieres Walten, vollere, strotzende Lebenskraft, glühendes, stürmisches Pulsieren in den welthistorischen Adern ...« Engels ist dabei selber noch stark beeinflußt von deutschen nationalen Gedanken und Wünschen; die zitierten Sätze schreibt er 1840, im Jahr der schärfsten Spannung zwischen Frankreich und Deutschland, nahe am Kriege, angesichts der französischen Forderungen nach der Rheingrenze. Und auch er stimmt damals ein in die Wünsche nach Rückgewinnung von Elsaß und Lothringen, die er 1871 dann so scharf verurteilt hat; er sieht sogar in der »Germanisierung des abtrünnig gewordenen Hollands und Belgiens eine politische Notwendigkeit für uns«, sagt allerdings, »auf der anderen Seite sind wir der Elsässer nicht wert, solange wir ihnen nicht das geben können, was sie jetzt besitzen. Ein freies, öffentliches Leben in einem großen Staate.« Der zwei Jahre jüngere Zeitgenosse und baldige unverbrüchliche Partner Marxens ist zu diesem Zeitpunkt wesentlich weiter vorgeschritten und »engagiert« in politicis als der Bonner Student.

Der denkt nicht daran, sich an der Politik zu beteiligen oder sich nur für sie zu interessieren. Das gute Leumundszeugnis der Universität ist durchaus berechtigt – und um so schwerwiegender, als die Aufsichtsinstanzen gerade in Bonn eine besonders genau zu kontrollierende »Unruhezelle« sehen. Sogar ein recht harmloses literarisches Kränzchen, an dem sich stud. jur. Marx beteiligte – was seinem Vater sehr viel sympathischer erschien als die Landsmannschaft und die Kneipen –, stand insgeheim unter polizeilicher Beobachtung, zumal solche Kränzchen Verbindungen zu literarischen Vereinen an anderen Universitäten unterhielten.

Karl Marx blieb gänzlich unbeachtet. Wenn man seine Papiere beschlagnahmt hätte, so wäre selbst dem strengsten Zensor nichts Verfängliches aufgefallen. Er sammelte deutsche Volkslieder, dichtete Lieder, Balladen, Romanzen, ganze Hefte und Bände; er schrieb sogar eine Sammlung für den Vater und die Familie daheim ab, und es ist das einzige Manuskript von seiner Hand, das sich sogar einer gewissen Schönschrift und sorgfältiger Anordnung befleißigt.

Marx hat sich später über diese Versuche nur lustig gemacht;

schon von Berlin aus hat er in einem großen Bekenntnisbrief an den Vater rücksichtsloser als alle Kommentatoren geurteilt: »Alles Wirkliche verschwimmt, und alles Verschwimmende findet keine Grenze ... breit und formlos geschlagenes Gefühl, nichts Naturhaftes, alles aus dem Mond konstruiert ...« Er billigt sich allenfalls »eine gewisse Wärme der Empfindung und Ringen nach Schwung« zu, sonst wird aus dem »Dichten« nur ein »Breiten«.

Der Mond ist hier der unvermeidliche Mond der Romantik, deren bekannte Formel die »mondbeglänzte Zaubernacht« des Dichters Tieck war, der übrigens schon im Lesebuch des Trierer Gymnasiasten neben noch anderen zeitgenössischen Dichtern vertreten war. Der Spielmann ist die beliebte Verkleidung, in der sich der Dichter Marx präsentiert; und verratene Liebe ist sein Thema, das er in fünfzig Strophen besingt. Sollen wir in diesem Spielmann, der so wild aufgeigt, daß des besorgten Vaters Bedenken über den Dämon seines Sohnes berechtigt erscheinen, autobiographische Züge erahnen? Der Satan, der »Schwarze«, hat ihn inspiriert und ihm das Hirn vernarrt:

»Der schlägt mir den Takt, der kreidet die Zeichen,
Muß voller, toller den Todmarsch streichen,
Muß spielen dunkel, muß spielen licht,
Bis Herz durch Sait' und Bogen bricht.«

Der Jugendliebe Jenny widmet er die ersten Gedichthefte. Marx schreibt emphatisch:

»Jenny! Darf ich kühne es sagen,
Daß die Seelen liebend wir getauscht,
Daß in eines sie glühend schlagen,
Daß ein Strom durch ihre Wellen rauscht.

Dann werf' ich den Handschuh höhnend
Einer Welt ins breite Angesicht,
Und die Riesenzwergin stürze stöhnend,
Meine Glut erdrückt ihr Trümmer nicht.

Götterähnlich darf ich wandeln,

Siegreich ziehn durch ihr Ruinenreich,
Jedes Wort ist Glut und Handeln,
Meine Brust dem Schöpferbusen gleich.«

Dies und ein anderes Gedicht, »Nachtliebe«, in dem der Liebende sein Liebchen vergiftet, nachdem er selber den tödlichen Trank getrunken, hat Marx dann in Berlin in der kurzlebigen Zeitschrift »Athenäum« als »Wilde Lieder« drucken lassen; es sind die ersten Publikationen und auch die letzten seiner Dichtversuche, die er ans Licht gegeben hat.

Niemand wird behaupten wollen, daß an Marx ein Dichter verlorengegangen sei, und es ist mir auch fraglich, wieweit sich aus diesen Experimenten, die sowohl sprachlich wie in metrischen Fragen so unsicher sind, zur Psychologie des Jünglings etwas gewinnen läßt. Sie gehören in jeder Beziehung zu dem damals Landläufigen, und charakteristisch für sie ist nur, wie sehr der Student der schon im Sterben liegenden Romantik seinen Tribut zollt. Das gilt nicht nur für seine Poesie. In der Literatur über Marx hat man die kleinsten und entferntesten Einflüsse sozialistischer Vorgänger auf das sorgsamste verfolgt, aber seltsamerweise eine so große und mächtige Strömung wie die Romantik fast unbeachtet gelassen. Sie reicht bei Marx noch bis in seine ersten selbständigen Entwürfe in den »Pariser Manuskripten« hinein, vielleicht stärker, als man es bis heute vermutet.

Poesie war damals in einem Ausmaß, das wir nicht mehr kennen, das allgemein benutzte Vehikel für Gefühle aller Art. Poesiealben waren Brauch in allen Familien. Jede erste Liebe mußte unweigerlich bedichtet werden, wie auch Marx das mit seiner Jenny tat. Die Eltern wurden liebevoll einbezogen. Man bedichtete die Lehrer und die Schulen, was Marx sich allerdings versagte. Jedes Familienfest, ob Geburtstag oder Hochzeit, jeder Todesfall wurde besungen. Die Landschaften wurden in lyrischen Stimmungen empfunden und auf Papier, meist mit Blumenranken umkränzt, festgehalten. Das ganze Heer der Landschaftsgeister, der Elfen, Gnomen, Nixen (dies die Themen von Marx' ersten Gedichtheften) zog ein und ersetzte die früheren Schäfer und Schäferinnen. Die Ritterwelt stand wieder auf in Balladen, und Marx wirft wie im Turnier der Welt herausfordernd seinen »Handschuh« ins Gesicht, als müßte er zu den Waffen greifen.

Man dichtete und sang mit einer Vehemenz, die uns verlorengegangen ist. Der singende Marx erscheint uns etwas fremd, aber auch dieser gehört ins Bild. Noch bei den beliebten Sonntagsausflügen mit seiner Familie und Freunden auf den Hampstead Heath wurde gesungen, das »O Straßburg, o Straßburg« und anderes Liedgut aus der deutschen Romantik, die erst angefangen hatte, Volkslieder zu sammeln, und in deren Heften der Student Marx sich gut auskannte. Liebknecht berichtet hierzu noch von einem charakteristischen Detail: Die jüngeren Genossen stimmen in Marxens Studierstube, wohl zur Erholung nach allzu anstrengenden Kollegs, deutschen Männergesang an und schmettern das Lied vom »jung jung Zimmergesell«, der dem Markgrafen sein Haus baut und mit der schönen jungen Markgräfin schläft. Marx hört im Nebenzimmer ein Geräusch und glaubt, eine der Töchter könne hereinkommen. Erschreckt interveniert er: »Nicht vor den Mädchen!« Er ist blaß oder rot bei dem Gedanken, daß seine Jenny oder Laura »dergleichen« hören könnten. Es geht ihm diese Haltung bequem zusammen mit seiner sonst in Männergesellschaft gern zum besten gegebenen Kenntnis französischer und anderer Pornographie und seinen fröhlichen Zoten, die er und Engels sich erzählen.

Um nochmals auf die Romantik zurückzukommen: sie war ja nicht nur Nixengeplätscher, Nacht- und Mondanbetung. Die berühmte romantische Ironie – die etwas anderes war als Marxens Ironie, die vor allem Überlegenheit des kritischen Geistes über seine irrenden oder (noch) blinden Zeitgenossen, einschließlich der Mitkämpfer, bedeutet – besaß ihr Wesen darin, die gesamte Wirklichkeit in freies Spiel zu verwandeln, in Dichtung oder poetische Deutung; Shakespeares »Wir sind aus solchem Stoff wie der zu Träumen« war ihr Vorbild. Daher auch die Anbetung des Traumes, die in neuerer Zeit in anderer Weise ihre Urständ gefeiert hat. Wenn Marx ebenfalls an einer entscheidenden Stelle seiner Frühschriften das Bild des Traumes verwendet, den bisher die Menschheit dunkel geträumt habe und der nun durch Bewußtsein in Tat umgewandelt werden müsse, so meint er im Grunde, sie habe bisher geschlafen und solle aufgeweckt werden, und zwar durch ihn. Wenn in der romantischen Ironie alle Illusionen aufgehoben werden sollen, so damit die Dinge, auch die leblosen Gegenstände, zum Gegenstand des freien poetischen Spiels werden, die mitreden und sich einmischen können.

Auch der Student Marx hat dieser romantischen Ironie seinen Tribut gezollt – in seinem Fragment eines humoristischen Romans »Scoorpion und Felix«, der in manchem wie eine Parodie auf spätere ernstere Thesen anmutet:

»Ich saß sinnend da, legte Locke, Fichte und Kant beiseite, ergab mich tiefer Forschung, zu finden, wie ein Waschschrank mit dem Majorat zusammenhängen möge, als es mich wie ein Blitz durchfuhr und Gedanke auf Gedanke tönend meinen Blick verklärte und eine Lichtgestaltung vor mein Auge trat.

Das Majorat ist der Waschschrank der Aristokratie, denn ein Waschschrank ist nur, um zu waschen. Die Wäsche bleicht aber, leiht also bleichen Glanz dem Gewaschenen. Ebenso versilbert das Majorat den ältesten Sohn des Hauses, leiht ihm also bleiche Silberfarbe, während es den andern Mitgliedern die bleiche romantische Farbe der Not aufdrückt ...

Gefunden, Stein der Weisen, gefunden!«

Dies Heureka kehrt dann bald wieder bei Marx, nur umgeformt ins Systematische, Gesetzmäßige und tödlich Ernste.

Nichts aber war den echten Romantikern ferner und geradezu verhaßter als alles, was System, Gesetz, Bindung hieß und womöglich zweckhaft oder gar nützlich sein sollte. Gerade damit waren sie jedoch dazu berufen, alles anzugreifen und für ihre »Zwecke« des freien Denkspiels und Dichtens zu verwenden, was sich sonst nur in streng geschiedenen Formen und Lehrgebäuden darbot, wie in Chemie, Physik, Mathematik, Recht und Menschenkunde. Sie erstrebten eine »Enzyklopädistik«, wie Novalis es nannte, denn der Dichter »kann alles brauchen, er muß es nur mit Geist amalgamieren; er muß ein Ganzes daraus machen«.

Auch Marx hat dieses Allesumfassenwollen, oder wenigstens Angreifenwollen, getrieben, und man kann darin sein romantisches Erbe nicht verkennen. Nicht übersehen aber darf man, daß es ihm dabei immer um den Zweck, den Nutzen bei allen scheinbar noch so entlegenen Gebieten geht, um die Brauchbarkeit für seine Thesen, die mit »Wirklichkeit« belegt werden sollen. Und so benutzt er auch schon, gänzlich unromantisch, in seinen »Pariser Manuskripten« ein ausführliches Zitat aus Shakespeare, um seine Thesen über das Geld als die »sichtbare Gottheit, die Verwandlung aller menschlichen und natürlichen Eigenschaften in ihr Gegenteil, die allgemeine

Verwechslung und Verkehrung der Dinge ... die allgemeine Hure, der allgemeine Kuppler der Menschen und Völker« mit einer großen und verehrten Autorität zu belegen. Es ist ihm dabei gleichgültig, daß Timon von Athen spricht, der Menschenhasser, eine der Gestalten in Shakespeares gewaltigem Repertoire. Der Dichter oder Philosoph kann eben »alles brauchen«, wie es bei Novalis heißt. Und so als Gebrauchslyrik, Gebrauchsepik, Gebrauchsdichtung ganz generell hat Marx dann überhaupt die gesamte Welt der Poesie verstanden und gewertet.

Für seinen Bildungshorizont war die Weltliteratur, die von der Romantik erst im großen Stil erschlossen wurde, kein bloßes Wort. Shakespeare stand dabei an der Spitze und wurde zum literarischen Hausgott der Familie Marx. Marx selber las ihn in der Schlegelschen Übersetzung, die Töchter, in England aufgewachsen, schon im Original, und regelmäßige Shakespeare-Abende und Lesungen gehörten später im Hause Marx zur Tradition. Daneben stand Dante. Marx hielt sich ganz an die Großen und folgte darin dem Beispiel seines Bonner Lehrers August Wilhelm Schlegel. Dem warfen schon die Zeitgenossen vor, er habe es sich bei seiner Literaturgeschichte doch etwas leicht gemacht und sich ausschließlich an die großen und ragenden Gipfelgeister gehalten und die »sandigen«, weiten Stellen und Strecken beiseite gelassen, die doch auch vom Forscher und Kritiker berücksichtigt werden müßten. Das mag für den akademischen Betrieb gelten, der auch beim Waten durch den Sand seine Funde macht; daß aber das großzügige und weite Ausgreifen der Romantik zunächst einmal die weite Welt der Völker und Literaturen bis zu den Indern erschloß, ist ihr überragendes und bleibendes Verdienst. Und diese erste wahrhafte Internationale, die in den frühen Anfängen schon mit Herder und seinen »Stimmen der Völker« begann, ist unaufhaltsam gewachsen und besteht noch, trotz aller Hindernisse. Es ist beileibe kein Zufall, daß eine Übersetzung, die des Schlegelschen Shakespeare, die größte und am stärksten wirkende Leistung der deutschen Romantiker war, und daß Schlegel, schon rein sprachlich, damit den Klassikern an die Seite getreten ist.

Wir wollen die zwei Bonner Semester nicht überschätzen, aber daß Marx diesen Mann als Lehrer hatte, auch nicht gering achten. Noch der weißhaarige Dr. Marx hat auf der Kurpromenade in

Karlsbad zu einem aufmerksamen Zuhörer von seinem Erleben der Romantik gesprochen und wie er als »schwarzlockiger enthusiastischer Geselle« zu Schlegels Füßen saß, von Bettina von Arnim und Heine, der das »letzte freie Waldlied« der Romantik sang, seinen »Atta Troll«.

Heine hatte ebenfalls, eine Generation zuvor, in Bonn zu Schlegels Füßen gesessen und von dem großen Sprachmeister wesentliche Förderung bei seinen ersten Dichtversuchen erfahren. Er bedankte sich, besonders für die Belehrungen über Metrik und strenge Formgebung, mit einem ganzen Sonettenkranz und stellte in einem seiner ersten Feuilletons Schlegel neben Goethe, die er als »unsere zwei größten Romantiker« bezeichnete. Wir verdanken Heine auch, sehr viel später geschrieben und mit Spottvogeltönen, aber unverkennbarer Hochachtung, die plastische Beschreibung jener Schlegel-Kollegs, die sich sehr von dem unterschieden, was sonst an deutschen Universitäten stattfand. Im großen Universitätssaal wurde vorgetragen, und auch andere Professoren, Beamte, Mitglieder der Bonner Gesellschaft erschienen zu der Veranstaltung, die als Ereignis galt und bei Wachskerzenlicht einen vornehmen Weltmann in ausgewählter Kleidung präsentierte. »Sein Äußeres«, so Heine, »gab ihm wirklich eine gewisse Vornehmheit. Auf seinem dünnen Köpfchen glänzten nur noch wenige silberne Härchen, und sein Leib war so dünn, so abgezehrt, so durchsichtig, daß er fast aussah wie ein Sinnbild des Spiritualismus. Er war, mit Ausnahme des Napoleon, der erste große Mann, den ich damals gesehen, und ich werde nie diesen erhabenen Anblick vergessen. Noch heute fühle ich den heiligen Schauer, der durch meine Seele zog, wenn ich vor seinem Katheder stand und ihn sprechen hörte.« Der Spötter Heine vergißt nicht zu erwähnen die Glacéhandschuhe, den Rock nach neuester Pariser Mode, das Parfum und die gelegentlichen Beiseites, so wenn Schlegel vom Lordkanzler von England sprach und »mein Freund« hinzusetzte, den Lakaien in Livree, der die Wachslichter zu Häupten des Wundermannes zu putzen hatte.

Gewiß, Schlegel war eitel, und der kleine Spiegel, in dem er sich zu kontrollieren pflegte, gehörte auch zu den typischen Attributen der Romantik. Der enorme Eindruck jedoch verblieb auch bei solchen Arabesken um eine große Gestalt.

Diese wird noch zarter und durchsichtiger geworden sein, als

Marx sie sah und hörte, aber der Eindruck dürfte nicht viel anders gewesen sein als bei Heine. Und wenn der Student Marx, wie in seinen Briefen an den Vater angekündigt, eine Weile daran dachte, doch ein großer Kritiker, zunächst für das Theater, zu werden, so mag ihm das Bild Schlegels dabei verführerisch vor Augen gestanden haben, der nicht nur von seinem Freund, dem englischen Lordkanzler, sprechen, sondern auch darauf hinweisen konnte, daß er gerade Beiträge für das »Journal des Débats«, die »Revue des Deux Mondes« in Paris und die »Philosophical Transactions« in London veröffentlicht habe und derzeit eine Sammlung seiner französischen Essays vorbereite. Kurz, das war ein »Literator«, wie es damals hieß, von internationalem Rang und Stil und konnte schon ein Vorbild abgeben.

In unserem Abgangszeugnis aus Bonn für den stud. jur. Marx möchten wir daher vermerken, daß außer den herkömmlichen Jugendstreichen und bravem Kolleghören doch schon eine sehr wesentliche Erweiterung seines bislang noch recht provinziellen Horizontes eingetreten war, und die ist ihm zeitlebens geblieben. Im Gespräch hat Marx immer ganz besonderen Eindruck gemacht durch die Weite seines Wissens und seiner Bildung und nicht so sehr durch seine überlegenen Kenntnisse in Sachen Ökonomie. Professor Schlegel, mit all seinen Eitelkeiten, hat zu dieser Bildung beigetragen, und ebenso die tiefe Kenntnis der Romantik, von der er mit Vorliebe sprach, wie der Wiener Journalist am Karlsbader Sprudel Anno 1875 berichtete, der den zwar bedeutendsten, aber damals noch wenig bekannten Sozialisten einem größeren Publikum interessant zu machen hatte. Im Wiener journalistischen Stil und mit den dafür obligaten Phrasen, aber dennoch stark beeindruckt beschreibt er Marxens Wirkung: »Ein Mann von ungewöhnlicher Bildung, die gleichmäßig in die Tiefe wie die Breite geht ... er spricht leicht und gefällig und doch mit künstlerischer Vornehmheit, und das treffende Wort, das veranschaulichende Bild, der blitzartig erleuchtende Witz, sie sind ihm stets bereit«. Der Journalist spart nicht mit Phrasen wie »fesselnder Erzähler ... geistvoller Causeur ... blendender Dialektiker« und vergißt nicht, für ein großstädtisches Badepublikum anzumerken, daß er ihm doch kaum geeignet erscheine, die »schweren Barren seines Wissens in die Verkehrsmünze der Menge umzusetzen, Massen aufzuwühlen und zur Tat zu begeistern«. Er sei unstreitig mehr Philosoph als Mann der Tat.

Es ist schade, daß wir keine besseren Berichte über Marx als Gesprächspartner haben als dieses Feuilleton, in dem noch in fernem Nachklang Schlegels Beispiel fortzuleben scheint.

Es sollte aber nun etwas konsequenter gearbeitet werden, und Berlin war als nächste Universität vorgesehen, vom Vater und wohl auch vom Sohne selber, dem die Trierer Landsmannschaft schon etwas abgestanden geschmeckt haben wird.

Berliner Luft

Bevor wir uns dem Berliner Studenten Marx widmen, wollen wir einige Streiflichter auf Berlin und die Universität werfen, deren »Luft« Marx nun umgab.

Die »Streusandbüchse«, wie die Mark Brandenburg liebevoll spöttisch von den Berlinern genannt wurde, hatte sich als ungemein fruchtbarer Kolonialboden erwiesen. Das mag mit dem trockenen Sand der Mark sein besonderes Bewenden gehabt haben, der gierig den Zufluß der Menschen aufsog und die geistigen Kräfte, die sie ihm zutrugen. Eine bunte internationale Gesellschaft hatte sich hier schon früh eingefunden. Aus Polen waren sie gekommen, aus Skandinavien; Holländer, Böhmen und Franzosen stießen auf die große Zahl derer, die aus dem Westen und Süden Deutschlands in Richtung Osten aufgebrochen waren. Das war nicht immer so in diesem ursprünglichen »Wenden«-Land, dessen slawisches Erbteil einging in jene Völkermixtur; ein Element, das Bismarck übrigens später als essentiell für die Regierbarkeit eines Landes begrüßte. Es hatte entschlußfreudiger Kolonisatoren vom Schlage eines Großen Kurfürsten oder der nachfolgenden Könige erst in und dann von Preußen bedurft, um in diesem Landstrich mit seiner arg dezimierten Bevölkerung – 900 Berliner Haushaltungen wurden am Ende des Dreißigjährigen Krieges noch gezählt – den nachmaligen preußischen Staat entstehen zu lassen.

Freizügige Behandlung der Glaubensfrage war eine Trumpfkarte, die stach. Das Edikt von Potsdam 1685 garantierte den aus Frankreich geflüchteten Hugenotten eine Freiheit, die Ludwig XIV. ihnen verweigerte. Diese große Bewegung von Frankreich her brachte einen Zustrom von 20000 Köpfen, allein in Berlin ließen sich 7000 Flüchtlinge nieder. Es waren nicht die schlechtesten Vertreter aller Stände ihrer Heimat, und ihr Wissen, ihre Hand- und Kunstfertigkeit wurden zur friedlichen Beute des aufnehmenden Landes.

Auch ihr geistiges Gepäck sollten wir nicht gering anschlagen, und die typische ironische Haltung des Berliners und sein Mutterwitz werden, nebenbei bemerkt, zu einem guten Teil von französischem Esprit belebt. Eine Weltberühmtheit wie Leibniz wurde 1700 in die Stadt geladen, und dieser gründete hier die Akademie der Wissenschaften.

»Menschen achte ich vor den größten Reichtum«, ist das Motto von Friedrich Wilhelm I., er will bewußt »peuplieren«. Ein erneuter Zustrom, vor allem böhmischer und Salzburger Protestanten, erfolgte. Rasanter Bevölkerungszuwachs machte größere Bauvorhaben unumgänglich, und mit drakonischen Befehlen zwang der König den Adel und die hohe Beamtenschaft, sich an der Erweiterung der Stadt zu beteiligen. Noch hatte sich kein Patriziat gebildet, noch war das bunte Gemisch der Bevölkerung nicht zusammengewachsen, aber das vielfältige Gut an Gedanken und Vorstellungen, das die zahlreichen Gruppen und Grüppchen mitbrachten und das sich mit dem Bestehenden mischte, erzeugte eine Offenheit, ein spezifisches geistiges Fluidum, das für die Stadt bestimmend werden sollte.

Dieser Prozeß machte verschiedene Entwicklungsstufen durch. So erlitten die kulturellen Anstrengungen zeitweilig auch erhebliche Rückschläge durch den Primat des Militärs, der sich gemeinhin mit dem Namen Preußen verbindet; unter dem großen Friedrich aber gelang das Kunststück, zu Zeiten stärkster militärischer Machtentfaltung und Konsolidierung des Staates durch Annexionen großer Gebiete sich von der fortschrittlichen geistigen Strömung der Zeit erobern zu lassen. Die Aufklärung fand nicht zufällig in Berlin eine Heimstatt, denn nirgends sonst in Deutschland war die Atmosphäre des Denkens bereiter, dieses Gedankengut aufzunehmen. Die Aufklärung ging entschieden in die Tiefe, sie wurde nicht nur von Philosophen und Akademielehrern debattiert, sie wandelte den Alltag. Die Berliner machten aus ihr eine Lebensform. Das brachte verstärkt Toleranz im allgemeinen Umgang mit sich und ermöglichte unter anderem den jüdischen Mitbürgern, angesehene, wenn auch nicht führende Stellungen im öffentlichen Leben einzunehmen. Der Philosoph Moses Mendelssohn, dessen Haus zu einem bedeutenden gesellschaftlichen Treffpunkt wurde, ist für diesen Wandel ein Beispiel.

Berlin, nie geliebt, allenfalls in ironischer Distanz von den Berlinern selbst, wurde nun eine Großstadt und konkurrierte mit Wien. Mit der Kultur, Eleganz und der Architektur der Donaumonarchie konnte es sich nicht messen; aber es setzte eine enorme Vitalität und bisher ungekannte Dynamik frei. Naturwissenschaft und Philosophie prägten ein neues Lebensgefühl. Wir wollen nicht vergessen, daß in Berlin nicht nur exerziert wurde – dies geschah vorwiegend in Potsdam –, und nicht nur die Leutnants und Fähnriche dominierten beim Flanieren Unter den Linden. In Berlin wurde sehr viel und sehr gute Musik gemacht, es sei hier nur an Mendelssohn und Weber erinnert; es wurde sehr gut gebildhauert, gemalt, gestochen und gezeichnet. Der getaufte Hitzig, ehemals Itzig, konnte in seinem »Gelehrten Berlin« eine recht stattliche Liste bekannter und verdienter Gelehrter zusammenstellen. Die Berliner Luft war – und ist – dank dem trockenen Sand der Mark und dem Ausgleich durch die vielen Seen eine sehr eigentümliche und produktive Luft und der Berliner ein kritischer Menschenschlag, witzig, scharf, respektlos und damit höchst fördernd für alles, was neu und originell war oder sein wollte. Das behaglich Phäakenhafte der Wiener hat es hier nie gegeben. »Ein verwegener Menschenschlag«, bemerkte Goethe während seines Besuches in der Stadt. Aus dieser Sphäre erwuchsen dem ohnmächtigen, von Frankreich überrannten Staat die Kräfte für einen Neubeginn, da die militärischen Tugenden, auf die man sich lange Zeit so viel zugute gehalten hatte, vor dem Geschützfeuer Napoleons in Rauch aufgegangen waren.

In den anschließenden Reformen, nach ihren Schöpfern Stein und Hardenberg benannt, griff Preußen auf seine Fähigkeit zurück, überragende Köpfe heranzuziehen, sie zu assimilieren oder für sich zu organisieren. Diese Tradition bewährte sich, und so fanden sich in ganz überwiegendem Maße Männer, die von außen dazustießen, die den Antrieb der neuen Entwicklung bildeten, ihr die Richtung wiesen; die man wirken ließ, um überhaupt erst einmal wieder hochzukommen. Preußen, und so Berlin, erhielt sich darin seine Eigenheit als Kolonialland.

1809 wurde Wilhelm von Humboldt preußischer Unterrichtsminister und mit der Gründung der Berliner Universität beauftragt. Der Staat müsse durch geistige Kräfte ersetzen, was er an physischen verloren habe, war das Gebot der Stunde. Als nach nur einem Jahr der Lehrbetrieb aufgenommen werden konnte, stellte sich die neue Hochschule mit erster Garnitur vor: Schleiermacher, Fichte, Wolf, Niebuhr waren dem Ruf gefolgt, K. F. Eichhorn, Reil, Hufeland und Savigny. »Was im Menschen gedeihen soll, muß aus seinem Innern entspringen, nicht von außen ihm gegeben werden ... Der höchste und letzte Zweck jedes Menschen ist die höchste und proportionierlichste Ausbildung seiner Kräfte in ihrer individuellen Eigentümlichkeit. Die notwendigen Bedingungen der Erreichung derselben: Freiheit des Handelns und Mannigfaltigkeit der Situationen« – unter diesen Aspekten begann Humboldt seine Aufgabe zu verwirklichen. Als entschiedener Individualist war er überzeugt, daß der Staat bei der Bildung des Menschen »immer hinderlich ist und die Sache ohne ihn unendlich besser gehen würde«. Zwar ist der Mensch »für sich allein nichts«, aber vom freiwilligen Verband der Individuen erhofft sich Humboldt die Wirkungen, deren die Nation bedarf. So steht eine vom Staat weitgehend unabhängige, gewissermaßen eine Privatuniversität, auf seinem Programm. Finanzielle Unabhängigkeit versucht er dem neu geschaffenen Institut durch Domänendotation zu sichern. National soll sie sein, keine Staatsuniversität, zum Besten Deutschlands, nicht allein Preußens. Dieser große Plan traf zunächst auf eine sehr dürftige Realität. Man sah sich anfänglich sogar außerstande, die anstehenden Gehälter der Lehrer aufzubringen.

Im Grunde unpolitisch, vertraute Humboldt auf den Geist: Unter den Fittichen der Philosophie sollten alle Disziplinen geeint und somit allumfassend wirken. Auch auf diesem Terrain stand man in krassem Gegensatz zu den Maßnahmen Napoleons, der die Universität durch Fachschulen ersetzte, die ihm die nötigen Spezialisten lieferten. Fichte wurde an die Spitze der philosophischen Fakultät gestellt. Der alte König ließ ihn, sogar mit seiner Unterschrift, nach

Berlin berufen. Fichte war in Jena im »Atheismusstreit« unmöglich geworden, und der dortige Kultusminister Goethe konnte und wollte ihn nicht schützen. Nun aber zog ihn der preußische Kultusminister heran, als es galt, mit den besten Köpfen, die zu finden waren, ans Werk zu gehen, auch wenn gegen sie von beschränkteren Gemütern Einwände erhoben wurden. Friedrich Wilhelm entgegnete nur, wer mit dem lieben Gott in Feindseligkeit begriffen sei, solle das mit ihm abmachen, »mir tut das nichts«.

Fichtes Entwurf für die Universität sah vor, überhaupt alle Fakultäten, die mit der Praxis zu tun hatten, auszuschließen; Fachinstitute standen in Berlin für diese Zwecke ja bereit. Geplant war von ihm nur die philosophische Fakultät mit universellem Zugriff, die natürlich von der Lehre Fichtes bestimmt zu sein hatte. Humboldt hat denn auch genug geklagt über seine Mühe mit den Professoren, »dieser unbändigsten und am schwersten zu befriedigenden Menschenklasse mit ihren ewig sich durchkreuzenden Interessen, ihrer Eifersucht, ihrem Neid, ihrer Lust zu regieren, ihren einseitigen Ansichten ... Gelehrte dirigieren ist nicht viel besser, als eine Komödiantentruppe unter sich zu haben.«

Lehrfreiheit sollte herrschen und Lernfreiheit; entsprechend gab es keinen Lehrplan, auch keine Zensur für die Professoren. Neu war der Gedanke der dynamischen Weiterentwicklung, der Produktion der Wissenschaft, nicht der aufsammelnden und aneinanderreihenden Tradition des Wissens. Daraus entstand der bekannte Grundsatz von Forschung und Lehre. Daher auch das veränderte Verhältnis von Lehrer und Schüler: Sie sind Mitarbeiter derselben Aufgabe. »Heran, heran ihr mutigen Gesellen, nicht Schüler seid ihr, ihr seid uns Gefährten. Wir sind der Fahrt erfahrne Männer nur«, so klang es in Brentanos Gründungskantate. Unüberhörbar waren auch die nationalistischen Töne, die darin mitschwangen und den »Erhalter, Gründer« als »deutschen« König feierten. Dazu kamen die Begleitmusik der romantischen Partei, der Clique in den Berliner Abendblättern, und patriotische Klänge von Kleist, Arnim und Adam Müller. Das wiederum wurde angesichts des französischen Militärs den »Regierenden« zu brenzlig, Feier und Aufführung fanden nicht statt, Kleists Artikel dazu durfte nicht erscheinen.

1817 wurde der Freiherr vom Stein zum Altenstein an die Spitze des neuen Ministeriums für die Geistlichen-, Unterrichts- und Medizinalangelegenheiten gestellt. Ein energischer Mann, kein Philosoph, der manches rückgängig machte, was Humboldt – nur gedacht hatte. In seiner Stellung als unabhängiger Reichsfreiherr konnte er sich sicher fühlen, dem König gegenüber, aber auch den Professoren. Er holte Hegel im nächsten Jahr nach Berlin, wo Hegels Dialektik geprägt und weiterentwickelt wurde. Später setzte Altenstein auch die »Hegelanten« durch und damit den aufgeklärten Beamten, aufgeklärt auch gegenüber der schon erstarrten Aufklärung. Gewiß ist es Unsinn zu behaupten, daß der »preußische Staat« wesentliche Züge von Hegels Philosophie angenommen hätte. Hegel war hauptsächlich ein Schmuck, eine damals, da Preußen noch sehr schwach war und sich eben erst von der drohenden völligen Zerschmetterung erholte, für nützlich und notwendig gehaltene Bestätigung, daß Preußen überhaupt ein Staat sei, was manche, so im Rheinland, bezweifelten.

Hegel stand in der Reihe der Reformer, der »Jakobiner«, die man wirken ließ. Das schwache, noch an allen Gliedern zitternde Preußen ließ ihn dozieren, das starke Preußen verzichtete auf Kathedergrößen zu seiner Rechtfertigung.

Bis 1838, dem Jahr seiner Entlassung, hielt Altenstein das Geschick der Universität in seinen Händen. Bedeutende Namen sind mit diesem Zeitraum verknüpft, die in ihren Disziplinen Umwälzendes leisteten, darunter der bekannte Philologe August Böckh, der Geograph Karl Ritter, der Psychologe Beneke, Eduard Gans, Friedrich Adolf Trendelenburg, der in Anlehnung an Aristoteles ein eigenes logisch-metaphysisches System entwickelte, im Gegensatz zur formalen Logik der Kantianer und der dialektischen Methode Hegels.

Ein weiter Weg war von Bonn nach Berlin zurückzulegen, und der junge Student Karl Marx konnte nur ganz unvollkommen wissen, was in dieser Stadt gelehrt wurde und wes Geistes die Lehrer waren. Er wußte, und sein Vater wußte, daß in Berlin »gearbeitet« wurde, ernster, strenger, und daß bekannte Größen der Wissenschaft dort am Werke waren. Von deren Eigenart, geschweige der politischen Bedeutung ihrer Lehren, dürfte er in Bonn und Trier schwerlich mehr als hier und da ein flüchtiges Wort vernommen haben.

Der achtzehnjährige Karl Marx reiste im Herbst 1836 nach Berlin, um dort sein juristisches Studium, im Einverständnis mit seinem Vater, weiterzuführen und womöglich zu beenden. Das Einverständnis des Vaters mußte übrigens ausdrücklich und schriftlich gegeben werden. Karl Marx war inzwischen heimlich verliebt und verlobt – es sollte eine siebenjährige »Brautzeit« für die vier Jahre ältere Jenny von Westphalen werden! Es wurde auch ein erheblich längeres Studium, als ursprünglich vorgesehen war, und nur sehr zu Anfang ein Studium der Rechte und der Kameralwissenschaft. Das wurde ziemlich bald zurückgestellt und dann gänzlich aufgegeben, wie überhaupt das akademische Studium an der Universität. Marx studierte auf eigene Hand oder Faust und wandelte sich vom angehenden Juristen zum Philosophen – das große und ihn für ständig prägende Erlebnis war die Philosophie Hegels. Er blieb in Berlin bis zum März 1841, noch lange über den Tod seines Vaters hinaus, der im Mai 1838 starb, und damit fanden seine Bindungen an die elterliche Familie und das Vaterhaus, die ohnehin schon stark gelockert waren, endgültig und ein für alle Male ihren Abschluß.

Gegen Ende der Berliner Zeit arbeitete er an seiner Dissertation über ein Thema aus der antiken Philosophiegeschichte, und zwar über die »Differenz der demokritischen und epikureischen Naturphilosophie«, die als Vorspiel für eine Gesamtdarstellung der Zyklen der epikureischen, der stoischen und der skeptischen Philosophie des Altertums angekündigt war. Er legte die Arbeit aber nicht in Berlin vor, sondern sandte sie mit der Post an die Universität Jena, die ihm, ohne seine Anwesenheit zu einem mündlichen Examen zu verlangen, nach einer lobenden Würdigung durch den zuständigen Professor die Promotionsurkunde unverzüglich, nach Bezahlung der Gebühren von 160 Talern, wiederum durch die Post zusandte.

Der junge Doktor der Philosophie machte sich Hoffnungen auf eine Dozentur für Philosophie in Bonn, aber die Doktorpromotion in absentia sollte das Ende jeder Bindung an die offizielle akademische Welt bedeuten, wie sich bald herausstellte. Sie wurde auch der Abschluß für jede weitere Aussicht auf eine übliche »Karriere« im Sinne seines Vaters oder auf überhaupt eine landläufige »Laufbahn«. Für das, was Dr. Marx dann wurde, bildete der Berliner Aufenthalt von viereinhalb Jahren jedoch eine der entscheidenden Etappen, so vielfach gewunden und unentschieden, ja auch abwegig er sich uns präsentiert. Es kommt dabei hindernd hinzu, daß fast keine Epoche in Marxens Leben so dürftig dokumentiert ist wie diese, und ich sehe davon ab, die Lücken durch Mutmaßungen auszufüllen und besonders durch Informationen über die sozialen Zustände Berlins zu ersetzen, von denen Marx, soviel wir dokumentarisch wissen, nur die allergeringste Notiz nahm. Er war mit »Selbstfindung« beschäftigt, nicht mit den Nöten oder Bedürfnissen der Allgemeinheit, geschweige denn des Proletariats, ein Wort, das zu dieser Zeit noch gar nicht bei ihm vorkommt.

Die Reise von Trier, wo die Braut Jenny zurückblieb, dauerte mit der Postkutsche eine gute Woche; eine Eisenbahn gab es damals erst zwischen Berlin und Potsdam, den beiden königlichen Residenzstädten. Der junge Student hatte während der Reise reichlich Zeit, sich umzuschauen und nachzudenken. Er sah sich jedoch kaum um. »Als ich Euch verließ«, so schreibt er erst nach einem Jahr, in dem einzigen, großen Bekenntnisbrief jener Zeit, der erhalten ist, »war eine neue Welt für mich entstanden, die der Liebe, und zwar im Beginne sehnsuchtstrunkener, hoffnungsleerer Liebe. Selbst die Reise nach Berlin, die mich sonst im höchsten Grade entzückt, zur Naturanschauung aufgeregt, zur Lebenslust entflammt hätte, ließ mich kalt, ja sie verstimmte mich auffallend, denn die Felsen, die ich sah, waren nicht schroffer, nicht kecker als die Empfindungen meiner Seele, die breiten Städte nicht lebendiger als mein Blut, die Wirtshaustafeln nicht überladener und verdaulicher als die Phantasiepakete, die ich trug, und endlich die Kunst nicht so schön als Jenny.«

Nichts also von Naturanschauung oder auch von den Städten und Ländern, durch die er reiste, und es war eine ganze Reihe der verschiedensten Länder, ein halbes Dutzend aus der Musterkarte von 39 Staaten und Ländlein des Deutschen Bundes, nichts von Kunst. Es ist allerdings bei dieser Gelegenheit zu bemerken, daß Marx bei aller so weit ausgreifenden Wißbegier und Aufnahmefähigkeit zeitlebens nur ein äußerst geringes Organ für Naturanschauung, wie er es selbst nennt, gehabt hat, und auch für die Physiognomie von Städten, selbst solchen, in denen er lange gewohnt hat, während sein Freund Engels darin ganz anders geartet war. Erst der schon fast sterbende alte Marx, wie der Psychograph Künzli beobachtet hat, schreibt, schon stark erschüttert und angeschlagen, von seinem letzten Kuraufenthalt in Algier einige Sätze über Landschaft und

Leute wie mit einem jetzt erst erwachenden Gefühl dafür. Und von Berlin, daß er viereinhalb Jahre lang beehrte, hören wir nur ein paar spöttische Worte, ein Zitat nach Heine von dem schmutzigen Wasser der Spree, »das Seelen wäscht und Tee verdünnt«, oder daß er wie toll einmal in die Stadt rennt und »jeden Eckensteher umarmen« will, womit so ziemlich seine Kenntnis des Berliner Volkslebens umschrieben ist.

Er hatte als Rheinländer alle nur möglichen Vorbehalte gegen die preußische Hauptstadt, wenn auch nicht so ausgeprägt wie sein Freund Engels, der die Berliner nur »maulfrech« und im übrigen jämmerlich und ohne irgendwelche Milderungsgründe erbärmlich fand. Es hatte noch sein Bewenden damit, daß er nun »zu den Preußen« ging, was der am Rhein landesübliche Ausdruck dafür war, daß man seinen Militärdienst abzuleisten hatte. Der war, bei sehr strikt durchgeführter allgemeiner Wehrpflicht, für den Bürgerssohn zwar auf das Einjährigen-Jahr beschränkt, aber Marx gedachte keineswegs, dem Preußenkönig zu dienen, und auch seine Mutter war sehr besorgt, ihm die notwendigen Befreiungszertifikate von befreundeten Ärzten zu beschaffen, ebenso der Vater, und so ging diese Prüfung an ihm vorüber. Die Mutter, die ihm die Atteste des Trierer Hausarztes übersandte, schrieb dazu noch ausdrücklich, »wende alles an, um deine Dienst jaar zu entgehen du hast das volle recht dazu las dein augen übel nicht unbeachtet ...«.

Marx belegte, wie in Bonn, sehr korrekt juristische Kollegs, bei Savigny Pandekten, Kriminalrecht bei dem Hegel-Schüler Eduard Gans, dazu Anthropologie bei dem Norweger Henrik Steffens, was freilich nicht Anthropologie im späteren Sinne bedeutete, sondern romantische Naturphilosophie. Sie werden ihm auch als »fleißig« besucht testiert, von Gans sogar als »ausgezeichnet fleißig«, aber wir können nach dem, was Marx dann über seine Arbeiten im ersten Studienjahr selbst berichtet, nicht recht sehen, wieviel er davon profitierte, vielleicht abgesehen von Savigny, der als Haupt der »Historischen Schule« eine der Größen der Universität war und dessen imponierende Methode zur Erfassung des Positiven, geschichtlich Gewordenen, besonders im Römischen Recht, nicht ohne Wirkung auf ihn geblieben sein dürfte, wenn Marx auch bald gegen den Lehrer zu polemisieren und schon in seinen ersten Arbeiten als Publizist zu Felde zu ziehen begann.

Für die Arbeitsweise, die Marx ständig und mit der größten Hartnäckigkeit beibehielt, wurde Berlin die Grundschule. Diese Arbeitsweise ist so wesentlich auch für das Entstehen und Schicksal seiner Werke, daß wir schon jetzt etwas mehr darüber sagen wollen. Charakteristisch sind das zugleich völlig Erratische seines Arbeitens und seine »Methode«, die durchaus persönliche Karl-Marx-Methode, die sich nur verfestigt, aber kaum eine wesentliche Entwicklung durchmacht, obwohl das, was dann seine »Lehre« ausmacht, allerdings noch Wandlungen erfuhr. Die führen dann, je nach heutiger Auffassung, zum reifen (oder »endgültigen«) Karl Marx oder entfernen sich von »besseren« Gedanken des jungen Marx. Ich möchte keinen Zweifel daran lassen, daß ich solche Interpretationsversuche für verfehlt halte, nach beiden Seiten hin. Was heute als »endgültig« angesehen wird, ist eine historische Entwicklung, die zwar von Marx ausging, aber sich unter völlig veränderten geschichtlichen Zeitumständen entwickelte, die Marx nicht kannte noch voraussehen konnte; und nicht zuletzt unter dem mächtigen Impakt ganz anderer großer Persönlichkeiten, nach denen sie auch durchaus konsequent mit deren Namen (wie Lenin oder Mao) bezeichnet wird. Was den jungen oder »besseren« Marx anbelangt, so sind das Denkspiele und auch ernstere Bemühungen hoffnungsvoller Art, die jedoch über das akademische Stadium nicht hinausgekommen sind.

Wir befinden uns nun in Stralow und Berlin bei den ersten Anfängen. Das Erratische ist noch ganz dominierend. Der stud. jur. Karl Marx hat sich noch nicht einmal, wie etwa seine Mitabiturienten oder Mitstudenten, entschieden, was er werden will, obwohl der bewundernde Vater ihm alle Möglichkeiten freigestellt hat. Will Karl ein Dichter werden? Gut, meint der Justizrat, nur nicht ein kleines armseliges Poetlein! Will er die juristische Karriere wählen? Und welche? Als Anwalt, wie der Vater, oder als Richter, als Kameralist, gar als Universitätsdozent? Will er Theaterkritiker werden? Eine kunstkritische Zeitschrift herausgeben? Alles ist dem Justizrat recht, und er gibt nur einige praktische Winke aus seinem Erfahrungskreis dazu. Auch für einen angehenden Universitätlehrer kann es, so meint er, nur förderlich sein, wenn er sich durch einige gediegene Werke der schönen Literatur empfiehlt, weniger, wenn er versucht, sich in den Streit der juristischen Schulen und Lehrmeinungen zu mischen, wie es der Sohn gleich bei seinen ersten Studien ankündigt. Denn Karl entwirft unverzüglich nach Anhörung der Kollegs des ersten Berliner Semesters umfassende Systeme. Das erste, eine mit »Metaphysik des Rechts« getaufte Betrachtung über Grundsätze, Reflexionen, Begriffsbestimmungen und einem Teil über Rechtsphilosophie, wird alsbald verworfen. Ein zweites System folgt, »an dessen Schlusse ich abermals seine und meiner ganzen früheren Bestrebungen Verkehrtheit einzusehen gezwungen wurde«. Dazwischen liegen »Musentänze und Satyrmusik«. Seinen »Idealismus« – philosophisch verstanden –, »mit Kantischem und Fichteschem verglichen und genährt«, was so klingt, als hätte er deren Lehrgebäude bereits bewältigt, hat er hinter sich gebracht; er gerät dann dazu, »im Wirklichen selbst die Idee zu suchen«. Das ist nun ein Satz, der sich vorzüglich dazu eignet, herausgehoben und als Hinweis auf die künftige Entwicklung zitiert zu werden.

Worin aber sucht er die Wirklichkeit? »Ich hatte Fragmente der Hegelschen Philosophie gelesen, deren groteske Felsenmelodie mir nicht behagte.« Die Felsenmelodie soll eine Anspielung auf das morgendliche Tönen der »Memnonssäule«, der Kolossalstatue des Königs Amenophis im ägyptischen Theben, sein; ein Phänomen, das gerade damals von der beginnenden Ägyptologie diskutiert wurde. Das Steinbild gab bei Sonnenaufgang Töne ähnlich dem Klang einer zerspringenden Saite von sich; ein hübsches Symbol für den aufblühenden Hegelianismus.

Die wenigen Fragmente genügen Marx jedoch, um eine ganze Reihe von polemischen und satirischen Gedichten über Hegel aufs Papier zu werfen, die aus dem entnommen sind, was an Hegel-Polemik so umging:

»Worte lehr ich, gemischt in dämonisch verwirrtem Getriebe,
Jeder denke sich dann, was ihm zu denken beliebt ...
Alles sag ich euch ja, weil ich ein Nichts euch gesagt.«

Das dämonisch verwirrte Getriebe ist eher autobiographisch für Marx zu verstehen, der sich noch poetisch ausmalt:

»Wenigstens ist er nimmer geengt durch fesselnde Schranken,
Denn wie aus brausender Flut, stürzend vom ragenden Fels,
Sich der Dichter ersinnt der Geliebten Wort und Gedanken,

Und was er sinnet, erkennt, und was er fühlet, ersinnt,
Kann ein jeder sich saugen der Weisheit labenden Nektar ...«

Und nimmer geengt durch fesselnde Schranken geht es bis zu kaum eindeutig verständlichen Epigrammen, in denen all die nur eben an seinem Horizont auftauchenden philosophischen Systeme zusammenfassend abgelehnt werden:

»Kant und Fichte gern zum Äther schweifen,
Suchten dort ein fernes Land,
Doch ich sucht nur tüchtig zu begreifen,
Was ich – auf der Straße fand«,

wobei »Ich« zweifellos Hegel bedeutet, den bisher noch kaum Gelesenen.

Man kann das alles abtun als romantische Nachklänge oder, einfacher noch, als wildes Umsichgreifen des Zwanzigjährigen. Es sind jedoch Züge, die Marx keineswegs »überwinden« wird. Sie sind ihm ständig verblieben, und sie gehören, wie auch das Nichtfertigwerdenkönnen mit seinen Arbeiten, zu seinem Charakterbild. Positiv gesehen wäre es das Goethesche »Daß du nicht enden kannst, das macht dich groß«. Und wenn geklagt wird über das viele Unvollendete, so ließe sich sagen, daß schon die Fragmente so große Wirkungen gehabt haben wie nur möglich. Was aus der Welt geworden wäre, wenn das alles vollendet worden wäre, ist kaum auszudenken ...

Das fanatische, übertriebene Studieren bei Talglicht oder Funzel führte zu einem erneuten Zusammenbruch, oder nach neuerer Deutung zu einer der vielen »psychosomatischen« Krisen bei Marx. Er hatte auch in Berlin einen Leibarzt zur Hand, der ganz simpel und weise keine Medikamente verordnete, sondern lediglich etwas Pausieren im Lesen und Notieren sowie gesunden Landaufenthalt. Als Land galt schon das Fischerdorf Stralau an der Spree, Treptow gegenüber, damals noch mit der alten wendischen Endung Stralow geschrieben, wie so viele märkische Orts- und Familiennamen, was dann zusehends abnahm und schließlich amtlich verboten wurde. Stralow war für die Berliner bereits ein beliebter Ausflugsort geworden und verfügte über einige hübsche kleine Gasthöfe und Häuser, in denen man Gäste aufnahm. Marx, mit seinem opulenten Wechsel von 500 Talern, zu denen er noch Schulden zu machen verstand, wohnte in der Gastwirtschaft des Cafetiers Schulze am Spreeufer und erholte sich dort recht rasch, wie er dem besorgten Vater berichtete. Im Garten der Wirtschaft traf er sich mit seinen ersten Bekannten aus Berlin und disputierte. Die Philosophie und die Theorie ließen ihn nicht los. Vielmehr ergriffen sie ihn nun erst mit aller Gewalt, um ihn lebenslänglich nicht mehr loszulassen, vor allem die Philosophie Hegels oder, wie es damals spöttischer hieß, die »Hegelei«.

Denn Hegel selber war bereits vor sechs Jahren gestorben, hinweggerafft auf der höchsten Höhe seines Ruhmes und Einflusses von der großen Choleraepidemie von 1831, und unverzüglich begann der Spaltungsprozeß unter seinen Schülern und Verehrern, der dann der Einfachheit halber in die Hegelsche Linke und die Hegelsche Rechte aufgeteilt wurde. Die Anfänge der Hegelschen Linken wurden im Wirtsgarten zu Stralow gelegt: Es wurde dabei gut gegessen, gut getrunken und hitzig debattiert; der Student im ersten Berliner Semester brillierte offenbar schon beträchtlich und reihte sich mühelos unter die wesentlich älteren Genossen ein, die meist schon ihren Doktor gemacht oder jedenfalls ihr Studium abgeschlossen hatten und dabei waren, einen Klub mit dem anspruchsvollen Namen »Doktorclub« zu begründen, der für die nächste Zeit Marxens geistige Heimat bilden sollte, bis er, wie über jede Heimat, auch über diese sehr bald hinauswuchs.

Wir wollen das »Ambiente« dieser philosophischen Parteigründung nicht übersehen. Es war kein akademisches Seminar, kein Hörsaal oder Konferenzraum, sondern der Wirtsgarten am Spreeufer. Stralow war noch nicht im geringsten der Vorort mit Arbeiterbevölkerung und Industrie, der großen Jutespinnerei und Teppichfabrik, der es in der rapiden Entwicklung Berlins sehr bald wurde. Es hatte seinen Ruf durch den jährlichen »Stralauer Fischzug«, der jeweils am 24. August stattfand und den Marx gesehen haben könnte, wenn er Vergnügen an solchen Volksbelustigungen gehabt hätte, was mir sehr fraglich ist. Er war damals noch ganz der verwöhnte Bürgersohn, und die besseren Bürger pflegten diesen Massenausbruch der noch eng in die alten Stadtmauern gebannten Bevölkerung der Großstadt Berlin mit ihren immerhin 300000 Menschen lieber vom anderen Ufer her, von Treptow aus, zu beobachten – in Gemächlichkeit und mit Schonung der Toiletten der Damen und ihrer komplizierten Hüte und Kopfbedeckungen. Am Stralower Ufer, beim Volk, dem »niederen Volk«, wie es damals hieß, ging es wild und primitiv zu. In offenen Oderkähnen, stehend zumeist, so stark war der Andrang, wurden die Massen herangeschifft. Auf der Wiese neben dem Friedhof brodelten in offenen Feuerstellen die Kessel mit Kaffeewasser, Kartoffeln und Knoblauchwürstchen. Im Stehen und aus der Hand wurde verzehrt, denn die wenigen Tische und Bänke der Gastwirtschaften genügten nur für ein paar Bevorzugte. Aus den Flaschen, ohne Gläser, wurden das Bier und der Branntwein getrunken. Man stand nicht nur, man rotierte in zunehmender Feststimmung, es wurde gesungen, randaliert, es gab Prügeleien, und ein Bürger im Zylinder hätte unfehlbar riskiert, daß ihm der hohe Hut eingetrieben wurde. Die Polizei hielt sich im Polizeistaat Preußen bei solchen Gelegenheiten sorgfältig zurück. Die Bescheidenheit der Berliner Volksbelustigungen, nicht nur beim »niederen Volk«, sondern weit bis ins sogenannte bessere Bürgertum hinauf, blieb lange eine Eigenheit der Stadt. Der Hugenottenabkömmling Theodor Fontane hat sich noch, als Berlin Reichshauptstadt hieß und eine europäische Rolle zu spielen begann, darüber lustig gemacht und einen Sonntagsausflug in die »Zelten« beschrieben, bei dem aus angestoßenen Tassen Kaffee getrunken und mit »Neusilberlöffel mit Eiresten« umgerührt wurde; die Damen strickten dazu Strümpfe, und das hieß, daß man »einen Feiertag« erlebt hatte!

Die preußische Sparsamkeit hat aber auch ihre ernste Seite, und für Marx galt dann der Spartrieb als besonders unheilvoll und gefährlich bei der Akkumulation des Kapitals. In Stralow hat er darüber allerdings noch nicht meditiert. Und jeder Zug des Sparens, ob mit Geld oder seinen Körper- und Geisteskräften, ging ihm zeitlebens vollständig ab, was nicht ganz ohne Einfluß auf seine Lehrmeinungen geblieben ist.

Es wurde im Lindengarten von Stralow jedoch nicht nur der Erholung gefrönt. »Während meines Unwohlseins hatte ich Hegel von Anfang bis Ende, samt den meisten seiner Schüler, kennengelernt.« Wenn wir das wörtlich nehmen wollten, müßten wir unverzüglich einen neuen und womöglich noch schwereren physischen Zusammenbruch zu verzeichnen haben. Denn Hegel von Anfang bis Ende, das wären immerhin die »Enzyklopädie«, die »Phänomenologie«, die »Logik« in drei Bänden, die »Philosophie des Rechts«, dazu die bis dahin erschienenen sieben Bände der von den Schülern unter Anführung von Eduard Gans herausgegebenen Gesamtausgabe, die dann erst mit achtzehn Bänden später abgeschlossen wurde. Es ist nie zuverlässig untersucht worden, was und wieviel Marx von Hegel las, zu welchem Zeitpunkt seiner Entwicklung, und das wäre nicht gerade unwichtig. Aus später Zeit erst gibt es eine Briefstelle aus der Korrespondenz mit Engels, in der er davon spricht, daß er noch einmal auf Hegel zurückgekommen sei an Hand der Hegelschen »Logik«, von der ihm Freiligrath ein Exemplar, ironischerweise aus dem Besitz Bakunins, übermittelt hatte. Er habe es durchgesehen und »darin geblättert«, meint der reife Marx, der auch verschiedentlich davon sprach, er wolle doch einmal sein Verhältnis zu Hegel im Zusammenhang und kritisch, wie es sich versteht, darstellen. Dazu, wie zu den meisten großen Projekten, ist es nie gekommen. Die Beziehung zu Hegel bleibt daher den Kommentatoren und Exegeten überlassen, die selbstverständlich den ganzen Hegel mitsamt seinen Schülern in wohlausgestatteter Seminarbibliothek vor Augen und zur Hand haben, und da nimmt Hegel mit Recht zum mindesten eine ganze Wand ein.

Die Berliner Jahre sind, wie schon gesagt, leider dokumentarisch sehr dürftig belegt, und der große Bekenntnisbrief an den Vater, aus dem wir oben zitiert haben, ist das Hauptstück, wertvoll, unentbehrlich zwar, aber doch in sachlicher Hinsicht oft fragwürdig, so schon in der Aufzählung einer ganzen Fachbücherei juristischer Autoritäten der bewährtesten Art, die er durchstudiert haben will. Es kann sich, selbst wenn wir Marx eine ganz beispiellose Fähigkeit, große Mengen von Literatur, auch der schwersten und zähesten Art, zu verarbeiten zuschreiben wollen, doch nur um Einblicke, Stichproben, Fragmente gehandelt haben, so wie er es selber von der Hegelschen Philosophie im selben Brief gesagt hatte, ehe er sie nunmehr »von Anfang bis Ende« während seiner Krankheit aufgenommen haben will. Das Aufnehmen kann sich nur um das Anheben von Teilen, Hauptsätzen oder Interpretationen der Hegel-Schüler gehandelt haben. Wenn es dafür noch eines Beweises bedürfte, so ist er darin zu sehen, daß unter den sehr ausführlichen Exzerpten dieser Zeit, die Marx gemacht und aufbewahrt hat, sich keinerlei Auszüge aus Hegel befinden; eine nähere Kenntnis verraten erst die Vor- und Nachstudien zu seiner Dissertation.

Das gleiche gilt für Hinweise auf Fichte, Kant, Schelling, die in diesem grandiosen Rechenschaftsbrief gegeben werden. Von Kant hat dessen erster ungemein einflußreicher Prophet, Reinhold in Jena, gemeint, daß nur ein fünfjähriges Studium des großen Gelehrten einigermaßen in die Tiefe seines Gedankensystems einführen könne. So hoch wollen wir die Ansprüche an einen jungen und werdenden Philosophiebeflissenen nicht stellen, aber all das im ersten Berliner Semester schon »bewältigt« zu haben, scheint uns doch zuviel vermutet für den stud. jur. Marx.

Dies hätte auch die schöpferische, daß heißt die kritische Seite seines Ingeniums fatal gelähmt. Die trat sogleich in Aktion, auch nur bei erster Bekanntschaft mit den großen Philosophen seiner Zeit wie der Vergangenheit. Marx selber ist der unbarmherzigste Kritiker seiner Versuche, aus solchen Anregungen, Hinweisen oder Thesen unverzüglich ganze Denksysteme eigener Faktur zu entwikkeln, und er nennt dabei, wie bei den Leselisten, ganz unwahrscheinlich klingende Zahlen. So für das »unglückliche Opus«, das eine komplette Rechtsphilosophie darstellen sollte, die Zahl von »beinahe 300 Bogen«, was jedoch ein Schreibfehler für 30 sein kann, wenn Druckbogen gemeint sein sollten. Nachdem dieses verfehlte Opus abgetan war, wozu auch eine aufmerksamere Lektüre von Savignys »Besitzrecht« beitrug, ging es an einen Dialog von »ungefähr 24 Bogen, Kleanthes oder vom Ausgangspunkt und notwendigen Fortgang der Philosophie«, der gedacht war als »eine philosophischdialektische Entwicklung der Gottheit, wie sie als Begriff an sich, als Religion, als Natur, als Geschichte sich manifestiert«. Auch diese Arbeit, »wozu ich mit Naturwissenschaft, Schelling, Geschichte einigermaßen mich bekannt gemacht, die mir unendliches Kopfzerbrechen verursacht und so (konfus) geschrieben ist (da sie eigentlich eine neue Logik sein sollte), daß ich jetzt selbst mich kaum wieder hineinfinden kann, dies mein liebstes Kind, beim Mondschein gehegt, trägt mich wie eine falsche Sirene dem Feind in den Arm«. Der Feind aber ist Hegel, und sein Name sollte eigentlich über diesen Berliner Jahren stehen.

Die Doktordissertation

Aus Trier kamen inzwischen vermehrt Mahnungen für den Studenten, der offenbar ein ewiger Student werden wollte. Es waren andere als die tiefbesorgten und doch immer für das Selbstbewußtsein des Sohnes so schmeichelhaften Schreiben des Vaters, mit ihren unbegrenzten Hoffnungen auf die Begabung des Sprößlings. Es waren nunmehr kahlere Warnungen. Es beginnt die völlige Entfremdung von der Mutter, der im Testament des Justizrates die alleinige Verfügung über den Nachlaß anvertraut war, was nicht unverständlich ist nach den Erfahrungen, die Heinrich Marx mit seinen sehr opulenten Wechseln und Bezahlungen von darüber hinausgehenden Schulden gemacht hatte. Von irgendeiner auch nur leidlich liebevollen oder besorgten Zeile Marx' an die ehemals »Engelsmutter« genannte alternde Frau ist keine Spur mehr zu vermerken. Die Geschwister wurden noch weniger in Rechnung gestellt, soweit wir bei Marx überhaupt das Wort »rechnen« bei seinen persönlichen Finanzfragen verwenden wollen.

Was die nunmehr langjährig verlobte Jenny von Westphalen anbetrifft, so hielt sie unverbrüchlich an ihrem Karl fest, obwohl sie ihre schweren Depressionen hatte und unter dem Druck ihrer Familie stand, besonders des Stiefbruders Ferdinand. Nach den damaligen Anschauungen kam eine Tochter dem reinen Alter nach – und sie war vier Jahre älter als Marx – sehr bald in die Kategorie der hoffnungslosen und späten Mädchen, denen nur noch der Weg zur alten Jungfer offen blieb. Daß man bei den Westphalens die immerhin noch bestehende Aussicht auf eine Heirat mit dem Justizratssohn nicht sehr positiv beurteilte, läßt sich denken. Es war ja noch nicht einmal von Beendigung des Studiums die Rede, geschweige von der Aussicht auf einen Beruf, der eine Familie hätte ernähren können. Daß dabei auch antisemitische Ansichten eine Rolle gespielt haben könnten, hat Marx selber bei einer späten Gelegenheit erbittert bestritten: Sein Schwiegersohn Longuet hatte beim Tode der Jenny Marx 1881 in einer französischen Zeitung den Satz fallen lassen, die Verstorbene habe bei ihrer Heirat viele Vorurteile überwinden müssen, und davon sei das schwerste wohl die Rassenfrage gewesen. »Bekanntlich ist der berühmte Sozialist von jüdischer Herkunft.«

Marx reagierte wütend darauf und schrieb unverzüglich seiner Tochter, Madame Longuet, das sei reine Phantasie, von Vorurteilen sei überhaupt nicht die Rede gewesen, Longuet habe das erfunden. Und er solle gefälligst künftig es überhaupt unterlassen, den Namen Marx in seiner Schreiberei auch nur zu erwähnen.

Das ist als Kennzeichen für die in seinem ganzen Leben verfolgte grundsätzliche Abneigung gedeutet worden, von seiner jüdischen Herkunft irgendwelche Notiz zu nehmen, und ihre Erwähnung mag ihm gerade zu dieser Zeit, in den achtziger Jahren, wo in Frankreich der Antisemitismus auch in hochintellektuellen Kreisen sehr an Boden gewann, unangenehm gewesen sein. Daß er selber nie ein Wort über seine jüdische Herkunft öffentlich geäußert hat, ist bekannt. Aber bei der Heiratsfrage dürfte doch wohl das entscheidende Vorurteil die völlig unbestimmte Lebensstellung des Bräutigams gewesen sein. In den Kreisen, zu denen die Westphalens gehörten – die man nicht mit den altpreußischen Junker-Aristokraten in eine Linie stellen soll, die in der Tat rabiat judenfeindlich waren –, bestanden um jene Zeit wenig Bedenken gegen eine Heirat mit dem Sohn eines getauften Juden. Allerdings erwartete man, daß er eine gute Position und zumindest Aussicht auf eine Karriere vorweisen konnte und, last not least, ein Stück Vermögen. Das alles fiel bei Karl Marx fort.

Die Judenfrage und der Antisemitismus stehen heute zwangsläufig unter dem Schatten dessen, was sich zu unserer Zeit ereignet hat. Es ist daher nicht leicht, historische Verhältnisse richtig zu bewerten und die vielen Zeugnisse einzuordnen, die auf das, was dann kam, vordeuten – und deren sind nicht wenige. Es wäre aber unrichtig, den Antisemitismus, wie er sich dann mit zunehmender Tendenz zur »Rassenlehre« im Laufe des 19. Jahrhunderts entwickelte, vorzuverlegen und schon zu Marx' Jugendzeit als herrschend anzusehen. In der akademischen Welt – und das ist von Bedeutung für die Aussichten, die Marx sich auf eine Dozentenlaufbahn machte – waren getaufte Juden durchaus zugelassen. An der Universität Berlin, an der er seine Studien abschloß, waren tätig: die getauften Juden Gans als juristischer und einflußreicher Professor, Neander, ursprünglich Mendel, als der führende evangelische Theologe, und schließlich Friedrich Julius Stahl als Nachfolger Hegels und Vertrauensmann der Regierung, daneben noch ein Dozent für orientalische Wissenschaft; die Berliner Universität war nach der Hitler-

Terminologie nahezu »verjudet«. Es ist kein Anzeichen dafür vorhanden, daß man Marx wegen seiner Herkunft Schwierigkeiten bei der Habilitation gemacht hätte; die Schwierigkeiten lagen auf anderem Felde. Auch bei den verschiedenen Avancen, die man ihm gemacht hat, für Regierungsorgane zu publizieren, ist von antisemitischen Bedenken keine Rede. Ich erwähne diese Dinge nur, um die Situation klarzustellen, in der er sich bei Studienabschluß befand, nicht um etwa Schönfärberei zu betreiben. Es war ohnehin ein dünner Firnis, der nicht lange hielt, wie wir wissen.

Die Karriere aber war es nun, um die es sich nach dem Tode des Vaters handelte. Die Mutter, besorgt und bedrängt, wie sie war, durch die Sorge um ihre Familie mit den unverheirateten Töchtern, von denen zwei noch dazu stark kränkelten und bald starben, hat ihn gemahnt, doch nun einmal zunächst seinen Doktor zu machen, und dafür die Summe von 160 Talern bereitgestellt. Außerdem erhielt er laut Testament aus einem Legat für die Kinder seinen Anteil in Höhe von 480 Talern, was etwa dem jährlichen Zuschuß zum Studium entsprach, das der Vater ihm gezahlt hatte. Darüber hinaus hat die Mutter anscheinend keine weiteren Studiengelder bewilligen wollen, und damit kam es zum Bruch. Marx studierte weiter, drei Jahre lang; es ist nicht ganz klar, wie das finanziert wurde. Ich möchte hier auch grundsätzlich sagen, daß es unmöglich ist, aus den vorhandenen Dokumenten Ordnung in die Unordnung dieser Finanzfragen zu bringen. Sie waren und sie bleiben unklar, peinlich und beklagenswert.

Wichtiger und für sein Leben wie sein Werk bedeutsamer war, was er tat in dieser Zeit. Das Brotstudium der Jurisprudenz wurde kurzerhand völlig aufgegeben. Auch andere Kollegs hat er nicht mehr gehört, mit Ausnahme eines Kollegs des Freundes Bauer und Vorlesungen über Euripides von einem jungen Dozenten Geppert, der als sehr lebendig galt und beliebte Aufführungen antiker Werke in den Originalsprachen veranstaltete. Die großen Altphilologen in Berlin hat Marx nicht frequentiert. Wenn ein Lebenslauf immer ganz geradlinig verliefe, so hätte man meinen sollen, daß August Böckh ihn hätte interessieren müssen mit seiner bahnbrechenden wirtschaftsgeschichtlichen Arbeit über den »Staatshaushalt der Athener« von 1817. Aber Marx war ausschließlich an Philosophie interessiert. Auch den führenden Aristoteles-Forscher Trendelenburg lehnte er ab und sprach nur im Freundeskreis davon, daß er ihn wegen bloßen »Formalismus« demnächst angreifen werde; wahrscheinlich weil Trendelenburg Gegner Hegels war. Er hatte nicht vor, wie es üblich war, sich an einen Ordinarius anzuschließen, von ihm womöglich sein Thema zu nehmen und dann bei ihm zu promovieren. Das war die »Ochsentour«, und Marx folgte seiner eigenen Tour, auch wenn sie ihn zunächst in scheinbar sehr abgelegene Gefilde führte. Er hörte überhaupt keine Kollegs mehr. Er schrieb, Bogen um Bogen, über Demokrit und Epikur.

Die Wissenschaft vom Altertum war damals keine so abgelegene Sphäre. Sie hatte wahrhaft revolutionäre Taten vollbracht. Friedrich August Wolf (auch er Berliner Professor, aber zu Marx' Zeit schon verstorben) hatte den Homer entthront, was für die Traditionsfrommen gleichbedeutend war mit Umsturz aller Vorstellungen vom »König der Dichter« seit Jahrtausenden. Die neuen Altertumsforscher, mit Böckh an der Spitze, hat ein großer Philologe unserer Zeit, Ernst Reinhardt, mit den »gleichzeitigen Forscher- und Experimentatoren-Persönlichkeiten der Naturwissenschaften« verglichen. »Die Entdeckung des ›Historischen‹ als einer eigentümlichen Forschungsmaterie, unterworfen einer eigentümlichen, ihr abzulesenden Struktur, begegnet sich mit den methodischen Entdekkungen des Zeitalters.« Es war also ein höchst lebendiges Gebiet, auf das sich Marx begab. Wir werden noch sehen, welche eigene Methodik er für das »Historische« sich schuf.

Zunächst schrieb er und las. Er hatte im Freundeskreis etwas davon verlauten lassen, daß er an einer großen erzphilosophischen Arbeit über das «Wesen» arbeite, nicht mehr und nicht weniger. Die Freunde hörten dann nichts mehr und mahnten, wie es damit stehe. Marx ist stets sehr großzügig gewesen mit Ankündigungen seiner Werke und äußerst reizbar, wenn man ihn daran erinnerte. So schwieg er. Die Freunde wurden auch noch in anderer Beziehung ungeduldig. Sie setzten, vor allem Bauer, große Erwartungen auf Marx als Mitarbeiter und Mitstreiter. Bauer war inzwischen aus Berlin nach Bonn versetzt worden – die letzte Amtshandlung des Kultusministers Altenstein, der bald darauf starb und durch den reaktionären Eichhorn ersetzt wurde. Bauer machte sich zunächst in Bonn noch große Hoffnungen, an denen Marx durchaus teilnahm; er dachte nämlich, sich mit Bauers, des selber schon recht

Bedrohten, Hilfe in Bonn zu habilitieren. Zusammen wollten sie dann revolutionieren, zunächst einmal die Bonner Fakultät, und dann würde man weitersehen. Zusammen würden sie eine entschlossen atheistische Zeitschrift herausgeben, an der auch andere Freunde teilnehmen sollten.

Bauer begriff nicht, weshalb Marx, der so Hochbegabte, damit zögerte, seinen Doktor zu machen, eine bloße Formsache schließlich, eine wahre »Lumperei«. Es begann für Marx das sein ganzes Leben begleitende Drängen und Mahnen auch seiner besten Freunde, Engels nicht ausgenommen, die ganz anders arbeiteten, schneller, spontaner und sehr viel unbedenklicher als er. Marx wiederum hat diese unaufhörlichen und oft ärgerlichen Wort- und Schriftwechsel dadurch provoziert, daß er in seine innersten Pläne nicht hineinblicken ließ, statt dessen aber völlig irreführend immer wieder Werke als so gut wie fertig angab, von denen kaum eine Zeile geschrieben war. Und an solchen war nie Mangel. Während er schon tief in den Klassikern der Antike steckte, brach er noch aus in ein Thema der zeitgenössischen theologischen Diskussion über den 1831 verstorbenen Bonner Theologieprofessor Georg Hermes. Bauer verschaffte ihm auch sogleich einen Verleger, Marcus in Bonn, für eine Schrift über den »Hermesianismus«, der, mit dem Verweis auf den Index, beträchtliche Aufmerksamkeit erlangt hatte. Marx legte seiner Arbeit einen Brief bei, auf den ihn Bauer freilich ärgerlich anfuhr: »An Deine Waschfrau kannst Du wohl so ungefähr schreiben, aber nicht an einen Verleger, den Du Dir erst gewinnen willst.« Aus der Publikation wurde nichts, sie wäre sonst das Opus 1 des Karl Marx geworden.

Weiter im Text also mit der antiken Philosophie: Aber nein, Marx weicht erneut aus – es ist eine bezeichnende Ironie, daß das Problem des Ausweichens vom geraden Wege in der Dissertation dann eine kardinale Rolle bei der Diskussion über Demokrits und Epikurs Atomvorstellungen spielen sollte. Ein gewisser Karl Philipp Fischer hatte eine Schrift über die »Idee der Gottheit« im Sinne des aufklärerischen Deismus geschrieben, und Marx plante dazu nun eine Farce: »Fischer vapulans«, »der furzende Fischer«. Doch auch hieraus wurde nichts Geschlossenes.

Es ist kein Wunder, daß die große Arbeit an Demokrit und Epikur, die Notizen, Materialzusammenstellungen und Aphorismen nebst sehr militanter Polemik gegen antike Autoren wie Plutarch sowie zeitgenössische Philosophen umfaßte, ein Konvolut von sieben Faszikeln, die nicht einmal vollständig erhalten sind, ein Fragment wurde – wie fast alle größeren Unternehmungen von Marx. Geplant war ursprünglich eine großzügige Gesamtdarstellung der griechischen Philosophie nach Plato und Aristoteles, und dazu bemerkte Marx: »Es ist erst jetzt die Zeit gekommen, in der man die Systeme der Epikureer, Stoiker und Skeptiker verstehen wird. Es sind die *Philosophen des Selbstbewußtseins* ...«

Keine abgelegene »altphilologische« Untersuchung also, sondern ein für ihn und seine Freunde höchst aktuelles Problem. Die philosophische Frage des Selbstbewußtseins war für die Junghegelianer, zu denen er nun gehörte, eine sehr wichtige Angelegenheit. Es lief für sie darauf hinaus, daß nach Abschluß der großen philosophischen Systeme des Deutschen Idealismus, mit Kant, Fichte und zuletzt Hegel, ähnlich wie in der Antike nach Platon und Aristoteles, neue und ganz andere Wege beschritten werden müßten, wie sie damals die Epikureer und Stoiker eingeschlagen hatten. Einen solchen neuen Weg bei Epikur aufzuzeigen und damit ein Beispiel für die Gegenwart zu geben, hatte Marx sich vorgenommen. Das konnte nicht gut in ein paar »lumpigen« Semestern bewerkstelligt werden.

Was zustandekam, war eine Dissertation über die »Differenz der demokritischen und epikureischen Naturphilosophie, nebst einem Anhange«. Auch diese ist nicht vollständig erhalten, kann aber sinngemäß aus dem anderen Material, das er zusammentrug, ergänzt werden. Marx wollte dieses Opus 2 veröffentlichen und ließ eine Abschrift herstellen, die das einzige ist, was wir mit seinen Bemerkungen davon besitzen. Zu einer Publikation aber kam es nicht. In einem Entwurf zum Vorwort nennt er sein Fragment stolz eine »alte Arbeit« und führt seine anderweitigen Berufspflichten dafür an, daß er seinen ursprünglichen Plan nicht hatte ausführen können.

Immerhin: promoviert werden sollte und mußte nun. Marx machte es sich leicht. Er dachte nicht daran, sich den Ordinarien in Berlin zu stellen, bei denen er auf dem Gebiet, das nun zur Prüfung stand, kein einziges Kolleg belegt hatte. Es gab aber einen damals beliebten Ausweg. Einige einst hochberühmte Universitäten hatten das Doktorat recht bequem gemacht: Man konnte schriftlich eine Arbeit einsenden und erhielt den Titel ohne mündliches Examen, ohne also das in Berlin und auch an anderen Hochschulen gefürchtete »Rigorosum«. Jena war damals an dieser Praxis beteiligt. Marx kannte, wir wissen nicht genau woher, den dortigen Professor Oskar Ludwig Bernhard Wolff, der sehr beliebte und verdienstliche Volksliedanthologien herausgab – vielleicht ist Marx bei seiner Poeterei auf ihn gestoßen –, ebenso weithin geschätzte Rezitationsabende mit Improvisationen in Reimen veranstaltete und über Literatur dozierte. Wolff wurde sein Vermittler und übernahm es, die Dissertation seinem zuständigen Kollegen, dem Professor Carl Friedrich Bachmann, als Dekan angelegentlich zu empfehlen, und Marx sandte sein Opus per Post ein. Per Post erhielt er, nach Bezahlung der bei diesem Verfahren nicht unwichtigen Gebühr von zwölf Friedrichsdor, das Diplom als Doktor der Philosophie zugestellt. Das dauerte nicht viel mehr als eine Woche, genauer vom 6. bis 15. April, bei den damaligen Postverbindungen könnte man fast sagen, daß die Antwort postwendend kam. Aber Marx, und nur deshalb ist dieses kleine Detail erwähnenswert, hat immer, sobald er nach langem Zögern ein Stück Arbeit aus der Hand gab, eine ganz rührende Ungeduld an den Tag gelegt und später die Verleger wütend beschuldigt, wenn sein Manuskript nicht unverzüglich in Druck ging oder die Korrekturbogen nicht sofort kamen. Auch hier schrieb er, als das Manuskript abgesandt wurde, sogleich an Wolff und ebenso an den Dekan Eilbriefe, die Sache doch zu beschleunigen. »Ich kann einesteils nur mehr wenige Wochen in Berlin verweilen, andererseits machen äußere Umstände mir höchst wünschenswert, vor meiner Abreise noch die Doktorwürde zu erlangen.« So an den Dekan Bachmann, der übrigens in seiner Empfehlung an die Fakultät sehr wohlwollend über die Arbeit urteilte: »das Specimen zeugt von ebensoviel Geist und Scharfsinn als Belesenheit, weshalb ich den Kandidaten für vorzüglich würdig halte.«

Der Dekan fügte hinzu: »Da derselbe nach seinem deutschen Schreiben nur die Doktorwürde zu erhalten wünscht, so ist es wohl nur ein Irrtum, entsprungen aus der Unbekanntschaft mit den Statuten der Universität, daß er in dem lateinischen Schreiben von der Magisterwürde spricht. Wahrscheinlich hat er geglaubt, beides gehöre zusammen.« Marx hatte also gleichzeitig noch das übliche lateinisch abzufassende Bewerbungsschreiben an die Fakultät beigelegt und dabei wohl in der Eile um Erteilung des Magistertitels gebeten. Der Dekan ließ das großzügig beiseite.

Auch die akademische Welt zeigte sich dem jungen Marx von der freundlichsten Seite. Er war in der Tat, wie sein Vater es ihm vorhielt, ein »Glückskind« in diesem Stadium. Das sollte sich freilich mit einem Schlage ändern, als er aus dem Reich der Ideen und der Philosophie in das der Wirklichkeit trat.

Hier, in der Dissertation, ist er noch durchaus Philosoph, mit höchsten Ansprüchen für diesen Beruf, den er sich gewählt hatte. Nahezu anmaßend, jedenfalls ohne die geringste ein Examen oder nur eine Überprüfung seiner Arbeit einberechnende Kalkulation beginnt er schon mit dem ersten Satz seiner Vorrede: »Die Form dieser Abhandlung würde einesteils streng wissenschaftlicher, andrerseits in manchen Ausführungen minder pedantisch gehalten sein, wäre nicht ihre primitive Bestimmung die einer Doktordissertation gewesen. Sie dennoch in dieser Gestalt dem Druck zu übergeben, bin ich durch äußere Gründe bestimmt. Außerdem glaube ich in ihr ein bis jetzt ungelöstes Problem aus der Geschichte der griechischen Philosophie gelöst zu haben.«

Der Stil seiner Abhandlung ist auf das erfrischendste wenig »wissenschaftlich«, also traditionell vorgeschrieben, und auch unpedantisch, sondern keck, kühn, ja frech schon in der Wortwahl, auch ganz hoch ausgreifend bis ins Mythologische. »Was Cicero und Plutarch geschwatzt haben, ist bis auf die heutige Stunde nachgeschwatzt worden.« So viel über die Autoren der Antike, die über Epikur gehandelt haben. Gassendi, der katholische Kanonikus des 17. Jahrhunderts, der zuerst vorsichtig eine Art Ehrenrettung Epikurs vornahm, »suchte sein katholisches Gewissen mit seinem heidnischen Wissen und den Epikur mit der Kirche zu akkomodieren, was freilich verlorne Mühe war. Es ist, als wollte man der griechischen Lais einen Nonnenkittel um den heiter blühenden Leib werfen.« Das war sicherlich nicht der Stil einer üblichen Doktorarbeit.

Er machte zwar vor Hegel und dem, was dieser zum Thema gesagt hatte, seine Verbeugung als dem »riesenhaften Denker«, den aber doch »seine Ansicht von dem, was er par excellence spekulativ nannte, hinderte, in diesen Systemen die hohe Bedeutung zu erkennen, die sie für die Geschichte der griechischen Philosophie und den griechischen Geist überhaupt haben. Diese Systeme sind der

Schlüssel zur wahren Geschichte der griechischen Philosophie.« Und eine tiefere Andeutung über ihren Zusammenhang mit dem griechischen Leben findet er in der Schrift seines Freundes Köppen aus dem Doktorclub »Friedrich der Große und seine Widersacher«, die Karl Marx gewidmet war und Friedrich den Großen als den gewaltigen Aufklärer feierte, nicht den Kriegshelden und Begründer der Großmachtstellung Preußens.

Stolz betont er, sich auf David Hume berufend, die *souveräne* Stellung der Philosophie, die anerkannt werden müsse und für die es eine Art Beschimpfung sei, wenn sie sich bei jeder Gelegenheit wegen ihrer Folgen verteidigen solle.

»Die Philosophie«, so Karl Marx, »solange noch ein Blutstropfen in ihrem weltbezwingenden, absolut freien Herzen pulsiert, wird stets den Gegnern mit Epikur zurufen: Gottlos ist nicht der, welcher mit den Göttern der Menge aufräumt, sondern der, welcher die Vorstellung der Menge den Göttern andichtet.«

»Die Philosophie verheimlicht es nicht. Das Bekenntnis des Prometheus: ›Mit einem Wort: ich hasse gänzlich alle Götter!‹ ist ihr eignes Bekenntnis, ihr eigner Spruch gegen alle himmlischen und irdischen Götter, die das menschliche Selbstbewußtsein nicht als oberste Gottheit anerkennen. Es soll keiner neben ihm sein.

Den tristen Märzhasen aber, die über die anscheinend verschlechterte bürgerliche Stellung der Philosophie frohlocken, entgegnet sie wieder, was Prometheus dem Götterbedienten Hermes sagt«, und Marx zitiert aus Aischylos die trotzige Antwort des an den Felsen geketteten Rebellen, der ausruft, er möchte sein jammervolles Los doch nie, nie mit solchem Frondienst vertauschen wie dem, nur dem Zeus als ergebener Botengänger zu dienen.

»Prometheus ist der vornehmste Heilige und Märtyrer im philosophischen Kalender.

Berlin, im März 1841.«

Das Feuer, das Prometheus-Marx den Menschen zu bringen gedenkt, ist der Atheismus, bei ihm selber noch erst in der Entwicklung begriffen. Bei Epikur glaubt er in der Antike ein großes Beispiel dafür gefunden zu haben, und zum Schluß seiner Arbeit erklärt er ihn dann feierlich für den »größten griechischen Aufklärer«, wiederum mit einem Dichterzitat, diesmal aus Lukrez, der Epikurs Lehre nach Rom brachte. Da wird Epikur gefeiert als der Grieche, der zuerst gegen die lastende Wucht der Götterfurcht das Auge der Sterblichen kühn erhoben hat. »Weder Götterfabeln noch Donner und Blitz haben ihn geschreckt. Und so liegt nun wie zur Vergeltung die Religion uns zu Füßen, völlig besiegt, aber uns, uns hebt der Triumph in den Himmel.«

Mit diesem Jubelruf schließt seine Dissertation ab. Er summiert nur noch in philosophischer Sprache, daß bei Epikur »die Atomistik mit all ihren Widersprüchen als die Naturwissenschaft des *Selbstbewußtseins*« zu erkennen sei, »das sich unter der Form der abstrakten Einheit absolutes Prinzip ist, bis zur höchsten Konsequenz, welches ihre Auflösung und bewußter Gegensatz gegen das Allgemeine ist, durchgeführt und vollendet«.

Dem Demokrit hingegen »ist das Atom nur der allgemeine objektive Ausdruck der empirischen Naturforschung überhaupt. Das Atom bleibt ihm daher reine und abstrakte Kategorie, eine Hypothese, die das Resultat der Erfahrung, nicht ihr energisches Prinzip ist, die daher ebensowohl ohne Realisierung bleibt, wie die reale Naturforschung nicht weiter von ihr bestimmt wird.«

Diese Prophezeiung, wie so manche bei Marx, hat sich nicht erfüllt. Die Gedanken Demokrits gehören zu den ältesten und zugleich folgenreichsten aller wissenschaftlichen Hypothesen, und Marx' Versuche, Epikur an seine Stelle zu setzen, sind nur ein biographisch interessantes Kuriosum geblieben.

Es ist offenbar der deutlicher belegte Atheismus bei Epikur und seinem römischen Nachfahren Lukrez, der Marx stärker angesprochen hat als die kühlere Lehre Demokrits. Aber es wird nun Zeit, daß wir zunächst einmal die beiden Namen vorstellen, die er da kontrastiert hat. Marx selber sagt in seiner Vorrede, daß es eigentlich für sein Thema keine irgendwie brauchbaren Vorarbeiten gebe. Selbst wissenschaftlich gründlichere kritische Ausgaben der Fragmente sind erst gegen Ende des 19. Jahrhunderts erschienen. Und Fragmente sind alles, was von beiden erhalten geblieben ist, Zitate von Merkworten in Spruchsammlungen, Einzelworte, von Epikur ein paar Briefe an Anhänger. Der Ruhm Demokrits war groß im Altertum, man pries ihn als enzyklopädischen Universalgeist und stellte ihn sogar mit der Schönheit seines Stils Platon an die Seite; seine zahlreichen Werke aber gingen bald unter und waren am Ende nur den Überschriften nach noch bekannt. Dann begann, wie stets bei den Griechen, die auch mit den Größten ihrer Literatur immer phantasievolle Spiele betrieben, die Legende sich seiner zu bemächtigen. Er hieß der »lachende Philosoph«, der sich so über die Torheit der Menschen erhob, daß er in einen nicht endenwollenden, fast tödlichen Lachkrampf sich verstrickte; erst der berühmte Hippokrates soll ihn davon geheilt haben. Eine andere Version wollte wissen, er habe sich selbst geblendet, um nicht durch die Narrheiten der Welt bei seinen Visionen des Wahren gestört zu werden, und Marx hat diese Wendung seltsamerweise, bei seiner sonst so kritischen Ader, übernommen und ihn überhaupt abschätzig beurteilt wegen seiner uferlosen Forschungslust, die ihn jahrzehntelang in alle Länder reisen ließ, nach Ägypten, Babylonien, bis nach Indien, um die Weisheiten und Kenntnisse aller Völker sich anzueignen. Marx sieht darin nur »die Nichtbefriedigung im *wahren*, d. i. philosophischen Wissen, die ihn in die Weite treibt. Das Wissen, das er für wahr hält, ist inhaltslos; das Wissen, das ihm Inhalt gibt, ist ohne Wahrheit. Mag sie eine Fabel sein, aber eine wahre Fabel, weil sie das Widersprechende seines Wesens schildert, ist die Anekdote der Alten! Sich selbst habe Demokrit geblendet, damit das sinnliche Augenlicht nicht die Geistesschärfe verdunkle.«

Wie anders mutet ihn das Bild Epikurs an, das er einigen der Fragmente entnimmt, die überliefert sind. »Epikur ist befriedigt und selig in der Philosophie.« Marx betont, daß Epikur von sich rühmt, er habe keinen Lehrer gehabt, er sei Autodidakt; »während es den Demokrit in alle Weltgegenden treibt, verläßt Epikur kaum zwei- oder dreimal seinen Garten zu Athen und reist nach Jonien, nicht um Forschungen anzustellen, sondern um Freunde zu besuchen. Während endlich Demokrit, am Wissen verzweifelnd, sich selbst blendet, steigt Epikur, als er die Stunde des Todes nahen fühlt, in ein warmes Bad und begehrt reinen Wein und empfiehlt seinen Freunden, der Philosophie treu zu sein.«

Ganz unverkennbar nimmt Marx Partei. Es sind nicht zufällig verschiedene Individuen, »es sind zwei entgegengesetzte Richtungen, die sie verkörpern. Wir sehen als Differenz der praktischen Energie, was oben als Unterschied des theoretischen Bewußtseins sich ausdrückt.«

Demokrit lebte als Zeitgenosse des Sokrates und soll, fast hundert Jahre alt geworden, noch Platon überlebt haben. Epikur ist um ein

Jahrhundert jünger, und um was für ein Jahrhundert! Demokrit ist noch ein freier Bürger seiner Heimatstadt Abdera in Nordgriechenland, aus wohlhabendem Hause, das ihm seine weiten Reisen ermöglicht, Epikur lebte schon in der Welt nach Alexander und unter den großen Imperien. Er begründete seine Schule in Athen; sie wurde nach dem Garten, den er für die Zusammenkünfte gestiftet hat, der »Garten des Epikur« benannt. Man kann sie durchaus zu den bedeutenden philosophischen Schulen zählen, obwohl sie nicht so bekannt ist wie etwa die Akademie Platons, die Schule des Aristoteles oder die Stoa.

Demokrit hat keine ausgesprochene Schule gestiftet; seine Gedanken haben nur vielfach weitergewirkt, so bei Aristoteles und vor allem in seiner Atomlehre bei Epikur. Dessen Schule aber, zusammen mit den drei anderen Richtungen, hat jahrhundertelang, bis zum Beginn des Christentums, in Athen bestanden; das erstaunlichste Beispiel für eine so lange fortdauernde Wirkung philosophischer Lehren und Institutionen in unverminderter Folge. Das hatte auch seine rein wirtschaftliche Grundlage. Die vier Schulen zu Athen waren fest gegründet auf Stiftungen, Grundbesitz, eigene Gebäude; der spätere Marx hätte diese materielle Seite der Philosophiegeschichte wohl mit Genugtuung zur Kenntnis genommen, wenn er davon erfahren hätte. Noch aber war er reiner »Idealist« im Sinne des rein begrifflichen Philosophierens. Es ging ihm darum, die philosophischen »Prinzipien« aufzufinden, die seiner Auffassung nach Epikur von Demokrit grundsätzlich unterscheiden.

Woher aber nahm er nun die »Beweise« für seine Theorie? Aus den sehr weit verstreuten und oft ganz fragwürdigen Zeugnissen der Antike und Spätantike bis zu den ersten Kirchenvätern, soweit sie ihm zugänglich waren, und dem wenigen, was zu seiner Zeit von Neueren über Epikur publiziert worden war, dazu aus den Handbüchern der Geschichte der Philosophie. Vor allem aber schöpfte er aus Karl Marx, dem jungen Karl Marx, dessen Denken von Hegel geformt ist, und den Junghegelianern, die noch in voller Diskussion darüber begriffen waren, welche Philosophie des »Selbstbewußtseins« nun an die Reihe kommen müsse.

Wir können uns auf diese Seite seiner Arbeit nicht ausführlicher einlassen, was ein eigenes Buch erfordern würde und bereits von all seinen Epigonen eifrig debattiert wurde und wird. Wohl aber können wir für den Entwicklungsgang des Meisters das hervorheben, was ihn in diesem bestimmten Stadium kennzeichnet und was als Konstante seiner Haltung angesehen werden kann. Es handelt sich hier nicht darum, in welchem Satz oder Satzteil »schon« der spätere, reife Marx der »materialistischen Geschichtsauffassung« aufzufinden wäre. Marx ist hier noch keineswegs Materialist, sonst müßte er für Demokrit Partei nehmen und nicht für Epikur. Er ist »Idealist«, und er interpretiert in Epikur idealistische Prinzipien und gar ein ganzes »System« hinein, das über Epikurs vage Andeutungen hinausgeht.

Es mag dabei mitspielen, daß er sich auch berufen fühlte, den Ruf seines Heros zu »retten«. Rettungen waren, schon beim jungen Lessing, ein beliebtes Thema für feurige junge Kritiker und Kombattanten des Geistes. Epikur war mit seiner Lehre von der Ataraxie, der wohlausgeglichenen Seelenruhe, die alles vermeidet, was Schmerz verursachen könnte, und alles pflegt, was »Lust« verursacht, Wohlbehagen, Befriedigung unter Vermeidung von Furcht und Ängsten – wie sie die populäre Götterlehre erzeugt –, sehr bald in seiner Schule und vor allem der Vorstellung der Gebildeten und Halbgebildeten zum Vertreter eines ausgesprochenen Hedonismus geworden. Die wohlhabenden Studenten an der Weltuniversität Athen, etwa mit einem Wechsel ausgestattet, wie der Student Marx ihn erhielt, fanden sehr viel mehr Gefallen an dieser Lebenslehre als an den strengeren, asketischeren Stoikern oder den anderen Schulen. Der Epikurismus griff auch nach Rom über, als dessen Jeunesse dorée in Athen zu studieren begann, das politisch bedeutungslos geworden war und nur noch durch seine kulturellen Einrichtungen Einfluß besaß. Schon im Kreise der jungen Ästheten und Dichter zur Zeit des Augustus war »Epikur« ein Begriff für Wohlleben und aufgeklärte, religiös indifferente Lebensphilosophie, schließlich für den ungehemmten Genußmenschen. Das ging dann weiter, bis »Epikureer« ein Lüstling, Wollüstling oder bestenfalls ein Feinschmecker aller sinnlichen Genüsse hieß, und in dieser Bedeutung erhielt sich der Wortgebrauch bis heute. Noch Goethe verwahrte sich gegen den Vorwurf, er führe ein »epikureisches Leben«. Marx fühlte sich berufen, aufzuzeigen, daß Epikur im Gegenteil ein revolutionärer Denker gewesen sei. Er ließ sich dabei nicht auf die Zeugnisse ein, die Epikur vornehmlich als den Moralisten und Ethiker schilderten, der aller Politik grundsätzlich abgeneigt war, da sie zum Ehrgeiz und zur Machtgier verleite und das erwünschte Gleichgewicht der Seele störe. Er ignorierte die Berichte über die nahezu »offizielle« Stellung der epikureischen Schule in Athen, die noch von den römischen Kaisern, so Hadrian und Mark Aurel, begünstigt und zum Schluß sogar besoldet wurde. Ihn faszinierte das, was über Epikurs Gottlosigkeit gesagt war. Dabei vermied er, darauf näher einzugehen, was Epikur darunter verstand, der die Existenz der Götter keineswegs bestritten hatte. Er siedelte sie nur, um sie jedem direkten Einfluß auf das Leben der Menschen zu entziehen, weitab in den »Zwischenwelten« an, die nach seiner Kosmogonie die verschiedenen Welten trennen. Da residieren sie in ewiger Glückseligkeit, sie essen und trinken und unterhalten sich, natürlich auf griechisch. Man soll sie nicht fürchten, und es wäre vergeblich, zu ihnen zu beten. Wohl aber soll man sie verehren, wie üblich. Epikurs Hauptabneigung gilt dem volkstümlichen Glauben der Menge an den furchtbaren Hades, an Orakel, Mysterien und dunkle Kulte, die dann in der Tat gegen Ende der Antike so mächtig wurden.

Mit dem revolutionären Atheismus der jungen Hegelianer hatte diese seltsame Halbheit so gut wie nichts zu tun; sie wurde daher beiseite gelassen. Statt dessen, und das war Marxens »bis jetzt ungelöstes Problem aus der Geschichte der griechischen Philosophie«, ist es die Frage nach den prinzipiellen Grundlagen der Weltanschauung Epikurs, die Marx in der Atomtheorie des Meisters auffindet. Die war, nach dem einhelligen Zeugnis der antiken Autoren, völlig von Demokrit übernommen und lediglich, so die alten Kritiker und auch noch die neueren – bis hin zu Kant –, vergröbert oder sogar entstellt worden. Jede Betrachtung über Atome steht heute unter dem Gewicht der physikalischen Ansichten und Entdeckungen unserer Zeit, die allerdings für Gläubige wie Atheisten gleichermaßen jene Ängste hervorrufen können, die Epikur so sorgsam zu bannen suchte. Für ihn jedoch, und auch schon für Demokrit, der sich nur die, wie Marx meinte, ins »Uferlose« ausgreifende Forschung vorbehielt, war das Atom lediglich eine Annahme, eine Hypothese, eine Theorie, die vielfach auf die Vorgänger Demokrits und die ionischen Philosophen der Frühzeit zurückging. Die hatten in verschiedenen Versionen nach einem »Urstoff« gesucht, aus dem die Welt bestehen müsse, und ihn im Wasser, in der Luft, der Erde, im Feuer gesehen. Auch von Weltwirbeln und der Aufteilung des Urstoffes war die Rede gewesen. Die Atomistik Demokrits und seines Vorgängers Leukipp ging einen Schritt weiter und nahm eine theoretische Teilung in kleinste Größen an. Diese sollten nicht mehr teilbar sein, daher die Unteilbaren, die Atome benannt. Sie seien zwar nicht sichtbar für den Menschen, aber doch erschließbar für den denkenden Verstand. Demokrit schuf daraus sein naturwissenschaftliches, streng mechanistisch-materialistisches Lehrsystem.

In diesem ist die Materie ewig, bestehend aus den Atomen, die nach Gestalt und Größe verschieden gedacht werden müssen, wobei es auch eigene Seelenatome gibt. Die Atome bewegen sich im leeren Raum des Universums und treffen dabei, entsprechend ihrer verschiedenen Schwere und Form, in Wirbeln aufeinander. Die Weltkugel bildet sich, die Erde, und aus dem ursprünglich feuchten Erdschlamm entstehen Lebewesen, am Ende der Mensch. Seine Wahrnehmungen beruhen auf materiell gedachten Abbildern der Objekte, die sich von diesen ablösen und von den Organen des Menschen aufgenommen werden; diese »Korpuskeln«, wie man sie nach der späteren naturwissenschaftlichen Theorie nennen könnte, sind aber schon entstellt und unzuverlässig, woraus die Unsicherheit und Trüglichkeit der Sinneswahrnehmungen folgert. Der Mensch wie auch die Erde und alle verschiedenen Weltbildungen sind vergänglich. Die Welten vergehen, und neue formen sich. Der Mensch stirbt, mit seinem Tode zerstreuen sich die Atome und suchen sich neue Aufgaben. Dem Menschen wird jedoch aufgegeben, sich in der kurzen Frist, die ihm gestattet ist, zu bewähren, und zwar durch Pflichterfüllung, im Dienst an seiner Gemeinschaft (dem »Staat« nach späterer Auffassung, hier der Kommune, der Vaterstadt). Er soll gelassene Haltung bewahren, unter Vermeidung allen überflüssigen Ehrgeizes. Es ist dies die Haltung des noch selbständigen Bürgers einer nordgriechischen Stadt, voll Mißtrauen auf die erbitterten imperialistischen Kämpfe der damaligen »Großmächte« Athen und Sparta, die ja dann schon im folgenden Jahrhundert zum Untergang der griechischen Freiheit führten und aus den Großmächten Kleingebilde unter fremder Herrschaft machten, in deren einem, dem Kulturzentrum Athen, die Philosophie des Ethikers Epikur studiert werden konnte. Der fügt sich den neuen Verhältnissen und behält von Demokrits Lebenslehre nur die den Griechen ganz allgemein als vorbildlich geltende Haltung der »Gelassenheit« bei, die alles ausschalten will, was »stört« oder ängstigt, also auch politische Betätigung, die den »Griechlein«, wie die kommenden Römer als Eroberer sie spöttisch nannten, ohnehin verwehrt war. Der einzelne, der nun in die Mitte rückt – ein »privilegiertes Individuum«, wie wir sagen müssen –, soll überhaupt alles vermeiden, was solche Ausgeglichenheit beeinträchtigen könnte, auch alles überflüssige Forschen, wie Demokrit es betrieb, alle spekulierende Philosophiererei, wie sie die anderen philosophischen Systeme bevorzugten.

Dem jungen Marx genügte das natürlich nicht. Er versuchte nun, in dem Kernstück seiner Dissertation an der Atomlehre des Epikur ein besonderes »Energieprinzip« aufzudecken, das bisher verkannt worden sei und das geradewegs zu dem erwünschten »Selbstbewußtsein« führte, das in die Freiheit leiten soll. Marx wählt dazu eine Eigenheit der epikureischen Atomkonstruktionen, die von den Alten als Verballhornung der demokritischen Lehren kritisiert worden war. Epikur hatte die Weltentstehung durch Zusammenprall der Atome auf seine Weise gedeutet: Er schloß, daß die Atome nicht in Wirbeln zusammentreffen, sondern daß sie von der geraden Linie ein wenig abweichen. Wenn man sie nach der Schwere in geraden parallelen Linien ins Unendlich-Leere fallen lasse, so könnten sie nie zueinander kommen. Diese »Deklination« der Atome ist für Marx keine Verballhornung der naturwissenschaftlichen Auffassung Demokrits, sondern der »Schlüssel«, die Auflösung des Welträtsels durch philosophische Deutung. Physikalische Gedanken können und sollen dabei keine Rolle spielen. Es geht um den *Begriff* des Atoms. Den definiert Marx nun in Hegelscher Sprache und mit Beweisen aus dem, was nach seiner Auffassung ein geschlossenes System Epikurs bildet, das seine ganze Philosophie beherrsche. Und so heißt es:

»Die abstrakte Einzelheit kann nämlich ihren Begriff, ihre Formbestimmung, das reine Fürsichsein, die Unabhängigkeit von dem unmittelbaren Dasein, das Aufgehobensein aller Realität, nur so betätigen, daß sie von dem *Dasein, das ihr gegenübertritt, abstrahiert*; denn um es wahrhaft zu überwinden, müßte sie es idealisieren, was nur die Allgemeinheit vermag.

Wie also das Atom von seiner relativen Existenz, der geraden Linie, sich befreit, indem es von ihr abstrahiert, von ihr ausbeugt; so beugt die ganze epikureische Philosophie überall da dem beschränkten Dasein aus, wo der Begriff der abstrakten Einzelheit, die Selbständigkeit und Negation aller Beziehung auf anderes, in seiner Existenz dargestellt werden soll.«

Die Nachweise für diese Deutung des Atoms aus seinem Begriff nimmt Marx aus der Ethik oder Lebenslehre des Epikur: »So ist der Zweck des Tuns das Abstrahieren, das Ausbeugen vor dem Schmerz und der Verwirrung, die Ataraxie (Gelassenheit). So ist das Gute die Flucht vor dem Schlechten, so ist die Lust das Ausbeugen vor der Pein. Endlich, wo die abstrakte Einheit in ihrer höchsten Freiheit und Selbständigkeit, in ihrer Totalität erscheint, da ist konsequenterweise das Dasein, dem ausgebeugt wird, *alles Dasein*, und daher beugen die *Götter der Welt aus* und bekümmern sich nicht um dieselbe ...«

Mit einer eleganten Wendung versetzt er diese Götter in das Reich der Ästhetik: »Und doch sind die Götter nicht Fiktion des Epikur. Sie haben existiert. Es sind die plastischen Götter der griechischen Kunst.« Für Marx blieb zeitlebens die griechische Kunst das unerreichbare Vorbild, unerreichbar selbst für seine späteren Vorstellungen von der wirtschaftlichen Basis für einen »Überbau«. Und er zitiert hier zu seiner These, daß die »theoretische Ruhe ein Hauptmoment des griechischen Göttercharakters sei«, Aristoteles: »Was das Beste ist, bedarf keiner Handlung, denn es selbst ist der Zweck.«

Zum Atom nun wieder: was ist die Konsequenz, die aus der Deklination des Atoms unmittelbar hervorgeht? »Es ist in ihr ausgedrückt, daß das Atom abstrahiert von dem Dasein, das ihm gegenübertritt, und sich demselben entzieht. Was aber hierin enthalten ist, seine *Negation aller Beziehung auf andere, muß verwirklicht, positiv gesetzt werden*. Dies kann nur geschehen, indem das Dasein, auf das es sich bezieht, kein anderes als es selbst ist, also ebenfalls ein Atom, und da es selbst unmittelbar bestimmt ist, viele Atome. So ist die Repulsion der vielen Atome die notwendige Verwirklichung der Atomgesetze, wie Lukrez die Deklination nennt.«

Wir lassen es damit genug sein der Zitate und »Beweisführungen«. Als Konstante des Marxschen Denkens erscheint uns die schon hier fest vorgeformte und immer wiederkehrende Tendenz zum Dualismus, zur Kontrastierung in zwei entgegengesetzte

»Prinzipien«, wie er es nennt. Hier sieht er sie noch in zwei verschiedenen Persönlichkeiten gegenübergestellt, und er erhebt alsbald die höchst fragwürdigen und in widerspruchsvollen Berichten überlieferten Fragmente zu festgefügten »Systemen«. Der Systematiker Marx kündigt sich an. Es kümmert ihn dabei nicht, daß ein systematisches Denken gerade bei Epikur, dem Autodidakten und Gegner alles überflüssigen Spekulierens, nur mit größter Mühe konstruiert werden kann. Marx scheut dabei nicht vor rein terminologischen Gewaltsamkeiten zurück, so wenn er die von ihm stipulierte Atomistik Epikurs »mit all ihren Widersprüchen« als die *Naturwissenschaft* des Selbstbewußtseins« gegen Demokrit deklariert, während bei Demokrit das Atom »nur« der allgemein objektive Ausdruck der empirischen *Naturforschung* überhaupt sein soll.

Wissenschaft ist danach also das begriffliche Formulieren und Denken des Philosophen, Forschung »nur« das empirische Forschen im uferlosen Reich der Realitäten. Marx hat diese These, wie sich denken läßt, im Zuge seiner weiteren Entwicklung nicht mehr vorgebracht. Wir können uns aber des geheimen Verdachts nicht ganz entschlagen, daß sie unbewußt ihm verblieben ist, was uns freilich zu Spekulationen verleiten würde, die wir vermeiden wollen.

Eine weitere Konstante sehe ich darin, daß Marx schon jetzt entschieden Partei nimmt für Epikur als den Dogmatiker und damit für Dogmatismus überhaupt. Das einmal Gefundene steht sogleich ein für alle Male bei ihm fest; es kann sich fortan nur darum handeln, dafür »Beweise« nachzuholen. Was sich nicht in diese Beweisführung einfügen läßt, wird ignoriert oder bekämpft. Es bleibt noch offen, wieweit auch das einmal Gefundene oder Entdeckte schon a priori in dem Finder und seiner geistigen Struktur, auch seiner Herkunft und seinem Erbgut nach, vorgeprägt war. Das führt in die Felder der Psychographie und Erbforschung, die hier nicht zu behandeln sind – Dogmatismus jedenfalls ist notwendig zur Schaffung und Aufrechterhaltung eines Systems.

So kommt Marx auf »geradem« Wege zu Epikurs von der Geraden abweichenden Deklination der Atome. Und sobald diese direkt zu der erwünschten These vom Selbstbewußtsein führt, wird sie selber zu einer Art Dogma. Das erweist sich als sehr probat bei der Deutung der Phänomene, auf die es Marx im Grunde ankommt, bei der Wendung ins Politische in der Ablehnung des Götterglaubens, wobei Lukrez sein Hauptzeuge und seine stille Liebe ist.

Lukrez, der als Zeitgenosse Cäsars und Ciceros lebte, hatte in seinem dichterisch gewaltigen Epos »Von der Natur der Dinge« die Lehre Epikurs nach Rom gebracht, als Missionar, wie wir sagen können, einer Erlösungslehre von allen Ängsten und Furchtvorstellungen der geplagten Menschheit. Er lebte in Zeiten, die allerdings Grund hatten zu solchen Ängsten, in Zeiten der großen Bürgerkriege und Machtkämpfe, der Kriege zur Erweiterung Roms, des Sklavenaufstands des Spartakus, des unaufhörlichen Schütterns des Bodens unter dem Marschtritt der Legionen, die dann ihren Herrn und Meister Cäsar zum Siege führten. Da war eine solche »frohe Botschaft«, wie Lukrez sie als Lehre Epikurs verkündete, willkommen. Die Furcht vor dem Tode – nach Lukrez noch schlimmer als die vor den Göttern, die so viel Unheil verhängten und nicht helfen konnten – war gebannt, wenn man nach der Atomlehre sich das Ende als die allgemeine, allem Erschaffenen vorgeschriebene Auflösung ins All vorstellen konnte.

Lukrez war ein Dichter, und seine Anschaulichkeit bei der Beschreibung von Naturereignissen hat immer Bewunderung erweckt; Goethe hat sie gepriesen, der freilich meinte, auf die religiösen Ansichten des Dichters dürfe man sich gar nicht einlassen, und was er über die letzten Gründe der Dinge gedacht, sei gleichgültig. Nicht so Marx. Für ihn war gerade diese Seite des Lehrgedichtes das Entscheidende. Er wird selber lyrisch, wenn er auf Lukrez zu sprechen kommt, und sogleich stellt er ihm in Antithese den Plutarch gegenüber, der als fromm Gläubiger den Epikur wegen seines Atheismus kritisiert hatte. »Wie die Natur im Frühling sich nackt hinlegt und gleichsam siegbewußt alle ihre Reize zur Schau stellt, während sie im Winter ihre Schmach und Kahlheit verdeckt mit Schnee und Eis, so verschieden ist Lucretius, der frische, kühne, poetische Herr der Welt vom Plutarch, der im Schnee und Eis sein kleines Ich zudeckt. Wenn wir ein ängstlich zugeknöpftes, in sich geducktes Individuum sehen, so greifen wir unwillkürlich nach Rock und Schnalle, sehn ob wir auch noch da sind ...«

Das »kühne donnernde Lied« nennt er das Gedicht des Lukrez, der mit seiner in der Antike unvermeidlichen Hoffnung auf unsterblichen Ruhm erklärte, die Muse habe ihm aufgetragen, von niemand bisher betretene Gefilde zu durchwandern, frische Blumen zu pflücken und sich zum Kranz ums Haupt zu winden, wie noch keinem die Musen bisher es vergönnt. Denn, so zitiert Marx, »allererstens gilt mein Gesang wahrhaft großen Dingen: ich will den Geist aus den Banden der Religion befreien und mit meinem Lied was dunkel ist an dieser Sache hell erleuchten ...«.

Marx fügt hinzu, und es ist die persönlichste Äußerung in dem ganzen Konvolut: »Wem es nicht mehr Vergnügen macht, aus eignen Mitteln die ganze Welt zu bauen, Weltschöpfer zu sein, als in seiner eignen Haut sich ewig herumzutreiben, über den hat der Geist sein Anathema ausgesprochen, der ist mit dem Interdikt belegt, aber mit einem umgekehrten, er ist aus dem Tempel und dem ewigen Genuß des Geistes gestoßen und darauf hingewiesen, über seine eigne Privatseligkeit Wiegenlieder zu singen und nachts von sich selber zu träumen.«

Marx kann es aber nicht dabei belassen. Der furiose Polemiker ist am Werk, der sich in einen Gegner verbeißt und von ihm nicht loskommen kann. Plutarch war eigentlich nur begrenzt wichtig für das Thema der Abhandlung, und zwar als eine sehr späte Quelle der Antike aus dem 1. Jahrhundert nach Christus; seine moralisierenden Ansichten konnten mit einer Erwähnung abgetan werden. Aber Marx wollte schon zeigen, wie gefährlich es sei, ihm vor die Klinge zu kommen. Er brauchte dazu einen unverhältnismäßig ausführlichen Anhang seiner Dissertation und sehr viel Platz bereits in den Vorstudien. Er nennt Plutarch »pinselhaft« oder einen »dummen Dorfschulmeister«, einen »plumpen Renommisten«, der »in Gemeinplätzen faselt«, oder – mit einem ausführlichen Bilde – einen »dummen Eklektiker«: Was bei einem Platon originell erscheint, »das ist bei einem Individuum, das an der Schwelle der alten Welt sitzt, die schale Erinnerung an den Rausch eines Toten, eine Lampe aus der diluvianischen Zeit, die Widerlichkeit eines alten Mannes, der in das Kindesalter zurückgefallen ist.«

Das Polemische, die Aggressivität, ist hier noch ein Überschuß der Energie und der schöpferischen Kräfte, die nur alsbald in ein philosophisch kostümiertes Gewand und »System« gekleidet werden müssen. Und in einem sehr bezeichnenden Passus seiner Notizen, wo er gegen seine zeitgenössischen Widersacher oder Gegner polemisiert, spricht er davon, daß man sich »Masken« vorbinden müsse bei solchem Streit. Es käme nicht darauf an, was ein Philosoph gesagt habe oder was als seine übliche »Lehre« angesehen werde, sondern was das »Wesen«, der »eigentliche Kern« seiner Lehre sei.

Wir müssen wörtlich zitieren: »Die philosophische Geschichtsschreibung hat es nicht sowohl damit zu tun, die Persönlichkeit, sei es auch die geistige des Philosophen, gleichsam als den Fokus und die Gestalt seines Systems zu fassen, noch weniger in psychologischem Kleinkram und Klugsein sich zu ergehen; sondern sie hat in jedem System die Bestimmungen selbst, die durchgehenden wirklichen Kristallisationen von den Beweisen, den Rechtfertigungen in Gesprächen, der Darstellung der Philosophen, soweit diese selbst sich kennen, zu trennen.« Er nennt das mit einem recht gewagten Bild, denn das Tier, mit dem er sich identifiziert, ist doch wohl blind, den »stumm fortwirkenden Maulwurf des wirklichen philosophischen Wissens«, der unterschieden wird »von dem gesprächigen, exoterischen, sich mannigfach gebärdenden phänomenologischen Bewußtsein des Subjekts, das das Gefäß und die Energie jener Entwicklung ist.«

Marx denkt in festen Kategorien: *das* System, *die* Philosophie, so wie er sie auffaßt, *die* Bestimmung eines Systems, und es ist charakteristisch, daß dabei die Philosophen selber – mit der Wendung, »soweit diese sich selbst kennen« – in die zweite Linie verwiesen werden. Er exemplifiziert das noch deutlicher in seinen Ausführungen über Hegel im Anhang der Dissertation. Da polemisiert er gegen die Hegel-Schüler, die den Meister der »Akkomodation« beschuldigten, der unzulässigen Anpassung an die Zeitverhältnisse. »Hätte also wirklich ein Philosoph«, so meint er, »sich akkomodiert, so haben seine Schüler aus seinem inneren wesentlichen Bewußtsein das zu erklären, was für ihn selbst die Form eines exoterischen Bewußtseins hat. Auf diese Weise ist, was als Fortschritt des Gewissens erscheint, zugleich ein Fortschritt des Wissens. Es wird nicht das partikulare Gewissen des Philosophen verdächtigt, sondern seine wesentliche Bewußtseinsform konstruiert, in eine bestimmte Gestalt und Bedeutung erhoben und damit zugleich darüber hinausgegangen.«

Das bezeichnet neben dem recht erhellenden Wort »konstruiert« zugleich die Situation des Dissertanden, der zwar noch tief in Hegel und der Hegelei steckt, aber doch schon dabei ist, sich davon zu lösen und gegen den Meister Stellung zu nehmen. Vorläufig nimmt er sich noch die Schüler aufs Korn. Er teilt sie in zwei Teile und nennt sie kurzerhand die »Liberalen«, die den Begriff und das Prinzip der Philosophie festhalten, und die »Positiven«, für die der Nichtbegriff, das Moment der Realität, die Hauptbestimmung ist. Die Tat der Liberalen, seiner Genossen, der Junghegelianer, die die Linke sind, ist die *Kritik*, »also gerade das Sich-nach-außen-Wenden der Philosophie, die Tat der zweiten, der Versuch zu philosophieren, also das In-sich-Wenden der Philosophie ... Die erste aber ist sich bei ihrem inneren Widerspruch des Prinzips im allgemeinen bewußt und ihres Zweckes. In der zweiten erscheint die Verkehrtheit, sozusagen die Verrücktheit, als solche. Im Inhalt bringt es nur die liberale Partei, weil die Partei des Begriffes, zu realen Fortschritten, während die positive Philosophie es nur zu Forderungen und Tendenzen, deren Form ihrer Bedeutung widerspricht, zu bringen imstande ist.«

Daneben gibt es noch eine Menge untergeordneter, quengelnder, individualitätsloser Gestalten, bei denen man bald den »Esel unter der Löwenhaut, die weinerliche Stimme eines Mannequins von heute und gestern« hört oder den Liliputaner, der auf dem Hintern eines Riesen steht und von da verkündet, er habe nun den Punkt des Archimedes gefunden, von dem die Welt aus den Angeln gehoben werden kann. »So entstehen Haar-, Nägel-, Zehen-, Exkrementenphilosophen.« Aber alle diese »Schleimtierchen« fallen rasch in eine der beiden Richtungen als ihr Element zurück.

Wir sehen, und auch das ist eine Konstante, daß es im Umkreis von Marx nicht ganz leicht ist, auch nur zur gleichen Richtung zu gehören.

Übrigens kündigt er zum Schluß dieses furiosen Exkurses an, er werde an anderer Stelle das Verhältnis der beiden Parteien und ihre historische Entwicklung demnächst vollständig explizieren, was – wie viele seiner Ankündigungen – auf dem Papier blieb.

Wir sind, zusammen mit Marx, weit vom Thema der Dissertation abgekommen. Wo ist also das Atom geblieben? Aber ist nicht gerade das Abweichen von der Geraden das »innere Wesen« des Atoms, seine eigentliche »Bestimmung«? »Indem die Philosophie als Wille sich gegen die erscheinende Welt herauskehrt, ist das System zu einer abstrakten Totalität herabgesetzt... Begeistert mit dem Trieb, sich zu verwirklichen, tritt es in Spannung gegen andere. Die innere Selbstgenügsamkeit ist gebrochen. Was innerliches Licht war, wird zur verzehrenden Flamme, die sich nach außen wendet. So ergibt sich die Konsequenz, daß das Philosophisch-Werden der Philosophie, daß ihre Verwirklichung zugleich ihr Verlust, daß, was sie nach außen bekämpft, ihr eigner innerer Mangel ist, daß gerade im Kampfe sie selbst in die Schäden verfällt, die sie am Gegenteil als Schäden bekämpft, und daß sie diese Schäden erst aufhebt, indem sie in dieselben verfällt. Was ihr entgegentritt und was sie bekämpft, ist immer dasselbe, nur mit umgekehrten Faktoren.«

»Es ist ein psychologisches Gesetz, daß der in sich frei gewordene theoretische Geist zur praktischen Energie wird.« Er tritt damit aus dem Schattenreich heraus und wendet sich gegen die ohne ihn vorhandene Wirklichkeit. »Allein die Praxis der Philosophie ist *selbst theoretisch*. Es ist die *Kritik*, die die einzelne Existenz am Wesen, die besondere Wirklichkeit an der Idee mißt. Allein diese unmittelbare Realisierung der Philosophie ist ihrem innersten Wesen nach mit Widersprüchen behaftet, und dieses ihr Wesen gestaltet sich in der Erscheinung und prägt ihr sein Siegel auf.«

An anderer Stelle meint er, es gebe in der Philosophiegeschichte »Knotenpunkte«, an denen die abstrakten Prinzipien in einer Totalität sich zusammenfassen und die »den Fortgang der graden Linie abbrechen«. Damit wären wir wieder bei der Atomtheorie nach Epikur/Marx, nur daß das theoretische Atom für Karl Marx nicht eine trockene Hypothese ist, sondern ein Wesen, hier als lebendiges Wesen verstanden, nicht »das Wesen« der Atomtheorie. Spricht er doch mit größter Selbstverständlichkeit davon, zu den Distinktionen des Atoms gehöre auch »der Trotz, die Halsstarrigkeit«, ja das »quiddam in pectore« desselben, das gewisse »etwas im Busen«. Das Atom hat demnach einen Busen, ein Herz, und das treibt es, abzuweichen von der Geraden. Und in gleicher Personifizierung seiner sonst so abstrakten Beweise und Gedankengänge meint er in dem Passus über den »Knotenpunkt« und das Abbrechen der geraden Linie, es gebe Momente, »in welchen die Philosophie die Augen in die Außenwelt kehrt, nicht mehr begreifend, sondern als eine praktische Person gleichsam Intrigen mit der Welt spinnt ... und sich ans Herz der weltlichen Sirene wirft. Das ist die Fastnachtszeit der Philosophie, kleide sie sich nun in eine Hundetracht wie der Kyniker, in ein Priestergewand wie der Alexandriner oder in ein duftig Frühlingskleid wie der Epikureer. Es ist da wesentlich, Charaktermasken anzulegen. Wie uns erzählt wird, daß Deukalion bei Erschaffung der Menschen Steine hinter sich geworfen, so wirft die Philosophie ihre Augen hinter sich (die Gebeine ihrer Mutter sind leuchtende Augen), wenn ihr Herz zur Schaffung einer Welt erstarkt ist; aber wie Prometheus, der das Feuer vom Himmel gestohlen, Häuser zu bauen und auf der Erde sich anzusiedeln anfängt, so wendet sich die Philosophie, die zur Welt sich erweitert hat, sich gegen die erscheinende Welt. So jetzt die Hegelsche.«

Ein Pedant könnte zu diesen wilden Bildern mürrisch anmerken, daß diese Philosophie, nachdem sie die Augen hinter sich geworfen habe, ja dann wie jener Maulwurf blind in die Welt hineintappe, aber das wird dem »Sur-Realisten« Marx nicht gerecht, der jedes Paradox benutzen darf. Es stürmt in ihm und um ihn her, aber »man darf sich durch diesen Sturm nicht irren lassen, der einer großen, einer Weltphilosophie folgt. Gemeine Harfen klingen unter jeder Hand; Aeols Harfen nur, wenn der Sturm sie schlägt.« Seine Philosophie ist auch eine Harfe.

Und unverzüglich stürzt er sich nach diesen Musenklängen in die Polemik gegen solche, die nun Mittelmäßigkeit predigen, gegen die »halben Gemüter«, die ihren Frieden mit den realen Bedürfnissen schließen wollen – »während Themistokles, als Athen Verwüstung drohte, die Athener bewog, es vollends zu verlassen und zur See, auf einem anderen Elemente, ein neues Athen zu gründen«.

Themistokles und Prometheus, Weltschöpfung und Schaffung eines neuen Athens. Die *Tat*, ein Lieblingswort der Hegelianer, die dem »bloßen Philosophieren« folgen soll. Worin sie bestehen wird, bleibt vorläufig noch unbestimmt, zunächst ist die Kritik am Bestehenden die Tat der neuen Philosophie. Dabei ist die bestehende Religion das erste Ziel. Entschlossener Atheismus ist die Parole. Dafür mag auch ein so entfernter Zeuge wie Epikur willkommen sein, mitsamt seiner »mit vielen Widersprüchen« beladenen Atomtheorie.

Es gilt, »Intrigen« mit der realen Welt zu spinnen, was natürlich im großen Sinne gemeint ist, nicht in dem der kleinen Schleimtierchen. »Selbstfindung« ist es, was Marx in diesem Konvolut betreibt, und auch schon Methode. Sie ist bereits jetzt gekennzeichnet durch äußerste Beharrlichkeit beim einmal Erfaßten. Er betrachtet seine Spekulationen als Philosophie, die allen anderen grenzenlos überlegen ist, selbst Hegels, des »Riesengeistes«, System wird schon als »Unphilosophie« abgetan. Und obwohl sich Marx der Gefahren wohl bewußt ist, will er diese seine Philosophie nun resolut in Form der Kritik auf die Wirklichkeit, die Welt, wie sie ist, anwenden. Diese Unbekümmertheit um jedes Risiko ist der schönste Zug seines Wesens. Getrieben ist er dabei von dem, was er die »Energie« nennt, die er auch dem Atom zuschreibt. Er steht dabei ganz nahe der zeitgenössischen Naturphilosophie, die bis in die exakte Forschung, auch die Medizin hinein, neben und über den rein organischen Kräften noch eine eigene, substantielle »vis vitalis«, eine Lebenskraft, annahm, die allen Lebewesen eigen sein und sonst unerklärliche Phänomene deuten sollte. Selbst ein so großer Physiologe wie Johannes Müller, der zu den Leuchten der Berliner Universität dieser Jahre gehörte, und auch Alexander von Humboldt waren davon beeinflußt. Ich lasse offen, wieweit Marx von dieser Lebenskraft etwas gehört hatte; auf alle Fälle gehörte diese Hypothese zu der Atmosphäre, in der er sich bewegte.

Sicherlich nichts gehört hatte er davon, daß in der Chemie, der eben erst aufkommenden neuen großen Wissenschaft, die Atomtheorie bereits aus dem Schattenreich der Hypothesen in die Welt der exakten, beobachtenden, messenden und wiegenden Naturforschung eingetreten war und daß der Engländer John Dalton, Autodidakt von Haus aus wie Epikur, aber anknüpfend an Demokrit, schon zu Beginn des Jahrhunderts die ersten Grundlagen für die noch heute geltenden Vorstellungen geschaffen und sogar eine erste Atomgewichtstabelle der ihm bekannten Elemente vorgelegt hatte. Wir müssen hinzufügen, und das entlastet Marx und seine Spekulationen einigermaßen, daß die Physik, lange Zeit neben der Chemie einhermarschierend, bis zur Mitte des Jahrhunderts bei Atomfragen noch metaphysischen Gedankengängen verhaftet blieb, bis zu Ideen von einer »empfindungsfähigen Materie« oder der Bestreitung der Existenz des Atoms überhaupt.

Wir erwähnen dieses Nebeneinander und Nacheinander als Beispiel, wie heikel es ist, die immer beliebte feste Einteilung in scharf getrennte Epochen vorzunehmen, wie sie Marx schon jetzt festlegt und später noch grundsätzlicher ausarbeiten wird.

Die Bestimmung, der das Atom Marx nun entgegengeht, nachdem er die »Lumperei« des Doktorates erledigt hat, ist die Politik, der Kampf mit der Wirklichkeit. Das Konvolut mit seinen sieben Faszikeln und der nur unvollständig erhaltenen Dissertation, mit all seinen Widersprüchen und Abweichungen und seiner Polemik ist ein kostbares Dokument der »Selbstfindung« seines Autors und gerade in seiner Unbefangenheit, ja Naivität so bezeichnend für Grundzüge seines Wesens, daß ich keine Abweichung vom geraden Wege meiner Lebensbeschreibung zu begehen meine, wenn ich ihm so unverhältnismäßig viel Platz zubilligte.

Feuerbach

Die wirtschaftliche Basis für den neugebackenen Doktor der Philosophie war äußerst schmal. Sie bestand im Grunde nur aus Hoffnungen auf Zuwendungen aus dem Erbe des Vaters und noch unbestimmteren Aussichten auf eine unbezahlte Privatdozentenstelle in Bonn. In Trier wartete seit langen Jahren die Braut, nicht gerade geduldig und psychisch äußerst angespannt.

Auch ihrem Vater, Ludwig von Westphalen, dürfte es nicht ganz leicht gefallen sein, bei wachsendem Unmut der übrigen Familienmitglieder Erfolgsmeldungen aus Berlin gelassen abzuwarten. Er war es, dem der Schüler Karl Marx seine ersten Begegnungen mit Homer, Shakespeare und der zeitgenössischen romantischen Literatur verdankte, die nachhaltigen Eindruck bei ihm hinterließen. Durch ihn erfuhr er auch von den Ideen eines gewissen Grafen Saint-Simon, mit denen er sich später noch gründlicher auseinandersetzen sollte.

Der Sohn des alten, kränkelnden Geheimrats von Westphalen hatte ja bei der Regierung in Trier den Dienstbereich bekommen, den man seinem Vater beständig vorenthalten hatte, weil dieser als pedantisch und obendrein physisch als schwächlich galt. Gerade die Enttäuschungen in seinem Beruf haben dazu geführt, daß er sich mit Intensität der geistigen Bildung des jungen Marx annahm.

Die Dissertation und erst recht die überaus schwungvolle Widmung, die Marx für den geplanten Druck entworfen hatte, werden die letzten Freuden des Geheimrats gewesen sein. Marx sparte bei diesem Text nicht mit stärksten Tönen. Er nennt ihn einen bewundernswerten »jugendstarken Greis, der jeden Fortschritt der Zeit mit dem Enthusiasmus und der Besonnenheit der Wahrheit begrüßt«. Er hofft sogar, an seiner Seite, wie so oft, »unsere wunderbar pittoresken Berge und Wälder wieder zu durchirren«. Er preist seinen »überzeugungstiefen sonnenhellen Idealismus, der allein das wahre Wort kennt, vor dem alle Geister der Welt erscheinen, nie vor den Schlagschatten der retrograden Gespenster, vor dem oft finsteren Wolkenhimmel der Zeit zurückbebte, sondern mit göttlicher Energie und männlich-sicherem Blick stets durch alle Verpuppungen hindurch das Empyreum schaute, das im Herzen der Welt brennt. Sie, *mein väterlicher Freund*, waren mir stets ein lebendiges argumentum ad oculos, daß der Idealismus keine Einbildung, sondern eine Wahrheit ist. Unser körperliches Wohlsein brauche ich für *Sie* nicht zu erflehen. Der Geist ist der große zauberkundige Arzt, dem Sie sich anvertraut haben.«

Das bezog sich darauf, daß der Geheimrat von Ärzten nichts hielt und sich selber durch Abhärtungskuren, allerdings mit schlechtem Erfolg, behandelte. Marx hat noch treulich bis zum Lebensende des Ludwig von Westphalen am Krankenbette ausgeharrt. Marx hat dieser Beziehung, die in seinem Leben ganz einzigartig dasteht, stets ein aufrichtig bewegtes Andenken bewahrt, was bei seiner sonst nicht zur Dankbarkeit neigenden Natur viel besagen will. Es ist eines der ganz wenigen Male, daß er so »ad oculos« von Mensch zu Mensch in direktem Kontakt, nicht aus Büchern, gelernt und sich gebildet hat. Man kann sonst allenfalls seinen Brief an die Tochter Ludwigs von Westphalen, seine Jenny, anführen, den er ihr 1856 schrieb, nachdem sie ihm in dreizehnjähriger Ehe sechs Kinder geboren hatte; er enthält, aus anderen Gründen, ähnlich starke Worte.

Was sollte aber nach dem Tod des Geheimrats aus der erst geplanten Ehe werden? Westphalen hinterließ kein Vermögen; er war durch verfehlte Grundstücksspekulationen mit Gütern zeit seines Lebens von Schuldforderungen geplagt gewesen. Das Vermögen des Justizrates Marx wiederum war in der Hand der Witwe, die daraus keine weiteren Studienbeiträge bewilligen wollte. Eine Universitätslaufbahn? Der Freund Bruno Bauer hoffte darauf, Marx in Bonn zu sich heranzuziehen, hatte er ihm doch geschrieben: nur keine praktische Karriere, die Theorie steht jetzt an der Spitze! Die Theorie, das heißt die Philosophie, sollte jedoch mit Kritik beginnen, und dafür wollten sie ihr Kampforgan schaffen, das »Archiv des Atheismus« heißen würde. Sie müssen davon bereits viel im Freundeskreis gesprochen haben. In einem Brief des Kölner Junghegelianers Georg Jung ist zu lesen: »Dr. Marx, Dr. Bauer und L. Feuerbach assoziieren sich zu einer theologisch-philosophischen Zeitschrift, dann mögen alle Engel sich um den alten Herrgott scharen und er selber sich gnädig sein, denn diese drei schmeißen ihn gewiß aus seinem Himmel heraus und hängen ihm noch obendrein einen Prozeß an den Hals. Marx wenigstens nennt die christliche Religion eine der unsittlichsten ...«

Und in einem Brief von Arnold Ruge, dem Herausgeber der »Hallischen Jahrbücher«, dem führenden Organ der Junghegelianer, der »Liberalen«, wie Marx sie in seiner Dissertation noch nannte, wurde schon die ausgesprochen politische Absicht dieses Unternehmens bei Namen genannt: »Gott, Religion und Unsterblichkeit wird abgesetzt und die philosophische Republik, die Menschen die Götter, proklamiert.« Das war keineswegs abweisend, sondern spöttisch wohlwollend gemeint.

Das »Archiv« kam nicht zustande. Bauer, der seine größere »kritische Geschichte« der Evangelien vorlegte, in der die historische Glaubwürdigkeit des Neuen Testaments angezweifelt und in das Reich von Mythenbildung verlegt wurde, wollte den Atheismus erst gründlich, durch Bibelkritik auf streng philologisch-philosophisch-historischer Grundlage, vorbereiten. Er vertraute darauf, daß die theologische Fakultät, an der er dozierte, durch ihre Teilung in eine protestantische und eine katholische Abteilung traditionell gespalten und von vielen gegenseitigen Streitigkeiten erfüllt war. Angesichts dieses ihr aus Berlin zugesandten Kollegen schlossen sich die Angehörigen der Fakultät aber einmal zusammen und wehrten sich gemeinsam gegen den unerwünschten Zuzug, zumal sie wußten, daß Bauer auch in Berlin beim Kultusministerium nicht gut angeschrieben war. Es gab zudem noch Krawalle in den Kollegs, die unverzüglich nach Berlin berichtet wurden.

Bauer plante zusammen mit Marx eine Attacke aus der Flanke und mit anderen als akademischen Mitteln. Sie wollten eine Parodie schreiben. Unter der Maske eines frommen, tief entrüsteten Pietisten wollten sie den immer noch gewaltigen Namen Hegel für sich nutzbar machen. Der große Verstorbene wurde vorgestellt als im Grunde entschlossener Atheist und Jugendverderber. »Die Posaune des jüngsten Gerichts über Hegel den Atheisten und Antichristen« hieß das Opus. Es erschien anonym und wurde sogleich verboten, erst später kam es in Leipzig heraus; wieviel Marx daran mitgearbeitet hat, ist nicht genau ermittelt, er wollte allerdings noch eine Fortsetzung schreiben! Sie wäre seiner Arbeitsweise nach länglich geworden und sollte über Kunst und Religion handeln, wobei Hegels Vorlesungen über Ästhetik als Ansatz dienen würden. Dies Projekt, bei dem ihm selbst bald der Posaunenton zweifelhaft wurde, scheiterte alsbald, ebenso eine ganze Reihe anderer größerer Themen, die sich leicht zu ganzen Büchern ausgewachsen hätten.

Mit einigen dieser Themen bot er Arnold Ruge für seine »Hallischen Jahrbücher« die Mitarbeit an; verschiedene seiner junghegelianischen Freunde waren da schon vertreten, Ruge, als Herausgeber sehr rührig, hatte sein Netz weit gespannt. In diesem führenden Blatt der Linken vertreten zu sein, war für Marx höchst wichtig; die Tat, in Form der Kritik, und wenn sie zunächst nur als Zeitschriftenaufsatz erschiene, sollte nun endlich das bloße Philosophieren in die »Wirklichkeit« überführen. Ruges Blatt war, wie Bauers Stellung in Bonn, bereits bedroht. Es war, in Preußen verboten, nach Sachsen verlegt worden, stand aber auch dort unter Druck aus Berlin und mußte bald endgültig aufgegeben werden.

Der finstere Wolkenhimmel der Zeit, von dem Marx in der Widmung an seinen Schwiegervater gesprochen hatte, zog sich enger zusammen. Der Regierungsantritt des neuen Preußenkönigs, Friedrich Wilhelm IV., war 1840 mit ungemeinen Hoffnungen begrüßt worden. Der König hatte sich schon als Kronprinz als ein völlig anderer Herrscher angekündigt, aufgeschlossen für neue Ideen in Kunst und Wissenschaft, bereit, sich mit geistreichen Menschen zu unterhalten, kein bloßer »Gamaschenknopf« wie der Vater, der zeitlebens in der Sprache den Potsdamer Kasinoton beibehielt und sich nur in den halb abgebrochenen, lässig befehlsartigen »wünschen das nicht« oder »lieben das nicht« äußerte. Er war eine enge Natur und liebte auch die Reformer nicht, die ihn in der Notzeit des Landes nur sehr zeitweilig dazu gebracht hatten, die dringendsten Änderungen einzuführen. Die ganze, später so hochgerühmte Befreiungsbewegung kam *gegen* ihn zustande und wurde auch, was häufig übersehen wird, von Nichtpreußen eingeleitet; kein einziger Altpreuße oder gar Märker befand sich unter ihnen bis in die führenden Militärs hinein, die dann als die Helden der Befreiungskriege zu Legenden wurden. Es läßt sich zu seinen Gunsten allenfalls sagen, daß er sich, im Gegensatz zu seinem verhängnisvoll selbstbewußten Sohn, seiner beschränkten Gaben einigermaßen bewußt war und, wenn auch unwillig, Verantwortungen delegieren konnte, als ob die innere Kasinostimme ihm sagte, »lassen wir das, können nicht alles selber machen«.

Ganz anders der zu seinem Unheil talentiertere Sohn, der auf vielerlei Gebieten begabt war, gut zeichnete und architektonische Skizzen und Pläne entwarf. Er plante große Dinge auch im Politischen und Religiösen. Die Romantik hatte ihren Blütenstaub über ihn ausgeschüttet. Mit dem »Romantiker auf dem Thron der Cäsaren«, dem unseligen Kaiser Julian Apostata, verglich ihn David Friedrich Strauß, dessen »Leben Jesu« noch vor Bruno Bauer die Gemüter weithin erregt hatte. Er war kein Gamaschenknopf, er war unmilitärisch und zwängte seine dickliche Figur nur ungern in die Uniform, die doch für einen preußischen König obligat war; er sprach nicht knapp abgebrochen, sondern in langen und gewählten Perioden, er liebte Ansprachen, Reden und festliche Gelegenheiten. Er konnte im Gespräch auch geistreich und witzig sein; eines seiner besten Bonmots war: »Erst wollten sie mich auffressen vor Liebe, dann bedauerten sie, daß sie es nicht getan hatten.« Das war die Situation schon wenige Jahre nach dem Regierungsantritt. Die Hoffnungen in den neuen König waren zu hoch gewesen; Bruno Bauer selber, der auch zunächst voller Hoffnung war, hat eine geraume Zeit später in seiner »Vollständigen Geschichte der Parteikämpfe 1842–46« seine damaligen Genossen, Marx nicht ausgenommen, mitleidlos vorgeladen und sie wegen ihrer Illusionen mit ausführlichen Zitaten zur Rechenschaft gezogen – und nur sich persönlich dabei ausgelassen.

Als Bauer und Marx in Bonn zusammen waren, fühlten sie sich noch recht übermütig. Die »Posaune« würde eine Bresche in die Wälle von Jericho legen. Sie schrieben nicht nur unermüdlich, es wurde auch fröhlich gebechert; Marx blieb darin immer der Student seiner Bonner Semester. Sie machten Ausflüge zu den Sehenswürdigkeiten der Umgebung und mieteten sich eine mit Eseln bespannte Kutsche; stolz fuhren sie damit hinein in die sittsam am Feiertag spazierenden Bonner Philister im Zylinder, die Damen in Häubchen und mit Sonnenschirm gegen die verpönte Sonne, die den als blaß vorgeschriebenen Teint schädigen könnte. Die Philister protestierten ärgerlich, die beiden Philosophen winkten ironisch, und »die Esel schrien«, wie es in einem Briefe von Marx heißt. Die Bonner Professoren, so im selben Briefe, waren ihm unerträglich; auch Bauer hatte sie unerträglich gefunden und nicht zuletzt sich deshalb nach Marx als Genossen gesehnt, mit dem man eben lustig sein und lachen konnte, so wie sie es in Berlin getan hatten. Marx war unter vielem anderen auch ein oftmals lachender Philosoph, freilich war es selten ein gutmütiges Lachen, eher ein ironisches, nicht ohne Hohn.

So zog es ihn also nach Köln, wo schon ein ganzer Kreis anderer junghegelianischer Freunde auf ihn wartete, darunter nicht nur angehende Tatphilosophen, sondern viele junge Industrielle, Advokaten, Leute mit Bankverbindungen, die für die Gründung eines Oppositionsblattes nützlich sein konnten. Die standhaft wartende Braut schrieb ihm am 10. August 1841 aus Trier: »Schwarzwildchen, wie freu ich mich, daß Du froh bist und daß mein Brief Dich erheitert und daß du Dich nach mir sehnst und daß Du in tapezierten Zimmern wohnst und daß Du in Köln Champagner getrunken hast und daß es da Hegel-Clubs gibt und daß Du geträumt hast und daß Du, kurz, daß Du mein, mein Liebchen mein Schwarzwildchen bist.« Sie äußerte auch einige Bedenken: »Ach, lieb lieb Liebchen, nun mengelierst Du Dich noch gar in die Politik. Das ist ja das Halsbrechendste, Karlchen, bedenk Du nur immer, daß Du daheim ein Liebchen hast, das da hofft und jammert und ganz abhängig von Deinem Schicksal ist ...«

Das »Schwarzwildchen« bezieht sich in zärtlicher Umschreibung auf das eberhafte Aussehen des Geliebten, dem die schwarzen Haare aus den Ohren quollen und um das Kinn herum wucherten. Wie sah denn der junge Marx aus? Ein Phantasieporträt, aufgrund von Erzählungen der Berliner Freunde, hat Engels gedichtet, als er sein parodistisches Heldengedicht »Der Triumph des Glaubens« schrieb und den ganzen Kreis der Junghegelianer zum Sturm auf den Himmel versammelte. Da zieht Arnold Ruge voran, der »Atheisten-Zar«, in der Hand die Exemplare seiner »Hallischen Jahrbücher«, Bauer tost heran, die Fahne schwingend, wobei »den Höllensohn das lauernde Gesicht« verrät.

»Wer jaget hinterdrein mit wildem Ungestüm?
Ein schwarzer Kerl aus Trier, ein markhaft Ungetüm.
Er gehet, hüpfet nicht, er springet auf den Hacken
Und raset voller Wut und, gleich als wollt er packen
Das weite Himmelszelt und zu der Erde ziehn,
Streckt er die Arme sein weit in die Lüfte hin.
Geballt die böse Faust, so tobt er sonder Rasten,
Als wenn ihn bei dem Schopf zehntausend Teufel faßten.

Wir sehen, wenn wir schon kein authentisches Lichtbild aus dieser Zeit haben, immerhin den wie elektrisch geladenen Gang, die weit ausholenden Gesten, die geballte Faust, heute das obligate Parteizeichen, und wir sehen das Wuchtige, Massive seines Auftretens. Dieses wohlwollend-bewundernde Bild von Engels mag uns zur Korrektur für die Spätanalysen dienen, die in Marx das Zerrissene, die ständige Selbstverteidigung gegen angebliche innere Krisen und Minderwertigkeitsgefühle aufdecken wollen.

Ihm folgt Georg Jung, mehr patriziermäßigen Ganges, halb Aristokrat und halb Sansculotte, »ein feiner reicher Herr mit faltigem Jabote«, die Tasche voll Golddukaten. Mit dem Patriziersohn dürfte Marx den Champagner getrunken haben. Ein großes Projekt, diesmal von einem potenten, einflußreichen Kreis ausgehend, sollte gefeiert werden, die Gründung eines rheinischen Oppositionsblattes. Es kam zustande, wovon noch zu erzählen sein wird.

Zunächst endete der Sturm der Hegelianer auf den Himmel mit einer Niederlage, auch in Engels' Faust-Parodie. Vom Himmel herab schwebt da ein Pergament, das Bruno Bauer zitternd aufhebt:

»Was ist es, was die Stirn mit kaltem Schweiß benetzt?
Was murmelt er so dumpf? Er murmelt: Abgesetzt!«

Das Blatt kam aus Berlin, und zwar vom Kultusministerium. Das hatte nach dem Aristokraten Altenstein inzwischen Eichhorn übernommen, Bürgersohn und gewandter Bürokrat. Er, der selber früher eher zu den Aufgeklärten gehört hatte, hatte rechtzeitig die Intentionen des neuen Königs erkannt und verstanden, daß nun ein streng kirchlicher Kurs gesteuert werden sollte. Es hieß sogar, Eichhorn wolle strikte Kirchenzucht, auch für alle Beamten, einführen. Umsichtig begann er ganz systematisch, die Universitäten, die sich unter Altenstein noch gewisser akademischer Selbständigkeit erfreut und recht zahlreiche Außenseiter als Dozenten zugelassen hatten, an die Kandare zu nehmen. Er setzte die Zahl der Privatdozenten nach einer Norm fest, reduzierte sie damit beträchtlich und brachte sie unter die Amtsgewalt des Ministeriums statt der Fakultäten, die bis dahin über die Habilitation entschieden hatten. Er entließ in Breslau den Professor Hoffmann von Fallersleben, verdient durch umfangreiche Volksliedsammlungen und Materialien für die eben entstehende Wissenschaft der Germanistik, unermüdlicher Dichter von volkstümlich gehaltenen Liedern, Kinderliedern und Neckversen mit politischer Spitze. Er hatte gerade ein Jahr vor seiner Absetzung als Flugblatt sein »Deutschland Deutschland über alles« bei Hoffmann & Campe in Hamburg in die Welt flattern lassen; seine zweibändige Sammlung »Unpolitische Lieder« war nun der Grund für die Maßregelung. Der Fall Bruno Bauer wurde als nächster entschieden, nicht ohne sorgfältige Vorbereitung durch Rundfragen bei den Fakultäten der anderen preußischen Universitäten. Bauer selber gab noch den letzten Anstoß. Ungeduldig hatte er sich nach Berlin begeben und nahm an einer Studentendemonstration teil, die der Ehrung des süddeutschen Demokraten Welcker galt, der sich gerade auf einer Rundreise befand. Dergleichen Aufmärsche waren die damals bescheidenen Äußerungen der Opposition. Die Studenten zogen, unter Voranmarsch einer von ihnen gemieteten Kapelle eines Garderegiments, vor das Quartier Welckers und ließen ihn mit Musik, Gesang und Ansprachen hochleben. Aus dem Fenster seiner Wohnung über dem Quartier Welckers mußte ein Geheimrat aus Eichhorns Ministerium den Skandal mitansehen. Bruno Bauer hielt noch bei einem Festmahl für den Besucher einen Toast mit Anspielungen auf den »vernünftigen Staat Hegels« und den süddeutschen Liberalismus.

Der König war empört und verstand sehr wohl den Stachel. Hatte er nicht soeben veranlaßt, daß aus München Schelling nach Berlin berufen wurde, von dem man sich als weitberühmter Autorität und weitbekanntem Widersacher seines einstigen Jugendfreundes Hegel nachdrücklichen und wohltätigen Einfluß auf die studierende Jugend versprach? Die Antrittsvorlesung, ein mit größter Spannung erwartetes Ereignis, war allerdings kein Erfolg gewesen. Das verschärfte für den König nur die Lage. Schellings komplizierte Ausführungen über seine seit vielen Jahren angekündigte »Philosophie der Offenbarung« waren wohl doch nicht das Richtige: Für strengere philosophische Systeme besaß der Dilettant auf dem Throne nicht das geringste Verständnis, und zum preußischen Staatsphilosophen war Schelling zweifellos nicht geschaffen. Man hatte dafür aus Würzburg einen jungen Professor, Friedrich Julius Stahl, als Nachfolger von Gans für das juristische Fach berufen, der zwar getaufter Jude war, was dem König mißfiel, aber sich durch eine Schrift »Umkehr der Wissenschaft« und durch gediegenere fachwissenschaftliche Werke empfahl; doch die Studenten scharrten bei seiner ersten Vorlesung. Der König hatte seinen zunächst neuen Kurs dadurch eingeleitet, daß er so unbezweifelbare Größen wie die Dichter Ludwig Tieck, Rückert, de la Motte Fouqué, den Dichter der »Undine«, nach Berlin zog. Aber all diese Zelebritäten waren reichlich alt und abgeklappert; sie fühlten sich in Berlin nicht wohl und absolvierten nur noch verdrossen ihren Vorlesedienst bei Hofe. Die Jugend, das spürte der König, der auch einen umfangreichen privaten Kundschafterdienst unterhielt, wobei der alte Alexander von Humboldt sein Hauptreferent war und, vertrauend auf seinen Weltruf, auch offenere Worte nicht verschmähte, die Jugend wollte von derlei nichts wissen.

Die Jugend hatte schon gegen den alten Schelling opponiert. Bei seinem ersten Kolleg war auch Friedrich Engels zugegen, der, mit Marx persönlich noch nicht bekannt, hier nun eingeführt werden soll. Er hatte gerade, Sohn eines wohlhabenden Textilfabrikanten in Elberfeld, eine Lehrzeit auf dem Kontorsessel in Bremen absolviert und diente sein Jahr als Freiwilliger bei der Gardefußartillerie in Berlin ab. Er hatte sein Abitur nicht machen können, da er auf Wunsch des Vaters so bald als möglich in die kaufmännische Praxis eingeführt werden sollte, um später die väterliche Firma zu übernehmen. Er las und dichtete unaufhörlich, schrieb den »Rienzi«, ein Libretto, sowie ein Drama unter dem Titel »Der gehörnte Siegfried«, er zeichnete Karikaturen in jedem seiner Briefe, komponierte, publizierte bereits vielbeachtete Artikel über die Zustände seiner

Heimatstadt und lieferte Beiträge für die Zeitschriften der jungen Bewegung – vorläufig aus Rücksicht auf die Familie mit dem Pseudonym »Oswald«. Er war eine neue Bewegung, die bereits in Gegensatz stand zu dem »Jungen Deutschland«, das kaum zehn Jahre zuvor durch Beschluß des Bundestages zu Frankfurt verboten worden war, in Gegensatz auch zu Heinrich Heine, dem man mit den anderen damals verbotenen Schriftstellern das übermäßige Betonen der Erotik vorwarf, die »Liebesnörgelei« und das mangelnde Engagement für die Tagespolitik. Die fand man nur bei Börne vorbildlich betont, den auch der junge Engels als sein Vorbild verehrte; an der »Eiche Börne« habe er sich emporgerankt, hieß es in einem seiner Gedichte. Man glaubte, in der Hegelschen Philosophie – in der Fassung der Junghegelianer – den Schlüssel gefunden zu haben, die Methode, mit der die Wirklichkeit zu begreifen, zu fassen und letztendlich zu verändern sei. Man schätzte, im Unterschied zu der romantischen vorhergehenden Generation, die Prosa des Lebens und die Prosa als Ausdrucksform, den langen, für uns heute schwer lesbaren philosophischen Essay, die ausführliche Auseinandersetzung unter philosophischen Systemen; die Lyrik war nur noch geduldet, wenn sie aufrief zu Taten und mit dem Schwert klirrte. Auch der junge Gardefreiwillige Engels, der eifrig als Hospitant die Kollegs besuchte und kaum weniger umfassend als Marx las und las, stand mitten in dieser »Bewegung«, ein Wort, das Theodor Mundt, einer der vom Bundestagsbann getroffenen Männer des »Jungen Deutschland«, in Umlauf gesetzt hatte und das sich bis heute erhalten hat.

Geradezu ergreifend gründlich – mit einer Reportage und zwei anonymen Broschüren – setzte Engels sich mit Schelling, dem Verteidiger des Offenbarungsglaubens und »Verleumder« Hegels, auseinander. Er schildert die aufsehenerregende Antrittsvorlesung am 15. November 1841, die vor einer imposanten Kulisse mit Professoren aller Fakultäten, Stabsoffizieren, Beamten der Ministerien und vielen Ausländern stattfand, man hörte französisch, englisch, polnisch, jüdisch und türkisch sprechen, ehe das Zeichen ertönte und der Gefeierte das Katheder bestieg: ein weißhaariger Alter schon, mit einigem Embonpoint, fast behäbig, schwäbischen Dialekt sprechend. Engels gibt sich große Mühe, Schelling gerecht zu werden; er unterschlägt nicht dessen Verdienste in seinen jüngeren Jahren, da er noch vor Hegel die Identitätsphilosophie begründet hatte, die Natur und Geist gleichermaßen als Verwirklichung der Weltvernunft deutete. Erbittert bestreitet aber Engels ihm das Recht zu behaupten, das große System, das Hegel darauf aufgebaut hatte, sei eigentlich gar kein System, und er, Schelling, habe weitergeforscht, während Hegel nur die halbe Philosophie jener Anfänge zu einer ganzen deklarierte.

Die aufmerksame Gründlichkeit, mit der Engels seine Kritik vorbringt, ist um so respektabler für den Nichtabiturienten und Gasthörer, als die meisten der studentischen Hörer in den Reihen hinter den Honoratioren das Kolleg überhaupt so gut wie unverständlich fanden. Ein anderer Hörer, der später berühmt werden sollte, Jacob Burckhardt, hatte bei Schellings Deduktionen das Gefühl, »es müßte irgendein Ungetüm von asiatischem Gott auf zwölf Beinen dahergewatschelt kommen und sich mit zwölf Armen sechs Hüte von sechs Köpfen nehmen«.

Engels kommt es hauptsächlich darauf an, in der längeren seiner beiden Broschüren, als »Kritik des neuesten Reaktionsversuchs gegen die freie Philosophie« bezeichnet, die neuhegelianische Philosophie der Jungen gegen Schelling zu verteidigen. Hegel hat sich zu sehr, der Kraft der Idee vertrauend, mit dem reinen Gedanken befaßt; erst seine Schüler haben die Lehre anschaulicher gemacht, erst sie haben die Fragen der tätigen Wissenschaft, der Praxis des Lebens in die Debatte gestellt. Engels erwähnt die Jahrbücher Ruges, es fällt der Name Feuerbach. Es geht nicht mehr nur um die Probleme, wieweit der absolute Geist Gott in sich begreifen könne. Der Atheismus, ohne Würgebänder, ist vielmehr zu verkünden, eine neue Ära im Bewußtsein der Menschheit ist angebrochen. Die Welt, »die uns als ein Gefängnis erschien, zeigt sich nun in ihrer wahren Gestalt, als ein herrlicher Königspalast, darin wir alle aus und ein gehen, Arme und Reiche, Hohe und Niedere«. Das Selbstbewußtsein der Menschheit ist der neue Gral der Sage. »Das ist unser Beruf, daß wir dieses Grals Tempeleisen werden, für ihn das Schwert um die Lenden gürten und unser Leben fröhlich einsetzen in dem letzten, heiligen Krieg, dem das tausendjährige Reich der Freiheit folgen wird.«

Ludwig Feuerbachs Buch »Das Wesen des Christentums« war 1840 erschienen und hatte in der Tat wie eine Offenbarung, eine andere als die von Schelling verkündete, auf die Jugend gewirkt. Feuerbach ist für Engels wie Marx eines der großen und ihre Anschauungen unverlierbar prägenden Erlebnisse gewesen. Hegel hatte das weise Wort in seiner »Logik« gesprochen, die wahre Widerlegung müsse »in die Kraft des Gegners eingehen und sich in den Umkreis seiner Stärke stellen; ihn außerhalb seiner selbst angreifen und da recht behalten, wo er nicht ist, fördert die Sache nicht«. Gerade das hatte Feuerbach getan. Er war Schüler Hegels gewesen und hatte von ihm erfahren, »was ein Lehrer ist«. Er übernahm von Hegel das Systemdenken, die Methode der Dialektik, angewendet in der »Umkehrung«, der Negation als schöpferischem Prinzip. Und er nahm nun die radikalste Umkehrung vor, die bis dahin aufgetreten war: Nicht Gott ist der Schöpfer der Welt und des Menschen, der Mensch schafft sich das Bild Gottes nach seinem Ebenbilde, nach seinen Wünschen und Gedanken. Feuerbachs Vorgänger David Friedrich Strauß, dessen »Leben Jesu«, kritisch-historisch betrachtet, die erste und gewaltiges Aufsehen machende Entmythologisierung einleitete, war über die gesamte Theologie »hinweggestiegen«; Strauß war selber aus der Fachtheologie hervorgegangen und behielt sich immer noch einen etwas unbestimmten Gottesglauben vor. Feuerbach stieg nun über Strauß hinweg und ersetzte die gesamte Theologie durch Anthropologie, mit schärfster Abgrenzung gegen das, was die Naturphilosophen, wie Marx' Berliner Lehrer Steffens, darunter in romantischer Auslegung verstanden hatten. Strauß hatte schon einen Grundgedanken Feuerbachs ausgesprochen, indem er gegen die Lehre vom einzigen und die ganze Offenbarungslehre beherrschenden Gottmenschen Christus protestierte: Nicht ein einzelner Mensch, Jesus, dessen Leben und Tod sehr bald der Mythologisierung durch seine Gemeinde unterworfen wurde, vielmehr die Menschheit, die Gattung, die Idee der Vereinigung von Gott und Natur, dem Endlichen und dem Unendlichen sei die geschichtliche Wahrheit. Die früheste Gemeinde habe nur das »Bild ihres Christus« entworfen.

Feuerbach, Philosoph, der sich mit langen und gründlichen Studien über Leibniz, Pierre Bayle und die französischen Vertreter der Aufklärung bis hin zu Kant und Hegel durchgearbeitet hatte, ging nun weiter und über seinen Lehrer Hegel hinaus. Marx ging zwar bald seinerseits über Feuerbach hinaus, aber eine ganze wichtige

Epoche seines Lebens ist unverkennbar Feuerbach bis in die Wortgebung hinein verpflichtet. Es kann nicht viel besagen, daß solche »Einflüsse« dann je nach Richtung von den Nachfahren wütend bestritten oder auch triumphierend herausgehoben werden; in den exakteren Wissenschaften gilt es als Ehrensache, zu bekennen, daß man auf den Schultern der Vorgänger steht. Daß es für Gedanken ein ausschließliches Besitz- oder Eigentumsrecht geben könne, ist eine etwas allzu materialistische Vorstellung.

Strauß schon und dann Feuerbach verwenden bewußt statt der durch allzu viele rhetorische Anrufungen suspekt gewordenen »Menschheit« den mehr naturwissenschaftlich klingenden Begriff der »Gattung«, aus der Zoologie stammend, den dann auch Marx übernimmt. Der Gattung Mensch, dem Homo sapiens, der sich seiner Stellung im Weltall und dem Leben auf der Erde bewußt ist, gilt Feuerbachs Anthropologie. Er entmythologisiert auch seinen Lehrer Hegel und setzt an die Stelle der Idee und des Geistes die sinnliche Wirklichkeit, die materielle Welt; er ist »Materialist« und als solcher zum Vater des neuen Materialismus des 19. Jahrhunderts geworden, der freilich erst aus den Naturwissenschaften seine größte Stärke bezog.

Feuerbach nahm seine Beweisführungen aus den Methoden der Philosophie. So wie vergangene Jahrhunderte sich mit »Gottesbeweisen« der verschiedensten Art abmühten, die Kant dann vor dem Forum der reinen Vernunft als vergeblich erklärte, so führte nun Feuerbach seinen Anti-Gott-Beweis. Er tat das mit größtem Ernst und unerschütterlicher Überzeugung, was ihn wesentlich von den Atheisten und Materialisten der Aufklärung unterschied, die geistreiche Spötter gewesen waren – Lamettrie etwa, der Autor von »Der Mensch eine Maschine«, den Friedrich der Große nach Berlin holte und zu Tafelgesprächen über gewagte Themen heranzog oder zu »Sottisen über die Religion«, wie Lessing bitter spottete, was alles sei, was von der großzügig proklamierten Gedankenfreiheit im preußischen Staate für die gewöhnlichen Menschen erlaubt war; oder der mehrfache Millionär Holbach, in dessen Salon die gewählteste Gesellschaft von Paris zu den vorzüglichsten Diners der französischen Küche zusammenkam, eine Gesellschaft, die Unsterblichkeit als Priesterschwindel mit vielen amüsanten Anekdoten diskutierte und sich ihrer sterblichen Existenz zu erfreuen beschloß, solange das gute Leben dauerte. Feuerbach dagegen nahm seinen Atheismus viel ernster. Er sah in der Religion keinen Betrug durch irgendwelche Priester, sondern das Unglück der Jahrtausende. Der Mensch habe sich seinem Selbst »entfremdet«, und zwar dadurch, daß er seine besten Eigenschaften nach außen auf den entfernten Gott projizierte. Er habe sich mit dieser Entäußerung ständig verarmt, erniedrigt und heruntergedrückt; es gelte nun, ihn zu erheben und diese seine Schätze auf die Erde zurückzuholen, gleichsam, um in der Sprache der Sozialisten zu reden, den Expropriateur Gott zu expropriieren und das Entwendete dem wahren Eigentümer, dem Menschen, zurückzugeben. Es handelt sich dabei natürlich nicht um das liebe Geld, sondern um größere Werte: Liebe, Gerechtigkeit, Verhalten zu den anderen Menschen, das »Du«, das man in der Kirchenlehre in Gott nicht gut ansehen kann, jedenfalls nicht auf dieser Welt..

Feuerbach will es durchaus nicht dabei lassen, Gott vom Thron zu stürzen, er will eine neue, bessere Welt aufzeigen, in der die besten Eigenschaften der Menschen sich entfalten können, in der sie die Sinnenwelt mit allen Sinnen sich aneignen können als das ihnen zukommende Eigentum, das von der Kirche ihnen so lange vorenthalten war. Die bisherige Philosophie hat zwar die Welt der sinnlichen Wahrnehmungen nicht verkannt, aber lediglich als eine zweite, fragwürdige Welt gegenüber der höheren der Ideen behandelt. »Die neue Philosophie dagegen *anerkannt* die Wahrheit der Sinnlichkeit mit Freuden, mit Bewußtsein.«

Es ist kaum nötig zu demonstrieren, wie in Feuerbach Grundgedanken von Marx schon vorgeformt waren. Daß er dann wieder über Feuerbach hinwegstieg und von der Welt des sinnlich Erfaßbaren die Wirtschaft und die ihrer ursprünglichen Bestimmung entfremdete Produktionskraft des arbeitenden Menschen zu seinem Lebensthema machte, ist darin begründet, daß er durch und durch Revolutionär war.

Feuerbach hingegen war kein Revolutionär, doch ein revolutionär wirkender Denker. Er war auch kein Mensch, der sich seiner Natur nach für Teilnahme an einer Partei oder Bewegung eignete. Er stammte aus einer ungewöhnlich hochbegabten Familie, die ein gutes Beispiel für Galtons, Vetter Darwins, Thesen vom erblichen Genie und dem Phänomen begabter Familien hätte abgeben können. Der Vater Anselm war der führende Kriminaljurist seiner Zeit, epochemachend mit seiner Theorie von der Strafandrohung als Abschreckungsmittel für Verbrechen; alle Brüder Feuerbachs waren begabt, der eine als bedeutender Mathematiker, nach dem ein eigener Lehrsatz benannt ist, ein anderer als führender Archäologe, vier von ihnen waren Professoren, der Neffe Anselm wurde als Maler mit seiner »Iphigenie« zum Ideal des Bürgerhauses. Rebellisch waren sie alle, der Mathematiker wurde in der Zeit der Demagogenverfolgung durch Verhöre nervenkrank gemacht und starb früh, erst vierunddreißig Jahre alt; auch Ludwig geriet schon als Student unter Polizeiverdacht und hatte Schwierigkeiten, immatrikuliert zu werden. Bereits seine erste Schrift mit Gedanken über Gott und Unsterblichkeit wurde beschlagnahmt und versperrte ihm auf immer den Weg zu einer Universitätsstellung, wie sie alle seine Brüder innehatten. Er war hinfort »Privatgelehrter«. Durch eine Frau, Bertha Löw, das »Du« seiner Theorie in der Praxis, fand er ein Refugium auf dem Schloß Bruckberg bei Ansbach. Er heiratete und führte weitgehend ein Einsiedlerleben, in der wirtschaftlichen Basis begründet auf der Teilhaberschaft an der kleinen Porzellanfabrik, die zu Bruckberg gehörte. Er bezeichnete sich gern als den Einsiedler von Bruckberg. Er genoß die Natur auf weiten Spaziergängen, plauderte des Abends in der Schloßwirtschaft mit Handwerkern und Bauern, korrespondierte viel mit Freunden, darunter auch einfachen Leuten, die sich für seine Bücher begeisterten. Nur einmal ist er, während der Revolution 48/49, aus Bruckberg herabgestiegen und hat in Heidelberg Vorlesungen gehalten, doch nicht in der Universität, die sich ihm verschloß, sondern im Rathaus. Gottfried Keller, der zu den Hörern gehörte, hat seinen Eindruck beschrieben: den mühseligen, schlechten Vortrag und die tiefe Bewegung, die Feuerbach auslöste. Die Hauptfrage für ihn sei dabei: »Wird die Welt, wird das Leben prosaischer und gemeiner nach Feuerbach? Bis jetzt muß ich des bestimmtesten antworten: Nein! im Gegenteil, es wird alles klarer, strenger, aber auch glühender und sinnlicher ...« Feuerbach bezeichnete sich während des Revolutionsjahres als Kommunist, aber er lehnte aktive Beteiligung am Kampfe ab, so wie er sich auch schon früher Marx versagt hatte, der ihn zur Mitarbeit heranziehen wollte. Er meinte, unablässig und mit manchen Wandlungen auf seinem Wege weiterforschend, seine Aufgabe sei es nicht mitzukämpfen; die Theorie, die Doktrin müsse zunächst noch fester begründet werden. Und als Freunde versuchten, ihm eine Professur zu verschaffen, lehnte er ab: »Mein Kopf gehört nicht aufs Katheder oder gar auf die Kanzel. Er gehört – weißt Du wohin?« schrieb er seinem Freunde Kapp, »rate: aufs Schafott, denn mein Kopf ist so scharf wie das Schwert eines Scharfrichters, und ich selbst habe nur die Lust und Courage zu Handlungen, wo es gilt, den Kopf aufs Spiel zu setzen ... der Sturz der Theologie ist eine höchst untergeordnete Nebensache. Ich habe es nur mit welthistorischen Wesen zu tun ... Aufs Haupt muß man schlagen, aus Prinzip muß man negieren. Handeln heißt enthaupten – mit dem Entschluß, sich selber enthaupten zu lassen.« An Selbstgefühl fehlte es ihm nicht.

Er forschte weiter in der Einsamkeit seines Schlosses und suchte nicht nur den christlichen Gott, sondern in vergleichender Religionswissenschaft auch die nichteuropäischen Religionen neu zu deuten. Dabei fiel dann der Satz, der sein Andenken mehr als alles andere bei mißgünstigen wie auf höhere Betrachtungen aspirierenden Kritikern lebendig erhielt: »Der Mensch ist, was er ißt«, trotzig schon in den Titel einer seiner Spätschriften gesetzt. Er handelte da von den verschiedenen Formen der Gottesopfer und machte die sehr zum Nachdenken anregende Bemerkung, daß es dabei auch geographisch-ethnologische Unterschiede gibt: Was soll etwa einem asiatischen Volk, das von Reisdiät lebt, ein so kardinal wichtiges Symbol wie das christliche von Brot und Wein bedeuten?

Im späten Alter mußte er noch erleben, daß die kleine Porzellanfabrik Bankrott machte und er sein kleines Vermögen verlor. Er fand eine klägliche Unterkunft in dem Dorf Rechenberg bei Nürnberg. Die Schillerstiftung reichte ihm eine kleine Gabe, Freunde unterstützten ihn. Als er nach einigen Schlaganfällen gestorben war, folgten seinem Begräbnis in Nürnberg einige zehntausend Menschen. Der schöne alte Mann mit dem seidigen Patriarchenbart, dem offenen und klaren Gesicht war trotz – oder wegen – seiner als sehr abwegig bekannten Ansichten in seiner unerschütterlichen Haltung ehrwürdig und volkstümlich geworden.

Sein geistiges Erbe wurde von der Sozialdemokratie verwaltet, der er noch kurz vor seinem Tode beigetreten war, sowenig er sonst von Parteien wissen wollte. Da gehörte er zu den »Klassikern des Materialismus«, die in jeder für Arbeiter bestimmten Bibliothek zu stehen hatten. Die Freidenker und Monisten interessierten sich für ihn. Die offizielle Philosophiegeschichte ordnete ihn herablassend ein, zumal er kein »Hauptwerk« und kein mehrbändiges »System« geschaffen hatte. Erst neuestens hat sich eine Feuerbach-Renaissance angekündigt, die jedoch vielfach nur zum fruchtlosen Versuch, ihn gegen Marx auszuspielen und für einen vagen »Humanismus« zu reklamieren, gediehen ist.

Vergessen war Feuerbach in weiten akademischen Kreisen schon lange vor seinem Tode. Nicht vergessen, aber überholt erschien er für Marx und Engels bereits wenige Jahre nach Erscheinen des Buches vom »Wesen des Christentums«. Marx nahm noch Notiz von Feuerbachs zahlreichen Beiträgen zu Ruges Jahrbüchern, in denen auch ein Aufsatz »Luther als Schiedsrichter zwischen Strauß und Feuerbach« anonym erschien, den man Marx zugeschrieben hat, was man nie recht begründen konnte. Er las vor allem Feuerbachs »Vorläufige Thesen zur Reformation der Philosophie«, die auch für Ruges Blatt bestimmt gewesen waren, aber der Zensur wegen erst in der Schweiz erscheinen konnten. Denn die religiöse Frage interessierte ihn im Grunde wenig, Kampf gegen das kirchliche Staatschristentum um so mehr und Kampf gegen Hegel, dem Feuerbach vorwarf, in seiner Philosophie besitze die Theologie ein letztes Bollwerk. Marx schrieb höchst angetan von dieser These an Ruge, schränkte jedoch ein: »Feuerbachs Aphorismen sind mir nur in dem nicht recht, daß er zu sehr auf die Natur und zuwenig auf die Politik hinweist. Das aber ist das einzige Bündnis, wodurch die jetzige Philosophie eine Wahrheit werden kann.«

Marx umwarb Feuerbach mit langen und sehr schmeichelhaften Briefen, als es sich darum handelte, ihn als Mitarbeiter für die geplanten »Deutsch-Französischen Jahrbücher« zu gewinnen, denn Feuerbach war seinerzeit ein großer Name. Er schlug ihm vor, doch über Schelling zu schreiben, schlug ihm nicht nur vor, sondern legte ihm den Artikel seitenweise geradezu auf den Tisch. Feuerbach lehnte ab. Marx sprach von seiner »Liebe zu Feuerbach«, er ging bis zu dem Lob: »Sie haben dem Sozialismus eine wissenschaftliche Grundlage gegeben, und die Kommunisten haben diese Arbeiten auch sogleich in dieser Weise verstanden.« Er schrieb das bereits aus Paris und gab Beispiele dafür, wie die Arbeitervereinigungen, die er besuchte, zweimal die Woche Vorlesungen über das »Wesen des Christentums« von den Vorstehern ihres Geheimbundes der »Gerechten« hören und sich sehr empfänglich dafür zeigen. Marx nennt Feuerbach in seinen »Pariser Manuskripten« den Begründer eines »wahren Realismus«; er habe die »reellen Wissenschaften begründet dadurch, daß er das Verhältnis des Menschen zum Menschen zum Grundprinzip der Theorie machte«. Feuerbach sei »der wahre Überwinder der alten Philosophie«, der einzige, der ein ernsthaftes, ein kritisches Verhältnis zur Hegelschen Dialektik habe.

Dann aber kühlte sich das Verhältnis bald ab, nicht zuletzt durch Feuerbachs hartnäckige Ablehnung der Zusammenarbeit. In Marx' Streitschrift »Die Heilige Familie« feuerbacht es zwar noch gewaltig, aber als Marx das Werk nach längeren Jahren einmal wiederlas, meinte er spöttisch zu Engels, sie brauchten sich der gemeinsamen Arbeit nicht zu schämen, »obgleich der Feuerbach-Kultus jetzt sehr humoristisch auf einen wirkt«.

Engels hatte sich bereits sehr viel früher von Feuerbach abgesetzt. Er teilte Marx, mit dem er bereits intim zusammenarbeitete, schon 1846 über das neue Werk Feuerbachs, »Das Wesen der Religion«, das er durchgeblättert habe, mit: »Abgesehen von einigen netten Arperçus ist das Ding ganz im alten Stiefel. Anfangs, wo er sich auf die Naturreligion beschränkt, ist er schon gezwungen, sich mehr auf empirischem Boden zu verhalten, aber später wird's kunterbunt. Wieder lauter Wesen. Mensch pp.«

Nach langem Widerstreben arbeitete Engels dennoch den »Dreck« von Feuerbach durch und kommentierte seine seitenlangen Auszüge mit »triviale Glossen« oder »langer Kohl«, »Schnitzer«, »nichts Neues«. Engels hatte in Zeitschriften Auszüge gelesen, wonach Feuerbach über Kopf- und Magenübel klagte, »so eine Art Apologie, warum er sich nicht um wirkliche Interessen bekümmert«. Kurzum: er kam als Mitarbeiter nicht mehr in Frage.

Erst als alter Mann, nach Marx' Tode, erinnerte Engels 1888 in seiner Schrift »Feuerbach und der Ausgang der klassischen deutschen Philosophie« an den ersten Eindruck, den Feuerbachs Auftreten mit seinem »Wesen des Christentums« damals auf die Hegel-Schüler gemacht hatte. »Der Bann, den das System Hegels ausgeübt hatte, war mit einem Schlage gebrochen, das System gesprengt und beiseite geworfen ... Man muß die befreiende Wirkung dieses Buches selbst erlebt haben, um sich eine Vorstellung davon zu machen. Die Begeisterung war allgemein; wir waren alle momentan

Feuerbachianer. Wie enthusiastisch Marx die neue Auffassung begrüßte und wie sehr er – trotz aller kritischen Vorbehalte – von ihr beeinflußt wurde, kann man in der ›Heiligen Familie‹ lesen ... Die Hegelsche Schule war aufgelöst, aber die Hegelsche Philosophie war nicht kritisch überwunden ... Feuerbach durchbrach das System und warf es einfach beiseite.«

Das war zwar, wie diese ganze Schrift von Engels, keine ganz zutreffende geschichtliche Darstellung, aber als Stimmungsbild aus der Erinnerung wollen wir es doch gelten lassen. Feuerbachs Werk war es immerhin, das in endloses Debattieren und Geschwätz über Theorie und Praxis hineinplatzte und auf die Notwendigkeit der Tat verwies.

Hegel

Erst jetzt, mitten in diesem unruhigen Hin und Her von einem Ort zum andern, den Plänen für Broschüren über Kunst, die Romantik, die »positiven Philosophen« und Plänen für Zeitungsgründungen, begann Marx, sich gründlicher mit Hegel zu beschäftigen. Unter den vielen Exzerpten der Berliner Jahre findet sich nichts Wesentliches *von* Hegel, wohl aber *über* ihn, Polemisches gegen solche, die den Riesengeist angreifen oder der Akkomodation beschuldigen. Wir gehen kaum fehl, wenn wir meinen, daß Marx' Hegel-Bild vornehmlich durch das bestimmt war, was im Doktorclub an Hegel-Zitaten und Hegel-Kritik umging. Marx fühlte sich da, sosehr er von Anfang an gegen Hegel sich gewehrt hatte, zur Verteidigung berufen; er hat immer am energischsten reagiert, wenn andere eine Position oder eine Persönlichkeit attackierten, und sie dann zurechtgewiesen. Den Angriff behielt er sich selber vor. Und einen Angriff auf Hegel zu führen, hatte er sich früh schon vorgenommen – dies zieht sich durch sein ganzes Verhältnis zu dem Meister. Ein Meister war Hegel ganz zweifellos, und nicht nur für Karl Marx; einer der Großen, im obersten Rang, der nur mit ein paar Namen besetzt ist. Wenn andere das bezweifelten, fuhr Marx auf und erklärte: »Ich werde demnächst ...«, und dabei blieb es, wie so oft. Er hat ja nicht einmal die Dialektik, geschweige seinen dialektischen Materialismus, die Grundposition seines gesamten Werkes, selber ausführlich und im Zusammenhang behandelt; das blieb den Nachfahren überlassen, die dann schalten und walten konnten, wie es ihnen ihre »Zeitumstände« eingaben – oder erlaubten.

Das übrigens gilt nicht nur für Marx, sondern ebenso für Hegel. Doch jeder Versuch, den »wahren Hegel« vorzustellen, den jungen Hegel, welcher der »eigentliche« sei, oder den reifen Hegel, den alten Hegel, der nicht das »im Grunde« gemeint habe, was üblicherweise angenommen wird, scheint mir so fragwürdig wie das gleiche Verfahren bei seinem Schüler Marx. In Parallele zu der Entdeckung der Jugendschriften von Marx vor nicht allzu langer Zeit hat man die Jugendschriften von Hegel ans Licht gezogen; man hat sogar gemeint, es zeuge für Marxens geniale Spürgabe, daß er gerade diese Jugendschriften Hegels, zu seiner Zeit vergessen im Nachlaß in der Bibliothek Berlin dahindämmernd, als den Kern der Hegelschen Philosophie geahnt und sich im Geiste einverleibt habe. Man vergißt dabei, daß es Gleichzeitigkeiten im Denken gibt, Phänomene beispielsweise wie das Finden der Differential- und Integralrechnung zu gleicher Zeit. Und es gibt das andere Phänomen, daß grundlegende Gedanken, die das gesamte Weltbild verändern, lange warten müssen, bis sie sich durchsetzen und dann mit ungeahnter Gewalt wirken. Wir wollen hierzu ein Beispiel aus der Naturwissenschaft anführen. Im selben Jahr, da Marx die ersten Grundgedanken seines Denksystems im Anschluß an Hegel und Feuerbach konzipiert, entwirft ein junger Arzt namens Julius Robert Mayer in Heilbronn, der keine sonderlichen Kenntnisse in der Physik hat, nach einer Tropenreise als Schiffsarzt, die ihm Zeit zum Nachdenken über die Zusammenhänge des organischen Geschehens gab, die Konzeption einer neuen Physik. Zusammen mit einem Jugendfreund mit dem passenden Namen Mühsam sucht er sich Material aus der Literatur zusammen, rechnet, muß »Umkehrungen« vornehmen wie Marx, formuliert anfangs fast unbeholfen und publiziert erst 1847, unmittelbar vor dem Revolutionsjahr, seine Schrift »Über die Erhaltung der Kraft«, die dann nochmals viele Jahre braucht, ehe sie durch Helmholtz und andere als das Gesetz der Erhaltung der Energie zur – bisher unbestrittenen – Grundlage des neuzeitlichen Denkens in Physik und Technik geworden ist.

Hegels Werk hat andere Schicksale gehabt. Als Hegel starb, war er eine unbestrittene Weltgröße. Nach seinem Tode teilten sich, der Dialektik gemäß, seine Schüler, übrigens nicht nur in Rechte und Linke, wie man der Übersichtlichkeit halber registriert, sondern noch in Vertreter der Mitte und Außenseiter. Er selbst wurde dann nahezu vergessen und erlebte erst in unserem Jahrhundert eine Wiederauferstehung, deren Prozeß noch nicht abgeschlossen ist, jedoch erneut eine »Umkehr«, auch in die Negation, zur Folge haben kann. Ich verzichte auf jede Prophezeiung, so wie Hegel selber es nicht liebte, über die Zukunft Voraussagen zu machen: Das tat dann sein Schüler Marx mit der größten Sicherheit und der Überzeugung von Unfehlbarkeit.

Ein rein biographisches Element in Hegels Denken und der Schaffung seines dialektischen Systems scheint mir für das Verständnis des Philosophen wichtig. Hegel hat drei prägende historische Erlebnisse gehabt: die Französische Revolution, Napoleon und den preußischen Staat, wie er aus den Jahren der Kämpfe um seine Erhaltung und Erneuerung hervorging. Im Dreischritt wurde ihm damit der »Gang des Weltgeistes« vorgestellt, und so formulierte er es, die gleiche Vorstellung zunächst aus dem reinen Denken, der Logik entnehmend, um sie dann auf die Weltgeschichte anzuwenden. Er hat, und das ist wesentlich, keine der drei geschichtlichen Stadien je mißachtet oder verworfen. Er hat noch in seiner Philosophie der Geschichte, 1830 im Jahr einer neuen Revolution erschienen, die Revolution von 1789 mit den hymnischsten Worten gefeiert, die ihm zur Verfügung standen: »Solange die Sonne am Firmamente steht und die Planeten um sie herum kreisen, war das nicht gesehen worden«, nämlich daß der Mensch sich auf den Gedanken stellt »und die Wirklichkeit nach diesem erbaut«. Ein »herrlicher Sonnenaufgang. Eine erhabne Rührung hat in jener Zeit geherrscht, ein Enthusiasmus des Geistes hat die Welt durchschauert, als sei es zur wirklichen Versöhnung des Göttlichen mit der Welt nun erst gekommen.«

Und dies vor den Hörern der Berliner Universität gesagt, unter denen im Kolleg des gefeierten Philosophen auch der eifrig mitschreibende und begeisterte Referent des Kultusministeriums, Geheimrat Schulze, saß, Stabsoffiziere, andere hohe Beamte, viele Ausländer, russische, polnische Studenten, Franzosen. Hegel hat auch nie, sosehr der Franzosenhaß Mode wurde, auf Napoleon etwas kommen lassen. Den hatte er leibhaftig, 1806 beim Zusammenbruch Preußens, in Jena gesehen und die bekannten Sätze an seinen Freund und Protektor Niethammer geschrieben: »Den Kaiser – diese Weltseele – sah ich durch die Stadt zum Rekognoszieren hinausreiten; es ist in der Tat eine wunderbare Empfindung, ein solches Individuum zu sehen, das hier auf einen Punkt konzentriert, auf einem Pferde sitzend über die Welt übergreift und sie beherrscht ... Von Donnerstag bis Montag sind solche Fortschritte nur diesem außerordentlichen Manne möglich, den es nicht möglich ist nicht zu bewundern.« Die Soldaten des Weltbeherrschers plünderten eifrig, auch in der höchst bescheidenen Mietswohnung des Professors Hegel, der ein Jahresgehalt von hundert Talern bezog; es kann da nicht viel zu plündern gegeben haben. Hegel jedenfalls mußte flüchten; in der Tasche hatte er die letzten Seiten seines neuen Werkes, das »System der Wissenschaft« heißen sollte. Goethe ließ dem Mittellosen durch seinen Freund Knebel zehn Taler zur Unterstützung reichen. Hegel arbeitete eine Zeitlang als Zeitungsredakteur in Bamberg, dann wurde er Schulrektor am Gymnasium zu Nürnberg, wo er immerhin in den Oberklassen seine Philosophie vortragen konnte. In seinem amtlichen Gutachten über die Rolle der Philosophie auf Gymnasien heißt es, die Schüler müßten lernen, abstrakt zu denken. »Der Jugend muß zuerst das Hören und Sehen vergehen, sie muß vom konkreten Vorstellen abgezogen, in die innere Nacht der Seele zurückgezogen werden, auf diesem Boden sehen, Bestimmungen festhalten und unterscheiden lernen.« Wir können mit Recht annehmen, daß den Primanern Hören und Sehen verging bei dem, was Rektor Hegel ihnen vortrug; es waren die Grundzüge dessen, was er dann, langsam aufrückend und als Professor nach Heidelberg berufen, als seine »Enzyklopädie der philosophischen Wissenschaften« herausgab. In der Antrittsvorlesung nahm er Bezug darauf, daß Napoleon nunmehr verbannt auf St. Helena saß und der Wiener Kongreß abgeschlossen war: »Weil der Weltgeist in der Wirklichkeit so sehr beschäftigt war, konnte er sich nicht nach innen kehren und sich in sich selber sammeln. Nun, da dieser Strom der Wirklichkeit gebrochen, da die deutsche Nation sich aus dem Gröbsten herausgehauen ... dürfen wir hoffen, daß dem politischen und sonstigen an die gemeine Wirklichkeit gebundenen Interesse auch die Wissenschaft, die freie vernünftige Welt des Geistes wieder emporblüht.«

Bald wurde Hegel durch Altenstein, der ihm 2000 Taler Gehalt zusicherte, nach Berlin berufen. In seinem dortigen Antrittskolleg beschwört er wiederum den Weltgeist, der abgehalten gewesen war, »sich nach innen und auf sich selbst zu kehren und in seiner eigentümlichen Heimat zu ergehen und zu genießen«. Er dankt dem Staat, der ihn, den Süddeutschen, aufgenommen hat, und sieht in Berlin »die Bildung und die Blüte der Wissenschaften, eines der wesentlichen Elemente selbst im Staatsleben; auf hiesiger Universität, der Universität des Mittelpunktes, muß auch der Mittelpunkt aller Geistesbildung und aller Wissenschaft und Wahrheit, die Philosophie, ihre Stelle und vorzügliche Pflege finden.« Hier wird deutlich, woher Marx in seiner Dissertation seine Vorstellungen vom obersten Rang der Philosophie bezogen hatte. Keineswegs war das immer so gewesen; der Preußenkönig Friedrich betrachtete die Philosophen spöttisch und nicht viel anders als Spaßmacher und allenfalls Tischgenossen für eine gut gewürzte Unterhaltung. Einen Philosophen von dem Rang, den man Hegel einräumte und den er behauptete, hatte Preußen bislang nicht gekannt. Es ist begreiflich, daß er selber stolz darauf war.

Man darf es sich aber nicht so einfach machen, Hegel nur als den »preußischen Staatsphilosophen« zu sehen. Einen solchen hat es überhaupt zu keiner Zeit gegeben; man könnte allenfalls seinen Nachfolger Stahl als solchen bezeichnen, und danach ist kein Philosoph berufen worden, die preußische »Staatsphilosophie« zu vertreten. Die Zeit der Realpolitik brach an. Bismarck brauchte weder einen Philosophen noch eine Philosophie, geschweige eine, wie Hegel sie verstand. Hegel durchlebte noch intensiv die Epoche, in der der preußische Staat sich sehr mühsam regenierte, in der Preußen alle Kräfte, woher sie auch kommen mochten, heranzog und großen Wert darauf legte, auch mit den Gütern des Geistes zu wirtschaften und sich damit Einfluß zu verschaffen. Ich habe hier keine Apologie des alten Preußen zu schreiben; ich versuche nur, die Situation zu schildern, in der Hegel stand. Daß die Kräfte der »gemeinen Wirklichkeit«, wie er es nannte, sich dann seiner Philosophie bedienten und darin auch Material für ihre Absichten fanden, ist etwas anderes. Der Weltgeist schritt rasch weiter, und die Umschläge, die Hegel mit großen Zeitabständen in seiner Doktrin vorsah, erfolgten schlagartig und »unregelmäßig«, ganz gegen die Regeln des

Systems. Das sollte auch für die von Marx aus Hegel entwickelte dialektische Theorie gelten.

Hegel genoß zweifellos seine ungewöhnliche Stellung. Heinrich Laube hat als Zeitgenosse das beobachtet: »Viele Resultate seines Systems hätten sich anders gewendet an den Punkten, wo die Theorie in die praktischen Formen mündet, wenn er ein unbefangener fränkischer Lehrer oder gar ein schwäbischer Magister geblieben wäre, ein unbefangener Mann, der nach keinem Gefallen fragt.« Statt dessen schildert er ihn als wahren »Lebemann«, der die Klatschblätter von Saphir liest, viel ins Theater geht, Schauspielerinnen und Sängerinnen den Hof macht und damit posiert, daß Madame Milder, die Diva, seinem Herzen gefährlich sei: »Es war ein großer Reiz für ihn, bei Hofe zu erscheinen, wie es ihm als courfähigem Rector magnificus zuteil wurde.«

Auch aus solchem Klatsch zogen die oppositionellen Jungen, und Laube war einer der kritischsten unter ihnen, ihre Nahrung. Hegel las nicht nur die »Schnellpost« von Saphir. Er studierte die englischen Zeitungen und Parlamentsberichte des Adam Smith, er unternahm ausführliche Bildungsreisen für seine Vorlesungen über die Ästhetik; er war unablässig bemüht, seinen Gesichtskreis zu erweitern, und erschien seinen Zeitgenossen wie ein Aristoteles an Universalität. Und dieses sein Arbeiten, das ständige Ringen, das zuweilen das schwäbische »schaffe, schaffe« sein konnte, machte seine Größe aus. Das kam schon in seinem akademischen Vortrag zum Ausdruck.

Der war alles andere als elegant und flüssig. Schwerfällig kam der Mann herein, blätterte lange in seinen Heften, begann, stockte, »jede Silbe löste sich nur widerwillig los ... das treffende Wort schien für immer zu fehlen, und nun schlug es am sichersten ein, es schien gewöhnlich und war doch unnachahmlich passend, ungebräuchlich und dennoch das einzige rechte«. Und: »Die ganze Erscheinung zwang zu einem so tiefen Respekt, zu solch einer Empfindung der Würdigkeit und zog durch eine Naivität des überwältigenden Ernstes an, daß ich mich bei aller Mißbehaglichkeit, obschon ich wenig genug von dem Gesagten mochte verstanden haben, unabtrennbar gefesselt fand.« So einer der Schüler und späteren Mitarbeiter an der Gesamtausgabe.

Der Philosoph ist ein Mensch, der für andere denkt. Er nimmt ihnen die mühsame Arbeit und zuweilen Qual ab, die mit dem strengen und scharfen Denken verbunden ist. Hegel hat einmal gestöhnt: »Gott hat mich zum Philosophen verdammt.« Und Gott selber, der Gott-Weltgeist seiner Theorie, läßt es sich bitter schwer werden. Er »entfremdet« sich seinem Zuhause, dem seligen Reich des reinen Denkens, und begibt sich in das Reich der Wirklichkeit, die immer fragwürdig ist. Da muß er sich mühen und plagen, bis er schließlich wieder zu sich selbst zurückkehren kann und »bei sich« oder, wie Hegel auch sagt, in seiner »Heimat« sein kann. Das war – grob umrissen – Hegels Entfremdungstheorie, die Marx dann übernahm und umbildete. Hegel sieht diesen dialektischen Prozeß als notwendig an, aus ihm besteht die Weltgeschichte. Und da er sich im Zeichen der Weltvernunft vollzieht, muß er auch »vernünftig« sein. Und so fällt im Vorwort seines letzten Werkes, der »Philosophie des Rechts«, absichtlich im Druck hervorgehoben, der berühmte und berüchtigte Satz:

> »Was vernünftig ist, das ist wirklich,
> und was wirklich ist, das ist vernünftig.«

Danach soll denn auch der Staat als ein in sich Vernünftiges begriffen und dargestellt werden. Hegel verwahrt sich aber gegen die Anmaßung, einen Staat, *wie er sein soll*, zu konstruieren: »Das was *ist* zu begreifen ist die Aufgabe der Philosophie, denn das was ist, ist die Vernunft. Was das Individuum betrifft, so ist ohnehin jeder Sohn seiner Zeit; so ist auch die Philosophie *ihre Zeit*, *in Gedanken gefaßt*.« Das war ganz eminent der Fall für Hegels Philosophie. Sie erschien als ein Gipfel und Abschluß, auch dem jungen Marx in seiner Dissertation, in der er meinte, es könnten jetzt nur noch Titanenkämpfe unter den Nachfolgern einer solchen »Weltphilosophie« folgen. Die Titanen ernannten sich selber sehr bald zu Göttern, und dafür hatte Hegel ihnen in seinem System genügend Grund gegeben.

Das Wort »Selbstbewußtsein« aus der Hegelschen Philosophie wurde nun in seiner durchaus schlichteren Bedeutung genommen als ungemein sicher auftretendes Gefühl von der Bedeutung des eigenen »Ich«, das die Kirche stets zur christlichen Demut vor Gott angehalten hatte. Demut war nun Unterdrückung, Sklaverei, Erbärmlichkeit; Stolz und Hochmut dagegen galten als berechtigt.

Diese Auffassung besaß einen hohen Reiz und unwiderstehliche Anziehungskraft für alle hochgemuten Jungen, die nicht die Knie beugen wollten in ihrer prometheischen Auflehnung »gegen alle himmlischen und irdischen Götter, die das menschliche Selbstbewußtsein nicht als die oberste Gottheit anerkennen. Es soll keiner neben ihm sein.« So hatte Marx in der Dissertation es ausgedrückt und dabei die biblische Sprache ironisch verwendet mit dem »Du sollst nicht andere Götter haben neben mir«.

Daß nun auch ein großer Philosoph diese Vergöttlichung des Menschen legitimierte, wirkte wie das Aufstoßen einer verschlossenen Tür zum Ausmarsch in die Freiheit, die Hegel ausdrücklich als Endeffekt seines Bewußtseinsprozesses verkündete. Als hinderlich empfand man nur, daß die »Weltphilosophie« Hegels als letztes Refugium für die Kirche und den traditionellen Gottesglauben dienen konnte, wie Feuerbach ihr dann vorhielt. Und mehr als alles andere, daß Hegel, der alte Hegel, nachdem er so weit gelangt war, den Abschluß seines Systems zu verkünden, gleichzeitig verkündete, der dialektische Prozeß der Weltgeschichte sei nun am Ziel angelangt. Das war ursprünglich in dem Denkschema des Dreischritts nicht angelegt, das führte in die »Akkomodation«, die Marx seinen Doktorfreunden zunächst bestritt, die er später dann selber auf das energischste kritisierte. Hegel hatte in seiner Rechtsphilosophie geschrieben, daß die »Eule der Minerva erst mit der einbrechenden Dämmerung ihren Flug beginnt«. Die Philosophie, um diejenigen abzufertigen, die ihr zumuten, sie solle uns belehren, wie die Welt sein soll, kommt dazu »immer zu spät. Als der *Gedanke* der Welt erscheint sie erst in der Zeit, nachdem die Wirklichkeit ihren Bildungsprozeß vollendet und sich fertig gemacht hat ... Wenn die Philosophie ihr Grau in Grau malt, dann ist eine Gestalt des Lebens alt geworden, und mit Grau in Grau läßt sie sich nicht verjüngen, sondern nur erkennen.«

Das mußte allen Jüngeren wie ein philosophisches Zensurverbot erscheinen, das den preußischen Staat, so wie er gerade war, für die letzte Lösung erklärte. Drastischer gesagt: der Weltgeist war auf seiner mühsamen Wanderung durch die Wirklichkeit nun »bei sich« wieder angelangt, bei Professor Hegel, er war »zu Hause«, nämlich in dem geräumigen, bequemen Haus am Kupfergraben zu Berlin, das noch heute steht und in dem Hegel seine letzten Jahre, gefeiert und hochgeehrt vom Staat Preußen, verlebt hat. Sollten die Jüngeren dieses Preußen als das letzte Wort der Weltgeschichte »erkennen«? Sollten sie nur noch Grau in Grau malen? Sollten sie, die Unbehausten, sich bei Professor Hegel »zu Hause fühlen«? Sollte nicht gerade jetzt das bunte, reiche Leben erst beginnen, in der Philosophie also das Belehren der Menschen darüber, wie die Welt sein sollte, nicht wie sie, kläglich und erbärmlich genug, war?

Das Denkschema der Dialektik Hegels war von sich aus dynamisch angelegt: Die Negation, die Antithese, sobald sie sich zur Synthese durchgearbeitet hat, soll jeweils eine höhere, gesteigerte Stufe der Weltentwicklung darstellen. Wo war da gesagt, daß sie 1830 auf dem höchsten Punkt angelangt sei? Wo war überhaupt bestimmt, daß die Negation sich schon genügend ausgewirkt hatte? Oder daß nicht auch zu der nach Hegel vorgesehenen Synthese sich dann wiederum eine neue Antithese einmal unfehlbar herausbilden würde, die erst durch viele Mühen und Widerstände der »gemeinen Wirklichkeit« zu gehen hätte, ehe sie auf dem neuen, abermals höheren Niveau »bei sich« angekommen wäre?

Das waren die Gedanken, die Marx dem Denkschema entnahm. Er verblieb freilich darin nur zu sehr – und lebenslänglich – im Denken Hegels, als er für seine Theorie, die materialistische Dialektik, gleich seinem Meister nun seinerseits die Erreichung der letzten und einmaligen Synthese verkündete, die im Weltablauf vorgesehen sei. Danach kann es dann auch bei ihm keine neue Negation oder Antithese mehr geben. Der »Systemzwang«, den man Hegel mit Recht vorgeworfen hat, vererbte sich auch auf den Erben.

Doch dies lag alles noch in der Zukunft. Zunächst war Kritik zu üben, Widerspruch, Negation, und zwar gegen die Kirche als Staatsprinzip, gegen den Staat, gegen die bürgerliche Gesellschaft; gegen Hegel als Verteidiger des gegenwärtigen Zustands; gegen das Geschichtsbild, das die neue historische Schule vertrat, die mit der Romantik sehr mächtig geworden war und seit Beginn des Jahrhunderts in allen Zweigen der Wissenschaft, dem Recht, der Geschichtsforschung, der Philologie, der Sprachwissenschaft immer mächtiger anwuchs. Zur Situation der Zeit wäre noch das Gespräch zu erwähnen, das Hegel mit Goethe bei einem Besuch in Weimar im Oktober 1828 geführt hat. Goethe hatte, wie gegen alle Philosophen, seine erheblichen Vorbehalte gegen Hegel, der ihm aber sympathisch war, weil er ihn in seinem Kampf um die Farbenlehre als einziger »Pfaffe der Wissenschaft« tatkräftig unterstützte und ihn sogar in seiner Enzyklopädie mit großer Betonung erwähnt hatte. Das Gespräch kam auch auf die Dialektik, von der Goethe durch seine »lebenden Lexika« so viel und so viel Widerspruchsvolles gehört hatte.

Hegel war bereit, sich selber darüber zu äußern: »Es ist im Grunde nichts weiter als der geregelte, methodisch ausgebildete Widerspruchsgeist, der jedem Menschen inwohnt, und welche Gabe sich groß erweiset in Unterscheidung des Wahren vom Falschen.«

»Wenn nur«, fiel Goethe ein, »solche geistigen Künste und Gewandtheiten nicht häufig gemißbraucht und dazu verwendet würden, um das Falsche wahr und das Wahre falsch zu machen.«

»Dergleichen geschieht wohl«, erwiderte Hegel, »aber nur von Leuten, die geistig krank sind.«

Goethe lobt dagegen das Studium der Natur, das solche Krankheit nicht aufkommen läßt. »Denn hier haben wir es mit dem unendlich und ewig Wahren zu tun, das jeden, der nicht durchaus rein und ehrlich bei Beobachtung und Behandlung seines Gegenstands verfährt, sogleich als unzulänglich verwirft. Auch bin ich gewiß, daß mancher dialektisch Kranke im Studium der Natur eine wohltätige Heilung finden könnte.«

Goethes tiefes innerliches Mißtrauen gegen die vielgerühmte Lehre ist unverkennbar. Zu Hegels Lieblingsschüler Eduard Gans, von dem schon die Rede war, als dem stärksten Vermittler Hegels für den Studenten Marx meinte er hinsichtlich der »Endlösung« im System Hegels, »er traue Hegel zwar sehr viele Kenntnisse in der Natur wie in der Geschichte zu, ob aber seine philosophischen Gedanken sich nicht immer nach den neuen Entdeckungen, die man doch machen würde, modifizieren müßten und dadurch selber ihr Kategorisches verlören?«

Gans, gewandt diesen Wink aufnehmend, will darauf erwidert haben, »daß eine Philosophie ja gar nicht darauf Anspruch mache, für alle Zeiten eine Gedankenpresse zu sein, daß sie nur ihre Zeit vorstelle und daß es mit den neuen Schritten, welche die Geschichte und die mit ihr gehenden Entdeckungen machen würden, sie auch gern bereit sei, ihr Typisches in flüssige Entwicklung zu verwandeln«.

Gans vertrat bereits diese neue Zeit nach Hegels Tod 1831 bis zu seinem eigenen frühen Abscheiden 1839 mit größtem Erfolg bei der jüngeren Generation. Marx war nun nicht »Gansianer«, ebensowenig wie er »Hegelianer« oder »Junghegelianer« war, aber er hörte und betrachtete aufmerksam alles das, was die jeweilige »Philosophie der Zeit« ihm zu bieten hatte. Die derzeitige Philosophie sah Fluß und Veränderung vor, nicht aber Stehenbleiben beim soeben Erreichten und erst recht nicht bei philosophischer Rechtfertigung des preußischen Staates. Diesem Thema sollte dann seine erste größere Arbeit über Hegels Rechtsphilosophie gewidmet sein.

Man erwartete viel von ihm. In Köln war Marx dem ebenfalls jungen Moses Heß begegnet, der bereits nach Erkundungsfahrten in das Paris der vielen sozialistischen und kommunistischen Weltveränderungstheorien überzeugter Kommunist war. Heß hatte an seinen Freund Berthold Auerbach geschrieben, damals eifriger Übersetzer Spinozas, später Verfasser der »Schwarzwälder Dorfgeschichten«, die noch Leo Tolstoi auf seiner Deutschlandreise kennenlernte und schätzte. Heß schrieb im Furioso: »Du kannst Dich darauf gefaßt machen, den größten, vielleicht den einzigen jetzt lebenden eigentlichen Philosophen kennenzulernen ... Dr. Marx, so heißt mein Abgott, ist noch ein ganz junger Mann (etwa höchstens vierundzwanzig Jahre alt), der der mittelalterlichen Religion und Politik den letzten Stoß versetzen wird; er verbindet mit dem tiefsten philosophischen Ernst den schneidendsten Witz. Denke Dir Rousseau, Voltaire, Holbach, Lessing, Heine und Hegel in einer Person vereinigt, ich sage vereinigt, nicht zusammengeschmissen, so hast Du Dr. Marx.«

Marx hatte bisher zwei »wilde Lieder« aus seiner romantischen Epoche in der Berliner Zeitschrift »Athenäum« seiner – einstweiligen – Freunde publiziert. Er mußte nun, unter dem »Systemzwang« des Staates und der bürgerlichen Gesellschaft, in der er lebte, in die »gemeine Wirklichkeit« Hegels hinabsteigen und versuchen, sich sein eigenes Brot zu verdienen. Er wurde Zeitungsredakteur in Köln; es wurde nun konkret.

Zeitungsredakteur in Köln

Die Themen, die Marx sogleich Arnold Ruge vorgeschlagen hatte, waren alle noch rein philosophischen Betrachtungen gewidmet, wie ein Essay »Religion und Kunst«, der lediglich ästhetisch diskurrierend von ihm behandelt werden konnte; Marx hatte keinerlei Anschauung von bildender Kunst und hat sie übrigens auch zeit seines Lebens kaum je vertieft. Über seine profunde Kenntnis der Literatur, wobei er die Großen der Weltliteratur bevorzugte, hat sich ein stattliches Buch zusammenstellen lassen; seine Erwähnungen von Kunst gehen auf eine Seite, und über den unmittelbaren Eindruck eines Kunstwerks von Rang findet sich keine Zeile. Unter Kunstbetrachtung wurde in seiner Jugend überhaupt nur in ästhetischen Diskussionen orakelt; Raffael, von dem man lediglich verschönende Kupferstiche kannte, war der größte aller Maler, von der Romantik zum Abgott erklärt, die griechische Kunst, auch nur in Umrißstichen oder allenfalls Gipsabgüssen nach römischen Kopien bekannt, das unerreichte Vorbild. Die Kunstgeschichte mußte erst noch durch das Stadium der Kunstkennerschaft und Bestimmung von Schulen und Epochen gehen und viele Wandlungen durchmachen – von denen Marx nie Notiz genommen hat –, ehe sie zur Kunstwissenschaft wurde.

Es drängte nun aber in ihm, mit der Wirklichkeit in Kontakt zu kommen. Er war kriegerisch gestimmt. Berlin lag bereits weit hinter ihm, die Junghegelianer waren ihm mit ihren abstrakten Auflehnungen langweilig geworden. In Köln bot sich ihm zum ersten Male Gelegenheit, seine bereits sehr scharf zugeschnittene Feder an aktuellen Fragen zu erproben.

Köln war dafür ein guter Platz. Das Rheinland war wirtschaftlich der am weitesten vorgeschrittene Teil des uneinheitlichen preußischen Staatskomplexes, vor allem durch seine hochentwickelte Textilindustrie um Aachen und im Wuppertal, mit der väterlichen Fabrik von Engels und zahlreichen anderen Firmen, mit den Anfängen der rheinischen Schwerindustrie und rührigen Banken. Die Rheinländer fühlten sich durch die Berliner bürokratische Verwaltung benachteiligt, die hartnäckig versuchte, einen Ausgleich zwischen den weit verstreuten Landesteilen mit ihren ganz verschiedenen Strukturen herzustellen, wobei das ungeduldig hochstrebende Rheinland zwangsläufig aus Rücksicht auf die zurückgebliebenen agrarischen Provinzen zu kurz kommen mußte. Hinzu kam noch, daß das Rheinland stolz war auf die aus der Franzosenzeit beibehaltene Gerichtsordnung nach dem Code Napoléon, die als Palladium für freie Meinungsäußerung galt. Köln hatte in der seit langem etablierten »Kölnischen Zeitung« des Verlages DuMont-Schauberg eine der wenigen führenden deutschen Zeitungen von Rang, ein Blatt, das geschickt redigiert wurde, ein – damals auch politisch wichtiges – Feuilleton besaß und selbst in technischer Beziehung, durch Einführung einer der ersten Schnellpressen, an prominenter Stelle stand. Die »Kölnische« hatte sich bei der Berliner Regierung unbeliebt gemacht durch ihr starkes Eintreten für die konfessionellen Kämpfe im Rheinland, zentriert um den Kirchenstreit mit der Inhaftierung des Erzbischofs Droste; Marx hat immer wieder versucht, diesen Fall und seine Konsequenzen zu behandeln, ist aber damit nie zum Zuge gekommen. Der Widerstand der Rheinländer, sich »verpreußen« zu lassen, galt überwiegend dem konfessionellen Gegensatz zum protestantischen Preußen, auch nachdem der neue König versucht hatte, durch Amnestie für den verhafteten Erzbischof etwas mehr Ruhe zu schaffen. In dieser Bewegung hatte die Opposition den breitesten Rückhalt in den Volksschichten; hier lagen die Grundelemente für das spätere mächtige »Zentrum«.

Von ausgesprochenen Parteigründungen war aber noch nicht die Rede. Es gab Kreise, Cliquen, »Klüngel« nach Kölner Mundart, und Stimmungen, die nicht unterschätzt werden durften. Die »Kölnische«, trotz beharrlich geführter Opposition gegen die preußische Verwaltung, hatte noch innerhalb von Köln ihre Gegner, die gegen den »Klüngel« des Hauses DuMont-Schauberg opponierten, wie es in Berichten der Zeit heißt. Die preußische Regierung hatte vergeblich versucht, ein ihr freundlich gesinntes Gegenblatt zu schaffen; ein Experiment, das – im Rheinland »preußische Pfiff« genannt – mißglücken mußte. Ein Buchhändler Renard hatte die Lizenz für ein solches Blatt bekommen; er besaß sie noch, als seine Zeitung aus Mangel an Abonnenten verendete.

Nun, Anno 1842, hatte sich eine Gruppe von einflußreichen liberalen Männern zusammengetan, um auf solider finanzieller Grundlage ein neues, unabhängiges Oppositionsblatt zu schaffen. Es sollte in erster Linie den wirtschaftlichen Interessen dienen, und so gehörten führende Wirtschaftsleute zu der Gruppe. Da war David Hansemann, Präsident der Aachener Handelskammer – und die Handelskammern bildeten, sehr viel mehr als die politisch recht ohnmächtigen Landtage, die stillen und im kleinen Kreise gleichmäßig interessierter Teilnehmer tätig eingreifenden »zweiten Kammern«, ohne eine solche Bezeichnung nötig zu haben. Sie spielten eine große Rolle bei der nächsten und am stärksten das Bild verändernden Revolution des Jahrhunderts: dem Siegeszug des Dampfes in Eisenbahn und Schiffahrt sowie der Technisierung der Industrie. Hansemann war führend bei Schaffung der ersten westdeutschen Eisenbahnen, rührig auch in Publikationen, so über das Verhältnis der Aktionäre zum Staat; all die neuen Gründungen wurden durch Aktiengesellschaften vorgenommen, auf Spekulation privater Kapitalisten und kleiner Geldgeber; der Staat behielt sich lediglich die Konzessionsgebung vor und versuchte, von Zeit zu Zeit Einfluß zu nehmen und sich Anteile zu sichern. Hansemann wird von Marx in der »Rheinischen Zeitung« des längeren als Kronzeuge zur Frage der Pressefreiheit zitiert. Er wurde während der Revolution 1848 in dem kurzen liberalen Zwischenspiel der königlichen Politik Finanzminister und für einige Monate Ministerpräsident, wandte sich dann dem Bankwesen zu und gründete eine der ersten deutschen Großbanken, die Disconto-Gesellschaft in Berlin.

Weitere Bankgründer und spätere Politiker zählten zu dem Kreis. Es ist erstaunlich, wie viele nachmals bedeutende Wirtschaftsleute sich um das rheinische Blatt zusammenfanden. Da waren die beiden Brüder Ludolf und Otto Camphausen, von denen Ludolf, anfänglich auch bei Eisenbahnunternehmungen tätig, dann ebenfalls wie Hansemann 1848 ein Gastspiel als Ministerpräsident in Berlin gab und später Bundestagsbevollmächtigter Preußens und Mitglied des Herrenhauses wurde. Sein Bruder Otto wurde im preußischen Finanzministerium die große Autorität für Beseitigung der Staatsschulden, zu jener Zeit noch ein Hochziel bürgerlich geordneter Staatswirtschaft, und trat erst aus Opposition gegen Bismarcks neue Schutzzollpolitik nach 1878 zurück. Er war überzeugter Liberaler.

Ein anderer, ebenfalls später bedeutender Bankengründer: Gustav von Mevissen, nachmals Organisator des Schaaffhausen'schen Bankvereins zu Köln, der die rheinisch-westfälische Montanindustrie finanzierte, und einer anderen nachmaligen Großbank, der Darmstädter Bank. Mevissen war ein anderer Typus als Hansemann, der selbst bei seiner intensiven geschäftlichen Tätigkeit etwas von den Neigungen des deutschen Gelehrten kultivierte und zu den Tagungen des rheinischen Landtags mit einer ganzen Bibliothek von 120 Bänden in seinem Gepäck anreiste. Hansemann zitierte seitenlang daraus und hielt wahre Kollegs, nicht immer zur Freude der Teilnehmer. Auch die Liberalen legten Wert darauf, ihre Ansichten als streng wissenschaftlich fundiert vorzutragen. Die Theorie als wesentliche Grundlage für die Praxis war auch ihre Philosophie.

Mevissen dagegen reiste viel und liebte die lebendige Anschauung. Er war in England gewesen, hatte dort den Chartismus und die Arbeitsbedingungen in den großen mittelenglischen Fabrikgebieten kennengelernt. Er schrieb darüber Beiträge zu dem neuen Organ. Marx hörte zuerst durch ihn etwas von einer ganz anderen Welt, die Engels dann genauer für ihn erschließen sollte.

Ein weiteres Mitglied des Konsortiums war der wohlhabende Advokat beim Kölner Gericht Georg Jung, der ursprünglich aus holländischer Familie stammte. Engels hat ihn uns bereits als »Patrizier« vorgestellt, elegant gekleidet, mit viel Geld in der Tasche. Er klimperte aber nicht mit seinen Goldgulden. Jung war Enthusiast, er gehörte zu den entschiedenen Junghegelianern des Berliner Kreises. Er hat die Zeitungsgründung am tatkräftigsten betrieben und verteidigt und nach dem Zusammenbruch noch für Marx' Unterstützung gesorgt.

Schließlich Dagobert Oppenheim, finanziell der angesehenste von allen, als jüngerer Bruder Mitinhaber des berühmten Kölner Bankhauses Salomon Oppenheim jun. & Cie. Die beiden älteren Brüder, Simon und Abraham, waren gerade dabei, die schon im 18. Jahrhundert bestehende Firma aus dem Stadium der »Hoffaktoren« herauszuführen, der jüdischen Finanzberater der vielen deutschen Fürsten, und sie in eine Großbank modernen Stils umzuwandeln. Der jüngere Bruder studierte Philosophie und Jurisprudenz, ließ sich, als er seinen Assessor zu machen hatte, taufen und nahm statt David den etwas romantisch klingenden Vornamen Dagobert an, wie der letzte Frankenkönig der Volkssage geheißen hatte. Er ging als Assessor in den Staatsdienst, war aber beim Studium in Berlin den Junghegelianern nahe gekommen und politisch interessiert worden. Nun trat er, um nicht in Konflikte zu geraten, aus dem Staatsdienst aus und übernahm zusammen mit dem ihm verschwägerten Jung die Leitung der neuen Zeitung, die sich zum Ziel gesetzt hatte, der Regierung energisch Opposition zu bieten. Sein Gesicht zeigt auf den erhaltenen Porträts weichere Züge als bei seinen beiden älteren Brüdern; er hat auch später nicht an der Leitung des Bankhauses teilgenommen, doch immerhin mit seinen Brüdern entschieden dafür gewirkt, die rheinischen Sonderbestrebungen seiner Jugend auf tatkräftige Zusammenarbeit mit dem hochkommenden Preußen-Deutschland umzustellen. Er wird uns später beim Krieg von 1866 wieder begegnen. Da war er es, der Bismarck es ermöglichte, den Krieg gegen Österreich im voraus zu finanzieren, in einer höchst gewagten, für einen preußischen Ministerpräsidenten unorthodoxen Transaktion, nämlich durch Verkauf der dem Staat gehörenden Anteile an der großen Köln-Mindener Eisenbahn. Bismarck handelte zu dieser Zeit so unbedenklich »opportunistisch« und gegen den Widerstand seiner hohen Beamten wie bei seinen offen mit der Revolution spielenden Schachzügen, was wir noch sehen werden.

Hier in Köln also trat eine Gruppe liberaler Kapitalisten zusammen und finanzierte die erste deutsche »kommunistische« Zeitung. Es sollte, wie bei den Eisenbahngründungen, eine Aktiengesellschaft mit breiter Streuung der Anteile werden. Dazu war aber nach preußischen Gesetzen eine eigene Lizenz erforderlich, die von der Regierung grundsätzlich für Zeitungen verweigert wurde. Man wählte daher die nicht genehmigungspflichtige Form einer Kommanditgesellschaft, bei der die Kommanditisten persönlich mit ihrem Vermögen haftbar waren, und benutzte außerdem die entschlafene Zeitung des Buchhändlers Renard, deren Lizenz als »Mantel« noch verfügbar war. Jung und Dagobert Oppenheim waren die Kommanditisten. Renard hatte die Lizenz, ein Aufsichtsrat angesehener Kölner Bürger wurde geschaffen und ein sehr stattliches Kapital von 30000 Talern in Aktienanteilen zusammengebracht. Sogar der Regierungspräsident in Köln zeichnete Anteile; er verkaufte sie allerdings bald, als die nicht gerade regierungsfreundliche Tendenz des Blattes zutage trat.

Für die eigentliche Redaktion suchte man lange umher. Zu dem Gründungskomitee gehörte auch Moses Heß, der früheste deutsche Kommunist, von dem Marx und auch Engels erste Gedanken ihrer künftigen Haltung kennenlernten. Auch Moses Heß, aus reicher jüdischer Familie stammend, war ein Bürgersohn. Er hatte sich früh von den streng religiösen Anschauungen seiner Familie abgesetzt und war Anhänger Spinozas geworden, dann in Paris begeisterter Vertreter der Ideen Saint-Simons, bei einer Englandreise Bewunderer der Chartistenbewegung; er war eine etwas labile Natur, persönlich gutartig und leicht zur Freundschaft bereit, die nicht immer erwidert wurde. Er hatte jüdisches Sendungsbewußtsein und ist im Alter noch mit seiner Schrift »Rom und Jerusalem« einer der Vorläufer des Zionismus geworden; die Zeitgenossen schon nannten ihn den »Kommunisten-Rabbi«. Marx und Engels sind bald nicht müde geworden, sich über Moses Heß lustig zu machen; Marx verfiel unweigerlich in mauschelnde Töne, wenn er von »Moische« sprach, und tauschte mit Engels endlos boshafte und obszöne Bemerkungen über Moisches Ehe mit einer Kölner Tochter des Volkes aus, die nach den Polizeiberichten Prostituierte gewesen sein sollte, und machte sich über die Hörner lustig, die sie angeblich ihrem Gatten aufsetzte. Mit dem Begriff der Dankbarkeit kann man allerdings weder im Völkerleben noch bei großen geistigen und sozialen Bewegungen auskommen, wenn man nicht sentimental werden will. Marx nahm seine Anregungen und sein Material, wo immer er sie fand, mit sicherem und rücksichtslosem Griff. Moses Heß bot ihm viel und wertvollstes Material. Er hatte bereits, als Marx noch Gedichte schrieb und hegelisierte, von Paris aus 1837 eine »Heilige Geschichte der Menschheit« mit messianischen Gedanken publiziert, dann seine weithin beachtete Schrift »Die europäische Triarchie«, die im Dreischritt Hegels eine Dreiheit propagierte, und zwar für die Praxis der drei wichtigsten Staaten oder Länder Europas. Heß entnahm Saint-Simon die Ideen über den Vorstoß in die Zukunft: Hegel habe mit seinem Drang nach Erkenntnis nur die Vergangenheit gedeutet, Saint-Simon auf das Handeln, das heißt die Gegenwart und die zukünftige Entwicklung verwiesen. Der Deutsche sei der Mensch des Denkens, der Franzose betone die ethische Welt. Heß sieht, und das wurde für Marx sehr bestimmend, im Zusammenwirken des deutschen und französischen Geistes die Aufgabe der Zeit. Er stellt als drittes Volk das englische daneben. Dort sei bereits die *soziale* Bewegung durch die Chartisten im Gange. Die Deutschen hatten ihre Revolution in der Reformation, die zuerst

Gedankenfreiheit gebracht habe, die Franzosen taten mit ihrer Revolution den zweiten Schritt, und in England würde unweigerlich schon in nächster Zukunft der dritte erfolgen, wobei diesmal der Kampf nur auf sozialem Gebiet geführt werden könne. Die geheiligte Dreizahl, die weltliche Trinität, war damals für alle Systemdenker noch das gegebene Schema, eine Art Antwort auf die nunmehr überholte theologische Trinität.

Ein solcher Mann erschien allerdings den Garantoren und Aufsichtsräten des geplanten Blattes nicht ganz der richtige Redakteur. Heß besaß außerdem nicht die geringste Erfahrung im Zeitungsgeschäft, und ein Geschäft sollte das Unternehmen schließlich auch werden. Man wandte sich zuerst an Friedrich List, der bereits, nach längerer Tätigkeit in Nordamerika, als Vorkämpfer für ein gesamtdeutsches Eisenbahnsystem bekannt geworden war, daneben auch als Theoretiker des Zollschutzes und der Förderung der produktiven nationalen Wirtschaftskräfte. List litt an einem Beinbruch und lehnte ab, empfahl aber einen Anhänger seiner Lehren, Dr. Gustav Höfken, der von dem damals bedeutendsten der deutschen Blätter, der Augsburger »Allgemeinen Zeitung« des Großverlegers Cotta, kam und über Kenntnis des Zeitungsbetriebs verfügte. Er spielte in Köln nur eine kurze Gastrolle, organisierte aber den praktischen Teil des neuen Unternehmens, wie Format, Druck, Annoncen und alle anderen Dinge, von denen weder die Garantoren noch die Mitarbeiter eine Ahnung hatten. Höfken war für Jung und Oppenheim jedoch zu stark »nationaldeutsch« im Sinne seines Lehrers List; sie wollten ein rheinisches Blatt haben. So ging Höfken zurück zur »Allgemeinen Zeitung« und polemisierte von da aus bald gegen die Neugründung.

Als »Rheinische Zeitung für Politik, Handel und Gewerbe« erschien die erste Nummer zu Jahresanfang 1842. Die Abonnentenzahl betrug zu Beginn 400, zum Schluß – bei dem Verbot des Blattes im April 1843 – waren es immerhin über 3000, zwar nur etwa ein Drittel der über 9000 der großen Konkurrentin der »Kölnischen«, und doch beachtlich genug in dem noch sehr spärlich bepflanzten deutschen Blätterwald.

Die Aufmachung war »modern«, mit einem Feuilleton »unter dem Strich«, einer neuen Einrichtung, die von den Jungdeutschen aus Paris für Gedichte und Skizzen importiert worden war. Der

Hauptteil bestand zum größten Teil aus Nachrichten und Auszügen aus anderen Zeitungen, auch des Auslands, mit Polemik, dazu kam ein Beiblatt mit Kommentaren, eigentliche Leitartikel kannte man noch nicht. Die Beiträger saßen überwiegend in Berlin im Kreise der Junghegelianer, die statt des Doktorclubs nun einen Kreis der »Freien« gebildet hatten; wichtig für die Zeitung waren Zusendungen von Proteststimmen aus dem Rheinland. Eine fester organisierte Redaktion bestand kaum. Moses Heß versuchte nach Kräften sich einzuschalten, ging aber dann wieder nach Paris und schickte von da aus Beiträge. Bruno Bauer nahm zu Beginn Einfluß, verzog sich jedoch nach Berlin. Jung und Oppenheim führten, so gut sie konnten, die Geschäfte und die Korrespondenz.

Und Marx, wo bleibt Marx, durch den die »Rheinische« ihre historische Bedeutung erlangt hat? Er blieb so lange wie möglich außerhalb der Redaktion und trat erst Mitte Oktober, fünfeinhalb Monate vor Toresschluß des Unternehmens, in die Leitung ein. Er dachte noch immer an andere als rein publizistische Aktivität, eher an philosophisch-politische Arbeit. Für die schon stark gefährdeten »Deutschen Jahrbücher« schrieb er einen brillanten Essay über die preußische Zensur, der prompt von der Zensur verboten wurde und erst in der Schweiz erscheinen konnte, wo Ruge sich umsichtig eine zensurfreie Ausweichstelle im »Literarischen Comptoir« des Julius Fröbel organisiert hatte, das auch in Deutschland verbotene Dichter wie Georg Herwegh herausbrachte. Bauer forderte Marx immer wieder auf, an der neuen Zeitung mitzuarbeiten. Marx nahm auch gelegentlich an den Sitzungen teil, die anstelle von Redaktionskonferenzen im engeren Sinne mit Jung, Oppenheimer, Heß, Bauer und anderen in loser klubartiger Form stattfanden. Heß steuerte schon im April ein »Kommunistisches Manifest« französischer Sozialisten bei, unter dem Vorwand, das deutsche Publikum müsse über die bedeutenden Strömungen im Ausland orientiert werden. Kommunismus, noch wenig unterschieden von Sozialismus, war bereits eine viel besprochene Frage geworden, von der selbst die Regierungen Notiz nahmen. Berlin entsandte einen jüngeren Gelehrten, Lorenz Stein, später als Lorenz von Stein einflußreicher Gesellschaftswissenschaftler konservativer Richtung in Wien, nach Paris. Er sollte über die dortigen Richtungen und besonders über ihren Einfluß auf die zahlreichen deutschen Arbeiter und Handwerker berichten, die sich durch revolutionäre Geheimzirkel verdächtig gemacht hatten. Stein kam mit einem ganzen Koffer voll Material zurück und veröffentlichte bald darauf sein zweibändiges Werk »Der Sozialismus und Kommunismus des heutigen Frankreich«, das dem deutschen Publikum zum ersten Male genauer über die neuesten Entwicklungen in übersichtlicher Darstellung berichtete. Zum deutschen Publikum, das darüber wenig wußte, gehörten auch Marx und Engels. Stein unterschied bereits zwischen den Sozialisten, die auf friedlichem Wege, nur durch den Einfluß der von ihnen vertretenen neuen Gedanken, eine bessere Gesellschaft herbeiführen wollten, und den Kommunisten, die es auf Gewalt und Umsturz der gesamten Gesellschaftsordnung angelegt hatten. Seine Auffassungen von einem »rohen Kommunismus«, der einer solchen Revolution folgen würde, haben Marx bei seinen Pariser Aufzeichnungen vor Augen gestanden.

Marx war noch kein Kommunist, nicht einmal Sozialist zur Zeit der »Rheinischen Zeitung«. Er war ein scharf radikaler Liberaler und, wie Jung bewundernd sagte, ein »ganz verzweifelter Revolutionär«. Er suchte nach Themen, die sich für kritische Behandlung des preußischen Staates eignen könnten. Als erstes bot sich der rheinische Landtag an, über den er in einigen Artikeln referierte, bei denen es in erster Linie um die Pressefreiheit ging, genauer, um die »gewissen« Erleichterungen, die der neue König hatte ankündigen lassen und die sich sehr bald als völlig ungewiß und in neuer Zensur endigender Praxis herausstellten. Für ein Oppositionsblatt war das eine willkommene Gelegenheit, sich an die Spitze sehr weit verbreiteter Stimmungen zu setzen, und dabei mußte gegen die anderen Blätter polemisiert werden. Ein Frontalangriff gegen den Staat kam nicht in Frage, er mußte vielmehr indirekt attackiert werden, und das führte Marx mit großem Geschick durch. Die meisten seiner Beiträge in der »Rheinischen« sind Polemik von Zeitung zu Zeitung. Sie erschienen übrigens sämtlich anonym, der Name Karl Marx war damals nur einem ganz kleinen Kreis bekannt.

An dieser Stelle ist etwas über die Zensur zu sagen. Sie war das Machtmittel des Staates, die spürbare Wirklichkeit für die jungen Revolutionäre aller Richtungen. Sie war keine einheitlich organisierte Behörde oder eine aus längerer Tradition »organisch« im Sinne eines solchen »Organs« erwachsene Methode, wie das heutige

Zensuren in vielen Ländern sind. Sie griff ein und ließ auch los, sie war völlig willkürlich. Preußen stand dabei nicht allein; die Vielfalt der deutschen Palette an Staaten machte die Sache noch komplizierter. In Sachsen war man etwas, nur etwas liberaler, stand aber immer unter dem Druck des so viel mächtigeren Preußen, das nicht zögerte, seinen Einfluß geltend zu machen. In Süddeutschland, besonders in Baden, das sich immer als liberales »Musterländle« gefühlt hat, gab es größere Erleichterungen, und die »Mannheimer Abendzeitung« war ein Blatt, das in punkto Opposition zum Bestehenden es wohl mit der »Rheinischen« aufnehmen konnte. Recht selbständig waren noch die Hansestädte, vor allem Hamburg. Ein preußisches Verbot betraf also zunächst nur das preußische Staatsgebiet, hatte aber darüber hinaus Bedeutung, da Publikationen an anderer Stelle in ihrem Absatz empfindlich geschädigt wurden und damit unter Umständen zum Erliegen kamen. Es war alles in allem ein Zustand ähnlich dem der Reformationszeit, wo auch die Zersplitterung des sogenannten »Reiches« die Publikation der vielen »subversiven« Flugschriften und Broschüren an Orten möglich machte, die keine zentrale oder auch nur provinziale Autorität erreichen konnten. Es kommt hinzu, daß die Grenzüberwachung auch im 19. Jahrhundert noch äußerst rudimentär war. Der Staat verfügte über einen für heutige Verhältnisse geradezu lächerlichen Bestand an Polizei und Beamtenschaft.

Die Berliner Bürokratie bestand, was die Zensur anbelangt, nun aus einem Kopf, besser einem Dreikopf, den Ministerien des Inneren, des Äußeren – denn Angriffe auf ausländische Mächte waren ein sehr heikles Problem bei der noch schwachen Stellung Preußens – und dem Kultusministerium. Doch auch diese drei Instanzen waren nicht allmächtig, denn über ihnen stand der König, und Friedrich Wilhelm IV. war ein sehr aktiver und gleichzeitig sehr unzuverlässiger Herrscher, der im Grunde die Bürokratie verachtete; er wollte als »Landesvater« regieren und geliebt sein. Er rüffelte nicht nur, wenn die Zensur nicht scharf genug zupackte; er rüffelte auch, wenn nicht »richtig«, das heißt in seinem Sinne »erzieherisch« eingewirkt wurde. Die tatsächliche Zensur, wie im Falle der »Rheinischen«, wurde durch recht armselige, aus Berlin entsandte Zensoren an Ort und Stelle, also in Köln, ausgeübt, die wiederum der Kontrolle des Regierungspräsidenten und des Oberpräsidenten unterstellt waren. Und diese Beamten, die ja auch noch andere Aufgaben zu erfüllen hatten, legten Wert darauf, in ihrem Amtsbereich einigermaßen beliebt zu sein oder wenigstens mit der stets oppositionellen Bevölkerung »fertig« zu werden, wie von ihnen erwartet wurde. Dabei spielten zudem Personalfragen eine Rolle. Es gab unter den Regierungspräsidenten auch etwas aufgeschlossenere Geister, in den unteren Beamtenstellungen sogar Sympathisanten der neuen Bestrebungen, die sich an Protesten beteiligten und dafür prompt gemaßregelt wurden. Von den Zensoren, mit denen Marx und die »Rheinische« sich plagen mußten, wurde einer nach dem anderen abgelöst, entweder als nicht resolut genug oder als zu ungeschickt; nicht weniger als fünf Namen tauchen in den Akten auf, und keiner von ihnen hat es dem Berliner Kopf zu Dank machen können. Schließlich, um diese klirrende Kette der Verantwortlichkeiten und des unverantwortlichen Prozedierens zum Ende zu bringen: auch die allerhöchste Majestät des Königs bildete noch nicht ihren Abschluß. Hinter und über allem stand als letzte Instanz, weit ab und doch unheimlich nahe bei der damaligen Hegemonie Rußlands, der Zar. Und durch russisches Eingreifen ist schließlich das Experiment der »Rheinischen« endgültig zum Erliegen gekommen.

Dies also war die Wirklichkeit, mit der Marx sich auseinanderzusetzen hatte. Es kamen dabei Züge seines Wesens und seiner vielfachen Begabungen zutage, die niemand vermutet hatte und die er auch im weiteren Leben kaum je so umsichtig bewährt hat. Gewiß war er, wie Jung sagte, ein »verzweifelter Revolutionär«, aber er rannte mit seinem schwarz beschopften Eberkopf nicht blindlings auf das Dickicht der Bürokratie los. Er wählte seine Angriffsobjekte mit Sorgfalt aus und nahm auch Rücksichten, so auf die konfessionellen Gegebenheiten des Rheinlandes. Er spricht einmal in einem Brief an Ruge davon, daß die knieweiche Haltung des Landtags im Kölner Kirchenstreit der Regierung gegenüber ihm die Chance verdorben habe, sich für die katholischen Interessen einzusetzen und den Erzbischof zu verteidigen, was »Abonnenten gelockt hätte«. Er war sehr darauf bedacht, sich alle in irgendwelche Opposition befindlichen Kräfte nutzbar zu machen, und verschmähte es nicht, herzhaft rheinische Sondergefühle anzurufen. Die offen atheistischen Beiträge, mit denen er von den »Freien« in Berlin eingeregnet wurde, mißfielen ihm höchlichst, und sobald er auf dem Redaktionssessel Platz genommen hatte, strich er sie, nunmehr Zensor in eigener Sache, rücksichtslos zusammen. Er wünschte keine abstrakten Abhandlungen, sondern zügige Zeitungsartikel und schrieb dazu über einen Beitrag Edgar Bauers, der die Liberalen angegriffen hatte, an Oppenheim: »Man muß die Sache leidenschaftslos besprechen. Erstens sind ganz allgemeine theoretische Erörterungen über Staatsverfassung mehr passend für wissenschaftliche Organe als für Zeitungen. Die wahre Theorie muß innerhalb konkreter Zustände und an bestehenden Verhältnissen klargemacht werden.«

Die wahre Theorie, bei ihm nur erst vorgeahnt, behielt er sich vor. Blindes Vorprellen war von Übel. »Jedenfalls verstimmen wir eine große, und zwar die größte Menge freigesinnter praktischer Männer, welche die mühsame Rolle übernommen haben, Stufe vor Stufe, innerhalb der konstitutionellen Schranken, die Freiheit zu erkämpfen, während wir von dem bequemen Sessel der Abstraktion ihre Widersprüche ihnen vordemonstrieren.«

Spricht hier Karl Marx? Ja, es spricht der Redakteur Karl Marx. Es ist zu beachten, daß er auch später immer Wert darauf gelegt hat, die Fühlung mit den »freigesinnten« praktischen Männern, das heißt dem aufgeschlosseneren Teil des Bürgertums, nicht unbesonnen aufs Spiel zu setzen und sich entschieden von den Ultraradikalen zu distanzieren, die ihn »links überholen« wollten. Zu unterscheiden ist diese taktische Haltung von der grundsätzlichen strategischen Absicht, solche temporäre Zusammenarbeit dann »nach dem Siege« alsbald in unbedingte Herrschaft seiner Sache umzuwandeln.

In seinem ersten Beitrag gab Marx ein Beispiel dafür, wie er sich Zeitungsartikel geschrieben dachte. Sie waren in einem neuen Stil gehalten: leicht, flott, bissig-witzig, ironisch, mit vielen, auch fremdsprachigen Zitaten aus den besten Dichtern, mit scharfen Antithesen, die er immer geliebt hat, und meist streng beim Thema bleibend, was er sonst kaum je getan hat, wenn er in seiner Studierstube saß und in Serien sich verhedderte. Ganz wohlgelaunt und lässig fängt der Beitrag zu den Landtagsverhandlungen schon an: »Zum Erstaunen des ganzen schreibenden und lesenden Deutschlands publizierte die preußische ›*Staatszeitung*‹ an einem schönen Berliner Frühlingsmorgen ihre *Selbstbekenntnisse*.« In diesem Ton geht es weiter. Die preußische Regierung hatte es ja für notwendig gehalten, ihr eigenes Organ zu schaffen, um die noch unmündige

Öffentlichkeit von oben her zu belehren. Sie behandelt darin die Staatsbürger wie Kinder. Marx wiederum traktiert die »Staatszeitung« als Säugling: Sie beurteile wie ein Kleinkind, das zunächst nur mit Nase und Mund als seinem ersten Organ die Welt erfaßt, den Wert von Zeitungen mit der *Nase*. »Wenn ein griechischer Denker die trockenen Seelen für die besten hält, so hält die Staatszeitung die ›*wohlriechenden*‹ Zeitungen für die ›*guten*‹ Zeitungen. Sie weiß nicht genug den ›*literarischen Parfüm*‹ der ›Allgemeinen Augsburger‹ und des ›Journal des Débats‹ anzupreisen. Lobenswerte, seltene Naivität!«

Das mag als erste Stilprobe genügen. Marx nimmt auch die These der »Staatszeitung« auf, daß wichtige Staatsprobleme nur in gediegenen Büchern behandelt werden müßten, was auch praktische Bedeutung hatte, da nach den Zensurinstruktionen Publikationen von über zwanzig Bogen zensurfrei sein sollten, weil wissenschaftlich und nicht unmittelbar gefährlich.

Marx dazu: »Bedenkt, ihr guten Kinder, daß es sich hier um ›gelehrte‹ Dinge handelt, geht in die Schule der dicken Bücher, und ihr werdet uns Zeitungen schon liebgewinnen wegen unseres luftigen Formats, wegen unserer weltmännischen Leichtigkeit, die wahrhaft erquickend sind nach den dicken Büchern.«

Er ist ganz und gar und mit Behagen Zeitungsmann mit seinen vierundzwanzig Jahren und diesem ersten Beitrag für die Presse. Man kann darüber meditieren, was aus ihm geworden wäre, wenn er dabei geblieben wäre, statt sich auf das Abfassen von dicken Mehrbändern als sein Lebenswerk zu verlegen.

Die »Staatszeitung« war nur das erste Blatt, mit dem er polemisierte. Er genoß, wie in seiner Dissertation die »Seligkeit des reinen Philosophierens«, jetzt die Seligkeit der Auseinandersetzung mit einem Gegner, das Fechten. Als Fechter im studentischen Waffengang war er, wie Engels, der sich darauf verstand, uns erzählt, recht unvollkommen und ersetzte mangelnde Technik durch überraschendes und wildes Draufgehen. Etwas davon hängt auch seiner literarischen Kampfweise an. Es wäre leicht, ihm seine Mängel darin nachzuweisen, aber ich will nicht hüstelnd den Kritiker des Kritikers spielen. Marx will den Gegner abfertigen, erledigen und womöglich vernichten, was er übrigens auch im persönlichen Umgang ganz fröhlich Leuten ins Gesicht sagte. So seinem Mitarbeiter und

Stellvertreter Karl Heinzen bei der »Rheinischen« nach einer längeren Kneiptour; es wurde nicht immer stramm in Köln gearbeitet. »Dich vernichte ich«, sagte er zu dem Zechgenossen, der das nicht ernst nahm, später sich mit Marx bitter verfeindete und dann im Rückblick allerhand Schandtaten über ihn erzählte. Heinzen bewunderte Marx, aber sah ihn wie einen etwas wunderlichen Kobold an, der zuweilen bösartig werden konnte. Marx sei auch von Zeit zu Zeit wie abwesend erschienen, was durchaus glaubhaft ist. Er habe im Wirtshaus dagesessen, die kurzsichtigen Augen auf eine Zeitung gedrückt und plötzlich auf die anderen Tische nach anderen Blättern gegriffen, die gar nicht vorhanden waren.

Das geht ganz gut zusammen mit dem sicheren Griff, den er bei der Auswahl seiner Polemiken bekundete. Die Augsburger »Allgemeine«, bei der Höfken seine allzu kurze Gastrolle in Köln nicht vergessen hatte, stand dabei an der Spitze. Marx fertigt sie damit ab, daß er schreibt, das Blatt befolge im allgemeinen die Taktik zu schweigen, wann immer die »Rheinische« sie prinzipiell und in wesentlichen Streitfragen zurechtgewiesen habe. »Wir hätten in dieser Beziehung der Augsburgerin keine besonderen Vorwürfe zu machen, denn sie behandelt uns, wie sie *Deutschland* behandelt, dem sie ihre Teilnahme durch ein tiefsinniges Schweigen, das nur selten von Reisenotizen, Gesundheitsbulletins und paraphrasierten Hochzeitsgedichten unterbrochen wird, am gedeihlichsten dartun zu können glaubt, und die Augsburgerin mag recht haben, wenn sie ihr Schweigen als einen Beitrag zur öffentlichen Wohlfahrt betrachtet.«

Das war zwar nicht ganz zutreffend, denn die »Allgemeine Zeitung« brachte immerhin die Pariser Berichte ihres Korrespondenten Heinrich Heine, aber die Attacke Marx' las sich doch amüsant. Die Zeitungskontroversen lassen sich überhaupt kaum ohne ausführliche Zitate der Gegenseite behandeln, wenn man nicht von vornherein überzeugt ist, daß Marx immer recht hatte. Er hatte auf alle Fälle darin recht, daß er von der eben ergriffenen Aufgabe eines Pressemannes die denkbar höchste Auffassung bekundete. Zu so hohem Zweck konnte man ruhig etwas randalieren.

Das Blatt hatte sich von Anfang an bei der Regierung mißliebig gemacht, und es war verschiedentlich mit einem Verbot gedroht worden. Die kommunistisch gefärbten Beiträge von Heß, die Atheistenartikel der »Freien« hätten dazu schon genügt; die Regierungspräsidenten warnten Berlin jedoch, ein Verbot könnte im Rheinland ungünstig wirken. Die Garantoren bekamen es mit der Angst. Der von Marx als Redakteur empfohlene Doktorclub-Genosse Rutenberg erwies sich obendrein als unfähig; so übernahm Marx, an den Oppenheim sich wandte, die Leitung. Rutenberg wurde der Regierung ohne großes Bedauern zum Opfer gebracht. Marx führte nun ein strengeres Regime ein. Man setzte große Hoffnungen auf ihn, und er selber war entschlossen, die Sache durchzufechten. Sein erster Beitrag nach der Übernahme der Redaktion war jedoch gleich das polemisch schärfste Stück, das er überhaupt für das Unternehmen publiziert hat. Es lautete recht unverfänglich »Das philosophische Manifest der historischen Rechtsschule«. Marx nahm sich, wie in der Dissertation schon angekündigt, eine Maske vor. Er griff eine juristische Richtung und, als ihren angeblichen Urheber, den alten Professor Gustav Hugo in Göttingen an, der kurz vor seinem Tode stand und bereits als eine »klassische«, das heißt leicht verschollene, aber unbestrittene Größe der Jurisprudenz galt; seine Verehrer hatten ihm vor einigen Jahren eine hochtönende Festschrift gewidmet und darin auch seine Verdienste um strikte Quellenforschung und die Vorbereitung der historischen Rechtsforschung gepriesen. Die eigentliche »historische Rechtsschule«, und gegen die richtete sich Marxens Angriff, wurde von Eichhorn – keinem Verwandten des Kultusministers – und Savigny begründet, und Savigny, bei dem Marx in Berlin gehört hatte, war der – ungenannte – Zielpunkt der Attacke. Mit Savigny war zugleich der König getroffen, der Savigny ins Ministerium berufen hatte, um die von ihm geplante, stark kirchlich bestimmte, neue Gesetzgebung, besonders in Ehefragen, durchzuführen. Savigny galt als zuverlässiger Konservativer und seine historische Rechtsschule als eine wissenschaftliche Stütze für die hochromantischen Pläne Friedrich Wilhelms IV. – mitsamt ihren tief ins Leben eingreifenden und reaktionären Konsequenzen. Für Marx bedeutete diese Berufung neben der Schellings auf den Lehrstuhl Hegels ein Alarmzeichen. Er stürzte sich also frontal auf Hugo, um Savigny und die neue königliche Politik anzugreifen. Gustav Hugo hatte nie daran gedacht, ein »Manifest« zu verfassen; seine Forschungen gingen in vielbändigen Lehrbüchern vor sich, den von Marx verspotteten »dicken Bänden«. Einen davon, den ersten Band eines siebenteiligen Lehrbuchs, dem Naturrecht gewidmet, nahm Marx sich vor, um Hugo als einen frivolen Skeptiker zu karikieren und damit die historische Schule Savignys und die neuen Gesetzgebungspläne »an der Quelle«, in ihrem »Ältervater«, wie er Hugo nennt, lächerlich zu machen. Er bindet sich die Maske eines um die Sittlichkeit tief besorgten Verfechters des wahren Familienlebens vor, das durch Hugo und dessen Nachfolger schwer bedroht sei. Er zitiert Sätze aus dem »Naturrecht« Hugos, um zu beweisen, daß Hugo »alles entheiligt, was dem rechtlichen, dem sinnlichen, dem politischen Menschen heilig ist, aber er zerschlägt diese Heiligen nur, um ihnen den historischen Reliquiendienst erweisen zu können, er schändet sie vor den Augen der Vernunft, um sie hinterher zu Ehren zu bringen vor den Augen der Historie«. Er nennt ihn liederlich, frivol, einen »alten Roué«; im Kapitel »über die Ehe«, das vom Zensor gestrichen wurde, hält er dem frivolen alten Lüstling sogar vor, daß er auch außereheliche Befriedigung der Triebe in seine Betrachtungen einbezieht, weil es Gott versuchen heiße, wenn man sich verpflichtet, einen der heftigsten Naturtriebe nur zu befriedigen, falls es mit einer bestimmten anderen Person geschehen kann, und weil damit »das seiner Natur nach freie Gefühl des Schönen« gebunden werde. «Seht Ihr, in welche Schule unsere Jungdeutschen gegangen sind!« ruft Marx dazu aus; es ist nicht ganz sicher, ob er dies unter der Maske äußert oder aus der bei den Junghegelianern gängigen Abneigung gegen die erotischen Freiheiten des Jungen Deutschland.

Einer der Dichter des »Jungen Deutschland« übrigens, Harry Heine, wie zur Entlastung des so übel behandelten Hugo vermerkt sei, hatte bei diesem in Göttingen promoviert und war trotz völlig ungenügender Vorbereitung von dem alten »Skeptiker« zu seiner Überraschung so wohlwollend behandelt worden wie Marx mit seiner Dissertation in Jena. Hugo hatte sogar bei der Promotionsrede Heines Gedichte höchlichst gelobt und ihn mit Goethe verglichen, von dessen ebenfalls so gänzlich fragwürdigem Examen in Straßburg der Quellenforscher wohl etwas wußte.

Das tolle Stück jedenfalls läßt sich nicht ganz ernst nehmen und war auch wohl nicht ganz ernst gemeint. Marx hat sich noch oft so an seiner Polemik ganz selbstvergessen vergnügt. Die Sache hatte aber ernste Folgen und trug mit dazu bei, die »Rheinische« zu Fall zu bringen. Denn in Berlin verstand man sehr wohl Anspielungen, zumal Marx am Schluß dieses Kuriosums noch deutlich wird und die derzeitigen Hauptrepräsentanten der offenen Reaktion – mit Ausnahme Savignys – bei Namen nennt, und zwar als diejenigen, die er mit diesem »alten Urtext« treffen wollte. Durch kritische Scheidekunst habe er das Manuskript erst wieder leserlich gemacht, was nochmals eine Verhöhnung der Quellenforscher bedeutete.

Marx ging weiter. Er verschaffte sich auf bis heute ungeklärten Wegen den Entwurf der neuen Ehegesetzgebung aus dem Ministerium und veröffentlichte ihn in der »Rheinischen«, ehe er in Berlin bekanntgegeben wurde. Das war nun der nächste Schritt zur Katastrophe; die Bürokratie und auch der König nahmen solche Eigenmächtigkeiten noch sehr viel übler auf als die immerhin nur wenigen verständlichen Anspielungen in dem Pseudomanifest.

Aber Marx wollte das Blatt, sein Blatt nun, mit allen Mitteln erhalten und durch den Sturm steuern. Die Dialektik in seiner Natur stürmte immer dann stärker, wenn er in Polemiken geriet. Und seine kriegerische Ader pochte auch dann unwiderstehlich, wenn es sich um eben noch befreundete Männer der eigenen Partei handelte. Die »Freien« in Berlin, zu denen auch damals der junge Engels gehörte, waren ihm inzwischen nicht nur lästig, sondern gefährlich geworden. Sie diskreditierten die gute Sache. Engels hat in einer seiner Karikaturen als Teilnehmer ihre Kaffeehausszenen gezeichnet: die Tische mit umgefallenen Weingläsern, Manuskripte am Boden, wildes Gestikulieren, Geschrei statt Diskussion, als einziger etwas gelassener Teilnehmer der Freund Köppen, in Reserveleutnantsuniform, den Degen zur Seite, im Stuhl langhin ausgestreckt. Marx erhielt noch ärgerlichere Berichte aus Berlin: die »Freien« zögen von Lokal zu Lokal, rempelten auf der Straße, provozierend kostümiert, die Passanten an, sie bettelten sogar, wenn ihnen das Geld ausging. Auch der Dichter Herwegh beklagte sich über sie.

Herwegh war mit seinem politischen Lyrikband »Gedichte eines Lebendigen« mit einem Schlage ein Repräsentant der neuen »engagierten« Dichtung geworden, gehätschelt von der Jugend und auch den Älteren. Man feierte ihn überschwenglich, als er eine Rundreise durch Deutschland machte, die er von der Schweiz aus angetreten hatte, wo er als Flüchtling nach Streit mit einem Offizier lebte. Serenaden wurden ihm gegeben, Festessen mit fulminanten Toasten. Herweghs ursprüngliche Absicht war, Mitarbeiter für ein Blatt

»Der deutsche Bote aus der Schweiz« zu gewinnen. Der König, immer lüstern danach, sich als großzügiger Gönner der Literatur zu zeigen, bat ihn in Berlin zu sich. Die Audienz wurde zu einer Katastrophe. Herwegh stand wortlos vor dem Monarchen, statt, wie die »Freien« und andere Radikale es erwarteten, ihm gründlich die Meinung zu sagen. Friedrich Wilhelm, den Herwegh in einem seiner Gedichte angerufen hatte: »Die Sehnsucht Deutschlands steht nach Dir, Fürst, entfalte Dein Panier, noch ist es Zeit, wir folgen Dir!«, ließ sich in gewählten Worten darüber aus, daß er gerne aufrichtige Gegner sehe. Jeder habe seiner Berufung zu folgen, er als König, der Dichter als Dichter. Er verabscheue nur Charakterlosigkeit und achte durchaus die Opposition, soweit sie eine Gesinnung erkennen lasse. Und so noch des längeren. Zum Schluß prophezeite er Herwegh, er werde auch noch seinen »Tag von Damaskus« erleben, und meinte huldvoll: »Inzwischen wollen wir ehrliche Feinde bleiben.« Worauf der schweigende Dichter von den Hofbeamten hinausgeführt wurde.

Er reiste nach Königsberg und erfuhr dort bei einem neuen Festessen, daß seine geplante Zeitschrift schon vor Erscheinen von einem Verbot betroffen war. Er richtete sogleich einen offenen Brief an den König, in dem er diesen empört fragte, wie denn die »ehrliche Feindschaft« gemeint gewesen sei. Zugleich renommierte er, daß seine in der Schweiz erschienenen Gedichte, trotz Verbots für Preußen, bereits die fünfte Auflage erreicht hätten. Trotzdem bliebe in ihm das Bedürfnis, ein offenes Wort mit dem König zu sprechen, wohlverstanden unter vier Augen. Und zwar nicht nur *sein* Wort, sondern das Wort von Tausenden!

Herwegh wurde in Stettin ausgewiesen und durch Gendarmen in den Postwagen begleitet. Heine ließ sich die Szene nicht entgehen und dichtete sein böses Gedicht über das Kindlein aus Schwaben und seine Audienz; die Bosheit steckte darin, daß er Herwegh gerade die Worte in den Mund legte, die er eben *nicht* gesprochen hatte:

Erbitte Dir eine Gnade, sprach
Der König. Da kniete nieder
Der Schwabe und rief: O geben Sie, Sire,
Dem Volke die Freiheit wieder!

Rührende Tränen der Ergriffenheit; dann wird »der Schwabe« als Schlafwandler durch zwei sichere Begleiter, die Gendarmen, zum Erwachen aus seinem Traum an die Grenze abgeführt. So kommentierte eben Heine.

Marx schätzte Herwegh durchaus als Beiträger und nahm für ihn Partei gegen die »Freien« in seinem Blatt, ihre »Geniesucht und Renommage«, denn Herwegh habe es überhaupt vermieden, ihre Gesellschaft zu besuchen, nicht weil er eine andere Sache verficht, sondern weil er »die Frivolität, die Berlinerei in der Art des Auftretens, die platte Nachäfferei der französischen Klubs, als ein Mann, der auch von französischen Autoritäten *frei* sein will, haßt und lächerlich findet«. Marx schließt seinen Kommentar mit der redaktionellen Bemerkung, solche Skandale und Faxen müssen »laut und entschlossen in einer Zeit desavouiert werden, die ernste, männliche und gehaltene Charaktere für die Erkämpfung ihrer erhabnen Zwecke verlangt«. Kein Wunder, daß es bald zum endgültigen Bruch mit den Berlinern, auch den ehemaligen Freunden Bruno und Edgar Bauer, kam.

Die Zensur verschärfte sich nun weiter. Die »Leipziger Allgemeine Zeitung«, eines der wenigen größeren Oppositionsblätter, wurde für Preußen verboten. Es war klar, daß auch die »Rheinische« auf der Abschußliste stand. Doch Marx wehrte sich hartnäckig.

Die Augsburger »Allgemeine« griff ihn wegen »kommunistischer Tendenzen« an; Heß hatte neue Beiträge aus Paris geschickt und auch über einen Gelehrtenkongreß zu Straßburg berichtet, bei dem von Fourier die Rede gewesen war. Marx verteidigte seinen Korrespondenten, der davon geschrieben hatte, daß »der Stand, der nichts besitzt, heute verlangt teilzunehmen am Reichtum der Mittelklassen, die jetzt am Ruder sind. Der Mittelstand hat sich nun heute gegen die Überrumpelung besser vorgesehen als der Adel im Jahre 1789, und es steht zu erwarten, daß das Problem auf friedlichem Wege wird gelöst werden.« Was will die »Allgemeine« nun, fragt Chefredakteur Marx, ist die denn *gegen* eine friedliche Entwicklung? Und zum Vorwurf kommunistischer Tendenzen schreibt er: »Die Rheinische Zeitung, die den kommunistischen Ideen in ihrer jetzigen Gestalt nicht einmal theoretische Wirklichkeit zugestehen, also noch weniger ihre praktische Verwirklichung wünschen oder für möglich halten kann, wird diese Ideen einer gründlichen

Kritik unterwerfen.« Er zitiert dann die Namen Leroux und Considérant sowie das »scharfsinnige Werk« von Proudhon über das Eigentum, das mit seiner aufschreckenden Parole »Eigentum ist Diebstahl« schon viel diskutiert worden sei. Solche Werke können nicht »durch oberflächliche Einfälle des Augenblicks, sondern nur nach lang anhaltendem und tief eingehendem Studium kritisiert werden«, während die »Allgemeine« sie lediglich mit »Glacéphrasen« abtut. »Wir haben die feste Überzeugung, daß nicht der *praktische Versuch*, sondern die theoretische Ausführung der kommunistischen Ideen die eigentliche *Gefahr* bildet, denn auf praktische Versuche, und seien es *Versuche in Massen*, kann man durch *Kanonen* antworten, sobald sie gefährlich werden, aber *Ideen*, die unsere Intelligenz besiegt, die unsere Gesinnung erobert, an die der Verstand unser Gewissen geschmiedet hat, das sind Ketten, denen man sich nicht entreißt, ohne sein Herz zu zerreißen, das sind Dämonen, welche der Mensch nur besiegen kann, indem er sich ihnen unterwirft.«

Das war Taktik und Strategie zur gleichen Zeit, der Vorgriff schon auf ein künftiges Manifest. Was Marx zu dieser Zeit bereits wirklich von seinen Vorgängern studiert hatte, ist unsicher, selbst im Falle Proudhons. Er brauchte zu seinen Studien immer eine ganze Bücherei, und erst die großen staatlichen Bibliotheken in Paris und dann in London konnten seinen stets unermeßlichen Lesehunger einigermaßen befriedigen.

Der Kommunismus war also zunächst ein Thema, das er erst noch gründlich zu bearbeiten hatte. Eine andere Kardinalfrage trat jedoch bei dieser Zeitungsarbeit an ihn heran, mit der er sich bisher kaum beschäftigt hatte: die soziale. Er hat selber, als er begann, sich historisch zu nehmen, dem künftigen Geschichtsschreiber in der Vorrede zu seiner »Kritik der politischen Ökonomie« von 1859 die Hinweise gegeben: »Im Jahre 1842/43 als Redakteur der Rheinischen Zeitung kam ich zuerst in die Verlegenheit, über sogenannte materielle Interessen mitsprechen zu müssen. Die Verhandlungen des Rheinischen Landtags über Holzdiebstahl und Parzellierung des Grundeigentums, die amtliche Polemik, die Herr von Schaper, damals Oberpräsident der Rheinprovinz, mit der Rheinischen Zeitung über die Zustände der Moselbauern eröffnete, Debatten endlich über Freihandel und Schutzzoll gaben die ersten Anlässe zu meiner Beschäftigung mit ökonomischen Fragen.«

Die »Verlegenheit« bestand darin, daß er von all diesen Fragen noch weniger Ahnung hatte denn von den sozialistischen und kommunistischen Theorien. Er erhielt »Eingesandtes« an die Redaktion, was ihm willkommen war, denn sein Blatt konnte nun statt der abstrakten Berliner Beiträge Tagesfragen, »brennende« Probleme behandeln und seinem Ruf als rheinisches Organ gerecht werden. Die Auflage stieg, das Blatt wurde viel zitiert, angegriffen, was seinen Ruf nur festigte, und gelobt. Marx hoffte auf weitere Erfolge und glaubte, die Krise sei überstanden. Die Zensoren griffen zwar ständig ein, wurden aber ebenso ständig abgelöst; Marx erlaubte sich sogar studentische Streiche mit einem von ihnen, über die er im Alter behaglich berichtete. Er ließ den Zensor im ungewissen über das Erscheinen der nächsten Nummer, und als dieser an einem späten Abend besorgt persönlich vorsprach, weil er durchaus an einem Festmahl, zu dem seine Frau vorausgefahren war, teilnehmen wollte, ließ der Redakteur ihn zappeln. Auf den dringenden Anruf von der Straße her, wo die Korrekturbogen denn blieben, öffnete er schließlich das Fenster: »Gibt keine!« – »Aber?!« – »Wir erscheinen morgen nicht.« Der Zensor sei nach dieser Lektion höflicher geworden, doch die Oberzensur hatte solche Höflichkeit nicht nötig. Sie war ganz offenkundig seit längerem entschlossen, mit der »Rheinischen« Schluß zu machen.

Die von Marx im Rückblick angeführten Beiträge betrafen rheinische Lokalverhältnisse und können nur aus genauer Kenntnis der damaligen Zustände richtig gewürdigt werden. Wichtiger ist aber für uns, wie Marx seine Aufgabe angriff, Attacke war für ihn das Ziel, Attacke auf den preußischen Staat. Er lernte hier in unmittelbarer Tuchfühlung mit den Realitäten, nach bisher rein philosophischen Ideen über »den Staat« als solchen, die staatlichen Einrichtungen konkret kennen, wie sie auf dieser Erde und zu dieser Zeit sich präsentierten: so den Landtag in seiner Zusammensetzung aus Ständen, mit dem Stand der Hochadligen, der Ritter, der Städtevertreter und, an letzter Stelle, der Kleinbesitzer – allesamt nach Besitzverhältnissen qualifiziert und orientiert. Er lernte die Verwaltungsapparatur des preußischen Staates und dessen hierarchische Ordnung kennen, die Bürokratie in der Aktion, bis in die wichtigen Fragen des bürokratischen Amtsstils hinein. Sein eigener Stil formte sich dabei und nahm jene eigentümliche Mischung von schärfster

Aggressivität, Spiel mit Parodie und Antithesen und hochgelehrter wissenschaftlicher Deduktion an, die ihn kennzeichnen und den Revolutionär mit dem ewigen deutschen Professor zu einer einzigartigen, nur »dialektisch« zu verstehenden Persönlichkeit vereinigen.

Wenden wir uns noch einigen Beispielen der Marxschen Zeitungstätigkeit zu, die für die politisch-praktische Entwicklung des Chefredakteurs von Bedeutung waren.

Die Landtagsverhandlungen gingen über einen Gesetzentwurf, der die sehr akut gewordene Frage des Holzdiebstahls regeln sollte. Die wachsende Notlage der ärmeren Bevölkerung hatte dazu geführt, daß alte Gewohnheiten, wie das Sammeln von Reisig als Brennholz, »Raffholz« genannt, in der sogenannten »patriarchalischen Zeit« stillschweigend geduldet, zusammenstießen mit den neuen Auffassungen von Besitzrecht, das der Staat zu schützen hätte. Die Polizeiverhandlungen und Bestrafungen nahmen, zugleich mit dem Erstarken staatlicher Apparaturen, immer größeren Umfang an, verdoppelten und verdreifachten sich. Marx machte sich ohne Zögern zum Anwalt der ärmeren Bevölkerung. Er florettiert zu Beginn seiner Artikel noch etwas lässig und meint, er wolle den Lesern »einige Genrebilder« über den Geist und die Zusammensetzung des Landtags geben. Dann kommt er auf das Thema des privaten Eigentums überhaupt und seine Grenzen zu sprechen.

Unversehens wird er zum Dozenten und zeigt, was er etwa in Bonn auf dem Katheder vorgetragen hätte. Er zitiert für die Gewohnheitsrechte der Armut als Quelle die verschiedenen altgermanischen Rechte und führt das über die historische Entwicklung dieser Rechte im Mittelalter weiter bis zur Gegenwart. Wir sehen dabei, daß er das Kolleg Savignys und die Lehren der historischen Rechtsschule keineswegs ohne Nutzen zur Kenntnis genommen hatte. Diese Forschungen dienten nicht nur, wie im Falle Savignys, der Rechtfertigung des bestehenden preußischen reaktionären Staates; sie hatten auch andere, ebenfalls hochpolitische Bedeutung. Zur gleichen Zeit wie Savigny hatte Jacob Grimm, den Marx immer sehr verehrt hat, auf die engen Zusammenhänge zwischen Sprache, Recht, Sitten und Gebräuchen hingewiesen, wobei er freilich mehr am Sprachlichen interessiert war, der »Poesie im Recht«. Aber gerade in diesem Jahre 1842 war die erste grundlegende Arbeit über die Rechte der germanischen Völker von Wilhelm Eduard Wilda erschienen, der neben der einseitig auf römisches Recht erpichten Schule Savignys eine germanische Rechtsschule einleitete und zunächst die Quellen dafür umfassend aufdeckte. Marx kann zwar nicht alles gelesen haben, was zu seiner Zeit oder kurz vorher erschienen war, auch wenn er zitierte; aber es ist faszinierend, wie seine geistige Wünschelrute ausschlug, sobald sie nur in die Nähe von etwas kam, das seinen Gedankenreihen als »Quelle« dienen konnte. Seine Beweisführung vom germanischen Recht über das Mittelalter bis zum Holzsammeln der Gegenwart nahm von den Ideen Grimms oder Wildas, was er gebrauchen konnte, oder ging, um vorsichtiger zu sein, ganz parallel mit ihnen. Wichtig war ihm, dem Anwalt der Armen, daß er mit Autoritäten vom Fortleben alter Volksrechte sprechen konnte, deren Legitimität er für die Gegenwart zu unterstreichen trachtete. So aber war er unversehens in eine gelehrige Auseinandersetzung geraten. Zur Rechtsgeschichte kommt jetzt noch die Philosophie: Marx dozierte über den Verstand, der die verschiedenen, wie er hier meint, notwendigen Gesetzgebungen dirigiert hat. »Der Verstand ist nicht nur einseitig, sondern es ist sein wesentliches Geschäft, die Welt einseitig zu machen, eine große und bewunderungswürdige Arbeit, denn nur Einseitigkeit formiert und reißt das Besondere aus dem Schleim des Ganzen. Der Charakter der Dinge muß sich isolieren und isoliert werden, um etwas zu sein. Indem der Verstand jeden Inhalt der Welt in eine feste Bestimmtheit bannt und das flüssige Wesen gleichsam versteinert, bringt er die Mannigfaltigkeit der Welt hervor, denn die Welt wäre nicht vielseitig ohne die vielen Einseitigkeiten.«

Erst nach so gründlichen und für seine Leser reichlich anstrengenden Vorbereitungen kommt er dazu, die Gewohnheitsrechte der Armen zu besprechen. Auch da bedient er sich der juristischen Terminologie. Er sieht in dem Holzsammeln der armen Klassen einen »instinktmäßigen Rechtssinn ... die Form des Gewohnheitsrechtes ist hier um so naturgemäßer, als das Dasein der armen Klasse selbst bisher eine bloße Gewohnheit der bürgerlichen Gesellschaft ist, die in dem Kreis der bewußten Staatsgliederung noch keine angemessene Stellung gefunden hat«. Und: »Die kleine, hölzerne, geistlose und selbstsüchtige Seele des Interesses sieht nur einen Punkt, den Punkt, wo sie verletzt wird.« Das Interesse ist praktisch »und nichts ist praktischer auf der Welt, als daß ich meinen Feind niederstoße.

›Wer haßt ein Ding und brächt' es nicht gern um‹ lehrt schon Shylock.« Weiter zitiert er aus den Verhandlungen einen Deputierten der Ritterschaft, der zu den vorgesehenen Entschädigungen für das gestohlene Holz auch noch die Strafgelder einkassieren möchte. Dabei fällt das später so bedeutsame Wort Mehrwert. »Das Verbrechen wird zu einer Lotterie, in welcher der Waldeigentümer, wenn das Glück will, sogar noch Gewinnste ziehen kann. Es kann sich ein Mehrwert ergeben, aber es kann auch der Waldeigentümer, der schon den einfachen Wert erhält, durch die vier-, sechs- oder achtfache Strafe ein Geschäft machen.« Marx gibt noch mehr Beispiele und zieht dann die Summe: »Unsere ganze Darstellung hat gezeigt, wie der Landtag die exekutive Gewalt, die administrativen Behörden, das Dasein des Angeklagten, die Staatsidee, das Verbrechen selbst und die Strafe zu *materiellen Mitteln des Privatinteresses* herabwürdigt.« Seiner ständischen Zusammensetzung nach sei das nur konsequent. Aber »der Rheinländer müßte in ihnen über den Landstand, der Mensch müßte über den Waldeigentümer siegen ... Der Sinn für Recht und Gesetz ist der *bedeutsame Provinzialismus* der Rheinländer.«

So also kämpft Marx auf einer abstrakten und dennoch politisch konkreten Ebene für den eigentlichen Adressaten der »Rheinischen Zeitung«, für die ärmere Bevölkerung – und gleichzeitig kämpft er mit allen Mitteln um den Fortbestand seines Blattes. Ich sage »mit allen Mitteln«, denn er nimmt nun eine neue Maske vor und schreibt in einer Eingabe an den Oberpräsidenten von Schaper, zur Weitergabe nach Berlin gedacht, eine Rechtfertigung der Politik seines Blattes, die erstaunlich »realpolitisch« gehalten ist, mit einer Wendigkeit in der Argumentation, wie er sie kaum je im weiteren Leben gezeigt hat.

Das Zensurministerium hatte das Blatt aufgefordert, es solle seine Tendenz ändern und eine der Regierung gefällige annehmen. »Die Tendenz einer Zeitung«, so heißt es nun, »welche wie die Rheinische Zeitung nicht bloß ein gesinnungsloses Amalgam von trocknen Referaten und niedrigen Lobhudeleien ist, sondern nur mit einer eines edlen Zweckes bewußten Kritik die staatlichen Verhältnisse und Einrichtungen des Vaterlandes beleuchtet, scheint uns nach den in der jüngst erlassenen Zensurinstruktion und auch anderwärts oft geäußerten Ansichten Seiner Majestät nur eine der Regierung genehme Tendenz sein zu können.« Das Blatt sei außerdem doch strenger Zensur unterworfen. Wie ließe sich seine Unterdrückung als eine »erste Warnung« rechtfertigen? Er versichert, das Blatt werde »den Weg des Fortschritts, auf welchem Preußen dem übrigen Deutschland vorangeht, bahnen helfen«, und weist entschieden den Vorwurf französischer Sympathien zurück.

Es war, wie hierzu anzumerken ist, davon die Rede gewesen, das Blatt bezöge eine französische Subvention; die Regierung hatte darüber in Paris nachforschen lassen, was aber zu negativem Ergebnis führte. Vielmehr, so Marx, habe sich die »Rheinische« die Hauptaufgabe gestellt, »die Blicke, welche bei so vielen auf Frankreich hafteten, auf Deutschland zu richten und statt eines französischen einen deutschen Liberalismus hervorzurufen, der der Regierung Friedrich Wilhelms IV. gewiß nicht unangenehm sein kann«. Das Blatt habe stets auf Preußen hingewiesen, »von dessen Entwicklung die des übrigen Deutschlands abhängt«. Dazu führt Marx seine Polemik gegen die antipreußischen Auslassungen der »Allgemeinen Zeitung« an und betont vor allem »das stete Hinweisen auf norddeutsche Wissenschaft im Gegensatze zu der Oberflächlichkeit nicht nur der französischen, sondern auch der süddeutschen Theorien. Die Rheinische Zeitung war das erste rheinische und überhaupt süddeutsche Blatt, welches den norddeutschen Geist in die Rheinprovinz, in Süddeutschland einführte, und wodurch könnte man die getrennten Stämme unzertrennlicher binden als durch geistige Einheit, welche die Seele und die einzige Garantie der politischen Einheit gegen alle äußeren Stürme ist.«

Die »Rheinische Zeitung« darf nach diesen Auslassungen also glauben, den Wunsch des Königs nach einer unabhängigen, freisinnigen Presse ganz bevorzugt realisiert »und hierdurch nicht wenig zu den Segenssprüchen beigetragen zu haben, mit welchen gegenwärtig ganz Deutschland S. M. unsern König auf seiner emporstrebenden Laufbahn begleitet«.

Das klingt fast, als wollte Marx seinen Posten bei der »Rheinischen« mit einem bei der preußischen »Staatszeitung« vertauschen, und in der Tat sind Marx einige Male Avancen in solcher Richtung gemacht worden, auch 1848 noch, als Hansemann Ministerpräsident wurde und ihn nach Berlin holen wollte. Überflüssig zu sagen, daß Marx alle derartigen Versuche ablehnte. Er verzeichnete sie, mit einer gewissen Genugtuung, noch sehr viel später, wenn er davon spricht, daß sogar Bismarck ihm einen Sendboten zur Fühlungnahme zugeschickt habe, aber er, Marx, habe nie einen Augenblick gezögert, seinen eigenen Weg zu gehen, auch zu Zeiten, wo es noch völlig unbestimmt war, wohin er ihn führen würde.

Daß Marx unter der Maske sprach, erkannte der Oberpräsident wohl deutlich. Marx hatte ihn in der Eingabe noch dadurch verärgert, daß er ihn nach so hohen Worten, und da wurde er in seinem Selbstgefühl unvorsichtig, in verwaltungstechnischen Maßnahmen der Regierung zur Ordnung rief. Der Redakteur Rutenberg müsse entlassen werden? Aber es sei doch schon im Februar – wir haben jetzt Mitte November – erklärt worden, daß Rutenberg gar nicht Redakteur sei, sondern nur Übersetzer. Außerdem habe man auf die Drohung, falls Rutenberg nicht entlassen werde, müsse die Zeitung unterdrückt werden, »der Gewalt nachgebend ihn einstweilen von jeder Teilnahme an der Zeitung entfernt. Da mir aber keine gesetzliche Bestimmung bekannt ist, wonach dieser Punkt des Reskripts sich rechtfertigen ließe, so ersuche ich Euer Hochwohlgeboren um Namhaftmachung einer solchen Bestimmung, eventualiter um schleunige Entscheidung, ob es bei dem gefaßten Beschluß verbleiben solle oder nicht, damit ich auf instanzmäßigem Wege mein gesetzliches Recht in Anspruch nehmen kann.« Das hieß natürlich, schon im Stil, den hohen Beamten zur Wut zu reizen; nach preußischem bürokratischen Wortgebrauch konnte nur eine höhere Stelle eine untergeordnete »ersuchen«, aber nicht umgekehrt, wo höflichst zu »bitten« war. Der Oberpräsident reagierte denn auch prompt auf bürokratische Weise: Er schrieb zurück, man habe bei der »Rheinischen« ganz außer acht gelassen, daß das Blatt überhaupt »bis jetzt der gesetzlich erforderten Konzession noch entbehrt, rechtlich daher noch gar nicht existiert«. Es handele sich daher bei den zu ergreifenden Maßregeln nicht um Unterdrückung eines bestehenden Blattes, sondern um Versagung der erforderlichen Konzession.

Mit diesem Trick gedachte die Regierung die immer etwas unliebsame Maßnahme eines offenen Verbotes umgehen zu können. Doch Marx gab nicht auf. Ein neues vielversprechendes Thema war ihm durch Einsendungen aus dem Publikum auf den Redaktionstisch gekommen: die wahrhaft furchtbare Notlage der Moselbauern. Er lernte an deren Schicksal eine Wirtschaftskrise kennen, und zwar aus der Nähe und im Detail. Die Moselbauern waren zeitweilig im Absatz ihres Moselweines begünstigt gewesen; sie hatten ihr Anbaugebiet vergrößert, neue Weinstöcke angepflanzt, ihren Lebensstandard verbessert, was die Regierung hochmütig als »Luxus« bezeichnete, den sie sich angewöhnt hätten. Dann kam der von Preußen mit viel Energie unablässig ausgedehnte Zollverein von 1834, ein zugleich wirtschaftliches und machtpolitisches Instrument von großer, wenn nicht entscheidender Bedeutung für die Einigungsbestrebungen Deutschlands. Marx erfuhr von Freihandels- und Schutzzolltheorien und ihrer Praxis; in Preußen waren seit langem die Lehren von Adam Smith einflußreich, dessen Name jetzt für ihn auftaucht. Vokabeln wie »Binnenzölle«, die zwischen den sechsunddreißig deutschen Staaten und Ländlein aufgehoben werden sollten, und »Schutzzölle« für die erst aufstrebende deutsche Industrie, besonders im Rheinland, schlugen an sein Ohr. Darüber hatte er, nach seiner Arbeitsweise, erst noch eine ganze Bücherei nachzulesen, so behalf er sich vorläufig mit generellen Bemerkungen und polemisierte gegen England. Das war für ein rheinisches Handelsblatt die gegebene Politik, denn die rheinische Industrie litt empfindlich unter dem damaligen Übergewicht der englischen Industrie. Rasierklingen aus Sheffield, Stahlfedern aus Birmingham, überhaupt englischer Stahl und besonders englische Baumwollwaren, in deren Dienst Friedrich Engels die zwanzig Jahre seiner Manneszeit in Manchester zubringen sollte, waren so gut wie ohne Konkurrenz. Marx sieht darin die »Organisation des Kriegszustandes im Frieden, eines Kriegszustandes, der zunächst gegen fremde Länder gerichtet, in seiner Ausführung sich notwendig gegen das eigne Land kehrt«. Sogleich ins Große gehend meint er, ein solcher Zustand sei durch den Weltzustand überhaupt bedingt, »und kann daher die Frage nur von einem Völkerkongreß, aber nicht von einem einzelnen Kabinett entschieden werden«.

Außer solchen Weltproblemen hatte Dr. Marx noch seine private Wirtschaftskrise. Er fuhr immer wieder einmal nach Trier, um mit der Mutter über die Bezüge aus dem väterlichen Vermögen zu verhandeln, die sie ihm verweigerte. Sie entfremdeten sich so, daß er im Gasthof wohnte, dem altrenommierten »Zur Stadt Venedig«, mit seinen schönen Stuckdecken aus der Barockzeit. Die Mutter hatte gerade wieder einen ihrer Söhne verloren, eine Tochter starb bald danach. Die Mutter hatte erfahren, daß Karl bei der »Rheinischen« ein recht ansehnliches Gehalt von 600 Talern bezog, und fand, er müsse damit auskommen. Aber Marx ist nie in seinem ganzen Leben mit einem Einkommen, gleich wie hoch es war, ausgekommen. Sein erbittertes Kämpfen um eine Rente hat etwas leicht Komisches, aber die Sache war nicht komisch für den Betroffenen, ebensowenig wie der schrille Streit Heinrich Heines um eine Pension aus dem Vermögen seines Millionärsonkels, Salomon Heine, in Hamburg. Darüber haben wir zum Kummer eines jeden Heine-Verehrers nur zu reichliches Material in Briefen und Gedichten. Von Marx besitzen wir zum Glück nur eine Briefzeile an Ruge, in der er bitter klagt, er sei mit seiner Familie zerstritten und daher, trotz ihres Wohlstandes, den »drückendsten Verhältnissen ausgesetzt«.

Zurück aber nun nach Köln und zu dem Kampf um die Moselbauern und den Oberpräsidenten Schaper. Die Moselbauern verarmten zusehends durch die Auswirkungen des Zollvereins. Ihr Absatz ging immer mehr zurück, es wurde Wein aus Baden und anderen deutschen Anbaugebieten getrunken, in Berlin sogar, obwohl berüchtigt sauer, der schlesische Grünberger. Sie erhofften sich tätige Hilfe von der Regierung. Die Bürokratie fand, das Gejammer werde übertrieben und von der Opposition nur zu radikalen Zwecken ausgenutzt. Marx erhielt Berichte aus den Notgegenden zugesandt und veröffentlichte sie mit scharfen Kommentaren. Schaper schaltete sich ein und verlangte die Namen der Orte, die sich beklagten, zu wissen. Marx lehnte das ab, brachte dafür aber Schreiben angesehener Winzerorganisationen, die neues und unwiderlegliches Material enthielten. Die Regierung wurde zunehmend nervös über den Umfang, den diese Kampagne annahm; auch der König wurde nervös. Hatte er nicht soeben, in diesem Jahre noch, im Rheinland bei den Eröffnungsfeierlichkeiten für die Bauarbeiten zur endlichen Vollendung des Kölner Doms Triumphe gefeiert? Die Restaurierung dieses gewaltigen Fragments des Mittelalters und die Restauration des Staates gingen ihm zusammen. Auch die »Rheinische Zeitung« hatte dazu ein Huldigungsgedicht beigesteuert; in dem Kölner Dombau sahen viele ein Symbol für den Bau eines geeinten Deutschland. Und jetzt mußte Friedrich Wilhelm von Winzernöten hören; Statistiken, die er haßte, wurden ihm vorgelegt, aufreizende Details, die er nie liebte: »Eine Witwe zu Graach (einem berühmt guten Weinort) ließ ihren Herbst um die Hälfte des Ertrags eintun und für ihren Anteil wurde ihr eine Ohm Wein zuteil, welche sie gegen 2 Pfund Butter, 2 Pfund Brot und ½ Pfund Zwiebeln veräußerte ...« Ist es denn nicht möglich, daß dieser schrecklichen Not abgeholfen wird? Der König befragte seine Räte. Die versicherten ihm, es handele sich lediglich um »Übergangserscheinungen«, die Moselbauern müßten sich nun einschränken. So lautete denn auch die Antwort, die von den Regierungsinstanzen im Rheinland gegeben wurde.

Marx focht weiter, aber das Ende nahte doch. Er begab sich noch auf das Gebiet der Außenpolitik, und die »Rheinische« brachte einen Artikel, der scharf gegen die servile Abhängigkeit Preußens von Rußland polemisierte. Der preußische Gesandte in Petersburg bekam bei einem Hofball entrüstete Worte von Zar Nikolaus zu hören: die preußische liberale Presse sei infam über alle Begriffe! Er könne sich auch nicht genug wundern, daß Friedrich Wilhelm den notorischen Herwegh empfangen habe. Der Gesandte stand so wort- und hilflos vor dem Selbstherrscher aller Reußen wie der Dichter vor seinem König und konnte kein Wort herausbringen. Der Zar schrieb noch einen scharfen Brief an seinen Bundesgenossen. Die drei Oberzensurministerien schickten einen reitenden Expreßboten nach Köln: die »Rheinische Zeitung« sei verboten. Nicht wegen mangelnder Konzession, wie Schaper angedroht hatte, sondern ganz einfach und endgültig verboten. Aus Rücksicht auf die Garantoren und Subskribenten ließ man noch eine Auslauffrist bis zum 1. April. Es blieben damit noch einige Wochen Zeit für Hoffnungen, das Verbot könnte vielleicht aufgehoben und das Blatt irgendwie weitergeführt werden.

Die Sache machte das von Schaper erwartete Aufsehen. In allen größeren Städten des Rheinlandes wurden Petitionen zugunsten des Blattes unterzeichnet, auch Regierungsbeamte beteiligten sich und wurden dafür disziplinarisch zur Rechenschaft gezogen. Jung und Oppenheim wandten sich an die verschiedenen Landtage; sie erhielten freundliche Ablehnungen, oft mit lobenden Worten über die Zeitung, die jedoch nicht helfen konnten. Oppenheim und ein anderer Vertreter der Leitung pilgerten nach Berlin zu einer Audienz beim König. Doch Friedrich Wilhelm empfing sie nicht. Sein Kultusminister Eichhorn war statt dessen zugegen, aber er hielt ihnen eine Standrede im besten Beamtenton. Er erwähnte die »Leipziger Allgemeine Zeitung«, das erste oppositionelle Blatt, das wegen Abdruck des Herwegh-Briefes verboten war, und seinen Verleger Brockhaus. »Sie wollen Ihre Schritte nicht bereuen? Da war denn doch Herr Brockhaus ein ganz anderer Mann. Der sagte mir doch hier an derselben Stelle: ›Exzellenz, ich habe gefehlt, und ich will mich bessern.‹ Wollen Sie sich einmal in ähnlicher Weise erklären, dann ist vielleicht ein künftiges Wiederaufleben der Rheinischen Zeitung möglich.«

So berichtete Oppenheim der Generalversammlung der Aktionäre. Er verantwortete sich wegen seiner Haltung: Er habe entschieden erklärt, von Reuebekenntnissen könne nicht die Rede sein. Die Delegierten seien stolz und »selbstvertrauend aufgetreten, in der Zuversicht, daß die Gegenwart oder Zukunft unser gutes Recht anerkennen müsse ...«. Oppenheim hatte schon vor seiner Reise nach Berlin den Aufsichtsrat wissen lassen, daß er und Jung als Kommanditisten zurücktreten würden, ehe sie in eine Weiterführung mit Kursänderung einwilligten. Er gab die Sache auf: 13000 Gulden, so bezifferte er den Verlust, müßten als verloren gelten; die Auflage habe zum Schluß 3400 betragen.

Auch Marx, der noch unter dem neuen Zensor, der aus Berlin für die Auslaufzeit entsandt worden war, weiter und zum Teil noch schärfer geschrieben hatte, gab auf. Er meinte zu Heinzen, seinem Stellvertreter, dieser könne seinen Posten als Leiter bekommen, wenn die ganze Schuld auf Dr. Marx geschoben würde. Heinzen solle dafür einen Artikel in der »Mannheimer Abendzeitung« publizieren, für den er den Text schon vorbereitet hatte. Heinzen lehnte ab, aber die »Mannheimer«, die vielfach Material von der »Rheinischen« übernommen hatte, brachte diesen Abgesang, mit dem Marx mit Glanz und Gloria abgehen konnte. So präsentierte diese Publikation den Namen Karl Marx zum ersten Male einem größeren Publikum. Es hieß darin, daß Dr. Marx zweifellos der leitende Geist der »Rheinischen« gewesen sei. Von »der wahrhaft bewunderungswürdigen Dialektik« war die Rede, »womit sich der Verfasser in die hohlen Äußerungen der Abgeordneten gleichsam hineinfraß und sie dann von innen heraus vernichtete«; von der »zerstörungslustigen Virtuosität«, mit der er seinen »Haß gegen das sogenannte Positive« gezeigt und es in seinen eigenen Netzen gefangen und erdrückt habe; von einer »merkwürdigen Begabung« und einer »geltenden Vielseitigkeit des Talentes«. Die bekundete sich denn auch in dieser Selbstanzeige, und niemand als er selber hätte so sicher die Züge treffen können, die er hervorgehoben und gelobt wissen wollte.

Ein anderes Zeugnis schrieb ihm der letzte Zensor: »Wir haben mehrere erschöpfende Unterredungen gehabt, deren Ergebnis ich mir vorbehalte ausführlich mitzuteilen, da sie den Einblick in die Elemente der Richtungen der geistigen Bewegung der Gegenwart gewähren. So gewiß die Ansicht des Dr. Marx auf einem tieferen spekulativen Irrtume beruht, wie ich ihm auf seinem eigenen Terrain nachzuweisen bemüht war, so gewiß ist er von der Wahrheit seiner Meinung überzeugt, wie denn überhaupt den Mitarbeitern der Rheinischen Zeitung, soweit ich sie kennengelernt, eher alles andere, nur nicht Gesinnungslosigkeit zur Last fällt.«

Dies sei, so schließt er mit Zensorenlogik, ein Grund mehr, sie von jedem direkten und leitenden Einfluß zu entfernen, falls überhaupt von etwaiger Fortdauer des Blattes die Rede sein sollte. Zugleich schrieb er, Marx sei entschlossen, Preußen zu verlassen; vorerst sei er nach Trier gegangen, um seine Braut, ein Fräulein von Westphalen, zu heiraten.

Heirat und Ausreise nach Frankreich

Marx war nun stellungslos und ohne jede sichere Existenzgrundlage, mit der Familie zerstritten, mit dem Kreis der bisherigen Freunde zerfallen. Auch Friedrich Engels, der ihn auf dem Wege nach England besucht hatte, wo er als Kommis in der Partnerfirma seines Vaters in Manchester arbeiten sollte – von dort bot er Marx Artikel an, die später in der »Rheinischen« veröffentlicht werden sollten –, erhielt noch einen kühlen Empfang in Köln. Engels schien ihm zu sehr den »Freien« verpflichtet. Es war leer um ihn geworden, wie noch öfter dann. Arnold Ruge bot die einzige Hoffnung und Aussicht. Marx konnte ihn kaum als Freund im engeren Sinne ansehen, er hat auch nie das intime »Du« mit ihm ausgetauscht. Aber Ruge war durch seine »Jahrbücher« und deren umsichtige Leitung eine

Größe für alle jungen Revolutionäre geworden. Er besaß Verbindungen, selbst im Ausland, und dazu, hieß es, auch einiges Vermögen, mit dem er risikofreudig, um es gelinde auszudrücken, die Herausgabe seiner Blätter betrieb. Immerhin war schon seine Ankündigung der »Hallischen Jahrbücher« von 1837 nicht zimperlich: »Wir wollen die Alten nicht abwarten, das heißt natürlich sterben lassen, sondern sie müssen bei lebendigem Leibe totgemacht werden. Ein neues Panier: Unabhängige, wirkliche Kritik und aus dem Gesichtspunkt der Wissenschaft, aber auch eine wirkliche Historie der Trübungen des gegenwärtigen Geistes! Das hab ich vor.«

Das Risiko bezog sich bei derart aufmüpfiger Zielsetzung nicht nur auf den kaufmännischen Aspekt der Unternehmung: So hatte Ruge während der Zeit der Demagogenverfolgung unliebsame Bekanntschaft mit dem Gefängnis gemacht. Man quälte ihn mit wohldosierten Erholungspausen und neuen Verhören, ganz abgesehen von den nächtlichen Wanzenattacken. Herr von Kamptz, Chef der Demagogenriecher, ließ überall Jagd machen, und dies sogar auf einen Stock, in den Ruge die Namen anderer Jenaer Burschenschaftler eingraviert hatte; der Stock wurde in Stralsund aufgefunden. Diese Erfahrung hinderte Ruge jedoch nicht daran, wenige Jahre später in Preußen den Haupt- und Mittelpunkt des europäisch bedeutenden, freien Deutschlands der Zukunft zu sehen. Solche Zuwendung wurde von staatlicher Seite zögernd honoriert; ihm wurde statt der erwünschten Professur in Halle nur eine Privatdozentur zugestanden. Doch behandelte ihn Minister Altenstein später äußerst gnädig, als ein Protest von dreiundzwanzig Professoren in der »Leipziger Zeitung« erschien, wonach Ruge als Friedensstörer betrachtet wurde. Altenstein versicherte Ruge in einer Audienz: »Solang ich lebe, soll die wissenschaftliche Diskussion frei sein.« Ruge war durchaus der gleichen Meinung. Als erste Mitarbeiter versammelte er Feuerbach, Vischer, Gustav Schwab, David Friedrich Strauß, Droysen, Ritschl, zeitweise auch Laube um sich.

Die wissenschaftliche geriet zur politischen Diskussion, und die blieb nicht frei, der Wind drehte sich. Ruge wurde in der Folge der Mairevolution in Sachsen 1849 nach England verschlagen, wo er 1880 in Brighton starb. Erst 1866, nach kosmopolitischer Wanderschaft, fand er aufs neue seine geistige Heimstatt in Preußen; noch vor Königgrätz erkannte er Bismarcks welthistorische Bedeutung.

Ruges Leben war von der Forderung auf Umwandlung der Theorie in die Praxis erfüllt. Er blieb jedoch bei der Forderung stehen. Nicht von ungefähr mokierte sich Heine über ihn: Ruge, »der Philister, welcher sich mal unparteiisch im Spiegel betrachtet und gestanden, daß der Apoll vom Belvedere doch schöner sei. – Er hat die Freiheit schon im Geiste, sie will ihm aber noch nicht in die Glieder, und wie sehr er auch für hellenische Nacktheit schwärmt, kann er sich doch nicht entschließen, die barbarisch modernen Beinkleider oder gar die christlich germanischen Unterhosen der Sittlichkeit auszuziehen. Die Grazien sehen lächelnd diesem inneren Kampfe zu –«. Als »Türhüter der Hegelschen Schule«, wie ihn Heine auch nannte, stellte er folgerichtig seine Jahrbücher unter das Prinzip der »Selbstentwicklung der Idee; sie folgten der Entwicklung nicht bloß als Zuschauer, sondern waren die Entwicklung selbst, die bewußte Praxis der historischen Dialektik ... Sie sind die erschöpfendste Kritik Hegels, welche noch aufgetreten, denn sie haben ihn aus seinem eigenen, unantastbaren und unvergänglichen Prinzip berichtigt.« Dabei blieb man freilich nicht stehen, die Religion wurde ins Visier genommen, und es konnte nicht fehlen, daß die preußischen Behörden solche Opposition gegen die Staatskirche als politische deuteten. In der Tat verkündete Ruge 1841, daß das Orakel unserer Zeit die Revolution der europäischen Menschheit sei. Die Zensur sah das anders und verkündete ihrerseits das Verbot der »Hallischen«, die jedoch als »Deutsche Jahrbücher« in Dresden wiederauflebten, bis ihnen auch dort die Konzession entzogen wurde.

Über den Doktorclub zu Berlin war Marx mit Ruge bekanntgeworden, und dieser hatte den jungen Anfänger bei seinen ersten publizistischen Versuchen ermuntert. Marx hätte gewiß lieber für die »Jahrbücher« ausführliche philosophische Essays geschrieben, wofür von Ruge ganze Serien als bereits so gut wie fertig angekündigt wurden, anstatt sich in die Zeitungsfron zu begeben. Noch vor kaum einem Jahre hatte Marx gezögert, sich in Köln festzulegen, weil »das Leben mir dort zu geräuschvoll ist und man vor lauter guten Freunden nicht zur besseren Philosophie kömmt«. Die bessere Philosophie mußte dann auch, zumindest vorläufig, zurückgestellt werden, wenn sie auch immer wieder in Zeitungsaufsätze von Marx eindrang. Dabei hatte er viele Konzessionen zu machen, die ihn nachträglich ein wenig bedrückten, obwohl er nie etwas, das er gesagt oder geschrieben, zurückgenommen hat. Jetzt aber war es genug des Rücksichtnehmens, und Marx fühlte sich geradezu befreit. »Ich sehe«, so schrieb er an Ruge, »in der Unterdrückung der Rheinischen Zeitung einen Fortschritt des politischen Bewußtseins« – eine lebenslang geübte Abwehrtaktik, mit der er jeden noch so empfindlichen Rückschlag als förderlich, ja notwendig und weiterweisend betrachtet hat. Diese sehr probate Art und Einstellung wird uns noch oft begegnen. Außerdem, so führte er aus, war ihm die Atmosphäre in Köln zu schwül geworden. »Es ist schlimm, Knechtsdienste selbst für die Freiheit zu verrichten und mit Nadeln statt mit Kolben zu fechten. Ich bin der Heuchelei, der Dummheit, der rohen Autorität und unseres Schmiegens, Biegens, Rückendrehens und Wortklauberei müde geworden. Also die Regierung hat mich wieder in Freiheit gesetzt.«

Fast identisch äußerte sich Georg Jung in seinem Entwurf für eine »Geschichte der Rheinischen Zeitung«, die in der letzten Nummer angezeigt war, aber sofort verboten wurde: »Die Zensur hatte den erfolgreichen Triumph gehabt, die deutsche periodische Presse gründlich zu demoralisieren. Es ist ein jammervoller Anblick, dies Winden und Drehen zwischen der Furcht vor der Regierungsgewalt, welche die fruchtbringende Konzession rauben kann, und der Furcht vor dem erwachenden Bewußtsein des deutschen Volkes ...« Er spricht weiter davon, daß »die bedeutenderen Kräfte der deutschen Literatur, ja fast alle charaktervolle Männer« sich von der Tagespresse zurückgezogen haben, und »welcher Mann von Ehre« möchte sich auch gefallen lassen, wie ein Schulknabe zurechtgewiesen zu werden? Er erwähnt Herwegh, der ins Ausland gehen muß, den Liederdichter Hoffmann von Fallersleben, der Asyl bei Freunden sucht, nachdem er von seiner Stellung in Breslau verjagt worden ist. Jung ist leider in diesem erhaltenen Fragment nicht mehr dazu gekommen, auch von Marx und der Redaktionsarbeit des Blattes zu sprechen und, wie vorgesehen, die gestrichenen Artikel abzudrukken. Auch dieses erst nur geplante Buch, auf mehr als zwanzig Bogen berechnet, um die Zensur zu passieren, wurde noch vor Erscheinen verboten. Die Kontrolle hielt sich nicht an irgendwelche feierlich veröffentlichten »Intentionen«. Sie folgte den »inneren« Instruktionen des Regimes.

Ins Ausland zu gehen schien für Marx die einzige Aussicht. Er dachte zunächst an die Schweiz, wo Herwegh mit dem Projekt seines »Deutschen Boten« winkte, und fragte Ruge, was er davon hielte. Die Antwort gaben die Schweizer Behörden: Herwegh wurde aus Zürich ausgewiesen. Ruge operierte etwas erfolgreicher und veröffentlichte aus den »Jahrbüchern« vom Zensor getilgte Aufsätze unter dem bezeichnenden Titel »Anekdota zur neuesten deutschen Philosophie und Publizistik« im »Literarischen Comptoir«. Hierin erschienen auch die »Vorläufigen Thesen zur Reformation der Philosophie« von Feuerbach, mit dem ihn eine intensive Zusammenarbeit über die letzten Jahre verbunden hatte. Dieser anerkannte durchaus Ruges Verdienste: »Ich bin dem Ruge dafür dankbar, daß er mich stimuliert und veranlaßt hat zur Aussprache und Fortbildung von Gedanken, die außerdem nicht an den Tag gekommen wären.«

Erst jetzt kam auch der Artikel oder vielmehr Essay von Marx mit seinen »Bemerkungen über die neueste preußische Zensurinstruktion« des Königs an die Öffentlichkeit. Obwohl der aktuelle Anlaß längst überholt war, enthielt er doch recht schlagend formulierte Sätze, die weit in die Zukunft vorgreifen sollten. Marx sah die Gefahr der angekündigten Pressezensur vor allem darin, daß nicht nur bestimmte Artikel oder Äußerungen, sondern die Tendenz eines Blattes oder Autors bereits strafbar sein sollte. Ein solches »Gesinnungsgesetz«, so hieß es, »ist kein Gesetz des Staates für die Staatsbürger, sondern das Gesetz einer Partei gegen eine andere Partei«. Eine Radikalkur wäre nur die Abschaffung der Zensur, denn »das Institut ist schlecht, und Institutionen sind mächtiger als die Menschen«.

Im Falle Marx wollten diese jedoch klüger sein, und es ist als kurioses Faktum anzumerken, daß man sich nicht mit dem Verbot der von ihm geleiteten Zeitung begnügte, sondern sich darüber hinaus der Hoffnung hingab, den fähigen Kopf für eigene Zwecke nutzbar zu machen. »Nach der Unterdrückung der Rheinischen Zeitung ließ mir die preußische Regierung Offerten machen durch den Geheimen Revisionsrat Esser, einen Freund meines Vaters ... Nach dieser Mitteilung verließ ich Preußen und ging nach Paris«, erinnert sich später Marx.

Frankreich also, wo Heß bereits weilte; Frankreich, wo Börne und Heine sich eine geachtete Stellung geschaffen hatten. Mit Ruge wurde der Plan eines deutsch-französischen Organs besprochen. Ruge war begeistert, daß Marx an seinem neuen Gründungsunternehmen mitarbeiten wollte. Er versprach sich nach den Proben in der »Rheinischen« einen scharf zupackenden Redakteur für unmittelbare Zeitfragen. Er kümmerte sich um das »Merkantilistische«, und Marx entwickelte sein Programm über das »Woher« und das »Wohin«. »Woher«, das war die alte Welt, die man einer rücksichtslosen Kritik unterwerfen wollte, und zwar – das war das »Wohin« – ohne Furcht vor Resultaten und Konflikten. Noch sollte keine dogmatische Fahne aufgepflanzt werden: »Hier ist die Wahrheit, hier knie nieder!« Nein, Marx sah in jedem modernen politischen Staat die Vernunft schon innewohnen, »nur nicht immer in der vernünftigen Form«. Es bedarf, so schrieb er, einer »Selbstverständigung der Zeit über ihre Kämpfe und Wünsche ... Es handelt sich um eine Beichte, um weiter nichts. Um sich ihre Sünden vergeben zu lassen, braucht die Menschheit sie nur für das zu erklären, was sie sind.«

»Unser Wahlspruch muß also sein: Reform des Bewußtseins nicht durch Dogmen, sondern durch Analysierung des mystischen, sich selbst unklaren Bewußtseins, trete es nun religiös oder politisch auf. Es wird sich dann zeigen, daß die Welt längst den Traum von einer Sache besitzt, von der sie nur das Bewußtsein besitzen muß, um sie wirklich zu besitzen.« Das sind hochgemute Sentenzen, erfüllt von prophetischem Feuer, die Menschen zu entflammen. *Der Traum* blieb ihm lebenslang.

Zunächst einmal sollte ein Privatplan verwirklicht werden. Der siebenjährigen Verlobungszeit müsse ein Ende gesetzt werden, und sobald ein Kontrakt mit Ruge abgeschlossen sei, würde er nach Kreuznach gehen und seine Jenny heiraten, die dort seit einem Jahr mit ihrer Mutter wohnte und »die härtesten Kämpfe für mich gekämpft, teils mit ihren pietistisch-aristokratischen Verwandten, denen der ›Herr im Himmel‹ und der ›Herr in Berlin‹ gleiche Kultusobjekte sind, teils mit meiner eignen Familie ...«.

So wurde am 19. Juni 1843 in der protestantischen Kirche zu Kreuznach die Trauung vollzogen.

Ein entscheidender Schritt stand nun bevor. Bis Ruge das Startzeichen zum Aufbruch geben würde, wollte Marx noch etwas Material für das geplante Organ zusammenstellen; schon im Jahr zuvor hatte er diesem von seinem Vorhaben geschrieben, die konstitutionelle Monarchie »als eines durch und durch sich widersprechenden und aufzuhebenden Zwitterdings« zu entlarven. Bei der wachsenden Entfremdung von Deutschland mit seinen philiströsen Verhältnissen, wie sie von Marx empfunden wurden, sollte ein Schlußstrich unter das gezogen werden, was er jetzt hinter sich zu lassen gedachte: Das war zuallererst der preußische Staat, und das war Hegel, der diesem Staat die philosophische Rechtfertigung geliefert hatte. Was bei dieser Revision herauskam, war die »Kritik der Hegelschen Staatsphilosophie«. Diese Auseinandersetzung mit Hegels »Grundlinien der Philosophie des Rechts« blieb allerdings Fragment, das erst Jahrzehnte später, 1927, in Moskau veröffentlicht wurde.

Hegel wurde ihm zum Gegner, und im Kampf, im Widerspruch entwickelte Marx seine eigenen Thesen. Er brauchte stets ganz eminent die Reibung, damit die Funken flogen, die Gedankenfunken. Hegel war für Versöhnung, auch im Politischen, bei allem Radikalismus seines Denkens, für Ausgleich der Gegensätze, die er sehr wohl bemerkte und gar nicht etwa vertuschen wollte. Im regenerierten preußischen Staat sah er seine Theorie in der Wirklichkeit im »Objektiven« exemplifiziert; ein gegliedertes, mit vielen traditionellen Schwergewichten versehenes Staatswesen mit monarchischer Spitze, dem sehr wesentlichen Beamtentum, dem Mittelstand – aus dem die künftigen Professoren und künftigen Hegels kommen würden – und dem arbeitenden Volk. Eine konstitutionelle, keine absolute Monarchie, eine Staatsform mit begrenztem, keineswegs totalem Wahlrecht. All dies aber war für Marx Produkt eines vergangenen Bewußtseins, Unterordnung und Abhängigkeit waren darin konstituiert, Fesseln für das fortgeschrittene Bewußtsein. Hegel, das darf hier nicht übersehen werden, hat nur unter Friedrich Wilhelm III. gelebt, nicht unter Friedrich Wilhelm IV. und damit einer Zeit verschärfter reaktionärer Tendenzen.

Marx bezeichnete den »alten« König als Philister, und dies nicht zu Unrecht; Hegel sah in diesem lediglich die für seine Vorstellungen eines Staatsaufbaus nötige Spitze, nicht den absoluten Herrscher. Als maßgebende Kräfte galten ihm die Beamten. So, wie Voltaire und Diderot auf den aufgeklärten Monarchen, etwa die absolute Zarin Katharina oder den absoluten Friedrich den Großen, hofften, der »von oben her« eingreifen und vernünftige Besserung herbeiführen könnte, glaubte Hegel aus dem Erscheinungsbild seiner Zeit und Umgebung heraus an den aufgeklärten Beamten und an die Büros der Ministerien, die »Bürokratie« und damit – wörtlich übersetzt – an die Herrschaft der allmächtigen Büroleute, die am Schreibtisch sitzen und dekretieren. Hegel dachte sie als Vermittler, die in dem Konflikt zwischen fürstlicher Gewalt und dem bürgerlichen Anspruch auf Selbständigkeit, die durch Korporationen – wofür er die traditionellen ständischen Organisationen in Aussicht genommen hatte – gewahrt sein sollte, auszugleichen hätten. Marx konnte mit diesen Gedanken nichts anfangen, er ist »verzweifelter Revolutionär«, wie Jung von ihm sagte. Stände? Das war für ihn das Mittelalter, der Feudalismus. Er leugnete überhaupt ihre politische Existenz, denn die gesamte bürgerliche Gesellschaft galt ihm als »Privatstand«, der willkürlich vom Prinzip Geld und Bildung beherrscht wird, ein Hauptübel liegt dabei in der Trennung des politischen Staates von der bürgerlichen Gesellschaft, die erst die Vermittlung notwendig macht, und zwar durch den einzigen wahrhaften Stand, den der Bürokratie. Diese, eine geschlossene Gesellschaft, konstituiert sich somit als Macht, wird sich selbst zum Inhalt. »Die Bürokratie gilt sich selbst als der letzte Endzweck des Staates. Da die Bürokratie ihre ›formellen‹ Zwecke zu ihrem Inhalt macht, so gerät sie überall in Konflikt mit den ›reellen‹ Zwecken. Sie ist daher genötigt, das Formelle für den Inhalt und den Inhalt für das Formelle auszugeben ... Die Bürokratie ist der imaginäre Staat neben dem reellen Staat, der Spiritualismus des Staats. Jedes Ding hat daher eine doppelte Bedeutung, eine reelle und eine bürokratische ... Der offenbare Staatsgeist, auch die Staatsgesinnung, erscheinen daher der Bürokratie als Verrat an ihrem Mysterium. Die Autorität ist daher das Prinzip ihres Wissen, und die Vergötterung der Autorität ist ihre Gesinnung.«

Mit einigem Recht stieben hier die Funken. Marx skizzierte schon zu Beginn den »Horizont einer beschränkten Sphäre«, die sich ins Uferlose ausweiten sollte. Wir brauchen nicht erst herunterzurasseln, was es heute alles an Bürokratie gibt und in welchen Größenordnungen; gleich wie man sie nennt, ob Staatsbeamte oder Funktionäre, die dann leicht zu »Apparatschiks« werden, die Wirtschaft, die Gewerkschaften, die Parteien, selbst die der Opposition, verfügen über einen bürokratischen Apparat. Marx war seiner ganzen Natur nach unbürokratisch, er konnte sein Leben sowenig organisieren wie seine Arbeit. Kritik an der Bürokratie ist immer weitgehender Sympathien sicher, doch niemand hat bis heute den Punkt bezeichnet, wo das notwendige, unentbehrliche, jedes Funktionieren in Staat und Partei erst möglich machende Element aufhören muß, sich selbständig zu machen, zu versteinern.

Eine nennenswerte Bürokratie existierte zur Zeit Hegels noch gar nicht. Das Wort führt hier in die Irre, denn gemeint ist eine Handvoll von Beratern der Krone. Zur Zeit des britischen Weltreichs war das englische Außenministerium mit ganzen zwanzig Mann besetzt. Die Botschafter schrieben mit eigener Hand die Bulletins und dechiffrierten persönlich die Kurierpost bis spät in die Nacht hinein. Beamte waren für Hegel Männer wie Altenstein und der Geheimrat Johannes Schulze, sehr einflußreicher Referent im Kultusministerium, der als überzeugter Hegelianer die Kollegs mitschrieb und an der Herausgabe der Gesamtausgabe mitwirkte. In solchen Beratern, aufgeklärten, fortschrittlichen Menschen, sah Hegel die Staatsvernunft verkörpert, und der Monarch »hat ja nur ja zu sagen und den Punkt auf das ›i‹ zu setzen«.

Wenn Marx dagegen von Beamten spricht, so hat er Leute vom Schlage der Zensoren der »Rheinischen« vor Augen. Unversöhnlich stehen sich – Polizei, Gerichte, Administratoren als Abgeordnete des Staates gegen die bürgerliche Gesellschaft – zwei feindliche Heere gegenüber. Seine Erfahrungen mit dem lebenslänglichen Erzfeind Polizeirat Stieber werden ihn später kaum zur Revision dieser Ansichten bewegen. Was nun die höchste Spitze der Hierarchie angeht, so befindet Marx, daß dort statt der Vernunft die bloße Physis entscheide: »Die Geburt bestimmt die Qualität des Monarchen, wie sie die Qualität des Viehs bestimmt ... Willkür und der Zufall der Natur, die Geburt, also *Seine Majestät der Zufall*.«

In dieser persönlichen Auseinandersetzung mit Hegel bewährte sich erneut Marx' Methode, im Widerspruch sich selbst zu finden. Die Entwicklung wies vom reinen Philosophieren hin zur politischen Praxis. Der Wegweiser zeigte nach Frankreich. Ende Oktober 1843 kehrten Dr. Karl Marx und seine Jenny Preußen »mit seiner Luft, die leibeigen macht«, den Rücken und reisten zuversichtlich gen Paris.

Saint-Simonismus

Als Marx nach Paris kam, war der Saint-Simonismus nach einer Zeit weltweiter Wirkung schon stark abgeblüht. Von den Ideen des Gründers, Claude Henri de Saint-Simon, waren noch einflußreiche Schlagworte verblieben, so das von der »Ausbeutung des Menschen durch den Menschen«, vom »Antagonismus« der Klassen, der – nach Marx – nun abgelöst werden soll von der »Assoziation« aller Werktätigen, unter denen die neu entstandene Klasse der »Proletarier« als die »ärmste und zahlreichste« besondere Fürsorge und Verbesserung ihres Loses zu beanspruchen hat; verblieben war auch der Satz: »Jeder muß nach seinen Fähigkeiten gewürdigt und belohnt werden und nach seinen Bedürfnissen leben können.« Die ursprüngliche Lehre des Grafen sah eine neue »Wissenschaft« der Politik und des sozialen Lebens vor, und zwar nach dem Muster der zeitgenössischen exakten Wissenschaften der Physik, Chemie und Mathematik, deren Männern er die führende Rolle in seinem Bilde einer neuen Organisation des Zusammenlebens im »Zeitalter der Industrie« zugedacht hatte. An der obersten Spitze aber sollte eine neue Religion oder Ethik stehen. Nicht von ungefähr hieß sein letztes Buch »Neues Christentum«.

Seine Schüler und Nachfolger hatten nach Saint-Simons Tode 1825 alsbald begonnen, diesen Gedanken in die Praxis umzusetzen. Aus der Bewegung wurde eine Kirche, die sich auf den Meister berief, die Kirche machte Wandlungen durch und geriet allmählich zur Sekte, wie wir noch hören werden. Als Marx mit deren Gedanken in Berührung kam, war eigentlich schon alles zugrunde gegangen, teils durch Eingreifen der Polizei, teils durch die in Paris mächtige Instanz des Spottes über die »wunderlichen Heiligen«, die völlige Emanzipation vom Sündenbegriff der Kirche und, wie es hieß, »freie Liebe« verkündeten. Aber damit war die Wirkung des Saint-Simonismus nicht etwa erschöpft. Ein letzter großer Versuch der Schüler und Nachfolger galt, auf das Verbot ihrer Bewegung in Paris hin, der Suche nach einer wahrhaft freien Frau, die als »Große Mutter« an die Spitze der Gemeinschaft treten sollte. So machten sie sich auf die Reise in den Orient. Eine Delegation fuhr nach Konstantinopel. Sie traf dabei auf den jungen abenteuernden italienischen Seefahrer Garibaldi, der noch eine lange Karriere vor sich hatte, ehe er über Südamerika in die italienische Freiheitsbewegung geriet und einer ihrer Helden wurde. Garibaldi hat, als er nach großen Taten für die Einigung Italiens in Selbstverbannung auf seiner Insel Caprera lebte, auf seinem winzigen Bücherbrett die letzte Schrift Saint-Simons aufbewahrt.

Eine andere Delegation ging auf Suche nach der »Großen Mutter« nach Ägypten. Sie begann dort bald, da diese Überfrau sich nicht finden ließ, an einem anderen Gedanken zu arbeiten, der auf Saint-Simon zurückging: dem Sueskanal. Aus diesem wurde zunächst zwar nichts, aber Jahrzehnte später hat ein weiterer Schüler des Grafen, Lesseps, diesen Plan in Wirklichkeit verwandelt. Ein anderer Gedanke Saint-Simons, der Durchstich durch den Isthmus von Panama, hat mit der Vollendung bis auf unsere Tage warten müssen. Saint-Simons zahlreiche Ideen haben noch auf viele andere Gebiete eingewirkt, sogar auf das Bankwesen. In der Publizistik wurde die Zeitschrift der jungen französischen Generation, der »Globe«, zum Organ der Saint-Simonisten. Der alte Goethe las ihn noch mit großem Interesse, bis seiner Altersweisheit die Sache zu verfänglich wurde. Er warnte seinen jungen Verehrer und Korrespondenten in Schottland, den noch unbekannten Thomas Carlyle, vor diesen allzu kühnen Neuerern. Carlyle erprobte gerade seine Kräfte an einer Übersetzung des »Neuen Christentums«. Und zur gleichen Zeit ging ein sehr ehrgeiziger, von Deutschland tief enttäuschter junger Dichter, Heinrich Heine, finanziert durch einen »Gesinnungsgenossen« der neuen Lehre, nach Paris, mit dem ausgesprochenen, in Briefen deutlichst niedergelegten Nahziel, ein Mitglied und womöglich führender Vertreter des Saint-Simonismus zu werden. Denn Saint-Simon hatte vornehmlich auch die Künstler, die Poeten, die Schriftsteller aufgerufen; sie sollten den neuen Menschen verkünden, als Dichter-Priester, Tribunen und Missionare wirken, gleichberechtigt und gleich wichtig wie alle anderen Befähigten des kommenden Zeitalters der »Industrie«.

So präsentierte sich der Saint-Simonismus als Welt- und Menschenveränderungslehre, als die stärkste und einflußreichste unter den französischen »Utopien« zu Anfang des Jahrhunderts. Ich habe absichtlich den breiten Fächer dieser »Lehre« aufgeschlagen und dabei auch auf solche Gebiete hingewiesen, bei denen man nicht gut von »Utopie« im abschätzigen Sinne sprechen kann. Es gibt sehr verschiedene Arten von Utopie und Utopisten, und das oft negativ verwendete Wort schafft Verwirrung. Die älteren Utopisten wollten recht genaue Pläne für eine bessere Staatsverfassung vorlegen oder den bestehenden schlechten Staat mit Satire und Ironie korrigieren. Dies allerdings konnte Marx nicht gelten lassen, der Gang der Geschichte, so wie er ihn vorzeichnete, schritt mit den wuchtigen Füßen des Proletariats über die Utopisten hinweg. Doch das ganze 19. Jahrhundert hindurch, zum mindesten in Frankreich, waren die französischen Utopisten die Männer der Zeit, des Sozialismus. Wir können es daher nicht bei der Abwertung belassen, die Marx vorgenommen und die dann in der Tat dazu geführt hat, daß sie in die Wüste rein akademischer Betrachtung geschickt worden sind oder in kurzen Anmerkungen am Rande als »kleinbürgerlich« oder auch »reaktionär« abgetan werden, womöglich auch als geheime Liebediener der alten Ordnungen. Sie waren Revolutionäre, und dies nicht nur in der Theorie. Es wäre eine eigene Statistik zusammenzustellen, wie viele Jahre sie im Gefängnis gesessen haben, das Marx nur einmal durch eine kurze Festnahme bei der Ausweisung aus Belgien gekannt hat. Blanqui etwa hat fast sein ganzes Leben im Kerker verbracht und hieß »l'enfermé«, der ewig Eingeschlossene. Aber auch eine so mächtigen Anstoß gebende Bewegung wie die des Grafen Saint-Simon muß revolutionär genannt werden, wenngleich ihre Anhänger nicht auf die Barrikaden gingen. Sie war nicht sozialistisch im späteren Sinne, aber sie hat unleugbar den Sozialismus eingeleitet. Sie hat Epoche gemacht und das Weltbild verändert.

Die Franzosen haben während seiner ganzen Lebenszeit, und noch lange darüber hinaus, von Dr. Marx nicht viel wissen wollen. Er hat keinen nennenswerten Freund in Frankreich gehabt, wohl aber viele Gegner, auch unter den entschiedensten Sozialisten, und er betrachtete sie als seine Feinde, als ob auch er von der Tradition der »Erbfeindschaft« erfaßt gewesen wäre, die in seinem System doch nichts zu suchen hatte. Marx hat sich nie die Mühe gemacht, einem Mann wie Proudhon gerecht zu werden, sondern ihn bald für einen schlichten Hohlkopf und Schwätzer gehalten; Blanqui, der revolutionäre Eisenkopf, und seine Anhänger waren für ihn eine Pest. Dennoch hat er viel gelernt und übernommen von den französischen Sozialisten, um sie dann, nach anfänglichen hohen Lobsprüchen, im »Kommunistischen Manifest« wie mit einer Handbewegung von der Tafel zu wischen – als bloße »Utopisten« mit ihren fortwährenden Erfindungen phantastischer Gesellschaftspläne, die nur in ihrem Hirn existierten. Die künftige Geschichte der Welt sei für sie nur die »Propaganda und praktische Anwendung« ihrer sozialen Pläne. Und so lehnten sie jede politische, vor allem revolutionäre, Aktion ab und begnügten sich, wie er meinte, mit »kleinen Experimenten«, die notwendigerweise fehlschlagen mußten; am Ende bildeten ihre Schüler nur noch »reaktionäre Sekten«.

Von einer Broschüre, die dem Kampf und frontalen Vorstoß gewidmet ist, wollen wir nicht wissenschaftlich objektives Abwägen oder gerechte Würdigung von Vorgängern verlangen. Doch große Wissenschaftler haben immer wieder betont, was sie ihren Vorgängern verdankten; Marx aber war kein Forscher dieser Art. Er war Revolutionär, seine Wissenschaft sollte die Wissenschaft von der Revolution sein, und zwar seiner, allein seiner Revolution. Es ist etwas unfreiwillig Komisches in seiner Anklage, die Vorgänger trieben nur »Propaganda«, die doch seine Lebensarbeit war, oder sie wollten »nur« ihre Gesellschaftspläne »praktisch anwenden«; nichts anderes war auch sein Ziel.

Immerhin hat er später mit dem Respekt, den er ganz wenigen einzuräumen geneigt war, über Saint-Simon sehr anerkennende Worte geäußert: Man finde, so heißt es in dem mit Engels verfaßten »Anti-Dühring«, bei Saint-Simon eine geniale Breite der Ansichten, der fast alle Ideen des späteren Sozialismus zu verdanken seien, zum mindesten im Keim – und abgesehen vom strikt Ökonomischen. Und nie hat er auf Saint-Simon das niederschmetternde Schmähwort »Kleinbürger« angewendet, das in diesem Falle auch nicht gut zu gebrauchen war.

Denn ein Grandseigneur war der Graf von Saint-Simon in jeder Beziehung, nicht allein durch seine Abstammung von einem alten Adelshaus, das seinen Stammbaum bis auf Karl den Großen zurückführen wollte; ein Grandseigneur in seiner Lebensführung, in der Unabhängigkeit seines Denkens; ein Grandseigneur auch noch, als er nach einer Zeit wilden Lebens mit ererbtem und erspekuliertem Riesenvermögen völlig ruiniert von der Fürsorge und von der Unterstützung seiner getreuen Anhänger leben mußte.

Den Saint-Simons der vorhergehenden Generation entstammte der Herzog von Saint-Simon, unbarmherziger Chronist der Niedergangszeit des Sonnenkönigs Ludwig XIV. Seine wie mit der kalten Nadel geritzten Porträts der herrschenden Klasse der Hofgesellschaft waren so gefährlich realistisch, daß seine Memoiren vollständig erst unter Napoleon III. erscheinen konnten, dem solche Enthüllungen über die rivalisierende »legitime« Dynastie nur willkommen sein konnten. Es ist denkwürdig, welchen entscheidenden Beitrag die französische Aristokratie zum Untergang der eigenen Klasse geliefert hat; der Herzog freilich unbewußt, denn er war überzeugter Vertreter des »guten alten Adels«. Bewußt tat dies jedoch Graf Henri, der überzeugt war, daß die Zeit für Geburtsprivilegien vorbei sei und nun der Adel der Könner, der Befähigten aus allen Schichten zum Zuge kommen müsse.

Der Kopf Saint-Simons zeigt eigentümliche Züge: ein feines, zartes, fast dekadentes Gesicht, aus diesem aber fast unvermittelt wie ein Mauernbrecher vorstoßend eine ganz gewaltige, ungeschlachte Nase. Sie verbirgt unter ihrer wuchtigen Spitzform ein sehr entwickeltes Witterungsvermögen für Klimaänderungen, für Spuren auf dem Wege und im Gras, auch Witterung für Menschen. Der junge Aristokrat folgte dieser Nase, zunächst ohne Plan. Er zog unter Lafayette nach Amerika in den Befreiungskampf der amerikanischen Kolonisten; da lernte er die Weite eines noch kaum erschlossenen Kontinents kennen und machte die Bekanntschaft mit Menschen wie Franklin und Washington, die einen neuen Typus verkörperten, für den es in dem Frankreich, das er verlassen hatte, kaum einen Vergleich gab. Er stieß auf Zustände unbegrenzter Möglichkeiten in Politik wie Wirtschaft. Überhaupt hat diese Verlockung Amerikas als Auswegmöglichkeit eine große Rolle für alle Frühsozialisten gespielt wie auch für religiöse Neuerer oder Sektierer: Nach Amerika zu gehen und dort Ernst zu machen mit Plänen für eine neue Gemeinschaft war die Hoffnung, die Zuflucht, die einzige Chance für viele, wenn in der Heimat kein Platz blieb.

Der junge Saint-Simon dachte nicht an Siedlungspläne; dafür hat er mit dem Projekt eines Kanals durch den Isthmus von Panama sein Debüt gegeben. Diesem Plan lag die Forderung nach besseren Verkehrsmöglichkeiten zugrunde, was damals nicht nur eine wirtschaftliche, sondern auch eine ethische Parole war: Die Menschen und Völker müßten besser und rascher zusammenkommen können, dann würden sie sich auch besser verstehen lernen.

In Spanien, wohin es Saint-Simon dann zog, machte er die Bekanntschaft eines deutschen Grafen Redern, der offenbar von der Intelligenz des jungen Standesgenossen und Planers so beeindruckt war, daß er beträchtliche Gelder für gemeinsame Spekulationen zur Verfügung stellte. Die wurden in den ersten Revolutionsjahren erfolgreich in Saint-Simons Heimatprovinz, der Picardie, investiert; er legte den Adel ab und schloß sich dem neuen Typus der Grundstücksspekulanten an, die mit den beschlagnahmten Kirchengütern und Besitzungen geflüchteter Aristokraten ihre Geschäfte machten. Man konnte dabei Millionär werden oder auch unter die Guillotine kommen, der Saint-Simon nur um ein Haar entging; er wurde unter dem Terror verhaftet und saß acht Monate im Gefängnis zu Paris. Durch die Fürsprache seiner pikardischen Landsleute wurde er freigelassen, und statt seiner bestieg Robespierre, der große Herr des Terrors, das Schafott. Mit dem errafften Vermögen lebte Saint-Simon in Paris einige Jahre das Leben des großzügigen Verschwenders, das jedoch in völligem finanziellen Ruin endete. Kurz vor diesem Zusammenbruch hatte er noch geheiratet, eine etwas seltsame Standesgenossin, die ihm von Freunden als schutzbedürftig ans Herz gelegt worden war; die Ehe hielt nur ein Jahr. Er selber bezeichnete in seinem Lebensbericht die Gattin kühl als die »Gastgeberin seiner Gesellschaften«; tiefere Gefühle dürfte es zwischen den beiden nie gegeben haben. Saint-Simon, schon schwer verschuldet, ging alsbald nach Genf, wo in ihm wohl der Plan reifte, Madame de Staël zu heiraten, deren frühe Schrift über die »Literatur im Verhältnis zu den sozialen Einrichtungen« für ihn zu einer Offenbarung und zum Ausgangspunkt für seine weiter ausgreifenden Sozialideen wurde. Er mag auch daran gedacht haben, durch die Heirat mit Madame de Staël sich zu sanieren; doch daraus wurde nichts. Wichtiger für die völlig neue Phase seines Lebens war zweifellos das Vorbild des Musenhofes der Staël in Coppet: eine glanzvolle Versammlung internationaler Geister, das Bild einer Elite, die in scharfer Opposition zu den bestehenden Mächten, insbesondere zu Napoleon und seinen unablässigen Kriegen, stand. Saint-Simons Idee einer friedlichen europäischen Gemeinschaft der Völker – unter Führung ihrer »aufgeklärten« Philosophen, Schriftsteller und Künstler – war hier schon vorgezeichnet. Der ruinierte Graf begann in Genf zu schreiben und zu spekulieren, nun nicht mehr mit Grundstücken, sondern in sozialen Werten. Er hatte verschwenderisch gelebt und seine Existenz nicht zu organisieren gewußt: »Organisation« wurde jetzt das große Wort für seine Pläne, »Der Organisator« seine wichtigste Publikation. Sein privates Leben ignorierte er dabei galant, es machte ihm nichts aus, sich von seinem Kammerdiener unterhalten zu lassen, von Unterstützungen seiner Freunde abhängig zu sein. Er verstand es, sich einen Kreis von sehr begabten, ergebenen Männern zu schaffen, die mit ihm diskutierten und ihn verehrten, teilweise bis zur Idolatrie, teilweise auch mit Widerständen, die später bei seinem begabtesten Sekretär, Auguste Comte, dem Begründer des Positivismus und der Soziologie, zum Bruch und zur Feindschaft führten.

Saint-Simon war kein Systematiker, er hat keine genau abgrenzbare und datierbare Theorie aufgestellt. Er war eher ein Dichter – und seine Schüler haben, ihm als Vorbild folgend, die Idee vom Poeten geschaffen, der als »Priester-Poet« ihrem obersten Kollegium angehören sollte. Zugleich jedoch war er, und das macht ihn zu einer so eigentümlichen Gestalt, ein Mann, der die Naturwissenschaften, die Technik, die Industrie und Wirtschaft in Gegnerschaft zu der christlichen Tradition bejahte und an die wichtigste Stelle rücken wollte. Er war ein reicher und ungemein fruchtbarer Geist, mit vielen Widersprüchen: »Ich bin kein ausgeklügelt Buch – ich bin ein Mensch mit seinem Widerspruch.« Das gilt schon für die äußere Form seiner Publikationen: Sie erschienen in Form von offenen Briefen, in losen Folgen für private Subskribenten, als Dialoge, und das Beste, so dürfen wir getrost annehmen, wurde mündlich im Kreise der Adepten gesagt; Saint-Simon sprach offenbar besser, als er schrieb. Es ist schade, daß all das nicht aufgezeichnet worden ist, obwohl seine Nachfolger in damals ganz neuartiger und kaum je übertroffener Reichhaltigkeit den Werdegang ihrer Sekte protokolliert haben; siebenundvierzig große, engbedruckte Bände umfaßt das, was sie dann die »Werke« Saint-Simons nannten, und es ist oft schwer herauszudestillieren, was da der Meister und was die Schüler sind. Himmelweit verschieden ist dieser Kreis von dem um Marx. Die Schüler sind hier keine »Klippschüler« oder Rekruten, die »eingepaukt« werden müssen, wie Engels das sehr deutlich benannte. Sie sind die »Söhne« Saint-Simons, seine geliebten Söhne; unzweifelhaft schwingt hier auch ein erotisches Element mit, das nicht unwesentlich zu den Eifersüchteleien und Spaltungen beigetragen haben mag.

Saint-Simon prägte ein Geschichtsbild, und dies führt direkt zu Marx hin, das ein für alle Male Schluß machte mit dem traditionellen Glauben an eine »goldene« Zeit in ferner Vergangenheit; das vielmehr in progressivem Gang durch die Jahrhunderte – die der Graf nicht beliebig aburteilte, sondern in »organisch« genannten großen Einheiten zusammenfaßte, worunter auch das Mittelalter seine Stelle fand, das für die Aufklärung, ihre größten Repräsentanten eingeschlossen, noch schlichtweg als die »dunkle« Zeit galt – dazu führte, daß nun die Zukunft als die »dritte Zeit« das Ziel war. Er hoffte auf die nahe, vielleicht schon ganz nahe Zukunft, die mit der »Ausbeutung des Menschen durch den Menschen« Schluß machen würde, in der die gesamte Menschheit zu sinnvollem Zusammenleben und Zusammenwirken finden könnte.

Wie bei Marx steht hier die neue, bessere Zeit unmittelbar bevor. Die Mächte der alten Zeit sind zwar noch am Ruder, aber ihr Mandat ist abgelaufen; sie haben in der Vergangenheit ihre Aufgaben erfüllt. Saint-Simons Bild der Vergangenheit ist versöhnlicher als das Marxens, wie er überhaupt nicht auf Revolution Marxscher Prägung hinaus will. Die hat er erlebt und kennengelernt als »Anarchie«, als die »größte Pest«, wie er immer wieder betont; es wäre also abwegig, ihn als Vorläufer des Anarchismus zu sehen, auch wenn er nicht an den Staat glaubt. Der soll nun nicht, wie bei Marx, zerschmettert werden, um dann nach der Übergangszeit der Diktatur des Proletariats in ferner Zukunft abzusterben, sondern er ist für Saint-Simon vielmehr schon jetzt dabei, seine Herrscherrolle einzubüßen. Ganz andere Mächte und Kräfte sind inzwischen im Volk emporgekommen und bilden die wirklichen Grundlagen der Gesellschaft; so unterscheidet er schon deutlich zwischen Gesellschaft und Staat. Der ist – vorläufig – noch repräsentiert durch den Adel mit dem Hof als Spitze, die Kirche, das Militär als einziger Stütze und die ergebenen Juristen als Helfer. Den Juristen gilt seine ganz besondere Abneigung. Sie haben es verstanden, auch die Revolution zu überleben, die mit den Adelsvorrechten Schluß machte. Sie beherrschen auch unter der Restauration, während der er schreibt, das politische Leben. Überholt sind seiner Meinung nach diese Kräfte der Vergangenheit durch die unaufhaltsame Entwicklung dessen, was er »Industrie« nennt und was Marx unter den wirtschaftlichen Produktionskräften versteht. Saint-Simon macht das in seiner berühmt und berüchtigt gewordenen »Parabel« deutlich, die verboten wurde und ihm einen Prozeß eintrug.

Da läßt er im Gleichnis die Berufsgruppen aufmarschieren, die jetzt die einzig produktiven Kräfte des Landes sind, ohne die nichts geschieht und geschehen kann. Er stellt diesen die Unproduktiven gegenüber, die Nutznießer, die nichts zum Wohl des Landes beitragen, aber die durch ihre Herrschaft über das Militär, die Finanzen und die Kirche die ganze Bevölkerung in ihrer Gewalt halten. Stellen wir uns vor, so sagt er, daß durch irgendeinen Schicksalsschlag das Land seine jeweils fünfzig besten Physiker, Chemiker, führenden Physiologen, Mathematiker, Dichter, Maler, Musiker, Schriftsteller verliert, dazu die je fünfzig führenden Mechaniker, Ingenieure, Architekten, Ärzte, Bankiers, Kaufleute und Farmer, dann weiter je fünfzig aus den Branchen der Metall-, der Textilindustrie und des Transportwesens, je fünfzig Buchdrucker, Steinmetzen, Tischler, Arbeiter aus den Gießereien und aus vielen anderen nicht näher spezifizierten Betrieben, so wären das etwa dreitausend unersetzliche »Kapazitäten« aller produktiven Gebiete, die nicht nur eine »Lücke« hinterließen. Ihr Verlust wäre für die Nation eine Katastrophe. Dagegen setzt er: Wenn das Land am selben Tage den Bruder des Königs und die anderen Großen des Hofes verlöre, seine Staatsminister, Kardinäle, Bischöfe, Präfekten und Unterpräfekten, alle Angestellten der Ministerien, alle Richter und dazu 10000 der reichsten Grundbesitzer, insgesamt etwa 30000 Personen, angeblich die wichtigsten Leute im Staat – was würde dann geschehen? Schaden wohl kaum, und es wäre leicht, deren Stellen neu zu besetzen. Viele Franzosen sind durchaus imstande, den Platz eines »Bruders des Königs« auszufüllen oder an die Stelle der anderen Großen zu treten; die Armee hat zahlreiche Soldaten, die ebensogut Feldmarschälle sein können; und wie viele Dorfgeistliche können nicht auch Kardinal oder Bischof sein? Und was die 10000 Grundbesitzer anbelangt: »Ihre Erben brauchen keine Lehrzeit, um ebenso verschwenderisch Gastereien zu geben wie ihre Vorgänger.«

Es ist leicht für die Nachfahren, Saint-Simon die Unvollständigkeit seiner Liste der Produktivkräfte nachzuweisen oder ihm die ungenügende Stellung des »Kapitals« anzukreiden. Aber er stammte aus einer frühen Epoche der Industrie. Frankreich war in der wirtschaftlichen Entwicklung weit hinter England zurückgeblieben – das Saint-Simon denn auch darin als vorbildlich hinstellt – und war erst dabei, sich größere Betriebe aufzubauen. Die Klassen waren noch in vielen Übergängen begriffen; vom Handwerk zur Fabrik, von der Mittelklasse zur Bourgeoisie und – nach unten – zum Kleinbürgertum oder gar zum Proletariat. Schornsteine rauchten zwar schon in einigen Gebieten der Provinz, doch wurden sie noch meist mit Holz geheizt. Hingegen war Frankreich schon führend auf den neuen Gebieten der Naturwissenschaft und der Anwendung wissenschaftlicher Erkenntnisse auf die Praxis.

Saint-Simon sieht nun in den Physikern, Chemikern und Mathematikern die Männer der neuen Zeit, die den Glauben durch das Wissen und das unbestimmte Phantasieren durch die Forschung ersetzen. Aus solchen Männern und Gruppen von Kräften will er die neue, sinnvollere, schon in der Wirklichkeit vorgezeichnete neue Organisation der Gesellschaft schaffen. Alle Schichten sollen dabei beteiligt sein; auch die Arbeiter, die »ärmste und zahlreichste Klasse«, die nicht wie bisher verächtlich behandelt werden darf. Saint-Simon hält die Arbeiter für unentbehrlich und nennt sie mit Respekt »messieurs les ouvriers«, die »Herren Arbeiter«. Dennoch sieht er in ihnen allein nicht die künftigen Herren der gesamten Gesellschaft, die nicht von einer Gruppe oder Klasse beherrscht werden soll. Alle produktiven Kräfte insgesamt müssen beteiligt werden, und die Könner, die Befähigten eines jeden Bereiches, werden dabei die führende Rolle spielen, als »Führer« im älteren Sinne des Wegweisers, der auf den richtigen Weg führt. Saint-Simon vertraut auf Diskussion, auf die Verständigung der Verständigen. Seine Lehre ist also keine Revolutionslehre wie die des Dr. Marx.

Wieweit und worin nun hat er auf Marx eingewirkt? Marx hatte schon früh durch seinen väterlichen Freund, den Geheimrat von Westphalen, vom »Saint-Simonismus« gehört, dann durch seinen Lehrer Gans in Berlin. Jeder, der Paris besuchte, brachte Berichte über die faszinierenden und sensationellen Ideen der Saint-Simonisten mit, über das Treiben der »Kirche«, ihre Trachten und Riten, das Kostüm des »Kirchenpapstes«, auf dem »Vater« mit großen

Buchstaben wie ein Plakat quer über die Brust gestickt war; über die aufregenden Versammlungen mit hysterischen Beichten und Verkündigungen, über die vielen Damen, die von der neuen Rolle der Frau und der »Emanzipation des Fleisches« hören wollten – all dies wunderliche und aufregende Treiben der schon späteren, zweiten Phase des Saint-Simonismus stand dabei im Vordergrund. Marx las dann die seriöseren Berichte Lorenz Steins und hörte durch Moses Heß Genaueres.

Es läßt sich allerdings nicht nachweisen, daß Marx eine der Originalschriften Saint-Simons gelesen hat, so unermüdlich er sonst las. Wann immer er den Namen und die Lehre erwähnt, so aus der Lektüre anderer; in der jahrzehntelangen Korrespondenz mit Engels kommt erst ganz spät, als sie zusammen den »Anti-Dühring« planen, der Titel einer Biographie Saint-Simons vor sowie eine daran angehängte Anthologie der Hauptsätze des Meisters. Sein unbestreitbarer Respekt vor dem großen Namen – und Saint-Simon war ein sehr großer Name für die ganze erste Hälfte des Jahrhunderts – beruht wohl auf der unbestimmten Ahnung, daß da doch »im Keim« Gedanken stecken, die er erst zu entwickeln und endgültig zu formulieren hatte.

Wenn Saint-Simon oft unklar ist, wenn er viele Widersprüche aufweist, besonders wenn man seine frühen und späteren Schriften vergleicht, so hat doch gerade diese Unbestimmtheit gewirkt. Es ist außerdem fraglich, ob so große und allgemeine Gedanken wie die vom Arbeiter, von dem »jeder soll nach seinen Fähigkeiten gewürdigt werden«, oder auch die geschichtliche Deutung der gesamten Vergangenheit durch drei große Fortschrittsstufen, deren letzte schon die Zukunft ist, sich überhaupt ganz bestimmt und widerspruchslos fassen lassen, ohne eng und damit ungenügend zu werden. Es ist durchaus fraglich, ob das gesamte soziale und politische Leben zu einer »Wissenschaft« formuliert werden kann, wie Saint-Simon es unter ausdrücklicher Berufung auf die exakten Wissenschaften seiner Tage versucht hat. Auch er las schon, wie Marx, die ersten Ökonomen – wie Adam Smith, Say und Sismondi – und glaubte, daß damit bereits eine Wissenschaft des wirtschaftlichen Lebens gegeben sei. Saint-Simon war kein analytischer Geist, er war ein Beobachter und Visionär, und dabei ging es eben nicht ohne Illusionen ab. Immer da, wo er versuchte, genauer zu werden und im Detail für seine »Organisation« der Gegenwart zu planen, geriet er unvermeidlich in Schwierigkeiten, denn alle Planungen können nur sehr begrenzte zeitliche Aussichten haben. Er sah Parlamente aus seinen Berufsgruppen mit recht komplizierter Teilung der Verantwortungen vor, eine »Kammer für Erfindungen«, eine weitere zur Kontrolle und Überprüfung der »Erfindungen«, die beide zusammen dann verantwortlich für die Durchführung waren. Darüber und als oberste Instanz für die nur lokalen und nationalen Parlamente sollte ein europäisches Parlament thronen, zunächst aus Vertretungen der drei fortschrittlichsten Mächte, Frankreich, England und Deutschland, bestehend, denen sich die übrigen Völker dann zugesellen würden. Er glaubte an eine friedliche, »organische« Entwicklung im Inneren wie im Zusammenleben der Nationen, sobald nur die Befähigten, die Produktiven, die Könner aller Schichten das entscheidende Wort sprechen würden. Wir haben es also mit vielen utopischen Gedanken zu tun, die eigentlich alle bis heute ihrer Verwirklichung harren.

Am raschesten kam sein Plan eines »Neuen Christentums« zu Fall, wie seine letzte Schrift hieß, geschrieben nach der großen Depression und den Enttäuschungen über die Erfolglosigkeit seiner Publikationen und über die Streitigkeiten im engsten Kreise. Es fehlte seinem organisatorischen Aufbau aus Industrie, Wissenschaft und Intelligenz noch etwas Wesentliches: Liebe, Glaube und Hoffnung als Elemente einer neuen Religion. Vom Christentum wollte er nur die Grundlehre übernehmen, das »liebe deinen Nächsten«; von der Kirche der Vergangenheit sollten die in jahrhundertelanger Praxis erprobten äußeren Formen nach dem »heutigen Stand der Erleuchtung« umgewandelt werden. Also erstrebte auch er ein neues »Papsttum«, auch Konklaven und einen Klerus. Er fand, vor allem nach den Erfahrungen in seiner losen Debattiergemeinschaft, daß für so hohe ethische Aufgaben, für die Erziehung, geistige Leitung und Missionierung der neuen Gläubigen eine ausgesprochen straffe Organisation nötig wäre. Auf alle Fälle, das war die aktuelle Parole dieser Schrift, die in Dialogen abgefaßt war, sah er als Hauptforderung des »Neuerers« an, daß alle Klassen mit aller Macht dahin wirken sollten, das Los der zahlreichsten und ärmsten Klasse so rasch wie möglich zu verbessern. Und diese ärmste Klasse nennt er – in einem nachgelassenen Fragment – die Proletarier.

Die Schüler und Nachfolger haben diesen ganzen Gedankensegen umgewandelt. Was sie dann als die »Doktrin Saint-Simons« veröffentlichten, stammte zum großen Teil von ihnen selber. Noch weiter ab von seinen Intentionen führte der Weg, den die neue Religion dann ging. Die Idee der Kirchenorganisation wurde damit in die Praxis übergeführt, daß einige der Schüler zunächst einmal ein »Kollegium« bildeten; Saint-Simon selber wurde in den Rang eines Heiligen und Religionsstifters erhoben und buchstäblich und in offener Versammlung angebetet. Es wurden Klassen der Gläubigen sehr genau unterschieden: die der »Kardinäle« an der Spitze, als zweite kam die der Apostel und Missionare, als dritte die der Gläubigen, als vierte kam dann der »vierte Stand« der Proletarier hinzu. Die oberste Klasse machte sogleich eine rapide Entwicklung durch: Die anfangs noch größere Zahl der »Wahrer der reinen Lehre« wurde, nach Streitigkeiten, auf fünf beschränkt, nach neuen Abspaltungen auf zwei, die als Doppelpapst und »Höchste Väter« den Kopf bildeten. Auch dieser Kopf aber stritt sich, und am Ende gab es nur noch einen »Höchsten Vater«. Es waren alles sehr eigenwillige und ehrgeizige Männer mit eigenen Ideen, die sich da versammelt hatten, und wenn sie sich dabei unaufhörlich auf den Namen des Stifters beriefen, so handelte es sich um ein Verfahren, das wir aus Parallelen unserer Zeit nur zu gut kennen, wie überhaupt diese sonst leicht abwegig erscheinende Geschichte der Saint-Simonisten nicht mutwillig von mir aufgeführt wird.

In der gesamten Geschichte des Sozialismus – und die Geschichte ist ja auch nach Marx der oberste Richter über das, was mit einer Doktrin in der Wirklichkeit geschieht – sind Spaltungen, Abweichungen und Streit um die oberste Instanz keine bloßen vorübergehenden Zwischenfälle, sondern die großen Umschläge, die Marksteine auf dem Wege, die sehr viel mehr bezeichnen als bloßen Personalwechsel oder »Wachablösung«. Wir werden das im späteren Leben des Dr. Marx noch sehen.

Das Amt eines Monopapstes erschien seinem Inhaber, dem sehr wendigen, sehr geschickt agierenden Prosper Enfantin, Kaufmann und Bankbeamter von Haus aus, doch etwas problematisch, sosehr er es genoß. Er plante daher an seiner Seite einen weiblichen Nebenpapst, die »Große Mutter«. Die reine Lehre Saint-Simons hatte unter seiner Hand aus der allgemeinen Liebeslehre noch eine sehr zeitgemäße Neuerung hervorgetrieben: nicht nur »liebe deinen Nächsten«, sondern »liebe deine Nächste«. Die Frauenbewegung war bereits eine Macht, und Frauen bildeten, bis in die oberen Ränge hinauf, einen erheblichen Teil der neuen Kirche. Philosophisch-dogmatisch wurde nun die »Heiligkeit der Materie« verkündet, nach alttheologischem Wortgebrauch hieß das zugleich »Wiedereinsetzung des Fleisches« in seine naturgegebenen Rechte und Abschaffung der christlichen Sündenvorstellungen und Verbote. Das wurde zum Verhängnis für die Bewegung. Die neue Lehrmeinung sollte zwar nicht, wie den Frühkommunisten vielfach nachgeraunt wurde, »Weibergemeinschaft« oder »wilde Massenorgien« bedeuten – der Staatsanwalt hat ihnen das bei den bald einsetzenden Prozessen vorgeworfen –, aber doch »Freiheit der Wahl«. Dafür wurde eine recht pedantische »Unterdoktrin« geschaffen, nach der die Menschen von Natur nicht alle gleich in ihren Wünschen und Anlagen sind: Es gibt vielmehr – und darin folgten die »Neuerer« Fourier – »Beständige« und »Unbeständige«. Für die ersteren mag die Einehe das gegebene sein, für die Unbeständigen, die Veränderung oder Vielfalt als Naturtrieb in ihrem »Fleisch« mit sich führen, die freie Wahl und der Wechsel.

Karl Marx gehörte, um das hier einzufügen, zum ersten Typus. Er war der Mann der Ehe, einer sehr beständigen und »glücklichen« Ehe mit viel Unglück, und die einzige Unterbrechung des Eheverhältnisses zu seiner Jenny, von der noch die Rede sein wird, entsprach durchaus den geltenden Zeitauffassungen über einen »Seitensprung« des Mannes und des Hausvaters. Engels hingegen wäre eher dem zweiten Typus zuzuweisen, was ich hier nicht näher ausführen will, um die Geschichte der Saint-Simonisten nicht zu unterbrechen. Die Frage der Emanzipation der Frau jedenfalls hat Marx nicht sonderlich interessiert und spielt keine wesentliche Rolle in seinen frühen Schriften.

Wohl aber war sie die große Sensation in Paris. Der Staat griff ein, als die neue Doktrin der Saint-Simonisten verkündet wurde. Es gab einen Prozeß, und der Staatsanwalt führte mit Genuß pikante und pittoreske Sätze an; so den aus einem Artikel im »Globe«, wo von einem Bankett oder »Göttermahl« mit zahlreichen weiblichen »Unbeständigen« nach antikem Muster die Rede war. Die Sekte wurde verboten, ebenso ihre Versammlungen, die zeitweilig ein sehr mondänes Publikum angezogen hatten; auch große Sängerinnen gehörten dazu wie die »göttliche« Malibran. Die Bezeichnung »göttlich« übrigens war nicht nur, was die Philosophen zu übertriebenen Betrachtungen verführt hat, für den Prozeß der Vergottung des Menschen als Nachfolger der alten Herrgottvorstellung im Schwange; göttlich war auch eine Tänzerin, ein Festessen, das ja nicht eine Orgie zu sein brauchte, wie der Staatsanwalt annahm. Er erfocht jedoch einen Sieg vor dem Geschworenengericht, das aus Bürgern bestand. Paris war des bunten Treibens müde geworden; die Bürger der Stadt gehörten politisch zu den »Unbeständigen« und wollten nun, nachdem sie sich genug an dem Schauspiel delektiert hatten, eine Veränderung. Das war das Ende der Bewegung.

Es wurde allerdings noch ein Nachspiel aufgeführt: Vater Enfantin begab sich mit achtunddreißig der Getreuesten auf ein ererbtes Gut nahe am Stadtrand und gründete dort eine Klostergemeinschaft. Die sollte nun, da man auch im engsten Kreise der Frauenfrage überdrüssig war, streng asketisch und im Zölibat leben. Obwohl auch dieses Kloster verboten wurde, gab der unermüdliche Enfantin noch nicht auf. Er ging nach kurzer Haft mit einigen Glaubensgenossen in den Orient. Die Bewegung sollte auf einer abermals neuen Stufe, und zwar nun doch wieder durch eine Frau, die »Große Mutter«, erhoben werden. Ein Teil der Delegation fuhr, wie schon erwähnt, nach Konstantinopel, Enfantin nach Kairo. Dort wandte er sich rasch der ganz anderen Seite der Gedankenwelt des Meisters zu, der Förderung der Industrie und großer Verkehrsunternehmungen, und gründete alsbald eine Studiengesellschaft für den Sueskanal. Doch nach drei Jahren, die nur zu Vorstudien geführt hatten, kehrte Enfantin nach Frankreich zurück. Er heiratete, erhielt eine staatliche Stellung bei der Kommission zur Erschließung des eben eroberten Algerien, wechselte von da in die Industrie über und endete schließlich als Direktor einer der größten privaten Eisenbahnen, der P.L.M., der »Paris-Lyon-Méditerranée«. Sein ehemaliger Bewunderer Heine spottete dann über das Ende der Bewegung, die er einst mit so überschwenglichen Hoffnungen begrüßt hatte: Die Märtyrer von ehedem tragen jetzt kein Kreuz, allenfalls das der Ehrenlegion; die Sucher nach dem freien Weib sind gut verheiratet. »Die meisten dieser Männer sitzen jetzt in der Wolle, und einige sind

Millionäre, und mehr als einer ist zu der ehrenvollsten und einträglichsten Stellung gelangt – man reist schnell mit den Eisenbahnen.«

Die andere, ganz andere Seite des Saint-Simonismus wird repräsentiert durch Saint-Amand Bazard, den ersten Mitpapst der Diarchie, der sich über den Streit um die Frauenfrage zurückgezogen hatte, da es ihm auf die sozial-revolutionären Gedanken Saint-Simons ankam. Er war Berufsrevolutionär seit seiner Studentenzeit, ein früher Typ dieser Profession, bei den Karbonari tätig, Mitbegründer der französischen Charbonnerie, dann anderer Geheimgesellschaften, nach einem Putsch in Colmar und Belfort zum Tode verurteilt, dann aber begnadigt, ehe er zu den Saint-Simonisten stieß. Er verfaßte die erste »Auslegung der Doktrin Saint-Simons«, erweiterte und verschärfte sie. Bei ihm findet sich deutlich schon der große Gegensatz in der geschichtlichen Stufenlehre, ist die Rede von »Antagonismen« zwischen den nur durch physische Macht die Unterworfenen in Abhängigkeit haltenden Kräften und den »Ausgebeuteten«, den Proletariern, die zwar politisch »frei« geworden sind, aber nun durch die Wirtschaft ausgebeutet und abhängig gehalten werden. Diese »Antagonismen« werden dann bei Marx zu den Klassenkämpfen als Grundtenor der gesamten Geschichte, wobei er sich noch auf einen weiteren Saint-Simon-Schüler, Thierry, und dessen Geschichtswerke bezieht. Den »Antagonismen« gegenüber steht »Assoziation«, Zusammenschluß, »Gesellschaftung«, das zum überragenden Kennwort für alle Sozialisten des Jahrhunderts wird. Der Fortschritt zur Assoziation, so Bazard, wird durch die bestehenden Eigentumsgesetze aufgehalten, die selbst die Große Revolution nicht angetastet hat; das Eigentum sei jedoch eine soziale Tatsache und damit dem Gesetz des Fortschritts unterworfen. Es könne »zu verschiedenen Zeiten auf verschiedene Weise verstanden, definiert und geregelt werden«. Zunächst müsse das Erbrecht abgeschafft werden; danach fallen die Güter des Verstorbenen dem Staat zu, der dann nach Saint-Simon kein Staat im früheren Sinne mehr ist, sondern die »Assoziation« der »industriels«. Diese soll nur noch verwalten und dafür sorgen, daß jeder »nach seinen Fähigkeiten und seinen Bedürfnissen« belohnt und entlohnt wird – ein weiteres Kennwort für das Jahrhundert.

Wir können dieses 19. Jahrhundert nicht recht verstehen, wenn wir den ersten großen Anstoß durch die Saint-Simonisten beiseite schieben mit ein paar wohlwollenden oder gar höhnischen Bemerkungen, die man hinsichtlich der kuriosen und lamentablen Züge an der Bewegung leicht machen könnte. Ihr Ansatz aber war groß, und man holte zu einem gewaltigen Sprung aus; das Ziel war hoch gesteckt und wohl wert, daß sich eine hochgestimmte Jugend dafür begeisterte. Der Graf Saint-Simon rief jeden, der ein Talent, eine Begabung, eine »capacité« besaß oder verspürte, zu der bedeutungsvollen Aufgabe, die »zahlreichste und ärmste Klasse« zu befreien. Er selber starb, völlig verarmt, mit den Worten auf den Lippen: »Die Zukunft gehört uns.« Seine Schüler und Nachfolger waren gleichzeitig große Anreger, große Versager und Illusionisten, Träumer und Praktiker in der Lehre wie im Leben. Sie schleppten überholte Vorstellungen weiter und dachten zukünftige voraus, die noch weit über das kapitalistische Zeitalter reichten. Die Gruppenbildungen der hochbefähigten »industriels« und wissenschaftlichen Könner begannen für lange Zeit eine höchst einflußreiche Rolle zu spielen. Für den jungen Marx baute der Saint-Simonismus, wie treffend gesagt worden ist, das ganze »Szenarium« auf, in dem er sich in Paris bewegte und seine ersten selbständigen Werke zu Papier brachte.

Fourier

Von den frühen Sozialisten, mit deren Gedanken Marx in Paris Bekanntschaft machte, hat keiner so viele Spuren bei ihm hinterlassen wie Charles Fourier, und auch in der späteren Entwicklung, besonders bei Engels, taucht sein Name immer wieder auf; August Bebel hat ihm noch 1888 eine Schrift gewidmet. Dann aber wurde er historisch und, wie schon von Marx selber vorgesehen, unter die »Utopisten« verwiesen, wofür gute Gründe geltend gemacht werden können. Erst neuerdings hat er wieder Interesse gefunden, und die Surrealisten haben ihn gerade wegen seiner utopischen Phantasien gefeiert, vor allem wohl wegen seiner Phantasmagorie einer neuen Welt der Erotik und des Liebeslebens, die Fourier, sonst nicht eben ängstlich in seinen Vorschlägen, zu seinen Lebzeiten noch im Manuskript zurückgehalten hatte.

Fourier war schon 1837 gestorben, ein einsamer, verbitterter alter Junggeselle, der nur von einer Zugehfrau betreut wurde. Sein langes Leben hatte er vornehmlich als bescheidener Handlungsreisender für Textilfirmen verbracht, daneben und dazwischen aber unermüdlich schreibend und für seine »Entdeckungen« agitierend, die er, keineswegs bescheiden, als eine kopernikanische oder newtonianische weltgeschichtliche Wendung ansah. Es handelte sich nicht nur um eine einzelne Entdeckung, wie sie damals von vielen Erfindern vorgetragen wurden, sondern um ein umfassendes Weltbild, eine Kosmologie, die auch die Gestirne unbefangen einbezog. Die dachte er sich als personifizierte Wesen, mit Leben und Sterben und Liebesbeziehungen untereinander; denn Liebe, Passion, Anziehung war seine »Erfindung«, die auch das gesamte soziale Wesen der Menschheit verändern sollte. Über seine kosmologischen Phantasien haben die Zeitgenossen genügend gelächelt und gespottet, ebenso über seine Zukunftsgedanken ökologischer Weltveränderung: Schaffung eines neuen Erdklimas durch Erwärmung des Nordpolarkreises, wobei Sibirien und Lappland sich in Zitronenhaine verwandeln würden, oder Züchtung ganz neuer, ausschließlich auf das Wohl des Menschen ausgerichteter Tierarten, mit Löwen und Bären als dienstbaren Geistern. Es ist uns heute angesichts fortschreitender Entwicklungen nicht mehr so recht zum Lächeln zumute bei diesen Utopien, da ja an ähnlichen Dingen in Technik und Biologie sehr ernsthaft und wissenschaftlich gearbeitet wird.

Fourier war, wie gesagt, schon gestorben, aber seine Schüler und Adepten hatten seine Lehren weitergetragen und versuchten, seine Ideen von einer neuen sozialen Gemeinschaft, begründet auf Liebe und Anziehung der Menschen untereinander, in die Wirklichkeit zu überführen. Es ist eine meist übersehene Eigenheit nicht nur Fouriers, sondern überhaupt der Utopisten jener Zeit, daß sie nicht nur die vorzufindende Situation ihrer Gesellschaft schärfstens satirisierten und verdammten, sondern ihre Ideen einer besseren Gemeinschaft sehr redlich zu realisieren suchten, im Hier und Heute den »Traum« nicht nur Traum sein zu lassen, sondern ihn unverzüglich auf die Beine zu stellen. Dabei sind sie freilich alle samt und sonders gescheitert, sowohl Robert Owen wie die Saint-Simonisten und die Anhänger Fouriers, nicht ohne lange nachwirkende, entferntere Wirkungen zu hinterlassen. Aus Anhängern von Ideen Fouriers rekrutierten sich die amerikanischen Journalisten und Zeitungsherausgeber der »New York Herald Tribune«, die Karl Marx für fast zehn Jahre als Korrespondenten engagierten, für die einzige Zeit seines Lebens, in der er sich mit eigener Arbeit leidlich erhalten konnte. Aus Fourier entnahm auch der alte Engels wesentliche Anregungen für seine Arbeit über die Familie.

Die Realisierungsversuche der Gedanken Fouriers fanden in der Gründung von Produktiv- und Konsumgenossenschaften freiwilliger Art, in »Phalanstères«, einer etwas gezwungenen Wortbildung aus Phalanx und monastère (Kloster), ihren Ausdruck. Phalanx, nach der schon in der Großen Revolution so üblichen Benutzung von antiken Ausdrücken, sollte die neue, festgefügte Schlachtordnung bedeuten, in der gegen die dem Untergang geweihte verkommene Zivilisation angerückt würde, das Kloster wiederum stand für die Siedlungsstätte weit draußen auf dem Lande – mit allerdings ganz unklösterlichen Lebensbedingungen.

Die verkommene, ganz und gar unsittliche und obendrein unproduktive Zivilisation war also der Ausgangspunkt für Fourier. Das war auch die Seite seiner Utopie, die Marx am meisten interessierte und sogar mit Material für seine Thesen versorgte. Denn Fourier war nicht wie sein Vorgänger Rousseau von allgemeiner Zivilisationsangst erfüllt, er verkündete ein ganz anderes »zurück zur Natur«, zum einfachen, schlichten, ursprünglichen Menschen. Er sprach dabei aus persönlicher Erfahrung, wie er immer wieder stolz betonte. Er war ein Autodidakt und wohl gerade deshalb in der Lage, sehr viel unbefangener die realen Zustände der Zivilisation zu beurteilen als die Theoretiker und Philosophen, die er auch dafür verantwortlich machte, was aus der gepriesenen Großen Revolution geworden war. Die hatte er am eigenen Leibe zu Lyon miterlebt und dabei fast sein Leben eingebüßt. Und nun, da er unter dem Direktorium und Konsulat seine »Entdeckung« machte, wie die Welt zu heilen sei, was war aus ihr geworden? Ein wüstes Treiben von Geschäftemacherei, Spekulationen, Konkurrenz von Machtgruppen, Kriege und nochmals Kriege. Vom Wirtschaftsleben sprach er als weitgereister Kaufmann, der auch die zahlreichen Messen im Ausland besucht hatte, deren buntes Treiben kannte und demzufolge nicht vom Schreibtisch aus urteilte.

Er wußte von den Lastern der Börse, die ihm »ein Morast von

Schmutz, ein Bordell« ist; obwohl er hier fast in den Ton der alten Bußprediger fällt, ist er an sich ein kühl rechnender und addierender Aufsteller immer erweiterter Listen von Lastern der Zivilisation, der er schließlich zweiundsiebzig Gattungen von Verbrechen aufnotiert, die er in Typen und Unterarten unterteilt. Er zählt allein neun Typen und sechsunddreißig Unterarten von Bankrotten auf, von denen er in militärischer Sprache handelt: vom Schwadronen-, geschlossenen Kolonnen- und Scharfschützen-Bankrott. Fourier ist auch ein Dichter und Satiriker von Graden: Balzac hat von ihm gelernt und in seinem »César Birotteau« eine solche Bankrottliste eingebaut. Fourier kritisiert nicht nur den Handel und das Kaufmannswesen, das für ihn schlichtweg Betrug und Schwindel ist; er weist auch die Verelendung der Landwirtschaft nach und widmet sich sehr genau der zunehmenden Verarmung in den Städten. Er deutet auf England hin und bringt Statistiken aus einem Buch »Tableu de Londres«, wonach allein in London 230000 Arme sind, davon 115000 Bettler, Diebe, Vagabunden, dazu 30000 Prostituierte: »Kolossaler Reichtum für 300 aristokratische Familien und einige Kaufleute, aber das Volk nackt und verhungernd.«

Engels hat, um dies hier anzumerken, Fouriers Kapitel über den Handel übersetzt und herausgegeben, und zwar als einzige erschienene Publikation einer mit Marx geplanten Bibliothek der sozialistischen Schriftsteller. Fourier geht aber nun noch weiter: für ihn ist die Zivilisation auch moralisch völlig korrupt. Man sehe nur das Familienleben an mit seiner »doppelten Moral« – völlige Anarchie, strenge Einehe nach den Moralgesetzen, in der Praxis aber Ehebruch, Hahnreitum der Männer (in neunundvierzig Abarten katalogisiert). Und die Heirat selber? »Ist nicht ein junges Mädchen ein Stück Ware, zum Verkauf gestellt für den, der am meisten bietet?« Fourier ist so auch ein früher Advokat für die Rechte der Frau, wie er überhaupt eine Menge an Gedanken vorgebracht hat, die erst viel später weiter ausgeführt wurden – so auch die Forderung nach »Recht auf Arbeit«, die Louis Blanc dann übernahm.

Sein Allheilmittel ist jedoch nicht ökonomischer Wandel und keineswegs Revolution. Das Wort Kapital oder Kapitalismus kommt bei ihm nicht vor. Auch in seiner geplanten Phalanx gibt es Geld, Tausch, Handel, allerdings in stark verbesserter Form. Bis an sein Lebensende hat er gehofft, einen großen Mäzen zu finden, der seinen Traum finanzieren sollte, und hat unablässig bei den großen Bankiers und Mächtigen dafür geworben, mit ganz modern anmutenden Prospekten, die sehr lockende Ergebnisse bei der unfehlbar vervielfachten Produktivität seiner Phalangen versprachen. In seiner letzten Zeit hat er sich kaum aus dem Hause gewagt, aus Furcht, den Boten eines erwarteten Wohltäters zu verpassen.

Sein Ansatz für die völlig neue Produktionsform seiner Phalangen war nicht ökonomischer, sondern psychologischer Natur. Er ging davon aus, daß in der Zivilisation nicht nur wirtschaftliche Unterdrückung herrscht, sondern vor allem Unterdrückung der gottgegebenen Instinkte, die er als »Passionen« bezeichnet. Diese hielt er für eigentlich stärker als alle Vernunft, die von den Philosophen an die Spitze gestellt wird. Man sollte nun die Passionen befreien, ihnen freies Spiel geben, und zwar nicht in bloßer Willkür und Anarchie, sondern kanalisiert, geordnet, systematisch, bis hin zur Ordnung der Erotik und des Liebeslebens. Darin folgt Fourier aber dem fast gesetzmäßigen Zwang so gut wie jeder Utopie, die Zwang und Ordnung nach ihrem System vorschreibt, da sie die Phantasie vergewaltigen muß. Fourier betont zwar immer wieder, daß alles freiwillig geschehen soll in seiner Phalanx, aber eben doch zwangsläufig »nach dem Gesetz, nach dem wir angetreten«. Die Schaffung seiner Phalanx soll bereits freiwillig vor sich gehen, niemand muß ihr beitreten; man kann sie auch verlassen, wenn sie einem nicht gefällt. Das hält er jedoch für unwahrscheinlich: Die großen materiellen Vorteile dieser Lebensform werden so überwältigend sein, daß niemand daran denken wird, sie aufzugeben. Denn jeder findet da volles Genügen für jede, selbst die abwegigste, seiner »Passionen«. Bei seiner Einteilung der Phalanx nach Bataillonen, »Serien« in Fouriers immer sehr persönlicher Terminologie genannt, und in ihrer Arbeitsweise kommen alle, wirklich alle Instinkte zu ihrem Recht, selbst die von den »Philosophen« als schädlich oder gefährlich abgelehnten, nicht nur die unterdrückten erotischen Wünsche und Begierden. So hat er in seinem Katalog der Passionen auch Platz für die Passion zur »Kabale« oder Intrige, die in der Zusammenarbeit angeschirrt wird zu freiem, fröhlichem Wettbewerb und Langeweile und Schläfrigkeit vertreiben soll. Eine Passion, hübsch »Schmetterling« genannt, berücksichtigt den ununterdrückbaren Trieb und Hang zur Veränderung. Der wird befriedigt dadurch, daß niemand wie in der verkommenen Zivilisation gezwungen sein soll, sein Leben lang und widerwillig eine bestimmte Arbeit zu leisten. Vielmehr soll größte Beweglichkeit herrschen, ständiger und geordneter Wechsel des Arbeitsplatzes und der Beschäftigung, auch der Erholung.

Man kann darin eine Vorahnung der Monotonie im Fabrikleben am Fließband sehen wollen, aber Fourier lebte im eben erst sich entfaltenden, in Frankreich besonders rückständigen Stadium der industriellen Entwicklung. Seine Phalanx hat nur wenig Platz für Fabrikation irgendwelcher Art, obwohl er sie nicht völlig verwirft und die wirren Köpfe ablehnt, die durch Zerstörung von Maschinen das Heil schaffen wollen. Seine Gemeinschaft ist stark ländlich orientiert und bevorzugt Gartenarbeit und Blumenzucht. Monotonie und Unterdrückung sieht er vielmehr in jeder Arbeit unter den bisher geübten Formen, seine Freisetzung des Urinstinkts zu Wechsel und Veränderung in der Phalanx soll erst alle in jedem Menschen gegebenen Gaben befreien und einen unvergleichlich reicheren und freieren Menschentypus schaffen.

Das hat Marx besonders angesprochen. Als er in seiner »Deutschen Ideologie« etwas voreilig ein Bild der im Kommunismus von aller Unterdrückung durch den Kapitalismus befreiten Menschheit entwirft, die nun ungeahnte Talente und Begabungen aufweisen wird, folgt er bis fast ins Wort getreu Fourier. Der hatte den Arbeitstag eines seiner Phalangisten wie folgt beschrieben:

3.30 Aufstehen (es wird früh aufgestanden in der Phalanx und lange gearbeitet)
4.30 Arbeit im Stall
5.00 bei den Gartenarbeiten
7.00 Frühstück
7.30 Landarbeit (Garbenbinden)
9.30 Gemüsegärtnerei (unter einem Zelt)
11.00 Arbeit auf dem Scheunenhof
13.00 Mittagessen
14.00 in der Forstwirtschaft
16.00 in der Fabrikationsabteilung
18.00 bei der Bewässerungsabteilung
20.00 auf der Arbeitsbörse (wo Registrierung für den kommenden Tag vorgenommen wird)
20.30 Abendessen

21.00 Unterhaltung (Theater, Oper, Konzert)
22.00 zu Bett.

Bei Marx ist das dann weniger strikt auf eigentliche Arbeit ausgerichtet; es heißt bei ihm, daß es in der kommunistischen Gesellschaft möglich sein wird, »heute dies, morgen jenes zu tun, morgens zu jagen, nachmittags zu fischen, abends Viehzucht zu treiben, nach dem Essen zu kritisieren, wie ich gerade Lust habe, ohne je Jäger, Fischer, Hirt oder Kritiker zu werden«. Die höchst amüsante Ironie, daß für Marx auch in dieser paradiesisch-bukolischen Paradieswelt der *Kritiker* nicht fehlen darf, vermerken wir nur beiläufig. Am Rande seines Entwurfes hatte er noch eine zusätzliche Wunschliste notiert: »morgens Schuhmacher, Gärtner am Nachmittag, Schauspieler am Abend«. Das alles war allerdings in anderem Zusammenhang gesagt als bei Fourier und sollte die Befreiung von der unseligen Arbeitsteilung als Quelle allen Übels exemplifizieren. Das Vorbild ist trotzdem unverkennbar.

Der Gedanke Fouriers, daß die Arbeit, jede Art von Arbeit, durch Abwechslung, gegenseitige Sympathie der jeweiligen Mitarbeiter, auch saubere, ja sogar architektonisch schöne Umgebung zu einer mit Ehrgeiz und Wetteifer betriebenen Beschäftigung werden könnte, ist des Nachdenkens wert. Dabei ist die Anleitung, »Führung« und Erziehung zum neuen harmonischen Menschen natürlich ein wesentlicher Punkt. Fouriers auf »Anziehung« beruhende Gemeinschaft ist durchaus hierarchisch gedacht, in vieler Beziehung militärisch; es gibt bei ihm Elitecorps, Uniformen, Ränge, Auszeichnungen und Belohnungen, auch phantastische neue Uniformen und Ehrenzeichen. Es ist nicht leicht zu sehen, wie der urmächtige Trieb zur »Kabale« oder Intrige hier in die richtigen Kanäle gelenkt werden soll, und an diesem Problem sind ja denn auch sämtliche Realisierungsversuche solcher isolierter Gemeinschaften früher oder später eingegangen. Marx dagegen hat sorgfältig, und taktisch sehr richtig operierend, seine Jugendträume vom fröhlichen Landmann, Angler und abendlichen Kritiker energisch in die Schublade verwiesen und statt dessen betont, daß Arbeit immer, auch wenn erheblich verbessert und von ihren Schrecken befreit, zu einem beträchtlichen Teil unter dem Gesetz der Notwendigkeit steht. Und detaillierte oder überhaupt einigermaßen genauere Vorschläge für die Verteilung der Gewalten oder die »Konstitution« der kommunistischen Zukunftsgemeinschaft hat er mit der bekannten Formel vom allmählichen Absterben des Staates in der klassenlosen Gesellschaft abgelehnt.

Jede Utopie, die sich zu weit auf Details einläßt, stellt sich damit der Kritik und so nicht selten der Gefahr, lächerlich zu werden. Wir könnten natürlich Fouriers in der Tat groteske Details über die erotische Universalharmonie seiner Phalanx behaglich ausbreiten, wollen es aber nicht; sie haben ihre rein biographische Note. Wenn er beispielsweise die Forderung erhebt, daß bei weit gespannter Freiheit für die Passion »Schmetterling«, die mit der Familie im alten Sinne Schluß macht, auch für ein Minimum an Befriedigung des erotischen Instinkts für jeden, sogar den sonst Unerwünschten, als Partner gesorgt werden soll, so ist darin schwer etwas anderes zu sehen als die lebenslängliche Unterversorgung des armen Handlungsreisenden mit diesem erotischen Minimum, das für ihn ebenso wichtig erscheint wie das soziale Minimum. Seine Vorschläge, dafür Extracorps von »Bacchantinnen« zu bilden oder sogar strafweise andere Mitglieder abzukommandieren, die gegen die Regeln ihrer »Serie« oder ihres »Typs« gefehlt haben, gehen bis an die Grenzen des auch in einer Utopie Erträglichen.

Ein Kauz also? Ein Kuriosum? Das sicherlich, aber darin erschöpft sich Fourier nicht. Er hat weithin anregend gewirkt und gehört entschieden in das Bild jener Zeit. Seine »Assoziation« wurde das große Wort für ein halbes Jahrhundert: Assoziation auf freiwilliger Grundlage zunächst kleiner Gemeinschaften; Errichtung der Zukunftsgesellschaft in »Klöstern« – so auch bei den späteren Saint-Simonisten – und irgendwo »weit draußen auf dem Lande«, in der bestimmten Erwartung, daß sich die überragende Vorzüglichkeit des neuen Systems von selbst und mühelos durchsetzen werde, bis das ganze Land und bald die gesamte Menschheit ohne Revolution sich zu ihm bekehren werde. Es ist bezeichnend, daß die Schüler Fouriers alsbald zu den frühesten Pazifisten gehörten und pazifistische demokratische Organisationen zu schaffen versuchten. Ihre tatsächlichen Siedlungen schossen zeitweilig in den vierziger Jahren des Jahrhunderts in Dutzenden Ländern auf, sogar in Brasilien und in Nordamerika. Dort erlangte die »Brook Farm« des George Ripley besondere Bedeutung dadurch, daß einer der seinerzeit führenden Schriftsteller, Nathaniel Hawthorne, eine Weile an dem Experiment teilnahm und dann in seiner »Blithedale Romance« mit solchen utopischen Versuchen abrechnete. »Die Seele eines Menschen«, schrieb er an seine Frau, »kann ebenso unter dem Misthaufen oder in einer Furche auf dem Felde begraben werden und verkommen wie unter einem Geldhaufen.« Intellektuelle sind überhaupt immer prominent gewesen, nicht nur bei Fourier-Gründungen, sondern auch bei deren Untergang. Die harte Notwendigkeit, die in jeder Arbeit steckt, wie Marx im späteren Entwicklungsstadium dann zugab, war ihnen schwer erträglich und bald verhaßt, und die Macht der »Attraktion«, die Fourier vorsah, verwandelte sich rasch in »Kabalen« und Mißvergnügen.

Ich möchte hier vermeiden, nur zu satirisieren, was kinderleicht zu bewerkstelligen wäre. Es handelte sich hier immerhin um eine ganze Epoche der sozialen Experimente in den dreißiger und vierziger Jahren, und Marx wie Engels nahmen gründlich an ihr teil, zum mindesten in ihren Aufzeichnungen. Mit der Reaktion nach der Revolution von 1848/49 trat dann jedoch ein gründlicher Umschlag des Klimas ein; es wurde kalt. Die Zeit des Realismus, der Realpolitik, des Positivismus und des wissenschaftlichen Sozialismus begann.

Marx und Heine

Das Jahr 1844 in Paris war für Marx angefüllt bis zum Rande. Man hätte fast aus jedem Monat ein eigenes Kapitel, auch ein eigenes Buch oder mehrere Bücher machen können: über seine ökonomisch-philosophischen Skizzen für ein Riesenwerk, die den Kardinalbegriff der »Entfremdung« enthielten; über seine Herausgebertätigkeit mit den »Deutsch-Französischen Jahrbüchern«, die nur zu einem Band gediehen; über seine Publizistik für den »Vorwärts«, die nächtelangen Debatten mit Proudhon, zu denen dann Bakunin stieß: beide später lebenslängliche Gegner; über die erste intime Begegnung mit Engels, die zur lebenslänglichen Freundschaft und Zusammenarbeit führte – das rein biographisch wichtigste Erlebnis dieser Zeit.

Marx hospitierte bei den Versammlungen der Handwerker und Arbeiter; er verkehrte auch noch in anderen Gesellschaften, so bei einigen der in Paris lebenden reichen Russen. Ein Grigori Michailowitsch Tolstoi war darunter – es gab viele Tolstois –, der über große Ländereien in der Steppe verfügte. Er führte ein großes Haus und gab sich äußerst liberal. Er ließ Marx wissen, er sei von den neuen revolutionären Ideen so angetan, daß er seine Güter verkaufen wolle, um mit dem Erlös die Sache der Zukunft zu finanzieren. Er galt in Kreisen seiner Landsleute als »ausgezeichneter Sänger von Zigeunerliedern, als guter Kartenspieler und erfahrener Jäger«, wie uns ein anderer reicher Russe namens Annenkow mitteilt, mit dem Marx dann ausführlich korrespondierte. Die Russen in Paris hätten ihn »auf Händen getragen«, meint Marx im späten Rückblick auf diese Epoche und seine russischen Bekanntschaften. Annenkow berichtet, Marx habe in dem Tolstoi wohl den »klassischen Vertreter« der »breiten russischen Natur« gesehen und ein Zeichen der »unverfälschten Kraft des russischen Volkes«; jedenfalls habe er mit großer Teilnahme von dieser Erscheinung gesprochen.

Sehr viel mißtrauischer gab sich Engels, der ermittelt hatte, dieser Tolstoi sei ein besserer diplomatischer Spion, und er, Engels, werde der Sache noch nachgehen. Auch Bakunin sei ihm damit sehr verdächtig geworden, der darüber doch Bescheid wissen müßte. »Ich werde mir natürlich gegen ihn nichts merken lassen, sondern Revanche an den Russen nehmen. So ungefährlich diese Spione für uns sind, so darf man ihnen das doch nicht passieren lassen. Sie sind gute Sujets, um an ihnen Intrigenexperimente in corpore vili zu machen. Dazu sind sie sonst so übel gar nicht.«

Das terrierhafte Vergnügen, sich in solche Intrigen zu verbeißen, ist unverkennbar: Wir befinden uns mitten in den Kabalen und Verdächtigungen des Emigrationslebens, das mit Paris ja für Marx wie Engels im Ernst begann und seine sehr ernsten Seiten hatte.

Auch um den größten der Emigranten, Heinrich Heine, war diese Aura der Ränke, dazu noch erbitterter Auseinandersetzungen im eigenen Lager. Marx lernte ihn nun kennen, und alsbald freundeten sie sich an. Zusammen mit Ruge suchte er ihn in Sachen der »Deutsch-Französischen Jahrbücher« zuerst auf. Heine erklärte sich bereit, dabei mitzuwirken. Ruge hat sich später gerühmt, die beiden jungen Literaten hätten den Meister erst darauf gebracht, sein Talent der politischen Satire zuzuwenden: »Lassen Sie doch die ewige Liebesnörgelei und zeigen Sie den politischen Lyrikern mal, wie man das richtig macht – mit der Peitsche.«

Die Peitsche oder die Pritsche, oder beides zugleich: Heine steuerte in der Tat seine frechen Verse auf König Ludwig von Bayern zum ersten und einzigen Band des Unternehmens bei. Er gab auch, und darin kann man den Einfluß von Marx erkennen, sein weitaus gewichtigeres Gedicht auf den Aufstand der schlesischen Weber im Juni des Jahres heraus: »Altdeutschland, wir weben dein Leichentuch«. Das wurde im Pariser »Vorwärts« gedruckt, in dem eine Nummer zuvor der Aufsatz von Marx über die Hungerrevolte der verzweifelten Heimarbeiter am Webstuhl erschienen war. Marx sah in dieser recht lokalen Aktion schon hoffnungsvoll das Zeichen für den kommenden Aufstand des seiner selbst bewußt werdenden Proletariats. Heine spendete außerdem noch Pritschenschläge in Versen auf den Preußenkönig Friedrich Wilhelm IV. für den »Vorwärts«; sie trugen nicht wenig dazu bei, daß das Organ dann verboten und die Redakteure und Beiträger, samt Marx, aus Paris zu Anfang des nächsten Jahres ausgewiesen wurden. Das Hauptwerk Heines im neuen satirisch-politischen Stil war jedoch sein gereimter Reisebericht über seinen Deutschlandbesuch im Herbst des Jahres »Deutschland. Ein Wintermärchen«; der Dichter sandte die Druckbogen an Marx, und der »Vorwärts« publizierte Teile des Textes, der somit noch vor der Hamburger Originalausgabe bei Julius Campe einem größeren Publikum schon bekannt wurde. Erstaunlicherweise war es dem Verleger gelungen, den fast intakt gebliebenen Druck in Hamburg herauszubringen, von wenigen Zeilen abgesehen. In Preußen jedoch wurde das Buch sogleich verboten, was aber beim damaligen Stand des Buchhandels im buntgescheckten »Reich« den Absatz eher beförderte als behinderte.

Hier nun waren – endlich, wie Heines Freunde jubelten – die Peitschenhiebe, die man von ihm erwartete. Hier waren auch, in überaus einprägsamer und geschliffener Form, die Gedanken, die Marx als sinnesverwandt empfinden mußte. Vor allem fand sich hier ein Kernstück der Marxschen Lehre: die innige dialektische Verbindung von Theorie und Praxis, dem Philosophieren und der Revolution. Man hat daher in der immer rastlosen Suche nach »Einflüssen« im »Wintermärchen« Karl Marx und die Gespräche in Paris mit dem Dichter am Werk sehen wollen. Es war aber umgekehrt: Heine war es, der schon zehn Jahre zuvor den Gedanken in seinem großen Essay »Zur Geschichte der Religion und Philosophie in Deutschland« von 1835 ausgesprochen hatte. Da stand auch die unheimliche Prophezeiung: »Es wird ein Stück aufgeführt werden in Deutschland, wogegen die Französische Revolution nur wie eine harmlose Idylle erscheinen möchte.« Sie wurde damals übersehen, und Heine selber tat genug dazu, die Deutschen als unverbesserliche und hoffnungslose Knechtsseelen zu karikieren. Er prägte aber schon die Formel, die dann weithin übernommen wurde, daß die Deutschen, eben als gründliches, der Philosophie ergebenes Volk, berufen seien, den Gang der Geschichte zu erfüllen: »Mich dünkt, ein methodisches Volk wie wir mußte mit der Reformation beginnen, konnte erst hierauf sich mit der Philosophie beschäftigen und durfte nur nach deren Vollendung zur politischen Revolution übergehen.« »Lächelt nicht über den Phantasten, der im Reiche der Erscheinungen dieselbe Revolution erwartet, die im Gebiete des Geistes stattgefunden – der Gedanke geht der Tat voraus, wie der Blitz dem Donner.« Bei Marx hieß es dann, es sei »jetzt der Philosoph, in dessen Hirn die Revolution beginnt«.

Im »Wintermärchen« wird dies dann, in der Sprache des Poeten und mit der nur Heine eigenen großartigen Transposition von Theorie in dichterische Gestalt, zu dem Bilde des unheimlichen Dämons, der ihm auf den Straßen zu Köln in der deutschen Mondnacht nachfolgt:

»Ich bin kein Gespenst der Vergangenheit,
Kein grabentstiegener Strohwisch,
Und von Rhetorik bin ich kein Freund,
Bin auch nicht sehr philosophisch.

Ich bin von praktischer Natur,
Und immer schweigsam und ruhig.
Doch wisse: was du ersonnen im Geist,
Das führ ich aus, das tu ich.

Und gehn auch Jahre drüber hin,
Ich raste nicht, bis ich verwandle
In Wirklichkeit, was du gedacht;
Du denkst, und ich, ich handle.

Du bist der Richter, der Büttel bin ich,
Und mit dem Gehorsam des Knechtes
Vollstreck ich das Urteil, das du gefällt,
Und sei es ein ungerechtes.

Dem Konsul trug man ein Beil voran,
Zu Rom, in alten Tagen.
Auch du hast deinen Liktor, doch wird
Das Beil dir nachgetragen.

Ich bin dein Liktor, und ich geh
Beständig mit dem blanken
Richtbeile hinter dir – ich bin
Die Tat von deinem Gedanken.«

Jedes einzelne Wort zählt in dieser Vision. Man wird bemerken, daß der Doppelgänger sehr viel weniger die Züge eines römischen Magistratsbeamten hat als die des guten deutschen Scharfrichters, eine Gestalt, die Heine immer wieder fasziniert hat. Und wir wollen die ominöse Zeile auch nicht übersehen vom Urteil, das vollstreckt werden soll, »und sei es ein ungerechtes«.

Denn, sooft Heine auch die Guillotine als Ultima ratio für die Könige und Aristokraten berufen hat: Zweifel sind ihm immer wieder aufgetaucht über das, was dann kommen könnte, wenn das große Revolutionsschauspiel aufgeführt wird. Da gehen seine Wege und die von Marx auseinander, der sich darüber nie den Kopf zerbrochen hat und nur philosophisch-gelassen eine allenfalls unerfreuliche »Übergangszeit« mit allerhand Mißhelligkeiten vorsah. Es gibt eine ganze Reihe von Äußerungen Heines über den Kommunismus, der ihn faszinierte, erschreckte und den er zwar als unvermeidliches Schicksal ansah, das aber für den Poeten Heine das ebenso unvermeidliche Ende jeder Poesie und Dichterfreiheit bedeutete, eine trostlose öde Nützlichkeitslandschaft, in der nicht die kleinste blaue Blume blühen dürfte. »... Sie hacken mir meine Lorbeerwälder um und pflanzen darauf Kartoffeln ...«, so fürchtete er, »und ach! mein Buch der Lieder wird der Krautkrämer zu Tüten verwenden, um Kaffee oder Schnupftabak darin zu schütten für die alten Weiber der Zukunft ...« Eine bekannte und heute vielfach als kanonisch und offiziell geltende Passage findet sich in den späten »Geständnissen« von 1854, wenige Jahre vor Heines Tode. Sie lautet nach Ausführungen über Weitling, den Vertreter des »ungläubigen Knotentums«, und das Anwachsen von dessen Handwerkerkommunismus zur »mächtigsten Partei jenseits des Rheines«: »Diese Kohorten der Zerstörung, diese Sappeure, deren Axt das ganze gesellschaftliche Gebäude bedroht, sind den Gleichmachern und Umwälzern in andern Ländern unendlich überlegen, wegen der schrecklichen Konsequenz ihrer Doktrin; denn in dem Wahnsinn, der sie antreibt, ist, wie Polonius sagen würde, Methode.« Die englischen Chartisten seien nur durch den Hunger und nicht durch eine Idee getrieben, und sobald sie ihren Hunger durch Roastbeef und Plumpudding und ihren Durst mit gutem Ale gestillt hätten, seien sie nicht mehr gefährlich; gesättigt, fielen sie wie Blutegel zur Erde. Die mehr oder minder geheimen Führer der deutschen Kommunisten seien große Logiker, von denen die stärksten aus der Hegelschen Schule hervorgegangen, und sie seien ohne Zweifel die fähigsten Köpfe und die energievollsten Charaktere Deutschlands. Diese Doktoren der Revolution und ihre mitleidslos entschlossenen Jünger seien die einzigen Männer in Deutschland, denen Leben innewohne, und ihnen gehöre die Zukunft.

Der Name Marx taucht in den »Geständnissen« ebenfalls auf, wo Heine, nunmehr in seiner Matratzengruft zum alten Gottesglauben zurückgekehrt, abrechnet mit dem Gottähnlichkeitshochmut, der aus der »spinnwebigen Berliner Dialektik« hervorgegangen sei und dem auch er in gesundheitlich besseren Tagen gehuldigt habe. Heine liest nun die Bibel und findet da die Geschichte vom Großkönig Nebukadnezar, »der sich selbst für den lieben Gott hielt, aber von der Höhe seines Dünkels erbärmlich herabstürzte, wie ein Tier am Boden kroch und Gras aß – (es wird wohl Salat gewesen sein). In dem prachtvoll grandiosen Buch Daniel steht diese Legende, die ich nicht bloß dem guten Ruge, sondern auch meinem noch viel verstocktern Freunde Marx, ja auch den Herren Feuerbach, Daumer, Bruno Bauer, Hengstenberg, und wie sie sonst heißen mögen, diese gottlosen Selbstgötter, zur erbaulichen Beherzigung empfehle.« Heines boshafte Dialektik bewährt sich darin, daß er in die Liste der bekannten Atheisten auch unversehens Hengstenberg einschließt, für damalige Leser wohlbekannt als der mächtige Sprecher der ultrareaktionären protestantischen Orthodoxie und Herausgeber der »Evangelischen Kirchenzeitung«. Das »Freund« für Marx klingt in dieser Tutti-quanti-Liste eher wie ein onkelhaftes »Freundchen« und nicht, wie die Nachwelt es wünschen würde, als Gruß eines Großen zum anderen Genie. Eine Ironie, nun nicht Heines, sondern der Zeitgeschichte, ist es, daß Daumer, den Heine noch als den radikalsten Gegner des Christentums gleich hinter Feuerbach anführt, der Autor von Schriften, die unter den »Geheimnissen des christlichen Altertums« und über den »Feuer- und Moloch-Dienst der Hebräer« auch Menschenopfer bei Juden wie sogar den frühen Christen entdeckt haben wollten, daß dieser Daumer nun gerade zu der Zeit, da Heine seine Kumpanei mit den Atheisten tabellierte, sich plötzlich zum ebenso entschlossenen Vorkämpfer für radikalen Katholizismus wandelte. Ich erwähne all dies nur, weil es uns einen Einblick gewährt in die Vielschichtigkeit der Zeit, in der an Konversionen jeder Art kein Mangel war; noch weniger am stillen Abblättern von Genossenschaften und Verbrüderungen, resolutem Übergang ins »Philistertum« oder zur »Realpolitik«. Während einzig Marx mit seinem getreuen Engels »verstockt« seine Linie unverbrüchlich beibehielt und zum wissenschaftlichen System ausbaute.

Heines Evangelium basierte keineswegs nur auf der Veränderung der Produktionsverhältnisse. Im Vorwort zum »Wintermärchen« träumt er von einer Sendung und Universalherrschaft Deutschlands, dessen derzeitiger Miserabilität gerade die ganze Gedichtfolge gewidmet ist. Sie wird erreicht, »wenn wir die Dienstbarkeit bis in ihrem letzten Schlupfwinkel, dem Himmel, zerstören, wenn wir den Gott, der auf Erden im Menschen wohnt, aus seiner Erniedrigung retten, wenn wir die Erlöser Gottes werden, wenn wir das arme, glückenterbte Volk und den verhöhnten Genius und die geschändete Schönheit wieder in ihre Würde einsetzen, wie unsere großen Meister gesagt und gesungen und wie wir es wollen, wir, die Jünger...«.

Derlei konnte Marx, wenn er es überhaupt aufmerksamer las, nur als Phantasterie, Utopismus und ästhetisierende Poeterie ansehen. Er hatte vom Künstler und Dichter nur eine ziemlich bescheidene, »dienstbare« Vorstellung und hat auch Heine, sosehr er seine Satirik schätzte, doch eher als einen Kauz betrachtet, dem man viel nachsehen muß. Keinem seiner Zeitgenossen hat er so generös Züge verziehen, die bei jedem anderen schwersten Tadel und rücksichtslose Verwerfung zur Folge gehabt hätten. Er ging über die religiöse Wandlung in Heines letzter Phase kurz hinweg und bedauerte ihn nur wegen seines langen Leidens und der Tatsache, daß er an seine Mathilde gekettet gewesen sei, das »Saumensch, das den poor Heine zu Tode gequält«. So in einem Brief an Engels beim Tode des Dichters, der auch noch die sonst nicht belegte böse Behauptung enthält, die Frau habe den Dichter am Tag nach seinem Tode alsbald mit ihrem Liebhaber betrogen: »Seine Leiche stand noch im Sterbehaus am Tage des Begräbnisses, als der Maquereau der Mathilde mit ihrer Engelsmiene schon vor der Tür stand und sie in der Tat abholte.« Er, Marx, habe das von Heines zeitweiligem Sekretär Richard Reinhardt erfahren.

Wir haben nur ganz wenige Zeugnisse über die Zeit des Zusammenseins in Paris und auch nur ganz wenige Briefe, in denen Marx übrigens nach seinem Fortgang aus Paris jedesmal höchst formgerecht die »Frau Gemahlin« bestens zu grüßen bittet. Im Hause Marx gab es aber eine gewisse Heine-Tradition, von der allerdings erst ganz spät und posthum durch die Tochter Eleanor an Karl Kautsky berichtet wurde. Danach solle Heine damals fast täglich zu Marx gekommen sein. Sie hätten zusammen seine eben geschriebenen Verse in stundenlangem Bemühen durchkorrigiert. Auch über die Anfeindungen und Kritiken seiner Gegner habe Heine bitter geklagt, oft sei er nahezu weinend zu Marx gekommen, der ihn dann an Frau Jenny verwies, die ihn beruhigte. Eine herzrührende häusliche Szene fehlt nicht: Die eben geborene Tochter Jenny sei von furchtbaren Krämpfen befallen worden, Marx und Frau standen hilflos vor dem Baby, erst Heine, der hinzukam, fand die Lösung: »ein warmes Bad!« Er selber bereitete es zu, und das Baby war gerettet.

Das resolute Zugreifen des Poeten, der sonst nicht eben durch Familientugenden bekannt ist, hat gerade wegen seiner Unwahrscheinlichkeit viel Plausibles. Das übrige ist Hörensagen; es war bekannt, daß Heine unendlich und unermüdlich an seinen Dichtungen feilte. Man wußte in der gesamten Emigration – und in Deutschland dazu –, wie äußerst empfindlich der Dichter gegen Kritik und Angriffe war, wie es nur natürlich ist bei einem Autor, der selber so unbarmherzig attackierte und nicht die kleinste Schwäche seiner Mitdichter unverwendet ließ. Heine hat denn auch sowohl Ruge wie

Marx sehr bewußt und erfolgreich für sich eingespannt, und zwar in der Kontroverse mit Börne.

Marx erbot sich zum Sekundantendienst gegen die »Börnianer«, und Ruge wurde von Heine selber gebeten, leibhaftig als Sekundant in einem Duell zu fungieren, das er mit dem Redakteur des »National«, Marrast, zu führen gedachte. Anlaß war eine Notiz, die das Blatt nach Erscheinen des »Wintermärchens« gebracht hatte und worin es hieß, Heine könne – als Spötter über die Republik und Verächter des Lamennais, der gerade als Idol der Fortschrittspartei galt – der Partei der Freiheit nicht mehr dienen. Die Sache wurde dann jedoch beigelegt, und Marrast meinte ärgerlich, etwa dreißig Frankfurter Juden, Anhänger Börnes, hätten ihn überlaufen, jene Notiz zu bringen. Nach einer Berichtigung im »National« verzichtete Heine auf den Waffengang.

Der Streit mit Börne blieb. Marx hat Heine noch nach seinem Weggang aus Paris angeboten, ihn beim Kampf gegen die Börne-Partei zu unterstützen, die gerade eine Publikation in dem schon jahrelang zurückliegenden Streit zwischen den beiden Hauptrepräsentanten der deutschen Emigration herausgebracht hatte. Dieser Streit ist eine höchst trübselige Affäre, aber sie ist hier zu erwähnen, denn sie hat Heines Ruf für lange Jahre empfindlichst beschädigt. Es war die cause célèbre der politischen Publizistik und hat auch eine gewisse ständige Bedeutung für die Frage des »Engagements«. Börne griff zuerst an und warf Heine Unentschiedenheit, Lauheit, im Grunde genommen Feigheit vor. Heine schlug zurück, und da er der unvergleichlich größere Fechter war, gab es tiefe Wunden. Fast die gesamte »Linke« jener Jahre stand jedoch entschieden auf seiten Börnes; man war allgemein der Ansicht, daß Heine sein großes Talent verschwende, anstatt es für die gute Sache des Fortschritts, der Revolution, des republikanischen Gedankens, den Börne so robust vertrat, nutzbar zu machen. Seine Unabhängigkeit zu wahren und sich nicht in den Streit der Parteien hineinziehen zu lassen, war wiederum für Heine eine Lebensfrage. Er hat sie bis zu seinem Tode verteidigt, erbittert, witzig, auch witzelnd, mit tiefstem Ernst und leichtester Hand.

Besonders übel hatte man es ihm genommen, daß er seine Schrift über Börne erst nach dessen Tode herausgab, wo der Angegriffene sich nicht mehr wehren konnte, und schließlich, daß er zum Überfluß noch die lebenslängliche Freundin Börnes, Jeanette Wohl, verheiratete Strauß, hineinzog, was ein Duell Heine–Strauß zur Folge hatte, das mit einer leichten Verwundung des Dichters endete. Nicht aber waren damit die Diskussion, der Federkrieg, die jahrelange Mißstimmung gegen Heine beendigt. Auch der junge Engels, der durch Börnes Beispiel und seine Schriften entscheidend beeinflußt worden war – »die Eiche Börne ist's, an dessen Ästen ich aufgeklommen« dichtete er –, fand Heines Buch »nichtswürdig« und brauchte eine geraume Zeit, es Heine zu verzeihen. Die reaktionären Kräfte wiederum konnten es nur begrüßen, daß die beiden unbestrittenen führenden Geister des Fortschritts sich so gegenseitig zu demolieren suchten.

Das Stichwort, das Börne ausgegeben hatte, lautete »Charakter«, und Charakterlosigkeit war der Vorwurf, den er Heine machte. Heine verwahrte sich, etwas lässig: »Charakter hat derjenige, der in den bestimmten Kreisen einer bestimmten Lebensanschauung lebt und waltet, sich gleichsam mit derselben identifiziert und nie in Widerspruch gerät mit seinem Denken und Fühlen. Bei ganz ausgezeichneten, über ihr Zeitalter hinausragenden Geistern kann daher die Menge nie wissen, ob sie Charakter haben oder nicht, denn die große Menge hat nie Weitblick genug, um die Kreise zu überschauen, innerhalb deren sich jene hohen Geister bewegen. Ja, indem die Menge nicht die Grenzen des Wollens und Dürfens jener hohen Geister kennt, kann es ihr leicht begegnen, in den Handlungen derselben weder Befugnis noch Notwendigkeit zu sehen, und die geistig Blöd- und Kurzsichtigen klagen dann über Willkür, Inkonsequenz, Charakterlosigkeit. Minder begabte Menschen, deren oberflächlichere und engere Lebensanschauung leichter ergründet und überschaut wird und die gleichsam ihr Lebensprogramm in populärer Sprache ein für alle Male auf öffentlichem Markte proklamiert haben. Diese kann das verehrungsvolle Publikum immer im Zusammenhang begreifen, es besitzt einen Maßstab für jede ihrer Handlungen, es freut sich dabei über seine eigne Intelligenz wie bei einer aufgelösten Charade und jubelt: ›Seht ein Charakter!‹« Unter den hohen Geistern war dabei vor allem Goethe gemeint, den Börne ja auch wegen Charakterlosigkeit in politischen Fragen verdammt hatte.

Heine war unzweifelhaft Aristokrat, freilich im anderen als dem politischen Sinne. Für Marx in seinem Verhältnis zu dem Dichter stellte sich die Charakterfrage gar nicht ernstlich. Engels hat einmal ganz deutlich Heine und Horaz als gleichermaßen fragwürdige Kandidaten in diesem Punkte bezeichnet. Verehrung und Würdigung ihrer Dichtergaben war etwas anderes.

Der Börne-Typ wird kaum je ganz zu entbehren sein, solange es Parteibetrieb gibt; man braucht ihn. Der Typ Heine wird kaum je der Gefahr entgehen, der Lauheit oder Unzuverlässigkeit beschuldigt zu werden; er läßt sich nicht gebrauchen. Er scheut, wie es bei Heine im Vorwort des »Wintermärchens« heißt, die Dienstbarkeit – jede Dienstbarkeit, sei es auch die in der besten Sache.

Paris

Jede Revolution, und sei es die in unseren Köpfen, will heute ihren Stammbaum, der erweist, daß man von guten Eltern ist, von Adel, wenn es auch ansonsten gilt, diesen abzuschaffen, und will bewiesen sehen, daß die Entwicklung sich in ununterbrochener gerader Linie vollzieht. Dahinter verbirgt sich ein Stück Rechtfertigung oder geistiger Heraldik; wie bei allen Stammbäumen ist die Reihe in Wirklichkeit häufig unterbrochen, die Abstammung fraglich und nur durch resolute Konstruktion zu verteidigen.

Weit über Marx und Engels hinaus hat man nun Vorläufer gesucht, entdeckt und sie auch publiziert; so den französischen Landpfarrer Jean Meslier, der sein Leben lang unangefochten die Messe las, doch auf dem Totenbette ein »Mémoire« hinterließ, das allerdings erstaunlich ist, schroff atheistisch, materialistisch, mit wilden Aufrufen zur Rebellion und Revolution gespickt: »Der Tag muß kommen, wo die Herren dieser Erde mit den Eingeweiden der Priester erwürgt werden.« Mesliers Haltung ist charakteristisch für die allgemeine Not und Erbitterung, die während der letzten, katastrophalen Periode der Herrschaft Ludwigs XIV. um sich griff, mit ihren endlosen brutalen Requisitionen, Streifzügen der Soldateska des Sonnenkönigs, den Mißernten und der Mißregierung des Herrn in Versailles. Meslier spricht, als Pastor, für seine Bauern, die selber nicht sprechen und schon gar nicht schreiben können. Es geht ihm um eine Art agrarischen Kommunismus, der sonst aber nicht weiter vorgestellt wird; es geht ihm um die Abrechnung mit der korrupten Aristokratie und der nicht weniger korrupten Kirche – auch Jesus ist für ihn nur ein Narr, ein Fanatiker, ein verächtliches Nichts. Voltaire hat das »Mémoire« gekannt, es umgeschrieben, dabei aber sehr verwässert. Lange Zeit war es eine Art Geheimtip, bis es in aller Ausführlichkeit publiziert wurde. In der Sowjetunion gilt Meslier als einer der großen französischen Autoren, und auch in seiner Heimat wird der Name eifrig zitiert. Marx und Engels kannten ihn allerdings nicht.

Der nächste dieser einsamen Vorläufer wäre Morelly, eine Generation später als Meslier, der 1729 starb. Von dessen Leben ist so gut wie nichts bekannt; man weiß nur, daß Babeuf, der letzte Radikale der Französischen Revolution, sich von seinen Ideen stark beeinflussen ließ. Ernst Moritz Arndt, der nicht nur vaterländische Gedichte schrieb, die ihn in die Schulbücher aufnahmen, hat sich für ihn kurz vor der Revolution 1848 stark interessiert und seinen »Code de la nature« ins Deutsche übersetzt. Für Morelly ist das Privateigentum die Erzkrankheit, die Schwindsucht. Zurück zur Natur und den naturgegebenen Zuständen, die schön übersichtlich geregelt waren und nun wiederhergestellt werden müßten, so lautet seine These.

Mably, wieder ein Abbé, im Dienste des Kardinals de Tencin stehend, beschäftigte sich, neben einem Verfassungsentwurf für Polen und der Verteidigung der absoluten Monarchie, mit ökonomischen Fragen in recht eigenwilliger Manier. Auch von ihm wird das Privateigentum scharf angegriffen und eine »kommunistische« Gesellschaftsordnung entworfen, die er in seinen Auseinandersetzungen mit den Physiokraten entwickelte. Die Bezeichnung »kommunistisch« mag hier gelten, wenn man darunter jede streng autoritäre Gesellschaftsordnung versteht, die mit dem Individuum und seinen materiellen Wünschen kurzen Prozeß zu machen bereit ist.

Zu erwähnen ist auch François Quesnay, Mitarbeiter an der Enzyklopädie und Leibarzt der Pompadour. Bei ihm fand Rousseaus »retour à la nature« eine ökonomische Entsprechung in seiner Forderung nach dem »laissez passer« im Wirtschaftsleben. Frei soll die Natur herrschen, »die Erde ist die einzige Quelle des Wohlstands«, Handel und Wandel von untergeordneter Bedeutung; entsprechend werden Zölle und Steuern als äußerst hinderlich für die freie Entfaltung des Austauschs und des Wettbewerbs eingestuft, der automatisch zu natürlichen Preisregulierungen führt. In seinem »Tableau économique« teilt er die Nation in drei Klassen von unterschiedlichem Nützlichkeitsgrad ein: die Grundbesitzer, die Landarbeiter als die »produktive« Klasse und die »classe stérile«, mit denen die Gewerbetreibenden gemeint sind. Marx kommentierte Quesnays Entwurf als einen »höchst genialen Einfall, unstreitig der genialste, dessen sich die politische Ökonomie bisher schuldig gemacht hat«. Diese ackerbaufreundlichen Gedanken der Physiokraten oder Ökonomisten wurden bald Mode in den Salons und erhitzten allgemein die Köpfe. »Gegen 1750«, so berichtete Voltaire, »wird die Nation der Verse, Tragödien, der Lustspiele ... überdrüssig und beginnt, über das Getreide zu räsonieren.«

Im übrigen wimmelte es von Modellen und Verfassern von Sandkastenspielen der Gesellschaftsordnung, wobei meist auf eine völlig imaginäre und bessere Urzeit oder Primitivzeit mit ländlichem Einschlag abgezielt wird, die ebenso natürlich ist wie das niedliche Bauerndorf der Marie-Antoinette oder das Spiel mit Schäfer und Schäferin früherer Zeiten

Weniger idyllisch sollte es schon bei Condorcet und seiner »sozialmathematischen« Vision zugehen, einer Staatstheorie, die er während der Französischen Revolution durchaus in der Praxis erproben wollte. Mathematiker und ebenfalls Mitarbeiter d'Alemberts an der Enzyklopädie, ist er in den Anfängen nach 1789 ein eifriger Mitgestalter, der immer für die radikalsten Anträge stimmt und selbst dem Mob auf den Galerien Zucker reicht. Ironie, Dialektik oder Schicksal, wie man es nennen will, auch er wird von der Blutmühle sehr bald erfaßt; sein großes hochoptimistisches Zukunftsschema muß in einem Versteck geschrieben werden, kurz danach begeht er Selbstmord. Die von ihm herangezogene Wahrscheinlichkeitsrechnung zur Neuordnung des Weltgebäudes und der menschlichen Beziehungen untereinander bescherte ihm selbst eine »unwahrscheinliche« Lösung. Ein Ende mit Schrecken nahm auch die Verschwörung der »Gleichen« des François Babeuf während des Direktoriums 1796. Sein »Manifest der Gleichen«, geprägt von strikt egalitären Prinzipien, sah vor: gleiche Möbel für alle, gleiche Kleidung für jedermann, für die Kinder gleiche Erziehung im Erziehungshaus; Kunst und Forschung sind auf ein allen verstehbares Maß zu beschränken, Städte werden abgeschafft, Geldbesitz unter Todesstrafe gestellt. Auf große Teile der Armee glaubte man sich bei dem Coup stützen zu können; mit einer gewissen Erleichterung konstatieren wir, daß aus dem Plan so schnell nichts wurde. Er wurde verraten und Babeuf exekutiert. Der entscheidende Punkt aber, warum die Verschwörung nicht gelingen konnte, war, daß Babeuf zu spät kam. Die Revolution war vorbei, das Bürgertum hatte triumphiert. Die Armee stand siegreich weit in anderen Ländern, und es gibt historisch kein Beispiel, daß eine siegreiche Armee sich für soziale Ideen einspannen läßt.

Die Aufklärung rückte nun in breiter Front vorwärts. Es ist kaum zu glauben, was seinerzeit alles in unzähligen Bänden gedruckt und offenbar auch gekauft wurde – allerdings von einem weitverstreuten europäischen Publikum, für das die französische Sprache selbstverständlich und die »französische Philosophie« führend war. Ich muß hier nicht noch Rousseau oder Diderot nennen; die sogenannten »Kleineren« sind vielfach besonders interessant, weil an ihnen die Gedanken deutlich hervortreten, die auch im Volke kursierten.

»Es wird sich zeigen, daß es sich nicht um einen großen Gedankenstrich zwischen Vergangenheit und Zukunft handelt, sondern um die Vollziehung der Gedanken der Vergangenheit. Es wird sich endlich zeigen, daß die Menschheit keine neue Arbeit beginnt, sondern mit Bewußtsein ihre alte Arbeit zustande bringt ... Dies ist eine Arbeit für die Welt und für uns. Sie kann nur das Werk vereinter Kräfte sein.« Das war die Meinung, mit der Marx nach Paris aufgebrochen war, auch wenn er später dann sich lieber auf sich selbst verließ.

Der Titel für die neuen Jahrbücher hatte schon lange festgestanden. Deutsch-französisch war die Devise, die von Feuerbach geforderte Allianz von deutschem Kopf und französischem Herzen, der Philosoph »gallo-germanischen Geblütes«; das ging so um in den kritischen jungen Köpfen Deutschlands. Bereit und willens, sich auf die grassierenden Ideen und Anschauungen der neuen Umgebung einzulassen, demonstrierte man dies mit dem Entschluß, die Theorie in praxi zu erproben. Eine »Phalanstère« à la Fourier wurde von den Ehepaaren Marx, Ruge und Mäurer, einem sozialistischen Schriftsteller und Führer des »Bundes der Gerechten«, in der rue

Vanneau gegründet. Binnen vierzehn Tagen wurde das Experiment schon abgebrochen, das Ehepaar Marx zog aus.

Die Mitarbeiter der »Deutsch-Französischen Jahrbücher« rekrutierten sich bisher aus dem bekannten Kreis um das »Literarische Comptoir«, wie Herwegh, Heß, Marx, Engels, Ruge. Einzig Heine wurde neu gewonnen. Was noch fehlte, waren die Franzosen, deren Mitwirkung unvorsichtigerweise in deutschen Blättern schon weithin angekündigt worden war. Keineswegs wurden die Deutschen von den französischen Sozialisten mit offenen Armen empfangen; die waren im Gegenteil abwehrend vor der Brust verschränkt. »Atheismus!« – damit wollte man nichts zu tun haben. Der Einwand schien abwegig, waren sie denn nicht selber Atheisten? Ja, aber in einem anderen Sinne, enzyklopädistisch wie Holbach, Diderot, Voltaire oder wie die Saint-Simonisten, die sich eine neue Religion geschaffen hatten. Und überhaupt wollte man sich nicht von den Deutschen belehren lassen, die man für mindestens um ein Jahrhundert zurückgeblieben hielt. Die Franzosen ihrerseits standen mit ihrer Kenntnis der deutschen Philosophie allenfalls bei Kant und den Idealisten, vermittelt durch Cousin und Frau von Staël.

Nun kamen hier zwei junge Leute, von denen nur Ruge durch seine Jahrbücher bekannt war. Ein Dr. Marx? Nicht einmal eine Broschüre lag von ihm vor. Wenn jemand sehr eifrig die deutschen Gazetten verfolgt hätte – aber das fiel niemandem ein –, wäre ihm vielleicht eine Nummer der kurzlebigen »Rheinischen Zeitung« in die Hände gefallen oder auch die Nachricht, daß die preußische Zensur wieder einmal ein Blatt verboten hatte. So aber sagten die Franzosen samt und sonders jede Mitwirkung ab.

Man lebte rasch in Paris; nicht nur in der Kleidermode, in der Paris unbestritten führend war, wechselten die Moden fast von Jahr zu Jahr. Ebenso stark aber, wenn auch für den flüchtigen Blick nicht so leicht erkennbar, waren die Konstanten im Volkscharakter und auch in den von Geographie und geschichtlichen Entwicklungen gegebenen Umständen, den Traditionen der Nation. Marx hat sich damit, so entschieden er die internationale Seite seiner Gedanken stets in der Theorie betonte, in der Praxis nur schwer abgefunden. Es fehlt nicht einmal an deutlichsten Worten der Abneigung, des Widerwillens, ja sogar an recht massiven Äußerungen des Zorns, die sehr deutschnationalistisch klingen, so gar keine sozialistischen Züge tragen.

Die Weltvokabel »Sozialismus« hatte Pierre Leroux geprägt, der einem modifizierten Saint-Simonismus verpflichtet war, in Schellingschen Dreiheiten dachte und auf der Basis der dreifachen Natur des Menschen – Empfindung, Gefühl, Erkenntnis – drei Stände gelten lassen wollte: Gewerbe, Kunst, Wissenschaft. In sogenannten »Werkstätten« sollte nun jeweils zu dritt an seinem reformerischen Fortschritt gezimmert werden. Cabet dagegen befand sich auf seiner »Reise nach Ikarien«, so der Titel des Romans, in dem er die sozialutopischen Ziele einer gewaltlosen, kommunistischen Siedlungsgemeinschaft ausmalte. Der Polizeispitzel Delahodde beschreibt Cabet als einen Pontifex mit blind ergebener Anhängerschaft, der seine Blitze gegen jeden schleudert, der »abweicht«. In Paris habe er einige hundert Kreaturen, aber auch Agenten in anderen Städten. »Meditiert wieder und wieder über meinen Schriften, rief der Pontifex, und ihr werdet den Weg des Heils gehen!« Eine solche Schrift war der »Kommunistische Katechismus«, der nachdrücklichen Einfluß auf die deutschen Handwerker in Paris ausübte. »Durch Cabet ... ist der Kommunismus ... aus den geheimen Verbindungen ... ins öffentliche Leben hineingetreten und hat sich an die Seite der sozialistischen Schulen hingestellt als eine selbständige Macht. Erst mit Cabet beginnt daher die öffentliche Laufbahn des Kommunismus«, berichtete Lorenz von Stein nach Preußen. Nach Niederwerfung der Julirevolution von 1848 zog Cabet mit vierundvierzig Getreuen in die Wüste von Texas, um der Utopie ein Stück Wirklichkeit abzuringen, das trotz Spaltung und Ausschluß Cabets aus der Gemeinschaft der Ikarier bis 1896 Bestand hatte.

»Ich glaube, der Knirps möchte jeden Kopf abschlagen lassen, der das vorgeschriebene Rekrutenmaß überragt, versteht sich, im Interesse des öffentlichen Heils, der allgemeinen Gleichheit, des sozialen Volksglücks.« So Heinrich Heine über die Notabilität der republikanischen Partei zu Paris, Louis Blanc, einem Bewunderer Robespierres. »Gleicher Lohn für alle! Jeder nach seinen Fähigkeiten, jedem nach seinen Bedürfnissen«, hatte Blanc in seiner Broschüre »Organisation du travail« 1840 formuliert und zur »Assoziation« in Sozialwerkstätten aufgerufen, in denen Arbeiter derselben Zunft zusammengeschlossen werden sollten. Die Konkurrenz und der Individualismus als Krebsschaden und Ursache der sozialen Mißstände könnten dadurch ausgemerzt werden, daß der Staat als »Bankier der Armen« diese Genossenschaften organisiert, finanziert und schützend seine Hand über sie hält, bis die »ateliers« stark genug wären, den freien Unternehmer und Kapitalisten mit dessen eigenen Waffen zu schlagen. Bei Heine klingt das dann so: »... er will daher im Staate allgemeine Küchengleichheit einführen, wo für uns alle dieselbe spartanische schwarze Suppe gekocht werden soll und, was noch schrecklicher, wo der Riese auch dieselbe Portion bekäme, deren sich Bruder Zwerg zu erfreuen hätte. Nein, dafür dank ich, ... Es ist wahr, wir sind alle Brüder, aber ich bin der große Bruder, und ihr seid die kleinen Brüder, und mir gebührt eine bedeutendere Portion ... Jedenfalls traue ich ihm eine große Zukunft zu ... Er ist ganz dazu gemacht, der große Mann der Kleinen zu sein...«

Der große Mann der Sozialisten und prominentester Kopf war aber zu jener Zeit Pierre Joseph Proudhon, dessen Name unweigerlich überall dort genannt wurde, wo man sich in erregten Debatten über neue Gesellschaftsformen erhitzte. Zum Diskutieren war auch er bereit, aber nicht zur Zusammenarbeit mit Marx und Ruge. Da schien ihm wohl ein deutsch-französischer Gegensatz vorhanden zu sein: Im frommen Deutschland konnte man nur über den Atheismus zum Kommunismus gelangen, im leichtlebigen Frankreich aber konnte man durchaus an die Abschaffung des Eigentums denken, ohne gleich auch Gott zu expropriieren, denn »jede Hypothese, die Gott und das ewige Leben verneint, ist widersprüchlich«.

So erschien das erste Heft der »Deutsch-Französischen Jahrbücher« ohne einen einzigen französischen Beitrag Ende Februar 1844 zu Paris. Zwei Aufsätze darin stammten aus der Feder von Karl Marx. »Zur Kritik der Hegelschen Rechtsphilosophie. Einleitung«, die weniger eine aufs neue geplante gründliche Auseinandersetzung mit Hegel einleitete als seine Entdeckung des Proletariats und die ihm zugewiesene Erlöserrolle im Heilsplan des Dr. Marx untermauern sollte. Im zweiten Artikel glaubte er, als Entgegnung auf Bruno Bauers Äußerungen zur »Judenfrage« etwas sagen zu müssen.

Zur Judenfrage

Jede Diskussion dieses Themas steht heute unweigerlich unter dem Zeichen der historischen Ereignisse der letzten Jahrzehnte, und zwar in zweierlei Beziehung: durch die Hitler-Zeit, der sogenannten »Endlösung« des Dritten Reiches, als die alles völlig in den Schatten stellende Gipfelung des Antisemitismus früherer Jahrhunderte, und zweitens durch die Schaffung des Staates Israel, mit all seinen weltpolitischen Folgen und Problemen. Man verwendet daher Begriffe wie »Antisemitismus« im Sinne des systematischen, staatlich geförderten, ja befohlenen Judenhasses bis zur Ausrottung. Es ist zu verstehen, daß Juden heute sehr viel empfindlicher als ehemals auf das alles reagieren, was uns gewissermaßen als »Vorspiel« zu diesen Entwicklungen erscheint. Für Marx und seine Zeit gelten andere Maßstäbe. Man kann sich freilich nur schwer davon freimachen, schon damals höchst unheilvolle »Vorzeichen« oder Frühstadien zu entdecken. Es ist uns heute sehr unbehaglich, Marx' vielfach bekundete Ansicht zu seiner Abstammung zur Kenntnis zu nehmen. Ich sehe aber keinen Grund, »weichmäulig« zu reden, wenn seine zahllosen hämischen und giftigen Ausdrücke über jüdische Autoren, Kampfgenossen, Kameraden oder Gegner zu verzeichnen sind. Einfach ignorieren und solche Dinge stillschweigend den Gesamtausgaben überlassen, das würde mir feige erscheinen; wir haben nichts unter den Teppich zu kehren.

Man könnte Marx' Meinung von dem bekannten Phänomen des jüdischen Selbsthasses ableiten; das aber wäre falsch und oberflächlich. Marx hat an Selbsthaß, ob jüdischem oder sonstigem, weniger gelitten als irgendein anderer bedeutender Mensch. Man kann ihm eher übertriebene Selbstgefälligkeit zuschreiben, er hat nie an sich auch nur im geringsten gezweifelt, nie auch nur die kleinste Kritik an sich geübt oder hingenommen und nie auch seine Abstammung von langen Rabbinerreihen bis weit hinein ins 16. Jahrhundert als eine Belastung empfunden; er hat sie einfach nicht erwähnt. In diesem Verschweigen seiner Herkunft hat man nun gerade die »Verdrängung« tiefer innerer Zweifel und Bedrängnisse gesehen. Auch das erscheint mir fraglich, zumal mit diesem Begriff immer etwas großzügig operiert wird. Außer Verdrängung, mit ihren Folgen der inneren Unsicherheit, des Unbehagens, geistiger Konstipation bis hin zu schwersten körperlichen Übeln, gibt es auch das Wegschieben, das Beiseitelassen unbequemer Gefühle. Besonders bei Tatmenschen wird dies oft bis zu einem Grade geübt, der die Psychologen etwas ratlos läßt. Jene Züge, die man gemeinhin als »menschlich« so schön unbestimmt zu bezeichnen liebt, bleiben da auf der Strecke. Der Tatmensch, der Revolutionär, am stärksten der Ideologe, kann sie nicht brauchen, er ist bereit, mit gutem, mit bestem Gewissen bereit, beliebige Opfer zu verlangen, die für seine gute Sache gebracht werden müssen. Gejammer darüber ist ihm »Liebessabbelei«, wie Marx es nennt.

Der Ausdruck »jüdischer Selbsthaß«, der für das Phänomen jüdischer Selbstbezichtigungen verwendet wird, ist ohnehin fragwürdig. Ganz und gar unzutreffend ist er für Marx. Er war von sich überzeugt bis zur Selbstvergottung und zum Messianismus, der nun bei ihm nicht auf das jüdische Volk bezogen, sondern auf das Proletariat übertragen wurde, das ihm als das von der »Geschichte« auserwählte Volk galt. Diese Deutung akzeptiere ich, aber sie führt bei Marx nicht zu innerer Unsicherheit und Zerrissenheit, wie manche vermuten, sondern eher zu größerer Sicherheit und Überzeugung, er habe ein für alle Male das »Welträtsel« gelöst. Im Jüdischen ist, wie Martin Buber als neuer Prophet verkündet hat, die messianische Zukunftsidee das wesentliche Element. Das wurde gehärtet – auch vielfach verhärtet – in den jahrhundertelangen Feuerproben, und nur durch das Festhalten an dieser Hoffnung war das Leben zu ertragen. Der Blick wurde von der Gegenwart, die kümmerlich, erbärmlich, nahezu aussichtslos war, auf das Absolute hin gerichtet, die Heilserwartung ins Unendliche, ins Unbedingte erhoben. Jede erreichte, jede auch nur erreichbare Lösung kann da nur vorläufig sein, unvollkommen, nur ein Vorstadium, ein Kompromiß womöglich. Hierin mag der tiefere Grund für die Unzufriedenheit und Unruhe jüdischer Marxisten liegen; sie sind immer auf dem Weg, ihre Suche gilt der reineren, der vollkommeneren Form des Marxismus. Dabei stoßen sie zunehmend mit den nichtjüdischen Marxisten zusammen, die denn auch immer mehr, wie bereits deutlich die Titelgebung ihrer Bewegung dokumentiert, sich Lenin verpflichtet fühlen, vorläufig noch in der Formel »Marxismus-Leninismus«, oder auch im »Maoismus« landen, bei dem die Bezeichnung, die auf

Marx Bezug nimmt, ganz fortbleibt. Und diese Entwicklung ist längst noch nicht abgeschlossen. Darüber ist nicht zu polemisieren, es ist ein geschichtlicher, dialektischer Vorgang, der bereits in Marx' System angelegt ist.

Das Judentum seiner Zeit reduzierte er schlicht auf Rothschild, um es vereinfacht auszudrücken, auf den Besitzjuden, den Geldjuden. Von der Idee einer jüdisch-nationalen Bindung, wie sie sich bei Moses Heß bereits andeutete, wollte er überhaupt nichts wissen. Den Gottesbegriff, der im Glauben der frommen Juden das Absolute, die unendliche Verheißung aller Entwicklung umfaßte, verwandelte er in den absoluten Begriff des Gott-Menschen, der die Nachfolge des einstigen Stammgottes angetreten habe. Jesaja hatte ja bereits verkündet: »Ich will einen neuen Himmel und eine neue Erde schaffen.« Marx will hier nicht zurückstehen, nur daß er den Himmel auf die Erde verlegt und die neue Erde sich in Form einer neuen Gesellschaft präsentiert. Dieser Glaube an seine gesellschaftspolitische Sendung hadert nun mit seiner aus der zeitgenössischen Entwicklung zu erklärenden Bindung an den Wissenschaftsbegriff. Glaube jeder Art ist nicht mehr nötig. Er ist sogar unerwünscht, völlig diskreditiert durch den Kirchenglauben oder, noch schlimmer, durch die Versuche Saint-Simons, Proudhons und sogar der Positivisten, einen »neuen Glauben« in Imitation der christlichen Kirche quasi hauseigen zu fabrizieren. Das erscheint Marx schmählich und lahm, die Zeit ist über solche Dinge hinweggeschritten. Der Sozialismus hat Wissenschaft zu sein, das heißt beweisbare, auf Tatsachen und Erfahrungen beruhende, durch die »Realität« begründete Forschung. Diese forscht nach der Wahrheit und findet sie mit ihren ureigensten Methoden, die in einer Theorie entwickelt werden, ganz so, wie jede Wissenschaft mit theoretisch festgefügten Methoden arbeiten muß. Zur Deutung der geschichtlichen Phänomene, die bis zur Entdeckung der »marxistischen Methode« in verwirrender Vielfalt und stets verwirrter Interpretation vorzufinden waren, entwirft sie eine eigene Theorie, den dialektischen Materialismus. Mit ihm wird die Weltgeschichte einfach, übersichtlich und folgenreich: Sie zielt unverkennbar auf den Sozialismus hin und kann erst in ihm, *muß* in ihm ihre Vollendung finden.

Das Problem der »Zeit« ist für Marx dabei, wie meist für den zeitlos denkenden Juden, unwichtig. Zornig belehrt er einmal seine

Genossen, die ungeduldig werden und zur Aktion drängen, es komme auf Jahrzehnte, selbst auf halbe Jahrhunderte nicht an. Die hören das nicht gern, wollen die Lösung noch erleben, erfahren aber, daß sie Marx sehr gelassen, grandios unbewegt abweist: Wenn ihr nicht warten könnt, dann gehört ihr nicht zu uns! Er hätte, wenn er nicht doch gewisse Vorsicht und Strategie zu bewahren gewußt hätte, auch sagen können: Und wenn noch einige Jahrhunderte darüber vergehen mögen, das ändert nichts an meiner Prognose und dem unwandelbar sich vollziehenden Gang der Entwicklung. Nicht immer war er so grandios; er prophezeite einmal auch die kommende Revolution für das nächste halbe Jahr. Doch das gehört zum Wesen des Propheten. Es kommt hier nicht darauf an, Marx nachzuweisen, daß er widerspruchsvoll war oder daß seine Prognosen oft übereilt oder überhaupt nicht zutreffend sein mochten. Es kommt auch nicht darauf an, nachzuweisen, wie sehr recht er in entscheidenden Punkten gehabt hat. Wenn man genügend Zeitspielraum läßt, trifft fast jede Prophezeiung irgendwann ein. Es ist gar nicht zu leugnen, daß Marx mit großem Scharfsinn Dinge vorausgesagt hat, die sich dann verwirklichten. Es kommt uns eher auf die Denkweise grundsätzlich an. Auch die alttestamentarischen Propheten irrten sich häufig, manche ständig, wenn man das unmittelbare Resultat ansieht. Oft war dann das Volk schuld und mußte für seine Unfolgsamkeit verdammt werden; auch an solchen Verdammungen hat Marx es nicht fehlen lassen. Unerschüttert davon blieb seine Überzeugung, daß die absolute Lösung in der Lehre, der Theorie, und auf sie kam es an, gefunden war. Dieses Bewußtsein hat ihn nicht einen Augenblick verlassen, trotz aller Enttäuschungen über das Ausbleiben unmittelbar wirkender Ereignisse, die seine Lehre bestätigen sollten.

Marx hat weniger als andere getaufte Juden zu Beginn des 19. Jahrhunderts unter Judenfeindschaft zu leiden gehabt. Zum mindesten hat er selber sich solchem Leiden – das beim Zeitgenossen Börne oder bei Heine eine ständige eiternde Wunde bildete – ganz entschieden verschlossen. Weder verschwendete er auch nur einen Gedanken an das Problem der Abkehr vom Glauben seiner rabbinischen Großväter, noch hat er überhaupt jüdisch-religiöse Fragen sonderlich ernst genommen. Wir hören nichts davon, daß er auf der Schule oder der Universität in irgend nennenswerter Weise etwas davon zu spüren bekommen hätte, als »getaufter Jude« geschmäht oder abschätzig beurteilt worden zu sein. Die Haltung des Kreises, in dem er seine Jugend in Trier verlebte, war aufgeklärt-humanistisch; der adlige Geheimrat von Westphalen war ihm ein väterlicher Freund, und Marx erfuhr die Genugtuung, daß dessen Tochter Jenny, die »Ballkönigin« von Trier, ihn als Mann wählte und auf das mutigste an ihm festhielt. Darauf war er sein Leben lang sehr stolz, und schon das mag ihn gegen übelwollende Blicke und Bemerkungen gefeit haben, die schwerlich ganz ausgeblieben sein können. Auf der Universität in Bonn wurde Marx ohne Schwierigkeiten Mitglied der Trierer Landsmannschaft, trank und randalierte mit den Genossen, wurde sogar ihr Vorsitzender gegen Ende dieser ausgelassenen Studikerzeit. In Berlin waren seine Freunde unter den Studenten fast durchweg Nichtjuden, und es tritt hier schon ein Zug zutage, der sich zunehmend verstärkte. Marx hat sich stets schärfer, unduldsamer und böser über jüdische Mitarbeiter und Konkurrenten als über andere ausgesprochen. Gefördert wurde er in dieser Haltung dadurch, daß er sich offenbar mit dem Judentum überhaupt nicht tiefer beschäftigt hat. Was eigentümlich daran sei, interessierte ihn nicht; er befaßte sich lediglich mit der ökonomischen Rolle der jüdischen Bourgeoisie. Die aber erschien ihm als ein Musterbeispiel der Situation des Kapitalismus. Auch von der Bibel hat er nur Bruchstücke von geradezu jammervoll dürftiger Kleinheit und Unbeträchtlichkeit zur Kenntnis genommen; und was er über Luther und die Reformation sagt, ist belanglos bis zum Kläglichen. Vom »Opium des Volks« hat Marx nie auch nur eine kleine Prise genommen. Der große Analytiker hat bei aller Scheidekunst, die er sonst wohl aufzubringen wußte, nicht einmal den Unterschied zwischen religiösem Denken, Empfinden und den verschiedenen Formen der Kirchenorganisationen in Betracht gezogen. Engels, Sohn eines sehr kirchenfrommen Vaters und Abkömmling Wuppertaler Pietisten, hat übrigens kaum weniger souverän diesen ganzen Bereich aus seinem Denken ausgeklammert. Aber ein ganz großer und entscheidender Bereich läßt sich nicht gut ignorieren und mit der Phrase vom »Opium des Volks« abtun, die durchaus ihre Berechtigung hat, wenn man sie für die in offiziellen Kreisen beliebte Wendung benutzt, daß »dem Volke die Religion erhalten werden muß«, wobei der aufgeklärte Sprecher sich selbst vorbehält, davon freigestellt zu sein. Die enorme Bedeutung beispielsweise der katholischen Bewegung mitsamt Kolping, dem Begründer der katholischen Gesellenvereine, der katholischen Presse, nicht zu reden von der beginnenden Zentrumspartei, blieb den Dioskuren schlicht Terra incognita. Von den religiösen Bindungen gerade der englischen Arbeiter und Gewerkschaftler, die sie ursprünglich als Stoßtrupp der sozialistischen Revolution ausersehen hatten, haben sie sich nicht irritieren lassen. Welche Rolle etwa der Katholizismus auch in der irischen Frage, die sie so hoffnungsvoll anpeilten, spielen würde, ist ihnen nie aufgegangen.

Eine Sonderlösung für die Juden erschien Marx schon im Ansatz unnötig und irreführend: Jüdischer Glaube war ebenso hinfällig und überholt wie der christliche oder irgendein anderer. Die bürgerliche Stellung der Juden gehörte in das Kapitel allgemeiner Emanzipation und Erringung von Rechten, die nicht nur für minderberechtigte Juden zu gelten hätten und im übrigen durch die Aufhebung aller Klassenunterschiede gegenstandslos werden müßten. So einfach und geradezu simpel sollte er gedacht haben? Es ließen sich sicherlich kompliziertere Deutungen versuchen, die ihre Reize haben könnten. Wir sehen dazu keinen Anlaß. Denn die Wirkung Marx' beruht zum großen Teil auf sehr schlichten Grundkonzeptionen, über denen sich freilich ein sehr kunstvoller Überbau erhebt, der nun bis heute die Geister in Atem hält. Das ist die Geschichte des Marxismus. Doch wir haben es hier mit Marx zu tun. Es ist gewiß kein Zufall, daß Marx sich nur in wenigen Momenten mit der Judenfrage ausdrücklich befaßt hat. Etwas ganz anderes ist – und wir beeilen uns, das ausdrücklich zu sagen – die spätere schicksalsvolle Entwicklung, die das Verhältnis zu den Juden in der Geschichte der großen marxistischen Bewegungen genommen hat. Das ist ein anderes Kapitel, und es ist noch nicht abgeschlossen, wie der andauernde Antisemitismus in den sozialistischen Staaten beweist.

Am ausführlichsten hat Marx sich in seinem Aufsatz »Zur Judenfrage«, der gegen den Exfreund Bauer gerichtet war, geäußert. Mit diesem werfen wir auch einen Blick auf die Situation und das Klima, in dem die Judenfrage damals debattiert wurde. Die Emanzipation, wie die allmähliche und möglichst verzögerte Gewährung von Bürgerrechten genannt wurde, war im Gange; sie galt bei allen Vorbehalten als »unvermeidlich« und wurde in der Tat vollzogen. Die ganze Vielfalt der Vorbehalte, zeitweiligen Rückschritte und widerwilligen Nachgiebigkeiten können wir hier nicht ausbreiten. Die offizielle Bewilligung von vollen Bürgerrechten, schon von der Französischen Revolution verkündet, in den preußischen Landen 1812 im Rahmen der Stein-Hardenbergschen Reformen angebahnt, dann nach den Napoleonischen Kriegen großenteils zurückgenommen, ist in Deutschland erst 1869 und, endgültig für das ganze Zweite Reich, 1872 in die Verfassung aufgenommen worden. Das sind nur Daten. Dazwischen liegen die Stadien des Ausschwärmens, des Einbruchs, wie die Gegner es nannten, in alle nur erdenklichen Gebiete des geistigen Lebens wie der Wirtschaft. Zu berücksichtigen ist, daß die emanzipierten Juden vom Anfang des 19. Jahrhunderts und seiner Mitte in der Tat glaubten, sie hätten sich völlig aus dem Judentum gelöst und »freigemacht«. Sie glaubten, emanzipiert zu sein, und wollten Assimilanten werden; daß dies am Ende scheitern würde, konnte damals nicht so leicht gesehen werden. Wir haben nur zu verzeichnen, daß so gut wie alle Juden jener Epoche, ob getaufte, atheistische oder mosaischen Bekenntnisses, die eine bedeutendere Rolle im sozialen und politischen Leben gespielt haben, Assimilanten waren, deren Palette reich an Farben ist. Sie geht vom Blutrot äußerster Linksrichtungen bis zum strengen Schwarzweiß eines Stahl; sie weist Musiker auf wie Mendelssohn, der ein Oratorium »Paulus« komponierte, den evangelischen Liederdichter Spitta sowie Berthold Auerbach, den Autor von Dorfgeschichten, bis zu ... ja bis zu welchen Gebieten eigentlich nicht? So gut wie alles ist vertreten, auf allen Gebieten; abgesehen vom Militär, wo man selbst getaufte Juden nicht haben wollte. Oder doch, denn Gambetta in Frankreich organisierte, besser als die versagenden bonapartistischen Generäle, den Widerstand gegen die Deutschen und bewerkstelligte den Aufbau neuer Armeen 1871.

Alle diese waren Assimilanten; nicht alle optierten so nachdrücklich aus dem Judentum heraus wie Marx. Daß man stolz zu sein habe auf seine jüdische Herkunft, war im 19. Jahrhundert keineswegs allgemeine Ansicht der Konvertierten. Diese Haltung ist auch erst im Gegensatz zum organisierten politischen Antisemitismus stärker geworden und auch, um der historischen Entwicklung ihr Recht zu geben, mit den unleugbaren großen Leistungen der Assimilanten, die jetzt im Rückblick einen so eindrucksvollen Katalog darstellen.

Der Ausbruch der so lange aufgestauten jüdischen Intelligenz, der mit Beginn der Emanzipation begann, ist ein einzigartiges Phänomen, denn bei keiner anderen Volksgruppe war so eine Jahrhunderte dauernde Unterdrückung aller kreativen Kräfte je zu verzeichnen gewesen. Andere Völker haben dahingedämmert oder – was ganz gesund sein kann – sich gründlich ausgeschlafen, ehe sie zu großen Leistungen und Entwicklungen erwachten. Die Juden schliefen nicht; sie waren stets hellwach gewesen, und zwar ausschließlich im Geistigen, im Religiösen. Das erzeugte eine explosive Mischung. Es waren nicht alles Talente ersten Ranges, aber immerhin doch so viele, die führend und bahnbrechend wurden, wie es bei keiner anderen Volksgruppe zu verzeichnen war. Sie hatten zu kämpfen, und sie kämpften überall, wo gefochten wurde; sie bekämpften sich auch gegenseitig sehr wacker. Nichts ist eigentlich wunderlicher und oberflächlicher als die weitverbreitete Vorstellung und Legende, daß eine Geheimverschwörung »des Judentums« untereinander bestanden haben solle, daß die Juden sich unweigerlich gegenseitig förderten, protegierten, hochlobten. Das taten sie gewiß nicht. Auch Heine hat sich bekanntlich keineswegs menagiert, wenn es andere Juden zu ironisieren galt, ob das nun Rothschild war, bei dem er gern und oft dinierte und von dem er sich ein schönes Paket Aktien schenken ließ, das er dann sehr töricht und gegen den Rat des Gebers an der Börse verspekulierte, oder Meyerbeer, der ebenfalls als Mäzen angenehm war, aber als Spottobjekt zu dankbar, um übergangen zu werden. Auf jeden Juden oder Exjuden, der sich hervortat, kamen sechs oder zehn, die ihn ingrimmig befehdeten und für ein Nichts erklärten. Marx macht davon keine rühmliche Ausnahme, weder darin, daß er von Juden bekämpft wurde, noch darin, daß er jüdische Genossen mit ausgesuchter Schärfe, um es wohlwollend auszudrücken, behandelte. Zum mindesten ließe sich sagen, daß es nicht gerade eine Empfehlung war, wenn jemand als Jude sich ihm nahte; eher das strikte Gegenteil. Die Juden, ob getauft oder nicht, stritten sich in aller Öffentlichkeit bis aufs Blut, rissen sich gegenseitig die Kleider vom Leibe, machten sich verächtlich, so gut sie nur konnten. Marx hat dabei nach Kräften mitgetan. Man könnte darin seine großartige Objektivität sehen: Es ging ihm eben um die Sache, nur um die Sache. Aber unverkennbar hielt er eben für seine Sache Juden als besonders ungeeignet. Nicht einen Augenblick ist ihm dabei zu Bewußtsein gekommen, daß dies auch für ihn gelten könnte. Höchst erstaunt wäre Marx aber gewesen, wenn man ihm das hätte verweisen wollen. »Ich habe damit nichts zu schaffen«, war sein Tenor, scharf und entschieden, als Bakunin und andere ihm später den Juden vorhielten. Er behielt sich vor, die schärfsten und unbarmherzigsten Dinge über die Juden und das Judentum zu sagen, ja im »Judaismus« und dem Schacherjudentum den Erbfeind und das Kapital zu sehen und zu bekämpfen.

Vom jüdischen Proletariat, vom jüdischen Handwerker wußte er nichts und wollte er nichts wissen. Den jüdischen Ritus, soweit er ihn überhaupt kannte, fand er lediglich »widerwärtig«; dies ausdrücklich gesagt bei einer Gelegenheit, wo er aus rein generell taktischen Gründen eine Eingabe rheinischer Juden unterstützte. Er hat nie mit einem bewußten Juden auch nur ein Gespräch geführt, wie Dialog überhaupt nicht seine Sache war. Wohl aber hat er sich im Austausch mit Engels in den geschmacklosesten Wendungen geäußert, wenn es sich um »Moische« Heß oder Lassalle handelte, den Baron Iitzig, Ephraim Gescheit, den kraushaarigen Nigger – und dies gesagt vom strubbelköpfigen Marx, der im eigenen Familienkreis den Spitznamen »Mohr« führte. Antisemit in dem Sinn, den das Wort in unseren Zeiten dann erhielt, war Marx nicht; doch schöner wird sein Verhalten damit nicht, und ich bin weit davon entfernt, es entschuldigen zu wollen. Vieles gehört in die Rubrik »Geschmacksfragen«, wie auch seine Schimpfsucht auf gute, treue Mitarbeiter und ergebene Helfer, wie etwa Liebknecht. Ich sehe keinen Grund und keine Möglichkeit, diese Züge auszulassen: Sie gehören zu seinem Wesen, zu seinem Leben. Sie haben auch nicht zuletzt dazu geführt, daß er sehr einsam war. Wie einsam im Grunde, trotz der Freundschaft mit Engels, können wir nur ahnen; alles, was dieses Verhältnis im nachhinein hätte beeinträchtigen können, ist sorgfältig vernichtet worden, vor allem die Korrespondenz des Ehepaares Marx miteinander und Teile des Briefwechsels mit Engels. Und nur im Hinblick auf diese Einsamkeit, die man als einen erheblichen Milderungsgrund ansehen mag, sind Marx' Haltung und seine Haltungslosigkeit in der Judenfrage einigermaßen zu verstehen, wenn auch, ich wiederhole, nicht zu entschuldigen.

In dem Pariser Aufsatz ist nie davon die Rede, daß eben die jüdische Religion mit ihrer Idee der absoluten Zukunft, die aller Realität der Vergangenheit und Gegenwart als das wahre und vollkommene Leben gegenübersteht, es war, die das einzigartige Phänomen ermöglichte, daß eine zur übrigen Welt relativ winzige Gemeinschaft sich über zweitausend Jahre hin eine tiefe Zusammengehörigkeit erhalten konnte. Und dies unter Bedingungen, die Marx in seinem anderen Beitrag »Zur Kritik der Hegelschen Rechtsphilosophie. Einleitung« für unmenschlich erklärt, einer Schrift, die dann das »Proletariat« als eine solche Gruppe deduziert, wo der Mensch »ein erniedrigtes, ein geknechtetes, ein verlassenes und verächtliches Wesen« ist. Die Juden kann er für diese These nicht gebrauchen. Er macht sie sogar für die Situation verantwortlich, in der das Proletariat sich befindet. Er läßt die Juden da stehen, wo er auf das Problem übergeht, das ihm nun im Proletariat die Klasse erscheinen läßt, an der »das Unrecht schlechthin verübt wird«, die »nicht mehr auf einen historischen, sondern nur noch auf den menschlichen Titel provozieren kann«.

Etwas überrascht sehen wir hier bei Marx einen Stand ins Spiel gebracht, der uns in seiner Herkunft an ein gymnasiales Zitat aus der römischen Geschichte gemahnen will. Proletarier waren im antiken Rom arme Bürger der untersten Klasse, die dem Staat nicht mit Geld und Steuern, sondern nur noch mit ihren Kindern dienen konnten. Keineswegs sollte sich hierin seine Bedeutung für Marx erschöpfen, denn im Gegenteil benutzte er ihn für eine vergleichsweise moderne Erscheinung, für den Fabrik- oder Industriearbeiter. Wie kam es, daß diese Gruppe nun plötzlich eine Schlüsselstellung in seiner politischen Philosophie einnehmen sollte? Nun, Marx lebte, als er diesen Artikel niederschrieb, schon ein Vierteljahr in Paris und hatte intensiven Kontakt zu führenden französischen Sozialisten und Arbeiterkreisen aufgenommen. Hier kursierte der Begriff des Proletariats seit längerem. Seine Schrift aber zielte auf Deutschland ab und auf die Änderung der dortigen politischen Verhältnisse, wo weder von einer bedeutenden Industrie, geschweige denn von einem nennenswerten Proletariat die Rede sein konnte. Das aber sollte Karl Marx nicht weiter irritieren. Er hat »sein Volk auserwählt«, und wenn es bisher nur in der Theorie vorhanden war, so liegt die Lösung eben in der Bildung einer solchen Klasse. »Für Deutschland ist die Kritik der Religion im wesentlichen beendigt... Die Kritik hat die imaginären Blumen an der Kette zerpflückt, nicht damit der Mensch die phantasielose, trostlose Kette trage, sondern damit er die Kette abwerfe und die lebendige Blume breche«, damit der Mensch »denke, handle, seine Wirklichkeit gestalte, wie ein ... zu Verstand gekommener Mensch«. Die »Heiligengestalt« der Religion ist vernichtet, und nun denkt man an die Entlarvung der »unheiligen Gestalten«, die diese Erde in ein Jammertal verwandelt haben. »Krieg den deutschen Zuständen!« Immerhin steht wenigstens die deutsche Philosophie mit dem politischen relativ fortgeschrittenen Niveau Englands und Frankreichs auf gleicher Höhe. »Die Deutschen haben in der Politik *gedacht*, was die anderen Völker *getan* haben ... der wirkliche Lebenskeim des deutschen Volkes (hat) bisher nur unter seinem Hirnschädel gewuchert.« Es wird hohe Zeit, daß der deutsche Philosoph seine Gedanken in die Wirklichkeit hineinspazieren läßt, mit seiner Kritik in der Praxis anhebt und den Umsturz einleitet. »Die Waffe der Kritik kann allerdings die Kritik der Waffen nicht ersetzen, die materielle Gewalt muß gestürzt werden durch materielle Gewalt, allein auch die Theorie wird zur materiellen Gewalt, sobald sie die Massen ergreift. Die Theorie ist fähig, die Massen zu ergreifen, sobald sie *ad hominem* demonstriert, und sie demonstriert *ad hominem*, sobald sie radikal wird. Radikal sein ist die Sache an der Wurzel fassen. Die Wurzel für den Menschen ist aber der Mensch selbst.« Hier haben wir es keineswegs mit dem ersten Fall eines Philosophen zu tun, der annimmt, daß seine Gedanken, da sie es doch mit Grundfragen der Menschheit zu tun haben, allen Menschen eigentümlich und daher auch zugänglich sein müßten. Die Praxis sieht meist anders aus. Hochbedeutsame Gedankengebäude haben oft lange gebraucht, bis sie auch nur einem kleinen Kreis bekannt oder lebendig wurden. Nicht alle freilich trauten es sich zu, die gesamte Welt zu ändern. Manche, wie gerade Epikur, der Held von Marx' Dissertation, wollten nur den einzelnen Menschen ändern oder, bescheidener gesagt, ihm eine andere Lebenshaltung als die übliche nahelegen, eine ehrgeizlose Haltung. Andere hatten ihre Mode, gerieten in Vergessenheit, wurden wieder aufgenommen oder starben gänzlich ab. Dies alles geschah und geschieht unabhängig von ihrem Wert oder Gehalt. Selten, eher kaum, kommt es zu dem sofortigen Kontakt des Denkers mit der »Masse«, wie Marx ihn sich erhoffte, als »Theorie und Praxis« in unmittelbarem Zusammenhang, mit einem Donnerschlag.

Schon Hölderlin hatte die Deutschen als »tatenarm und gedankenvoll« eingestuft – »oder kömmt, wie der Strahl aus dem Gewölke kömmt, aus Gedanken die Tat?«. Nun, wer aber sollte und wollte tätig werden? Die bisherigen Klassen der bürgerlichen Gesellschaft in Deutschland waren weder fähig noch willens, die allgemeine Emanzipation voranzutreiben, da ihnen schlicht das materielle Bedürfnis dazu abging. Kein Stand verfügte über den revolutionären Elan, der die Volksseele zu der trotzigen Parole entzünden konnte: »Ich bin nichts und müßte alles sein!«

»Wo also die positive Möglichkeit der deutschen Emanzipation? Antwort: In der Bildung einer Klasse mit radikalen Ketten ... welche einen universellen Charakter durch ihre universellen Leiden besitzt ... welche mit einem Wort der völlige Verlust des Menschen ist, also nur durch die völlige Wiedergewinnung des Menschen sich selbst gewinnen kann. Diese Auflösung der Gesellschaft als ein besonderer Stand ist das Proletariat.« Ein geistiger Salto mortale – was aber uns hier noch als Deus ex machina erscheinen will, wurde in der Folge bittere Wirklichkeit, zumindest was die Situation der anwachsenden Massen der Industriearbeiter betraf. In volltönendem Furioso beschließt Marx den Artikel: »Wie die Philosophie im Proletariat ihre materiellen, so findet das Proletariat in der Philosophie seine geistigen Waffen ... Die Emanzipation des Deutschen ist die Emanzipation des Menschen. Der Kopf dieser Emanzipation ist die Philosophie, ihr Herz das Proletariat.« Eine neue Allianz war geschlossen. Unverkennbar hat bei diesem mitreißenden Stück Polemik Heine in Stil und Inhalt Pate gestanden. Die Kürze der Schrift mag übrigens dazu beigetragen haben, daß häufig und gerne aus ihr zitiert wird. Im ganzen war dieser Aufsatz für das damals noch sehr bescheidene deutsche Publikum zu maßlos, daher auch totgeboren mit Nummer eins. So beschrieb der Verleger Börnstein in seinen »Memoiren eines Unbedeutenden« das Erscheinen des ersten und einzigen Heftes der »Deutsch-Französischen Jahrbücher«.

Börnstein hatte einen Monat zuvor schon den »Vorwärts« gestartet, ein Journal des gemäßigten Fortschritts. Als unermüdlicher Projekteschmied und Unternehmer hatte es ihm das englische Beispiel in Paris angetan: Es gab dort einc englische Zeitung, englische Hotels, die sehr lukrative Buchhandlung Galignani, die alle englischen Klassiker und Zeitgenossen gratis und in hübscher Aufmachung nachdruckte; dies alles für englische Besucher. Für die in Paris ansässigen Deutschen, Börnstein schätzte ihre Zahl auf 60000, gab es nichts dergleichen. Er sprach mit dem erfolgreichen Komponisten Meyerbeer über seinen Zeitungsplan, der dem Unternehmen mit gemischten Gefühlen begegnete. Er war jedoch generös, wenn auch meist unbedankt, weil man von einem Millionär doch immer noch sehr viel mehr erwartete. So gab er, als ihn der Ruf nach Berlin als Musikdirektor an das Opernhaus erreichte, Börnstein ein Kuvert als »Neujahrsgruß«, in dem sich 3000 Francs für das geplante Blatt fanden; besser noch, wie Meyerbeer wohlmeinend hinzufügte, wenn dieser das Geld für sich privat verwendete. Unverzüglich publizierte Börnstein am 1. Januar 1844 die erste Nummer des »Vorwärts«, der ein Jahr lang erschien, bevor er verboten wurde. Nicht ohne Stolz konnte Börnstein auf die Liga seiner Mitarbeiter blicken und hatte wohl recht, wenn er meinte, daß es kaum ein anderes Blatt gäbe, das solche Namen wie Arnold Ruge, Karl Marx, Heinrich Heine, Georg Herwegh, Bakunin, Georg Weerth, Friedrich Engels, Ewerbeck und Bürgers aufzuweisen hätte, besonders in Deutschland. »Man kann sich denken, daß diese Männer nicht nur sehr geistreich, sondern auch höchst radikal schrieben.« Bei den Redaktionsversammlungen ging es hoch her. Hart prallten die Meinungen in dem Raum aufeinander, den Bakunin im Büro Börnsteins bezogen hatte, karg möbliert, mit einem Feldbett, einem Koffer und einem Zinnbecher. Immer schärfer grenzten sich die radikalen Sozialisten und Kommunisten gegen die »humanistische« Richtung ab. »Marx kritisierte Ruges Arbeiten in schonungsloser Weise, Ruge und die Gemäßigten zogen sich immer mehr zurück, und der schroffe Radikalismus gewann die Oberhand«, so beurteilte Börnstein die Situation.

Die Ursachen des nun offen ausgetragenen Zwistes zwischen Marx und Ruge waren schon gleich nach Erscheinen der Jahrbücher zutage getreten. Das Echo aus Preußen hatte nicht lange auf sich warten lassen: Verbot für die Broschüre, Haftbefehle gegen Dr. Ruge, Dr. Marx und Dr. Heine wurden ausgefertigt. Buchhändlerisch schloß das Unternehmen mit Verlust ab, so daß Ruge nur wenig Lust verspürte, nachdem sich auch Fröbel aus Geldmangel von dem Geschäft hatte zurückziehen müssen, erneutes Risiko auf sich zu nehmen, was Marx durchaus forderte. Stärker fiel die wachsende

Unvereinbarkeit ihrer Anschauungen ins Gewicht, wobei sich Marx von der gemeinsamen Ausgangsbasis mit ihren reformerischen Absichten ein gutes Stück in Richtung eines radikalen Kommunismus entfernt hatte. Radikal war auch immer seine Abkehr von ehemaligen Freunden und Gesinnungsgenossen, und so klagte denn Ruge in einem Schreiben an Feuerbach, »ich habe große Verdrießlichkeiten von seinem wahrhaft abgeschmackten Haß gegen mich gehabt. Es scheint, er möchte das Verhältnis zu mir gerne bis auf die Erinnerung los sein, weil es ihn drückt, daß ich mich für ihn verwendet.« Als Leute von guter Gesellschaft sich mit Manier zu trennen, wie Ruge sich das vorstellte, war Marx nie gegeben. »Indes ist der Mensch bei alledem wenig, wenn er nichts als ein Schermesser ist«, soll Heine über ihn gesagt haben. Daß Marx aber seiner Umwelt nicht ausschließlich nur mit Schärfe begegnete, hat seine hier in Paris geschlossene lebenslängliche Freundschaft mit Engels gezeigt.

Entfremdung

In diesen anderthalb Jahren 1843/44 zu Paris hatte sich Marx endgültig seiner deutschen Heimat entfremdet. Das Wort Heimat mag hier allzu gefühlvoll klingen, aber es hat seine Bedeutung. Er hatte sich hartnäckig, bewußt und entschieden seiner Familie entfremdet; das war die erste Etappe seiner Loslösung von Bindungen. Er ließ nun hinter sich, was ihn noch an recht losen Fäden mit Deutschland verknüpfte; viel war es ohnehin nicht. Er suchte sich auch frei zu machen von der stärksten und nie ganz abgetanen Fessel: dem Denken im Stil Hegels – oder überhaupt der deutschen Philosophie, deren letztes Erlebnis für ihn Feuerbach gewesen war. Er hat von da ab eigentlich von keinem deutschen Autor, mit ganz seltenen, kaum wesentlichen Ausnahmen, Notiz genommen und selbst von Männern wie Mommsen oder Ranke nur spöttisch und am Rande gesprochen. Er las fast ausschließlich französische Autoren, sozialistische Projekteschmiede, er las die englischen Nationalökonomen, die schon damals fast als »Klassiker« galten, in französischer Übersetzung. Er besuchte, vorsichtig und mit Maßen, die Versammlungen der revolutionären Geheimbündler und machte da die Bekanntschaft französischer Arbeiter. Er hat dazu in den Manuskripten, von denen wir sogleich reden werden, eine der wenigen Äußerungen getan, die in warmen und fast feierlichen Worten von der Arbeiterklasse sprechen.

»Wenn die kommunistischen Handwerker sich vereinen, so gilt ihnen zunächst die Lehre, Propaganda etc. als Zweck. Aber zugleich eignen sie sich dadurch ein neues Bedürfnis, das Bedürfnis der Gesellschaft, an, und was als Mittel erscheint, ist zum Zweck geworden. Diese praktische Bewegung kann man in ihren glänzenden Resultaten anschauen, wenn man sozialistische französische Ouvriers vereinigt sieht. Rauchen, Trinken, Essen etc. sind nicht mehr da als Mittel der Verbindung oder als verbindendes Mittel. Die Gesellschaft, der Verein, die Unterhaltung, die wieder die Gesellschaft zum Zweck hat, reicht ihnen hin, die Brüderlichkeit der Menschen ist keine Phrase, sondern Wahrheit bei ihnen, und der Adel der Menschheit leuchtet uns aus den von der Arbeit verhärteten Gestalten entgegen.«

Vom Adel der Menschheit und von der Erniedrigung, die dem arbeitenden Menschen angetan wird, sollte in der umfangreichen Arbeit die Rede sein, die Marx in den Monaten April bis August 1844 in Paris zu Papier brachte. Das Manuskript hat eine seltsame Geschichte gehabt. Erhalten geblieben ist – wie oft bei Marx – nur ein fragmentarisches Konvolut. Das Manuskript wurde dazu noch so wenig sorgsam aufbewahrt, daß wesentliche Teile fehlen, ganze Kapitel, von denen wir nicht wissen, ob sie überhaupt je geschrieben wurden; der Text ist gelegentlich kaum leserlich oder mit Zusätzen versehen, von denen man nicht genau bestimmen kann, wo sie einzuordnen sind. Und das Ganze ist überhaupt erst im Jahre 1932 ans Licht gekommen; auch dann aber hat es noch eine gewisse Zeit gebraucht, während der die Weltgeschichte sich stürmisch genug voranbewegte, ehe diese »Pariser Manuskripte«, von den Herausgebern etwas kühl »Ökonomisch-philosophische Manuskripte aus dem Jahre 1844« betitelt, zu ganz überraschender Wirkung gelangten, bis sie von vielen als eines der wichtigsten, wenn nicht überhaupt als das wichtigste Werk des Meisters angesehen und kommentiert wurden. Streit erhob sich darüber. Enthusiasten wollten darin den »wahren Marx« oder eine ursprünglich »humanistische« Lehre erkennen; die Wahrer der inzwischen mächtig gewordenen Tradition und der weiterentwickelten Lehre sahen in solchen Deutungen nur Versuche der Abweichung vom rechten Wege oder »bürgerliche Manöver« und wollten in den Texten lediglich gewisse dunkle Vorahnungen anerkennen, die ein für alle Male vom »reifen Marx« überholt worden seien. Ungeachtet dieser Kontroverse halte ich die »Manuskripte« für ein kostbares Dokument, das sehr wesentlich zum Leben von Karl Marx gehört – und auch zu seinem Nachleben, das ja verschiedentlich durch große Pausen der Wirkung gekennzeichnet ist. Denn in keinem anderen Falle hat eine seiner Theorien so lange und kaum hörbar wie eine Zeitbombe getickt. Das Zauberwort nämlich, das nach beinahe hundert Jahren erst seine explosive Kraft erwies, hieß »Entfremdung«.

Das Konvolut enthielt Exzerpte und Studien aus Werken der englischen und französischen ökonomischen Autoren, ein Kapitel über Hegel und vieles, was später dann im »Kapital« ausgearbeitet wurde. Aber das aufregendste Kapitel behandelte »die entfremdete Arbeit«. Das Problem der Entfremdung hat sich inzwischen nahezu selbständig gemacht und eine ganze Literatur der »Alienation« erzeugt, ja nahezu einen eigenen Forschungszweig der Alienistik begründet. Und das zunehmende Gefühl der Entfremdung den Produkten der fortentwickelten Technik sowie den Lebens- und Arbeitsbedingungen gegenüber, die sie geschaffen hat, erzeugt heute Zweifel und Ängste, an die die Zeit, in der Marx lebte, noch nicht gedacht hat. Hier zeigt sich aber, wie in vielem, seine eigentümliche Größe und Begabung, Probleme vorauszuahnen, die sich damals erst in den Anfängen bemerkbar machten. Das 19. Jahrhundert, zumal in seinen ersten Jahrzehnten, war eine ungemein optimistische Epoche, die an unbeschränkten Fortschritt glaubte. Jedes Jahr brachte neue umwälzende Verfahren, neue Industriezweige, Verkehrsmittel, neue Forschungszweige. Auch Marx nahm, was die technischen Möglichkeiten anging, an diesem Optimismus teil. Auch er war überzeugt, daß der uralte Fluch der Menschheit, sich im Schweiße ihres Angesichts ihr Brot verdienen zu müssen, behoben werden könnte, wenn eine bessere oder vielmehr die einzig gerechte Neuordnung der sozialen Verhältnisse gegeben wäre. Er notierte sich aus einem der französischen hochgemuten Autoren die Berechnung, daß ein Fünfstundentag vollauf genügen würde, alle

Bedürfnisse zu decken – während erbitternderweise die übliche Arbeitszeit zwölf, vierzehn oder mehr Stunden betrug, und dies unter denkbar empörenden physischen Bedingungen und Hungerlöhnen, noch dazu mit weitgehender Ausnutzung von Frauen- und Kinderarbeit. Die besseren Bedingungen konnten nicht *gegeben*, sie mußten *genommen* werden, denn die herrschenden Mächte, von Marx schon in die einfache anonyme Instanz »Das Kapital« zusammengefaßt, würden schwerlich auch nur einen Zollbreit Boden aufgeben. Marx glaubte keineswegs an Reformen und Linderungsmittel. Er sah den nun notwendigen Prozeß als geschichtlich unaufhaltsam und vorgeschrieben an. Nach der Dialektik seines Meisters Hegel, dessen Denkschema für die Weltentwicklung er in vollem Umfang akzeptierte, wenn er es auch, wie er meinte, umkehrte und somit erst »auf die Füße stellte«, war die bisher letzte Entwicklung schon unverkennbar so weit gediehen, daß sie in ihrem Schoße die Gegenentwicklung trug. Der Umschlag mußte notwendig und bald erfolgen; keinerlei philanthropische Palliativmittelchen konnten ihn aufhalten. Denn gerade durch seine Fortschritte hatte der Kapitalismus dafür gesorgt, daß sich der neue vierte Stand, das Proletariat, heranbildete und ständig vermehrte. Der würde die neue Epoche herbeiführen, und das Mittel dazu würde die Revolution sein. Das 19. Jahrhundert war unter anderem auch ganz außerordentlich revolutionsgläubig.

Die große Französische Revolution von 1789 war noch eine lebendige Tradition, das Wort Revolution war in Paris Tagesmünze. Die sehr kurzlebige Revolution von 1830 hatte keineswegs Ernüchterung hinterlassen, vielmehr eher das Gefühl, daß es doch recht einfach sei und nur einiger Barrikaden und Straßenkämpfe von ein, zwei Tagen bedurfte, um die Macht zu erobern. Nur Unentschlossenheit und Verräterei, so glaubten viele, hatten damals die Sache zuschanden werden lassen; das würde sich leicht beim nächsten Male vermeiden lassen. Auch über die nicht ganz leichte Frage, was nach dem Barrikadensieg dann zu tun wäre, gingen recht simple Vorstellungen um. Einer der Autoren mit einem Wunschbild für eine neue Welt, Dézamy, versicherte, daß für die Verwaltung seines weitgehend vereinfachten Zukunftsstaates ein Buchhalter und ein Hauptbuch vollauf genügen würden.

So einfach machte es Karl Marx sich nicht. Er machte es sich im

Gegenteil sehr schwer. Als deutscher Philosoph ging er bis an die ersten Ursprünge zurück, schuf sich erst einmal die Grundlagen für eine eigene Theorie der geschichtlichen Entwicklung, die dann die »materialistische Geschichtsauffassung« genannt werden sollte. Er schuf sich seine eigene Psychologie der menschlichen Arbeit. Er beließ es nicht bei der auch von anderen in mannigfachen Formen propagierten Aufhebung des Privateigentums als des Hindernisses und Schädlings für die menschliche Entwicklung. So notierte er: »Der Kommunismus als *positive* Aufhebung des *Privateigentums* als *menschlicher Selbstentfremdung* und darum als *wirkliche Aneignung* des *menschlichen* Wesens durch und für den Menschen; darum als vollständige, bewußt und innerhalb des ganzen Reichtums der bisherigen Entwicklung gewordene Rückkehr des Menschen für sich als eines *gesellschaftlichen*, d. h. menschlichen Menschen. Dieser Kommunismus ist als vollendeter Naturalismus – Humanismus, als vollendeter Humanismus = Naturalismus. Er ist die *wahrhafte* Auflösung des Widerstreits zwischen dem Menschen mit der Natur und mit dem Menschen, die wahre Auflösung des Streits zwischen Existenz und Wesen, zwischen Vergegenständlichung und Selbstbetätigung, zwischen Freiheit und Notwendigkeit, zwischen Individuum und Gattung. Er ist das aufgelöste Rätsel der Geschichte und weiß sich als diese Lösung.«

Marx war erst seit einem halben Jahr Kommunist, als er das schrieb. Er war überhaupt erst im Begriff, ein Kommunist zu werden. Und was sich sonst in verschiedensten Abwandlungen mit dem noch neuen Namen bezeichnete, waren für ihn gänzlich ungenügende, vage oder auch schädliche Phantasien, Utopien, bestenfalls noch sehr der Belehrung bedürftige kleine Gruppen von revolutionären Arbeitern, Handwerkern oder in Not geratenen Kleinbürgern.

Das Wort – und nicht nur das Wort – Entfremdung entnahm er Hegel, und bei Marx bleibt durchaus die Denkstruktur der Hegelschen Dialektik erhalten; er gibt lediglich dem letzten Glied eine andere Bezeichnung und Bedeutung. Bei Hegel ist der Geist das Endglied (und der Anfang), der Geist kämpft sich hier durch die »Entfremdung« hindurch bis zur Synthese als absolut seiner selbst bewußter Geist und kehrt damit »heim« nach langer und mühseliger Pilgerfahrt. Bei Marx ist dies jedoch nicht der Geist, sondern der Mensch; daher seine Bezeichnung Humanismus für seine Theorie.

Er stimmt aber überein mit Hegel in der Dialektik des Prozesses der Menschwerdung, wobei die »Negativität« das bewegende und erzeugende Prinzip ist. Das Große an Hegel, so meint er in diesem Zusammenhang, »ist also einmal, daß Hegel die Selbsterzeugung des Menschen als einen Prozeß faßt, die Vergegenständlichung als Entgegenständlichung, als Entäußerung und als Aufhebung dieser Entäußerung; daß er also das Wesen der *Arbeit* faßt und den gegenständlichen Menschen, wahren weil wirklichen Menschen als Resultat seiner *eignen Arbeit* begreift. Das *wirkliche*, *tätige* Verhalten des Menschen zu sich als Gattungswesen oder die Betätigung seiner als eines wirklichen Gattungswesens, d. h. als menschlichen Wesens, ist nur möglich dadurch, daß er wirklich alle seine *Gattungskräfte* – was wieder nur durch das Gesamtwirken der Menschen möglich ist, nur als Resultat der Geschichte – herausschafft, sich zu ihnen als Gegenständen verhält, was zunächst wieder nur in der Form der Entfremdung möglich ist.«

Man kann zweifeln, ob die französischen Ouvriers, mit denen Dr. Marx sich unterhielt, diesen hegelianischen Gedankengängen so recht folgen konnten, zumal die Übersetzung des von Marx benutzten Vokabulars ins Französische die Sache nicht einfacher machte. Wir sehen auch, daß Marx parallel zu dem Terminus »Entfremdung« den der »Entäußerung« benutzt; er verwendet auch das Verb »entmenschen« und, ganz folgerichtig im Rahmen dieser Negationen, noch »entwesen«. Wir müssen dabei anmerken, daß nur im Deutschen all diese Wörter ihren vollen Klang haben; sie verlieren bei der Übertragung in andere Sprachen. Schon das Wort Entfremdung hat ja noch den mitklingenden Oberton, daß »Fremde« im älteren deutschen Sprachgebrauch gleichbedeutend mit »Elend« ist. Und der Gegensatz in Hegels Synthese »heimkehren« hat ebenfalls seine Gemütswerte und wird denn auch im strengeren philosophischen Satz abstrakter »bei sich sein« genannt.

Marx hat es jedoch vermieden, den Zustand, von dem der Mensch entfremdet wird, genauer zu beschreiben, obwohl er bis zu den Uranfängen des Menschwerdungsprozesses zurückgeht. Er hat später erst mit dem Gedanken einer kommunistischen Urgesellschaft experimentiert, und zu eingehender Beschäftigung mit der Ur- und Vorgeschichte ist er erst gegen Ende seines Lebens in seinen Exzerptheften gelangt, ohne dort zu einer Lösung zu kommen.

Das schwere deutsch-philosophische Gepäck, mit dem er marschiert, hindert ihn aber nicht, vorzustoßen zur Gegenwart. Er zieht aus seiner eben abgeschlossenen Lektüre der Nationalökonomen die Konsequenz, daß Entfremdung für den Arbeiter der entscheidende Faktor ist, der sein Verhältnis zur Arbeit und zum Leben bestimmt. Und da spricht er nicht mit der hegelianisch schweren Zunge, sondern als revolutionärer Agitator und Verkünder einer neuen Botschaft. »Wir sind ausgegangen von den Voraussetzungen der Nationalökonomie. Wir haben ihre Sprache und ihre Gesetze akzeptiert.« Und so, mit deren eigenen Worten, »haben wir gezeigt, daß der Arbeiter zur Ware und zur elendesten Ware herabsinkt, daß das Elend des Arbeiters im umgekehrten Verhältnis zur Macht und Größe seiner Produktion steht, daß das notwendige Resultat der Konkurrenz die Akkumulation des Kapitals in wenigen Händen, also die fürchterlichere Wiederherstellung des Monopols ist, daß endlich der Unterschied von Kapitalist und Grundrentner wie von Ackerbauer und Manufakturarbeiter verschwindet und die ganze Gesellschaft in die beiden Klassen der *Eigentümer* und eigentumslosen Arbeiter zerfallen muß«.

Soweit die vorliegenden Nationalökonomen. Sie gehen aus vom Faktum des Privateigentums und fassen den materiellen Prozeß des Privateigentums, den es in der Wirklichkeit durchmacht, in allgemeine, abstrakte Formeln, die ihnen dann als *Gesetze* gelten. Sie begreifen aber diese Gesetze nicht. Sie erklären nur aus äußeren Umständen und Zufällen. »Die einzigen Räder, die der Nationalökonom in Bewegung setzt, sind die *Habsucht* und der Krieg unter den Habsüchtigen, die *Konkurrenz.*« Wir, Dr. Karl Marx, gehen nicht von einem nur erdichteten Urzustand aus.

»Wir gehen von einem nationalökonomischen, *gegenwärtigen* Faktum aus.

Der Arbeiter wird um so ärmer, je mehr Reichtum er produziert, je mehr seine Produktion an Macht und Umfang zunimmt. Der Arbeiter wird eine um so wohlfeilere Ware, je mehr Waren er schafft. Mit der *Verwertung* der Sachenwelt nimmt die *Entwertung* der Menschenwelt in direktem Verhältnis zu. Die Arbeit produziert nicht nur Waren; sie produziert sich selbst und den Arbeiter als eine *Ware*, und zwar in dem Verhältnis, in welchem sie überhaupt Waren produziert.

Dies Faktum drückt weiter nichts aus als: Der Gegenstand, den die Arbeit produziert, ihr Produkt, tritt ihr als ein fremdes *Wesen*, als eine *von dem Produzenten unabhängige Macht* gegenüber.«

Auch hier erscheint der Begriff als eine Art Personifizierung, ein Wesen, das uns gegenübertritt, feindlich und fremd: »Der Arbeiter legt sein Leben in den Gegenstand, aber nun gehört es nicht mehr ihm, sondern dem Gegenstand. Je größer also diese Tätigkeit, um so gegenstandsloser ist der Arbeiter. Was das Produkt seiner Arbeit ist, ist er nicht. Je größer dieses Produkt, um so weniger ist er selbst. Die *Entäußerung* des Arbeiters in seinem Produkt hat die Bedeutung nicht nur, daß seine Arbeit zu einem Gegenstand, zu einer *äußeren* Existenz wird, sondern daß sie *außer ihm* unabhängig, fremd von ihm existiert und eine selbständige Macht ihm gegenüber wird ...«

Das wird in grimmigen Antithesen nochmals ausgeführt, mit dem Vorwurf, daß die Nationalökonomie das *unmittelbare* Verhältnis zwischen dem Arbeiter (der Arbeit) und der Produktion und die Entfremdung verbirgt. »Allerdings: die Arbeit produziert Wunderwerke für die Reichen, aber sie produziert Entblößung für den Arbeiter. Sie produziert Paläste, aber Höhlen für den Arbeiter. Sie produziert Schönheit, aber Verkrüppelung für den Arbeiter. Sie ersetzt die Arbeit durch Maschinen, aber sie wirft einen Teil der Arbeiter zu einer barbarischen Arbeit zurück und macht den andren Teil zur Maschine. Sie produziert Geist, aber sie produziert Blödsinn, Kretinismus für den Arbeiter.« Die letzte Steigerung ist nicht ganz klar, aber sie mag im Schwung der Anklage mitgehen.

Damit aber ist das Phänomen der Entfremdung noch nicht genügend erklärt. Es muß bis in den Akt der Produktion selber hinein verfolgt werden. Worin besteht die Entäußerung der Arbeit?

»Erstens, daß die Arbeit dem Arbeiter *äußerlich* ist, d. h. nicht zu seinem Wesen gehört, daß er sich daher in seiner Arbeit nicht bejaht, sondern verneint, nicht wohl, sondern unglücklich fühlt, keine freie physische und geistige Energie entwickelt, sondern seine Physis abkasteit und seinen Geist ruiniert ... Seine Arbeit ist daher nicht freiwillig, sondern gezwungen, *Zwangsarbeit*.« Sie gehört nicht ihm, sondern einem andern. Er selber gehört damit nicht sich, sondern dem andern, »sie ist der Verlust seiner selbst«.

Auch damit ist die Anklage noch nicht abgeschlossen. Der Mensch ist – ein Terminus, den Marx Feuerbach entnimmt – ein

Gattungswesen. Die entfremdete Arbeit entreißt ihm nun auch sein Gattungsleben, sie entfremdet den Menschen vom Menschen.

Für die gesamte verhängnisvolle Entwicklung, die nicht erst mit dem Kapitalismus und auch nicht mit den Frühstadien des Eigentums beginnt, macht Dr. Marx die Teilung der Arbeit verantwortlich, die dann allerdings durch die Geldwirtschaft in die Höhe getrieben wird. Er greift, wie überhaupt bei dieser Jugendarbeit, bis zu den Urgründen zurück und läßt die Arbeitsteilung bereits beim Geschlechtsakt mit der Teilung zwischen Mann und Weib beginnen; die Teilung setzt sich dann fort in der Familie. Der eigentlich anklagende, polemische Teil seiner Skizzen befaßt sich aber mit der Gegenwart, sogar der jüngsten Entwicklung des Fabrikwesens, und fast ist die Schrift ein Essay über die Entfremdung in der Textilindustrie, von der er durch Engels' Erfahrungen in Manchester Näheres gehört hatte. Daneben oder dahinter steht jedoch für Marx das Problem der Arbeit schlechthin – und nicht zuletzt, wenn auch unbewußt, das Problem des Arbeitens des Karl Marx. Denn das Wunschbild der Nichtentfremdung, das er unter dem Namen des Kommunismus entwirft, entspricht durchaus seinen eigenen Wünschen: Freiheit von jedem Zwang und volle Ausbildung aller Anlagen, ja Steigerung zu einem Zustand, wo bisher noch gar nicht entwickelte neue Anlagen sich entfalten können.

Marx hat sein Leben lang viel und machtvoll gearbeitet, die Nächte hindurch bis zum Morgen. Er hat ebenso immer wieder seine wichtigsten Arbeiten liegen gelassen, zuletzt noch sein Hauptwerk »Das Kapital«. Er hat nicht nur den Zwang irgendwelcher Berufsarbeit gehaßt und grundsätzlich vermieden, selbst wenn er in größter Not war und die Ehe mit seiner geliebten Jenny darüber zu scheitern drohte. Er hat ebenso die Arbeit an seinen ureigensten Gedanken gehaßt und sich oft genug darüber geäußert. Er hat auch ganz unbefangen gemeint, und dies über grundsätzlich wichtige Kapitel des nie vollendeten Lebenswerkes: »Die Sache beginnt mich zu langweilen.« Die vielen Exzerpte, Studienhefte und ganzen Ballen mit bloßen Abschriften aus Quellenwerken und Lehrbüchern sind nicht nur, wie man gemeint hat, ein Ausweichen vor dem »Hauptgeschäft« oder, wie auch interpretiert worden ist, eine Unsicherheit und ein Unvermögen, die gewünschte Lösung zu finden. Marx wollte vor allem und auf jeden Fall kein Spezialist sein. Das Problem der Arbeitsteilung und der Beschränkung auf ein »Fach« hatte für ihn sehr direkte Bedeutung. Er war Philosoph, er befaßte sich in seiner Dissertation mit klassischer Philologie, er trieb dann Nationalökonomie, er war Redakteur einer Zeitung. Er schrieb, sehr widerwillig und die Arbeit möglichst Engels überlassend, für die »New York Herald Tribune« und noch einige andere Blätter. Er ging, wenn er an Furunkeln oder anderen Krankheiten litt, ins Britische Museum, las die einschlägige Literatur und fand alsbald, daß die Ärzte doch Esel seien und nichts verständen. Er trieb jahrelang mathematische Forschungen und hielt sich zweifellos auch für einen Mathematiker, obwohl Engels, als er die nachgelassenen Manuskripte des »Kapitals« bearbeitete, klagte, daß die Berechnungen in den Manuskripten doch immer wieder nicht stimmten. Er hat als Student daran gedacht, Theaterkritiker zu werden, und später mit dem Gedanken geliebäugelt, ein Buch über Balzac zu schreiben; die Liste ließe sich verlängern. Wir wollen ihm nicht mit dem Zeigefinger des Pedanten ein »unerledigtes Pensum« zuweisen, können aber auch nicht gut in Bewunderung erstarren, wenn er ein Lehrbuch der Geologie abschreibt und seitenweise jede Zeile mit dem Lineal unterstreicht. Wir beschreiben ihn, und dabei handelt es sich um eine Kardinalfrage seiner Lehre: Wie soll die verhängnisvolle Entfremdung, die Schande des Zeitalters, der Fluch der vom Geldwesen geplagten Menschheit, überwunden werden? Wie denkt er sich den Kommunismus in seiner ja nun doch wohl »idealen« Form?

Das Wort »ideal« war für ihn gegenstandslos; er wollte seine Gedankengänge als »streng empirisch« aufgefaßt sehen. Die Geschichte, die geschichtliche Wirklichkeit sollte die entscheidende Instanz sein, nicht irgendwelche von zeitgebundenen und zwangsläufig beschränkten Menschen erdachten Schemata. Utopie war für ihn ein herabsetzender Begriff, und Utopisten nannte er alle Zeitgenossen, die ein genaueres Bild des Zukunftsstaates oder der künftigen Gemeinschaft entwarfen. Er selber hat es im allgemeinen strikt vermieden, sich detaillierter darüber zu äußern, wie der Kommunismus aussehen sollte. Er hat nur Forderungen aufgestellt und Möglichkeiten verkündet, und er hoffte auf den neuen und besseren Menschen. Erst nach Aufhebung des Privateigentums ist die Bildung einer neuen Gesellschaft möglich. Selbst die Sinne des neuen Menschen sind, so dichtet er, *andere* Sinne als die des ungesellschaftlichen Menschen.

»Erst durch den gegenständlich entfalteten Reichtum des menschlichen Wesens wird der Reichtum der subjektiven *menschlichen* Sinnlichkeit, wird ein musikalisches Ohr, ein Auge für die Schönheit der Form, kurz, werden erst menschlicher Genüsse fähige *Sinne*, welche als menschliche Wesenskräfte sich bestätigen, teils erst ausgebildet, teils erst erzeugt. Denn nicht nur die 5 Sinne, sondern auch die sogenannten geistigen Sinne, die praktischen Sinne (Wille, Liebe etc.), mit einem Worte der *menschliche* Sinn, die Menschlichkeit der Sinne wird erst durch das Dasein *seines* Gegenstandes, durch die *vermenschlichte* Natur. Die *Bildung* der 5 Sinne ist eine Arbeit der ganzen bisherigen Weltgeschichte.«

Damit wird immerhin, wenn auch nur etwas vage, großzügig mit einbezogen, was die bisherigen Jahrhunderte schon zur Kultur beigetragen haben mögen. Dieser neue Mensch soll ein »all- und tiefsinniger« Mensch sein. »Die Aufhebung des Privateigentums ist daher die vollständige Emanzipation aller menschlichen Sinne und Eigenschaften.«

Die Fragen, die sich dann ergeben, sind Sache des neuen Zeitalters, zu dem die bisherige Geschichte nur Vorgeschichte war. Es soll daher nicht darüber polemisiert oder diskutiert werden, zumal bei Marx jede nähere Darstellung fehlt, wie die Emanzipation sich auswirkt. Nur in einer Stelle der »Deutschen Ideologie« – wie bereits in den Ausführungen zu Fourier angedeutet –, in der er noch einmal die Arbeitsteilung und ihre Aufhebung als wichtigsten Faktor bei der Schaffung des Kommunismus behandelt, hat er auf entwaffnende Weise seine Wünsche ausgesprochen, bezeichnenderweise in Antithese zum arbeitsteiligen Zustand: »Während in der kommunistischen Gesellschaft, wo jeder nicht einen ausschließlichen Kreis der Tätigkeit hat, sondern sich in jedem beliebigen Zweige ausbilden kann, die Gesellschaft die allgemeine Produktion regelt und mir eben dadurch möglich macht, heute dies, morgen jenes zu tun, morgens zu jagen, nachmittags zu fischen, abends Viehzucht zu treiben, nach dem Essen zu kritisieren, wie ich gerade Lust habe, ohne je Jäger, Fischer, Hirt oder Kritiker zu werden. Dieses Sichfestsetzen der sozialen Tätigkeit, diese Konsolidation unseres eignen Produkts zu einer sachlichen Gewalt über uns, die unsrer Kontrolle entwächst, unsre Erwartungen durchkreuzt, unsre Berechnungen zunichte macht, ist eines der Hauptmomente in der bisherigen geschichtlichen Entwicklung.«

Die Chartisten

Der junge Fabrikantensohn Friedrich Engels war von seinem Vater nach Manchester geschickt worden, um dort von seinen revolutionären Ideen auf etwas solidere Bahnen in der Kaufmannslehre gebracht zu werden. Vater Engels hatte sich als Teilhaber an der Fabrik für Baumwollgarne des gebürtigen Holländers Peter Ermen beteiligt. Die Firma hieß nun Ermen & Engels, und der junge Friedrich hat ihr den größten Teil seiner Mannesjahre angehört, zuletzt als Kompagnon des Unternehmens. Erst 1869 trat er, nach einem Vierteljahrhundert, das er seit 1842 dem Betrieb gewidmet hatte, mit einer höchst ansehnlichen Ablösung aus dem Unternehmen aus, die ihn zum wohlhabenden, ja reichen Manne machte, zog nach London und war dort der Kompagnon seines Freundes Karl Marx in einem ganz anders gearteten Weltunternehmen. Freund, unermüdlicher Helfer in Geld wie Mitarbeit, Mitverfasser eines großen Teils von Marxens publizistischen Arbeiten war er schon von Anfang an gewesen, und der Meister selber hatte einmal in einem seiner Briefe seine ständigen Bitt-, Mahn- und Klageschreiben damit gerechtfertigt, daß er von einer Arbeitsgemeinschaft sprach, die auf Arbeitsteilung beruhte – sonst einem nach Marx sehr kritisch zu beurteilenden Verfahren, wenn es sich um größere Entwicklungsvorgänge des Kapitalismus handelte. Dieses geistige Unternehmen Marx & Engels – das jedoch auch seine ökonomische Seite hatte, von der nur nie gesprochen wurde – bestand bis zum Tode von Marx und darüber hinaus; es produzierte die Lehre des wissenschaftlichen Sozialismus.

Nie wird sich ganz feststellen lassen, was davon Marx, was Engels angehört; Engels selber hat sich immer als die zweite Geige bezeichnet, das »Talent« neben dem »Genie« Marx. Vieles, was unter dem Namen Marx publiziert wurde, stammte überhaupt gänzlich von Engels, anderes wurde in gemeinsamer Arbeit hergestellt oder besprochen; manches davon ist erst durch die emsige Such- und Fleißarbeit jüngster Forscher aufgedeckt worden. Wir werden uns nur an wichtigeren Stellen damit befassen, verzichten auch darauf, theoretische Unterschiede ausführlich herauszuarbeiten, obwohl dafür viel Material vorliegt. Wohl aber können und sollen wir uns damit befassen, wie diese Zusammenarbeit zustande kam und wer was beitrug. Das gilt schon, und ganz besonders, für die Anfänge. Marx war von Haus aus Philosoph und Denker; seine Kenntnis der Wirtschaft beschränkte sich so gut wie ausschließlich auf Lektüre. Das Geld, das Engels sehr wohl zu handhaben vermochte, war für Marx eine lästige, feindliche, verachtungswürdige Angelegenheit. Engels hingegen wußte sehr wohl das väterliche Erbe zu bewahren und sogar zu mehren. Er stellte es mit bewunderswerter Selbstlosigkeit dem Freunde und der guten Sache zur Verfügung, für die er sich entschieden hatte.

Außer der Tatsache, daß er selber Kaufmann und Fabrikant war und rechnen konnte, was Marx abging, der sich statt dessen mit höherer Mathematik befaßte, besaß Engels etwas, das ganz entscheidend zur Formung der neuen Lehre beitrug: Anschauung, lebendige Anschauung. Für ihn war »der Kapitalismus« oder »das Proletariat« nicht eine zu errechnende, theoretische Größe. Er hatte schon als Gymnasiast in den Straßen seiner Heimatstadt die betrunkenen, verzweifelten Proletarier umherziehen sehen, er hatte die von frühzeitiger Kinderarbeit halb verkrüppelten Mädchen beobachtet und sich leidenschaftlich darüber erregt, ehe er etwas von Sozialismus oder Kommunismus gehört hatte. Er war, kurz bevor er nach England ging, durch Moses Heß zum Kommunismus »bekehrt« worden, einem noch sehr rudimentären Kommunismus, der aber immerhin in den elementaren Grundlagen die Hauptparolen der späteren Lehre enthielt. Er kannte die Industrie der Fabriken mit Maschinen und Massen von Arbeitern in geschlossenem Raum; in Barmen, Elberfeld und im Ruhrgebiet war sie damals, wie sonst kaum in Deutschland, in großem Aufschwung. Und nun kam er nach Manchester, in ein Weltzentrum der neuen Industrie, eine Großstadt mit 400000 Einwohnern, die in geradezu phantastischem Wachstum in wenigen Jahrzehnten aus einer kleinen und behaglichen Provinzstadt zu einer Wirtschaftsmetropole von internationaler Bedeutung aufgeschossen war. Hier lebte eine Bevölkerung, in der frühere Bauern oder Landarbeiter sich mit einem sehr zahlreichen irischen Proletariat mischten. Eine junge Fabrikarbeiterin, Irin, Tochter eines Färbers, beschäftigt in einer der Spinnereien, wurde seine Geliebte und für die nächsten Jahrzehnte seine Lebensgefährtin bis zu ihrem frühen Tode; abgelöst dann durch ihre Schwester, die Engels viele weitere Jahre begleitete. Auch diese Beziehungen waren Anschauungsunterricht und Belehrung, die nicht unterschätzt werden dürfen.

Und nun, im Jahre 1842, geriet der junge Revolutionär obendrein in das Zentrum der Chartistenbewegung, der ersten großen Erhebung des Proletariats im damaligen ersten Industrieland der Welt.

Eine solche Akkumulation geradezu »klassischer« Umstände für die Entwicklung der künftigen Lehre ließe sich nicht einmal in phantasievollen utopischen Träumen erfinden. Jedenfalls hatte diese Situation zur Folge, daß der sehr jugendliche Handlungsgehilfe die erste publizierte Schrift verfaßte, die für die Arbeitsgemeinschaft Marx und Engels grundlegend wurde; sie hieß ziemlich anspruchsvoll »Die Lage der arbeitenden Klasse in England«. Ursprünglich sollte sie nur ein einzelnes Kapitel einer umfassenden Arbeit über die soziale Geschichte Englands bilden. Die kam nicht zustande, wie Engels überhaupt trotz seiner Marx weit überlegenen Fähigkeit, rasch und in packendem Stil zu schreiben, keines seiner größeren Projekte ausgearbeitet hat. Die »Lage«, 1845 erschienen, war und blieb sein Hauptwerk; sie fand übrigens schon damals ein ganz ungewöhnliches Interesse in Deutschland. Das Werk wurde häufiger und gründlicher besprochen als irgendein anderes von Engels und Marx, sogar in wissenschaftlichen Handbüchern und auch von »Bürgerlichen«, denen die unverkennbare Tendenz des Autors in die Augen stechen mußte. Auch Treitschke hat das Buch gelobt. Eine allgemeine lebhafte Diskussion über soziale Fragen, über Sozialismus und Kommunismus kam so in Gang, ehe noch die Industrialisierung in deutschen Landen im Ernst begonnen hatte. Man war begierig, über England etwas zu hören; es spielte auch hinein, daß man nicht ungern vernahm, wie schauderhaft es in dem so vielfach als Vorbild gepriesenen Land aussah, in dem Baumwolle und Kattunchristentum das Leben beherrschten, während es daheim doch noch sehr viel besser aussah.

Wir besitzen äußerst wenig genaue Daten über die kaufmännische Tätigkeit von Engels, in den Anfängen wie auch später. Er klagte über zuviel Beschäftigung, er spottete über den »süßen commerce«, den »Schacher« und hat zuweilen daran gedacht, die ganze Sache hinzuwerfen und in London Journalist zu werden, wozu er sich übrigens sehr viel besser geeignet hätte als Marx, der nur mühsam, ständig bessernd und grübelnd, arbeiten konnte. Doch Engels blieb beim Schacher, den er offenbar sehr gut und erfolgreich betrieben haben muß. Der Partner Ermen hätte sonst schwerlich so viel Wert darauf gelegt, ihn zu halten und zum Kompagnon zu machen. Engels' Sprachbegabung kam der Korrespondenz zugute, sein Ordnungssinn empfahl ihn im Geschäft; er scheint auch recht umsichtig disponiert und sogar auf der Baumwollbörse eine sichere Hand gehabt zu haben. Gesellschaftlich, worunter hier nicht die großen sozialen Fragen gemeint sind, sondern die Stellung innerhalb der »Krämerwelt« von Manchester und seinen Baumwollmagnaten, hat Engels durchaus eine Rolle gespielt. Seine opulenten Essen, seine ungewöhnlich gute Weinkenntnis und seine Fähigkeit, einen vorzüglichen Hummersalat zu komponieren, wie er selber von sich rühmend und oft hervorhob, waren geschätzt; er war ein anerkannter Klubgenosse und engagierter Teilnehmer an den Fuchsjagden, für die er ein eigenes Reitpferd hatte, das ihm sein Vater zur Belohnung für erfreuliche Zusammenarbeit mit der deutschen Familienfirma geschenkt hatte. Kurz: Mr. Frederick Engels war ohne sonderliche Vorbehalte »reçu« in der höheren Geschäftswelt von Manchester. Daß er in seinen Mußestunden sich auch mit sehr kontroverser Politik abgab, war bekannt, wurde aber wohl mehr als eine Art Marotte hingenommen und toleriert. Dafür gab es auch sonst Beispiele: John Fielden, der Besitzer eines der bedeutendsten Textilfabrikationskonzerne im Norden, war ein bekannter Sympathisant der Chartisten und als radikales Parlamentsmitglied unermüdlicher Anwalt für die Einführung des Zehnstundentages, sonst ein Tollpunkt für jeden standesbewußten Fabrikanten.

Überhaupt haben sich die verschiedenartigsten Persönlichkeiten der Bewegung der Chartisten angenommen und als ihre Führer agiert. Zuweilen waren es solche, die sich ohnehin für alle möglichen guten Parolen begeisterten, gegen den Sklavenhandel, für die Verkürzung der Arbeitszeit, für Parlamentsreform, Freihandel oder Kornschutzzölle, Kampf gegen die Trunkenheit; Prediger und Geistliche waren darunter, und Engels zitiert den Methodistenprediger Stephens, der an wilder und revolutionärer Sprache alle anderen Redner hinter sich ließ und die auch für Marx unvergeßliche Formel prägte, es handele sich bei sozialen Bewegungen nicht um große und komplizierte Probleme, sondern ganz schlicht um eine »Messer-und-Gabel-Frage«.

Das war es denn auch: Hunger und vor allem Arbeitslosigkeit, was die Massen der Arbeiter zusammenbrachte und eine Bewegung erzeugte, die in der Tat für einige Jahre ganz nahe vor einer veritablen Revolution stand. Die Wirtschaftskrise und Depression Ende der dreißiger und Anfang der vierziger Jahre in England war keineswegs die sonst nicht seltene »Rezession«, sondern die schärfste und schlimmste Krise des Jahrhunderts, und weder Regierung noch Wirtschaft waren im allergeringsten darauf vorbereitet. Die Regierung antwortete lediglich mit einem neuen Armengesetz, das als einzige Hilfe das Arbeitshaus vorsah und jede anderweitige Unterstützung nach den früheren Bestimmungen aufhob. Der leitende Gedanke war, daß der Aufenthalt im Armenhaus nur eben die unterste Existenz garantieren sollte, damit nicht etwa der Aufenthalt in ihm allzu verlockend wäre; auch sollte die Bevölkerungsvermehrung, die nach Malthus eine höchst bedenkliche Gefahr darstellte, dadurch gebremst werden, daß die Geschlechter in den Arbeitshäusern, selbst wenn es sich um Ehepaare handelte, strengstens getrennt wurden. Kein Wunder, daß die Arbeitshäuser vom Volk den Namen »Bastille« bekamen; die staatlichen Kontrolleure des Systems, im Somerset House zu London residierend, wurden die »drei Paschas vom Somerset House« genannt. Wut und Aufregung über dieses Gesetz waren ein sehr wesentliches Element der Bewegung. Dazu gab es genug andere Notstände, die sich geltend machten: überlange Arbeitszeit bis zu vierzehn oder sechzehn Stunden, Kinder- und Frauenarbeit, die Konkurrenz der Maschinen, die von Jahr zu Jahr verbessert wurden und jeweils neue Mengen von Arbeitern brotlos machten; all die Faktoren also, die man jetzt im Rückblick als charakteristisch für die industrielle Revolution und den Frühkapitalismus ansieht.

Über die Einzelheiten, die Engels aus Publikationen und Unterhaltungen zusammenstellte, lese man in seiner Schrift nach. Einer der Chartistenführer in Manchester, James Leach, belieferte ihn mit Material; Engels suchte zudem den Redakteur des einflußreichsten Chartistenblattes »The Northern Star« in Leeds auf und schloß eine lange dauernde Bekanntschaft, die freilich gegen Ende stark abblätterte, als dieser Julian Harney sich als nicht unbedingt ergebener Parteigenosse zeigte. Ein weiterer wichtiger Chartist war Ernest

Jones, der für viele Jahre in engem Kontakt mit Marx und Engels stand und zweifellos am stärksten von allen Chartisten durch sie beeinflußt wurde. Auch er fiel dann ab und wurde verstoßen, wie überhaupt ein näheres Verhältnis von Dauer zu keinem der englischen Arbeiterführer jemals hergestellt worden ist.

Zur Bewegung der Chartisten fand der allerdings noch sehr junge Kommunist Engels keinen rechten Zugang. Imponierend genug war die Größe der Bewegung, die Petitionen mit Millionen von Unterschriften zusammenbringen konnte; hoffnungsvoll für einen Revolutionär waren die wilden Aufstände, allerdings alle lokal begrenzt und lokal orientiert. Die nächtlichen Fackelzüge bildeten den besonderen Bürgerschreck jener Jahre. Ergreifend für den Beobachter waren wohl die Leidenschaft und Ausdauer der Demonstranten und Streikenden. Die Verkehrsverhältnisse waren mit den eben erst im Bau befindlichen Eisenbahnen kümmerlich. Zu Fuß pilgerten die Scharen zu einer Versammlung, und fünfzig und hundert Kilometer weit kamen sie über Land, ohne Geld, mit kläglichem Mundvorrat. Geduldig, ja andächtig lauschten sie, zwei, drei, auch fünf Stunden, nicht nur den Brandreden des Pastors Stephens, der in der Tat eine Schachtel Zündhölzer als letztes Argument dringend empfahl. Sie ließen sich begeistern durch feurige Parolen oder von den mächtigen Donnerreden des Feargus O'Connor, des stärksten der Chartistentribunen. Sie horchten auch gespannt, wenn eine andere irische Stimme, die des Bronterre O'Brien, des »Schulmeisters der Bewegung«, wie sein Rivale O'Connor ihn höhnisch nannte, ihnen wahre Kollegs im Volkshochschulstil hielt.

Der Hang nach Bildung, Wissen und Kenntnissen war neben dem urmächtigen »Messer-und-Gabel«-Prinzip eine sehr starke Komponente. Der ursprüngliche Schöpfer der Charta, der Möbeltischler Lovett in London, ging in seinen späteren Jahren völlig in solcher Erziehungs- und Arbeiterbildungsarbeit auf und sah Hoffnung für die Forderungen, die er aufgestellt hatte, erst, wenn die Arbeiterschaft besser gebildet, kenntnisreicher und damit für den Kampf besser gerüstet sein würde. Auf längere Sicht hin hat sich diese Linie als etwas erwiesen, das enorme Folgen für die Karriere des Sozialismus haben sollte: »Wissen ist Macht« war die große bewegende Parole im weiteren Verlauf des Jahrhunderts.

»Wann wird endlich losgeschlagen?« war eine andere unter den

Chartisten sehr wesentliche Losung. Zwei Gruppierungen standen sich in der alsbald gewaltig anwachsenden Bewegung gegenüber: »moral force« und »physical force«, Reform oder Revolution grob gesprochen, denn auch die Vertreter der »moral force« wollten ja eine Umwälzung, die revolutionär genug war. Die sechs Punkte der Charter, nach der die Bewegung ihren Namen erhielt, sehen für heutige Augen zahm und reformistisch aus – für damals waren sie unerhört. Sie forderten Umgestaltung des Parlaments: allgemeines Wahlrecht und nicht nur, wie bereits im Gange war, bescheidene Erweiterung der Wahlberechtigung, die nur den Bürgern stärkeren Einfluß zugebilligt hatte. Allgemeine und geheime Wahl in gleichmäßig großen Wahlkreisen statt der noch bestehenden höchst zufälligen und unregelmäßigen mit den zahlreichen »rotten boroughs«, die gut zahlenden Grundbesitzern oder Kapitalisten Stimmen sicherten. Diäten für das Abgeordnetenamt, das bisher unbezahlt und damit nur den Wohlhabenden zugänglich war. Schließlich jährlich erneuerte Parlamente. Für die Zeitgenossen hieß das: Eroberung der parlamentarischen Macht durch die Arbeiterklasse – eine Reform also, die in der Tat ein Umsturz gewesen wäre.

Der Ausgangspunkt für die Bewegung war eine kleine Londoner Arbeitervereinigung, die »Working Men's Association«: Hier fanden sich »bessere Arbeiter« oder Handwerker, schon sehr klassenbewußt und darauf bedacht, sich vom Kleinbürgertum zu unterscheiden, andererseits aber auch keineswegs gewillt, allen und jeden zuzulassen. Sie waren nie mehr als etwa hundert Mann stark, während durch die Parole der Charter dann mit erstaunlicher Schnelligkeit gewaltige Massen angezogen, erfaßt und in Bewegung gesetzt wurden. Ein solches geschlossenes Auftreten von Arbeitern in Zehntausenden, bald Hunderttausenden hatte es bis dahin nicht gegeben. Lokal verschieden und wiederum sehr bestimmt durch die örtlichen Verhältnisse waren die vielen Aufstände, Streiks, Zusammenstöße, die Prozesse gegen Chartistenführer, von denen kaum einer von Gefängnis verschont blieb. Andere wurden deportiert wie John Frost, der nach einem mißglückten Aufstand fünfzehn lange Jahre als Konvikt in Van-Diemens-Land leben mußte und erst als alter Mann nach London zurückkehren durfte. Als über Neunzigjähriger konnte er noch von der Chartistenzeit erzählen, als sie schon weit zurücklag: Die wichtigsten Forderungen nach allgemeinem

Wahlrecht waren inzwischen weitgehend erfüllt worden; die mächtig aufwachsende Gewerkschaftsbewegung hatte die sehr viel loser organisierten Chartistenbünde völlig verdrängt; Genossenschaften mit stark »kleinbürgerlichen« Zügen spielten eine äußerst wichtige Rolle, und zu der erhofften und erwarteten Revolution war es nicht gekommen, obwohl sie in der großen Kampfzeit der vierziger Jahre unmittelbar bevorzustehen schien. Doch für den jungen Engels wie für den jungen Marx war die Chartistenbewegung die hoffnungsvollste Demonstration der unwiderstehlichen Macht des Proletariats, sobald es nur seiner Kräfte bewußt und klassenbewußt geworden sei.

Dazu allerdings kam es nicht. Der Höhepunkt der Bewegung wurde gerade in jenem Jahr 1842 erreicht, in dem Engels zur Firma Ermen & Engels in Manchester stieß. Unterschriftensammlungen in bis dahin unbekannter Höhe zeigten, daß tatsächlich ein entscheidender Teil der Bevölkerung nun »Proletariat« war und aktiv wurde. Massendemonstrationen in London folgten, die gewaltigste bei Vorlegung der dritten Monsterpetition mit über zwei Millionen Unterschriften, in der die »Annahme der Charter durch das Parlament« gefordert wurde. Die beiden Schulen der »moral force« und »physical force« stießen aufeinander. Aber selbst der Führer der radikalen »Linken«, wie man jetzt sagen würde, der große Tribun Feargus O'Connor, der in wilden Reden von einer Republik sprach, wich vorsichtig zurück, als die unmittelbare Entscheidung bevorstand. Er hatte sich inzwischen zum unbestrittenen persönlichen Führer aufgeschwungen. Seine Zeitung, der »Northern Star« in Leeds, wurde das erste sozialistische Massenblatt mit Auflagen bis zu 50000; auch Engels hat für den »Star« Artikel geschrieben. O'Connor sah sich zweifellos als künftigen Präsidenten der britischen Republik. Er vermied es keineswegs, den Häuptling in Haltung und Benehmen zur Schau zu tragen, und dies mit gutem Erfolg bei den Massen. Er ließ gelegentlich in seinen Brandreden den Wink fallen, daß auch sein Onkel O'Connor, der es in französischen Diensten zum General gebracht hatte, aller Wahrscheinlichkeit nach der Präsident der nächsten französischen Republik sein würde. Engels hat ihn sehr bewundert und eine seiner Reden, die anfing mit den Worten »Ihr Strolche« und endete mit den Worten »Ihr Strolche«, als Muster revolutionärer Propaganda bezeichnet und »nahezu shakespearisch« gefunden. Marx und Engels haben von Brüssel aus O'Connor eine Grußadresse im Namen der »demokratischen deutschen Kommunisten zu Brüssel« geschickt; es ist nichts darüber bekannt, ob O'Connor von dieser noch gänzlich unbekannten Gruppe Notiz genommen hat. Sie wußten auch nicht viel mehr über ihn, als daß er der unbestrittene Chartistenführer mit der größten Gefolgschaft war, von dem sie allerdings große Dinge erwarteten.

O'Connor jedoch, erfolgreich auf der Tribüne im Freien und Sieger über alle Konkurrenten um die Führung, die zahlreich waren, besaß keine irgend klare und deutliche Konzeption einer erfolgreichen Strategie. Er wurde, als einziger Chartist, ins Unterhaus gewählt, wo er kaum je Gehör fand. Seine Stentorstimme versagte vor Hörern, die ganz andere rhetorische Wendungen gewohnt waren. Auch bei Verhandlungen hinter den Kulissen versagte er. Vor einer Entscheidung mit Waffen hatte er, darin etwas einsichtiger als manche seiner Konkurrenten, berechtigte Bedenken. Die Chartisten besaßen keine Waffen. Sie behalfen sich damit, daß sie nach uraltem Muster des Mittelalters Piken herstellten; unbedingte Vertreter der »physical force« versprachen sich vom Ansturm einer Phalanx von Chartisten mit dieser unwiderstehlichen Waffe große Dinge. Doch der kommandierende General für die Hauptgegend der Unruhen im Norden, Robert Napier, lud die Chartistenführer zu einer Manöverdemonstration seiner Truppen ein, bei denen er den Piken-Enthusiasten die Wirkung von Artilleriefeuer auf etwas weitere Distanz hin vor Augen führte. Demonstration stand hier gegen Demonstration. Selbst der Tribun O'Connor wurde dabei unsicher. Als dann die zur Entscheidung aufgerufene Massenversammlung im Süden Londons, mit einer geballten Ladung von Kisten mit einer Millionenpetition im Vorrat, im April 1842 sich dazu aufmachen wollte, nun nach Whitehall vor das Parlament zu ziehen und ihre Forderung mit »physical force« geltend zu machen, wurde sie von der Regierung gewarnt. Die Brücken über die Themse waren mit Artillerie besetzt, die jeden Übergangsversuch niederkartätschen würde. Der große Wellington selber stand dabei als Oberkommandeur im Hintergrund. O'Connor blies das Unternehmen ab, und die Zehntausende von Teilnehmern gingen schweigend auseinander. O'Connor brachte mit zwei anderen Chartistenführern die Kisten mit der Millionenpetition in drei herbeigerufenen Droschken ins

Parlament, wobei die Artilleriewachen auf der Brücke diese Kisten ungehindert passieren ließen.

Von den Beamten des Parlaments wurden die Unterschriften sorgfältig geprüft; von 5 Millionen, die O'Connor verkündet hatte, wurden die echten Signaturen auf die immerhin riesige Zahl von 2,2 Millionen reduziert, doch O'Connors Prestige erlitt nunmehr einen fatalen Schlag, von dem er sich eigentlich nie recht erholen konnte. Die Revolution fand nicht statt, und die Bewegung zerfiel. O'Connor trug noch tatkräftig dazu bei: Er lancierte nun einen ganz neuen Kampfplan, der nicht »physical force«, sondern langsames Vorgehen auf dem Wege über Siedlungspolitik in kleinen Kommunen vorsah. Diese sollten durch Subskription erworben werden, untereinander Handel treiben und so »organisch« die kapitalistische Wirtschaftsordnung untergraben und überflüssig machen. Erstaunlich hohe Beträge kamen zusammen, die Magie des Namens O'Connor wirkte noch nach. Verhängnisvoll irreguläre Geschäftsführung machte den Plan jedoch zunichte, das Projekt scheiterte. Und zu allem Überfluß begann in den kommenden Jahren O'Connors Verstand, nie allzu robust trotz äußerst robuster Sprache, nachzugeben; er endete als Patient in einem Asyl für Geisteskranke.

Es war bedeutsam, daß Marx und Engels den Chartismus erst in seiner schon absteigenden Phase kennenlernten, daß die beiden Chartistenführer, die unter ihren Einfluß kamen, Julian Harney und Ernest Jones, vergebens versuchten, der Bewegung neues Leben einzuflößen. Unverkennbar hat jedoch der Chartismus als Massenbewegung seine Spuren in ihrem Denken hinterlassen. Hier war zum ersten Male vor ihren Augen das Proletariat in Bewegung gewesen, eine riesige und potentiell mächtige »Maschine«, wie Marx es einmal Engels gegenüber bezeichnete, die nur der rechten Führung und der klaren Zielsetzung ermangelte.

Engels sah in seiner Erstlingsschrift über die Lage der arbeitenden Klassen in England in den Chartisten jedenfalls die erste Kraft, die die grundsätzliche Trennung des Proletariats von der Bourgeoisie erkannte. Daneben sah er als eigene Bewegung den englischen Sozialismus des Robert Owen und seiner Anhänger, dem er sich noch näher fühlte.

In der ganzen Geschichte des Sozialismus sind zwei sehr verschiedene Elemente gemischt: der Theoretiker und der »Täter«, der Praktiker. Owen war beides, doch erfolgreich nur als Täter; als Theoretiker endete er in Mystik und Malaise, wenn auch würdig verehrt.

Der Täter Owen und seine Anhänger machten den Zeitgenossen größten Eindruck: Siehe da, die sternäugigen Phantasten, von denen man so viel gehört hatte, brachten es fertig, eine außerordentlich gut funktionierende Fabrikation von brauchbaren Textilien zu organisieren! Mehr noch, sie erzielten Überschüsse, die jeden strenggläubigen Kapitalisten neidisch machen konnten. Sie brauchten keine Arbeitsniederlegung zu befürchten, auch keinen heimlichen Bummelstreik, eine sehr verbreitete Erscheinung, keine mißmutige und zu jeder möglichen Gewalt bereite rabiate Masse.

Von Owens Ideen zur Beschränkung der Auswüchse der Industrialisierung, wie die Einschränkung von Kinderarbeit, ist das meiste von anderen adoptiert worden und in die Gesetzgebung oder in die praktische Politik eingegangen. Auch seine hohe Bewertung der Erziehung hat sich durchgesetzt, zwar anders, als er dachte, und ganz anders, als er es praktizierte. Ebenfalls sind die Coops, die Gewerkschaften, die fortschrittliche Intelligenz, die einflußreichen Fabier alle diesem Pionier der Sozialreform verpflichtet; Marx und Engels haben wesentliche Anregungen von Owen empfangen.

In Owen steckte ein Theoretiker, ein großer Denker aber kaum; die großen Denker haben selten die Gabe, aus ihren Ideen heraus etwas hier und heute zu organisieren und fertigzustellen. Das gilt schon für Platon: Seine Republik unter Leitung von Philosophen seines Schlages wäre furchtbar geworden, wenn sie sich verwirklicht hätte, denn seine eigenen praktischen Versuche verliefen kläglich. Auch Marx versagte als Organisator. Owen nun war vor allem darin erfolgreich, daß er nicht utopistisch nur von einer idealen künftigen Gesellschaft fabelte. Er erkannte als erster die Maschine an und versuchte, sich mit ihr praktisch auseinanderzusetzen, anstatt sie mit einem Fluch zu belegen. Er sah in den neuen Werkzeugen von Menschenhand und Menschengeist willkommene Helfer, um mehr Güter herbeischaffen zu können: Das Problem ist für ihn nur, wie diese gerechter und besser verteilt werden, wie alle Menschen – nicht nur die Kapitalisten – an dem neuen Überfluß teilhaben können. Nicht definitiv, aber immerhin für eine gewisse Zeit hat Owen dies in seiner Fabriksiedlung New Lanark gelöst. Er hat es nicht gelöst in seinen späteren, nun in der Tat utopischen Gründungen, die die bestehende Gesellschaftsordnung oder, besser gesagt, -unordnung hinter sich lassen sollten. Eine klösterliche Atmosphäre, in Quäkerversion, herrschte in diesen Siedlungsdörfern, und am Ende übernahmen die »strikten« Sektierer Owens Dorf und funktionierten es um. Er selber wanderte in die Vereinigten Staaten aus und versuchte dort neue Gründungen, die jedoch an innerem Streit scheiterten.

»New Harmony« hieß dort die erste dieser Siedlungen, denn nicht Revolution, sondern Harmonie war Owens Leitidee. Owen hat, ermuntert durch sein erstes erfolgreiches Experiment in Schottland, immer wieder die Gründung von Siedlungen versucht, die immer kümmerlicher scheiterten. Sein Lebenslauf stellt eine Kurve dar, die mit einem steilen Anstieg beginnt; ein Erfolgsmensch schon in sehr jungen Jahren, berühmt, gesucht, auch von den Großen, den man fast zum Staatssekretär oder Minister gemacht hätte. Dann bricht die offizielle Karriere im Jahre 1817 urplötzlich ab. Anlaß war die fatale Versammlung, in der er sich als »Atheist« – im Zeitgebrauch des Wortes – deklarierte, womit er im Grunde die englische Staatskirche angegriffen hatte. Von da an ging es abwärts, was Owen nicht daran hinderte, ständig grandioser in seinen Ansprüchen und Hoffnungen zu werden. Er publizierte unaufhörlich auf eigene Kosten, experimentierte, wurde schließlich seinen eigenen Ideen untreu, am Ende Geisterseher und starb uralt in seinem Geburtsort.

Seine Schriften sind schlecht zu lesen. Sie stellen eine merkwürdige Mischung von knappen, direkten Sätzen und wortreichen, unerträglich wiederholten Allgemeinheiten dar. Ein Satz, ein Paragraph wirkt plötzlich frappierend, besonders im Licht der folgenden Entwicklung. Bei vielem läßt sich paraphrasieren: Von hier und heute aus beginnt ... etwa das Genossenschaftswesen, der Konsum, mit seiner weitgestreuten Einrichtung der Tauschbasare, wo der Wert der Güter nach aufgewendeter Arbeit taxiert wurde, die sehr eigentümliche englische Gewerkschaftsbewegung, die er selber gar nicht wünschte, in deren Führung er aber fünf Jahre mitarbeitete und die viel mehr von Owen als von Marx beeinflußt wurde. Ich erkläre mir Owens Einfluß damit, daß er, der unaufhörlich den Verstand betonte – ganz im Sinne der Rationalisten der Aufklärung –, im Grunde Gefühlsmensch war; er fühlt, daß es »so nicht geht«, er fühlt, daß Unrecht geschieht, er fühlt »mit den Armen«. So propagierte er unermüdlich die Einsetzung von unabhängigen Fabrikinspektoren, deren »Blaubücher« später Marx' und Engels' unerschöpflicher Quell ihrer Kritik wurden. Dabei war Owen essentiell konservativ: Er wollte Dorfgemeinden gründen, zurück zum Land, strebte kleine, übersichtliche Siedlungen mit höchstens tausend Einwohnern an, die sich kennen, lieben, zum mindesten freundlich als gute Genossen miteinander leben. Er wollte den »Überbau« gar nicht abschaffen, sondern nur den »Unterbau« so eklatant verbessern, daß ein harmonisches Gleichgewicht entstehen könnte. Er glaubte, daß eine unwiderstehliche stille Macht am Werke sei, seine Ideen zu befördern, deren erster und einziger Prophet er war.

Die Stärke seiner Gegner hat er nie begriffen. Es hat fast etwas Rührendes, wie er sich in seinen Vorworten an den Prinzregenten wendet, wie er von staatlichen Kommissionen, vom Erzbischof von Canterbury oder dem Grafschaftsrat von Lanark erwartet, daß sie seine so einfachen Rezepte nun endlich im Großen anwenden, damit das Paradies mit einem Schlage verwirklicht sei.

Er beschrieb recht überzeugend, wie notwendig eine gut funktionierende Maschinerie für eine Fabrik ist. Aber sollte man nicht ebensoviel Aufmerksamkeit den »living machines« zuwenden, die so wesentlich zu einer Fabrik gehören? Robert Owen hatte dies ja praktisch in New Lanark ausprobiert, und der Einsatz an Kapital wurde durch den Gewinn um ein Mehrfaches übertroffen. New Lanark prosperierte und brachte Dividenden, die weit über dem Üblichen lagen. Owen wurde ein erfolgreicher Unternehmer, ein führender Industrieller, der einen der besten und größten Betriebe seiner Branche leitete. Wie er diese Wandlung in der vom Schwiegervater übernommenen, also erheirateten Siedlung zustande brachte, erzählt er allerdings nicht sehr eindrucksvoll. Da ist, wie in einem frommen Traktätchen, von früheren Säufern, Dieben und Hurern die Rede, die mit einem Male sauber und fleißig werden, deren Kinder brav auf dem Spielplatz spielen und dann eifrig, ja begeistert zum Unterricht gehen. Zweifellos muß Owen große Gaben als Menschenführer gehabt haben, aber es ist wohl kein Zufall, daß er in diesem kleinen Kreis reüssierte und in der größeren und großen Welt versagte. Er war ein Dorfältester von hohen Graden, doch in der sehr viel schwierigeren und hinterhältigen Welt von Staatskommissionen und Parteiinteressen fand er sich nicht zurecht.

Da wurde er als naiv und einfältig angesehen, als gefährlicher Neuerer, der den Leuten unnütze Gedanken in den Kopf setzte; man hörte nicht auf ihn und wollte ihn nicht begreifen. Owen wandte sich verärgert ab und suchte nun die Massen zu gewinnen, womit er sich endgültig zwischen die Stühle setzte. Die Konservativen und Liberalen hielten ihn für einen Radikalen, und die Arbeiter mißtrauten ihm als dem »Fabrikanten«. Die Tatsache, daß er dann auch in seinen isolierten Sondersiedlungen immer wieder in Zwiespalte geriet, muß uns nachdenklich stimmen: Es war, zwar noch sehr paternalistisch, sehr wohlwollend und menschenfreundlich, aber doch bereits ein »Diktator« in ihm vorgezeichnet. So wurde eigens ein Drillplatz angelegt, auf dem seine Leute militärische Übungen ausführen mußten. Die Kinder wurden nach Plan erzogen. Tanzen sollten sie schon auch, aber selbst der Tanz hatte etwas vom Drill. Manche Beobachter, wie Cobbett, sahen Owens Siedlung empfindlich in die Nähe von Kasernen gerückt. Immerhin, man sollte das nicht vergessen, werden die Kinder dieses Tanzmarschieren mehr genossen haben als die Arbeit in der Spinnerei, zu der sie von den anderen Fabrikanten und der Regierung verurteilt waren; und immerhin hat Owen zuerst diese Ausbeutung eingeschränkt. Immerhin – man kann das Wort fast auf alles anwenden, was er gewollt und getan hat.

Eine Verschmelzung nun der beiden Richtungen von »Oweniten« und »Chartisten« sowie klarere Zielsetzung, meinte der junge Engels, werden zur Revolution führen. Wirtschaftskrisen, wie er sie soeben in den vierziger Jahren sehr eindrucksvoll erlebte, würden den Weg bahnen, und die Bourgeoisie würde blind und taub sein und sich damit selbst das Grab schaufeln. »Die Vorurteile einer ganzen Klasse streifen sich nicht ab wie ein alter Rock – am wenigsten bei der stabilen, befangenen, eigennützigen englischen Bourgeoisie. Das sind alles Schlüsse, die mit der größten Bestimmtheit gefolgert werden können, Schlüsse, deren Voraussetzungen unbestreitbare Tatsachen einerseits der geschichtlichen Entwicklung, andererseits der menschlichen Natur sind. Das Prophezeien«, so fährt er fort, «ist nirgends so leicht wie in England, weil hier alles klar und scharf in der Gesellschaft entwickelt ist. Die Revolution *muß* kommen, es ist jetzt schon zu spät, um eine friedliche Lösung der Sache herbeizuführen.« Er sieht zunächst eine blutige Revolution voraus, »mit der sich keine vorhergehende messen kann. Die zur Verzweiflung getriebenen Proletarier werden die Brandfackel ergreifen, von der Stephens ihnen gepredigt hat; die Volksrache wird mit einer Wut geübt werden, von der uns das Jahr 1793 noch keine Vorstellung gibt. Der Krieg der Armen gegen die Reichen wird der blutigste sein, der je geführt worden ist.«

Die Heilige Familie

In den Monaten September bis Ende November 1844 war Karl Marx mit den »Geheimnissen von Paris« beschäftigt. Er begab sich dabei auf reichlich sonderbares Terrain, handelte es sich doch hier nicht um die Aufdeckung politisch-ökonomischer Zusammenhänge seines Exils, sondern ganz einfach um den Dreigroschenroman eines gewissen Eugène Sue, der in Fortsetzungen im Pariser »Journal des Débats« erschien und einiges Furore machte.

Das hatte nun freilich seine Vorgeschichte. Friedrich Engels war Ende August nach Paris gekommen. Schon das Inhaltsverzeichnis der entschlafenen »Deutsch-Französischen Jahrbücher« wies ihn mit zwei Beiträgen aus, einer Besprechung von Carlyles »Past and Present« und dem Aufsatz »Umrisse zu einer Kritik der Nationalökonomie«, die Marx veranlaßten, mit ihm zu korrespondieren. Man traf sich, und »es stellte sich unsere vollständige Übereinstimmung auf allen theoretischen Gebieten heraus, und von da an datiert unsere gemeinsame Arbeit«, erinnerte sich Engels. Um die frisch vereinten Kräfte zu erproben, entschloß man sich zu einer Attacke auf Bruno Bauer und den junghegelianischen Kreis um die »Allgemeine Literatur-Zeitung«. Die publizistische Fehde mit diesen ehemaligen Kampfgenossen war ja nie ganz abgerissen, und nun hatte »die heilige Familie zu Charlottenburg« in der »Kritischen Provinz mit der Hauptstadt Berlin« durch ihren Rückzug auf die verstiegene Position einer »reinen, ganz reinen, kritischen Kritik« – die kräftig den Gegensatz von Selbstbewußtsein, Geist, in dessen Besitz man sich natürlich glaubte, und der Masse betonte – die beiden Künder des Proletariats höchlichst verstimmt. Unter den Händen von Marx geriet dies zu einem papierenen Parforceritt, der Engels etwas den

Atem nahm, als er das fertige »Ding« in Händen hielt, zu dem er kaum eineinhalb Bogen beigetragen hatte. »Die souveräne Verachtung, mit der wir beide gegen die Lit(eratur)-Z(eitung) auftreten, bildet einen argen Gegensatz gegen die 22 Bogen, die wir ihr dedizieren. Dazu wird doch das meiste von der Kritik der Spekulation und des abstrakten Wesens überhaupt dem größeren Publikum unverständlich bleiben und auch nicht allgemein interessieren.« Das sollte sich bewahrheiten; dennoch fand man den Verleger Rütten, und die Schrift erschien 1845 in Frankfurt.

Zur Zielscheibe waren Marx zahlreiche Artikel der »Allgemeinen Literatur-Zeitung« – neben den diversen Kommentaren aus dem Bauer-Kreis – zu Sues »Geheimnissen von Paris« geworden. Vor allem empörte ihn wohl, wie sich unter dem Pseudonym Szeliga ein Franz Zychlin von Zychlinski, preußischer Offizier und späterer General, recht kümmerlich junghegelianisch zu der These aufgeschwungen hatte, das »Geheimnis« des Romans könne mit Hegels Weltgeist identifiziert werden, es läge hier ein philosophischer Schlüsselroman vor.

Marx nimmt sich nun ganz übertrieben ausführlich der verschiedenen Deutungen an, kritisiert sie in umständlichsten Antithesen des langen und längeren, ist unermüdlich spitzfindig in seinen Wiederholungen, zerpflückt den Roman – und operiert unversehens aus ähnlich schiefer Perspektive wie seine Kontrahenten, wenn er plötzlich Sues Charaktere zu konzentrierten Verkörperungen gesellschaftlicher, greifbarer Realitäten erklärt. Er entwirft, gespickt mit launigen Anekdoten, einen historischen Überblick der Tätigkeit des Pariser Portiers von der Revolution zur Restauration; dann wieder beurteilt er entrüstet den Helden, den fiktiven Großherzog, als einen veritablen Kleinfürsten und analysiert scharf, »nur Glücksfälle, Geld und Rang retten den Guten vor dem Bagno«, er mißt ihn ab, als ob er tatsächlich »sein kleines deutsches Ländchen wie ein Vampir bis auf den letzten Tropfen aussaugen müsse«, um so leben zu können. Damit wollen wir es genug sein lassen. Sue ist jedoch nicht ganz unwichtig als Repräsentant der »Sozialismusmode« in der Vulgärliteratur jener Zeit, die noch eine ganze Welle von »Mysterien« anschwemmte. Ausgerechnet in diesem »Massenprodukt« vermeinten »Bruno Bauer und Konsorten« ein treuliches Abbild dafür gefunden zu haben, daß »in der ›Masse‹ ... der wahre Feind des Geistes zu suchen« sei.

Gleichsam als Oasen in der Wüstenei der Polemik findet man in Erwiderungen von Marx einige Passagen eingesprenkelt, die wichtige Positionen auf seinem Wege zur »materialistischen Geschichtsauffassung« markieren. Er erklärt, die weltgeschichtliche Rolle des Proletariats sei nicht aus der kritiklosen Vergötterung dieses Standes erwachsen, sondern »durch die nicht mehr abzuweisende, nicht mehr zu beschönigende, absolut gebieterische Not – den praktischen Ausdruck der Notwendigkeit«, und aus Empörung gegen diese Unmenschlichkeit sei es gezwungen, sich selbst zu befreien. »Es handelt sich nicht darum, was dieser oder jener Proletarier oder selbst das ganze Proletariat als Ziel sich einstweilen vorstellt. Es handelt sich darum, was es ist und was es diesem Sein gemäß geschichtlich zu tun gezwungen sein wird.« Der Zwang geht von den materiellen Produktionsweisen aus, und die wiederum bestimmen die gesamte ökonomische Struktur einer Epoche, die in einem dialektischen Zusammenhang mit der politischen Ordnung steht. Folgerichtig sieht er also auch in der »Geschichte« keine »aparte« geistige Person, wie man das im Bauer-Kreis wohl tut, die die Menschen zu ihren Zwecken leitet und benutzt, »sondern sie ist nichts als die Tätigkeit des seine Zwecke verfolgenden Menschen«. Allmählich schuf sich Marx das Instrument der materialistischen dialektischen Geschichtsauffassung, sein »wie ich es sehe«. Hegel hatte den Weg mit der Dialektik gewiesen, die sich vielfach nun verwenden ließ. Denn wenn ihre Gesetze auch als Denkschema so gut wie unwiderleglich gelten konnten, so war es doch völlig der Auslegung überlassen, welche Wendungen der verschlungenen Geschichte man gelten ließ, welche man betonte, welche man ignorierte oder in den Abfalleimer verwies. Aus Kommentaren und Erläuterungen besteht, oft mit neoscholastischer Arbeitsweise, das Geschichtsgebäude, das seither errichtet und gelehrt wird. Es gibt dabei Denkmoden, auch behördlich verordnete Richtungen, und sie sind vielfachen Änderungen, je nach der politischen Zeitlage, unterworfen. Marx allerdings hat sich nicht mit Auslegungen und Kampf um Details aufgehalten; er nahm aus der Geschichte, was für seine Zwecke brauchbar erschien, mit resoluter Hand heraus, und siehe da, es fanden sich sehr passende Belege und Beweisstücke. Es wäre töricht, das allzusehr ironisieren zu wollen. Jeder Philosoph, jeder Geschichtsdenker geht so vor, der eine behutsamer, der andere robuster. Der

Robustere wird dabei den Vorteil haben, daß er sicherer erscheint. Für die ganz sicher und überzeugt vorgebrachte Auffassung gibt es seit Urzeiten den Begriff »Wahrheit«, wobei Wahrheit etwas anderes ist als Wirklichkeit, obwohl sie an Beweise aus der Realität appellieren wird. »Ich habe bemerkt, daß ich *den* Gedanken für *wahr* halte, der für mich *fruchtbar* ist, sich an mein übriges Denken anschließt und zugleich mich fördert«, so formulierte es Goethe. Wahrheit ist ein Glaubensbegriff – und Marx schuf einen neuen Glauben, zu dem Engels noch eine Weltanschauung lieferte. Das rein abstrakte Denken Marxens war ihm zunächst fremd; er bewunderte es sehr, und zwar bis zur Selbstverleugnung und zur Herabsetzung seines eigenen Anteils an dem neuen Weltgebäude. Er dachte und schrieb anschaulicher, er appellierte auch an Empfindungen, Gemüt, die Freude an der Natur und den Naturwissenschaften, den Stolz auf Errungenschaften der exakten Disziplinen, und all dies wies ihn unleugbar darauf hin, daß das Proletariat nun das Erbe antreten würde, nicht mit dem »weh dir, daß du ein Enkel bist«, sondern hochgemut: jetzt erst kommen wir, und wir werden es besser machen als ihr alle.

Um nun das verordnete Ziel zu erreichen, bedarf es – anders als Bauer argumentierte – der *Aktion* der »Masse«. Zum Beispiel hatte Bauer ja auch das Scheitern der Französischen Revolution damit begründet, daß deren Ideen durch die Anteilnahme der beschränkten Masse verfälscht worden seien. Marx setzt nun dagegen: »Ideen können nie über einen alten Weltzustand, sondern immer nur über die Ideen des alten Weltzustandes hinausführen. Ideen können überhaupt nichts ausführen. Zum Ausführen der Ideen bedarf es der Menschen, welche eine praktische Gewalt aufbieten.« Die wird notwendig werden zur Auflösung des dialektischen und ganz handfesten Gegensatzes zwischen Proletariat und Privateigentum in der proletarischen Revolution. »Die besitzende Klasse und die Klasse des Proletariats stellen dieselbe menschliche Selbstentfremdung dar. Aber die erste Klasse fühlt sich in dieser Selbstentfremdung wohl und bestätigt, weiß die Entfremdung als *ihre eigene Macht* und besitzt in ihr den *Schein* einer menschlichen Existenz; die zweite fühlt sich in der Entfremdung vernichtet, erblickt in ihr ihre Ohnmacht und die Wirklichkeit einer unmenschlichen Existenz ... Das Proletariat vollzieht das Urteil, welches das Privateigentum durch die Erzeugung des Proletariats über sich selbst verhängt, wie es das Urteil vollzieht, welches die Lohnarbeit über sich selbst verhängt, indem sie den fremden Reichtum und das eigene Elend erzeugt ... Alsdann ist ebensowohl das Proletariat wie sein bedingender Gegensatz, das Privateigentum, verschwunden.« Der bisher als innerer, psychisch gesehener Konflikt der »Entfremdung« der ausgebeuteten Proletarier wird hier in einen allgemeinen äußeren Gegensatz zweier Klassen übergeführt und damit als soziales Phänomen gedeutet. Noch bleibt aber der abstrakte Begriff »Entfremdung« als Motor der Auseinandersetzung zwischen Arbeit und Reichtum im Spiel.

Nachdem der »Kritischen Kritik« nun gründlich ihre Verkennung der geschichtlichen Rolle des Proletariats angekreidet worden war, benutzte man gleich noch die Gelegenheit, sie in Sachen »Nationalökonomie« zu belehren. Bauer und Anhang hatten es schließlich gewagt, Proudhon und seine Schrift »Was ist Eigentum« einer Kritik zu unterziehen, und einen Angriff auf Proudhon hatte sich Marx insgeheim schon selber vorgemerkt. Hier galt es aber zunächst, den Franzosen gegen die Bauer-Clique zu verteidigen und die Haltlosigkeit der junghegelianischen Beurteilung bloßzustellen.

Dr. Marx, der Philosoph, war durch Engels auf die große Bedeutung der neuen Wissenschaft hingewiesen worden, die sich damals zu konsolidieren begann: die Wirtschaftswissenschaft, die Nationalökonomie, in England Political Economy genannt. Englische – oder zunächst richtiger schottische – Autoren waren ihre führenden Vertreter. Carlyle, auch ein Schotte, nannte diese neue Wissenschaft die »dismal science«, die düstere, trübselige Wissenschaft. Sie war nicht ganz so neu, als Marx mit ihr in Berührung kam. Sie war schon ein halbes Jahrhundert alt und hatte mit ihren drei prominentesten Autoren, Adam Smith, Malthus und Ricardo, bereits eine recht solide Literatur geschaffen, die dann die »klassische« auf diesem Gebiet genannt wurde, so auch von Marx und Engels. Das düstere und traurige Element, nach Carlyle, war in ihr durch Malthus vertreten, mit seinem drohenden Hinweis auf die Gefahren der Überbevölkerung, seinerzeit erbittert bestritten und zurückgewiesen von kirchlichen Kreisen. Den Optimismus repräsentierte Adam Smith, dessen Untersuchung »The Wealth of Nations« etwa so verstanden wurde, als sei damit eine Anweisung gegeben, »wie man seine Nation reich machen könne«, während Ricardo als Analytiker und Rechner genauere kritische Begriffe und Thesen formulierte. Von ihm wurde die »Arbeitswert-Theorie« entwickelt, die später noch bei Marx eine bedeutende Rolle spielen sollte.

Das exakte Messen auf allen Gebieten hatte bei den Franzosen und ihrer Metrifikation Ausgang genommen und allgemeine Verbreitung gefunden. Unermüdlich wurde nun begonnen, Kurven, Diagramme und die ersten noch recht simplen statistischen Tabellen anzulegen. Renten und Grundrenten fanden intensive Beachtung und wurden in Broschüren und dicke Bücher übertragen. Es grassierte geradezu ein Kinder- oder Köhlerglaube an die unbedingte Richtigkeit von einmal angelegten Kurven und ihrer Aussagekraft für die künftigen Entwicklungen. Je nach System verliefen sie in Richtung nach oben oder unten; optimistisch nach oben, pessimistisch nach unten. Die Idee, daß man ökonomische Gesetze, unveränderliche Naturgesetze, wie sie die »neuere« Physik verschrieben hatte, entdecken könne, gewann kräftig an Boden. Sie anzuzweifeln war nur Narren erlaubt oder eben ganz Rückständigen, die noch die Maße der Bibel im Kopf hatten. Methodisch ging man einerseits rein empirisch vor, hielt sich an »Tatsachen« und entwarf Konjekturen; die daraus gewonnenen Einsichten wurden wiederum nach bestem Wissen an historischen Fakten überprüft. Die andere Richtung, besonders Ricardo, verfocht eine »reine« Lehre, die sich weniger in den Niederungen der Tatsachen aufhalten mochte, sondern ihre Beweisführung aus striktem ökonomischen Denken bezog. Die Diskussion unter den Ökonomen ging zwar weiter, doch Marx hat sich ganz vornehmlich an diese drei »Klassiker« gehalten und verschiedentlich geäußert, daß er nur diese einigermaßen ernst nehmen könne; mit ihnen habe sich die Fähigkeit der bürgerlichen Wissenschaft erschöpft. Es kam fortan, versteht sich, nur noch seine, die Wissenschaft des Dr. Karl Marx, in Frage.

Über die Existenz von »Armut« und »Reichtum« als sich bedingendem Gegensatz – eine ziemlich verbreitete Erkenntnis, wie Marx in der »Heiligen Familie« Bauer ironisch zugesteht – war Einigkeit rasch zu erzielen; wie aber nun einer so unbezweifelbaren Malaise und ihren elenden Folgen zu Leibe gerückt werden sollte, darüber war man sich schon im Ansatz uneins. Getreu der Methode ihres Meisters Hegel, vermuteten Bauer und sein Kreis den Anlaß für die gegensätzliche Existenz von »Armut« und »Eigentum« außerhalb derer selbst – und infolgedessen sei es auch vergeblich, das Heilmittel gegen den Übelstand in ihnen zu suchen.

Anders Proudhon. Der hatte die Nationalökonomen studiert und – hierin sieht Marx nun seine unbestreitbare Leistung – war zu dem Schluß gekommen, daß diese sehr unrecht hatten, das Privateigentum und seine Bewegung als unumstößliche Tatsache hinzunehmen und in ihr die Voraussetzung des nationalen Reichtums zu sehen. Zwar scheint die anfängliche freie Vereinbarung von Kapitalist und Arbeiter über den Arbeitslohn ökonomisch vernünftig und gesellschaftlich nützlich und human, aber in der »unmenschlichen Wirklichkeit« endet alles im Zwang und Elend des Arbeiters. Proudhon hat »das Privateigentum schlechthin auf universelle Weise als den Verfälscher der nationalökonomischen Verhältnisse dargestellt«, resümiert Marx, »er hat alles geleistet, was die Kritik der Nationalökonomie vom nationalökonomischen Standpunkte aus leisten kann«. Darin lag Marx' Anerkennung und zugleich sein Vorbehalt.

»Es ist ein wirklich bejammernswerter Zustand, wenn man hier sieht, auf welche Weise einige Intriganten die armen deutschen Handwerker irreführen ... in den Kommunismus zu ziehen suchen ... Es werden Reden gehalten, offen Königsmord, Abschaffung alles Besitzes, herunter mit den Reichen usw. gepredigt; dabei keine Religion mehr, kurz, der krasseste abscheulichste Unsinn ... Ich schreibe Ihnen dies in aller Eile, damit die Marx, Heß, Herwegh, A. Weill, Börnstein nicht fortfahren, also junge Leute ins Unglück zu stürzen.« Solche und ähnliche Berichte klangen der preußischen Regierung sehr bedenklich in den Ohren, und ihr Vertreter mahnte die französischen Behörden immer dringlicher, gegen derart mißliebige Elemente und ihr Sprachrohr, den »Vorwärts«, einzuschreiten.

Guizot forderte seinen Minister dazu auf, aber der Pariser Staatsanwalt sah voraus, daß vor einem Geschworenengericht die Sache hätte schiefgehen können, da es sich ja um ausländische Affären handelte und womöglich einstimmiger Freispruch dabei herauskommen würde. Daher verfiel man auf den Trick, die Sache vor die Berufsrichter zu bringen: Es handele sich um unerlaubte Publikation, der »Vorwärts« beschäftigte sich mit Politik, ohne die gesetzliche Kaution für politische Blätter aufgebracht zu haben! So wurde

Redakteur C. L. Bernays zu zwei Monaten Gefängnis, dazu 300 Francs Geldstrafe verdonnert, zusätzlich der Verfahrenskosten von nochmals 300 Francs. Eine Berufung blieb ohne Resultat.

Im Gegenzug sollte nun das Blatt von Neujahr 1845 an als Monatsrevue erscheinen, die keine Kaution braucht. Das erste Monatsheft erschien, und prompt erging ein Polizeibescheid: Herr Börnstein sollte binnen vierundzwanzig Stunden ausgewiesen werden; der Polizeikommissar entschuldigte sich übrigens dafür. Die anderen Mitarbeiter hatten die gleiche Order. Anwälte wurden in Bewegung gesetzt, und man wollte Guizot wegen Unterwürfigkeit gegenüber fremden Regierungen interpellieren. Die Oppositionsjournale schlugen Lärm. Börnstein wurde zum Minister Duchâtel gerufen, und ein Kompromiß kam zustande. Seine Ausweisung wurde zurückgenommen – und das Blatt eingestellt. Auch die Ausweisung der anderen Mitarbeiter des Blattes, die Marx, Heine, Ruge und Bakunin betrafen, mußten nicht ganz so ernst genommen werden; in einer stillschweigenden Übereinkunft wurde den einzelnen bedeutet, daß die Sache zu den Akten gelegt werden könne, Agitationen in der Presse gegen befreundete Regierungen hätten förderhin aber strikt zu unterbleiben. Marx zog es vor, sich nach einem neuen Exil umzuschauen.

In den ersten Tagen des Februar 1845 ersuchte Karl Marx Seine Majestät König Leopold I. von Belgien, ihm den Aufenthalt in seinem Lande zu gestatten. Brüssel war als Wohnsitz ausersehen, in dem sich schon eine ganz erkleckliche Zahl von Asylsuchenden aus den verschiedensten Ländern eingefunden hatte. Der getreuen Jenny oblag es, noch einige Tage in Paris zu verweilen, bis der Hausstand aufgelöst worden war, um dann ihrem Karl zu folgen. Die belgischen Behörden gewährten Marx die Aufenthaltserlaubnis nur zögernd. Ganz verborgen war sein bisheriges Wirken ihnen nicht geblieben, und so mußte er erst ein Revers unterschreiben, in dem er seine künftige Tätigkeit ausschließlich auf eine philosophische beschränkte und sich verpflichtete, in der Tagespolitik nicht aktiv zu werden, bevor man seinen Antrag genehmigte. Ihn scharf im Auge zu behalten hatte man sich ohnedies vorgenommen.

Deutsche Ideologie

Das Hauptwerk dieser Brüsseler Emigration ist die »Deutsche Ideologie«, eine Gemeinschaftsarbeit von Marx und Engels, die kaum je wieder so intim zusammen über 500 Seiten Manuskript gesessen haben. Der Einfachheit halber spreche ich im folgenden von Marx; der Anteil von Engels läßt sich nicht genau bestimmen, und jedenfalls war Marx, nach Engels überzeugendem Bekenntnis, der Spiritus rector. Marx stand noch ganz im Bann von Hegel und Feuerbach, aber er kämpfte und polemisierte gegen sie; er bemühte sich, deren Einfluß abzuschütteln und zu seinen eigenen Formulierungen zu gelangen. Er höhnte vor allem mitleidlos die ehemaligen Hegel-Genossen. Es war kaum ein paar Jahre her, daß er Arm in Arm mit Bruno Bauer die Welt in die Schranken forderte und Professor in Bonn zu werden hoffte, daß sie beide ein »Archiv des Atheismus« begründen wollten. Doch Atheismus und Glaubensfragen waren nun bereits durch Feuerbach erledigt; ganz andere Fragen der Gegenwart, der »Wirklichkeit«, mußten jetzt geklärt werden.

Die Herausgeber des Manuskriptkonvoluts, das erst 1932 veröffentlicht worden ist in der ersten kritischen Gesamtausgabe, haben es, von ihrem Standpunkt aus mit Recht, an die Spitze gestellt. Sie haben im Vorwort das Werk charakterisiert als »von höchstem theoretischen, historischen und praktischen Wert.« Der Akzent liegt auf dem praktischen Wert. Die kommunistische Partei der Sowjetunion ist die Praxis. Sie hat, so die Herausgeber, das verwirklicht, was Marx und Engels in der »Deutschen Ideologie« schrieben: »daß die Revolution nicht nur nötig ist, weil die herrschende Klasse auf keine andere Weise gestürzt werden kann, sondern auch, weil die stürzende Klasse nur in einer Revolution dahin kommen kann, sich den ganzen alten Dreck vom Halse zu schaffen und zu einer neuen Begründung der Gesellschaft befähigt zu werden«.

Das Manuskript der »Deutschen Ideologie« hat seine Schicksale gehabt. Marx wollte es von Brüssel aus zum Druck bringen, aber das mißlang. Er konnte sich damit trösten, daß es die Zensur sei, die das verhinderte; es ist aber auch fraglich, ob irgendein Verleger, mochte er noch so sehr auf Druckbares erpicht und dem Autor zugetan sein, sich ermutigt gefühlt hätte, es zu publizieren. Es ist ein Monstrum, ein Fragment der Fragmente, eine Serie von Aufsätzen ganz verschiedener Art und ganz verschiedenen Stils, bald tödlich ernst, bald lehrhaft, bald spielerisch, ohne rechten Anfang und ohne Ende. Wir wissen nicht genau, wie das Exemplar aussah, das in zwei Bänden an die verschiedenen Verleger umhergeschickt wurde. Wir haben nur das Urmanuskript erhalten, das sich jedoch in einem desolaten Zustand befindet: zum großen Teil von der Hand Engels' und Weydemeyers geschrieben, mit furchtbar gekritzelten Zusätzen, Einschiebungen und Randbemerkungen von Marx; obendrein fehlen Blätter, und am Rande ist es von Mäusen angefressen. Denn Marx und Engels überließen es, wie Marx sagte, der »nagenden Kritik der Mäuse« und legten es zunächst für viele Jahre beiseite. Respektlose Leser könnten meinen, daß die Mäuse ihre Kritik besser etwas gründlicher ausgeübt hätten, aber dann wären uns womöglich die ersten grundlegenden Formulierungen des dialektischen Materialismus verlorengegangen.

Engels zog das ganze Konvolut ans Licht, als er sich nach Marx' Tode an die mühselige Arbeit machte, die hinterlassenen Stapel an Manuskripten zu sichten, die der Freund so seltsam und hartnäckig seinen Augen verborgen hatte. Es ist weder genau beschrieben worden, wie diese Unordnung wirklich ausgesehen hatte, noch hat man kritisch untersucht, worin Engels' Redaktionsarbeit im einzelnen bestand. Seiner Natur und Gewohnheit nach war er ein schneller Arbeiter, der sich übrigens auch leicht langweilte. Da mochte ihm das mäusezerfressene Manuskript, an dem er seinerzeit so innig mit Marx zusammengesessen hatte, eine wohltätige Unterbrechung gewesen sein, auch wenn es schauderhaft gerochen haben muß. Er blätterte, befriedigt von manchen Passagen und amüsiert über die ganz verschollenen Gesellen von ehedem. Er zog einige Teile heraus und las sie im Familienkreis vor. An die Marx-Tochter Laura in Paris schrieb er, auch sie werde sich »wälzen vor Lachen«, wenn sie es läse. Das getreue Lenchen, die mit Eleanor-Tussy zugegen war, habe gesagt: »Jetzt weiß ich auch, warum Sie beide damals in Brüssel des Nachts so gelacht haben, daß kein Mensch im Hause davor schlafen konnte.« »Wir waren damals freche Teufel«, meinte Engels, »Heines Poesie ist kindliche Unschuld gegen unsere Prosa.«

Wir hingegen dürfen nicht lachen. Es handelt sich um die ehrwürdige Urkunde der grundlegenden Thesen einer Weltbewegung. Wir haben auch nichts zu lachen. Das Opus, selbst in der ergreifend bemühten Arbeit der Herausgeber, die durch viele Umstellungen und Verbesserungen aus dem schwer zu entziffernden Wust einen publizierbaren Text herzustellen suchten, ist nicht lesbar im üblichen Sinne. Es enthält bei über 500 Seiten in großem Format etwa zwanzig, die für die Theorie von Marx wichtig sind, dazu noch eine Reihe von Sätzen, hier und da verstreut, die in der Regel wichtig genommen werden. Meist wird die ganze Schrift erst gar nicht gelesen; es wird nach Auszügen zitiert, und da nimmt es sich anders aus. Am Schluß hat Engels noch einige Notizen aus des Freundes Notizbüchern herausgegriffen, die als die »Elf Thesen über Feuerbach« inzwischen weltberühmt geworden sind. Auch diese Thesen, von Engels in lesbarere Form gebracht, sind vielen zu anstrengend, man begnügt sich oft mit der elften und letzten These: »Die Philosophen haben die Welt nur verschieden *interpretiert*, es kömmt drauf an sie zu *verändern.*«

Ich kann nicht so genügsam sein und nehme den ganzen Band zur Kenntnis. Er enthält bedeutsame Äußerungen, nicht nur an den paar Stellen, die üblicherweise zur Praxis des Marxschen Arbeitens und Denkens zitiert werden. Kaum je wieder hat er sich so unbekümmert und geradezu hemmungslos ausgesprochen; wie bei all seinen frühen Arbeiten war es ihm hauptsächlich um »Selbstfindung« zu tun. Die Absicht, eine revolutionäre Broschüre zu schreiben, kam erst in zweiter Linie. Eine Broschüre wurde es überhaupt nicht, sondern ein Zweibänder. Und im Stil, mit vielen Zitaten in griechischer, lateinischer, französischer, spanischer, sogar portugiesischer Sprache, mit vielen Hinweisen auf gelehrte Werke hätte es schwerlich an die breiteren Massen oder nur ein größeres Publikum appellieren können; ganz abgesehen davon, daß Stirner, Bauer und Genossen, die den überwiegenden Hauptteil einnehmen, doch nur einem winzigen Kreis bekannt waren. Das alles kümmerte ihn nicht. Er wollte mit diesen Exgenossen fertig werden, in denen nur zuviel noch weiterlebte von dem, was er selber gedacht und geglaubt hatte. Er wollte mit Feuerbach fertig werden, mit Hegel und dem Hegelianismus, und in der Kritik, im Angriff, in der Polemik kristallisierten sich ihm einige Gedanken, die dann lebenslänglich dominierten.

Ursprünglich war an eine leichte, spöttische Parodie gedacht, und vielleicht hat Engels, der sich mit seinen Berliner gereimten Übungen auf so etwas verstand, eine solche Rahmenhandlung vorgesehen: Ein Konzil soll veranstaltet werden, ein Konzil von »Kirchenvätern«. Der heilige Bruno (Bauer), der heilige Max (Stirner als Großmeister der Inquisition) treten auf und verhandeln gegen den »Ketzer« Feuerbach. Außerdem wird noch ein Prozeß gegen Moses Heß und die Verfasser der »Heiligen Familie« angestrengt, die sich aber »unter den Dingen dieser Welt« herumtreiben und nicht vor der Santa Casa der Inquisition erscheinen; sie werden in Abwesenheit zu ewiger Verbannung aus dem Reiche des Geistes verurteilt. Das wäre ursprünglich das erste Kapitel gewesen; nach fast 500 Seiten Polemik gegen Sankt Bruno, Sankt Max und Konsorten schließen die beiden Kirchenväter einen ewigen Bund, singen ein Duett und wackeln sich wie zwei Mandarine freundlich mit den Köpfen zu.

Dieses Kunstmittel, kleine Szenen aufzubauen, auch an Gesang zu appellieren, wird, neben langen belehrenden Exkursen, noch öfter angewandt. Wenn die beiden Freunde in Brüssel die Nächte hindurch lachten, so, weil sie sich ihren Gegnern grenzenlos überlegen fühlten. So sagten sie beim Abschluß des Konzils mit Worten den Bruno Bauers: der »Kritiker« geht »unaufhaltsam, siegsgewiß und siegreich seiner Wege«.

Sie blieben nur nicht auf dem Wege, jedenfalls nicht jetzt; Marx dürfte dabei der Hauptverantwortliche gewesen sein, er konnte nie loslassen. Das war seine Stärke, wenn es sich um einen großen Gegner handelte, seine Schwäche, wenn er es mit kleinen zu tun hatte. Er konnte Stirner und Bauer schwerlich als große Feinde ansehen. Aber sie standen wie die Zauberer und Riesen, die den Don Quijote bedrohten, in gigantischer Größe vor ihm, und er mußte sie erlegen. Die Originalausgabe des »Don Quijote« hatte er während der Arbeit neben sich liegen; er zitiert auf Spanisch unaufhörlich daraus, und Sankt Max wird dann zum Sancho auf dem Eselchen. Die Philosophie von Stirner und Bauer wird ihm zur »deutschen Philosophie« oder »Ideologie«, als ob sie dabei gewesen wäre, ganz Deutschland zu überwältigen. Er hat übrigens nicht nur den Cervantes neben sich auf dem Tische, sondern noch andere Literatur, Aufsätze aus Wigands Vierteljahresschrift, die Bibel – die seitenweise angeführt wird, natürlich in parodistischem Ton. Wenn er ein

Buch nicht zur Hand hat, so rennt er auf die vorzügliche Brüsseler Bibliothek und sieht es dort ein. Wir werden sogar mit einem ganz entlegenen mittelhochdeutschen Text im germanistischen Wortlaut regaliert, vom Meister Konrad von Würzburg aus dem 13. Jahrhundert. Die Namen der halben Weltliteratur werden bemüht, von Homer und den griechischen Philosophen angefangen, wobei Marx seine Dissertation zustatten kommt. Er belehrt den Gegner über Demokrit und Epikur, und dabei fällt ganz nebenbei ab, daß er inzwischen auch von den neuesten Atomforschungen und Dalton etwas gehört hat; es ist immer erstaunlich, wie Marx auf jede Schwebung seiner Zeit reagiert, wenn auch nur auf sehr unbestimmte Weise. Er zitiert, was er soeben oder worüber er etwas gelesen hat, die neuesten Sozialisten der Franzosen, die englischen Nationalökonomen; in seinem Notizbuch sind ganze Leihbüchereien notiert mit Werken, die ihn interessieren, oder Titel, die er gerne beim Buchhändler kaufen möchte. Sein Bedarf nach Lesefutter ist übermenschlich und gigantisch.

Mitten in der Arbeit an dem Zweibänder fuhr er noch mit Engels zu einer weiteren Aufnahme von Literatur nach Manchester, wo sie beide in der gut ausgestatteten Old-Chatham-Bibliothek vor einem Erkerfenster mit bunten Scheiben saßen und die neuesten englischen nationalökonomischen Werke studierten; Marx brachte ein ganzes Heft voller Exzerpte mit nach Brüssel. Engels wird ihm dabei sehr geholfen haben, denn Marx verstand zu dieser Zeit kaum ein paar Worte Englisch; er hatte bis dahin fast alle ausländische Literatur in französischer Übersetzung gelesen, denn große Fremdsprachenkenntnis besaß er nicht. Engels hingegen war ausgesprochen sprachbegabt; die kurze Zeit, in der er sich fließendes Englisch in wenigen Wochen aneignete, ist erstaunlich. Das Kopfkissen-Diktionär, eine enorme Hilfe bei solcher Aneignung, in Gestalt seiner Geliebten Mary Burns sei dabei nicht unterschätzt. Engels hat aber auch später, und immer mit Lust und Leichtigkeit, die schwierigsten Sprachen, selbst verschollene, bis zu einem gewissen Grad gemeistert, und zwar so weit, daß er sich im mündlichen Umgang verständigen konnte. »Er stottert in zwanzig Sprachen«, sagte bei den internationalen Kongressen bewundernd ein Teilnehmer; das Stottern bezog sich darauf, daß Engels einen Sprachfehler hatte, weshalb er auch selten in öffentlicher Rede aufgetreten ist. Marx hingegen hat lange gebraucht, bis er leidlich Englisch sprechen konnte; im Französischen, das er ja auch auf der Schule gehabt hatte und das im Rheinland noch in vielfacher Beziehung recht lebendig war, so in der Rechtspraxis seines Vaters, gelang ihm das besser. Engels hat lange Jahre für Marx die Artikel, die in englischer Sprache unter dem Namen Marx ausgingen, geschrieben oder umgeschrieben. Die vielen englischen Sätze und Ausdrücke, die sehr bald in den schauderhaften Dreisprachen-Mischmasch eingingen, den Marx verwendete, zeigen eigentlich nur, wie schwach sein Verständnis von Sprache war, von den Feinheiten und Obertönen, die gerade im Englischen so wesentlich sind, gar nicht zu reden. Das soll nun keine Verkleinerung seines Geistes bedeuten; der Allerweltssprachenkünstler wird schwerlich in seinem Kopfe Platz haben für wichtige Gedankengänge und große Konzeptionen, und noch weniger wird er fähig sein, sie zu formulieren. Dies aber, die Gabe zu formulieren, war Marx verliehen.

Auf das Konvolut der »Deutschen Ideologie« bezogen, heißt dies, daß die zahllosen Anführungen großer und kleiner Namen aus der Lektüre entnommen und – meist auch mit genauer Seitenangabe – abgeschrieben sind. Marx hat außerdem einige Autoren, wie Shakespeare und Dante, tatsächlich »auswendig« gewußt; vor allem mit Kernsätzen, die seiner Natur entsprachen und sie bestätigten.

Ein kleines Beispiel für seine Gabe, sich ahnungsvoll etwas vorzunotieren, was er im Augenblick der Niederschrift noch gar nicht begriff, nicht einmal sprachlich, ist eine Notiz in den Leselisten seiner Notizbücher aus dieser Zeit: »Wuon«, womit Robert Owen gemeint war, den Engels ihm offenbar genannt hatte, als er ihm von den Chartisten erzählte. Und Wuon-Owen sollte noch wichtig für ihn werden.

Nach der Rückkehr in die Brüsseler Emigration dürfte Engels, immer der Mahner, Marx gedrängt haben, das »Ding doch fertig zu machen«. Die eigentliche Arbeit, das große Buch über »Kritik der Politik und Nationalökonomie«, wurde zurückgestellt. Der Verleger Leske, der einen Vorschuß von 1500 Francs gezahlt hatte, mahnte ebenfalls; Marx hatte ihm hoffnungsvoll bei Vertragsabschluß erzählt, der erste Band sei schon »so gut wie fertig«, der zweite, mehr historisch gehalten, könne rasch nachfolgen. Zunächst müsse er nur noch eben eine Polemik gegen die deutsche Philosophie und den bisherigen deutschen Sozialismus vorausschicken, um das Publikum vorzubereiten. Das große Buch wurde nie geschrieben, die »Pariser Manuskripte« waren die Vorstudien. Leske, damals ein vierundzwanzigjähriger junger Buchhändler in Darmstadt, trat von dem Vertrag zurück; eine Rückzahlung des Vorschusses hat er noch als gereifter Mann nach 1871 vergeblich bei Marx angemahnt.

Solches Ausweichen vor einem großen Hauptwerk werden wir immer wieder bei Marx finden, stets verbunden mit größter Zähigkeit im Beibehalten von einmal gefaßten Grundkonzeptionen. Marx war ein Schwerarbeiter und ein schwerer Arbeiter; zahllos sind in dem Manuskript der »Ideologie« die Ausstreichungen, Verbesserungen und auch Verschlechterungen. Marx ähnelt da dem von ihm so hochgeschätzten Balzac, an dessen Manuskripten sich ähnliche Erscheinungen feststellen lassen. Einzigartig ist Marx jedoch darin, wie er nicht nur verbessert, sondern sich völlig vergißt in Polemik, Spielereien sprachlicher Art, Tabellen, langatmigen Aufzählungen und Wiederholungen. Und wie dann immer wieder dazwischen ein ganz bündiger, epigrammatischer Satz auftaucht, den man womöglich noch aus einem ganzen Geflecht von anderen Sätzen herauslösen muß. So etwa, wenn er gegen die deutschen »Ideologen« anrennt: »Philosophie und Studium der wirklichen Welt verhalten sich zueinander wie Onanie und Geschlechtsliebe.«

Marx ist hier bei der Liebe zur wirklichen Welt und kämpft dabei vor allem gegen Max Stirner, den er als Hauptfeind ausersehen hat. Dieser hatte 1844 sein Buch »Der Einzige und sein Eigentum« veröffentlicht, beim Verleger Wigand in Leipzig, dem Draufgänger und »Blücher« der jungen politischen Literatur, wie Engels ihn in seinem Heldengedicht genannt hatte. Engels war zunächst von dem Werk recht angetan, das den ganz konsequenten Egoismus verherrlichte und die Schrift zu einem »kleineren Klassiker« und Brevier für radikale Freunde des »Ich-Einzig-Glaubens« gemacht hatte. Engels schrieb an Marx darüber aus Barmen und verglich Stirner mit Bentham; Stirner sei konsequenter als der Engländer, weil er als Atheist den einzelnen auch über Gott und als »Allerletztes« hinstelle. Trotzdem sei er doch nichts anderes als ein »in Materialismus und Empirismus umgeschlagener Idealist«; sein Egoismus »ist nur das zum Bewußtsein gebrachte Wesen der jetzigen Gesellschaft und des jetzigen Menschen«. Darum sei das Ding wichtig: »Wir müssen es nicht beiseite werfen, sondern es eben als vollkommenen Ausdruck der bestehenden Tollheit ausbeuten und, indem wir es *umkehren*, darauf fortbauen. Dieser Egoismus ist so auf die Spitze getrieben, so toll und zugleich so selbstbewußt, daß er in seiner Einseitigkeit sich nicht einen Augenblick halten kann, sondern gleich in Kommunismus umschlagen muß... Aber was an dem Prinzip wahr ist, müssen wir auch aufnehmen. Und wahr ist daran allerdings das, daß wir erst eine Sache zu unsrer eignen, egoistischen Sache machen müssen, ehe wir etwas dafür tun können – daß wir also in diesem Sinne, auch abgesehen von etwaigen materiellen Hoffnungen, auch aus Egoismus Kommunisten sind, aus Egoismus *Menschen* sein wollen, nicht bloße Individuen.«

Engels hat sich hier, wie noch oft, als derjenige in der beginnenden Partnerschaft gezeigt, der erste und wichtigste Anregungen gab. Marx blieb es dann überlassen, sie zur Theorie und Lehre auszuarbeiten. Die tritt in diesem Opus freilich nur an einigen Stellen ans Licht, sie wird völlig von der Polemik überwuchert. Hier erscheint wesentlich der Kritiker, Ironiker und Hinrichter Marx, der noch so unwichtige Gegner »abschlachtet«, bis sie als blutlose Fetzen zum Abfall geworfen werden können. Überhaupt ist diese ganze, äußerlich als Parodie aufgemachte Scharteke lediglich da für den Biographen interessant, wo sie solche Züge beiträgt, die der »Findung des Marxschen Selbst« dienen können. Die Parodien sind langweilig und bestehen meist in endlosen Wiederholungen. Wir können es schwerlich amüsant finden, wenn Stirner einige hundert Male mit Sancho Pansa verglichen wird, dem ewig geprügelten und geprellten Schildknappen. Dabei sehen wir zugleich, wie Marx große Dichtungen für seine Zwecke verwendet. Denn bei Cervantes ist Sancho keineswegs ein dummer August, sondern der Mann des Volkes, des gesunden Mutterwitzes, der Vertreter der Realität gegenüber dem von vielem Bücherlesen verwirrten reinen Idealismus seines Herrn; als er aus Spaß zum »Statthalter« der utopischen Insel Barataria gemacht wird, bewährt er sich zum Erstaunen der hocharistokratischen Zuschauer der Veranstaltung sehr viel besser und in der Praxis wirkungsvoller, als jeder Grande es je getan hätte. Diesen Sancho aber kann Marx nicht gebrauchen; er beläßt es bei dem Prügelknaben, als welchen er Stirner darstellen möchte. Ähnlich verfährt Marx auch mit Gestalten Shakespeares und Goethes. Es ist da eine Art literarischer Utilitarismus am Werke; er nimmt das, was sich für seine Zwecke benutzen läßt, und überläßt den vom Dichter gemeinten Sinn eines Werkes den Ästheten.

Max Stirner – was andeuten sollte, daß der Autor der ganzen Welt die »Stirn« bieten wollte – war das Pseudonym für Kaspar Schmidt in Berlin, seines Zeichens Lehrer an einer Schule für höhere Töchter. Das wurde zum Anlaß für zahllose Sticheleien auf den »Schulmeister« und auf Berlin. Dessen Dialekt fand der ein breites und nichtrheinischen Zuhörern oft unverständliches Trierer Deutsch sprechende Marx urkomisch; er parodiert es mit »jebildet« und anderen Berolinismen. Er höhnt den Schmidt mit seinem »sauren Brot« und sieht in ihm nur die Auflehnung des »Kleinbürgers«, ein Wort, das hinfort zum ständigen Vokabular von Marx gehört und sich als stehende Bezeichnung bei seinen Nachfolgern erhalten hat. Er karikiert Stirner als den Berliner Weißbierphilister, dessen Horizont an dem mit Brettern vernagelten Hamburger Tor endet, während er, Marx, sich bereits am Rande des Weltmeeres und des Weltverkehrs stehend fühlt, herrschend über die Weltliteratur und die neuesten Schriften zur Ökonomie. Er wirft dem Berliner Schulmeister unentwegt ganze Kaskaden von Titeln aus seiner soeben notierten Lektüre entgegen, die dieser in seinem armseligen Berliner Lesekabinett unmöglich vorfinden kann. Er hält ihm lange Listen von Kommunisten vor, von denen Stirner nichts weiß, wenn er von »dem Kommunismus« einmal spricht: Sie stammen aus der soeben durch Engels erworbenen Kenntnis über die englischen Chartisten, die für Marx in diesem Zusammenhang samt und sonders Kommunisten sind. Er spricht überhaupt vom Kommunismus so, als ob er bereits genau und umfassend die neue Lehre formuliert hätte und über sie gebieten könnte, wobei die Auchkommunisten, geschweige denn die bloßen Sozialisten, die sich die »wahren Sozialisten« nennen, der Verachtung anheimfallen – einer Verachtung, für die der ganze zweite Teil des Konvoluts bestimmt war, der dann nie ganz zu Ende kam. Das Hauptopfer bildet da Karl Grün, der sich zwar als Redakteur der »Mannheimer Abendzeitung« recht rührig auf der »Linken« betätigt hatte und auch Marxens Abschiedsgesang für die »Rheinische Zeitung« veröffentlichte, sonst aber in der Tat ein reichlich vielgeschäftiger Skribent war; sein törichtes und schlecht geschriebenes Buch über Goethe konnte Marx mit Recht verspotten. Grüns flüchtige Schrift über die französischen Sozialisten hatte schon Moses Heß kritisiert. Daß er jedoch eine »Gefahr« hätte darstellen können, wie Marx meinte, ist Übertreibung und purer Jagdeifer.

Anders steht es mit Stirner. Dessen Buch war glänzend geschrieben; es enthält manche Sätze, die Marxens bestem aphoristischen Stil nahekommen. Stirner hat ein scharfes Auge für den »Egoismus« der großen Weltverbesserer. Er verwendet dafür das Wort »Pfaffen«, das auch Marx gerne gebraucht, wenn er einen ideologischen Gegner kennzeichnen will. Stirner vergreift sich sogar an den geheiligten Größen der Französischen Revolution, einem Robespierre und Saint-Just: »Weil die revolutionären Pfaffen und Schulmeister *dem* Menschen dienten, darum schnitten sie *den* Menschen die Hälse ab.« Marx verweist mit erhobener Hand auf die »wirklichen, empirischen, höchst profanen Interessen« der Masse, die zum Kopfabschlagen die Gründe abgaben. Davon spricht Stirner kein Wort!, ruft er entrüstet.

Stirner spricht von etwas anderem, und gerade dies ist es, was Marx so reizt. Er will auf die Totalität der Dinge oder Probleme hinaus, die großen Zusammenhänge, das System, auch wenn es erst in der Bildung begriffen ist. Es empört ihn, daß Stirner sich als »Empörer« bezeichnet, der sich vom bloßen Revolutionär unterscheidet und Empörung als eine dem Individuum urmenschlich gegebene Eigenschaft auffaßt. Das ist Marx das größte Ärgernis: Die Revolution soll nicht nur Empörung sein, ein bloßes Gefühl, sondern eine methodische, wissenschaftlich begründete, geschichtlich aus der gesamten Menschheitsentwicklung unwiderleglich aufgezeigte Angelegenheit. Das schwebt ihm vor, und das kommt auch in diesen Wortschwällen immer wieder zum Ausdruck.

Damit es aber herauskommt, muß seiner Arbeitsweise nach polemisiert werden. Die kleinste Abweichung schon von dem, was er denkt, ja aber auch, wenn der Gegner fast wörtlich das gleiche sagt, bedeutet eine Bedrohung und Gefahr. Das zeigt nicht, wie man auch gemeint hat, eine innere Unsicherheit an, wie sie allerdings sehr viel später in erstarrten marxistischen Systemen eine wesentliche Rolle spielt. Es ist eher die Störung, das Aufgehaltenwerden bei der Arbeit, die ihm so sauer fällt, trotz des vielen Gelächters. Und dann braucht Marx einfach einen Treibstoff für seine geistige Maschine. Daß dieser in der explosiven Kraft seiner Kampfeslust besteht, ist seine Eigenart, über die nicht zu moralisieren ist. Bei Betrachtung der Arbeitsweise großer Geister begegnen uns oft ungewohnte Stimulantien; Goethe hat einmal ganz fröhlich die Langeweile als Mutter der Musen bezeichnet.

Die Musen standen nicht in der Nähe der »Deutschen Ideologie«, auch nicht Klio, die bei den Griechen ja eine Muse war. Geschichte ist für Marx etwas grundlegend anderes als für alle bisherige Historik, die nach seiner Lehre nur mit angeblichen leitenden Ideen operierte; während diese doch lediglich Ausdruck der jeweils herrschenden wirtschaftlichen Verhältnisse sind, der Produktionskräfte und des Verkehrs, und somit den zu ihrer Zeit herrschenden Klassen dienten. Dieses Primat der Ökonomie hat er seiner seit zwei Jahren betriebenen Lektüre der französischen und englischen Ökonomen entnommen; bis dahin war ihm alles, was Wirtschaft hieß, meilenfern gewesen und nur bei seiner Redaktionstätigkeit an der »Rheinischen« einmal an ihn herangekommen. Geschichte wiederum hatte er bei seinen Studien über die Französische Revolution während der Flitterwochen zu Kreuznach etwas näher kennengelernt. Und so fällt er in der »Deutschen Ideologie« das monumentale Urteil: »Die Deutschen haben nie einen Historiker gehabt.« Er konzediert den Franzosen und Engländern, daß sie immerhin gewisse Ahnungen von dem, was Geschichte sein soll, aufgezeigt hätten; die Deutschen nicht, die nur aus ihrer irdischen Jämmerlichkeit in das Reich der Gedanken flüchteten. Und so schreibt er: »Der Zustand Deutschlands am Ende des vorigen Jahrhunderts spiegelt sich vollständig ab in Kants Kritik der reinen Vernunft«, und Kant ist ihm charakteristisch für den deutschen Bürger, dessen »beschönigender Wortführer er war«. Marx geht noch zurück bis ins 16. Jahrhundert, von da ab »hatte die deutsche Entwicklung einen ganz kleinbürgerlichen Charakter erhalten«. Er führt dazu etwas summarisch aus: »Der alte Feudaladel war größtenteils in den Bauernkriegen vernichtet worden«, übrig blieben nur Duodezfürsten, kleinere Grundbesitzer oder Krautjunker. Damit entstand völlige Zersplitterung, und »wo sollte politische Konzentration in einem Lande herkommen, dem alle ökonomischen Bedingungen derselben fehlten?« Zur Napoleon-Zeit dann: »Die deutschen Bürger, die über Napoleon schimpften, weil er sie Zichorien zu trinken zwang (durch die Kontinentalsperre) und ihren Landfrieden durch Einquartierung und Konskription störte, verschwendeten ihren ganzen moralischen Haß an ihn und ihre ganze Bewunderung an England«, während sie Napoleon hätten dankbar sein sollen für seine »Reinigung des deutschen Augiasstalles« und die Engländer nur darauf warteten, »sie zu exploitieren«. So etwa, belehrt er Stirner, sei die Geschichte materialistisch und nicht ideologisch zu interpretieren.

Auch zum Mittelalter äußert er sich, da Stirner von der kirchlichen Hierarchie spricht: »Was nun die wirkliche Hierarchie des Mittelalters betrifft, so bemerken wir hier bloß, daß diese für das Volk, für die große Masse der Menschen nicht existierte. Für die große Masse existierte nur die Feudalität... die politische Form der mittelaltrigen Produktionsverhältnisse. Aus der Darstellung dieser praktischen, materiellen Verhältnisse ist also allein der Kampf der Feudalität gegen die Hierarchie zu erklären; mit dieser Darstellung hört von selbst die bisherige Geschichtsauffassung auf, die die Illusionen des Mittelalters auf Treu und Glauben annahm – namentlich die Illusionen, die Kaiser und Papst in ihrem Kampfe miteinander geltend machten.«

Es mag damit genug sein der Beispiele, wie sich in der Auseinandersetzung mit dem Gegner die Thesen formieren. Es ist eine Art Projektions- oder Scheinwerfertechnik der Geschichtsdeutung; und nicht zufällig lautet auch die entsprechende heutige Wortgebung, daß sie »ein ganz neues Licht wirft« auf die bis dahin im dunkel liegende Geschichte. Das Licht ist die neue Theorie. Marx sieht die gesamte Weltgeschichte vor sich wie ein aufgeschlagenes Buch, nicht viel anders als die Frommen vergangener Jahrhunderte, die »Gottes Handschrift« an den Berghängen der Natur deutlichst aufgezeigt sahen. Statt Natur ist es für Marx die historische »Wirklichkeit«, wenn man sie unvoreingenommen und unvernebelt von Ideen betrachtet. Man muß nur »hinsehen«, ein Wort, dessen er sich in der Zukunft immer wieder bedient. Da er nun die Produktionskräfte als das entscheidende Element des Weltgeschehens erkannt hat, beginnt er den Unterschied vom Mensch zum Tier mit dem Zeitpunkt festzulegen, wo der Mensch anfängt, seine Lebensmittel zu produzieren; Arbeitsteilung ist der nächste Schritt, ganz ursprünglich schon durch die Arbeitsteilung beim Geschlechtsakt gegeben. Und Arbeitsteilung ist für Marx der Grund allen Unheils; ihre Aufhebung eines der Hauptziele des Kommunismus.

Weltgeschichte, Weltliteratur und auch Weltkunst – an Reichhaltigkeit des Dargebotenen hat Marx die »Deutsche Ideologie« nie übertrumpft. Stirner hat ihn gereizt dadurch, daß er für seinen »Einzigen« auch die großen Genies der Musik und Kunst heranzieht und meint: »Niemand an Deiner Stelle kann Deine musikalischen Kompositionen anfertigen, Deine Malentwürfe ausführen. Raffaels Arbeiten kann niemand ersetzen.« Dazu Marx mit Überlegenheit: Er könne doch wohl wissen, »daß nicht Mozart selbst, sondern ein anderer Mozarts Requiem größtenteils angefertigt und ganz ausgefertigt hat, daß Raffael von seinen Fresken die wenigsten selbst ›ausgeführt‹ hat.«

Raffael, Leonardo und Tizian müssen durch die gesellschaftlichen Zustände und die Arbeitsteilung ihrer Zeit erklärt werden. »Raffael, so gut wie jeder andere Künstler, war bedingt durch die technischen Fortschritte der Kunst, die vor ihm gemacht waren, durch die Organisation der Gesellschaft und die Teilung der Arbeit in allen Ländern, mit denen seine Lokalität in Verkehr stand. Ob ein Individuum wie Raffael sein Talent entwickelt, hängt ganz von der Nachfrage ab, die wieder von der Teilung der Arbeit und den daraus hervorgegangenen Bildungsverhältnissen der Menschen abhängt.«

In der Astronomie ist ebenfalls »Organisation der Arbeit« zu verzeichnen bei gemeinsamen Beobachtungen von Gelehrten, auch in der Geschichtsschreibung der Franzosen, die damit anderen Nationen den Rang ablaufen. Abschließend heißt es: Im Kommunismus »fällt jedenfalls fort die Subsumtion des Künstlers unter die lokale und nationale Borniertheit, die rein aus der Teilung der Arbeit hervorgeht, und die Subsumtion des Individuums unter diese bestimmte Kunst, so daß es ausschließlich Maler, Bildhauer usw. ist, und schon der Name die Borniertheit seiner geschäftlichen Entwicklung und seine Abhängigkeit von der Teilung der Arbeit hinlänglich ausdrückt. In einer kommunistischen Gesellschaft gibt es keine Maler, sondern höchstens Menschen, die unter anderem auch malen.«

Diese Passagen sind, seit sie nach 1932 bekannt wurden, von entschlossenen Spätmarxisten in umfangreichen Traktaten zum Ausgangspunkt für »marxistische Ästhetik« in vielen Ländern gemacht worden, für die sich die materielle Basis eines ins ungeheure angewachsenen akademischen Betriebes, in Arbeitsteilung oder im Kollektiv, zur Erklärung anbietet. Doch Marx selbst ging es gar nicht so sehr um Fragen der Kunst, für die er zeitlebens nur ein sehr geringes Interesse gezeigt hat. Von einem persönlichen Eindruck eines Kunstwerkes, abgesehen von theoretischen Fragen der Ästhetik, die er zuweilen angeschnitten hat, von einem Bild, einer Plastik, auch nur einer Architektur ist kaum je die Rede, im gesamten Briefwechsel mit dem Freund Engels überhaupt nicht. Es ging ihm um seine Lehre, um die Theorie, mit der die Wirklichkeit erfaßt und gebändigt werden sollte. Dem dienten die Auseinandersetzungen mit Stirner, und erst nachdem er sich da durchgearbeitet hatte, konnte er auch an den größeren und immer noch respektierten Gegner gehen, Feuerbach. Auch dieses Kapitel wurde nicht abgeschlossen; er betitelte es I. Feuerbach; II. oder III. folgten nicht nach. Und in dem Text dieses für ihn entscheidenden Aufsatzes ist auch von Feuerbach nur wenig und verhältnismäßig vorsichtig die Rede, dafür immer noch von Zeit zu Zeit von Bauer und Stirner. Die Hauptsache war für Marx, seine Konzeption nun zusammenzufassen. Nach einem furiosen Anfang, der die Junghegelianer nun endgültig in den »Verfaulungsprozeß des absoluten Geistes« verbannt, kommt er nun, wir müssen sagen endlich, dazu, »den ganzen Spektakel einmal von einem Standpunkte anzusehen, der außerhalb Deutschlands liegt«.

Der Ton wird anders. Marx baut auf, gliedert, zieht zusammen. Die Polemik verliert sich, wenn sie auch immer wieder einmal hineinspielt. Es wird nun eine seiner geschlossensten Arbeiten, obwohl auch nur ein Fragment. Seltsam, daß er diese Kernsätze seiner Lehre den Mäusen überließ und sie auch im späteren Verlauf nicht wieder so umsichtig vorgetragen hat.

Die Lehre ist klar und einfach, und ganz einfach gliedert sich für Marx auch die gesamte Weltgeschichte, die er in etwa zwanzig Seiten vorstellt. Wir haben schon einige der Hauptsätze in den Auseinandersetzungen mit Stirner kennengelernt. Die Ideen, und das schließt alles ein, was sonst auch unter Religion, Philosophie, Moral usw. geht, sind nur der Ausdruck des jeweiligen wirtschaftlichen Zustandes und der daraus erwachsenen gesellschaftlichen Verhältnisse einer bestimmten Zeit, und damit dienen sie der jeweils herrschenden Klasse. Sie sind ein Herrschaftsinstrument. Sie haben keine unabhängige, selbständige Existenz. Wenn die Produktionsverhältnisse sich ändern, so ändern sich entsprechend die Ideen.

Doch diese Änderungen gehen nicht immer ganz glatt vonstatten; dann entstehen Revolutionen. Die neue materialistische Geschichtsauffassung ist eine Revolutionslehre. Die Weltgeschichte besteht aus Revolutionen, die nur von den bisherigen Historikern verkannt oder ungenügend erklärt wurden. Der Kampf der Klassen, der herrschenden und der beherrschten, ist die »Wirklichkeit« der Weltgeschichte. In der zusammenfassenden These seines Summariums heißt es: »Der Kommunismus unterscheidet sich von allen bisherigen Bewegungen dadurch, daß er die Grundlage aller bisherigen Produktions- und Verkehrsverhältnisse umwälzt und alle naturwüchsigen Voraussetzungen zum ersten Mal mit Bewußtsein als Geschöpfe der bisherigen Menschen behandelt, ihrer Naturwüchsigkeit entkleidet und der Macht der vereinigten Individuen unterwirft. Seine Einrichtung ist daher wesentlich ökonomisch, die materielle Herstellung der Bedingungen dieser Vereinigung; sie macht die vorhandenen Bedingungen zu Bedingungen der Vereinigung.«

Das sind, so heißt es in der Einleitung, »keine Dogmen, es sind wirkliche Voraussetzungen, von denen man nur in der Einbildung abstrahieren kann. Es sind die wirklichen Individuen, ihre Aktion und ihre materiellen Lebensbedingungen, sowohl die vorgefundenen wie die durch ihre eigene Aktion erzeugten. Diese Voraussetzungen sind also auf rein empirischem Wege konstatierbar.« Und damit, in dieser empirischen Konstatierbarkeit, ist diese Lehre für ihn wissenschaftlich, ein wissenschaftlicher Sozialismus oder, wie Engels es später einmal treffender gesagt hat, eine sozialistische Wissenschaft.

Das alles ist in sich geschlossen. Es beruht auf bestimmten »Voraussetzungen« und kann nur innerhalb dieser verstanden und diskutiert werden. Kritik der Marxschen Lehre ist nicht mein Thema; ich habe es mit seinem Leben und seiner Zeit zu tun. Wo aber steht Marx in diesen Jahren zu Brüssel, und wo steht er innerhalb der bestimmten Entwicklungsepoche, die ihn umgibt?

Denn das war gerade eine seiner grundlegenden Thesen: die Ableitung und Aufzeigung von Entwicklungsstufen, in denen die Produktionskräfte und die von ihnen abhängigen Ideologien und Gedanken eine gewisse Höhenstufe erreicht haben. Daß diese vorläufigen Stufen dann im Kommunismus eine endgültige und einmalige

Höhenstufe erreichen, ist nicht Geschichte, sondern Folgerung aus seiner Geschichtsdeutung und Prophetie.

Das würde Marx allerdings nicht zugeben. Die Folgerung schon, nicht aber das Prophetische. Auch darüber kann man mit ihm nicht debattieren; es ist Sache des Glaubens. Ich beschränke mich darauf, von der Stellung zu sprechen, die Marx und seine Thesen in jener bestimmten Epoche einnehmen.

Er spricht, wie schon gesagt, vom Kommunismus als etwas schon deutlich Umrissenen und Erkennbaren, bei sich selber wie im weitesten Umkreis. Er sieht den Kommunismus in allen Ländern – abgesehen vom rückständigen Deutschland – am Werke, wenn ihm auch dessen einzelne Repräsentanten, sobald er sie näher ins Auge faßt, mißfallen. Er erklärt Kommunismus als unweigerliche Folge und als Erbe des Weltverkehrs und Welthandels, als unmittelbar hervorgehend aus der Klassenteilung, die nur eine Folge der Arbeitsteilung ist und das Proletariat geschaffen hat. Das wird nun der Träger der Revolution sein und die nächsthöhere Entwicklungsstufe erobern, auf der die Arbeitsteilung verschwindet und die Menschen sich frei mit allen Seiten ihrer Begabungen entwickeln können. Marx sieht revolutionäre Bewegungen, die dahin zielen, in Fülle, in England besonders; er wirft dem unwissenden Stirner vor, daß er nichts von der englischen Insurrektion von 1842 weiß, dem Aufstand in Wales 1839 und dem »heiligen Monat«, in dem die allgemeine Bewaffnung des Volkes proklamiert wurde; aus der Geschichte zitiert er zurückgreifend die Arbeiterunruhen unter dem byzantinischen Kaiser Zeno, die Jacquerie des 14. Jahrhunderts, den Aufstand von Wat Tyler 1381, die Erhebung des Gerbers Kett 1549, acht Aufstände in einem Jahre, 1659, zu Paris und den »beständigen Krieg, der seit 1770 in England und seit der Revolution in Frankreich von den Arbeitern gegen die Bourgeois mit Gewalt und List geführt wird«. Geschichte ist für ihn Vergangenheit und Gegenwart zugleich, aber auch die Zukunft. Geschichte, wie er sie auffaßt, ist die »einzige« Wissenschaft. »Es gibt keine Geschichte der Politik, des Rechts, der Wissenschaft etc., der Kunst, der Religion etc.«, heißt es dazu in den Notizen zum Feuerbach-Kapitel kategorisch.

Die Zeit, in der er lebte, sah eine Blüte des Historismus in der Quellenforschung wie in der Praxis der Geschichtsschreibung. Große vielbändige Geschichtswerke wurden geschrieben, gelesen und gekauft in einem Ausmaß wie nie zuvor oder nachher. Die Franzosen hatten ganz vorzügliche Historiker, die auch blendend schrieben, und Marx hat sich gebührend bei Thierry, Mignet, Guizot für die Einsichten bedankt, die sie ihm in dem immerwährenden Klassenkampf der Geschichte gegeben hatten. Die Engländer blieben nicht zurück, sie gingen vielfach sogar voran. Die Deutschen Niebuhr, Ranke, Mommsen hat er auch später kaum erwähnt, außer in Spott und Hohn, so wenn er Ranke charakterisiert: »Das was das tanzende Wurzelmännchen für Geist hielt – die spielende Anekdotenkrämerei und die Rückführung aller großen Ereignisse auf Kleinigkeiten und Lausereien«; er hat ihn einfach nicht gelesen. Das, was die Leistung dieser deutschen Historiker ausmachte, die scharfe, mitleidlose Kritik an den Quellen, die mit allen Traditionen und Legenden aufräumte, begonnen von Niebuhr für die römische Geschichte und von Ranke weitergeführt in seiner für die Historiker des ganzen Jahrhunderts richtunggebenden »Kritik neuerer Geschichtsschreiber« von 1824, hat er nicht zur Kenntnis genommen, sosehr Kritik ihm Lebenselement und Lebensaufgabe war. Seine Kritik setzte anders an, total, ein Lieblingswort zu dieser Zeit. Ranke hatte in der Vorrede zu seiner Erstlingsschrift sich gegen die frühere Geschichtsschreibung entschieden verwahrt: »Man hat der Historie das Amt, die Vergangenheit zu richten, die Nachwelt zum Nutzen zukünftiger Jahre zu belehren, beigemessen; so hoher Ämter unterwindet sich gegenwärtiger Versuch nicht; er will bloß sagen, wie es eigentlich gewesen.« Das konnte Marx nicht gebrauchen, obwohl es gerade auch gegen Hegel gesagt war, den er jetzt überwunden hatte. Er sieht vielmehr seine Geschichtsauffassung als ein einziges, unaufhörliches Weltgericht an, nur daß dieses nicht von einem Weltenrichter, sondern von der Geschichte selber vollzogen wird. Das sind für ihn nicht Ideen, es ist die Wirklichkeit, er sieht sie allenthalben um sich her.

Die Vollstrecker des Weltgerichts sind also die Proletarier. Es sind Millionen in allen Ländern, sie haben alle die gleichen Interessen, die gleiche Aufgabe, nur daß ihnen diese nicht immer bewußt ist. Sobald seine Theorie wie ein Blitz »einschlägt« in diese Massen, wird sie zur Praxis, das heißt, die Revolution bricht aus. Dazu ist Organisation nötig; Marx will nicht nur schreiben, wie das die Deutschen immer getan haben, während die anderen Nationen handelten. Er will organisieren. Die »Internationale« steht bereits vor seinen Augen.

Wer nun die Proletarier konkret sind, das steht zu dieser Zeit noch nicht genau für ihn fest; er kennt sie kaum und hat nur gelegentlich Kontakt mit Arbeitern, die meist Handwerker sind. Er versucht im Streit mit Stirner, einmal zu unterscheiden zwischen Proletariat und Pauperismus, der, so meint er, nur die ganz hilflosen und in völlige Armut abgesunkenen Proletarier darstellt. Er unterscheidet von dem echten Proletariat auch das »Lumpenproletariat«, die Vagabunden und Halb- oder Ganzverbrecher, ein Begriff, der ihm auch später in der politischen Debatte sehr zustatten kommt. Unverrückbar fest steht aber für ihn der Begriff »das Proletariat«; fest steht für ihn ebenso der Gegner: das Bürgertum, die Bourgeoisie, die ebenfalls eine geschlossene Begriffseinheit ist. Das Bürgertum muß vernichtet werden, es hat seine geschichtliche Mission erfüllt, die Produktionskräfte gesteigert, Welthandel und Weltverkehr herbeigeführt. Er spricht an einer Stelle, gegen den Kleinbürger Stirner, sogar mit Hochachtung vom Gegner: von der Konkurrenz – sonst dem Erzübel des bürgerlichen Wirtschaftssystems –, die aber, wie Stirner aus jedem Buch über Ökonomie entnehmen kann, auch im großen Stile, wie beispielsweise in England, dazu führt, die »Sache am besten zu machen«. »Der kleine kommerzielle und industrielle Betrug wuchert nur unter bornierten Konkurrenzverhältnissen, unter den Chinesen, Deutschen und Juden, und überhaupt unter den Hausierern und Kleinkrämern.« Und so ist es bereits zu einem großen Zusammenhang der Völker gekommen. Er erklärt: »Der Kommunismus ist empirisch nur als die Tat der herrschenden Völker auf einmal oder gleichzeitig möglich, was die universelle Entwicklung der Produktivkraft und den mit ihm zusammenhängenden Weltverkehr voraussetzt.«

Er ist da ganz der Provinziale aus dem Städtlein Trier, der eben erst in Paris und London wirkliche Weltstädte kennengelernt und mit dem Studium der englischen Ökonomen nicht nur von Grundrente und Arbeitskraft, sondern auch von den Problemen weltweiter Wirtschaft gelesen hat. Es ist zu begreifen, daß er bereits einen Höchststand dieses so erfolgreichen Systems erreicht glaubt, der nur noch durch eine ganz neue Ordnung überboten werden kann. Auch das ist Konkurrenz, weltgeschichtliche Konkurrenz.

Marx lehnt dabei, und das ist der wesentliche Unterschied seiner Lehre zu der anderer Sozialisten, völlig ab, sich auf die Ideale der

Gerechtigkeit, Gleichheit und Brüderlichkeit zu berufen; er behandelt sie eher spöttisch. Schon das sonst so beliebte Wort Ideal ist von Übel; es bedeutet nur Verwirrung. Kommunismus ist nicht der spekulative Plan einer Zukunftsgesellschaft, wie ihn die anderen Sozialisten ausgeheckt haben, nicht ein »Zustand, der hergestellt werden soll, ein *Ideal*, wonach die Wirklichkeit sich zu richten haben wird. Wir nennen Kommunismus die *wirkliche* Bewegung, welche den jetzigen Zustand aufhebt.«

Marx und Engels gehen nun daran, diese Bewegung zu organisieren. Sie legen das unvollendete Konvolut beiseite, einschließlich der Notizen zu Feuerbach, und begeben sich in die Praxis. »In der Praxis muß der Mensch die Wahrheit, i. e. Wirklichkeit und Macht, Diesseitigkeit seines Denkens beweisen.« So hieß es in einer der Thesen zu Feuerbach. Und in der nächsten These war davon die Rede, daß der bisherige Materialismus bei der Lehre von der Veränderung der Umstände und der Erziehung »vergißt, daß die Umstände von den Menschen verändert und der Erzieher selbst erzogen werden muß«. Das könnte eine sehr nachdenkliche und für ständig geltende Überlegung sein. Es ist jedoch anders gemeint: »Sie muß daher die Gesellschaft in zwei Teile – von der der eine über ihr erhaben ist – sondieren.« Der höhere Teil kann nur das Proletariat sein, und um sich zu erheben, muß es Revolution machen, muß Diktatur ausüben, um auszumerzen, was noch am alten hängt. Dabei werden die Denker, die zuerst in aller Klarheit die geschichtliche Sendung des Proletariats erkannt haben, auch das Proletariat zu erziehen haben, das unvermeidlich noch seinerseits mit vielen Resten des alten behaftet sein wird. Es ist unverkennbar, daß Dr. Marx und Friedrich Engels sich als solche Erzieher-Diktatoren sahen, und in den Begegnungen, von denen wir Berichte haben, kommt das deutlichst zum Ausdruck.

Der Russe Annenkow, der ihn zu dieser Zeit in Brüssel sah, schildert Marx als einen Menschen, »der aus Energie, Willenskraft und unbeugsamer Überzeugung bestand, ein Typus, der auch der äußeren Erscheinung nach höchst merkwürdig war. Eine dichte, schwarze Mähne auf dem Kopfe, die Hände mit Haaren bedeckt, den Rock schief zugeknöpft, hatte er dennoch das Aussehen eines Mannes, der das Recht und die Macht hat, Achtung zu fordern ... Er sprach nicht anders als in keinen Widerspruch duldenden Urteilen, die übrigens noch durch einen schmerzhaft scharfen Ton, der alles, was er sprach, durchdrang, verschärft wurden. Diese Note drückte die feste Überzeugung von seiner Mission aus, die Geister zu beherrschen. Vor mir stand die Verkörperung eines demokratischen Diktators, wie sie der Phantasie vorschweben mochte.«

Das Elend der Philosophie

Nun befanden sich die Geister, die es diktatorisch zu beherrschen galt, kaum in übermäßig großer Zahl am Platze, den man, durch die Verhältnisse gedrängt, hatte aufsuchen müssen. Es hieß also, Fäden zu den vielfach verstreuten Grüppchen von Sozialisten und Kommunisten in den verschiedenen Ländern – Marx dachte immer in globalem Rahmen – zu spinnen und die diversen, oft auseinanderstrebenden Richtungen zu koordinieren. Als dafür taugliches Mittel entschied man sich für den Aufbau einer weitverzweigten Korrespondenz, die dem Austausch der Ideen und Meinungen dienen sollte; von Marx und Engels war dabei nun weniger an wechselseitiges Geben und Nehmen gedacht, sondern eher an eine Einbahnstraße mit Befehlsausgabe von Brüssel her.

Paris mit seinem weitgefächerten Spektrum von sozialistischen und kommunistischen Richtungen mußte selbstverständlich als wichtigster Knotenpunkt berücksichtigt werden. Pierre Joseph Proudhon, mit dem Marx während seines Pariser Aufenthalts nächtelang diskutiert hatte, verfügte nach wie vor über den größten Einfluß auf die französischen und auch deutschen Handwerker und Arbeiter in der Stadt. Wohlwollende Anerkennung war diesem bereits von Marx in der »Heiligen Familie« zuteil geworden, in der er Proudhons Werk »Was ist Eigentum?« als »ein wissenschaftliches Manifest des französischen Proletariats« feierte; Engels pries die Schrift 1843 in »New Moral World«, dem Blatt der Anhänger Owens, als »das bedeutendste und am meisten philosophische Werk zugunsten des Kommunismus ... Kein anderes hat mit gleicher Kraft des Geistes und echter Wissenschaftlichkeit das Wesen des Privateigentums aufgedeckt.«

So erging von Brüssel aus die Aufforderung an Proudhon, sich dem geplanten Unternehmen anzuschließen. Die Antwort war »ja« und meinte »nein«. Zwar stimmte Proudhon dem Plan zu, eine Plattform für Meinungen aller Schattierungen zu schaffen, um diese eingehend zu beleuchten und vereint den gesellschaftlichen Gesetzen nachzuspüren; die Methoden gemeinsam zu erforschen, um der ökonomischen Wirklichkeit beizukommen, wurde von ihm als gewichtige Aufgabe angesehen. Aber – und hier wird er vor Augen gehabt haben, wie wenig Marx in jeglicher Diskussion Bereitschaft gezeigt hatte, auf andere Standpunkte als seinen eigenen sich einzulassen – er warnt eindringlich vor Dogmatismus und Intoleranz, vor dem starren Prophetentum einer neuen Religion, die in die Fehler der für überwunden erklärten Positionen verfiele. Falls jeglicher systematischen Exklusivität abgeschworen und eine andauernde Überprüfung der Argumente erfolgen würde, könnte man auf seine Mitarbeit rechnen. »Das, mon cher philosophe, ist derzeit mein Standpunkt – natürlich nur so lange, bis der sich als falsch herausstellt und es dazu kommt, daß Sie mich stäupen ...«

Das war eine Ermunterung, die sich Marx nicht zweimal sagen ließ, schon gar nicht von diesem ernstzunehmenden Konkurrenten. Man besann sich nun in Brüssel. War es nicht Proudhon gewesen, der in seiner Schrift gegen das ungehemmte Privateigentum zugleich auch den Kommunismus scharf angegriffen hatte? Wie hatte es dort geheißen? »Kommunismus bedeutet Ungleichheit, aber nicht wie sie das Eigentum schafft. Eigentum ist die Ausbeutung der Schwachen durch die Starken. Kommunismus ist Ausbeutung der Starken durch die Schwachen. Im Kommunismus entsteht dadurch Ungleichheit, daß das Mittelmaß mit dem Exzellenten auf eine Stufe gestellt wird.« Und noch schärfer: »Kommunismus ist Unterdrükkung und Sklaverei« ... »die größte Gefahr, der die heutige Gesellschaft ausgesetzt ist, ist ein erneuter Schiffbruch an dieser Klippe.« Das Epigrammatische, die überspitzte Formulierung war eine Stärke Proudhons – »Dieu, c'est le mal« als outrierteste Zuspitzung, wobei er die Kirche meinte; sonst plädierte er für freie Gottgläubigkeit –, und manche seiner Schlagworte haben sich bis auf den heutigen Tag erhalten. »Was ist Eigentum? Eigentum ist Diebstahl.« Als aufrührerisches Motto und Titel seiner Schrift über die notwendige Umverteilung des Besitzes war dies zu einer gewichtigen Parole in der Auseinandersetzung der Sozialisten mit den Herrschenden geworden. So radikal, wie sich das las, war die Forderung wieder nicht gemeint. Diebstahl war das große »Kapital«, der Grundbesitz, die Zinsen, Renten, Hausmieten und Pacht, das arbeitslose Eigentum. Die Erbsünde sah Proudhon in dem unvermeidlichen Anwachsen des Kapitals unter dem Schutz des Staates, dessen Institutionen von den Reichen infiltriert werden, die somit legalisierten Raub und Diebstahl am Volk verüben, »die Ausbeutung des Menschen durch den Menschen«. Privateigentum in beschränktem Umfang, das man sich selbst erarbeitet hat, bejahte und forderte er ausdrücklich. Gleich Saint-Simon erachtete er darin den unbedingt notwendigen Anreiz für die Leistung sowie die Grundlage für die persönliche und öffentliche Moral. Als weiteren verwerflichen Faktor im Wirtschaftsleben machte Proudhon den Wettbewerb aus: Durch ihn verkehrt sich die Menschheit in einen erwerbshungrigen Haufen gegenseitig sich übertölpelnder Konkurrenten; Gewalt und Geschicklichkeit triumphieren über Vernunft und Gerechtigkeit. Als Heilmittel nun verschrieb er gegenseitige Kooperation in übersichtlichen Genossenschaften für Handel und Gewerbe, Verbraucher und Produzenten. Gegenseitigkeit ist das Hauptprinzip, Tausch und wechselseitige Dienste, wobei Kapitalansammlung in einer Hand verhindert werden muß. Denn letzteres hat zu den Verzerrungen der menschlichen Natur und den ungleichen sozialen Verhältnissen geführt. Proudhon glaubte an das Gute im Menschen, der nur die rechte Anleitung braucht, um auf den Pfad der Tugend gelenkt zu werden. Unverrückbar bildeten ethisch-moralische Begriffe die Pfeiler seines Weltverständnisses.

»Ich bin reinstes Jura-Gestein«, waren die Worte dieses Abkömmlings eines hartköpfigen Bauerngeschlechts aus der Franche-Comté, seit alters her die »Freischaft« Burgund genannt. Er verlebte eine entbehrungsreiche Kindheit, aber »wir atmeten die freie Luft unserer Felder und lebten von den Früchten unseres Bodens« – und dieses Ideal stand ihm zeit seines Lebens vor Augen, wie er im Grunde seines Herzens auch ein Bauer blieb. Er absolvierte eine Schriftsetzerlehre und begegnete zum erstenmal sozialistischen Gedanken in Fouriers Werk »Le nouveau monde industriel et sociétaire«, das er für den Druck setzte. In diesem Beruf reiste er quer durch Frankreich, wovon die zahlreichen guten Zeugnisse in seinem

Dienstbuch beredte Auskunft geben, die ihn alsbald zum Meister aufrücken ließen. Nach einigen Jahren verließ er die Druckerei Gauthier, die hauptsächlich mit kirchlichen Druckerzeugnissen befaßt war, und machte sich selbständig. Später bemerkte er einmal, daß »die Bibel, Adam Smith und Hegel« seine Lehrmeister gewesen seien; wir wollen aber auch nicht die Begegnungen und Erfahrungen, die er auf den Reisen und im Kreise seiner Berufsgenossen sammeln konnte, unterschätzen, und die ihm lebendiges Anschauungsmaterial dafür lieferten, was die Menschen im Lande bewegte. Die kleinen Verhältnisse, die er dort vorfand, wurden ihm zur Richtschnur; nicht von ungefähr besitzt das Stichwort »Assoziation« so große Bedeutung für ihn, das sich auf seine Beobachtungen in der Provinz, dem Lande, stützte, wo man sehr wohl bei der Arbeit aufeinander angewiesen war. Die vage Vorstellung von gutnachbarschaftlichen Beziehungen und kameradschaftlicher Wärme in einem Kreis, wo man sich gegenseitig kennt und schätzt, mag ebenfalls mit seinen persönlichen Erfahrungen zu tun haben. Allgemeinen Zuspruch fand besonders seine Idee kleiner, lokal begrenzter Zusammenschlüsse durch sich – mit gleichem Beruf, gleicher Herkunft, gleichen Interessen – zusammengehörig fühlende Menschen. Von dieser Idee führt eine direkte Linie zum Syndikalismus späterer Jahre.

Ganz ohne Zweifel haftete den Vorstellungen Proudhons ein gewisser Provinzialismus an. Engels urteilte noch schärfer: »Die Geschichte ist zum Totschießen«, schrieb er an Marx aus Paris, diese in England längst dagewesenen und »zehnmal bankrottierten labour-bazars, Assoziationen aller Handwerker aller Zweige ... Eine wahre Straubinger-Idylle, die von vornherein alle große Industrie, Bauhandwerke, Ackerbau usw. ausschließt.«

Genau das war aber der Punkt, aus dem das Proudhonsche System seine Stärke und Anziehungskraft bezog. Im handwerklichen Betrieb und im überschaubaren Rahmen kleinbürgerlicher Gewerbe sah er die Chance für den einzelnen Arbeiter gegeben, durch ein geringes Mehr an Ausbildung und Wissen zur Übernahme und Leitung der Unternehmen in gemeinschaftlicher Anstrengung befähigt zu werden. Sein eigener Werdegang stand ihm dabei gewiß vor Augen. Sich ergebende Probleme könnten noch allemal an Ort und Stelle ihre Lösung finden, von der Werkbank aus würden die Entscheidungen zu treffen sein. Die wollte man nicht irgendeinem Abgeordneten oder Parteimitglied überlassen wissen, die das sogenannte generelle Interesse im Auge hatten, und schon gar nicht einer entfernten Parteizentrale mit Sitz in Paris. Man verzichtete überhaupt gern auf jede Partei oder Elite, die es übernehmen wollte, die anstehenden wirtschaftlichen und politischen Fragen der Zeit zu meistern. Proudhon lehnte Obrigkeit prinzipiell ab, wie er auch jede Führungsrolle von sich wies, die Marx sehr entschieden beanspruchte. Proudhon und seine Anhänger verließen sich da lieber auf ein gesundes Mißtrauen gegenüber solchen »Lehrmeistern«, die angeblich die allein richtige Lehre, die Theorie als gültige Rezeptur, in den Händen oder besser »Fäusten« hielten.

Auch für den Staat war in Proudhons Konzept so recht kein Platz mehr; nun sollte nicht gerade das finstere Chaos herrschen, aber An-Archie war ausdrücklich gemeint. Er selber berichtet, daß er als Abgeordneter der Nationalversammlung 1848 sich ziemlich verloren fühlte, da er gegen die mühsam erarbeitete Konstitution votierte, »nicht weil sie schlecht, sondern weil sie eine Verfassung ist!« – »Ins Irrenhaus mit ihm!« rief man ihm entgegen. Keineswegs sollte Proudhons Vorstellung von Anarchie bedeuten, daß er einem sich wild austobenden Individualismus das Wort redete – und das unterschied ihn von Bakunin, dessen Augen Glanz bekamen, wenn Aufruhr herrschte –, sondern er empfahl die freiwillige konstruktive Zusammenarbeit aller, und zwar unter strikter Abwesenheit jeglichen staatlichen Zwanges. Die ökonomische Seite seiner Vorschläge ist denkbar simpel, einfache Buchführung und einfache Abrechnung sind ihre Pfeiler – was Engels übrigens ganz ähnlich sah, der mit ein paar tüchtigen Kommis den kommunistischen Staatshaushalt leichter und besser bewältigen will, als es die zahlreiche und schwerfällige staatliche Bürokratie vermag. Um die enorme Wirkung Proudhons ganz zu begreifen, muß man auch seine Schriften zur Hand nehmen. Der Stil ist glänzend, daher rührt sein starker Einfluß auf Intellektuelle, sein Stil ist aber auch verständlich, und das bewirkte die breite Resonanz bei den Arbeitern. Er wurde als »das ist einer von uns« empfunden, ganz im Gegensatz zu Marx, den man als Lehrer akzeptierte, der »für uns« denkt und arbeitet, den Mann des großen Wissens, den Gelehrten – aber dem Volke fremd, wie eben alle Akademiker. In dem Spiel der sozialistischen Bewegung stand so Proudhon, der Bauer inmitten einer großen Schar

Gleichgesinnter, Marx in seinem elfenbeinernen Philosophenturm gegenüber.

»Herr Proudhon liefert nicht deshalb eine falsche Kritik der politischen Ökonomie, weil er eine lächerliche Philosophie besitzt, sondern er liefert eine lächerliche Philosophie, weil er die gegenwärtigen sozialen Zustände in ihrer Verkettung – um ein Wort zu gebrauchen, das Herr Proudhon wie viele andere Dinge Fourier entlehnt – nicht begriffen hat.« So lautete es in Marx' Brief an den Russen Annenkow, als ihm Proudhons neuestes Werk »System der ökonomischen Widersprüche oder Philosophie des Elends«, das 1846 erschienen war und von dem Engels schon berichtet hatte, vorlag. Proudhons Absage an die Brüsseler mit seinen Warnungen vor neuem Aposteltum und Dogmatismus war hier nicht vergessen. Es galt jetzt, den Gegner ins Mark zu treffen, Proudhons Ruf als Denker sollte endgültig »vernichtet« werden. Das war der Vorsatz, mit dem sich Marx an seine Streitschrift machte, die, in ironischer Umkehrung von Proudhons Buchtitel, »Das Elend der Philosophie« hieß und 1847 in Paris und Brüssel an die Öffentlichkeit kam.

Schon früher hatte Proudhon eine eigene Version der Dialektik und ihrer Anwendung auf die gesellschaftlichen Verhältnisse entworfen. Die gegensätzlich wirkenden Kräfte sind bei ihm nicht in einer Synthese umgewandelt und aufgehoben, sondern sie existieren in einem unstabilen Gleichgewicht nebeneinander, und ihr Zusammenprall bewirkt die sozialen Bewegungen. Unter diesem Blickpunkt erfahren dann auch seine zum Teil vernichtend ausfallenden Urteile über den Kommunismus – Willkür, Faulheit – und über das Eigentum eine mildernde Wendung durch ihre historische Bedeutung. Die geschichtliche Phase des »Kommunismus«, als Verkörperung des Gemeinbesitzes, trifft auf die historische Antithese »Privateigentum«, als Ausbeutung des Menschen, und aus ihnen nun geht als dritte Form der Gesellschaft die »Freiheit« hervor, eine Freiheit »mit unendlicher Vielfalt, da sie innerhalb der gesetzlichen Grenzen jeden Willen respektiert«. Das Kunststück gelingt insofern, da sich bei diesem Treffen die »schlechten« Seiten ausschließen und die »guten« Seiten eine erwünschte Gesellschaft von gemeinschaftlich produzierenden Menschen mit kleinem Privatbesitz hervorbringen. Das geht nun bei Proudhon nicht ohne fixe, abstrakte Begriffe ab, als da sind Gerechtigkeit, Billigkeit und Moral.

Für Marx sind dies Reizworte, die in seinem absoluten Denkschema eines unbeirrbar gesetzmäßig voranschreitenden dialektischen Materialismus keinen gesonderten Platz einnehmen, sondern in diesem Prozeß von selbst mit abfallen.

In der »Philosophie des Elends« schreibt Proudhon: »In der absoluten Vernunft sind alle diese Ideen ... gleich einfach und generell... In der Tat gelangen wir zur Wissenschaft nur dadurch, daß wir unsere Ideen zu einer Art Gerüst aufbauen. Aber die Wahrheit an sich ist unabhängig von diesen dialektischen Figuren und frei von den Konstruktionen unseres Geistes.« Marx gerät ob dieser Ausführungen in Harnisch. »Was die dialektische Bewegung ausmacht, ist gerade das Nebeneinanderbestehen der beiden entgegengesetzten Seiten, ihr Widerstreit und ihr Aufgehen in eine neue Kategorie. Sowie man sich nur das Problem stellt, die schlechte Seite auszumerzen, schneidet man die dialektische Bewegung entzwei.« Da kämen wir aber weit, wenn man nur noch Gut und Schlecht nähme, eine Kategorie als Gegengift gegen die andere, und zum Schluß gäbe es keine Dialektik mehr, sondern die pure Moral. Proudhon »will Synthese sein, und er ist ein zusammengesetzter Irrtum«. Er irrt auch, wenn er glaubt, daß man einfach mit Verordnungen und Gesetzen den gesellschaftlichen Übeln und Auswüchsen zu Leibe rükken könnte. »Aber die Völker entwickeln sich nicht auf Königs Befehl. Bevor sie solche Verordnungen fabrizieren, müssen sie mindestens ihre industriellen und politischen Existenzbedingungen, folglich ihre ganze Daseinsweise, von Grund auf ändern.« Spöttisch entreißt Marx die ökonomischen Kategorien dem Schoß der »unpersönlichen Vernunft der Menschheit«, wohin sie von Proudhon verwiesen wurden und mit deren »Fleischwerdung« man es hier auf Erden nur zu tun hätte. Sie sind vielmehr historische, vergängliche, vorübergehende Produkte. »Die sozialen Verhältnisse sind eng verknüpft mit den Produktivkräften. Mit der Erwerbung neuer Produktivkräfte verändern die Menschen ihre Produktionsweise, und mit der Veränderung der Produktionsweise, der Art, ihren Lebensunterhalt zu gewinnen, verändern sie alle ihre gesellschaftlichen Verhältnisse. Die Handmühle ergibt eine Gesellschaft mit Feudalherren, die Dampfmühle eine Gesellschaft mit industriellen Kapitalisten.«

Auch zur »Streik«-Frage und zu Arbeiterkoalitionen, die ihr Ziel darin sahen, Lohnerhöhungen zu erzwingen, hatte Proudhon seine eigene Meinung. Er lehnte sie grundsätzlich ab, weil deren Aktion nur erneute Preissteigerungen nach sich ziehen würde; zudem sah er die Gefahr gewaltsamer Auswüchse, vor denen er früher schon eindringlich gewarnt hatte. Er setzte vielmehr auf die Möglichkeit, durch den rein wirtschaftlichen Druck der immer mehr an Einfluß gewinnenden Assoziationen die wirtschaftliche und politische Struktur des Landes wandeln zu können. Durch gewalttätiges revolutionäres Handeln sah er die Gefahr der Diktatur einer Clique heraufbeschworen. Dem setzte Marx wortgewaltig sein Credo von der revolutionären Mission des Proletariats entgegen. »Von allen Produktionsinstrumenten ist die größte Produktivkraft die revolutionäre Klasse selbst. Die Organisation der revolutionären Elemente als Klasse setzt die fertige Existenz aller Produktivkräfte voraus, die sich überhaupt im Schoß der alten Gesellschaft entfalten konnten. Heißt dies, daß es nach dem Sturz der alten Gesellschaft eine neue Klassenherrschaft geben wird, die in einer neuen politischen Gewalt gipfelt? Nein ... Nur bei einer Ordnung der Dinge, wo es keine Klassen und keinen Klassengegensatz gibt, werden die gesellschaftlichen Evolutionen aufhören, politische Revolutionen zu sein. Bis dahin wird am Vorabend jeder allgemeinen Neugestaltung der Gesellschaft das letzte Wort der sozialen Wissenschaft stets lauten:

›Kampf oder Tod; blutiger Krieg oder das Nichts. So ist die Frage unerbittlich gestellt.‹

George Sand.«

Die ersten Kommunisten

Aus der großen Welt der Gedanken müssen wir hinabsteigen in die Kleinwelt der Brüsseler Emigration, in die »Wirklichkeit« der Realität. Es war ein winziger Kreis, der sich um die beiden künftigen Chefs der Weltrevolution, die so unmittelbar bevorstand, geschart hatte, eine Handvoll Menschen, nach allen Seiten offen, auch für die »schädlichen Einflüsse« abweichender und konkurrierender Lehren oder für die Verlockungen des Wirtschaftslebens, das größtenteils für sie schwersten Druck und Armut bedeutete. Leben aber mußten sie irgendwie, und dies ist nur selten etwas präziser beschrieben worden: Einige der besten Berichte stammen von Stephan Born, der als Schriftsetzer bei dem Brüsseler deutschen Blättchen arbeitete, um diese Zeit Marx und Engels nahe trat und später in der Revolutionszeit 1848 sich als Gründer erster Buchdruckerorganisationen und der »Arbeiterverbrüderung« auszeichnete. Er war von Haus aus kein Proletarier, sondern Sohn des jüdischen Maklers Buttermilch; den Namen Born hatte er, ohne sich taufen zu lassen, angenommen, als er mit fünfzehn das Gymnasium verlassen mußte, um eine Buchdrukkerlehre zu beginnen. Das Geld reichte nicht für ihn als den Jüngsten; der ältere Bruder wurde Mediziner und hatte später seine Praxis in Berlin Unter den Linden. Der junge Stephan lernte das Handwerk gründlich und erfuhr am eigenen Leib die damals brutalen Arbeitsbedingungen, die Lehrzeit, die vom Lehrherrn weit über die normale Frist hinaus ausgedehnt wurde und nur Lohndrückerei darstellte, die Arbeitszeit von bis zu sechzehn Stunden. So wurde er früh Rebell. Neben der schweren Arbeit bildete er sich unablässig weiter, hospitierte in den wenigen Stunden, die er sich freimachen konnte, an der Berliner Universität, begann zu schriftstellern und las des Nachts alles, was er ergreifen konnte. Er wurde dann Mitglied eines Handwerkervereins und gehörte dessen Vorstand an; es handelte sich – noch unter dem Druck des bestehenden Koalitionsverbots und der Polizeiaufsicht – um angeblich »unpolitische« Zusammenschlüsse zur gegenseitigen Hilfeleistung, die Unterhaltungsabende veranstalteten, bei denen Handarbeiten, Zeichnungen und Laubsägearbeiten vorgezeigt wurden. Sogar der amtliche Spitzel, Vigilant genannt, rühmte die »kommunistischen Mitglieder«, daß sie nicht »aus böswilliger Absicht, sondern aus Überzeugung« dabei seien und daß ihm »kein böser Charakter« unter ihnen vorgekommen sei. Ein Theologe war darunter, der wegen einer Predigt über Jesus bei den Zöllnern und Sündern amtsentsetzt worden war und in Berlin eine kleine Druckerei gegründet hatte, ein anderer war Pastor aus dem Kreis der »Lichtfreunde«, der protestantischen Dissidentengruppe, die sich von der offiziellen Kirche abgespalten hatte.

Der junge Born ging, mit Unterstützung seiner älteren Brüder, nach Paris. Er lernte Karl Grün kennen, durch diesen Proudhon, dann kam er zu Engels und Marx. Er war schon Kommunist und wurde jetzt »richtiger Kommunist«; ein »ganz richtiger« ist er jedoch nie geworden, und die Liebe zu Marx und Engels erlosch nach 1848. Doch die Erinnerungen, an seinem Lebensabend in der Schweiz geschrieben, sind ohne Ranküne und Bitterkeit, wie fast bei allen andern, die dann mit Marx zerfielen. Er schildert hier den Haushalt von Marx und besonders Frau Jenny mit großer Sympathie: »Ich habe selten eine so glückliche Ehe gekannt, in welcher Freud und Leid, das letztere in reichlichstem Maße, geteilt und aller Schmerz in dem Bewußtsein vollster gegenseitiger Angehörigkeit überwunden wurde. Ich habe auch selten eine in ihrer äußeren Erscheinung wie in ihrem Herzen und Geiste so harmonisch gestaltete Frau gekannt.« Er berichtet, daß Marx zwar einige Bekanntschaften in Brüssel machte, meist mit Ausländern, doch »kam es nicht zu einem wirklichen geselligen Verkehr, und weder er noch seine Frau schienen einen solchen zu vermissen«. Das erstreckte sich, wie Born glaubhaft erzählt, bis auf den Verkehr mit dem neugewonnenen Freund Engels, der ganz in der Nähe mit seiner Mary Burns wohnte. Engels brachte die Geliebte, die sonst eher im Hintergrund blieb, einmal zu einer Festspielaufführung im deutschen Verein mit, in dem die beiden Paare Marx und Engels durch einen großen Raum voneinander getrennt waren. Marx gab Born zu verstehen, daß seine Frau die Bekanntschaft mit Engels' Begleiterin auf das strengste ablehne. »In Fragen der Ehre und Reinheit der Sitten war die edle Frau intransigent.« Frau Jenny hat diesen Standpunkt auch in London beibehalten und sich erst nach Marys Tode mit ihrer Schwester und Nachfolgerin Lizzie als der ständigen Lebensgefährtin von Engels ausgesöhnt.

Ein anderer deutscher Buchdrucker, Karl Wallau, setzte zusammen mit Born die »Deutsche Brüsseler Zeitung«, herausgegeben von Adalbert von Bornstedt, einem ehemaligen preußischen Gardeoffizier. Das Blatt gab sich revolutionär, doch Bornstedt fungierte in Paris als Geheimagent der preußischen Regierung. Wieweit Marx und Engels das wußten, ist unklar; verdächtig genug war ihnen der Mann. Das Blatt jedoch benutzten sie für ihre Artikel, da sie sonst keine Zeitung zu ihrer Verfügung hatten. In den Spalten dieses Blattes, das sie für sich zu erobern gedachten, führten sie ihren erbitterten Kampf mit einem anderen ehemaligen Genossen oder Mitarbeiter, Karl Heinzen, dem Stellvertreter von Marx bei der Redaktion der »Rheinischen Zeitung«. Heinzen war Westfale, körperlich ein

Hüne, er sah aus, nach Herzens Beschreibung, »als ob er aus ganz zufällig zusammengesetzten großen Stücken Menschenfleisch bestünde«. Er hatte seine Mutter früh verloren, stritt sich bereits mit seinen Lehrern, randalierte auf der Universität Bonn und wurde nach einem Semester relegiert. Danach ging er in den holländischen Kolonialdienst auf Java, kam aber bald nach Deutschland zurück. Er wurde Steuereinnehmer, legte sich mit der Regierung an und veröffentlichte eine Broschüre über die »Bürokratie in Preußen«, die sofort beschlagnahmt wurde und ihm polizeiliche Kontrolle eintrug. Nach publizistischer Tätigkeit wie bei der »Rheinischen« und nach verschiedenen weiteren – immer wieder beschlagnahmten – Broschüren, wie »Ein Steckbrief« über die preußische Justiz, flüchtete er nach Brüssel. Dort stritt er sich mit Moses Heß und Stephan Born, der gegen Heinzens Vorstellungen vom Staat eine kleine Schrift publizierte. Und bald überwarf er sich mit Marx und dieser mit ihm. Diese massive Masse Mensch mit ihren zusammengeworfenen Ideen muß eine magnetische Anziehung auf Marx ausgeübt haben, auch schon rein physisch. Heinzen erzählt wiederholt in seinen Erinnerungen, daß Marx ihn im Gasthaus zu Köln, im Café in Brüssel körperlich attackiert habe und daß er, Heinzen, ihn dann in die Ecke schleuderte, worauf Marx nur wütend rief: »Kein Wunder, wenn man solche Elefantenknochen hat!« Wir lassen das dahingestellt sein, Marxens physische Rauflust ist sonst nicht bezeugt. Seine psychische dagegen ausführlich, und diese richtete sich jetzt gegen Heinzen. Das Emigrantenblatt in Brüssel wurde zur Arena, Marx focht, und Engels sekundierte. Auf eine der gedruckten Schimpfereien Heinzens, eine »Drecklawine«, wie Marx sie nannte, meinte er, man könne darauf nur mit Ohrfeigen antworten, und man möchte wünschen, daß die »nagende Kritik der Mäuse« auch diese ganzen Papiere weggefressen hätte; sie haben sich aber erhalten. Alle Streitereien jener Tage erklären gut, weshalb die geplante Organisation einer machtvollen Partei immer wieder ins Stocken kam. Statt sich mit aller Energie dem Aufbau einer kommunistischen Korrespondenz in lithographierten Heften zu widmen – ein gewisser Sebastian Seiler hatte in Brüssel schon ein Korrespondenzbüro aufgemacht, in dem auch Frau Jennys Lieblingsbruder, Edgar von Westphalen, arbeitete –, schlugen sie sich mit Heinzen herum. Auch der mußte schließlich erst beseitigt werden; Marx hatte dafür immer die gleiche Formel oder Ausrede. Er konnte in seinem Totalitätsanspruch nur Tabula rasa um sich her sehen. Das war denn auch, in anderer Weise, Heinzens Idee von der Revolution: Es müßten erst einmal ein oder zwei Millionen Reaktionäre und Aristokraten umgebracht werden, ehe die Revolution siegen könnte! Das war eine der Parolen, die er lauthals verkündigte, auch später noch im Londoner Exil nach 1848, was die »Times« zur Erklärung veranlaßte, daß solche Leute nicht von der Pressefreiheit profitieren dürften und ausgewiesen werden sollten. Heinzen wurde zwar nicht ausgewiesen, ging aber freiwillig nach Amerika. Und dort, um seinen Lebenslauf abzuschließen, wurde er einer der frühesten Herolde des rabiaten Terrorismus, unaufhörlich publizierend. Er hat nie praktisch an Terrorakten teilgenommen, propagierte jedoch schon die neuesten technischen und chemischen Geheimmittel für die Aktion der »Partei der Verzweiflung«, wie er seine Anhänger nannte, die eben erfundenen Nitrosprengstoffe, vergiftete Geschosse, Blausäure. Ein halber Kontinent müsse erst in die Luft fliegen, so erweiterte er seine Millionenversion. Er ließ mit zunehmendem Alter etwas nach in seiner Blutrünstigkeit und setzte sich auch für die Befreiung der Neger und für Frauenrechte ein. Dabei hat er allerdings nie aufgehört, in den Spalten seiner Zeitschrift »Pionier« gegen Marx zu polemisieren; dessen Kommunismus würde nur zu neuer Sklaverei führen. Im Alter wurde er, ausgerechnet in Boston, der aristokratischsten Stadt Amerikas, zu einer bekannten und angesehenen Gestalt in radikalen Kreisen und erhielt ein prachtvolles Begräbnis mit einem gedruckten Band von festlichen Leichenreden.

Marx sah in Heinzen einen Vertreter des Anarchismus oder der blindwütigen Aktion, einen Typus, der ihm immer zu schaffen gemacht hat. Gegen Heinzen trat zuerst Engels in der »Deutschen Brüsseler Zeitung« an. Er trug gegen dessen Angriffe auf den Kommunismus fast wörtlich die Thesen der »Deutschen Ideologie« vor: Der Kommunismus ist nicht etwa, wie Heinzen glauben macht, eine Doktrin. Er ist eine Bewegung und geht von den Tatsachen aus, von der Geschichte, den derzeitigen wirtschaftlichen Zuständen und Konsequenzen. »Der Kommunismus, soweit er theoretisch ist, ist der theoretische Ausdruck der Stellung des Proletariats in diesem Kampfe und die theoretische Zusammenfassung der Bedingungen der Befreiung des Proletariats.« Heinzen antwortete mit einer langen Schimpfkanonade und persönlichen Angriffen. Ein einsamer Satz darin hätte Marx und Engels treffen können, wenn sie verwundbar gewesen wären: »Bewähren Sie Ihren Seherblick: fassen Sie die Aufhebung des Eigentums, diese Ihnen von der Flut der Tatsachen vor die Füße gespülte ›Folge‹ dreist beim Schopfe und zeigen Sie uns die Folge dieser Folge, zeigen Sie uns, was Ihre Freundin, die Geschichte, aus dieser Folge machen wird! Sie wollen nicht?«

Marx seinerseits ging vor allem auf Heinzens Schimpfereien ein und nahm sie zum Anlaß, eine literarhistorische Paraphrase über den Grobianismus aus der deutschen Literaturgeschichte des 16. Jahrhunderts vorzutragen, in der er während dieser Zeit las. Da wird Heinzen als Sankt Grobianus zu Sankt Bruno, Sankt Max und Sancho Pansa gestellt. Das Grobianische der deutschen Literatur der Reformationszeit hat Marx oft fasziniert, auch bei Luther. Hier paraphrasiert er es in einem Monstersatz über eine ganze Druckseite hinweg, der die Großsprecherei, Unbildung und Formlosigkeit Heinzens mit aneinandergereihten Bezeichnungen für Philistertum und Kleinbürgerei karikiert. Die Unbildung Heinzens, der in der Tat kein Hehl daraus machte, daß er von Philosophie und Ökonomie nichts verstünde noch hielte, war für Marx ein Hauptgrund, ihn zu hassen; er hielt es aber für unter seiner Würde, ihm auf der Ebene ernsterer Auseinandersetzung zu entgegnen.

Es war zwar nicht alles Kabale und Holzerei in der kleinen Kolonie zu Brüssel, doch übergenug gab es davon. Ein anderer preußischer Exoffizier neben dem suspekten Bornstedt fand sich ein, diesmal von der Artillerie, die eine bemerkenswerte Menge von ehemaligen Angehörigen in die Revolution entsandt hat. Joseph Weydemeyer, gleichaltrig mit Marx, hatte seinen Abschied genommen, war Sozialist und Redakteur an dem linksliberalen »Westphälischen Dampfboot« geworden. Er kam jetzt nach Brüssel und wurde einer der engsten Anhänger, der Marx auch treu blieb, als er nach Amerika auswanderte. Weydemeyer schrieb an seine Braut über die etwas leichtere Seite des Emigrantenlebens in Brüssel Anfang 1846: »Wenn ich Dir erzähle, was wir hier für ein Leben geführt haben, so wirst Du über die Kommunisten gewiß die Hände über dem Kopf zusammenschlagen. Um den Unsinn auf das Höchste zu treiben, haben Marx, Weitling, Marx' Schwager und ich eine ganze Nacht durchgespielt. Weitling wurde zuerst müde; Marx und ich schliefen einige Stunden auf einem Sofa und verbummelten dann den folgenden Tag in Gesellschaft seiner Frau und seines Schwagers auf die kostbarste Weise. Des Morgens früh zogen wir erst in eine Bierkneipe, fuhren dann mit der Eisenbahn nach einem nahen Örtchen Villevorde, wo wir zu Mittag aßen, und kehrten dann in der übermütigsten Laune mit dem letzten Zug zurück.«

Ferdinand Freiligrath stellte sich ein, schon berühmt als Dichter, wie Herwegh berüchtigt bei den Behörden, und in die Emigration gestoßen nach polizeilichen Verfolgungen. Er fand Marx um diese Zeit »interessant, nett, anspruchslos«. Marx konnte sich auch so geben. Es lag ihm daran, Freiligrath zu versöhnen, den er seinerzeit in der »Rheinischen« durch die Parteinahme für Herwegh angegriffen hatte. Um die Frage der Organisation war es damals gegangen, und sie ist zwischen Marx und Freiligrath nie ganz zur Ruhe gekommen, trotz naher freundschaftlicher Beziehungen über lange Jahre im Londoner Exil; doch auch hier sollte alles mit Bruch enden. Jetzt aber war Freiligrath wichtig für Marx. Er galt als eine der kommenden Größen der neuen deutschen Literatur und war volkstümlich wie kaum ein anderer von den Jüngeren. Freiligrath, Lehrersohn und Kaufmann von Beruf, hatte, schon vom Kontorschemel aus, mit farbigen Gedichten über orientalische Themen begonnen, eine Mode, die von Victor Hugo eingeleitet war und auch in der Malerei durch Delacroix ihre Triumphe feierte. Freiligraths »Löwenritt« wurde weit bekannt, sein »Mohrenfürst« sogar, Zeichen jungen Ruhms, von Heine persifliert; die bunten Farben faszinierten, Rot löste das zahme Blau der Romantik ab. Dazu gesellten sich Töne, die ans Gemüt appellierten, sein »Auswandererlied« stand für hundert Jahre in allen Anthologien. In einem seiner Gedichte hatte er in den Schlußzeilen geschrieben:

»Der Dichter steht auf einer höhern Warte
Als auf den Zinnen der Partei!«

Worauf Herwegh entrüstet zurücktönte:

»Partei! Partei! Wer sollte sie nicht nehmen,
Die doch die Mutter aller Siege war!

Wie mag ein Dichter solch ein Wort verfemen,
Ein Wort, das alles Herrliche gebar?«

Der Streit wurde persönlich, als Freiligrath, durch Alexander von Humboldt empfohlen, von Friedrich Wilhelm IV. eine jährliche Zuwendung von 300 Talern erhielt, die ihn von seiner Berufsarbeit auf dem Kontorsessel freimachen sollte. Herwegh spottete bitter über diese »Invalidenpension«, auch andere Stimmen erhoben sich. Doch Freiligrath war ein auf seine Unabhängigkeit bedachter und eigenständiger Mann mit westfälischem Dickkopf, mit Stolz. Er hatte sich bereits nach der Seite der Revolution hin entwickelt und war der bunten Farben und Wüstenphantasien müde geworden. Er gab die Pension mit einem höflichen Schreiben zurück; ein Auftrumpfen wie das Herweghs war nicht seine Sache. Er veröffentlichte aber nur sein »Glaubensbekenntnis«, das schon unverkennbar seine Wendung zur »Linken« ankündigte, wurde alsbald polizeilich kontrolliert und vergrub sich in Unkel am Rhein; von dort ging er in die Emigration, nach Belgien und in die Schweiz. Mit Marx schloß er in Brüssel erste freundschaftliche Beziehungen und vermittelte ihm auch einige Bekanntschaften mit belgischen einflußreicheren Leuten, darunter dem Archivar Gigot, eine der wenigen Brüsseler Persönlichkeiten, mit denen Marx Umgang pflegte. Bald aber ging Freiligrath weiter in die Schweiz; er und Marx haben sich erst in der Revolutionszeit 48 wiedergetroffen, als Freiligrath dann Mitarbeiter an der »Neuen Rheinischen Zeitung« wurde. Vor seiner Abreise aus Brüssel unternahm Freiligrath noch einen Ausflug nach Antwerpen; der große Hafen mit seinen Schiffen in alle Welt verlockte ihn. Mit seinen Begleitern machte er einen Besuch auf einem der gewaltigen Kauffahrer, die nach Ostasien fuhren. Der Kapitän bat sie in seine Kajüte, wo in einem kleinen Bücherschrank Freiligraths Gedichte standen. Ein Begleiter sagte: »Das muß dich doch freuen, daß deine Verse bis nach Kanton reisen um die ganze Welt!« Nachdem der Kapitän, zunächst stutzend, den Verfasser der Verse erkannt hatte, griff er zu seinem Sprachrohr und gab Befehl: »Alle Mann auf die Rahen! Die Flaggen heraus! Champagner an Deck!«

Freiligrath hat noch öfter solche Triumphe seiner Volkstümlichkeit gefeiert; den größten vielleicht, als er im Alter nach Deutschland zurückkehrte und eine Sammlung für ihn veranstaltet wurde.

Die ergab mit imposanten Beiträgen, besonders von den Deutschamerikanern, die ihm sein Auswandererlied nicht vergessen hatten, die größte Summe, die wohl je einem deutschen Poeten als Geschenk seiner Leser überreicht worden ist.

Weitling, wie wir sahen, gehörte eine Weile zum näheren Umgang des Hauses Marx, aber nicht lange. Die unbedingte Notwendigkeit, erst Tabula rasa zu machen, ehe an den Aufbau der Partei im Ernst gegangen werden konnte, ließ auch ihn Marx nur als Gefahr erscheinen. Weitling galt immer noch, obwohl schon im Abstieg, als der »Ur-Kommunist« und als weithin verehrtes Vorbild für die vielen kleinen Gruppen, die sich Kommunisten nannten. »Handwerkerkommunismus«, so wurden jene Gruppen von Engels genannt, und in der Tat waren die Mitglieder fast durchweg Handwerker, dazu gab es eine Reihe von Intellektuellen, aber auch Ärzten, wie der Kölner Dr. Daniels, der einer der engsten Freunde von Marx wurde. Weitling selber war Schneider, unehelicher Sohn eines französischen Besatzungsoffiziers und einer deutschen Köchin.

Weitling war nun in der Tat ein Proletarier. Zum mindesten gehörte er zu den »Erniedrigten und Beleidigten« und mußte sich seinen Unterhalt sehr mühsam in Lohnarbeit verdienen. Aber auch er, wie der junge Born, suchte sich weiterzubilden und begann bald zu schreiben. Dazu agitierte er unter seinen Berufsgenossen für seine Ideen. Die Schneider wurden sonst im Volksmund oft verspottet; denken wir nur an die Gesänge auf den Schneider Meck-Meck, den kleinen, schwächlichen Stubenhocker. Dann gab es auch ein Schneiderlied, in dem der Nadelheld, vom Satan aufgefordert, in der Hölle seine Leute zu bekleiden, dort mutig Unheil stiftet, den kleinen Teufeln die Schwänze stutzt und die Nasen zusammennäht, bis er von Satan mit den Worten hinausgesetzt wird, er wolle nie wieder einen Schneider bei sich sehen. Wie dem auch sei, die Schneider bildeten eine ganz besonders rührige Gruppe unter den Handwerkern – und verdienten eigentlich eine besondere Studie, obwohl die Vorstellung vom Schneider als Revolutionär im Unterbewußtsein nach wie vor etwas Groteskes hat, was auch Weitling nicht erspart blieb. Sie hatten jedenfalls, wie die Weber, die immer berühmt waren als Sinnierer und Sektierer, bei ihrer Arbeit Zeit zum Nachdenken, und vor allem dachten sie über ihre jammervolle Lage nach. Auch das Schneiderhandwerk stand bereits unter dem

Druck der fortschreitenden Industrialisierung und war bedroht, wenn auch für das Bürgertum noch lange der Maßanzug obligat blieb. Karl Marx jedenfalls zählte zu den ganz wenigen lebenslänglich getreuen Gefolgsleuten der Schneider und hatte für seine Gehröcke auch einen Leibschneider, den kommunistischen Genossen Friedrich Leßner, der später mit ihm nach London flüchtete, dort blieb und im Alter seine »Erinnerungen eines Arbeiters an Karl Marx« veröffentlichte.

Weitling nun ging nach Paris und trat dort den revolutionären Geheimgesellschaften bei. Er gehörte dem »Bund der Gerechten« an, der dadurch bedeutsam wurde, daß aus ihm dann der erste kommunistische Bund hervorging, dem Marx und Engels beitraten. Noch aber sind wir im Jahre 1839, wo Marx tief in Demokrit und Epikur steckte und das Wort Kommunismus kaum gehört hatte. Schneider Weitling wurde der führende Mann unter den »Gerechten«. Die hatten sich – der Spaltpilz war immer mächtig – abgespalten von dem »Bund der Geächteten«, der anfänglich aus Intellektuellen bestand und Arbeiter nur gnädig zugelassen hatte; es ergaben sich bald Reibungen, und die Arbeiter fühlten sich benachteiligt. Sie hatten ihre Bedenken gegen die »Gelehrten«, die ihnen viel zu unbestimmt akademisch und auch immer etwas hochmütig erschienen. Bei den »Gerechten« gab es nur noch Arbeiter oder Handwerker, die in naher Beziehung zu Blanqui standen; Weitling nahm auch an dessen Putsch von 1839 teil. Er hatte gerade noch seine Schrift »Die Menschheit, wie sie ist und sein sollte« veröffentlicht und flüchtete rasch in die Schweiz. Dort erschienen seine erweiterten »Garantien der Harmonie und Freiheit«, doch dann wurde er verhaftet und eingekerkert. Über die bei ihm vorgefundenen Papiere erschien ein ausführlicher Bericht der Untersuchungskommission unter Vorsitz des Professors Bluntschli, Staatsrechtler an der Hochschule Zürich, später einer der führenden Juristen für Politik und Völkerrecht. Mit diesem »Bluntschli-Bericht« wurde zum ersten Male »Kommunismus« als eine amtlich und politisch hochwichtige Frage der Öffentlichkeit »aus den Akten« vorgestellt. Das Buch von Weitling, der durch die Affäre in Zürich eine Berühmtheit wurde und mächtigen Anhang bei den verschiedenen revolutionären Zirkeln gewann, lobte Marx in hohen Tönen in seinem Aufsatz des Pariser »Vorwärts«, in dem er gegen Ruge und seine abschätzige

Beurteilung der politischen Fähigkeiten der Arbeiterschaft polemisierte. Marx wies auf »Weitlings geniale Schriften« hin: »Wo hätte die Bourgeoisie – ihre Philosophen und Schriftsteller eingerechnet – ein ähnliches Werk wie Weitlings ›Garantien der Harmonie und Freiheit‹ aufzuweisen?« Und: «Vergleicht man die nüchterne kleinlaute Mittelmäßigkeit der deutschen politischen Literatur mit diesem maßlosen und brillanten Debüt der deutschen Arbeiter ... so muß man dem deutschen Aschenbrödel eine *Athletengestalt* prophezeien.«

Ein Athlet war Weitling nicht. Die Kerkerhaft hat ihn zweifellos stark körperlich geschädigt; er wurde zum Märtyrer, und die Verbitterung durch seine Erlebnisse schädigte ihn auch psychisch. Er wurde schrill und präsentierte sich mit seinem Leiden. In Hamburg, wohin er weiter geflüchtet war, sah Heinrich Heine ihn bei seiner Deutschlandreise; Weitling zeigte ihm die Spuren der schweizerischen Fußfesseln an seinen Beinen; Heine hielt sein Buch für den »Katechismus des Kommunismus«. Feuerbach begeisterte sich für das Werk, auch Gottfried Keller hat es voll »Geist und Feuer« gefunden. Weitling ging nach London, wo frühere Genossen aus dem Pariser »Bund der Gerechten« unter Heinrich Schapper, dem Schuhmacher Bauer und dem Uhrmacher Joseph Moll aus Köln einen »Deutschen Bildungsverein für Arbeiter« gegründet hatten. Weitling wurde von ihnen mit großem Respekt empfangen, aber sie hatten sich mit den Chartisten in Verbindung gesetzt und waren im englischen Klima den Pariser Ideen schon reichlich fremd geworden. Sie wollten nichts von Weitlings immer radikaler werdenden Vorschlägen wissen. Sie wollten organisieren, und sie waren von all diesen Frühgruppen bei weitem die bestorganisierte. Sie verfügten bald über eine sehr beträchtliche Anhängerschaft, Holländer und Skandinavier stießen dazu, auch Tschechen und Ungarn. Sie setzten Statuten auf, sorgten für kranke Genossen und betrieben ausführliche Bildungskurse, wobei der Titel »Bildungsverein« keine bloße Attrappe war. Ein Abend der Zusammenkünfte war für Englisch bestimmt, der zweite für Geographie, der dritte für Geschichte, der vierte für Zeichnen und Physik, der fünfte für Gesang, der sechste für Tanz, der siebente für kommunistische Politik.

Ähnliche Programme bestimmten noch jahrzehntelang die Tätigkeit der »Arbeiterbildungsvereine« in Deutschland. Die Parole

»Wissen ist Macht« war die dominierende und für viele Teilnehmer überhaupt entscheidende Veranlassung zur Beteiligung; Naturwissenschaften beherrschten später ganz überwiegend das Programm.

Die Genossen brauchten sich in London nicht zu tarnen. Sie konnten, ohne Polizeikontrolle und Spitzelbeobachtung, wie in Paris zu befürchten, ihre Zusammenkünfte offen abhalten, mitten im Zentrum der Stadt. Gäste waren nach Empfehlung zugelassen.

Ein junger deutscher Professor, Bruno Hildebrand, mit Forschungsneugier in England für sein geplantes Buch »Die Nationalökonomie der Gegenwart und Zukunft« unterwegs, ließ sich bei ihnen einführen. Er war einer der frühen deutschen Volkswirtschaftler und machte, in diesem Jahre 1846, eine Studienreise, um sich an Ort und Stelle von den Zuständen in den englischen Fabriken zu überzeugen; Engels' Werk über die Lage der arbeitenden Klasse hatte er auch gelesen, mit Hochachtung für den Autor, aber mit Ablehnung des Klassenkampfstandpunktes.

Hildebrand hat eine Versammlung der Kommunisten, die im Gasthaus »Red Lion« in der Windmillstreet bei Piccadilly stattfand, beschrieben. Er berichtet von etwa zweihundert Menschen in einem saalartigen Raum im ersten Stock, von denen einige essen, andere rauchen oder ihren Krug mit Ale trinken: »Den meisten Physiognomien sah man an, daß sie den arbeitenden Klassen angehörten, obwohl alle durchaus anständig gekleidet waren und im Betragen zwar ein sehr ungezwungener, aber durchaus würdiger Ton herrschte.« Sie sprechen meist Deutsch, man hört aber auch Englisch und Französisch. Ein Flügel in der Ecke des Raumes deutet für Hildebrand darauf hin, daß es eine deutsche Veranstaltung ist. Schapper, Exstudent der Forstwirtschaft, dann Rebell und Revolutionär, kommt herein: »Ein großer, starker, blühender Mann von etwa 36 Jahren mit schwarzem Schnurrbart, hellem durchdringenden Auge und gebieterischer Haltung.« Er begrüßt die Gäste, »ich konnte ihm wohl anfühlen, daß er mit einem gewissen inneren Stolze auf mein Professorentum herabsah«. Er zeigt den Gästen die Anschläge mit den Statuten, den Zettel mit dem Bildungsprogramm. Der Verein ist in zwei Klassen geteilt: die erste für die Vollmitglieder, die Kommunisten sind und für deren Zulassung Bürgschaft eines Mitglieds gefordert wird, die zweite nur für Teilnehmer an den Bildungskursen, die nicht an den Abstimmungen teilnehmen. Der Vorstand besteht aus Präsident, Sekretär, Bibliothekar und Schatzmeister. Der Präsident, ein Arzt, eröffnet die Versammlung. Feierliche Stille, alle nehmen die Pfeifen aus dem Mund. Der Sekretär liest vor, daß »Bürger Hildebrand und sein Begleiter« als Gäste eingeführt sind. Hat einer der anwesenden Einwände? Nein, sie sind zugelassen. Bürger Schapper hält ein Referat über die Ereignisse der Woche. »Sein Vortrag war sehr beredt, gründlich und lehrreich. Man sah, daß seine und des Vereins Korrespondenzen sehr weit gingen.« Schapper berichtet über die revolutionären Zustände in Spanien. Großer Applaus.

Es werden dann generelle Fragen der Bewegung diskutiert: Was soll für die Erziehung der Kinder im kommenden kommunistischen Staate getan werden? Professor Hildebrand stellt mit Verwunderung fest – er hatte offenbar noch die allgemein verbreitete Vorstellung, die Kommunisten seien für freie Liebe oder Weibergemeinschaft –, daß die meisten der Anwesenden gut verheiratet und sehr gegen solche Ideen eingestellt waren, auch gegen Emanzipation der Frauen. Dafür aber sahen sie die Frau als die geistige Partnerin des Mannes an und die Ehe als eine moralische Einrichtung, in der beide Teile gleiche Rechte genießen müßten; Anlagen und Tätigkeitsbereiche von Mann und Frau seien jedoch durchaus verschieden.

Die Sitzung dauert bis nach Mitternacht. Dann wird weitere Diskussion auf das nächste Mal vertagt. Thema: Der schädliche Einfluß der christlichen Religion. Hildebrand notiert, daß er zwar eine gute Menge Liberalismus vertragen könne, daß ihm aber doch an einigen Stellen die Haare zu Berge standen. Er selbst war liberal und hatte schon beim Studium Schwierigkeiten als Burschenschaftler gehabt, kam als junger Dozent in Marburg in Konflikte mit der hessischen Regierung und wurde zeitweilig vom Amt suspendiert. Er war Abgeordneter in der Nationalversammlung, mußte dann nach Zürich gehen und fand schließlich in Jena im höheren Alter eine Position als Professor und Direktor des statistischen Büros. Sein Buch über die »Nationalökonomie der Gegenwart« von 1847 war in der Mitte des Jahrhunderts einflußreich und wurde viel gelesen; Nationalökonomie, zum Unterschied von den Staatswissenschaften, die an allen Hochschulen vertreten waren, galt noch als eine ganz neue und im akademischen Leben erst am Rande zugelassene Disziplin.

Sein Bericht zeigt die Urzelle der kommunistischen Bewegung

bei der Arbeit. Die Londonder Gruppe war eine Mischung von deutscher Gründlichkeit mit englischer Praxis. Korrespondenzen hatten sich schon in den allerersten Anfängen der englischen Arbeiterbewegung als wirkungsvollstes Mittel zum Zusammenschluß – unter dem damaligen noch starken Druck des Koalitionsverbotes – bewährt. Der Londoner deutsche Arbeiterbildungsverein hatte dazu noch internationale Interessen und Verbindungen: Er baute ein ganzes Netz von Beziehungen in vielen Ländern auf, und die Berichte, die eingefordert wurden, waren reichhaltig; es ist schade, daß dieses Material nicht ausführlicher erhalten geblieben ist. Hildebrand notierte sich schon, daß Schappers Referat ihm mehr über die in Spanien stattfindende Umwälzung mitgeteilt habe als die Berichte der großen englischen Tageszeitungen.

Wie man nun diese Korrespondenzgruppen politisch einstufen soll, muß unentschieden bleiben. Zweifellos waren sie für Marx keine »richtigen Kommunisten«. Er sah ohnehin überall Sektierer, Wirrköpfe und Irrlehrer am Werke, und er hatte damit nicht immer unrecht. Wo aber waren die »richtigen Kommunisten«, »das Proletariat« seiner Theorie? Sie waren noch nicht vorhanden. Sie waren geahnt oder »erschlossen«, sie mußten erst organisiert werden. Seine eigenen Versuche, durch seine Brüsseler lithographierte Korrespondenz sich eine Apparatur einzurichten, führten nur zu gelegentlichen kleinen Stützpunkten, meist mit Intellektuellen als Korrespondenten, dem Arzt Daniels in Köln, einem anderen Mediziner in Kiel; eigentliche Arbeiter waren nur wenige darunter. Er hatte jedoch bei seinem Besuch in Manchester auf der Rückreise in London Schapper und seine Mitarbeiter kurz kennengelernt, und er begriff, daß diese Londoner Gruppe schon wertvollste Vorarbeit für seine Pläne leistete. Er schlug daher von Brüssel aus Zusammenarbeit mit seiner eigenen Korrespondenz vor, und die Londoner gingen darauf ein. Er behielt sich freilich vor, seine Ansichten noch gründlichst durchzusetzen, die Londoner wiederum behielten sich vor, ihr Mißtrauen gegen die »Akademiker« nicht so rasch aufzugeben.

Gegensätze gab es auch innerhalb des Bildungsvereins. Es handelte sich, wie in der Chartistenbewegung, um die beiden Richtungen »physische Gewalt, Sofortaktion« und »moralische Gewalt, allmähliche Aufbauarbeit«. Weitling, anfangs hochverehrt, geriet bald in Widerspruch mit Schapper und dessen Leuten. Er war nach seinen Kerkererlebnissen Anhänger der Sofortaktion geworden. Revolution, hereinbrechend wie ein Gewitter, das niemand mit dem Verstand bestimmen könne, sollte die Lösung bringen. »Die Menschheit ist immer reif für die Revolution oder nie.« Auch die Unterwelt muß dafür mobilisiert werden, denn die sogenannten Verbrecher sind nur das Produkt der derzeitigen Gesellschaft; unter dem Kommunismus werden sie keine Verbrecher mehr sein: Er schlug sogar ganze Legionen von Kriminellen für die Aktion vor. Im Grunde war seine ganze »Lehre« vom Gefühl betont. Er erlebte das Schicksal so gut wie alle Revolutionäre des Anfangs, die unvermeidlich überholt werden, im nächsten Stadium der Bewegung abtreten müssen oder auch blutig liquidiert werden. Er fand nur *einen* Freund und Befürworter seiner Ansichten, einen anderen ehemaligen »Geächteten«, den Journalisten Hermann Kriege, für einige Jahre sein nächster Freund in einer sonst immer freundloser werdenden Welt. Beide wurden im Londoner Verein nicht mehr geduldet, und Weitling glaubte sich von Neidern und Feinden umgeben, die überall gegen ihn konspirierten. Kriege ging nach Amerika, gründete in New York seine Zeitschrift »Der Volkstribun« und propagierte dort seine eigene Abart des Kommunismus oder Sozialismus, die Marx, sowie er davon erfuhr, zu einer neuen Aktion drängte. Weitling begab sich, ahnungslos oder unbedarft, zu Marx nach Brüssel. Er kam »in die Höhle des Löwen«.

Streng wurde er in einer Sitzung des »Korrespondenzkomitees«, bei der auch Engels zugegen war, examiniert. Auf welche Argumente er denn wohl seine zugestandenermaßen erfolgreiche revolutionäre und soziale Tätigkeit gründete? Schroff wurde er darauf hingewiesen, daß es einfach Betrug sei, das Volk ohne fest durchdachte Grundlagen und konkrete wissenschaftliche Lehren aufzuwiegeln. Weitling entgegnete, daß es nicht seine Aufgabe wäre, neue ökonomische Theorien zu entwickeln. Seine bescheidene Vorbereitungsarbeit für die gemeinsame Sache sei vielleicht von größerer Wichtigkeit »als die Kritik und die Kabinettsanalysen, die entfernt von der leidenden Welt und den Drangsalen des Volkes entwickelt werden«. Marx schlug mit der Faust auf den Tisch: »Niemals noch hat die Unwissenheit jemandem genützt.« Damit war die Unterredung zu Ende.

Die Rolle der verschiedenen Organisationen, die zu diesem Zeitpunkt miteinander konkurrierten, stritten, sich überlagerten und unterwanderten, ist kaum zu schildern, wenn man nicht, was das einfachste ist, den Standpunkt von hundert Jahren später einnimmt und Marx und seine Parteigründung als das »eigentliche Zentrum« ansieht, wofür sich auch einiges sagen läßt. Zweifellos war er allen anderen überlegen, an Wissen, an dämonischer Energie, an Unbeirrbarkeit in seiner Zielsetzung. Nicht dagegen in der Kunst der Menschenbehandlung. Er glaubte, die Menschen für seine Zwecke beliebig gebrauchen und nach Gebrauch fortwerfen zu können. »Die Menschheit» – oder vielmehr, nach der eben formulierten Lehre, das »Proletariat« – war etwas anderes, Höheres, in dessen Dienst jedes Opfer berechtigt sein müßte. Diese Opfer bestanden in einzelnen Menschen und einzelnen Organisationen.

Die Schwierigkeit für uns liegt darin, daß viele Dokumente verlorengegangen sind und daß die wenigen überkommenen inzwischen durch die historische Entwicklung eine ganz andere »Wirklichkeit« erhalten haben. Diese Entwicklung läßt nicht nur die Zeitumstände in völlig anderem Lichte erscheinen, sie hat auch die Lehre durch große Nachfolger und Praktiker verwandelt. Sie hat eine ganze, kaum übersehbare Literatur an Auslegungen geschaffen, für die jede Zeile, die Marx damals geschrieben hat, grundlegend ist. Wie sollten aber die unmittelbaren Zeitgenossen wissen, was Marx in dem Manuskript seiner »Deutschen Ideologie« oder auf einigen Seiten seiner Notizbücher geschrieben hatte? Oder selbst das wenige, was er in seinen Polemiken gegen Ruge, in den »Deutsch-Französischen Jahrbüchern«, der »Heiligen Familie«, seiner Polemik gegen Proudhon, oder seinen Artikeln gegen Heinzen in der »Brüsseler Zeitung« im Druck vorgelegt hatte? Marx selber freilich sah sich von vornherein als »historisch« an. Er zitiert sich mit den Arbeiten von zwei Jahren zuvor, als sei jeder ein Ignorant, wie Stirner beispielsweise, der sie sich nicht gründlichst zu Gemüte geführt hätte. Er sieht seine Partei bereits als »die Partei« an, vor der jede andere Richtung Abweichung, Verrat an der guten Sache und »Utopie« sei.

Woraus aber bestand damals in Brüssel »die Partei«? Sie bestand aus Marx und Engels; dazu der bescheidene und für Kopistenarbeit brauchbare Genosse Weydemeyer. Ferner Wilhelm Wolff, ehemaliger Gymnasiallehrer, Sohn aus armer Kleinbauernfamilie, verdient durch seine Rolle bei den schlesischen Handweberunruhen, über die Marx schon im Pariser »Vorwärts« berichtet hatte – auch er nun Flüchtling und bis zu seinem Tode der Getreueste der Getreuen, dem Marx dann auch mit der Widmung seines »Kapitals« ein Denkmal gesetzt hat. Wolff lieferte in Brüssel Beiträge aus seinen Erfahrungen mit den preußischen Polizei- und Elendszuständen; nach seinen Aufsätzen über die schauderhaften Zustände, in denen die Gefangenen in den Kasematten von Breslau vegetierten, wurde er damals der »Kasematten«-Wolff genannt, zum Unterschied von einem anderen Wolff, Ferdinand mit Vornamen, der als der »rote Wolff« bezeichnet wurde und sich ebenfalls in Brüssel eingefunden hatte. Ferner noch ein Kaufmann, Georg Weerth aus dem Rheinland, der neben seiner Tätigkeit als Handlungsreisender für große Firmen revolutionäre Gedichte schrieb. Die zwei Proletarier in dem kleinen Kreise waren die beiden Buchdrucker Born und Wallau.

Marx hatte, wie schon betont, das »Korrespondenzkomitee« für seine lithographierten Rundschreiben und den Kontakt mit dem Londoner Arbeiterbildungsverein gegründet. Der hatte noch größere Bedeutung dadurch erlangt, daß der Pariser »Bund der Gerechten« es unter dem immer stärker werdenden Druck der französischen Polizei für geraten fand, die Zentralinstanz für das weitgespannte Netz von kommunistischen »Gemeinden« nach dem sehr viel freieren London zu verlegen. Dort bestand also diese Zentrale neben dem Arbeiterbildungsverein weiter, und zwar in Personalunion der führenden Mitglieder. Der »Bund der Gerechten« war als eine Geheimorganisation entstanden und blieb eine solche, schon aus Rücksicht auf seine Gruppen in Ländern, die unter scharfer Polizeikontrolle standen. Seine Statuten sahen einen Treueid für die Mitglieder vor, schwerste Strafandrohungen für »Verräter« und andere Maßnahmen gegen die immer drohende Gefahr des Eindringens von Spitzeln der Polizei oder des Abblätterns von unzuverlässigen Mitgliedern. Rein organisatorisch gesehen, sah der Bund imposant aus: als Basis »Gemeinden«, diese zusammengeschlossen in Kreisen, über den Kreisen eine Zentrale, die sich dann den Namen »Zentralbehörde« zulegte, den auch Marx übernahm, als handele es sich bereits um eine Art Regierungsinstanz. In der Praxis bestand diese »Behörde« aus zwei, drei oder fünf Männern, einem Schreibtisch und ein paar Bogen Papier, von da wurden »Adressen« an die

Kreise und Gemeinden ausgegeben. Da alles geheim bleiben mußte und in den meisten Ländern, abgesehen von England, die Polizei ständig überwachte und eingriff oder auch verhaftete, läßt sich über die tatsächliche Größe dieser ganzen Bewegung nichts Zuverlässiges aussagen. Für Marx aber war es bereits »historisch« und im Sinne seiner materialistischen Geschichtsauffassung feststehend, daß »das Proletariat« der Welt erwacht sei und es nur der richtigen Führung und der richtigen Theorie bedürfe, um die gewaltigen Massen in Bewegung zu setzen und den großen Schlag, die Revolution, durchzuführen, die durch den Stand der bestehenden Produktionskräfte gegeben sei.

Dazu war allerdings, so entschied er, zeitweiliges Zusammengehen auch mit fortschrittlichen, bürgerlich-demokratischen Organisationen ratsam, um die Stoßkraft gegen die noch mächtigen »Feudalen« oder finanzkräftigen Bourgeois für den Anfang der Revolution zu verstärken. Erst nach dem Sieg über diese Mächte würde das Proletariat zum Schlußangriff auf das gesamte Bürgertum, einschließlich der zeitweilig als »Bundesgenossen« notwendigen »Fortschrittler«, antreten. Dieses Stadium würde das der Diktatur des Proletariats sein.

Wen man nun als temporären Bundesgenossen anerkennen und benutzen sollte oder dürfte, das konnte nur die überlegene Führung entscheiden. Wer das sein könnte, stand für Marx ein für alle Male fest. Und jeder Zweifel oder jede abweichende Ansicht über taktische Maßnahmen war »Verrat an der guten Sache«. Jede Vorstellung, aus dem Gedankengut von Saint-Simon, Fourier, Proudhon oder anderen Vorläufern stammend, denen auch er so viel verdankte, war »Utopie« und durch die nun von ihm formulierte Theorie überholt. Aus diesem Gegensatz zwischen den »Utopien« der anderen und seiner eigenen Lehre, die keine Utopie, sondern die geschichtliche »Wirklichkeit« darstellte, entstanden die praktischen Kämpfe und Auseinandersetzungen innerhalb der Bewegung, die bis zu Marx' Tode anhielten. Was man dabei ebenfalls als »Utopie« oder nur temporäre »Illusion« oder Täuschung über die tatsächlichen Machtverhältnisse ansehen will, ist Parteistandpunkt von später und heute.

Unmittelbar vor der Revolution

Sehen wir uns an, wie sich die Partei nach den Dokumenten der Zeit in der Realität darstellte und auswies. Das »Korrespondenzkomitee« in Brüssel – Engels nannte es in seinen Briefen an Marx ganz zutreffend »unser Tendenzkomitee« – bildete den Kern für Marx und Engels. Formell war in London noch die »Zentralbehörde« mit ihrem klangvollen Namen. Der »Bund der Gerechten« hatte mit der Verlegung von Paris nach London zugleich seine Taktik verändert. Die Londoner Führer, Schapper und seine Leute, wollten nun an die Öffentlichkeit treten und die Geheimtuerei abstreifen. Dazu waren jedoch andere Statuten und vor allem ein präziser formuliertes Glaubensbekenntnis nötig. Sie näherten sich damit Marx und Engels und luden beide ein, Mitglieder des Bundes zu werden, was diese akzeptierten. Eine erste kongreßartige Sitzung – die man im Rückblick als den ersten Kongreß der späteren Internationale ansehen kann – wurde Anfang Juni 1847 vereinbart. Programmdiskussionen fanden statt, die Bezeichnung »Bund der Kommunisten« wurde jetzt angenommen. Marx war aus Geldmangel, wie er sagte, nicht dabei, und außerdem befriedigten ihn die Programmvorschläge keineswegs. Ein zweiter Kongreß fand darauf im Beisein von Marx und Engels Ende November bis Anfang Dezember 1847 in London statt. Man beschloß neue Statuten und gab Marx und Engels den Auftrag, ein neues Programm auszuarbeiten. Das nun wurde das bekannte »Kommunistische Manifest«; es erschien im Februar 1848, mitten im Ausbruch der großen europäischen Revolutionsbewegungen, in London als Broschüre, ohne Namensnennung von Marx und Engels: »Gedruckt in der Office der ›Bildungs-Gesellschaft für Arbeiter‹«.

Wir haben etwas vorgreifen müssen, um den »Stammbaum« dieses Dokuments nicht aus den Augen zu verlieren. Vorhergegangen aber waren noch die Kämpfe, die Marx und Engels nach den verschiedensten Seiten hin zu führen hatten.

Engels hatte sich im August 1846 nach Paris begeben, um Einfluß auf den dortigen Bund der Kommunisten zu nehmen und Kontakte mit französischen Sozialistenführern anzuknüpfen. Seine Berichte an das »Tendenzkomitee« in Brüssel waren außerordentlich selbstgewiß gehalten. Er sei »wie eine Bombe« in die dortige Schläfrigkeit der verschiedenen Gemeinden des Bundes gefahren und habe wertvollste Kontakte zu den französischen Sozialistenführern angeknüpft. Seine Briefe und Berichte richteten sich im Grunde an Marx persönlich, die anderen Mitglieder des Komitees interessierten ihn nicht, er hielt sie eigentlich für überflüssig und nahm auf sie keine Rücksicht. Rücksichtnahme überhaupt war nicht gerade seine Sache; er trat auf als Repräsentant der »reinen Lehre«, die sie beide soeben formuliert hatten, und nahm schärfste Stellung gegen Weitling, Karl Grün, den Spezialgegner, und sonstige Überreste der Gedanken der »Hegelianer« und »Utopisten«.

In Paris waren mehrere »Gemeinden« des Bundes vorhanden, ihre genaue Zahl ist aus seinen Berichten nicht zu ersehen, anscheinend waren es vier. Man könnte sie in Engels' Terminologie am besten nach ihren Berufszugehörigkeiten als »Schneiderkommunisten« (die Anhänger Weitlings), als »Schreinerkommunisten«, ausschließlich aus Möbeltischlern bestehend, andere nach ihren jeweiligen Berufen titulieren. Sie »steckten noch tief im Zunftwesen«, wie Engels meinte, denn obwohl der Zunftzwang abgeschafft war, blieb noch viel bestehen von den teilweise uralten Traditionen und Gebräuchen. Noch immer war der wandernde Handwerksgeselle – »Straubinger« genannt nach dem Volkslied »Gott grüß dich, Bruder Straubinger!« – für viele die übliche Art und Weise, sich Erfahrung in Beruf und Arbeit zu verschaffen. Die »Straubinger« fanden auf der Wanderung Ansprache, Hilfe und Arbeit; sie hielten im Ausland – und sie wanderten weit über Deutschland hinaus – engen Kontakt in kleinen Berufsgruppen. Sie sangen zusammen, und das Singen war immer ein besonderes Kennzeichen der Deutschen, sie tranken und debattierten zusammen über Politik und die Zukunft. Sie mochten noch sosehr, nach Marx' Theorie, »proletarisiert« sein; sie fühlten sich nicht als Proletarier und hatten nicht vor, aus ihrem »Stand« als Schneider, Schreiner, Gerber, Schmiede ins Proletariat »abzusinken«. Sie hatten vielmehr die Hoffnung, dereinst Meister zu werden, vielleicht eine Meistertochter oder -witwe zu heiraten, so wie noch der Großvater Goethes, der in Frankfurt als Damenschneider eingewandert war, durch die Ehe mit der Witwe eines Zunftgenossen sich etabliert hatte und ein wohlhabender Mann geworden war. Dergleichen Traditionen verschwinden nicht so leicht. Ein eigenes »Volk der Zimmerleute« gibt es noch bis in unsere Tage, mit eigener Kleidung, eigenen Gebräuchen und Sitten auch bei der Arbeit, resolutem »Blaumachen« an Tagen, wo ihnen nicht nach Arbeit zumute ist, berüchtigt als »Schläger« und beliebt als »Weiberhelden«.

Solche Auslandsgruppen, wie die der »Gerechten« oder nun »Kommunisten«, fühlten sich durchaus als Rebellen und Revolutionäre – zunächst und vornehmlich den Handwerksmeistern gegenüber, nicht dem »Kapital«. Sie hatten ihren eigenen Hochmut gegenüber dem Hochmut der Gelehrten und Akademiker. Im 1835 gedruckten Liederbuch der deutschen Handwerker zu Paris hieß es im »Lied der vereinten Handwerker« stolz:

»Jetzt, Brüder, sind auch wir am Platz,
Das Ding mit anzugreifen;
Nun, auf der Fürst- und Pfaffenhatz
Solls etwas besser pfeifen.

Erst traute man der Bücherzunft:
Die werde Rettung bringen;
Allein, was hilft der Herrn Vernunft,
Wenn sie wie Hasen springen?«

Jetzt aber kommen wir, die Handwerker:

»Die Axt ergreift der Zimmermann,
Der Metzger greift zum Beile,
Der Schmied kommt mit dem Hammer an,
Der Seiler drehet Seile ...«

Und so über Gerber, Schuster, Schreiner, Färber bis zu den Schneidern:

»Und spotte nur kein Bücherwicht
Etwa der Scher und Nadel!
's ist völlig gleich, womit man sticht,
Ersticht man nur den Adel.«

So sangen die »Straubinger« bei ihren Zusammenkünften. Sie sangen auch patriotische Freiheitslieder von Ernst Moritz Arndt, Uhland und Körner, Trinklieder und Wanderlieder.

Engels selber hat, als er Paris nach der Katastrophe von 1848 wieder besuchte und so ganz verändert fand, gemeint, daß es vor zwei Jahren noch fröhlicher zugegangen war, »als die große und kleine bürgerliche Jugend noch Geld hatte zum Genießen und zum Verjubeln und als selbst ein Teil der Arbeiter noch gut genug gestellt war, um mit an der allgemeinen Heiterkeit und Sorglosigkeit teilnehmen zu können«.

Die deutschen »Fremdarbeiter« in Paris wurden auf 60000 bis 80000 geschätzt. Die Schreiner bildeten dabei eine besonders geschätzte Gruppe. Sie hatten schon im 18. Jahrhundert die führenden Namen für die hochkultivierte französische Möbelkunst gestellt, die Oeben, Roentgen, Riesener; sie waren auch jetzt im sogenannten »zweiten Rokoko« angesehen, das für die Bürger Schreibtische und Sofas herstellte. Engels begab sich in die »Gemeinde der Schreiner«; die Schneidergruppe war noch völlig unter dem Einfluß von Weitlings Ideen und erschien ihm hoffnungslos. Nach Gemeinden des Bundes für die Gerber oder Schmiede hatte er sich vergebens umgesehen. Er fand die Schreiner »gräßlich unwissend« und von Ideen über Brüderlichkeit, Gedanken Proudhons über friedlichen Aufbau von »Associationen« als Allheilmittel beeinflußt oder sogar von Karl Grün, dem in Paris sein Hauptkampf galt. Engels sieht auch, daß sie »durch ihre Lebenslage gar nicht präpariert« sind: »Konkurrenz gibt es unter ihnen gar nicht, der Lohn pißt sich immer auf einem und demselben Niveau fort, der Kampf mit dem Meister dreht sich gar nicht um Lohn, sondern um den ›Gesellenhochmut‹ usw.« Er muß ihnen erst die Anfänge des proletarischen Sozialismus klarmachen. In der Diskussion definiert er die Absichten der Kommunisten wie folgt:

»1. die Interessen der Proletarier im Gegensatz zu den Bourgeois durchzusetzen; 2. dies durch Aufhebung des Privateigentums und Ersetzung desselben durch die Gütergemeinschaft zu tun; 3. kein anderes Mittel zur Durchführung dieser Absichten anzuerkennen als die gewaltsame demokratische Revolution.«

Das dürfte etwa die Urform des noch nicht formulierten »Kommunistischen Manifestes« sein. In seinem Bericht nach Brüssel heißt es weiter: »Hiermit ist endlich einmal Tabula rasa gemacht, und man kann jetzt anfangen, etwas aus den Kerls zu machen, soweit dies geht.« Bei der Abstimmung der Gemeinde ergaben sich achtzehn Stimmen für Engels, zwei gegen ihn.

Auch unter den Schreinern stellte er noch »abergläubische Gespensterfurcht vor dem ›Löffelkommunismus‹ fest, der Vorstellung, daß es sich nur um die primitivsten Lebensbedürfnisse von ›Löffel und Gabel‹ beim Kommunismus handele, während sie für hohe Absichten im Sinne der ganzen Menschheit und ›friedliche Beglückungspläne‹ eintreten wollen«. Doch: »Ich hab sie, hol mich der Teufel, nicht geschont, ich hab ihre ärgsten Vorurteile, sie selbst als gar keine Proletarier attackiert.«

Stephan Born, damals sein ständiger Begleiter und engster Anhänger, hat in seinen Erinnerungen davon gesprochen, daß Engels es wenig verstanden habe, Kontakt mit den Arbeitern zu gewinnen. Er sei ihnen immer als der Sohn des Fabrikanten erschienen, schon rein äußerlich – Engels kleidete sich stets sorgfältig und mit gut geschneiderten Anzügen aus besten Stoffen –, er habe es durchaus vermieden, sich »anzubiedern«, was Born ihm hoch zu seinen Gunsten anrechnet. Engels' Briefe an Marx bestätigen aber, daß er mit großem Hochmut auf die »Straubinger« herabblickte. Sie sind nicht nur unwissend und müssen erst belehrt werden, sie sind »Kerls«, was der Ausdruck des Vorgesetzten für die Rekruten beim Militär war, er nennt sie auch einfach »dumme Jungens«. Mit Selbstironie meint er aber auch: »Ich habe mir hier in Paris einen sehr unverschämten Ton angewöhnt, denn Klimpern gehört zum Handwerk, und man richtet mit selbigem manches bei Frauenzimmern aus.«

Seine Aufklärungsaktion unter den Gemeinden des Bundes konnte keine großen Erfolge erzielen, Kontakte mit französischen Arbeitern werden nicht erwähnt. Seine Besuche bei den französischen Sozialistenführern, die gewonnen werden sollten, führten zu nichts. Gegen Proudhon hatte bereits Marx öffentlich scharf Stellung genommen. Engels begab sich zu Cabet; auch dieser hatte noch immer keine Neigung zur Zusammenarbeit. Mit Louis Blanc ging es, nach anfänglichen Hoffnungen, nicht besser; als Engels ihm mit Feuer seine Ansichten vortrug, meinte er nur ironisch: »Also: der Atheismus, das ist Ihre Religion?« Engels stieß, wie später auch Marx, auf sehr entschiedene nationale Vorurteile gegen die Deutschen, selbst bei den radikalsten Franzosen, die zwar ihren Kosmopolitismus betonten, dabei aber doch eher an einen französischen Kosmopolitismus dachten. Daß Marx' Broschüre gegen Proudhon, für die Engels eifrig warb, auch nicht zur Empfehlung der kleinen Gruppe in Brüssel diente, selbst bei denen, die viel gegen Proudhon hatten, läßt sich denken.

Was man zu dieser Zeit in Paris von einem Dr. Marx in Brüssel und seinem Kommunismus wußte und hielt, geht aus einem Aufsatz hervor, der in der angesehenen Monatsschrift »Journal des Économistes« im 14. Jahrgang erschien: »M. Marx ist Schuhmacher, so wie Weitling, ein anderer deutscher Kommunist, Schneider ist. Der erstere hat keine große Meinung vom französischen Kommunismus, den er doch gute Gelegenheit hatte hier an Ort und Stelle kennenzulernen. Marx geht übrigens nirgends über abstrakte Formulierungen hinaus und hütet sich wohl, irgendeine wirklich praktische Frage anzugreifen. Nach ihm wird die Emanzipation des deutschen Volkes das Signal für die Emanzipation des Menschengeschlechtes sein. Der Kopf dieser Emanzipation wird die Philosophie sein, das Herz das Proletariat: Wenn alles vorbereitet ist, wird der gallische Hahn die deutsche Wiedergeburt verkünden.«

Die Zeitschrift brachte übrigens auch eine Besprechung von Engels' Buch über die arbeitenden Klassen in England und andere Referate über »deutschen Kommunismus«, so über Moses Heß.

Auch Moses Heß, soeben noch Mitarbeiter an der »Deutschen Ideologie«, ist für Engels bereits überflüssig und lästig geworden. Engels berichtet mit Befriedigung, wie er ihm einen »höllischen Streich« gespielt hat, als Heß seinen Beitrag zu den Programmvorschlägen für ein neues kommunistisches Bekenntnis liefern wollte: Engels nimmt diesen in einer Sitzung des Kreisrates des Bundes, in den er inzwischen auch gewählt worden ist, Punkt für Punkt durch und erledigt ihn damit; er selbst wird beauftragt, einen neuen Entwurf zu verfassen. Der soll »hinter dem Rücken der Gemeinden nach London geschickt werden. Das darf aber natürlich kein Teufel merken, sonst werden wir alle abgesetzt, und es gibt einen Mordsskandal.«

Weiter schreibt Engels nun: »Überleg Dir doch das Glaubensbekenntnis etwas. Ich glaube, wir tun am besten, wir lassen die Katechismusform weg und titulieren das Ding: Kommunistisches Manifest. Da darin mehr oder weniger Geschichte erzählt werden muß, paßt die bisherige Form gar nicht. Ich bringe das Hiesige mit, das ich gemacht habe, es ist einfach erzählend, aber miserabel redigiert, in fürchterlicher Eile. Ich fange an: Was ist Kommunismus? und dann gleich das Proletariat – Entstehungsgeschichte, Unterschied von früheren Arbeitern, Entwicklung des Gegensatzes des Proletariats und der Bourgeoisie, Krisen, Folgerungen. Dazwischen allerlei Nebensachen und schließlich die Parteipolitik der Kommunisten, soweit sie vors Publikum gehört. Das Hiesige ist noch nicht ganz zur Bestätigung vorgelegt, aber ich denke bis auf einige ganz kleine Kleinigkeiten es so durchzusetzen, daß wenigstens nichts gegen unsre Ansichten drin steht.«

Die Katechismusfassung, nach dem Vorbild von Luthers »kleinem Katechismus«, sah ein ganz schlichtes Frage- und Antwortbekenntnis vor; das »Kommunistische Manifest« aber hatte noch durch verschiedene Stadien zu gehen, ehe es von Marx die endgültige Form erhielt.

Engels' anfänglicher Optimismus über seine Mission wich bald großer Enttäuschung. Die »Straubinger« blieben Straubinger, auch wenn sie nun für ihn stimmten; nach der gescheiterten Fühlungnahme mit den französischen Sozialistenführern mißfielen ihm selbst die Londoner, auf die er so große Hoffnungen gesetzt hatte, von Tag zu Tag mehr. Was sie als Adressen hinausgehen ließen, bezeichnete er als »Schund«; er hielt sogar einen Bruch mit ihnen für angebracht, stellte das aber Marx anheim. Doch bei einem offenen Bruch würden sie wohl »ihren allgemeinen lernbegierigen kommunistischen Dusel gegen uns geltend machen«. Und: »Uns gegenüber erklären sich diese Jungens für ›das Volk, die Proletarier‹, und wir können nur an ein kommunistisches Proletariat appellieren, das sich in Deutschland erst bilden soll.«

Die damalige Situation zeichnet sich – für uns jedenfalls – ziemlich klar ab. Es sind alles Möglichkeiten, potentielle Größen, mit denen er und Marx rechnen; und es zeichnen sich auch schon die Isolierung und Reduzierung der gesamten »Partei« auf Marx und Engels allein ab, die Engels dann nach der Katastrophe von 1848 im Londoner Exil mit großem Stolz begrüßen wird: »Haben wir nicht seit soundsoviel Jahren getan, als wären Krethi und Plethi unsere Partei, wo wir gar keine Partei hatten? ... Wie passen Leute wie wir, die offizielle Stellungen fliehen wie die Pest, in eine ›Partei‹? Was soll uns, die wir auf die Popularität spucken, die wir an uns selbst irre werden, wenn wir populär zu werden anfangen, eine ›Partei‹, d. h. eine Bande von Eseln, die auf uns schwört, weil sie uns für ihresgleichen hält?« So im Februar 1851.

Jetzt aber war es Ende 1847, unmittelbar vor der Revolution, die sich bereits in angstvollen Abwiegelungsmaßnahmen der Regierungen ankündigte. So berief der Preußenkönig einen vereinigten Landtag seiner Provinzialstände ein, und Engels sah darin hoffnungsvoll, wie er in einem seiner Artikel für das Chartistenblatt »The Northern Star« schrieb, die gleichen Vorgänge wie im Frankreich von 1789: Geldmangel zwingt die Regierung zur Einberufung der Generalstände, und das ist der Anfang zur Revolution. In Paris versuchte die Regierung es mit Polizeimaßnahmen. Die Polizei hatte die Gemeinden des »Bundes der Kommunisten« zwar beobachtet und bespitzelt, aber relativ ungeschoren gelassen. Sie stürzte sich nun auf eine französische Geheimorganisation, die sich »Communistes matérialistes« nannte; es dürfte neben den Gemeinden des Bundes etwa die fünfte Organisation sein, die sich als kommunistisch bezeichnete. Es kam zu einem prozeß, der mit schweren Freiheitsstrafen endete. Die Regierung suchte dabei das Netz so weit wie möglich zu spannen und verhaftete auch deutsche Fremdarbeiter, die verdächtig waren, Engels wurde bei den Verhören genannt. Auch er geriet nun unter Beobachtung.

Er benutzte diesen Zustand, um sich überhaupt der mühseligen Arbeit an den »Eseln« zu entziehen; seine Arbeit galt in der Hauptsache literarischen Projekten: »Gegen Literaten können wir als Partei auftreten, gegen Straubinger nicht.« Die Straubinger konnten immer wieder in der Diskussion unbequeme Fragen stellen; sie verstanden noch keineswegs, weshalb sie nun aus taktischen Gründen mit bürgerlichen Organisationen zusammengehen sollten, wie die strategische Großplanung der Partei vorsah. Sie verstanden nichts von Nationalökonomie. Sie hatten nach wie vor ihre Vorbehalte gegenüber den »Gelehrten«. Sie wollten Parolen, Kampfesrufe hören, nicht wissenschaftliche Deduktionen. Und dieser Wunsch wurde dann im »Kommunistischen Manifest« sehr wesentlich berücksichtigt. Mit den Literaten, den Grün und seinesgleichen, gegen die Engels nochmal zu Felde zog, konnte man aber auch mit Ironie und Witz verfahren, die bei der Menge nicht recht verfangen wollten.

Er stieg noch einmal in die »Matratzengruft« des Dichters Heine, den er schon zu Anfang seines Pariser Aufenthaltes besucht hatte; man hoffte, auch ihn als Mitarbeiter zu gewinnen. Damals war der körperliche Zustand des Kranken zwar schon sehr schlecht gewesen und stimmte »trauerklötrig«, aber sein Geist schien noch nicht gebrochen, wenn Engels es auch bedenklich war, daß Heine nun so »äußerst wohlwollend (und zwar ernsthaft) in seinen Urteilen« war. Jetzt aber heißt es nur: »Heine ist am Kaputtgehen ... er kann keine drei Schritt mehr gehen, er schleicht, an den Mauern sich stützend, vom Fauteuil bis ans Bett und vice versa. Dazu Lärm in seinem Hause, der ihn verrückt macht, Schreinern, Hämmern usw. Geistig ist er auch etwas ermattet.«

Engels gedachte nicht, trauerklötrig zu werden. Er wollte Paris, neben der sauren Arbeit in den Gemeinden, auch genießen, so wie der junge Heine es genossen hatte, ehe der rächende Gott ihn von den Boulevards zurückrief. »Wenn die Französinnen nicht wären, wär das Leben überhaupt nicht der Mühe wert«, schreibt er an Marx. Und renommistisch: »Hätt ich 5000 frs Rente, ich tät nichts arbeiten und mich mit den Weibern amüsieren, bis ich kaputt wäre.« Er hatte keine Rente, obwohl immerhin von Zeit zu Zeit Bezüge von zu Haus. Und es gab da die Grisetten von Paris, eine einzigartige soziale Schicht, die er denn auch höchlichst lobt. Man nannte sie Grisetten nach den grauen, dezenten Stoffen aus einer Mischung von Wolle, Leinen und Seide, und die Mädchen, meist Näherinnen, Putzmacherinnen, Modistinnen, arbeiteten in der Pariser Modeindustrie, die weitaus die größte des Landes war. Sie trugen solche Stoffe, um sich deutlich zu unterscheiden von den auffälliger kostümierten »Käuflichen«. Sie erwarteten nur, ausgeführt zu werden – zum Essen, zum Tanzen, zu Ausflügen. Und so heißt es in Engels' Berichten, als die Späher der Polizei seinen Wegen nachgehen: der Polizeipräfekt habe seinen Beamten noch eine Menge Eintrittsbilletts für die beliebtesten Ballokale kaufen müssen, die Montesquieu, Valentino, Prado. »Ich verdanke ihm ganz hübsche Grisettenbekanntschaften und viel Pläsier, denn ich wollte die Tage und Nächte ausnutzen, die vielleicht meine letzten in Paris sein könnten.«

Zurück zur Arbeit. Es begann bereits überall im Gebäude der Staaten zu knistern. Engels schrieb über die kommende Revolution in Bayern, wo der Skandal um die Tänzerin Lola Montez im Gange war, die den alternden König Ludwig gekapert hatte und, zur Gräfin erhoben, nach altem Mätressenbrauch auch etwas regieren wollte. Er dachte an »ein anonym herauszugebendes, von Zoten wimmelndes« satirisches Dankschreiben, wie er es in einem Brief an Marx nannte, dessen Original bisher nicht gefunden werden konnte. In der Schweiz war bereits ein Bürgerkrieg in aller Form ausgebrochen. Engels nahm auch dazu Stellung und suchte die soeben begründete Geschichtsauffassung auf die Schweiz anzuwenden, was etwas schwierig war für ein vorwiegend bäuerliches Land mit eben beginnender Industrie. Auch da sah er jedoch schon das Proletariat vor der Tür stehen. Leichter fiel ihm das bei England in seinen Betrachtungen über die Gesamtlage des Jahres 1847, mit denen er sich als der künftige Außenpolitiker in der Parteiführung vorstellte. Es wäre leicht, ihm dabei seine Fehler in der Beurteilung der Zeitumstände nachzurechnen. Er war Optimist, sehr viel mehr als Marx, der stets skeptische, analytische Geist, der bei jeder revolutionären Bewegung sehr entschieden warnte und abriet, da ihm die geschichtlichen Vorbedingungen für »seine Revolution« nicht annähernd erfüllt schienen. Engels' Optimismus war aber eine unentbehrliche Ergänzung beim Zusammenwirken der Partner. Er ist auch bei der Formulierung des eben in Arbeit befindlichen Manifestes erheblich in Rechnung zu stellen.

Engels konnte nicht wissen, wie es in der Wirklichkeit bei den Chartisten aussah; er verließ sich auf seine Kontakte mit Harney, der als Redakteur des »Northern Star« bereitwillig seine Berichte abdruckte, weil er zu den wenigen Chartistenführern gehörte, die auf Kontakte mit dem »Kontinent« etwas Wert legten. Von O'Connor, dem tatsächlichen Chartistenchef, hatte Engels nur ganz ungefähre Vorstellungen; er erfreute sich an dem ungemein packenden Stil, mit dem O'Connor seine Gegner abfertigte; daß O'Connor schon dabei war, die Bewegung ins Agrarreformerische überzuleiten, sollte ihm wenig später aufgehen. Die Chartistenbewegung war aber in der Tat die einzige im ganzen Europa, die wirklich die großen Massen und ein schon bestehendes Proletariat vorzeigen konnte. Es ist zu verstehen, daß Engels, wie vor ihm schon Moses Heß, von da den großen Schlag erwartete. Die Franzosen bezog er erst in zweiter Linie in seine Kalkulationen ein.

Und die Deutschen, an die sie sich doch nun wenden wollten?

Nach dem letzten Besuch in Paris äußerte er, nun 14 Tage vor Ausbruch der Revolution: »Mit dem Bund geht's hier miserabel. Solche Schlafmützigkeit und kleinliche Eifersucht der Kerls untereinander ist mir nie vorgekommen. Die Weitlingerei und Proudhonisterei sind wirklich der komplette Ausdruck der Lebensverhältnisse dieser Esel, und daher ist nichts zu machen. Die einen sind echte Straubinger, alternde Knoten, die anderen angehende Kleinbürger. Eine Klasse, die davon lebt, daß sie wie Irländer (in England) den Lohn drückt, ist total unbrauchbar.«

Der Klassenbegriff ist hier aus den tatsächlichen Lebensverhältnissen der Zeit bezogen, die Engels durchaus – und besser als Marx – sehen konnte; für die Propaganda waren solchen Einsichten jedoch nicht zu gebrauchen.

Die nun kulminierte zu der Zeit, da das »Kommunistische Manifest« eben gedruckt vorlag, in der taktischen Anweisung, zunächst für ein oder zwei Jahre mit dem Bürgertum gegen die »Feudalherrschaft« zusammenzugehen, um erst dann in eigener Sache loszuschlagen. Und so hieß es in der »Deutschen Brüsseler Zeitung« vom 23. Januar 1848: »Kämpft also nur mutig fort, ihr gnädigen Herren vom Kapital! Wir haben euch vor der Hand nötig, wir haben sogar hie und da eure Herrschaft nötig. Ihr müßt uns die Peste des Mittelalters und die absolute Monarchie aus dem Wege schaffen, ihr müßt den Patriarchalismus vernichten, ihr müßt zentralisieren. Ihr müßt alle mehr oder weniger besitzlosen Klassen in wirkliche Proletarier, in Rekruten für uns verwandeln, ihr müßt uns durch eure Fabriken und Handelsverbindungen die Grundlage der materiellen Mittel liefern, deren das Proletariat zu seiner Befreiung bedarf, zum Lohn dafür sollt ihr eine kurze Zeit herrschen. Ihr sollt Gesetze diktieren, ihr sollt euch sonnen im Glanz der von euch geschaffenen Majestät, ihr sollt bankettieren im königlichen Saal und die Königstochter freien, aber vergeßt es nicht! – der Henker steht vor der Tür.«

TITELSEITE DES MANIFESTS

Manifest

der

Kommunistischen Partei.

Veröffentlicht im Februar 1848.

Proletarier aller Länder vereinigt Euch!

London.

Gedruckt in der Office der „Bildungs-Gesellschaft für Arbeiter"
von J. E. Burghard.
46, Liverpool Street, Bishopsgate.

Das Kommunistische Manifest

Die kleine Flugschrift von kaum mehr als zwanzig Seiten wurde in kleiner Auflage gedruckt und geriet unmittelbar in die Revolutionsbewegungen, die fast alle Länder Europas erschütterten, abgesehen von England, in dem die stärkste Wirkung von Marx vorausgesagt war. Es erschien zwar, durch Harney veranlaßt, eine englische Übersetzung in dessen »Red Publican«, einem Wochenblatt, das nur wenige Monate zu leben hatte, sie ging aber so gut wie spurlos unter. Auch andere Übersetzungen in die verschiedensten Sprachen, in Französisch, Dänisch, Polnisch, Flämisch, immer unter gleich beschränkten Bedingungen, »blieben absolut wirkungslos«, wie Engels 1888 sagte, als er 40 Jahre später die erste in Broschürenform veröffentlichte englische Übersetzung seines Freundes, des Juristen Samuel Moore, einleitete. Eine zweite deutsche Ausgabe erschien erst 1872, nach dem Deutsch-Französischen Krieg und der Pariser Kommune. Engels selber hat in seiner Vorrede gemeint, daß das Manifest nach der Auflösung des »Bundes der Kommunisten« 1852 »für das Vergessen« bestimmt zu sein schien. Und dieses Vergessen war viel gründlicher, als man heute ahnt. Selbst führende spätere Sozialisten wie Bebel haben berichtet, daß sie in ihrer Jugend nichts von dem Manifest oder überhaupt von Karl Marx gehört hätten, eher noch hie und da von Weitling.

Die Schrift war im Auftrag der Londoner Zentrale verfaßt und trug auf dem Titel ohne Namensnennung der Autoren die Bezeichnung »Manifest der Kommunistischen Partei«, der erst später in die heutige Fassung abgeändert wurde. Im Text war aber auf den Bund nirgends Bezug genommen. Und überhaupt war er durch Marx in eine Form gebracht, die sehr viel mehr und sehr viel weiter in die Zukunft wies, als es ein bloßer »tract of the times« tun konnte.

Von verschiedenen Vorstufen zum Manifest war bereits die Rede; alle ausführlich zu zitieren scheint mir nicht nötig. Wir sahen, daß die Londoner »Zentralbehörde« Marx und Engels den Auftrag gab, ein neues Programm und Bekenntnis zu verfassen. Dieses sollte dann, wie schon bei den vorangegangenen Entwürfen, an die Kreise und Gemeinden zur Stellungnahme versandt und erst endgültig gebilligt werden durch einen neuen Gesamtkongreß des Bundes. Dazu ist es gar nicht mehr gekommen. Das letzte, was wir wissen, ist ein sehr unfreundlicher, behördlicher Brief der Zentrale an Marx, den immer Zögernden, geschrieben in London am 24. Januar 1848: »Die Zentralbehörde beauftragt hiermit die Kreisbehörde Brüssel, dem Bürger Marx anzuzeigen, daß, wenn das Manifest der (Kommunistischen) Partei, dessen Abfassung er auf dem letzten Kongreß übernommen, nicht bis Dienstag, 1. Februar d. J., in London angekommen ist, weitere Maßregeln gegen ihn ergriffen werden. In dem Fall, daß B. Marx das Manifest nicht abfaßt, verlangt die Zentralbehörde augenblickliche Zurücksendung der ihm vom Kongreß zugestellten Dokumente.«

Unterschrieben war dieser Brief von Schapper, Bauer und Moll. Der Behördenton mit genauer Einhaltung des Instanzenweges – es wird nicht zu Marx, sondern zu seiner unmittelbar vorgesetzten »Kreis«-Behörde gesprochen, um damit noch mehr die Stellung der obersten »Zentral«-Behörde zu betonen – ist reichlich komisch, wenn wir uns vor Augen halten, daß es sich um einen Verein von insgesamt etwa 1000 Mitgliedern handelte. Eine »Behörde« ist dieses Komitee, und sie wird, ganz wie eine preußische Dienststelle, »weitere Maßregeln ergreifen«, wenn ihre Weisungen nicht unverzüglich befolgt werden. Wir müssen allerdings verzeichnen, daß Marx dieses Vokabular selber unverändert übernommen hat mitsamt den alsbald folgenden Behördenstreitigkeiten, wonach es nicht lange dauerte, bis es zwei verschiedene »Zentralbehörden« gab, von denen jede beanspruchte, die einzig autorisierte zu sein.

Aber es wäre höchst leichtfertig, solchen »Ton« zu unterschätzen; er spielt nicht nur im Vereinsleben, sondern auch in größeren und größten Zusammenhängen seine traurige Rolle und ist nicht mit dem bloßen Schlagwort »bürokratisch« abzutun. Wir können uns denken, daß Marx, der sich nicht zu Unrecht bereits als die entschieden übergeordnete Instanz fühlte, ihn sehr ungern vernahm und im Gedächtnis behielt für seine späteren Auseinandersetzungen mit Schapper und Genossen. Vorerst schickte er das Manuskript unverzüglich ab; es wurde auch unverzüglich gedruckt. Kein Werk von Marx ist so schnell vom Schreibtisch zum Druck gelangt.

Das ist der Schrift gut bekommen, obwohl Marx auch in dieser Schlußfassung der verschiedenen Entwürfe nach seiner Art hartnäkkig gebessert und gefeilt hatte, wie das einzige erhaltene Manu-

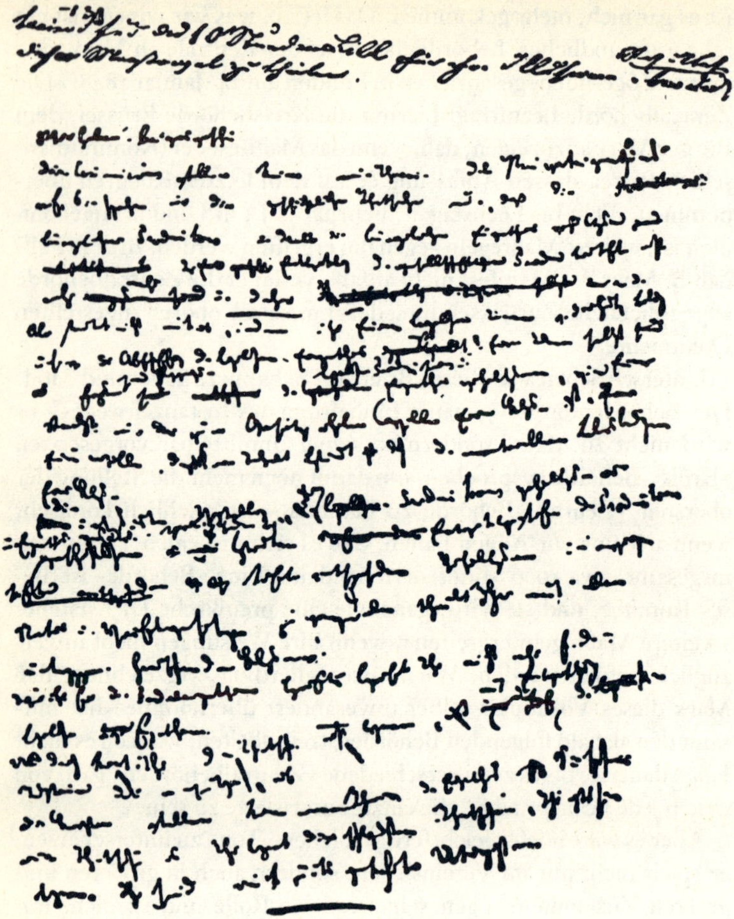

Die einzige erhaltene Seite des Marxschen Konzepts zum »Manifest«. Die ersten beiden Zeilen hat Jenny Marx geschrieben.

skriptblatt bezeugt. Es wurde die geschlossenste, wuchtigste und geformteste Arbeit, die er je vorgelegt hat. Auch eine Kampfbroschüre muß »Form« haben; und diese Form ist es auch gewesen, die dem Manifest zum großen Teil seine spätere Wirkung verschafft hat. Ich verstehe darunter nicht die bloße, genüßlich ästhetisierende Formbegeisterung, die dazu geführt hat, daß bürgerliche Enthusiasten die Anfangssätze wie lyrische Verse nachskandiert haben oder ein Berliner Kunstverleger, Bruno Cassirer, das Manifest in der Inflationszeit auf Büttenpapier in Luxusausgabe für seine Freunde und Kunden herausgab. Form heißt vielmehr hier Ordnung, Aufbau, Gliederung, Weglassung des Unwichtigen, sprachliche Prägnanz.

Der Inhalt, der beileibe nicht unwichtig ist, war an vielen Stellen bald veraltet, wie Engels schon bei der Neuausgabe 1872 zugab, und ist inzwischen weiter überholt worden, auch durch die Umdeutungen und Überlagerungen in der späteren Geschichte der Partei selber. Das nimmt dem Dokument jedoch nichts von seiner historischen Bedeutung. Man kann an diesem Manifest, und es steht darin einzig da in der Geistesgeschichte, den Entwicklungsgang einer Idee verfolgen und auch, wie eine solche Idee sich in politische Wirklichkeit verwandelt.

Denn darum handelte es sich. Die Idee war die schon in der »Deutschen Ideologie« erarbeitete Geschichtsauffassung von der überragenden Bedeutung der Ökonomie, der Produktionskräfte als der Grundlage des geschichtlichen Geschehens. Dem gilt der erste Abschnitt des Manifestes. Die Entwicklung der Produktionskräfte hat, und damit sind wir in der Gegenwart von 1848, dazu geführt, daß sich zwei Klassen im Kampf gegenüberstehen, die Bourgeoisie und das Proletariat, das die überwiegende Masse der Menschen repräsentiert. Die Bourgeoisie hat ihre historische Rolle zu spielen gehabt und dabei sogar Großes geleistet – es fallen sogar sehr anerkennende, ja lobende Sätze. Die Bourgeoisie hat in den letzten hundert Jahren mehr Produktives geschaffen als alle vorangegangenen Generationen – an Maschinen, Chemie für die Industrie und Landwirtschaft, Dampfschiffahrt, Eisenbahnen, Telegraphie, Kultivierung ganzer Kontinente, Kanalisation der Flüsse, sie hat ganze Bevölkerungen aus der Erde hervorgezaubert. Welches frühere Jahrhundert hatte nur eine Ahnung davon, daß solche Produktivkräfte im Schoß der gesellschaftlichen Arbeit schlummerten?

Nun aber ist die Zeit der Bourgeoisie abgelaufen. Sie hatte die Aufgabe gehabt, den Feudalismus, der unproduktiv geworden war, abzulösen. Nun ist es soweit, daß ihr damals neues Wirtschaftssystem wiederum abgelöst werden muß durch ein neues, besseres. Dieser Prozeß ist nicht nur, wie Marx betont, geschichtlich erschlossen: er geht vielmehr vor unseren Augen vor sich. Wie Goethes Zauberlehrling hat die Bourgeoisie Kräfte aus der Unterwelt beschworen, die sie nun nicht mehr bändigen kann. Diese Unterwelt ist nicht der Teufel, wie im Gedicht, sondern das Proletariat. Es ist da, von der Bourgeoisie und ihrer Wirtschaft selber geschaffen, unwissentlich und unwillentlich, und wird jeden Tag stärker. Es enthält in sich die neuen, stärkeren Produktivkräfte der Zeit und der Zukunft, denn seine Arbeit – hier macht sich die absolvierte Lektüre der englischen Ökonomen geltend – ist ja eben »die Wirtschaft«, und nichts anderes »spielt« dabei mit, wie immer auch die hilflosen Verteidiger der Wirtschaftsform der Bourgeoisie argumentieren mögen. Das Proletariat: das sind die neuen Produktivkräfte, die sich auflehnen gegen die Eigentumsbedingungen der jetzt ablaufenden Epoche. Wie überlebt diese sind, zeigt allein die ständige Wiederkehr von schweren Wirtschaftskrisen, die immer drohender werden. Das ist die Krisentheorie, die für Marx' ganzes späteres Leben die Grundlage für seine Revolutionserwartung bildet: aus Wirtschaftskrisen werden sich zwangsläufig und unaufhaltbar Revolutionen entwickeln. Sie entstehen aus Überproduktion; dann müssen größte Werte sinnlos zerstört werden, und wir finden uns in »Zustände der Barbarei« zurückversetzt. Hungersnot entsteht, Industrie und Handel stehen vor dem Untergang.

Das Bürgertum, das heißt das Kapital, hat so mit den Waffen, die es einst gegen den Feudalismus kehren konnte, sich nun selbst die Waffen geschaffen für den eigenen Untergang. Die Bourgeoisie hat vor allem, je stärker sie wurde, in Proportion das Proletariat entwikkelt, die Arbeiterklasse. Der Arbeiter, zur Ware geworden wie jeder andere Handelsartikel, muß sich stückweise verkaufen. Er wird im Konkurrenzkampf der Kapitalwirtschaft allen Schwankungen des Marktes unterworfen. Durch die Einführung von Maschinen hat die Arbeit sich ständig mechanisiert und entseelt. Der Arbeiter ist ein Anhängsel der Maschine geworden und führt nur noch monotone, einfachste Handgriffe aus. Der Preis für eine Ware, und somit auch für die Ware Arbeit, ist gleich den Produktionskosten.

Die moderne Industrie hat die kleine Werkstatt von früher mit ihrem patriarchalischen Meister in die große Fabrik des Kapitalismus verwandelt. Die Arbeitermassen, in der Fabrik zusammengedrängt, werden wie Soldaten organisiert und unter das Kommando einer Vorgesetztenschaft von Offizieren und Sergeanten gestellt. Sie werden nicht nur die Sklaven der Klasse der Bourgeois und des bourgeoisen Staates, sie sind täglich die Sklaven der Maschine. Mit der Ausbeutung durch den Fabrikanten und der Lohnzahlung endet die Ausbeutung nicht: Der Arbeiter wird nun durch andere Teile der Bourgeoisie ausgebeutet, durch den Hausbesitzer, den Ladenbesitzer, den Pfandleiher usw. Im Keim liegt hier schon die Ausbeutungstheorie.

Es folgt eine Analyse des derzeitigen Zustandes der Klassen: Die niedrigeren Schichten der Mittelklasse, die kleinen Händler, Kaufleute, Rentiers, die Handwerker und Bauern – sie alle sinken stufenweise ab ins Proletariat. Ihr geringes Kapital genügt nicht für die modernen Industriebedingungen, und ihre speziellen Fertigkeiten werden wertlos gemacht durch neue Produktionsmethoden. Somit rekrutiert sich das Proletariat nach und nach aus allen Klassen der Bevölkerung.

Das wird weiter ausgeführt durch eine Übersicht über die Stadien der Verelendung des Proletariats und dessen Reaktion auf diese: im Anfang noch Einzelkämpfe, dann solche der Arbeiter einer Fabrik, dann eines Zweiges der Industrie, oft mit Vorgehen gegen die neuen Maschinen; die Arbeiter bilden noch eine unzusammenhängende Masse, überall verteilt im Lande; die Arbeiter kämpfen noch nicht gegen ihre wirklichen Klassenfeinde, sondern gegen die Feinde ihrer Feinde, die Monarchie, die Grundbesitzer, die Kleinbürger. Die ganze historische Bewegung liegt damit in den Händen der Bourgeoisie, und jeder errungene Sieg ist ein Sieg für diese.

Mit der Weiterentwicklung der Industrie wächst aber das Proletariat, an Zahl wie Selbstbewußtsein und Gefühl für seine Stärke. Die verschiedenen Interessen und Lebensbedingungen werden durch die Maschinenarbeit immer mehr egalisiert. Alle werden auf das gleiche Niveau herabgedrückt. Die Arbeiter beginnen sich zu organisieren, um die Löhne aufrechtzuerhalten. Es kommt zu Aufständen. Dabei sind schon Erfolge erzielt worden, wie die Zehnstunden-Bill in England. Der Klassenkampf verschärft sich, gleichzeitig macht der Auflösungsprozeß innerhalb der herrschenden Klasse ständige Fortschritte. Aus der Bourgeoisie spaltet sich auch ein kleiner Teil ab und stößt zu der revolutionären Klasse, in Erkenntnis, daß dort die Zukunft liegt, so wie seinerzeit in der Französischen Revolution Teile der Aristokratie zum Bürgertum übergegangen waren.

Es gibt noch die sogenannten »gefährlichen Klassen« – ein damals viel diskutiertes Thema –, die untersten Schichten, später von Marx das »Lumpenproletariat« genannt. Sie mögen hie und da in eine Revolution hineingezogen werden, sind aber eher ein käufliches Werkzeug in der Hand reaktionärer Intrigen.

Das Endresultat ist jedenfalls sicher: Die Bourgeoisie hat sich als Hauptprodukt ihre eigenen Totengräber erzeugt. Ihr Sturz und der Sieg des Proletariats sind unvermeidlich.

Das ist nun keine Theorie, es ist eine Parole. Die Parolen und Kampfesrufe sind es denn auch gewesen, die der Schrift ihre breitere Wirkung gaben. Zur Frage der Nation, die besonders durch die Ansprüche der französischen Sozialisten akut war – und in der vor der Tür stehenden Revolution noch ganz anders akut wurde –, heißt es markig: »Die Arbeiter haben kein Vaterland.« Nicht weil sie es nicht haben wollen, es ist ihnen genommen worden. Die modernen Produktionsbedingungen lassen die nationalen Gegensätze und Unterschiede verschwinden. Mit Aufhebung der Klassengegensätze wird auch die Feindschaft unter den Völkern ihr Ende finden. So viel über die Nation.

Marx antwortet in diesen kurzen Absätzen auf die Themen, die in den Gemeinden und der zeitgenössischen Literatur diskutiert wurden, und zwar als Fragen oder Einwände gegen den Kommunismus.

Wie steht es mit der Familie? Antwort: Für den Arbeiter existiert das Familienleben gar nicht unter den jetzigen Lebensbedingungen. Für den Bourgeois ist die Familie (Marx folgt darin Fourier) nur ein Geschäft.

Und die Weibergemeinschaft der Kommunisten? Die Bourgeoisie praktiziert sie ungehemmt, so auch in der Prostitution.

Anklagen von religiöser oder philosophisch-ideologischer Seite, das pathetische Anrufen von »ewigen Wahrheiten« wie Freiheit, Gerechtigkeit usw.? Antwort: Die Geschichte ist eine Geschichte von Klassenkämpfen. Diese finden ihren Ausdruck in gewissen allgemeinen Ideen, die erst völlig verschwinden können durch Aufhebung der Klassengegensätze. Der Kommunismus bricht nicht nur radikal mit den traditionellen Eigentumsbegriffen, sondern ebenso radikal mit den traditionellen Ideen. »Bedarf es tiefer Einsicht, um zu begreifen, daß mit den Lebensverhältnissen der Menschen, mit ihrem gesellschaftlichen Dasein, auch ihre Vorstellungen, Anschauungen und Begriffe, mit einem Wort, auch ihr Bewußtsein sich ändert?« Die Antwort muß lauten: Nein, es bedarf keiner tiefen Einsicht.

Die Stellung des Individuums, das somit hinter all diesen Gegebenheiten der Gesellschaft und Klasse zurückzustehen hat? »In der bürgerlichen Gesellschaft ist das Kapital selbständig und persönlich, während das tätige Individuum unselbständig und unpersönlich ist. Und die Aufhebung dieses Verhältnisses nennt die Bourgeoisie Aufhebung der Persönlichkeit und Freiheit!«

Schließlich der Staat, und nun werden auch die Fragen nach dem Sofortprogramm wie nach der Zukunft beantwortet: »Das Proletariat wird seine politische Herrschaft dazu benutzen, nach und nach der Bourgeoisie alles Kapital zu entreißen, alle Produktionsinstrumente in den Händen des Staates, d. h. des als herrschende Klasse organisierten Proletariats zu zentralisieren und die Masse der Produktionskräfte möglichst rasch zu vermehren.« Es folgen dann noch, aus Engels' Vorprogramm stammend, zeitgenössisch orientierte Punkte über Enteignung von Grundbesitz, stark progressive Einkommensteuern (damals eine sehr revolutionäre Maßnahme), Abschaffung des Erbrechts, eine Nationalbank als zentrales Kreditinstitut mit Monopol, Zentralisation des Verkehrswesens durch den Staat, Ausbau von Staatsfabriken (eine von Louis Blanc propagierte Idee), Bodenverbesserung, allgemeine Arbeitspflicht, Abschaffung der Unterschiede zwischen Stadt und Land, gleichmäßigere Verteilung der Bevölkerung über das ganze Land, freie Erziehung, Abschaffung der Kinderarbeit in gegenwärtiger Form, Verbindung von Erziehung mit industrieller Produktion.

Diese Punkte wurden schon in dem Sofortprogramm der Partei für Deutschland wenige Monate später aus taktischen Gründen abgeändert. Grundsätzlich aber hieß es über den Staat: »Sind im Lauf der Entwicklung die Klassenunterschiede verschwunden und ist alle Produktion in den Händen der assoziierten Individuen zentriert, so verliert die öffentliche Gewalt den politischen Charakter. Die politische Gewalt im eigentlichen Sinne ist die organisierte Gewalt einer Klasse zur Unterdrückung einer anderen. Wenn das Proletariat im Kampfe gegen die Bourgeoisie sich notwendig zur Klasse vereint, durch eine Revolution sich zur herrschenden Klasse macht und als herrschende Klasse gewaltsam die alten Produktionsverhältnisse aufhebt, so hebt es mit diesen Produktionsverhältnissen die Existenzbedingungen des Klassengegensatzes, der Klassen überhaupt, und damit seine eigne Herrschaft als Klasse auf.«

Und zur Zukunft endlich: »An die Stelle der alten bürgerlichen Gesellschaft mit ihren Klassen und Gegensätzen tritt eine Assoziation, worin die freie Entwicklung eines jeden die Bedingung für die freie Entwicklung aller ist.« Mehr ist darüber nicht zu sagen und ist auch später kaum gesagt worden.

Damit endet der Hauptteil und hätte auch enden können. Marx konnte es sich aber nicht versagen, noch einmal Tabula rasa zu machen mit allen Vorläufern und »Mitsozialisten«. Er gibt auch seiner Neigung zu gelehrten und zugleich bissig-witzigen Übersichten nach, die nur ein recht gebildetes Publikum damals ansprechen konnten und heute ohne ausführlichen Kommentar unverständlich bleiben. Ich habe über die wichtigeren Vorläufer schon eingehend gesprochen und beschränke mich darauf, hier zu notieren, daß Saint-Simon, Fourier, Owen von Marx immerhin mit Respekt behandelt werden; sie hatten bereits »gewisse Einsichten«. Nicht aber begriffen sie die wahre Natur des Klassenkampfes und die Notwendigkeit revolutionärer Aktion; ihre friedlichen Experimente waren daher zum Mißlingen verurteilt. Sie fallen unter die Kategorie »kritisch-utopischer Sozialismus«.

Der Schluß der Broschüre ist Politik des Tages: Marx zählt auf, mit welchen Parteien und Kräften die kommunistische Partei in dem unmittelbar bevorstehenden Kampf zusammengeht. Er nennt dabei, in etwas wunderlicher Zusammenstellung, die Chartisten in England, die Agrarreformer in Amerika, die Sozialdemokraten in Frankreich, in der Schweiz die Radikalen, in Polen die Agrarrevolutionäre. In Deutschland will man an der Seite des Bürgertums kämpfen gegen die absolute Monarchie, den feudalen Grundbesitz und die Kleinbürgerei. Hier aber darf man nicht aufhören, der Arbeiterklasse klarzumachen, daß nach dem Sturz der reaktionären

Klassen der Kampf gegen die Bourgeoisie unverzüglich beginnt. Das deutsche Proletariat ist dafür reif.

Die letzten Sätze des Manifestes sind wiederum Parolen, und sie wurden die am meisten zitierten Kampfworte in der Folgezeit:

»Die Kommunisten verschmähen es, ihre Ansichten und Absichten zu verheimlichen. Sie erklären es offen, daß ihre Zwecke nur erreicht werden können durch den gewaltsamen Umsturz aller bisherigen Gesellschaftsordnung. Mögen die herrschenden Klassen vor einer kommunistischen Revolution zittern. Die Proletarier haben nichts in ihr zu verlieren als ihre Ketten. Sie haben eine Welt zu gewinnen. *Proletarier aller Länder, vereinigt euch!*«

Die Probe auf das Exempel der Gedanken dieser exemplarischen Schrift war in der Revolution abzulegen, die nicht nur »vor der Tür stand« – sie war bereits eingetreten. Die Schrift als solche hat erst ein halbes Jahrhundert später begonnen, ihre Wirkung auszuüben, wie überhaupt das Werk des Dr. Marx. Das Manifest unterscheidet sich darin von anderen berühmten, als »klassisch« bezeichneten Flugschriften, wie denen Luthers in seiner Kampfzeit oder denen von Thomas Paine. Die erschienen in für ihre Zeit gewaltigen Auflagen und hatten enorme Wirkung unmittelbar im Kampf des Tages und Jahres. Sie waren auf ein Publikum der Zeit gerichtet und ergriffen es bei Schopf und Kragen. Das Publikum des Manifestes war noch kaum vorhanden. Es läßt sich sogar annehmen, daß die Londoner Genossen den Text als reichlich »gelehrt« empfanden und womöglich, wenn mehr Zeit verblieben wäre, Änderungen gewünscht hätten. Und in der Tat läßt Marx nirgends den Mann der Wissenschaft verkennen, was ihm auch hoch angerechnet wird, soweit es sich eben um Grundlagen der sozialistischen Wissenschaft handelt. Der Politiker, der Staatsmann ist etwas anderes. Was Marxens Verkennungen und Unterschätzungen der Gegenmächte anbelangt, so will ich sie nicht aufzählen. Sie werden sich aus der Erzählung der Ereignisse ergeben. Es wäre auch verfehlt, einem Visionär und Propheten vorzuhalten, daß er sich bei der Zeitbemessung seiner Prognosen verrechnet hat. Der Faktor Zeit jedoch bezeichnet genau die Grenze, wo der Theoretiker und der praktische Politiker sich trennen. Der Theoretiker kann planen und in seiner Planung für noch weit in der Zukunft liegende Zustände Visionen haben, der praktische Politiker muß im Tage, in der Stunde handeln. Der einmal verpaßte Augenblick kommt für ihn nicht wieder; der in richtiger Einschätzung der Zustände und Größenverhältnisse bewiesene »Griff« beim Zupacken zeigt sein Kaliber an. Und nur das gilt; keine noch so gute oder edle Absicht, keine noch so weit vorausschauende und vielleicht später bestätigte Vorstellung dessen, was »eigentlich« geschehen sollte. Marx war der Überzeugung, daß mit dem Augenblick, wo die richtige Theorie einmal formuliert war, sie nur wie ein Blitz in die dafür bereiten Massen einzuschlagen brauchte, um den Waldbrand der Praxis, der Revolution, zu entfesseln. Er hat erst später, nach sehr bitteren Erfahrungen, davon gesprochen, daß dafür auch unter Umständen Jahrzehnte oder ein halbes Jahrhundert mit viel Kleinarbeit, Aufklärung und Erziehung nötig sein könnten, wenn nicht günstigste Zeitumstände den Prozeß beschleunigten.

Diese Erfahrungen hatte er jetzt zu machen. Das Jahr 1848 entschied in seiner Lebensgeschichte darüber, ob seine grundlegend formulierte Theorie bereits in die Praxis im Anschluß an die bürgerliche Revolution übergeführt werden konnte. Es entschied auch über sein persönliches Schicksal. In den Jahren in Paris und Brüssel hatte er sich nur als zeitweiliger Emigrant gefühlt. Der Aufenthalt unter etwas freieren Bedingungen war dazu gut gewesen, die wichtigsten Arbeiten zur »Selbstfindung« voranzutreiben, die neue Lehre zu formieren, Beziehungen nach England und Frankreich hin anzuknüpfen und zum Schluß die Partei in erster Fassung aufzubauen. Er war jederzeit bereit, beim ersten Hahnenschrei aufzubrechen, dem »Schmettern des gallischen Hahns« zu folgen, das schon bei Heine die neue Revolution, auch für Deutschland, ankündigte. Wenn er aus rein bürokratischen Gründen seine Entlassung aus dem preußischen Staatsverband vorgenommen hatte, so war das eine Lappalie, eine reine Formsache. Jetzt ging er bei ehester Gelegenheit zurück, als der ehemalige Redakteur der »Rheinischen Zeitung«, von dem immerhin noch einflußreiche Leute wußten. Er war bereits ein bekannt gewordener politischer Publizist, der Führer einer Partei, und in seinem Gepäck führte er Exemplare seines Manifestes mit sich.

Achtundvierzig

Zum Unterschied von den »glorreichen drei Tagen« 1830, die nur den Schüler aus der Ferne berührt hatten, war Karl Marx an der Revolution 1848/49 aktiv beteiligt, wenn auch nicht auf den Barrikaden, sondern als Redakteur und Zeitungsherausgeber eines einflußreichen radikalen Blattes im Rheinland, der nun zur Legende gewordenen »Neuen Rheinischen Zeitung« in Köln. Es ist verlockend, das ganze Geschehen jener Jahre ausschließlich unter der Sicht zu betrachten, wie weit diese Revolution, die ganz Europa ergriff und verwandelte, den Vorstellungen entspricht, die Marx soeben zusammen mit Engels im »Kommunistischen Manifest« entwickelt hatte. Doch das führt weit ab von der Wirklichkeit, denn die kleine Schrift hat ihre gewaltige Wirkung erst sehr viel später erprobt. Sie erschien, wie ich schon sagte, nicht zur »rechten Zeit« in all ihrer Brisanz, sondern eher zur unrechten Zeit.

Über das, was Anno 1848 und 1849 geschah, selbst in den gröbsten und einfachsten Tatsachen und Ereignissen, wird heute nach sehr verschiedenen Ansichten oder Prinzipien geurteilt und referiert. Vieles wird umgestellt, noch mehr fortgelassen, und das gilt nahezu für alle Seiten und Richtungen. Dieser Prozeß begann schon sehr früh, in Deutschland mit der Errichtung des Bismarck-Reiches, das für viele der feurigsten Revolutionäre von »damals« eine Erfüllung ihrer Wünsche nach einem geeinten Deutschland, einer großen und mächtigen Nation, bedeutete. Nicht wenige der engsten Freunde und Mitarbeiter von Marx und Engels befanden sich darunter. Es geht nicht gut an, sie samt und sonders als Verräter, Lumpen oder als skrupellose Karrieremacher zu bezeichnen. Der »alte Achtundvierziger« war bis zum Ende des 19. Jahrhunderts, da er ausstarb, eine wohlbekannte Erscheinung; auch in den sehr wenigen Gestalten, wie der des betagten Poeten Herwegh, die nicht gesonnen waren, ihren Frieden mit dem neuen Staat zu machen, und bis zum Tode im Abseits und in der Negation verharrten. Nicht zu vergessen die sehr vielen Auswanderer nach Nordamerika, die in der Enttäuschung über die mißlungene Revolution den »Staub des Vaterlandes« von den Füßen geschüttelt und eine »neue Heimat« gefunden hatten. Die ehemaligen »Achtundvierziger« bildeten dort lange eine sehr potente und einflußreiche Bevölkerungsgruppe, die Generäle, Politiker, Wirtschaftsleute stellte, mit Carl Schurz sogar einen Innenminister. Da hatte »ehemaliger Achtundvierziger« einen anderen Klang als in Deutschland, wo es zunehmend hieß: »Nun ja, er hat in seinen Studentenjahren auch allerhand wilde Ideen gehabt und sich dann bald zurechtgefunden.« Das Wort »Realpolitik« stammt aus der Zeit bald nach 1848; und es ist bezeichnend, daß ein ehemaliger burschenschaftlicher Feuerbrand, seinerzeit zu zwanzig Jahren Zuchthaus verurteilt, geflüchtet und dann bekehrt zu neuer Sicht der Politik und ihrer realen Möglichkeiten, ein gewisser August Ludwig von Rochau, Verfasser eines damals einflußreichen Werks über die »Grundsätze der Realpolitik« wurde.

Für die Verehrer der Realpolitik, die sich historisch, besonders unter Bismarck, als so ungemein erfolgreich erwies, waren die »Achtundvierziger« nur bestenfalls wohlmeinende Idealisten, Utopisten, Schwärmer oder, weniger freundlich, Faselanten. Blendende Redner gewiß, auch bedeutende Namen in den Wissenschaften, Kathedergrößen, Philosophen, die über die Freiheit zu dozieren wußten, aber sie nicht zu schaffen verstanden und sie nicht einmal da, wo sie ihnen gegeben wurde, verteidigen konnten. Auch Dr. Karl Marx gehörte später für die allermeisten politisch interessierten Menschen mehr oder weniger in diese Kategorie der Philosophen und Utopisten, soweit man überhaupt von ihm genauer Notiz nahm.

Heute fällt es, da das bloße Wort »Revolution« eine so magisch-mythische Bedeutung erlangt hat, nicht ganz leicht, sich gegenwärtig zu machen, daß die großen Aufstände von 1848/49 überhaupt für das ganze weitere Jahrhundert das Ende von Revolution im Sinne der Großen Revolution von 1789 bedeuteten, das Ende von Straßenrevolten und Barrikadenbauten, die übrigens noch Friedrich Engels gegen Ende seines Lebens und als der »große Alte des Sozialismus« für überholt und durch die waffentechnische Entwicklung aussichtslos geworden bezeichnet hat; das Ende von Versuchen, durch eine vorgegebene (Ver-)Fassung von politischen Rechten mit einem Schlage ein völlig neues System zu schaffen, das alle Nöte und Schwierigkeiten im Innern der Nationen wie im Zusammenleben der Völker beseitigen würde.

Nation – das war das große Wort, das Anno 48 die Menschen, die Völker in Bewegung setzte. Und wir wären schlecht beraten, wenn wir heute verkennen wollten, wie mächtig, oft nahezu allmächtig es noch immer wirkt. 1848 war in allererster Linie das Jahr großer nationaler Bewegungen. In Deutschland vor allem, das nie eine Nation im neueren Sinne gewesen war, sondern nur ein »Reich« höchst unbestimmter Grenzen, in Italien, in Polen, in Dänemark, in der Schweiz.

Wie denn, der Schweiz? Hatte die auch eine Revolution? Und welchen Grund sollte denn der damals demokratischste Staat in Europa haben, Revolution zu machen? Es gab aber Revolution im Lande der Kantone und Bürgerrechte, sogar Bürgerkrieg, regulären Bürgerkrieg mit ausrückenden Regimentern, die aufeinander schossen. Es war, zugegeben, kein sehr furchtbarer und verlustreicher Krieg, der den nahezu verlegen klingenden Namen »Schweizer Sonderbundskrieg« führte. Daß er heute wie eine historische Kuriosität erscheint, nimmt ihm aber nicht seine Bedeutung in der Revolutionsgeschichte und der großen Historie. Denn damit fing 1848 an. Diese Schweizer Erlebnisse spielten sich am Rande Deutschlands ab; sie waren ihrem Ursprung nach den meisten Zeitgenossen ganz undurchsichtig. Denn was sollte man vom Streit der winzigen Kantone untereinander und der Parteien innerhalb der Kantone über Aufhebung von Klöstern oder Zulassung der Jesuiten halten? Was von gelegentlichen Unruhen in Bern oder Zürich? Was von Kämpfen um die Obergewalt mächtiger, auch wirtschaftlich mächtiger Kantone über kleinere, schwächere Bauernkantone irgendwo dort oben in den Bergen, die eben erst für den Tourismus entdeckt wurden? Das alles schien weitab zu liegen von der großen Politik, die ihre eigenen Sorgen hatte, da die Völker begannen, sehr unbotmäßig zu werden. Das große Metternich-System, das seit 1815 Europa so durchgreifend beherrscht hatte, krachte in allen Fugen. Und nun erhielt es von hier, diesem unwahrscheinlichsten Ausgangspunkt, seinen ersten vernichtenden Stoß.

Die Geschichte dieser Revolution ist Lokalgeschichte; sie kann nur von einem Schweizer erzählt, nur von Schweizern verstanden werden. Wir begnügen uns, ihre Auswirkungen zu betrachten, wenn wir uns nicht hoffnungslos in den Wäldern am Gotthard verirren wollen. Sieben katholische Kantone (»Orte« nach Schweizer Sprachgebrauch), nämlich Luzern, Schwyz, Uri, Unterwalden, Zug, Fribourg und Wallis, schlossen sich gegen die Majorität der protestantischen Kantone zu einem Sonderbund zusammen, der sich »Schutzvereinigung zur Wahrung der Kantonssouveränität« nannte. Um die Souveränität der Kantone ging es und um die Durchsetzung der übergeordneten höheren Souveränität des Bundes, der »Tagsatzung«, die durch eigenwilliges Verhalten der konservativen und katholisch-klerikalen Altkantone bedroht war. Die kirchlichen Wirren waren nur die Symptome für die Auseinandersetzung um eine neuere und arbeitsfähige Form des föderalistischen Staates der Eidgenossenschaft. Die Schweiz, von jeher eine gewisse Anomalie in der europäischen Staatengesellschaft, hat immer Kämpfe um die Aufrechterhaltung und die Gestaltung ihres so anomalen Staatsprinzips führen müssen, auf dem ihre Existenz beruhte und das ständig von außen wie innen bedroht war. Und beides kam zusammen in diesen Jahren: Die Rebellion der Sonderbündler fand ausgesprochen die Unterstützung der großen Mächte des Metternich-Systems, die mit Eingreifen drohten; die Haltung der liberalen oder demokratischen Majorität genoß die Sympathie der liberalen Elemente in ganz Europa, die freilich nur Sympathien bekunden konnten, aber keinerlei Machtmittel besaßen.

Waffen hatten alle Eidgenossen, und sie wußten sie zu führen. Dem Sonderbundkrieg voran gingen Aufstände in verschiedenen Kantonen, Putsche, Besetzungen. Es handelte sich zuweilen innerhalb eines Kantons um den Gegensatz zwischen Stadt mit städtischem Patriziat und Land mit bäuerlicher oder schon zuweilen frühproletarisch arbeitender Bevölkerung. Es ging um konfessionelle Gegensätze in einigen stark gemischten Kantonen, in denen entweder die Katholiken sich gewaltsam durchsetzen wollten oder die Protestanten die Katholiken zu unterdrücken suchten. Es gab bereits bürgerlichen Guerillakrieg – auch das wurde hier in der Retorte Schweiz vorgemischt. Im Streit um Luzern, das bis dahin immer einer der »Vororte« der Eidgenossenschaft gewesen war, zogen bewaffnete Freischaren aus Nachbarkantonen heran, um den zunehmenden Einfluß der katholischen Partei in Luzern zu brechen; sie wurden blutig zurückgeschlagen. Die Tagsatzung beschloß mit ihrer überwiegenden Majorität Auflösung des Sonderbundes, der die Einheit der Eidgenossenschaft zu spalten drohte. Sie beschloß noch mehr: »Exekution« durch das Bundesheer. Und sie hatte dafür einen ganz hervorragenden militärischen Führer zur Verfügung, den Genie-Oberst Guillaume Dufour aus Genf, einen der Militärs neuen Stils, der kein bloßer Troupier oder Schnauzbart zu Pferde war, sondern ein hochgebildeter Fachmann in allen technischen Fragen des Kriegshandwerks, Begründer der eidgenössischen Kriegsschule zu Thun, an der auch der spätere Napoleon III. Schüler gewesen war. Dufour war der Verfasser bedeutender Lehrbücher und Initiator der epochemachenden topographischen Landesaufnahme der Schweiz im Maßstab 1 : 100000, die mit der zeichnerischen Neuerung der »schiefen Beleuchtung« zum ersten Male etwas Licht in die Mysterien der Alpenlandschaft brachte und militärisches Operieren in den bis dahin als »unzugänglich« geltenden Gegenden möglich machte. Mehr noch: Dufour war geschulter Politiker; er hatte sich als Mitglied des Genfer Repräsentativcorps um die Schlichtung der rabiaten Parteikämpfe in seiner Vaterstadt und an anderen Stellen verdient gemacht. Als Obergeneral des Bundesheeres mit dem Kommando über fast 100000 Mann betraut, beendete er den Sonderbundkrieg in wenigen Wochen. Er operierte umsichtig von Norden her, wo die Stärke der liberalen Kantone lag, und ließ sich nicht darauf ein, zu den Waldstätten in die Berge hinaufzusteigen, die den eigentlichen Kern der Rebellion bildeten.

Fribourg und Zug kapitulierten vor dem Bundesheer; auch Luzern als der gefährlichste Gegner mit einem beachtlichen eigenen Sonderbundheer wurde unterworfen; die trotzigen Waldstätten gaben zähneknirschend auf. Im November wurde der Sonderbund für aufgelöst erklärt. Die Verfassungen und Regierungen in den abgefallenen Kantonen wurden im liberalen Sinne geändert. Sie mußten die Kriegskosten bezahlen. Dufour erhielt einen Ehrensäbel und eine Dotation von 40000 Franken. Die schon seit längerem geplante Revision der Bundesverfassung wurde durchgeführt; die neue Verfassung, die im wesentlichen bis in unsere Gegenwart hinein gilt, vielfach auf amerikanisches Vorbild blickend, sah statt des losen Staatenbundes einen fester gefügten Bundesstaat vor. Die Minorität fügte sich, nicht zuletzt, weil auch die Rebellen nicht wünschten, daß sich die ausländischen Mächte in ihre Fragen einmischen sollten. Eine hochfahrende Note von seiten Österreichs, Preußens und Frankreichs wurde im Januar des europäischen Revolutionsjahrs 1848 energisch zurückgewiesen, und die bald folgenden Ereignisse im Februar zu Paris, im März zu Berlin und Wien machten alle

Ideen einer internationalen Exekution der »Siegermächte« von 1815 völlig illusorisch.

Metternich war gerade am Vorabend dieser wahrhaft umwälzenden Ereignisse ohnmächtig. Die deutschen Radikalen, von denen so viele in der Nordschweiz als Flüchtlinge in den Vorjahren Zuflucht gefunden hatten, sahen in der erneuerten Einigung der Schweiz das leuchtende Beispiel einer großen nationalen Erhebung und erhofften sich von ihren Gesinnungsgenossen dort tatkräftigste Unterstützung. Sie glaubten auch ein Muster für das in Deutschland noch zehnmal schwierigere Problem des Partikularismus zu erkennen. Doch darin täuschten sie sich grimmig. Weder konnten sie über waffengeschulte Milizen gebieten, noch hatten sie einen General Dufour zur Verfügung, der nun vielmehr mit seinem achtunggebietenden Heer an der Rheingrenze Stellung bezog, um ein Übergreifen der Aufstände in Süddeutschland auf Schweizer Gebiet zu verhindern. Die Schweizer Revolution 1848 war eine Umwälzung zugunsten von Reformen, die denn auch in wiederholten Revisionen und Erweiterungen der Bürgerrechte über viele Jahrzehnte hinweg vorgenommen wurden, bestaunt, auch bespöttelt von Ideologen und Ahnungslosen, was nur zu oft identisch ist, und noch öfter gar nicht zur Kenntnis genommen vom übrigen Europa, das weiterhin die Schweiz als eine »Anomalie« anzusehen geruhte. Als »Initialzündung« für die folgenden Begebnisse ist der Sonderbundkrieg nicht leicht zu überschätzen und unserer aufmerksamen Beachtung wert. Nun aber gingen über Europa Schläge herunter von ungeahnter Gewalt.

Weshalb die Revolution 1848 gerade in diesem Jahre und gerade in diesen Februartagen in Paris ausbrach? Und dies bei sehr unfreundlichem Wetter? Hatte nicht Heinrich Heine recht dezidiert nach 1830 verkündet, die Franzosen brauchten, um zu »emeuten«, gutes Wetter, Sonnenschein? Der verjagte Louis Philippe war bis in die letzten Stunden seiner Herrschaft fest überzeugt gewesen, es werde bei dieser Witterung nichts passieren. Und er hatte nach dieser Heine-Louis-Philippe-Philosophie sehr unvorsichtig versäumt, genügend Truppen der Armee zusammenzuziehen; er verließ sich auf seine Nationalgarde, die er für eine zuverlässige Stütze seines Thrones hielt. Als ihm gemeldet wurde, daß diese ihn aufgab, kapitulierte er und gab das Spiel verloren. Es ist viel darüber spekuliert worden, wie die Dinge wohl verlaufen wären, wenn genügend Soldaten und womöglich auch ein tüchtiger General zur Stelle gewesen wären. Sie waren aber nicht zur Stelle.

Das erklärt natürlich ein so bedeutsames historisches Ereignis nicht zur Genüge. Man wird dem Wunsch nach ein paar einleuchtenden Gründen, faßlich formuliert, nicht leicht entsprechen können; da melden sich viele Wünsche und ihre Sprecher an. Ich möchte hier darauf hinweisen, daß Revolution seit vielen Jahren, ja seit Beginn des Bürgerkönigtums, »in der Luft lag« und daß es oft genug so aussah, als ob es schon »losginge«. Bald nach den sonnigen Julitagen 1830, die mit dem Kompromiß des »juste milieu« so rasch beschlossen wurden, schrieb der junge Chopin, eben in Paris eingetroffen, an seinen Freund Titus Wojciechowski in Warschau: »Es herrscht jetzt großer Mangel in Paris, und das Geld zirkuliert nicht. Man sieht viel zerlumpte Menschen mit wildem Gesichtsausdruck, und häufig hört man aufgeregte, drohende Reden gegen Louis Philippe, der, so gut wie seine Minister, nur an einem Haare hängt. Der Pöbel hat die Regierung satt und möchte sie stürzen, um dem Elend ein Ende zu machen, aber die Regierung ist zu sehr auf ihrer Hut, und die kleinste Menschenansammlung wird alsbald durch berittene Polizei zerstreut.«

Anlaß zu Demonstrationen kann alles mögliche sein. Es handelte sich ja keineswegs nur um Hungerrevolten oder Lohnforderungen von unterbezahlten Arbeitern. Das Volk von Paris begeisterte sich »für die Freiheit«, die »Pressefreiheit«, auch für die politische Freiheit anderer Nationen. Die Polen, geographisch zwar recht entfernt, wurden immer wieder zu einer zündenden Parole, zum Symbol des Freiheitskampfes an sich, und es wurde immer wieder radikal gefordert, man müsse ihnen in ihrer Not helfen.

Chopin erwähnte die gleichzeitigen Unruhen in Lyon, wo die Textilarbeiter für höhere Löhne streikten und der Marschall Soult mit 20000 Mann eingesetzt werden mußte, um die Autorität der Regierung wiederherzustellen. Es ließe sich ein ganzer Katalog solcher Halb- oder Viertel- oder Beinaherevolutionen herstellen und ihn mit der Überschrift »Von einer Revolution zur anderen« versehen. 1834 schon ist ein neuer Aufstand in der Seidenweberstadt Lyon zu verzeichnen, der fünf Tage Kampf kostete, bis wieder Ruhe eingekehrt war. Wir wollen nicht alle »Emeuten«, kurzlebigen Putsche oder halbherzigen Revolten aufzählen. Das Charakteristikum ist nur: Ausgesprochen wirtschaftliche Kämpfe spielen sich da ab, wo bereits ein Proletariat vorhanden ist, eben wie in Lyon, dem Textilzentrum Lille oder der ständig anwachsenden großen Rüstungsstätte Le Creusot. Paris behält sich die Führung in den großen politischen Fragen und Entscheidungen vor.

Gerade weil Heine immer wieder so leidenschaftlich Partei nimmt für die Revolution, die große Revolution, nicht die kleine oder mittelmäßige, ist er uns glaubwürdig, und ich lasse ihn hier gern ausführlich als Kronzeugen zu Wort kommen. Er hat gejubelt, ja 1830 geradezu tiriliert; es ist nicht nötig, auf seine vielen politischen Gedichte hinzuweisen. Aber Heine sieht nicht nur mit den Augen des Poeten. Er beobachtet auch scharf als Journalist, der seinen Lesern das Neueste, das Aufregendste zu servieren hat. Er macht sich dabei zuweilen wichtig und malt den Kommunismus als Schreckbild an die Wand, der er damals schwerlich war; Angst vor dem Kommunismus jedoch bildete schon eine politisch bedeutsame Potenz im Bürgertum. Heine hatte den Blick für das, was ein später Nachfahr, Alfred Kerr, den »Ewigkeitszug« an Phänomenen nannte, die ihm für die Dauer bestimmt schienen, und Heine griff dabei weit, sehr weit voraus und irrte sich auch, wie jeder, der schreibt und den Dingen Namen gibt. Seine Prophezeiung der deutschen Revolution aus urgermanischer Wildheit, die alles in den Schatten stellen würde, was die zahmeren Franzosen je getan, selbst im Terror der Großen Revolution, mußte bis 1933 warten, ehe sie schauderhaft aktuell erschien. Er, der nicht nur die Boulevards und Salons von Paris frequentierte, sondern auch in die Provinz ging – Marx hat nie von der Provinz etwas gesehen, außer in Zeitungsberichten –, sah den aufkommenden Napoleon-Kult und Bonapartismus früher als andere im Kommen. Er hat den Mob, die wilde und wüste Masse geschildert, ohne Rücksicht auf seine republikanischen Freunde zu nehmen, die ihm das denn auch gebührend übelnahmen. Er läßt es nicht an Sympathien für die Unterdrückten, die Erniedrigten und Beleidigten fehlen. Er registriert jedoch bei der großen Choleraepidemie von 1831 getreulich die wilden Szenen des blinden Mobs, der auf die Parole hin, es sei Gift von den Reaktionären verteilt, zu rasen beginnt. »Es gibt keinen gräßlicheren Anblick als solchen Volkszorn, wenn er nach Blut lechzt und seine wehrlosen

Opfer hinwürgt. Das heult und braust, gnadenlos, heidnisch, dämonisch. An der Straße St. Denis hörte ich den altberühmten Ruf ›à la lanterne‹! Auf der Straße Vaugirard, wo man zwei Menschen, die ein weißes Pulver bei sich gehabt, ermordete, sah ich einen dieser Unglücklichen, als er noch etwas röchelte und eben die alten Weiber ihre Holzschuhe von den Füßen zogen und ihn damit so lange auf den Kopf schlugen, bis er tot war. Er war ganz nackt und blutrünstig zerschlagen und zerquetscht; nicht bloß die Kleider, sondern auch die Haare, die Scham, die Lippen und die Nase waren ihm abgerissen, und ein wüster Mensch band dem Leichnam einen Strick um die Füße und schleifte ihn damit durch die Straße ...« Am nächsten Tag publizieren die Blätter Aufklärung, daß es sich um Unschuldige mit Schutzmitteln gegen die Seuche in der Tasche gehandelt habe: »Das Volk kehrt ebenso rasch zur Milde zurück und bereut mit rührendem Kummer seine Untat, wenn es die Stimme der Besonnenheit vernimmt.« Heine berichtet auch über eine kleinere und groteske Spezialrevolution während der Epidemie: Der Magistrat hat sehr vernünftig die Kehrichtabfuhr beschleunigt und dafür neue Müllkarren eingestellt. Dadurch fühlen sich zwei starke gildenartige Organisationen bedroht, die Chiffonniers, die den Kehricht zuvor durchsuchen, und die Revendeuses, die das Gefundene weiter sortieren und an den Quais zum Verkauf ausstellen. Sie sehen diese Tätigkeit als einen regulären Erwerb und ein durch lange Jahre geheiligtes Recht an, sanitäre Maßnahmen hin und Magistratsverordnungen her. Sie revoltieren. Sie attackieren die Müllabfuhr, zerschlagen die neuen Karren und werfen sie in die Seine. Sie verbarrikadieren sich, die Revendeuses fechten mit ihren Regenschirmen. Generalmarsch wird geschlagen, das Ministerium bietet die Nationalgarde und Truppen auf. »Der Bürgerthron zitterte, die Rente fiel, die Karlisten der Reaktion jauchzten. Letztere hatten ihre natürlichsten Alliierten gefunden: Lumpensammler und alte Trödelweiber, die sich jetzt mit denselben Prinzipien geltend machten als Verfechter des Herkommens, der überlieferten Erbkehrichtsinteressen der Verfaultheiten aller Art.«

Das Groteske darf uns nicht darüber täuschen, welche substantiellen Elemente im Pariser »Mob« da am Werke waren, die nicht nur während der Cholerapsychose in Aktion traten. Lumpensammler bildeten zu jener Zeit für die Papierfabrikation noch eine unentbehrliche Mannschaft zur Rohstoffbeschaffung; es gab noch Spezialtrupps, die Hundekot als Gerbmittel für die Gerbereien herbeischafften. Daß diese untersten Schichten des Proletariats von den »Ouvriers« in den Betrieben und Handwerksstuben mit Verachtung angesehen wurden, nahm ihnen nichts von ihrer Bedeutung und machte sie nicht zahmer, sondern rabiater. Marx hat mit dem von ihm eingeführten Terminus »Lumpenproletariat«, den er für die unzuverlässige und bestechliche Schicht der Arbeiterschaft prägte, nur gewisse Teile getroffen und die tatsächlich mit dem Lumpenhaushalt von Paris Beschäftigten vergessen. Sie sind nicht als »Lumpen« im moralischen Sinne abzutun. Sie waren nur die Ärmsten der Armen, die in den Polizeiberichten schlichtweg als Kriminelle paradierten und vornehmlich als die Anführer von »Emeuten« und Zusammenrottungen an die Spitze gestellt wurden. Sie kannten ihr Paris, das damalige Paris der engen, verwinkelten Straßen, besser als alle anderen. Sie wußten, wie man in dem Labyrinth verschwinden konnte bis in die Kanalisation hinein, wo man gegen empfindliche Stellen des Straßennetzes vorstoßen konnte.

Ich habe absichtlich einige Berichte von Augenzeugen und Zeitgenossen zitiert und nicht die Analysen späterer Kommentatoren, die durchweg eine These beweisen wollen. Es geht, so möchte ich kommentieren, aus den Zeitdokumenten hervor, daß bei allen Erhebungen grenzenlose Verwirrung herrschte, bei denen »da oben« wie bei denen »da unten«. Der Bürgerkönig will im Grunde nicht herrschen, er will ein friedliches, braves Familienleben führen, was er auch tat. Wenn geschossen oder mit dem Säbel eingehauen wird, so ist das die Soldateska, die Polizei, die er als notwendiges Übel betrachtet und zurückhält, so gut er kann; aber er kann wenig. Die Revolutionäre wiederum hat Heine mit denkenswert scharfer Charakteristik skizziert, den unseligen Louis Blanc vor allem, der mit seinen Staatsfabriken zur Arbeitsbeschaffung und der Unfähigkeit, mit der dies Projekt durchgeführt wurde, den Anstoß zu der großen und entscheidenden Niederlage vom Juni 1848 gab. Und nun das Volk, das Proletariat? Wer ist dieses »Volk«? Das Volk von Paris im besonderen, das die Revolution macht? Sind es die Hunderttausende der offiziellen Bevölkerungsstatistik? Ein Zehntel davon, die »Massen«, die bei großen Gelegenheiten durch die Straßen wogen, unwiderstehlich, nur mit schwerer Waffengewalt und nur zeitweilig zu bändigen? Oder das Zehntel wiederum davon, der »entschlossene revolutionäre Kern«, auf den es ankommt? Die Zeitgenossen verwenden erst relativ selten das Wort »Proletarier«, sie sprechen von »Mob« oder »Pöbel«, wenn die Straße kocht.

Der eher zufällige Anlaß nun des Aufstandes war das Verbot eines sogenannten »Reformbanketts« mit 2000 Teilnehmern durch Guizot. Reform der Verfassung, des Wahlrechts, ganz allgemein der politischen Zustände war das beständige Thema solcher Zusammenkünfte, auf denen gut gegessen und Champagner getrunken wurde und zu denen der Zutritt für Arbeiter sich durch die Höhe des Entrees – das Doppelte einer Tageslöhnung – fast von selbst verbat. Man war in Regierungskreisen angesichts der ungebührlichen und lautstarken Forderungen aus der Bevölkerung etwas nervös geworden. Das probate Mittel der Unterdrückung von mißliebigen Stimmungen, ein Verbot, sollte für etwas Ruhe sorgen. Das Gegenteil wurde erreicht. Laut singend marschierte am 22. Februar um 10 Uhr morgens eine Handvoll Studenten die rue Royale hinunter, erwarb sich Beifall damit beim umherstehenden Publikum, das sich dem Trüppchen anschloß. Allgemein bestand Bereitschaft, sich über den unerhörten Vorfall zu empören, und mit dem Anwachsen der Menge wuchs die Empörung. Man drang ins Palais Bourbon, die Deputiertenkammer, ein. Die war leer. Also weiter. Militär rückte heran. Erste Barrikaden wurden errichtet. Derweil debattierte die Kammer die Statuten der Bank von Bordeaux. Der Oppositionelle Odilon Barrot klagte das Ministerium an, es hätte die Ehre und die Interessen des Landes verraten. Die Kammer erstaunt: »Wieso?« Guizot darauf eisig: Die Debatte sollte vertagt werden. Die Menge im Regen wurde nervös, sie begann sich zu bewaffnen und plünderte Waffenläden. Die vielen Arbeitslosen aus den Vorstädten stießen dazu; und am Abend waren es schon hundert Barrikaden – am Montmartre wehte über einer die rote Fahne –, hinter denen man sich gegen die Armee verschanzt hatte. Die Auseinandersetzung wurde blutig. Die Nationalgarde, die man hinzugezogen hatte, meuterte. Truppenteile fraternisierten mit dem Volk. Guizot wurde vom König geopfert, doch das reichte nicht. Jetzt hieß es: Nieder mit Louis Philippe! Lang lebe die Reform! Doch die Unruhen hatten sich inzwischen zu einer veritablen Revolution ausgewachsen, der

Bürgerkönig unterschrieb seine Abdankungsurkunde. Der Mob feierte seinen Sieg über ihn mit einem wüsten Scherbengericht in den Tuilerien. Am 24. Februar konstituierte sich im Hôtel de Ville in einem ziemlich dunklen kleinen Saal, der nur mit Mühe gefunden wurde, unter der Führung Lamartines, der das Außenministerium übernahm, eine provisorische Regierung, während der Mob in den anderen Räumen brüllte. Verspätet erschienen die Radikalen des »National« und die Sozialisten der »Réforme«, der führenden oppositionellen Blätter: Louis Blanc, Marrast, Paguerre, Flocon und der Arbeiter Albert. Sie begnügten sich mit den Posten von »Staatssekretären«. Die heißersehnte Republik wurde erklärt. Erwartungsvolle Augen hefteten sich nun auf die aus bürgerlichen Republikanern und Sozialisten gemischte provisorische Regierung. Jetzt wollte man die Utopien auch wahr werden lassen, von denen man so lange Zeit nur hatte träumen dürfen. Louis Blanc setzte seine Idee der Einrichtung von National-Werkstätten durch, die der Arbeiterschaft allgemeine Beschäftigung in dem durch die Unruhen sehr ins Stocken geratenen Wirtschaftsleben garantieren sollten; freilich gerieten sie mehr zu einem Instrument, nunmehr die provisorische Regierung ihrerseits vor neuerlichen Unruhen der sozial Unzufriedenen zu schützen. Schon gar nicht entwickelten sie sich zu dem erhofften Wundermittel, mit dem man der kapitalistischen Wirtschaftsform etwas hätte entgegensetzen können; dazu wurde auch ihre Einrichtung und Führung eher halbherzig betrieben, dahergelaufene Arbeitslose ersetzten die ursprünglich vorgesehene Facharbeiterschaft, die unter Anwendung von Assoziationsprinzipien die National-Werkstätten zu erfolgreichen Konkurrenzunternehmen der bürgerlichen hätte machen können. Was die bewirkten, waren leere Staatskassen und, mit zunehmender Enttäuschung der Betroffenen, neue Unruhen.

Neben den sozialen waren ja nun auch wichtige politische Aufgaben in Angriff zu nehmen, allem voran die Schaffung einer neuen Verfassung. Für den April wurden allgemeine uneingeschränkte Wahlen zur konstituierenden Nationalversammlung ausgeschrieben. Der »gallische Hahn« hatte gekräht, was man auch in Brüssel vernehmen konnte. »Das Jahr 1848 wird gut«, jubelte dort Friedrich Engels. »Ehre den Pariser Arbeitern! Sie haben der Welt einen Stoß gegeben, den alle Länder nach der Reihe fühlen werden; denn der

Sieg der Republik in Frankreich ist der Sieg der Demokratie in ganz Europa.« Und anfänglich sah es so aus, als könnte er wenigstens diesmal mit seiner Prophezeiung recht behalten. Auch die belgische Regierung schien das zu befürchten und ergriff ihrerseits einige vorsichtige Maßnahmen, die man bei dem neuen hoffnungsvollen Stand der Dinge im »Bund der Kommunisten« recht gereizt zur Kenntnis zu nehmen geneigt war. Eine Demonstration wurde auseinandergetrieben, eine Liste verdächtiger und unerwünschter Ausländer wurde aufgestellt, an deren Spitze wohl Karl Marx stand, der sogleich nach Erhalt der freudigen Botschaft aus Paris allgemeine Arbeiterbewaffnung gefordert hatte und die provisorische Regierung zu dem Erfolg beglückwünschte. Überdies hatten ihn 6000 Taler – eine Vorauszahlung auf sein Erbteil von der Mutter – der Polizei suspekt gemacht. Man vermutete Waffenkäufe. Am 3. März erreichte ihn ein Schreiben von Ferdinand Flocon: »Wackerer, aufrichtiger Marx, der Boden der französischen Republik ist eine Freistätte für alle Freunde der Freiheit. Tyrannenmacht hat Sie verbannt, das freie Frankreich öffnet Ihnen seine Tore wieder ... Mit brüderlichem Gruß!«

Der Entschluß zum Abschied von Brüssel wurde Marx durch den Ausweisungsbefehl der belgischen Behörden abgenommen. Noch einmal traf der Brüsseler »Bund der Kommunisten« am Abend zusammen, jetzt als die Zentralbehörde, da die Führer der Londoner Sektion schon nach Paris geeilt waren, und beschloß seine Verlegung ebenfalls nach Paris, nicht ohne Marx mit allen Vollmachten auszustatten. Dem Übereifer eines Polizisten verdankte Marx, daß er und auch Jenny diese Nacht sehr ungemütlich im Gefängnis zubringen mußten, ehe die Familie Marx tags darauf an der französischen Grenze abgeschoben wurde. Als sie in Paris eintrafen, herrschte dort nach wie vor aufgeregte revolutionäre Hochstimmung. Auch die große Zahl der deutschen Emigranten war von Euphorie erfüllt. Es konnte nun nicht fehlen, daß der Funke bald nach Deutschland überspringen würde. Flugs wurde eine deutsche »Legion« aufgestellt, denn man wollte bereit sein, bei erster Gelegenheit mit der Fackel des revolutionären Feuers den erwarteten Umsturz dort kräftig zu schüren. Wacker wurde mit Unterstützung der provisorischen französischen Regierung auf dem Marsfeld exerziert, die ganz erleichtert diesem Treiben zusah; so brauchte man immerhin nicht zu befürchten, daß sich die Energie dieser unruhigen Köpfe gegen sie selber richten würde. Weniger Beifall fanden die Marschpläne der Legion bei Dr. Karl Marx, denn gemäß seiner Theorie würde nun bald hier in Paris eine neue Auseinandersetzung stattfinden: der Kampf zwischen Bourgeoisie und Proletariat, der auch über die Zukunft des europäischen Kampfes entscheiden würde.

Solche kühlen Überlegungen hielten den sich nun überstürzenden Ereignissen wenig stand. Nicht nur Herwegh und Bornstedt, die Führer der Legion, bliesen am 1. April zum Abmarsch nach Deutschland, um ja von Anfang an dabeizusein. Auch Marx wurde von dem Sog ergriffen und brach in die Heimat auf. Die Legion erlitt übrigens gleich bei ihrem Übertritt nach Baden ein klägliches Fiasko; unter dem Feuer der Regierungstruppen wurde sie bei Dossenbach fast gänzlich vernichtet. Und Herweghs Ruf erhielt einen tödlichen Stoß durch die vielzitierte Legende seiner Flucht: Unter dem Spritzleder seiner Kutsche habe er sich verkrochen und sei so von seiner couragierten Frau Emma aus dem Kampfgebiet gefahren worden. Diese Version, auch von Heine begierig aufgenommen, hat Herwegh dann erledigt. Immerhin: Paris, maßgebliche Instanz in Sachen Revolution, hatte das Signal gegeben. Und nun trat ein, worauf alle freiheitlich gesinnten Geister seit Jahrzehnten in Deutschland gehofft hatten. Etwas verdutzt nahm man zur Kenntnis, daß der ganze Katalog von oft und oft geforderten demokratischen Rechten und Gesetzen von den Potentaten der Großmächte Preußen und Österreich bis hinab zu den kleinsten Duodezfürstentümern zunächst fast widerstandslos zugestanden wurde. Man glaubte in den Kabinetten, sich dem wehenden Zeitgeist unmöglich widersetzen zu können, und zweifellos stand die politische Wetterfahne in Richtung demokratischer Reformen und nationaler Einigungsgedanken. Pressefreiheit, Bürgerwehr, Reform der Verwaltung und Justiz wurden diskutiert und auch gewährt. In allen neununddreißig Staaten des von Metternich begründeten Deutschen Bundes wurden Verfassungen erörtert und Regierungen im Sinne der fortschrittlichen Strömungen umgebildet. An einigen Punkten rumorte der »Zeitgeist« etwas heftiger; aber die Nachgiebigkeit der obersten Instanzen konnte auch schon die wohlmeinendste revolutionäre Gesinnung irritieren, so daß man sich meistens mit den reformerischen Zugeständnissen beschied und nicht über die feudalen

Stränge schlug. Schrittmacher der Entwicklung wurden die Ereignisse in den Hauptstädten Wien und dann Berlin.

Am 13. März kommt es zu Erhebungen in Wien gegen die Regierung Metternich, getragen von Studentenprotestaktionen und einer sich rasch konstituierenden Bürgerwehr. Der Fürst tritt zurück und flüchtet nach England. Er weicht den neuen Kräften, aber auch alten Konkurrenten wie dem Erzherzog Johann und dem Grafen Kolowrat, der die Regierung übernimmt. Nach drei Tagen hatte sich der Aufruhr gelegt, und man ging daran, eine Verfassung zu erarbeiten. Aber von nun an blieb das vielgesichtige Habsburgerreich in bedrohlicher Gärung.

Nur wenige Tage später, am 18. März, wird Berlin von der revolutionären Bewegung erfaßt. Hier tat man sich mit der Revolution schon etwas schwerer. Vorausgegangen waren Tage der Unruhe. Eine Petition an den König hatte ein gesondertes Ministerium für Arbeiter gefordert, um Abhilfe gegen die bedrückende Arbeitslosigkeit zu schaffen. »Wir werden nämlich von Kapitalisten und Wucherern unterdrückt; die jetzt bestehenden Gesetze sind nicht imstande, uns vor ihnen zu schützen.« Schutz gab es auch nicht vor der heranrückenden königlichen Kavallerie, die durch robustes Einhauen die Demonstration Unter den Linden auseinandertrieb. Von der Obrigkeit wurden Verordnungen aus dem Jahre 1798 herangezogen, die verbotene Volksversammlung mit sechs Monaten Gefängnis quittierten. Doch tags darauf kommt es zu dem blutigen Massaker in der Brüderstraße durch die Gardekürassiere. In den Schaufenstern tauchen Bilder der Pariser Barrikadenkämpfe auf. Der spätere Thronfolger betätigt sich hinter den Kulissen als Scharfmacher. Für seinen Geschmack wird zuwenig geschossen. Überhaupt ist er gegen Zugeständnisse irgendwelcher Art sowie gegen die Einberufung des Landtags und gegen das dem König abgeforderte Patent zur Aufhebung der Zensur. Das bringt ihm eine spezielle Demonstration ein, und wieder setzt es einige Tote und Verwundete. Am 18. März nimmt Friedrich Wilhelm IV. nach Unterzeichnung der Patente und Vorverlegung des Landtags den Jubel der Menge vom Balkon des Schlosses entgegen. Das Militär bereitet aber noch einiges Unbehagen, so schnell vergißt man die Ereignisse der letzten Tage doch nicht. Also die laute Forderung nach Abzug des Militärs. Bewilligt! Ganz Berlin scheint sich vor dem Schloß versammelt zu haben. Der Befehl ergeht, nun den Schloßplatz zu räumen. Mit blanker Waffe rückt die Infanterie vor. Zwei Schüsse gehen »von selber« los. »Verrat! Meuchelmord!« Zunächst ist zwar noch niemand getroffen, aber der Startschuß ist gegeben. Ein Doppelposten wird ermordet, das Militär beginnt zu wüten. Barrikaden werden nach Pariser Vorbild errichtet, planlos, ohne Verbindung untereinander, an strategisch wichtigen Punkten vergißt man sie. Marktstände müssen herhalten. »Ihre Bude müssen Se hergeben, Muttchen, retten Se man Ihre Äppel!« Die allgemeine Bewaffnung erweist sich auch hier als schwierig. Theaterwaffen aus dem Fundus werden zum lebenswichtigen Requisit, Rehposten und Jagdgewehre kommen zum Einsatz. Bleikugeln werden auf der Straße gegossen. Die Berliner Schützengilde mit ihren guten Gewehren wurde prominent, sie »tat der Truppe am meisten Abbruch«, wie der russische Militärattaché an Zar Nikolaus berichtete.

Kein Zweifel konnte darüber bestehen, daß der allergrößte Teil der Bürger den Aufstand mittrug. Handwerker, Studenten, Arbeiter, viele »bessere« Leute, nur wenige Republikaner, ganz wenige Sozialisten. Alle glaubten an Verrat und verwünschten den König. Sogar Hausbesitzer begünstigten den Barrikadenbau, bevor die Truppen dann vordrangen. In einer nächtlichen Proklamation wandte sich der König an seine »lieben Berliner«, die aber von solchen Tönen nichts wissen wollten. Später gestand der Monarch: »Wir lagen damals alle auf dem Bauch!« Zumindest stand der Kampf immer noch unentschieden, und um dem Blutvergießen ein Ende zu bereiten, verfügte der König für den nächsten Tag den Abzug des Militärs. Feierlich wurden die 230 »Märzgefallenen« im Schloßhof aufgebahrt, und Friedrich Wilhelm IV. erwies ihnen mit entblößtem Haupt seine Reverenz. Unverzüglich sollte nun die Preußische Nationalversammlung zusammentreten können, um eine fortschrittliche Verfassung zu erarbeiten. Der König ließ sich sogar zu der Ankündigung hinreißen, Preußen werde hinfort in der Deutschen Nation aufgehen. Ein erstes äußeres Bekenntnis hierzu sollte sein Ritt durch die Straßen Berlins sein, voran die Fahne Schwarz-Rot-Gold.

Am 18. Mai zogen in feierlichem Gänsemarsch die Abgeordneten der Deutschen Nationalversammlung in die Paulskirche zu Frankfurt am Main. Vorausgegangen war der Zusammentritt eines Gremiums von Notabilitäten, die als sogenanntes Vorparlament die allgemeinen und gleichen Wahlen für das gesamte Bundesgebiet vorbereitet hatten. Hierbei waren schon erhebliche Meinungsverschiedenheiten zwischen den gemäßigten Liberalen und radikalen Republikanern aufgetreten. Der Rechtsanwalt Friedrich Hecker verließ mit Freunden die Versammlung und organisierte in Verbindung mit Gustav von Struve einen aufständischen Freischarenzug ins badische Oberland. Nur zögernd wurden sie von der verdrossenen hessischen Truppe zerschlagen. In solchen lokalen Erhebungen machte die radikale Opposition während des ganzen nächsten Jahres gegenüber den liberalen Reformversuchen ihrem Unmut, letztlich vergeblich, Luft.

Vorerst war man aber in Frankfurt noch hochgestimmt und guten Mutes. Die besten Köpfe Deutschlands, so sagte man, waren hier versammelt, wie sollte das große Einigungs- und Reformwerk fehlschlagen! Allgemein herrschte die Auffassung, daß die in einem halben Jahrhundert angestauten Probleme über kurz oder lang eine schnelle, auf jeden Fall angemessene Lösung finden würden. Ausschüsse wurden eingesetzt. Die vordringlichste Aufgabe sah man in einer Reichsverfassung, der Verkündigung von Grundrechten.

Doch schon bei den Anfangsworten »Jeder Deutsche« hakt man sich fest. Was bedeutet »Deutscher«? »Groß-deutsch« steht gegen »klein-deutsch«, also für oder gegen Einbeziehung Österreichs. Eine Flut von Anträgen ergießt sich über die wohlmeinenden, aber doch bald arg überforderten Köpfe der Abgeordneten. Darunter befinden sich 319 Juristen und Beamte, 104 Gelehrte, 38 Kaufleute und Vertreter der Industrie, ein Bauer, kein Arbeiter. Die Palette der Themen ist vielfältig. Jacob Grimm belehrt die Versammelten über das adlige »von«. »Es ist nichts als eine Präposition, das heißt in der Grammatik ein Wort, das den Casus regiert.« Nationalökonomen lassen sich über Schutzzoll und Freihandel aus. Den Kaufleuten liegen die Uferzölle näher, und das Wort »Schwatzbude« fällt in der »Neuen Rheinischen Zeitung« für die Versammlung. Auch die Nichtprofessoren dozieren unaufhörlich und in langen Sätzen: Kollegs von der Tribüne her. Man hat die Rolle der vielen Professoren oft betont, zuweilen übertrieben; auch die Beamten, die Verwaltungsfachleute waren, ganz wie Marx, überzeugt, daß die Theorie, die »richtige« Theorie, Voraussetzung und Garantie für unmittelbaren Erfolg sein müßte. Sie mußten praktische Politik erst lernen.

Die Sehnsucht nach nationaler Einheit war groß, und dies nicht nur bei den hier versammelten Deutschen. Italien suchte seine staatliche Identität und erhob sich gegen Habsburg. Auch »die Bedientenvölker schütteln ihr struppiges Karyatidenhaupt«: Engels kommentierte die Freiheitsbestrebungen der Slawen noch grimmiger, als es Hebbels böse Verse taten. Palacký entdeckte für Böhmen einen »Tschechismus« und boykottierte die Deutsche Nationalversammlung, die ihm nicht mehr als zuständig galt. In Ungarn sah Kossuth seine Stunde gekommen. Und bald mischte sich Krähwinkel in die großen politischen Entwürfe, resoluter Egoismus verengte bald den Weitblick. Nationale Bedürfnisse, Ambitionen, Träume wurden gespeist und – wie sich zeigen sollte – auch stark durch provinziale Sonderwünsche behindert.

Hatte man bisher selbstlos für die polnische Freiheit die Trommel gerührt, fand man es jetzt doch nur rechtens, daß die polnische Aufstandsbewegung in Posen vom preußischen Militär niedergeschlagen wurde und dieses Gebiet dem künftigen Deutschen Reich erhalten blieb. Aus ähnlichen Gründen geriet man sich mit Dänemark über Schleswig-Holstein in die Haare. Der empörende Friedensvertrag zu Malmö zwischen Preußen und Dänemark, unter Druck der Großmächte England und Rußland geschlossen, führte zu blutigen Unruhen in Frankfurt und zu einer fast ungehemmten Marinebegeisterung. Historische Reminiszenzen wurden wach. Hatte man nicht zur Zeit der Hanse ...? Den großen Worten stand bald die kümmerliche Realität der neugeschaffenen deutschen Flotte in Form von einigen in England erstandenen Dampfern gegenüber. Die Kanonen der Schiffe, von einer frisch gegründeten Firma geliefert, zersprangen beim ersten Test. Die Dampfer mußten zur Reparatur. Die Südstaaten und Österreich, die als Binnenländer eine Flotte ganz überflüssig fanden, verweigerten weitere Zuschußraten, desgleichen Preußen. Nur die Küstenstaaten zahlten. Bald nach Ende der Revolutionszeit wurde die Flotte »meistbietend« versteigert. Ein halbes Jahrhundert später sollte diese Frage erneut diskutiert werden.

Die Debatte der Abgrenzung des künftigen Deutschen Reiches nach außen war kaum so bald endgültig abzuschließen. So wandte man sich zunächst mit Emphase der Lösung des Problems der zahllosen inneren Grenzen zwischen den neununddreißig Bundesstaaten zu. Gedacht war an eine Art politischer Flurbereinigung. Die nicht endenwollende »Mediatisierungs-Debatte« setzte ein; der Verfassungsausschuß bekam zu tun und verrannte sich unverzüglich in den Details. Das ganze Unterfangen war irreal, denn man konnte doch nur die ganz kleinen Staaten anpacken. Schon bei Württemberg – mit Zar Nikolaus verschwägert –, bei Baden, geschweige Bayern oder gar Preußen stieß man auf die größten Widerstände. Neue Komplikationen traten auf, denn ausgerechnet unter den Zwergstaaten befanden sich die Horte des republikanischen Gedankens. Im Fürstentum Hohenzollern, in Anhalt-Köthen, auch in Nassau, dort überall sprossen revolutionäre Zellen. Man dachte nun daran, sie zu den größeren Nachbarstaaten zu schlagen, die dafür sehr zu haben waren, besonders das stets auf Zuwachs bedachte Bayern.

Ein Fürst dankte dann freiwillig ab, nämlich Heinrich der LXXII. (!) von Reuß-Lobenstein-Ebersdorf. Jeder dieser Klitzekleinsten hatte seine Stimme im Staatenhaus, und Vertreter von verzweifelt gegensätzlichen Strömungen saßen unter dem Dach der Frankfurter Paulskirche vereint und waren sehr uneinig. Der Nationalversammlung wurde aus Zweckmäßigkeitsgründen empfohlen, über die Mediatisierung zur Tagesordnung überzugehen, denn Preußen schützte die Zwergstaaten, und von ihm hing das ganze Verfassungswerk ab. Erst in der hundertsten Sitzung, am 19. Oktober, fünf Monate nach Zusammentritt, begann man die Beratung der Reichsverfassung, erst nach fünf Monaten also, in denen die europäische Bewegung rückläufig wurde, in denen sich schon die entscheidende Wende abzeichnete und die alten Ordnungskräfte sich von den Schlägen der Revolution erholen konnten.

Eine der ersten großen Entscheidungen fiel wieder in Paris. Die Wahlen zur Nationalversammlung hatten die Radikalen und Sozialisten bitter enttäuscht. Zwar beherrschten sie in der Metropole lautstark die Straßen, aber das übrige Frankreich stellte sich entschieden hinter die Liberalen und gemäßigten Republikaner; es gelang sogar den Legitimisten, sie zu überrunden. Als kühle Rechner und Kaufleute entschlossen sich die Vertreter der Bourgeoisie, das marode Unternehmen der National-Werkstätten zu liquidieren. An die Arbeiter erging die Empfehlung, anderwärts, etwa in der Sologne mit Erdarbeiten bei der Entwässerung von Sümpfen, sich nützlich zu machen. Die bewaffnete »Juni-Insurrektion« der Linken am 23. des Monats war die Antwort. Etwa 30000 bis 40000 Mann verwandelten die Arbeiterbezirke nach bewährtem Muster in verbarrikadierte Forts. Der Ausgang der Kraftprobe schien für die Exekutivkommission sehr bedenklich; so entschied man, dem Kriegsminister General Cavaignac unbeschränkte Vollmachten zu übertragen. Der hatte sein Handwerk gelernt. Unter Einsatz von schwerer Artillerie schoß er die besetzten Viertel sturmreif. Statt seine ohnehin zahlenmäßig unterlegene Truppe vor den Barrikaden verbluten zu lassen, wurden die anliegenden Häuser durchbrochen und die Straßensperren von hinten aufgerollt. Am vierten Tage war der Kampf zugunsten der Regierung ausgefochten. An die 10000 Gefallene waren zu beklagen. Damit nicht genug, forderten brutale Standgerichte weitere Opfer. Louis Philippes bitterer Kommentar zu den Ereignissen war: »Die Republik hat Glück. Sie kann auf das Volk schießen!« Karl Marx wiederum schrieb in der »Neuen Rheinischen Zeitung«: »Die Pariser Arbeiter sind erdrückt worden von der Übermacht, sie sind nicht erlegen. Sie sind geschlagen, aber ihre Gegner sind besiegt.« Wie auch immer er das gemeint haben mag: Tatsächlich stand der wahre Sieger hinter Cavaignac bereit, die Macht an sich zu reißen, Louis Napoleon Bonaparte, der nächste Kaiser der Franzosen.

Die Folgen der europäischen Revolutionswirren hatten das Gebäude der alten Donaumonarchie arg in Mitleidenschaft gezogen. Es gab angstvolle Momente, da sein Einsturz unmittelbar bevorzustehen schien; aber »in deinem Lager ist Österreich!« sang Grillparzer, und Österreich war in der Tat im Lager der Armee. Die Armee aber war siegreich gegen das revolutionäre Italien zur gleichen Zeit, da Wien in der Hand der Revolution zu sein schien. Die Armee war siegreich in Prag und erledigte dort die tschechische Revolution. Sie siegte über das aufständische Wien, mit russischer Hilfe auch über den gefährlichsten Gegner Ungarn, von dem alle Revolutionäre noch im letzten Augenblick den Umschlag erwarteten. Dieser Faktor Armee ist von den Aufständischen kaum genügend gewertet worden. Man hatte vage Vorstellungen von der unwiderstehlichen Volkskraft, von Volksbewaffnung, Freischaren und Bürgerwehren, die sich zumeist durch wenig Disziplin und schlechte Führerwahl auszeichneten. Jeder wollte Offizier sein, die Studenten besonders, sie hielten sich eo ipso dafür berechtigt. Kein Stab existierte wirklich, für Proviant wurde nicht gesorgt, nicht einmal für Karten; die Aufständischen zogen oft richtungslos umher, hatten keinerlei Fühlung untereinander und keine Kavallerie zur Aufklärung parat. Darüber hinaus bestand oft ein eklatanter Mangel an Waffen sowie an Waffenkenntnis bei Gewehren, die keine »Knopfdrücker«, sondern umständlich zu laden waren. Sorgfältige Behandlung war vonnöten, doch bei den Freischaren verrosteten und verschmutzten sie unverzüglich. Die ersten geglückten Revolutionsstürme in Wien, Berlin und Budapest hatten das Bild verwirrt; dazu die Erinnerungen an die Französische Revolution, wobei vergessen wurde, daß es im zentralisierten Frankreich ausschließlich um die Hauptstadt Paris zu gehen brauchte, um den entscheidenden Stoß zu führen. Deutschland und Österreich aber waren Gebilde ganz anderer Art mit unzähligen Städten, Orten, lokalen Gewalten und Loyalitäten, die keineswegs der Zentrale folgten. Nur zwei zentrale, letztlich siegreiche, Machtinstrumente gab es hier: die preußische Armee und die österreichische.

»Wien wurde in diesen Wochen die große Hoffnung aller Linksstehenden ... von hier aus könnte die deutsche Revolution noch einmal in Gang gesetzt werden.« Karl Marx hatte sich im September 1848 in Wien aufgehalten. Tatsächlich sollte hier das Feuer der Revolution im darauffolgenden Monat noch einmal hell auflodern. Die Ironie der Geschichte wollte es aber so, daß die sich selbst bewußt gewordenen nationalistischen Kräfte, die beinahe Österreichs völliges Auseinanderfallen bewirkt hätten, nun sogar zur Restitution beitrugen. In der erbitterten Auseinandersetzung zwischen Österreich und dem abgefallenen Ungarn schlugen sich vornehmlich die Kroaten, auch Tschechen, Slowaken, Siebenbürger – durch eine konsequent geführte rabiate Magyarisierungspolitik von Minderheiten der Ungarn durch Kossuth gedrängt – im Zeichen des Austro-Slawentums auf die Seite des Kaisers. Dieser ernannte schließlich den Kroaten Banus Jellacic zu seinem Stellvertreter und stattete ihn mit außerordentlichen Vollmachten aus. In Wien begann es zu brodeln. Der Kriegsminister Latour wurde von der »Aula«, dem Zusammenschluß radikaler Studenten, von dem »Demokratischen Verein«, in dem Dr. Marx gesprochen hatte, und anderen sozialistischen Gruppierungen, die alle mit der ungarischen Freiheitsbewegung sympathisierten, wegen seiner ständigen Waffenlieferungen an die in Ungarn eingefallenen Kroaten stark angegriffen. Auch das österreichische Militär meuterte. Ein Grenadierbataillon, das ausrücken sollte, lehnte es ab, unter Jellacic gegen die Ungarn zu fechten. Die Soldaten riefen die Studenten und das Volk zu ihrem Schutz auf. Die Nationalgarde zerfiel in Rechte und Linke, die unverzüglich begannen, sich zu bekämpfen. Latour, bereits ein alter Mann, unterschrieb seine Abdankungsurkunde. Obschon in Zivil, wurde er vom Mob auf der Straße erkannt, massakriert und am Gaskandelaber vor der Hauptwache aufgehängt. Die Truppe stand derweil ruhig im Hof, Gewehr bei Fuß. Angesichts dieser prekären Lage zog es der Hof vor, nach Olmütz zu fliehen. Die Revolution feierte ihren Sieg. Trotzdem beeilte man sich, in Budapest um Hilfe zu bitten. Doch die umliegenden Bauern stellten sich gegen solche Aufrufe taub; sie erhöhten erst einmal die Lebensmittelpreise. Um Stärke nach innen wie nach außen zu demonstrieren, gebärdete man sich jetzt scharf militärisch. Eine Mobilgarde wurde von der Arbeiterschaft gestellt, die »Aula« steuerte eine Studentenlegion bei. Der Literat Wenzel Messenhauser wurde kurzerhand General und zum Oberkommandanten befördert; er trug ab sofort den Namen Wenzel »Cäsar« Messenhauser. Noch am Tage vor seiner Hinrichtung verhandelte er mit dem Burgtheater über die Aufführung seines Arbeiterstückes. Immerhin bewies er am Ende der Revolte Mut. Er lehnte es ab zu fliehen, und vielleicht entsprach es auch seiner theatralischen Vorstellung vom Helden, als er die Salve seines Exekutionspelotons selbst kommandierte. Der Pole Bem, ein Überbleibsel noch aus der Napoleonischen Zeit, übernahm in seinem Stab die Außenverteidigung. Leider sprach er nur gebrochen Deutsch, was seiner Befähigung einigen Abbruch tat – und Verteidigung war das Gebot der Stunde. Freiligrath dichtete emphatisch:

»Wenn wir noch knien könnten, wir lägen auf den Knien,
wenn wir noch beten könnten, wir beteten für Wien.«

Denn Fürst Windischgrätz rückte mit 60000 Mann heran, Tschechen, Kroaten, auch die wilden Horden der Seressaner waren darunter, mehr türkisch-asiatisch als europäisch, mit ihren roten Mänteln, Fes und krummen Säbeln, die sie grinsend präsentierten: »Für Herrn Aula!« Sie hausten so wüst, daß man sie aus dem Kampf zurückzog. Am 31. Oktober begann Windischgrätz mit dem Bombardement der Innenstadt, und schon am 1. November wehte wieder die schwarz-gelbe Fahne vom Stephansdom. Der Rumpf des Reichstags trat noch einmal zusammen. Fürst Felix Schwarzenberg ließ durch den Portier das Gebäude von außen abschließen, den Schlüssel steckte er in die Tasche und erklärte lakonisch: »Es gibt keinen Reichstag mehr.« Es war die Reprise jener Szene mit Fouché, als er den Jakobinerclub abschloß. Die Herrschaften begannen in den Kabinetten ihre alten Sessel wieder einzunehmen, die alten Mächte Österreich und Preußen hatten wieder Tritt gefaßt. Ohne Widerstand vollzog sich der Einmarsch des Militärs unter General Wrangel in Berlin. In beiden Staaten kam es nun nicht mehr zum Beschluß von Verfassungen durch das Volk, sie wurden von oben »oktroyiert«. Die energisch betriebene Restaurationspolitik des habsburgischen Vielvölkerstaates unter Ministerpräsident Schwarzenberg zwang die Abgeordneten der Deutschen Nationalversammlung, endgültig vom Gedanken eines geeinten Großdeutschen Reiches unter Einschluß Österreichs Abschied zu nehmen. Die »kleindeutsche« Hoffnung blieb.

Am 28. März 1849 wurde Friedrich Wilhelm IV. in Frankfurt zum Kaiser der Deutschen gewählt. Er lehnte die Krone, mit »dem Ludergeruch der Revolution« behaftet, ab. Preußen hatte eine große Stunde und verpaßte sie, denn nie waren die Chancen so günstig wie jetzt, daß die langersehnte Einheit zustande kam. Wenn nur in Preußen ... ja, was gewesen wäre? Ein anderer Monarch oder eigentlich überhaupt ein Fürst, der dieses Namens würdig gewesen wäre. Man hat damals, da Vorbilder fehlten, nach einem Friedrich dem Großen gerufen, und Friedrich Wilhelm IV. hat selber zu seiner Entschuldigung gemeint: »Wenn Sie Ihre beredten Worte an Friedrich den Großen hätten richten können: Der wäre Ihr Mann gewesen; ich bin kein großer Regent.« Dabei wurde ganz übersehen, daß der strikt Französisch sprechende, strikt italienisch-machiavellistisch denkende große Friedrich schlecht geeignet war, einem deutschen Volkskaiser zum Vorbild zu dienen. Es gab keine Vorbilder. Der Wunsch, die Hoffnung blieben, wie vieles aus der Pandorabüchse der Revolution.

Man hat mit Recht gesagt, daß die Revolution von 1848 in Deutschland an den vielen Revolutionen und Revolutiönchen gescheitert ist. Sie war wohl ohnehin dazu verurteilt, wie man jetzt mit dem strengen Blick des Nachfahren anzunehmen geneigt ist, der gewohnt und geschult ist, unbarmherzig vom Schreibtisch, Katheder oder der Schulbank her zu urteilen. Unmöglich aber ist es, die Vielfalt und Verwirrung der Ereignisse zu schildern, ohne die Karten, Datenreihen, Kataloge und Kartotheken mit Material meist sehr lokaler Bedeutung zu benutzen. Und nur der Lokalkenner kennt sich wirklich aus in der Situation in, sagen wir, Hessen-Kassel oder Hessen-Darmstadt, die untereinander ganz verschieden waren; ganz zu schweigen von den noch kleineren Fürstentümern mit ihren noch kleineren Aufständen.

Wir haben daher nicht mutwillig einige größere Brennpunkte des Geschehens herausgegriffen, an denen es etwas heftiger brannte. Berühmt geworden, nicht zuletzt durch die weltbekannten Namen von Beteiligten, ist der sächsische Aufstand in Dresden im Zuge des sogenannten »zweiten März«, der erfolglose Versuch der deutschen Linken – nach Ablehnung der Frankfurter Reichsverfassung durch Preußen –, die Ereignisse des Vorjahres zu wiederholen, und der mit seiner Bewegung der »März-Vereine« scheitern mußte, als die Ausdehnung der Front auf das breite Bürgertum mißlang. Der königlich sächsische Hofkapellmeister Richard Wagner, eben erst bekannt geworden durch seinen »Rienzi«, der russische Sturmvogel Michail Bakunin, der ebenfalls königlich sächsische Hofarchitekt Gottfried Semper waren dabei auf der Seite der Barrikaden. Es gab hier jedoch viel Feigheit, zunächst vor allem des Königs und seiner Regierung, die sich elbaufwärts verkrochen, als es ernster wurde; dann auch auf seiten der Aufständischen, von denen nur wenige Heldentaten verzeichnet sind. Zugrunde lag eine ganz unwahrscheinliche Verwirrung der Fronten und Situationen. Die entschied dann auch.

Das Land Sachsen und seine Bevölkerung waren ganz überwiegend reichstreu, also für die soeben verkündete, mühsam zustande gekommene Reichsverfassung eines geeinten Deutschlands; und der König war königstreu, wie sich versteht. Er stützte sich – und er hatte Krücken nötig – auf sehr unsichere Minister und Berater. Er wollte »sein Sachsen«, seine Monarchie verteidigen und bewahren, hatte jedoch dazu wenig Macht und Mittel. Sein Militär war schwach und mäßig. Er mußte sich, und das war schon eine sehr viel stärkere Stütze, auf preußische Hilfstruppen verlassen, was er ungern tat. Beliebt waren die Preußen hier sowenig wie anderswo. Aber ohne preußische Bataillone, die zuverlässiger als seine sächsischen waren, hätte er seine Landeskinder nicht zur gottgewollten Ordnung zurückzwingen können. Preußische Bataillone, zusammen mit zögernden und halb unwilligen sächsischen, haben den Dresdner Aufstand niedergeworfen. Das Ende war krasse Reaktion, wie schon in Preußen vorexerziert: Aufhebung der widerwillig gewährten Wahlkonzessionen, Erschießungen, Prozesse, Denunziationen in solcher Zahl, daß die Durchführung der Verfahren unmöglich wurde, und »Ruhe« im Lande Sachsen für geraume Zeit.

Wenden wir uns jener Partei zu, die sich unermüdlich während der Revolutionszeit in die großen Bewegungen einzuschalten versuchte. Die Vorstellung »Partei Neue Rheinische Zeitung« scheint uns jetzt anmaßlich und nahezu größenwahnsinnig, entsprach aber der Zeit.

In Paris – und aus Pariser Erinnerungen bezog Marx seine Vorstellungen – war es ja tatsächlich so gewesen: Nicht Parteien, sondern um die führenden linken Zeitungen gruppierte Cliquen übernahmen zunächst die Regierung. Die Männer von der »Réforme« und vom »National« teilten die Regierungssitze unter sich auf. Phantasiere ich, wenn ich die Männer der »Neuen Rheinischen Zeitung« mit ähnlichen Gedanken ausstatte? Gehe ich zu weit, wenn ich Marx und Engels solche tagespolitischen Pläne unterstelle? Auf alle Fälle agierten sie so, damals 1848/49, doch ihr Unterfangen war aussichtslos; in Köln stellten sie eine nur lokale Zeitungsredaktion dar. Selbst wenn die rheinländische Opposition eine Weile gegen Preußen und Österreich »gesiegt hätte«, wäre ihr keine Chance geblieben, sich zu behaupten, geschweige diese Mächte zu überrennen. Sie wäre ebenso erledigt worden wie die tatsächlichen kleinen Revolutionsbewegungen in Baden und der Pfalz.

Was hatten Marx und Engels schon hinter sich? Das »Volk«? Nicht einmal in Köln, wo die Katholiken sehr stark waren, nicht einmal in Elberfeld, wo das protestantische Bürgertum dominierte. Sie hatten nicht einmal Verbindungen zu den radikalen Linken in Baden und der Pfalz, für die sie nur Hohn und Spott übrig hatten. Sie konnten nicht, entgegen ihrer anfänglichen Konzeption, das liberale Bürgertum »benutzen« zur vorläufigen »Gewinnung von

Macht«. Marx hat keinerlei Fühlung auch nur mit solchen Leuten wie dem ultralinken Abgeordneten Ludwig Simon seiner Heimatstadt Trier gehabt, keine Fühlung zum einflußreichen »Zentralmärzverein« oder nur zu Stephan Borns »Arbeiterverbrüderung«. Im Gegenteil: gerade diese »nächsten Verwandten« waren ihm besonders verhaßt, zu nahe seiner »absoluten Konzeption«. Wo aber war das »Proletariat« seiner Theorie? In einem Deutschland, das nach der Theorie erst wirtschaftlich seine Produktionskräfte voll entwickeln mußte? Es gab gewiß Proletarier, Elendsgebiete, Arbeitslosigkeit – und sie wuchs mit der Revolution an –, Not unter den Bauern im Odenwald, verzweifelte schlesische Leineweber, die in Petitionen an die Nationalversammlung sogar Abschaffung der Eisenbahnen forderten. Es gab am Rhein Schiffer, Kutscher, Treidler, die Abschaffung der Dampfschiffahrt forderten, die ihren traditionellen Lebensunterhalt bedrohte. Alle diese Elemente waren die Kerntruppen von Aufständen und Rebellionen, aber weit zerstreut, weit auseinander, nicht gerade Repräsentanten einer neuen höheren Produktionsstufe, sondern das Gegenteil: kraß rückschrittlich und von der geschichtlichen Entwicklung bereits hoffnungslos überholt.

Was blieb? Die Hoffnung auf neue Belebung von außen her, auf neue Revolution in Frankreich. Und schließlich als letztes: Weltkrieg! – so Silvester 1848 feierlich verkündet. Weltkrieg, das hieß Krieg gegen Rußland, den Hort der Reaktion. Man brauchte nicht Marx, um das zu sehen; jeder sah es, auch Preußen sah es und handelte entsprechend. Denn Zar Nikolaus I. war der einzige Sieger von 1848/49.

Die »Neue Rheinische Zeitung«

Als Marx im April 1848 in Köln mit dem Projekt einer »Neuen Rheinischen Zeitung« im Koffer eintraf, war schon viel geschehen. Die neue Pressefreiheit hatte einen Sturzregen von Publikationen in Broschüren, Zeitschriften und Zeitungen aller Art entfesselt, und auch die bürgerlichen etablierten Blätter schlugen oft radikale Töne an. Witzblätter sprangen auf, Karikaturen erschienen im Schaufenster der Buchläden, feurige Gedichte von Freiligrath machten die Runde. Alles war erlaubt, Atheismus, Republikanismus, Sozialismus, Arbeitervereine waren allenthalben entstanden, Klubs, Debattiergesellschaften, und jeder Gasthof war ohnehin ein Debattierklub. Es wurde auf den Tisch geschlagen, flammende Resolutionen wurden gefaßt, Mindestforderungen und Höchstziele bunt gemischt: ein neues Reich, eine einige und unteilbare Republik oder ein Kaiser, Volksbewaffnung statt des verhaßten Militärs, Arbeitsbeschaffung für die vielen Arbeitslosen, neue Leute an die Spitze, fort mit der Bürokratie, den Steuern und den Zöllen, Schutzzölle gegen die englische Konkurrenz. Bis in die Handelskammern und die Stadtverordnetensitzungen war die Fieberstimmung eingedrungen, man hörte Töne, wie sie nie zuvor erklungen waren. Selbst auf der Börse standen die Herren nicht wie zuvor freundlich gelassen, ein Schinkenbrot in der Linken, ein Glas Mosel in der Rechten, und handelten ihre Geschäfte aus; man fuchtelte und schrie sich an: Das wird jetzt ganz anders!

So viel hatte Marx etwa in Paris gehört. Er wußte sonst wenig über die Zustände in Deutschland, und was ihm über die Kölner Gemeinde seines Kommunistenbundes durch Moses Heß zugekommen war, erschien ihm höchst unzuverlässig. Die Aussichten für eine »Neue Rheinische Zeitung«, sehr viel radikaler als die alte, waren günstig. Ein festgefügtes Programm stand jetzt dahinter und für den Augenblick eine mit überlegener Strategie aufgezeichnete Marschroute für zeitweilige Zusammenarbeit mit dem demokratischen Bürgertum. »Organ der Demokratie« sollte auf dem Titel stehen.

In Köln, so nahm er an, müßte sein Name noch etwas bedeuten. Das große Publikum freilich hatte ihn kaum je gehört. Wer hatte wohl die kurze Notiz gelesen beim Verbot der alten »Rheinischen«, in der überhaupt der Name Dr. Marx zuerst im Druck erschienen war? Wie viele Leute mögen seine bisher einzigen publizierten Werke, die »Heilige Familie« und den Angriff auf Proudhon, dieser in Französisch veröffentlicht, zur Kenntnis genommen haben? Viele können es nicht gewesen sein. Allein die Polizei kannte ihn etwas näher. Sein unermüdlicher Gegner, der Polizei- und Kriminalrat Stieber, von dem noch zu reden ist, notierte sorgfältig alles, was er über die kommunistischen Verschwörer ergattern konnte.

Nur in Kölner bürgerlichen Kreisen war Dr. Marx als ein scharfer und begabter Redakteur noch bei Eingeweihten ein Begriff. Dort versuchte er nun, sich die Mittel für sein neues Organ zu beschaffen. Er hatte schon von Paris aus nach Aktionären gefahndet. Engels begab sich nach Barmen und suchte seinen Vater zur Zeichnung von Anteilen zu bewegen. Er berichtete Marx: »Aus meinem Alten ist vollends nichts herauszubeißen. Für den ist schon die ›Kölner Zeitung‹ ein Ausbund von Wühlerei, und statt 1000 Talern schickte er uns lieber 1000 Kartätschkugeln auf den Hals.« So blutrünstig hatte der Vater sich wohl kaum geäußert; aber er konnte ja in der »Kölnischen«, dem Blatt, das jeder Gebildete und Kaufmann hielt, in diesen Tagen Dinge lesen, die ihm als sträfliche Verhöhnung seines Standes erscheinen mußten. Da erschien in dem sonst so gepflegten Feuilleton ein Roman des jungen schriftstellernden Kaufmannslehrlings Georg Weerth, der aus einer angesehenen Pastorenfamilie stammte. Da schrieb dieser Sohn aus frommem Hause Skizzen aus dem Kaufmannsleben (ihre Fortsetzung erschien dann in Marx' »Neuer Rheinischen Zeitung«). Und wie sah dieser verwilderte Sproß des ehrbaren Bürgertums das an? »Im Handel hört alle Freundschaft auf, im Handel sind alle Menschen die bittersten Feinde!« Er schildert einen brutalen Unternehmer, der nur noch Geschäfte mit Schrapnells macht, die von der Regierung gebraucht werden, um die Arbeiter niederzukartätschen. Und diese Karikatur eines Fabrikanten sollte, so hieß es, außerdem noch eine Satire auf den eigenen Onkel sein, den hochangesehenen Kommerzienrat und liberalen Abgeordneten Weerth.

Und was war mit Vater Engels' eigenem Sohn, den er, wie die Weerths den ihren, nach England geschickt hatte, um ihn zum Kaufmannsberuf zurückzubringen, was noch immer nicht ganz aussichtslos schien? Auch der schriftstellerte und hatte aus England nichts mitgebracht als neue sozialistische Ideen und Material, um die Fabrikzustände in Manchester in grellen Farben zu schildern. Jetzt wollte er also mit seinem neuen Freunde Dr. Marx eine Zeitung gründen. Vater Engels war nicht bereit, dafür Geld zu geben.

Die bürgerlichen Kreise in Köln, die für die erste »Rheinische« großzügig subskribiert hatten, waren jetzt nicht so interessiert, man war nun für ein Deutsches Reich begeistert. Die Hansemann und Camphausen wollten nichts von einem rheinischen Blatt mit ausgesprochener Front gegen die preußische Regierung hören, der sie sehr bald selber angehörten. Sie mußten jetzt von Marx erbittert bekämpft werden, obwohl Hansemann, noch etwas ahnungslos, ihm Avancen gemacht hatte, nach Berlin zu kommen und dort publizistisch tätig zu sein im Sinne der neuen Zeitströmung, die Preußen als führend bei der Schaffung eines geeinten Deutschland vorsah. Die Revolution war schon vorbei, wenn sich das auch erst im Laufe der Zeit, das heißt innerhalb einiger Monate, herausstellte. Das konnte Marx nicht wissen.

Es wurde ihm zunächst schwer, Gelder und Aktionäre für die »Neue Rheinische« aufzutreiben, die ebenso wie die frühere als Aktienunternehmen gegründet wurde. Er brachte kaum die Hälfte des früheren stattlichen Kapitals, das 30000 Taler betragen hatte, zusammen, und die neuen Aktionäre wurden sehr bald kopfscheu und verkauften ihre Anteile oder lehnten es ab, weiter zuzuschießen. Marx' Energie während der ganzen Zeit seines Aufenthalts in Köln und Deutschland wurde zu einem sehr erheblichen Teil durch Suche und Reisen zur Geldbeschaffung strapaziert. Er mußte eigene Gelder investieren, eine Schnellpresse davon kaufen; um welche Summen es sich handelte, ist bei der immer völlig obskuren Geschichte seiner Finanzen nicht genauer festzustellen. Wir dürfen aber annehmen, daß es für seine Verhältnisse beträchtliche Mittel waren, und am Ende, als sein Blatt verboten wurde, gehörte es größtenteils ihm als Eigentümer; es blieb ihm nur übrig, zu liquidieren, die Presse zu verkaufen, die Arbeiter abzulöhnen und den Verlust, kaufmännisch gesehen, abzuschreiben.

Der geistige Gewinn jedoch für ihn war groß. Er hat nie wieder so öffentlich an prominenter Stelle gestanden und nie wieder ein großes, einflußreiches Blatt zu seiner alleinigen Verfügung gehabt. Er hat nie wieder eine Partei direkt unter seiner Leitung um sich geschart, die jedem seiner Winke gehorchte – denn die »Neue Rheinische« war nun die Partei Marx'. Der Kommunistenbund, ohnehin schwer zu überblicken und mit vielen Elementen bestückt, die unzuverlässig und widerspenstig waren, wurde kurzerhand aufgrund der Marx in Brüssel und Paris erteilten Vollmachten für aufgelöst erklärt. Marx war mit Institutionen ebenso rasch fertig wie mit Menschen, und Moses Heß und Dr. Ewerbeck, die den Kern der Kölner Gemeinde bildeten, schienen ihm jetzt für die praktische Politik unbrauchbar. Er versammelte um sich neue Leute, und zwar solche, die ihn ganz unbedingt als Autorität anerkannten. Engels hat die Redaktion ausdrücklich als eine »Diktatur Marx'« bezeichnet und gemeint, eine solche sei fraglos notwendig bei einem Unternehmen dieser Art. Eine große Zeitung müsse zur bestimmten Stunde fertig sein und könne sich bei keiner anderen Verfassung eine »folgerechte Haltung bewahren«. Darin war Marx' Diktatur unbestritten, es waren in erster Linie »sein klarer Blick und seine sichere Haltung, die das Blatt zur berühmtesten deutschen Zeitung der Revolutionsjahre gemacht haben«. So im Rückblick nach vielen Jahren. Engels teilt da auch, stark dramatisierend, farbige Details über die kleine Redaktion mit, die sich gegen Überfälle durch das Militär der großen Festung Köln mit ihrer starken Besatzung von 8000 Mann selber in ein Fort verwandelt habe. Sie habe acht Bajonettgewehre und 250 scharfe Patronen besessen. Die Setzer der Druckerei trugen rote Jakobinermützen. Und Marx selber, als einmal zwei Unteroffiziere eindrangen, die sich beleidigt fühlten durch einen Artikel gegen einen der Ihren und Auslieferung des Verfassers verlangten, sei ihnen im Schlafrock entgegengetreten, aus dessen Tasche eine ungeladene Pistole mit dem Kolben hervorlugte. Das genügte, »daß die Herren Unteroffiziere auf weitere Auseinandersetzungen verzichteten und kleinlaut abzogen, trotzdem sie ihre Seitengewehre bei sich hatten«. Dies unterstrich den Ruf, »daß die Redaktion für eine Festung galt, die nicht durch bloßen Handstreich zu nehmen sei«.

Die späten Erinnerungen von Engels zeigen uns nur, daß er mit begreiflichem Stolz auf diese »große Zeit« zurückblickte. Die Behörden von Köln legten während der ganzen Revolutionszeit eine so vorsichtige und fast ängstliche Haltung an den Tag, wie sie kaum je aus stürmischen Tagen einer Umwälzung zu verzeichnen ist. Das Ende der »Neuen Rheinischen« erfolgte nicht durch Sturm auf die Festung mit ihren acht Bajonettgewehren, sondern durch einen Trick, die schlichte bürokratische Verwaltungsmaßnahme, daß Dr. Marx als Staatenloser wegen »Mißbrauch des preußischen Gastrechts« ausgewiesen wurde.

Dieses Damoklesschwert hing während des ganzen »tollen Jahres« über Marx. Er hat sich gleich nach seiner Ankunft in Köln um seine Wiedereinbürgerung bemüht; Frau Jenny und die Kinder blieben deshalb auch eine ganze Reihe von Monaten in Trier, um das abzuwarten. Er erhielt für seine Anträge verschiedentlich Förderung, auch von offiziellen Instanzen, aber sie wurden hartnäckig abgelehnt. Schon darin ließ sich erkennen, wie die gesamte mittlere und untere Struktur des preußischen Staates unverändert intakt blieb, was immer auch an der Spitze geschah oder geplant wurde.

Klar war die Marschroute der Zeitung, die er noch in Brüssel entworfen hatte: zunächst Zusammenwirken mit den bürgerlichen und radikaldemokratischen Kräften. Kristallklar war die Theorie des »Kommunistischen Manifests«. Für diese vorläufige Zusammenarbeit war eine Reduktion des Manifests auf 17 Punkte vorgesehen, die sorglich die heikle Frage der Aufhebung des Eigentums beiseite ließ und nur die Punkte bewahrte, die auch bürgerlichen Reformern akzeptabel erscheinen konnten: Verstaatlichung des Transportwesens, eine zentrale Staatsbank, scharf ansteigende Steuern für den Besitz und unentgeltliches Volksschulwesen; eine einige, unteilbare Republik als erste Vorbedingung. Diese insgesamt 17 Punkte wurden in großer Auflage verbreitet und vielfach in deutschen Organen nachgedruckt. Ich kann nicht sehen, daß sie weithin diskutiert wurden. Die vielen Flugschriften, Verkündigungen, Parteiprogramme der Linken, der Ultralinken, der gemäßigten oder nach rechts neigenden Demokraten zersplitterten die Aufmerksamkeit und die Parteinahme. Zahllose Persönlichkeiten, und oft nicht einmal die schlechtesten, haben in diesem Jahr geschwankt, sich bald so, bald so entschieden und den Platz gewechselt, auch in der Nationalversammlung, wo es ja anfangs überhaupt keine festen Parteien gab, sondern nur Klubs und Versammlungsorte. Nach den jeweiligen Lokalen für die Zusammenkünfte wurde zwischen denen vom »Kasino« (vorwiegend die Rechte), vom »Württemberger Hof« (rechtes Zentrum) und vom »Deutschen« und »Nürnberger Hof« (die Linke) unterschieden.

Marx hat nicht geschwankt. Er hat nie geschwankt. Er hat nur oft und ganz abrupt den Kurs gewechselt, das »Ruder herumgeworfen«, ohne jede Rücksicht darauf, wieweit das verständlich war für den beschränkten Verstand seiner Genossen, die nicht ebenso rasch denken und seinen »taktischen Erwägungen« folgen konnten. Das wurde der »Neuen Rheinischen« sowie ihrem Versuch, in die praktische Tagespolitik einzugreifen, zum Verhängnis.

Es begann sogleich bei seinem Eintreffen. Er wußte wenig über die Arbeitervereine, die sich überall bildeten, und ihre Zusammensetzung. In der Kölner Gemeinde waren neben Heß die führenden Leute der Kölner Armenarzt Dr. Andreas Gottschalk und die beiden Exoffiziere von Willich und Anneke. Dr. Gottschalk, der großen Anhang unter den Arbeitern besaß, hatte noch vor Marxens Ankunft einen Kölner Arbeiterverein begründet. Er fand einen solchen Zustrom, daß er in wenigen Monaten 8000 Mitglieder aufwies, die größte damalige örtliche Arbeiterorganisation.

Gottschalk, Sohn eines jüdischen Schlachters, Medizinstudent in Bonn zur gleichen Zeit wie Marx, hatte schon bei der Gründung der ersten »Rheinischen« als Protokollführer mitgewirkt, er war Mitglied des Kommunistenbundes und betrachtete seine Neugründung im Sinne der seinerzeit ausgegebenen Direktiven: für die eigentliche, geheime, politische Tätigkeit die kleine innere Gruppe, für die öffentliche Tätigkeit der Arbeiterverein mit breiter Mitgliedschaft, Arbeiterbildungstendenzen und vor allem auch intensiver Befassung mit beruflichen Fragen. Er teilte seine Gründung in Berufsgruppen ein, und das waren zum großen Teil Handwerker; eigentliche Fabrikarbeiter gab es in Köln nicht allzu viele. Das Kleingewerbe dominierte noch, aber auch das war notleidend geworden. Arbeitsbeschaffung, Notstandsmaßnahmen, Lohnfragen: Für alle die Arbeitervereinigungen, die in dieser Zeit entstanden, waren das die nächsten und dringendsten Probleme. Gottschalk kannte seine Leute. Marx kannte sie nicht; er hatte seine große Konzeption und für den Augenblick sein taktisches Programm. Darüber kam es sogleich zum Streit mit Gottschalk, der zwar von Verhandlungen über Arbeitszeit oder Löhne etwas wissen wollte, nicht aber von politischem Zusammengehen mit dem Bürgertum. Er hielt nichts von den kommenden Wahlen, alles von Selbsthilfe, was eigentlich Marxens Programmpunkt war: die Befreiung des Proletariats kann nur Sache des Proletariats sein. Aber das Wort »eigentlich« war zu ergänzen durch den Satz: Die Führung wird dem Proletariat sagen, wann es eingreifen soll, um sich zu befreien. Im Augenblick hatte die Führung entschieden, daß abgewartet werden müsse, bis das Bürgertum den anderen großen Feind, den Absolutismus, beseitigt und eine industrielle Hochblüte herbeigeführt hätte.

Gottschalk war der Mann der Praxis, der Praxis eines Armendoktors, und das war zu seiner Zeit noch ein unendlich mühsames und beschränktes Arbeiten mit gänzlich unzureichenden Mitteln, ohne

Helfer oder Helferinnen, ohne Kliniken, in die er Patienten überweisen konnte, mit einem winzigen Instrumentarium. Er ging oder lief zu Fuß von Haus zu Haus, und was er da sah an Elend und Schmutz, mußte ihn empören. Er trug keinen weißen Ordinationskittel, keine Gummihandschuhe, er mußte mit den eigenen unsterilisierten Händen zugreifen. Und Gottschalk ist mutig den Berufstod des Arztes von damals gestorben – bei der nächsten Choleraepidemie, die zu allem anderen noch in die Revolutionszeit hineinfuhr.

Ärzte waren auch sonst sehr wesentlich bei den Frühkommunisten vertreten, in Köln ein Dr. d'Ester, dann Mitglied der Nationalversammlung, Dr. Ewerbeck, der schon in Paris die erste Gemeinde des »Bundes der Gerechten« begründet hatte, Dr. Daniels, dem Marx als einzigem aus dieser Gruppe nähere Freundschaft schenkte. Eine ganz andere sehr aktive Gruppe bildeten revolutionäre Exoffiziere: der ehemalige Premierleutnant August von Willich und der Artillerieoffizier Friedrich Anneke, dessen Ehrengerichtsverfahren in Münster mit Ausstoßung aus der Armee auch für Willich zum Anlaß wurde, den Abschied zu nehmen und sich der sozialrevolutionären Propaganda zu widmen. Sie waren die Erben und Nachfahren der seinerseit von den reaktionären Militärs die »Jakobiner« getauften Reformer im preußischen Heer, den Scharnhorst, Gneisenau, Clausewitz, und haben auch manche militärische Gedanken von ihnen übernommen, nicht nur den der Volksbewaffnung. Freischaren, Guerillakrieg, wie gegen Napoleon in Spanien und Süditalien, gehörten zu diesen Ideen. Anneke hatte Ende März, als die eben siegreiche Revolution in Berlin ins Stocken kam, an einen Freund geschrieben: »Berlin scheint leider ganz den Kopf verloren oder auch gar keinen gehabt zu haben. Sollte es nicht anders gehen, die demokratische Staatsgrundlage festzustellen – nun, so machen wir einen allgemeinen Freischarenzug nach Berlin!« Nicht viel anders, in Freischarenzügen, haben sich die zahlreichen Einzelrevolutionen entwickelt, aus denen die große Revolution 1848 sich zusammensetzte. Tollkühn, hirnverbrannt – Marx lehnte solche Unternehmungen immer strikt ab; seine Vorstellungen waren geprägt vom Bild der Französischen Revolution und dem Bastillesturm. Willich und Anneke haben immerhin später als Emigranten in Amerika gezeigt, daß sie auf einem größeren Terrain sich bewähren konnten. Willich wurde General, Anneke Oberst der Nordstaaten im Sezessionskrieg der Vereinigten Staaten.

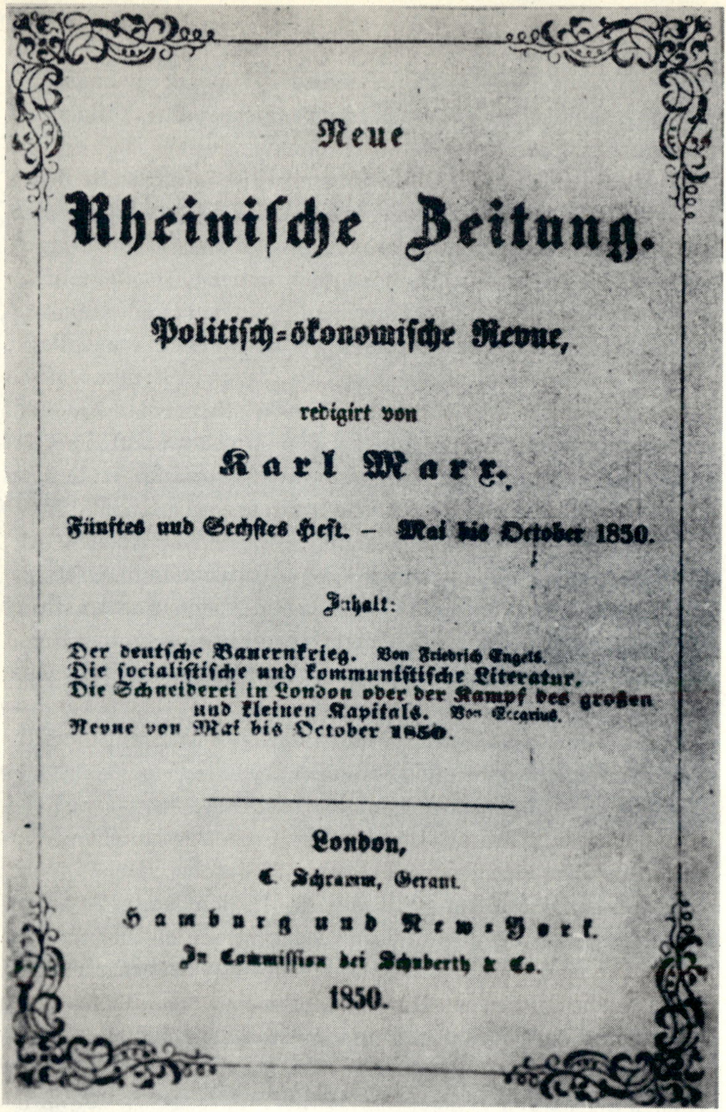

Neue

Rheinische Zeitung.

Politisch-ökonomische Revue,

redigirt von

Karl Marx.

Fünftes und Sechstes Heft. – Mai bis October 1850.

Inhalt:

Der deutsche Bauernkrieg. Von Friedrich Engels.
Die socialistische und kommunistische Literatur.
Die Schneiderei in London oder der Kampf des grossen und kleinen Kapitals. Von Eccarius.
Revue von Mai bis October 1850.

London,
C. Schramm, Gerant.

Hamburg und New-York.
In Commission bei Schuberth & Co.
1850.

Für Marx' taktische Pläne waren beide eine Belastung. Sie wollten keine Befehlsempfänger sein. Sie wollten kommandieren, und Anneke wurde Kommandeur der Kölner Bürgergarde. Seine Spezialität war Propaganda unter den Linientruppen, er versuchte dann besonders die Landwehr, als diese auch aufgerufen wurde, zu beeinflussen. Er war ebenso energisch tätig in den Arbeitervereinigungen, stieß dabei zu Marx und stieß mit ihm zusammen.

Die Redaktion der »Neuen Rheinischen« nun war die Festung, die Partei. Sie bestand aus dem Chefredakteur Marx – sein Name stand weithin sichtbar im Impressum – und aus den Redakteuren Heinrich Bürgers, Ernst Dronke, Friedrich Engels, Georg Weerth, Ferdinand Wolff, Wilhelm Wolff. Später kam noch Freiligrath hinzu. Heinrich Bürgers, Sohn eines Kölner Buchbindermeisters, hatte Philosophie studiert, schon zu der ersten »Rheinischen« Beiträge geliefert und war in Paris mit Marx bekannt geworden. Er galt als Verbindungsmann zur Kölner Gemeinde. Bürgers war kaum ein scharfer Radikaler, obwohl in dem Kommunistenprozeß nach der Revolution der Staatsanwalt ihn zum Hauptangeklagten machte und zu sechs Jahren Festung verurteilen ließ. Er war eher ein »sanfter Heinrich«, wie Engels ihn spöttisch nannte. Aber er diente getreulich und brauchbar seine Jahre bei der Partei ab; im weiteren Leben wurde er Nationalliberaler. Ernst Dronke hatte zwei Jahre Festung wegen Majestätsbeleidigung zu seinem Kredit; er war erst vor kurzem in Brüssel zu den Kommunisten gestoßen und hatte Marx auf der Reise nach Deutschland begleitet. Von Beruf war er Kaufmann; er hat dann im Exil mit Exportagenturen sein Brot verdient und mit Marx nur noch Wechselgeschäfte gemacht, die in Ärger endeten. Georg Weerth war ebenfalls Kaufmann, außerdem aber Poet im Heine-Stil, den man in letzter Zeit als den »ersten Dichter des Proletariats« feiert. Sein schmales, längliches Gesicht mit der kleinen Brille könnte eher einem Missionar zugehören als dem Sänger der »Fleischeslust«, wie Engels ihn bewunderte, der in seinen Romanen – die auch in der »Neuen Rheinischen« erschienen – die mitleidlose Handelswelt aus Erlebnissen eigener Erfahrung bloßstellte. Marx hat für den Hausgebrauch gerne Weerths Verse zitiert:

»Kein schöner Ding ist auf der Welt,
Als seine Feinde zu beißen,
Als über all die plumpen Gesellen
Seine schlechten Witze zu reißen.«

In der Redaktion labte man sich an seinem Gedicht über die angebliche Weibergemeinschaft und den hemmungslosen Internationalismus der Kommunisten:

»Auch nach Weibergemeinschaft steht ihr Sinn,
Abschaffen wolln sie die Ehe,
Daß alles in Zukunft ad libitum,
Miteinander zu Bette gehe:
Tatar und Mongole mit Griechenfrauen,
Cherusker mit gelben Chinesen,
Eisbären mit schwedischen Nachtigall'n,
Türkinnen und Irokesen ...
Ja ändern wird sich die ganze Welt
Durch diese moderne Leitung,
Doch die schönsten Weiber bekommen die
Redakteure der Rheinischen Zeitung.«

Weerth hat im Rückblick auf das Blatt gemeint, »sein Ton war keineswegs feierlich, ernst oder begeistert. Wir hatten lauter verächtliche Gegner und behandelten sie ausnahmslos mit der äußersten Verachtung«.

Der solideste Mitarbeiter und Parteigenosse, der einzige, der nicht nur für ein paar Jahre, sondern bis zu seinem Tode zum engsten Kreis von Karl Marx gehörte, war Wilhelm Wolff, von dem schon gesprochen worden ist. Er war der bescheidene, nach Engels Meinung überbescheidene Parteigenosse, der nie eine Rolle spielen wollte und sich sogar sträubte, wenn man sie ihm zuschieben wollte. Er war das einzig ruhig Element in der sonst sehr unruhigen Redaktion schriftstellernder Kaufmannslehrlinge.

Liebknecht hat in seinem Nachruf auf Marx das »genialische Treiben« der Redaktion geschildert, die »ausgelassenen Streiche«, die »homerischen Kämpfe«. »Nur wenn Marx in der Redaktion war, herrschte Ruhe und Ordnung, soweit das in solcher Gesellschaft überhaupt möglich« – während seiner Abwesenheit »idealste Anarchie«.

Marx war oft abwesend. Er wollte nicht nur Chefredakteur sein, er wollte auch in die Kölner Tagespolitik, das Parteienwesen, in die Arbeiterorganisationen eingreifen. Da trat nicht Ruhe ein, wenn er das Zimmer betrat, eher Unruhe, es setzte Widerspruch, Abspaltungen, Austritte, Wiedereintritte und zahllose Kabalen und Intrigen. Marx trat herrscherlich auf und ließ bei jeder Gelegenheit seine höhere Bildung, sein überlegenes Wissen fühlen. Die Arbeiter, Handwerker, Rheinschiffer und notleidende Kleingewerbetreibende, die Gottschalk zusammengebracht hatte, reagierten darauf so ärgerlich und ablehnend wie die Mitglieder des Londoner Arbeiterbildungsvereins auf die Ansprüche der »Gelehrten«. Marx seinerseits erwiderte seinem Temperament nach teils mit wissenschaftlichen Belehrungen, teils mit wütenden Ausfällen und persönlichen Angriffen auf Widersacher. Es wurde ein Streit der Temperamente, und jeder bediente sich dabei ohne Skrupel der zeitgemäßen Vokabeln; Gottschalk erklärte Marx für einen »Doktrinär«: »Das Elend des Arbeiters, der Hunger der Armen hat für Sie nur wissenschaftliches, doktrinäres Interesse. Sie sind erhaben über solche Misere. Als gelehrter Sonnengott bescheinen Sie bloß die Parteien ... und trotz Ihres kommunistischen Glaubensbekenntnisses glauben Sie nicht an die Empörung des arbeitenden Volkes, deren erste Fluten schon dem Kapitale den Untergang zu bereiten anfangen, glauben Sie nicht an die Permanenz der Revolution, glauben Sie nicht einmal an die eigene revolutionäre Befähigung ...« Und jetzt, »da wir wissen, daß wir, die revolutionäre Revolutionspartei, von keiner anderen Klasse als unserer eigenen irgend etwas zu erwarten haben, daß wir nichts zu tun haben, als die Revolution permanent zu machen«, jetzt empfiehlt Marx nur, mit anerkannten Schwächlingen und Nullen wie den Liberalen zusammenzugehen und für deren Wahl zum Parlament einzutreten.

Das Bezeichnende an diesen Ausfällen ist, daß sie wörtlich die Programmpunkte enthalten, die Marx nun eben zurückhielt, aber dann, wenn ihm der richtige Zeitpunkt gekommen schien, ganz entschieden verkündete. Jetzt aber fand er, daß Gottschalk nur der Reaktion in die Hände arbeite: »Wir sind sicher die letzten, die die Herrschaft der Bourgeoisie wollen. Wir haben zuerst in Deutschland unsere Stimme gegen sie erhoben, als die jetzigen Männer der Tat in subalternem Krakeel sich selbstgefällig herumtrieben.

Aber wir rufen den Arbeitern und Kleinbürgern zu: Leidet lieber in der modernen bürgerlichen Gesellschaft, die durch ihre Industrie die materiellen Mittel zur Begründung einer neuen, euch alle befreienden Gesellschaft schafft, als daß ihr zu einer vergangenen Gesellschaftsform zurückkehrt, die unter dem Vorwand, eure Klassen zu vertreten, die ganze Nation in mittelalterige Barbarei zurückstürzt.«

Gottschalk wurde später von Engels als »Demagoge« bezeichnet, als Hohlkopf und Prophet, der den »eben erst aufdämmernden Massen schmeichelte und auf alle ihre traditionellen Vorurteile einging«. Andere sahen in ihm einen »neuen Robespierre«. Die Behörden hielten ihn für sehr viel gefährlicher als Marx, den sie während des ganzen halben Jahres, in dem er seine taktische Kompromißpolitik plakatierte, ungeschoren ließen, obwohl sein Status als Staatenloser ihn sehr anfällig machte. Gottschalk und Anneke wurden schon einen Monat nach Marx' Ankunft verhaftet und saßen für die nächsten Monate im Gefängnis. Marx besetzte den Vorstand des Arbeitervereins mit Moll und Schapper, den Londoner Genossen. Er selber trat, um weitere Fühlung zu nehmen, in die Kölner »Demokratische Gesellschaft« ein; es gab außerdem noch einen Verein für Arbeitgeber und Arbeiter. Diese drei Organisationen gründeten einen Kreisausschuß und veranlaßten einen größeren Kongreß der rheinischen Demokraten. In der »Demokratischen Gesellschaft« trat der aus Amerika zurückgekehrte Weitling auf, den Marx endgültig erledigt glaubte. Es gab erneut einen Zusammenstoß: Weitling hielt ebenfalls nichts vom Zusammengehen mit den Liberalen, er plädierte für »Diktatur«. Marx hingegen, getreu der derzeitigen Marschroute: Im Gegenteil, nur in »einer demokratischen Regierung aus heterogenen Elementen, die durch Ideenaustausch eine Linie zweckmäßiger Verwaltung finden müsse«, sei die Lösung zu suchen; das erst würde zu einem politischen Programm führen.

Wir sehen nochmals, wie es bei all diesen Auseinandersetzungen nicht so sehr um Prinzipien oder Grundfragen ging, sondern um taktische Erwägungen oder um persönliche Antagonismen. Da kannte Marx keine Kompromisse, kein Taktieren: wen er einmal verworfen hatte, der blieb für ihn ein Gegner. Diese ganzen Vereinsstreitigkeiten sind eine recht lokale und begrenzte Angelegenheit; sie haben aber Bedeutung, weil sie das Vorspiel sind zu immer wiederkehrenden Streitigkeiten und Kämpfen im Leben des Dr. Marx, nicht zu reden vom weiteren Verlauf der sozialistischen Bewegungen.

So sah es 1848 aus. Zusammenarbeit mit den Demokraten, gut und schön, doch wie sollte sie aussehen, die Regierung aus »heterogenen Elementen«, und wie der »Ideenaustausch«? Marx kannte nur Organisationsfragen: Die demokratischen Vereine und der Kölner Arbeiterverein, nunmehr »unser Arbeiterverein«, wie Engels ihn später nannte, sollten sich zu einer Partei vereinigen, wobei die durch Gottschalk geschaffene Größe des Arbeitervereins zweifellos dominieren mußte. Aber diese Größe begann sogleich fraglich zu werden durch Austritte, die bald zunahmen, weil viele Mitglieder erklärten, die Führer »wüßten wohl selber nicht recht, was sie wollten«. Die schärfere Indoktrinierung, die nun eingeführt wurde, und das Zurückdrängen der bloßen »Brot- und Butterfragen« fanden wenig Beifall und machten keineswegs aus dieser Kerntruppe nun eine solide kommunistische Partei. Und die anderen Teilhaber an dem geplanten Zusammenschluß hatten wiederum nicht die geringste Lust, sich majorisieren zu lassen unter pro forma gemeinsamer Parole. Ein Zeitgenosse hat in seinen Memoiren berichtet, wie in Köln bei den Diskussionen über Freiheit der Presse ein Mann aus dem Volke wütend gerufen hatte: »Preßfreiheit? Wir wollen Freßfreiheit!« Wir erinnern uns an die ähnliche Formel des Bert Brecht, die in ähnlich aufgeregter Zeit mit großem Applaus begrüßt wurde.

Einer der recht wenigen Vertrauensleute des Kommunistenbundes, Georg Weber im entfernten Kiel, gemahnt, über Fortschritte der Partei zu berichten, hatte schon nach Brüssel an das Komitee geschrieben: »Ihr wollt also eine kommunistische Partei in Deutschland bilden, und wenn diese Partei geschaffen ist, was dann?« Er war der Ansicht, daß das nur äußerst langsam vorangehen würde, »nun aber sprecht Ihr immer von ›Plan‹ und ›planmäßig‹. Ich wünschte aber gerade, einen Plan von Euch zu erhalten in betreff Eures Vorhabens. In der Beziehung schreibt Ihr aber wieder: es bleibt alles der Willkür des einzelnen überlassen. Wenn man etwas tun will, so muß man wissen, was man tun will.« Ein Kleinmütiger, Unentschlossener also.

Der noch eben als leidlich bester und brauchbarster Genosse angesehene Setzer Stephan Born, nach Berlin entsandt, berichtete, von einer irgend nennenswerten kommunistischen Gemeinde sei nichts aufzufinden. Und was tat er? Er begann, ganz wie Gottschalk, mit einem sozialem Arbeitsprogramm, der Organisation der Buchdrucker, er gründete seine »Arbeiterverbrüderung«, die mit vielen Ortsgruppen die weitaus größte und bedeutendste Arbeiterorganisation dieser Jahre wurde. Marx nahm das nur mit vielen Vorbehalten zur Kenntnis, und Engels hat Born beschuldigt, der politische Ehrgeiz, eine Rolle zu spielen, habe ihn verführt. In Wirklichkeit war Born eher zuwenig ehrgeizig, zuwenig ein »Führer«, versöhnlich trotz starker Worte, die denen von Marx und Engels nichts nachgaben, immer ein Mann der Aussprache, des Verhandelns, der Nahziele und der Kleinarbeit; gewiß keine »ragende Gestalt« und sicherlich kein großer Theoretiker. Aber seine »Arbeiterverbrüderung« wurde eine Macht, seine Verbindungen mit den ebenfalls zeitweilig weitverbreiteten »März-Vereinen«, die eine linke Einheitsfront zu schaffen suchten, stellten ebendas in der Praxis dar, was Marx mit seinem Anfangsprogramm verkündet hatte. Das war jedoch ein halbes Jahr her. Auch die März-Vereine mußten jetzt bekämpft und als nur der Gegenrevolution dienend bezeichnet werden.

Die Zeit war mit raschen Schritten über die hoffnungsfreudigen Pläne und anscheinenden Aussichten hinweggegangen wie auch über Marx' Taktik. Engels, der, weit mehr als Marx, sehr realistisch einen Lagebericht verfassen konnte, hat schon in einem seiner Artikel für die »Neue Rheinische Zeitung« (der ungedruckt blieb) zum Jahrestag der Berliner Barrikadenkämpfe zusammengefaßt: »Das Jahr 1848 war das Jahr der Enttäuschungen über die revolutionären Reminiszenzen, Illusionen und sonstigen Phrasen. Das Jahr 1849 ist das Jahr der Enttäuschung über die Allgewalt der Militärdiktatur.«

Die Londoner Emigration

London zur Zeit des Karl Marx war ein Emigrantendorado, wie es das nur damals geben konnte, und nur in England. Zwar hatte die Regierung während der Französischen Revolution eine »Aliens Bill« eingebracht und verschiedentlich erneuert, in der auch Ausweisung unerwünschter oder gefährlicher Elemente unter den Flüchtlingen vorgesehen war. Aber die war um 1850, kurz bevor Marx in London eintraf, abgelaufen und wurde nicht erneuert. Man konnte im Hafen von London landen und sich mit einem Cab oder zu Fuß irgendwohin begeben in der Riesenstadt, in ein gutes Hotel oder eine bescheidene Wohnung, auch in ein düsteres Loch, je nach Belieben und Geldbeutel, ohne gefragt oder kontrolliert zu werden. Es gab keine Einwohnermeldepflicht, und gibt sie übrigens noch heute nicht. Eine Londoner Polizei, die annähernd etwas moderneren Ansprüchen gerecht wurde, existierte überhaupt erst seit den dreißiger Jahren; Sir Robert Peel hatte sie geschaffen, und die »Peeler« hießen seine Polizisten, in Zylinder und blauem Rock mit breitem Ledergürtel. Sie waren lange recht unbeliebt und unerwünscht – im Unterschied zu den lokalen Konstablern älteren Stiles, die ziemlich harmlose, meist ältere oder ganz alte Veteranen waren, Gegenstand zahlloser Witze und Anekdoten, und den Aufgaben, die eine Millionenstadt an sie stellte, nicht im geringsten gewachsen. Die Bezeichnung »Constable«, eifersüchtig von den lokalen Gemeinden mit ihrem Selbständigkeitsdrang erhalten, wurde allmählich für eine Art kommunales Ehrenamt verwandt; es ist eine der vielen Ironien im Leben von Karl Marx, daß der Borough von St. Pancras auch dem Chef der Weltrevolution in aller Ahnungslosigkeit den Posten eines Constable anbot. Marx lehnte das natürlich wütend ab. Sein Sozialistenschüler George Bernard Shaw hat freilich später im selben Borough von St. Pancras eine ganze Weile recht gewissenhaft den Posten eines »vestryman« verwaltet und dabei nicht wenige Erfahrungen im praktischen Umgang mit Menschen sammeln können.

Marx war gänzlich uninteressiert am Umgang mit Engländern und beschränkte sich auf politische Kontakte von Fall zu Fall, während Engels in Manchester sich einen gewissen Freundeskreis zu schaffen wußte und außerdem, schon durch seine Stellung in der väterlichen Firma Ermen & Engels, nicht unbeträchtliche gesellschaftliche Verbindungen wahrzunehmen hatte. Marx kannte fast nur die Emigranten, vornehmlich seine ehemaligen Landsleute, aber auch die vielen nationalen Gruppen und Grüppchen der Franzosen, Russen, Polen, Italiener. Die Palette war reich bestellt. Man könnte fast meinen, daß da zwei verschiedene Klassen nebeneinander und gegeneinander lebten: die Emigranten und das Volk der Gastgeber. In materieller Beziehung war das sicher so; die Flüchtlinge waren, zum mindesten für eine lange Zeit, eine Art Proletariat. Viele sind auch in der Misere abgesunken und verkommen, und

Marx selber ist nur durch die ständige Hilfe seines Freundes Engels davor bewahrt worden, zugrunde zu gehen, was nicht zu stark gesagt ist, wenn man seine jahrelangen verzweifelten Notschreie und Bittbriefe, auch um ein Pfund oder zwei, und die ständigen Gänge zum Pfandamt in Betracht zieht.

Wir müssen aber den Emigranten Marx – und das blieb er bis zu seinem Tode – und die deutsche Flüchtlingsschaft in den größeren Rahmen stellen, der sie umgab. Die Deutschen, hauptsächlich die Flüchtlinge nach der Katastrophe der Revolution von 1848/49, bildeten eine Minorität, allerdings eine recht laute, recht auffallende und ungemein anspruchsvolle Minderheit. Sie fielen bereits auf durch sehr lautes Reden, unweigerlich in der heimischen Sprache; sie schrien geradezu, auch beim Schachspielen, wie Liebknecht berichtet, ein jeder so laut wie zehn Engländer. Sie stritten sich untereinander bis aufs Blut, und dies auch buchstäblich genommen, es wurde nach heimischer Sitte duelliert bei Gelegenheit. Sie schimpften unmäßig. Marx benutzte als generelle Bezeichnungen für seine Schicksalsgenossen die Ausdrücke »Völkerkehricht« – was auch die anderen Nationen umfassen sollte –, »Emigrationsschweine« – dies wohl hauptsächlich die Landsleute – oder »Guano« als etwas dezentere Fassung für das, was gemeint war. Sie hatten ihre Lokale, in denen auch stark verfeindete Gruppen sich trafen; man wechselte finstere Blicke oder trank doch einmal einen Schoppen am selben Tisch. Der ehemalige Küfer August Schärttner, Mitkämpfer an der Spitze einer Turnerschaft während der Kampagnen 1849, hatte in Long Acre ein »Deutsches Haus« aufgemacht, das als Sammelpunkt diente; der preußischen Polizei galt der Gastwirt als eifriges Mitglied des »Umsturzes« und der kommunistischen Partei. Seine Teilnahme am Umsturz dürfte sich in der Hauptsache darauf beschränkt haben, daß er angesehene Umstürzler billig oder mit Freitisch bewirtete oder für Dr. Marx und seinen Freund Engels ein Sonderzimmer zur Verfügung hielt, wo Kandidaten für die Partei bei einem Zinnkrug mit Stout der obligaten genauen Prüfung durch den Chef der Partei unterworfen werden konnten.

Die anderen Nationalitäten hatten andere und eigene Lokale. Im Albergo di Venezia trafen sich die Anhänger Mazzinis, bei Bendi in der Greek Street die Garibaldis, die französischen Refugiés im Hôtel de la Boule d'Or in der Percy Street. Es gab Suppenküchen, eine lange beliebte Form der Wohltätigkeit für die notleidenden Flüchtlinge; die Bessergestellten speisten im französischen Hôtel des Bons Amis in der Old Compton Street, wo man für ein Menü mit zwei Hauptgängen, Salat, Dessert, einer halben Flasche Rotwein und einer kleinen Tasse schwarzen Kaffees eineinhalb Schillinge bezahlte. All das spielte sich in der Nähe von Marx' langjährigem Wohnsitz in der Dean Street in Soho ab, eine Welt für sich, mit eigener Sprache, die sich immer mehr mit englischen Phrasen vermischte und zu dem später »Migranto« genannten recht schauderhaften Dialekt wurde, den auch Marx und Engels ziemlich bald in ihrer Korrespondenz untereinander benutzten. Da entwickelte sich außer diesem eigenen Dialekt auch das wohl allen Emigrantenkolonien eigentümliche Flüchtlingsdenken, das auch im Werk von Karl Marx seine sehr deutlichen Spuren hinterlassen hat. Grenzenlose Hoffnungsfreudigkeit machte den Beginn: Die unvollendete Revolution, aus der man kam, wurde Jahr um Jahr in neuer und besserer Auflage erwartet; man könnte aus Marx' Briefen und Schriften eine nahezu lückenlose Liste solcher Erwartungen und Voraussagen für sein ganzes Leben zusammenstellen. Dann kamen bei den führenden Geistern das Nachdenken, die Ernüchterung: Die Hoffnung auf den »großen Coup« wurde immer weiter in die Zukunft verlegt.

Jede der nationalen Flüchtlingsgruppen hatte ihre eigene Vorstellung von Zukunft, ihre eigenen Parolen und ihren eigenen Hochmut. Die Franzosen fühlten sich, unter Berufung auf die Große Revolution von 1789, als die traditionell führende Elite in allem, was Revolution anbelangte, und konnten sich immerhin auch noch auf die Aufstände von 1830 und 1848 berufen. Schon das Vokabular von 1789 wurde in Bezeichnungen für revolutionäre Untergruppierungen standhaft beibehalten, ebenso die Bezeichnung »Citoyen«. Ein alter, längst in London seßhaft gewordener Flüchtling bestand, wie Herzen erzählt, standhaft darauf, daß auch die Kunden seines kleinen Geschäftes ihn mit »Citoyen« anredeten; andernfalls wurden sie nicht von ihm bedient. Inzwischen galt es sich kampffähig zu erhalten für die große Auseinandersetzung. Die Franzosen hatten sich in Rathbone Place an der Oxford Street einen »Waffensaal« eingerichtet, wo gefochten wurde und Pistolenschießen geübt werden konnte. Auch Marx frischte da zuweilen seine studentischen Fechtkünste etwas auf, obwohl die französischen Degen- oder Säbelkünste von den deutschen verschieden waren; »was ihm an Kunst fehlte, das suchte er durch Ungestüm zu ersetzen, und wer nicht kaltblütig war, den konnte er auch verblüffen«, meint Liebknecht. Schärfer schlug Marx sich in Parteifragen mit den Franzosen herum, die im wesentlichen bis zu seinem Tode und darüber hinaus seine Gegner blieben und ihre sozialistischen Führer wie Saint-Simon, Proudhon und dann besonders Blanqui für unverhältnismäßig wichtiger hielten als den »Deutschen« oder »Germanen« Marx. Daß dabei auch robuster Chauvinismus eine Rolle spielte, kam immer wieder zum Vorschein und veranlaßte Marx noch während des Krieges 1870, zu wünschen, daß die Franzosen zunächst einmal tüchtige »Prügel« beziehen müßten, die sie von ihrem Hochmut heilen sollten.

Fast bescheiden freilich war das Überlegenheitsgefühl der französischen Emigranten zu nennen, gemessen an dem abgrundtiefen Abstand gegenüber allem Deutschen, den die Russen an den Tag legten. Was Bakunin, auch Herzen – trotz dessen sonst vornehmer und überlegener Haltung in dieser Beziehung – gesagt haben, das unterschied sich nur durch winzige Nuancen von der Einstellung der strikt konservativen oder unbedenklich reaktionären Russen.

Nicht sehr viel besser war das Verhältnis der Deutschen zu den Italienern, die obendrein von allen Flüchtlingsgruppen die »beste Presse« hatten, die malerischsten und präsentabelsten Gestalten beibrachten und in Garibaldi einen wahren Volkshelden besaßen. Jeder der vielen wandernden Gipsfigurenhändler führte seinen Garibaldi mit sich auf dem Karren. Wenn gesammelt wurde oder öffentliche Empfänge und Demonstrationen stattfanden, so traten die Londoner zu Zehntausenden an, ob es sich um eine »Mazzini-Anleihe« handelte oder um eine Huldigung für den Helden Garibaldi durch ein Komitee führender Parlamentarier und bei einer Zuhörerschaft von 25 000 Personen, die mit Garibaldis Ernennung zum Ehrenbürger der City endete.

Auch die Polen, vielfach Männer aus aristokratischen Familien, die gesellschaftliche Vorzüge mitbrachten, genossen weitgehende Sympathien, ebenso die Ungarn, deren Kossuth ebenfalls, zum mindesten eine kurze Zeit lang, hoch geehrt und gefeiert wurde. Die Deutschen genossen den Vorzug, als unbeträchtlich angesehen zu werden; man ließ sie ungeschoren und veröffentlichte allenfalls die vielen gegenseitigen Proteste und Verwahrungen ihrer erbittert gegeneinander demonstrierenden Fraktionen oder Gruppen und Teilgrüppchen.

Wir werden bei dem ersten großen Kommunistenprozeß in Köln einiges über diese Gruppen nach den Polizeiakten der preußischen Kriminalpolizei hören; der »Bund der Kommunisten« war nur eine von ihnen. Und überhaupt war nun nicht alles Revolution und Weltumsturz. Die Anfänge der Organisationen waren meist bescheiden: Hilfskomitees und Arbeitsbeschaffungsstellen wurden gebildet, Unterkunft mußte besorgt werden. Man versuchte es mit einer Bürstenbinderei auf gemeinwirtschaftlicher Basis. Die Akademiker nahmen Stellen als Privatlehrer an. Der Dichter Kinkel, seinerzeit Professor für Kunstgeschichte in Bonn, hielt Vorträge über Kunstgeschichte, und da gerade Gotik hohe Mode war, hatte er dabei gute Erfolge; seine Frau, Musikerin und Komponistin, gab Klavierstunden. Der Mitarbeiter an der »Neuen Rheinischen« Wilhelm Wolff, Gymnasiallehrer von Haus aus, zog sich nach einiger Zeit von der Politik mehr oder weniger zurück und unterrichtete privat in Manchester. Andere der Alt- und Erstkommunisten gingen recht bald ins kaufmännische Fach über: Freiligrath übernahm die Zweigstelle einer Schweizer Bank, Dronke eine etwas dunkle Agentur, die sich hauptsächlich mit Blockadeschmuggel während des amerikanischen Bürgerkrieges befaßte. Georg Weerth, der Feuilletonleiter der »Neuen Rheinischen«, machte als Handelsvertreter weite Reisen nach Afrika und Südamerika und beschämte Marx, der eben wieder einmal seine guten Sachen aufs Pfandamt getragen hatte, durch sein elegantes Auftreten.

Es ist aber noch zu beachten, daß das London der Emigranten neben den sozialistischen und radikalen auch immer wieder andere, damals sehr hochgestellte Flüchtlinge aufwies; das französische Königshaus war in seinen drei unter sich verfeindeten Zweigen besonders reich vertreten, Legitimisten der direkten Bourbonenlinie, des Hauses Orleans, dazu das Haus Bonaparte. Und von London aus wurde nicht nur von »links« her konspiriert und geputscht; wir können die verschiedenen Unternehmungen nicht alle aufzählen. Louis Bonaparte, der sich dann Napoleon III. nannte, fuhr von der Themse aus zu seinen ersten, noch halb lächerlichen Überrumpelungsversuchen und galt lange, für manche immer, als ein Abenteurer und Bankrotteur. Von London aus fuhren die Südamerikaner, wie der

General Miranda, der Vorläufer und erste Chef des erfolgreicheren Bolívar, nach Venezuela, wo er allerdings unterlag und bis zu seinem Tode in spanischer Gefangenschaft für den Versuch büßen mußte. Nach London wandte sich auch während der Revolution 1848 der lange Zeit mächtigste Mann Europas, Metternich, als er aus Wien flüchten mußte. Wir haben uns dieses höchst bewegte London vor Augen zu halten, das den waghalsigsten Unternehmungen bereitwillig zur Verfügung stand und sie mit einer Gelassenheit duldete, die den Menschen anderer Nationen schwer begreiflich war. Sie deuteten diese Haltung teils als Stumpfsinn, teils als Hochmut oder als eine Kombination von beidem.

Marx hat sich über die Stadt kaum je, jedenfalls nie etwas persönlicher geäußert. London war und blieb für ihn lediglich ein Hauptquartier und bequemer Arbeitsplatz, wie er ihn allerdings nirgendwo anders so gefunden hätte. Nähere Beziehungen zu der Stadt oder dem Lande, das ihn aufgenommen hatte, wären ihm als überflüssige Sentimentalität erschienen. Ein »refugee«, ein Ausländer ist er denn auch seinen Personalakten nach bis zum Tode geblieben.

Engels hat immerhin einem Besucher gegenüber, dem London stark mißfiel, in einem Briefe sich ein wenig geäußert: »Das ist mir vor Jahren« – er schreibt als alter Mann – »auch so gegangen. Man gewöhnt sich nur schwer an die trübe Luft und die meist trüben Menschen, an die Abgeschlossenheit, die Klassenscheidung im geselligen Leben, das Leben in geschlossenen Räumen, wie es das Klima vorschreibt. Man muß die vom Kontinent mitgebrachten Lebensgeister etwas herabspannen, das Barometer der Lebenslust etwa von 760 auf 750 Millimeter absinken lassen, bis man sich allmählich eingewöhnt. Dann findet man sich allmählich in die Sache, findet, daß sie auch ihre guten Seiten hat, daß die Leute im allgemeinen grader und zuverlässiger sind als anderswo, daß zum wissenschaftlichen Arbeiten keine Stadt so geeignet ist wie London und daß die Abwesenheit von Polizeischikanen doch auch manches aufwiegt. Ich kenne und liebe Paris, aber wenn ich die Wahl hätte, will ich lieber in London permanent wohnen als dort. Paris ist nur recht zu genießen, wenn man selbst Pariser wird, mit allen Vorurteilen des Parisers, mit Interesse in erster Linie nur für Pariser Dinge, mit der Gewöhnung an den Glauben, daß Paris Zentrum der Welt, alles in allem ist. London ist häßlicher, aber doch großartiger als Paris, wirkliches Zentrum des Welthandels und bietet auch weit mehr Mannigfaltigkeit. Aber London erlaubt auch eine vollständige Neutralität gegenüber der ganzen Umgebung, wie sie für wissenschaftliche und selbst künstlerische Unparteilichkeit notwendig. Für Paris und Wien schwärmt man, Berlin haßt man, gegen London bleibt man in einer neutralen Gleichgültigkeit und Objektivität. Und das ist auch etwas wert.«

Auch hier sind die Reihenfolge der Urteile und das schon sehr anglisierte Understatement bezeichnend, daß die Abwesenheit von Polizeischikanen doch »manches aufwiegt«. Wie alle Emigranten in London, mochten sie daheim noch sosehr verfolgt oder zum mindesten geplackt, in ihrer Bewegungsfreiheit beschränkt oder in ihrem Fortkommen bedroht gewesen sein, fanden auch Marx und Engels das »trübe« Londoner Klima in dieser Beziehung doch als angenehm und nahmen es nach ganz kurzer Zeit als selbstverständlich hin, daß auch für sie als Gäste der stolze Satz vom »my home is my castle« galt, der ja nun keine bloße Phrase war.

Phrenologie

Marx war äußerst mißtrauisch. Und er hatte Grund dafür: Seine Menschenkenntnis war sehr gering, um nicht zu sagen miserabel. Darin sind sich eigentlich alle einig, die ihn gekannt haben. Man könnte eine lange Liste derer aufstellen, die ihn enttäuscht haben, die absprangen, zu »Verrätern« wurden, und es sind darunter älteste, langjährige Genossen.

Nun braucht ein Parteichef jedoch Leute, auch wenn er im Grunde überzeugt ist, daß nur er allein die Sache machen kann, daß nur er die Dinge richtig sieht. Und dies nicht nur in den großen Zügen und den Grundrissen der Theorie, sondern erst recht in der aktuellen Politik, in der Taktik, in den Entscheidungen, was im gegebenen Augenblick getan oder gesagt werden muß: Es kommt bei Marx da fast auf die Stunde darauf an, daß eine gewisse Politik zu dem Zeitpunkt verfolgt wird, den er vorschreibt. Daraus entsprangen die ständigen Differenzen, Streitigkeiten und Spaltungen seiner ohnehin kleinen Gefolgschaft, die aus Menschen bestand und nicht aus Dominosteinen.

Man hat darüber geklagt, daß er sich mit so kleinen und oft geradezu jämmerlichen Anhängern habe behelfen müssen, und wenn seine eigenen Charakteristiken, besonders im intimen Briefwechsel mit dem getreuen Freund Engels, gelten sollen, so waren sie alle samt und sonders Esel, Viecher oder Lumpen. Nicht genug können sie überprüft werden, ehe man sie in den inneren Kreis der »Partei Marx« hineinläßt, die von vornherein und sehr entschieden als »die Partei« angelegt ist.

Und so verfiel Marx darauf, die Wissenschaft in Gestalt der Phrenologie zu Rate zu ziehen. Wilhelm Liebknecht als einer der intimsten Gefolgsleute des Meisters erzählt davon in seinen Erinnerungen. Wissenschaftlich sollte es bei Marx ohnehin zugehen in jeder Beziehung, so hier auch auf dem Gebiet der Menschenkenntnis und Charakterkunde. Phrenologie, die Nachfolgerin der seit Jahrhunderten betriebenen Physiognomik, galt nach Ansicht ihrer Vertreter als naturwissenschaftlich begründete Lehre. Aus dem Bau des Kopfes, den Buckeln und Einbuchtungen des Schädels, sollte auf die dahinterliegenden Zentren des Gehirns geschlossen und damit festgestellt werden, welche Eigenschaften, Veranlagungen und Möglichkeiten ein Mensch habe. Genau mit Nummern oder Buchstaben bezeichnet, war der Kopf in Regionen aufgeteilt, die jeweils einem bestimmten »Sinn« entsprechen sollten und auf denen man wie auf einer Landkarte lesen konnte. Verbrecher oder Genies ließen sich so bestimmen. Man brauchte nur einiges zu betasten, um die gewünschte Aufklärung zu erzielen.

Phrenologie war große Mode im 19. Jahrhundert und hatte um die Jahrhundertmitte eine ganz erstaunliche Anhängerschaft. Dichter und Schriftsteller wie Balzac, Dickens, die Charlotte Brontë, auch Baudelaire und Edgar Allan Poe fühlten sich angezogen und benutzten die eingängigen phrenologischen Bezeichnungen bei der immer etwas schwierigen Beschreibung physischer Merkmale. Aber auch die Sozialisten und Sozialphilosophen waren recht beeinflußt: Saint-Simon, Proudhon, Auguste Comte, der rechtgläubige Positivist. Nach Comte hatte sich in der letzten, kirchenartigen Phase seiner Lehre der Gläubige zu »bekreuzigen«, indem er dreimal mit den

Fingern sein Haupt betupfte, und zwar an den Stellen, wo nach phrenologischer Bestimmung »Liebe«, »Ordnung« und »Fortschritt« lokalisiert sein sollten.

Schon Goethe, in seiner Jugend Mitarbeiter an Lavaters opulent illustrierter »Physiognomik«, hatte sich dann später mit dem Begründer der Schädellehre, Franz Gall, beschäftigt, der den Kopf des Dichters als den eines »Volksredners« analysierte, was Goethe tief erschreckte. Gall war nun freilich kein Scharlatan, obwohl bald viel Scharlatanerie mit seiner Lehre betrieben wurde. Er machte die sehr bedeutsame Entdeckung, daß bestimmte geistige Fähigkeiten an bestimmte Stellen der Hirnrinde gebunden sind, und bezeichnete als erster schon die linke Hirnrinde als Sitz des Sprachvermögens; Paul Broca hat das in der nach ihm benannten Brocaschen Windung genauer lokalisiert. Aber dann ging das Schädelbetasten und Ausdeuten sehr bald ins Große und Phantastische über. Gall bereits erfand von ihm so getaufte »Sinne« wie den »Herrschsinn« und den »Raufsinn« und sah in Verwölbungen des Schädels die deutlichen materiellen Auswirkungen, die mit Händen zu greifen waren. Er statuierte einen »Verehrungssinn« und wollte aus dessen Vorhandensein einen Beweis für die Existenz Gottes ableiten. Die Phrenologie, wie sie etwa George Combe vertrat, war über Gall hinweggeschritten und gab sich im Anschluß an die zeitgenössische Naturforschung als strikt materialistisch; der Sinn für Verehrung konnte dabei fortfallen. Scharfe Angriffe von kirchlicher Seite erfolgten; der Papst setzte die Lehre sogar auf den Index, was sie Marx nur empfehlen konnte.

Was ihn nun an dieser Pseudowissenschaft – denn das blieb sie ganz wesentlich – angezogen haben mag, ist nicht leicht zu erkennen. Es ist möglich, daß er da, wie auch bei Ausflügen in die Naturwissenschaften, eine Art Parallele zu seiner These von der materiellen Basis und dem geistigen Überbau vermutete; wir lassen diese Vermutung auf sich beruhen. Jedenfalls fand er die Methode nützlich für seine Untersuchung von Kandidaten. Der junge Adept Wilhelm Liebknecht mußte seinen Kopf herhalten beim Parteiexamen. »Er examinierte mich nicht bloß mit Fragen, sondern auch mit den Fingern, die er in Kennerweise auf meinem Kopf herumtanzen ließ. Später veranstaltete er auch noch eine reguläre Untersuchung durch den Phrenologen der Partei, den braven Maler Karl Pfänder, einen der ganz ›Alten‹, die den Kommunistenbund mitgründeten ... Also, mein Schädel wurde offiziell von Karl Pfänder untersucht, und es fand sich nichts, was meiner Zulassung in das Allerheiligste des Kommunistenbundes entgegengestanden hätte.« Wir hören hier, daß ein spezieller Fachmann für diese Art der Begutachtung von Anwärtern bei Marx beschäftigt wurde. Es klingt kurios, aber so war es; wir haben auch diesen Zug zur Kenntnis zu nehmen. Er ist nicht ganz unwichtig. Er zeigt, welche Vorsicht Marx walten ließ und wie scharf er das »Sieben und Säubern« seiner Anhängerschaft betrieben sehen wollte. Daß er trotz Phrenologie und genauester Befragung bis in Einzelheiten doch so ständig Fehlurteile erzielte, ist die ironische Abseite solcher angeblich unfehlbaren »wissenschaftlichen« Beobachtungsmethoden.

Es versteht sich, daß Marx den eigenen Kopf mit der Löwenmähne nicht hinhielt zur Untersuchung; auch Sigmund Freud hat sich bekanntlich standhaft geweigert, sich analysieren zu lassen. Wir besitzen, soweit ich sehe, auch keines der phrenologischen Gutachten. Es wäre immerhin interessant, wie sich bei Marx der »Herrschsinn« oder der »Raufsinn« nach Gall etwa in der Schädelform bemerkbar gemacht hätte. Eine plastische, künstlerische Darstellung, wie in Michelangelos Moses mit den Hörnern zu beiden Seiten der Stirn, wäre dafür die gegebene Wiedergabe gewesen. Es gibt jedoch nur flache und obendrein nach damaligem Brauche stark retuschierte Photographien des Meisters. Solche immerhin bedeutsamen Zeugnisse sind übrigens erst aus ziemlich später Zeit vorhanden; aus der Jugend ist nur ein lithographiertes Gesamtbild seiner Landsmannschaft in der Bonner Studentenzeit erhalten. Da ist stud. jur. Karl Marx mit jugendlichem Schopf neben zwanzig anderen wiedergegeben; der spätere Kopf mit der mächtigen Mähne und dem gewaltigen Bart ist dann kanonisch geworden.

Der Bart war eine der wenigen Errungenschaften der Revolutionszeit von 1848 und wurde nicht nur von Marx getragen; er galt als das Zeichen des freien Mannes, der sich das demokratische Recht nahm, über sein Aussehen zu verfügen, während zuvor die hohen Landesherren es sich vorbehielten, welche Gesichtstracht sie bei ihren Untertanen zulassen und welche sie verbieten wollten. Am wallenden Männerbart erkannte man damals auf den ersten Blick den Radikalen und Demokraten, während die braven Anhänger der

Regierungen und die Bürokraten sich noch gehorsam abrasierten und erst später zögernd der allmächtigen Weltmode folgten. Marx präsentierte sich dem Photographen in durchaus bewußter Haltung und übrigens auch in gewählter Kleidung, dem sorgfältig nach Maß – zumeist vom getreuen Anhänger Leßner – geschneiderten Gehrock, der seiner Gestalt etwas Statuarisches verlieh. Seine Anhänger betonten in ihren Berichten, daß er so ungewöhnlich wenig eitel gewesen sei, und das stimmt in vieler Beziehung. Aber er legte durchaus Gewicht darauf, so auszusehen, wie er dann in die Geschichte und die Schulbücher einging. Es ist etwas entschieden Unverbindliches in seinem Blick und seiner Haltung. Er ist sehr bewußt das Parteihaupt, das keine Kompromisse kennt, der Chef; jedes verbindliche Lächeln, das sonst von den Photographen gewünscht wird, fehlt. Einen kleinen Tribut mußte er doch der Eitelkeit zollen: Das goldgefaßte Monokel, auch damals nicht eben das Kennzeichen des Proletarierführers, baumelt auf den Photographien lässig über den Revers des Rockes hinab.

Bei der Kandidatenprüfung klemmte er es sich vor das Auge und inspizierte eingehend den Adepten. Nicht jeder nahm diese Form der Betrachtung so ehrerbietig hin wie der junge Liebknecht. Nicht jeder ließ sich willig den Kopf abtasten. Nur wenige der Jüngeren hielten durch bei der scharfen Prüfung auf Herz und Nieren, Herkunft, Lebenslauf bis dato, bei dem rücksichtslosen Sondieren auf etwaige faule Stellen oder verdächtige Bekanntschaften. Man kann diese Vorsicht, die fast einer Kriminaluntersuchung gleichen konnte, begreifen durch die in der Tat sehr erhebliche Anzahl von unsicheren Kantonisten, auch möglichen Spitzeln oder Zwischenträgern zu den vielen unerwünschten oder verhaßten Emigrantengruppen. Aber Marx gefiel sich auch, wie aus Liebknechts Bericht hervorgeht, darin, den Jüngeren seine beispiellose Überlegenheit zu zeigen. Er examinierte nicht nur in Politik oder Nationalökonomie. Er liebte es, den jungen Burschen »die Hölle heiß zu machen«, wie Liebknecht sagt, und »wie freute er sich dann, wenn er ein Studentchen aufs Eis gelockt und an ihm die Erbärmlichkeit unserer Universitäten und der akademischen Bildung nachgewiesen hatte«. Auch Sprachstudien kamen dabei aufs Tapet, schwierige Stellen aus den griechischen Klassikern für den Philologen, Belehrungen und Korrekturen im deutschen Stil, in der Grammatik.

All das grenzt ans Komische und Wunderliche; es war hier noch harmlos, und erst sehr viel später sollten sich Nachfolger in der Parteispitze die Befugnis anmaßen, auch Linguistik, Biologie und womöglich noch die exakten Wissenschaften nach ihrem Gutdünken zu bestimmen und zu regulieren. Unleugbar aber imponierten der Ernst, die Wucht, die Zielbewußtheit des Mannes, der weite Umkreis seiner Kenntnisse und Interessen. Und fast mehr noch als den Diktator in allen politischen Fragen, liebte er es, den Lehrer zu spielen; gar nicht locker etwa, sondern grimmig ernst und hartnäckig. Wenn vom Spanischen die Rede war, holte er alsbald einen Cervantes hervor und gab mit überraschender Geduld – die sonst nicht an ihm zu bemerken war – eine Lektion, zwei Lektionen, hörte ab am nächsten Tage, nochmals und nochmals, bis ihm der genügende »Bildungsnachweis erbracht schien«.

Und dieser imponierende Eindruck seiner Persönlichkeit ist durchweg verzeichnet bei allen, auch den bald schärfsten Gegnern oder Feinden; oder vielmehr bei denen, die er dann zu seinen Feinden und Widersachern ernannte. Denn Marx, und das hatte sehr weitreichende Bedeutung für die Schicksale seiner Partei, war im Grunde von einem ganz fanatischen Einsamkeitsbedürfnis erfüllt. Es war nicht so, daß er unaufhörlich nur im Stich gelassen wurde. Er hatte genug Gelegenheiten, sich Anhänger, ja Freunde von gewissem Format zu verschaffen, nicht nur die in der Tat recht kümmerlichen Gestalten, die dann übrigblieben. Er hat sie alle verscheucht. Er wollte unablässig Tabula rasa um sich her schaffen, so wie in seiner Lehre, so auch im tatsächlichen Leben. Es sträubte sich bereits bei ihm etwas, wenn er von jemandem ein Lob vernahm; unweigerlich nahm er an, daß man damit etwas von ihm wolle, womöglich sich einen Einfluß auf ihn zu verschaffen gedächte. Das rief alle Widerspruchsgeister – und deren behauste er eine Legion – auf den Plan. Er hatte den denkbar bösesten Blick für die kleinsten Menschlichkeiten der anderen, und das Behagen, mit dem er solche Eigenschaften aufspießte und triumphierend vorzeigte – nicht nur dem vertrauten Freunde Engels –, hat etwas Peinliches; da wird selbst der trübseligste Emigrantenklatsch nicht ausgelassen. Es spricht für den gewaltigen Eindruck, den seine Persönlichkeit doch immer wieder machte, daß er trotzdem stets von neuem willige Gefolgsleute, begeisterte Anhänger, wenn auch nie wirkliche Freunde fand, die bereit waren, mit ihm zu gehen – für eine Weile, bis er sie entließ. Und es hat etwas Tragisches, wie in seiner letzten Zeit der schon vorgeschrittenen Krankheit selbst der unwandelbar getreue Friedrich Engels ihm lästig wird mit seiner Fürsorge und wie er auch ihn am liebsten beiseite schieben möchte, um in Ruhe und allein sterben zu können.

Bis dahin ist es noch ein guter Weg. Wir müssen durch eine ganze Landschaft von Niederungen gehen, und es handelt sich dabei nicht nur um mittelmäßige und ungenügende Genossen oder Gegner. Sein Lebensschicksal, wenn wir nicht in blinden Determinismus verfallen wollen, war von ihm gestaltet, erarbeitet, könnte man fast sagen. Er mußte, er wollte allein sein. Der Verkünder der größten systematischen Gemeinschaftslehre der Welt war eine Welt für sich, ein einsamer Denker in philosophischen Kategorien – politisch gesprochen: die Partei Karl Marx.

Der Polizeirat Stieber

Der Polizeirat Wilhelm Stieber: das ist eine der Gestalten im Leben von Karl Marx, die ihn unverbrüchlich von den Anfängen bei der »Neuen Rheinischen Zeitung« bis zum Tode begleitet haben. Er taucht immer wieder einmal auf, am sichtbarsten in dem Kölner Kommunistenprozeß, aber damit war es nicht genug; Stieber war noch aktiv zur Zeit der Sozialistengesetze. Er leitete während der Kriege 1866 und 1870/71 die Feldpolizei, widmete sich aber noch vielen anderen Aufgaben wie der einer jahrelangen Tätigkeit für die russische Regierung, als eine Art »Privatdetektiv« gewissermaßen zur Überwachung politischer Flüchtlinge und Emissäre der revolutionären Bewegungen. Es ist verständlich, daß Marx und Engels »Stiebers Hand« immer wieder zu erkennen glaubten, wenn Briefe nicht ankamen, geöffnet waren oder ihnen manipuliert erschienen. Fleißig war der Mann sicher, doch sympathisch ist er nicht einmal seinen Vorgesetzten und Auftraggebern gewesen; er war nur unentbehrlich. Bismarck meinte, als man ihm vorhielt, eine neue Berufung Stiebers – der nach Prozessen wegen seiner Amtsführung und vielfacher Gesetzesübertretungen zur Disposition gestellt war – wirke »wie ein Faustschlag« ins Gesicht des Publikums: »Die preußische Polizei ist unglaublich schlecht, fast unbrauchbar, Stieber der einzig brauchbare Polizeimann!« Er habe ihn immerhin nur für die Verwendung bei der Feldpolizei im Kriege vorgesehen. »Wenn Sie Minister wären«, so sagte er dem Abgeordneten der Liberalen, der sich über die Sache beschwerte, »so würden Sie auch Stieber nehmen.« Der Abgeordnete von Unruh antwortete darauf, der Ruf dieses Mannes sei in allen Schichten der Bevölkerung zu bedenklich und die Verwendung solcher Werkzeuge schade jeder Regierung. Es blieb bei der Ernennung.

So äußerte sich der preußische Polizeistaat also nicht in abstracto, sondern in einer faßlichen Person und Gestalt, mit Einbruch, Diebstahl von Dokumenten, Nötigung, widerrechtlicher Festhaltung von willkürlich Gefangenen; und all das war »unentbehrlich«. Übrigens, wir vermerken es am Rande, galt dies nicht nur für die preußische Polizeiregierung. Und um die historischen Proportionen richtig zu sehen: Als Miniaturorganisationen waren damals solche speziellen Kriminalabteilungen tätig, die man mit dem heutigen Wort »Geheimpolizei« bezeichnen müßte. Mit drei bis sechs Mitarbeitern arbeitete der unentbehrliche Stieber, der obendrein nach preußischer Sitte jammervoll knapp bezahlt wurde und es schwer hatte, seine Familie leidlich zu erhalten. Er zeugte mit seiner Gattin in musterhafter Ehe nicht weniger als 21 Kinder, von denen zehn ihn überlebten. Sein Haushalt war preußisch-spartanisch einfach, die Arbeit der Spitzelei und Jagd nach Revolutionären sein einziger Lebensinhalt. Nicht einmal einen Orden bekam er lange Zeit, mit dem in Preußen die Gehaltslücken zugedeckt zu werden pflegten. Wenn er doch am Ende einen bescheidenen Wohlstand erreichte, so verdankte er das der sehr viel großzügigeren russischen Regierung, die gut zahlte und dem nützlichen Agenten als Zugabe den Annenorden mit Stern verlieh. Die russische Polizei war damals zwar schon mächtig, aber noch recht rückständig, wie übrigens die gesamte Bürokratie des großen zentralisierten Imperiums; sie ist inzwischen sehr viel mächtiger und durch musterhafte Organisation zum Vorbild für viele Länder geworden. Der Polizeirat Stieber dürfte dabei mitgeholfen haben, denn unter vielen anderen Veröffentlichungen verfaßte er auch das maßgebende »Praktische Lehrbuch der Kriminalpolizei«, das noch unter der Weimarer Republik neu aufgelegt wurde und den russischen Experten nicht unbekannt geblieben sein dürfte.

Wenn wir den Lebenslauf dieses Mannes hier kurz in Streiflichtern aufhellen, so bedarf solcher Exkurs keiner Entschuldigung: Revolution und Kriminalpolizei hängen nun einmal sehr eng zusammen. Die Polizeizustände, meist nur mit Hohn oder Erbitterung von den Historikern revolutionärer Bewegungen zur Kenntnis genommen, sind ein sehr wesentliches Element der staatlichen Organisation und bilden heute, da sie ganz beträchtliche Formen angenommen haben, einen so großen und entscheidenden Komplex, daß man sehr wohl in Abwandlung des bekannten Wortes über »Umgang« sagen könnte: »Sage mir, mit welcher Polizei du umgehst, und ich werde dir sagen, was für ein Staat du bist.«

Das gilt auch für die noch sehr in der Entwicklung begriffene Zeit, von der wir handeln. Stieber war gewiß nicht der erste auf diesem Gebiet, und Preußen stand nicht einmal an der Spitze. Schon das Frankreich der Großen Revolution und dann erst recht das Napoleonische Imperium hatten bereits energisch vorgearbeitet und in dem großen Spieler und Künstler auf der Polizeiklaviatur, Joseph Fouché, eine ragende Gestalt produziert. Es gibt auch so etwas wie einen bestimmten »Stil« dieser Sache; Fouché verkörperte hervorragend den »großen Stil«, der sich nicht mit Kleinigkeiten abgab und die Hände auch nach der Weltpolitik ausstreckte. Dergleichen ist erst neuerdings wieder zu verzeichnen. Die französische Polizei, mit der Marx so vielfach in Berührung kam, blieb unter den verschiedensten Regimen stets äußerst eifrig am Werke; sie brachte noch eine so malerisch und literarisch wirkungsvolle Figur hervor wie den Polizeipräfekten Vidocq, den Marx zuweilen erwähnt. Vom Bagnosträfling über nützliche Spionage- und Hilfsdienste war er bis zum Leiter der Pariser Polizei avanciert; seine Memoiren in vier Bänden haben Balzac zur Gestalt seines Vautrin im »Père Goriot« animiert und auch die Phantasie anderer Romanciers in Bewegung gesetzt.

Stieber hingegen stellt den preußischen Typ dar. Es fehlt ihm gänzlich an farbigen Zügen, er ist durchaus der arbeitsame Beamte, der unter jeder der wechselnden Regierungen treu und ergeben dem jeweiligen Herrn dient. Er drängt sich nicht vor, er stellt sich nicht zur Schau. Im Gegenteil, er hält sich sorgfältig in Zivil und im Hintergrund, gewissermaßen in den Hauseingang gedrückt. Als Chef der Feldpolizei im Kriege 1870/71 begegnet er so Bismarck in Versailles, ein Zivilist, der »wie ein Spanier aussah«, wie der Kanzler vermerkt, abends vor dem Quartier. Bismarck greift unwillkürlich an den Degen vor der verdächtigen Gestalt, bis diese ergebenst murmelt: »Guten Abend, Exzellenz!« – »Ach so, Stieber, Sie sind es?«

Ich habe nie ein Porträt des Mannes gefunden, aber das ist auch nicht nötig: er hat kein Gesicht. Er ist der Polizist gewordene Amtseifer. Und als solcher geht er durch die verschiedenen Epochen jener Zeit, die wir hier vorwegnehmend aus der Sicht der Polizei betrachten können, was nicht ohne Nutzen sein dürfte.

Stiebers Anfänge schon sind bezeichnend. Die Webernot und die Weberaufstände in Schlesien hatten noch verschiedene Nachspiele im Jahre 1845. Das Ministerium des Innern gab Stieber, der als gelegentlicher Mitarbeiter neben seiner Stellung als Referendar am Kammergericht bereits im Kriminaldienst sich bemerkbar gemacht hatte, den Auftrag, einer angeblich großen Verschwörung im Hirschberger Tal nachzugehen. Stieber tarnte sich als Landschaftsmaler Wilhelm Schmidt und führte in dieser Verkleidung seine Untersuchungen. Ein Arbeiter Hermann behauptete als Denunziant, in ganz Schlesien bestünde eine Arbeiterverschwörung; die Reichen und Geistlichen sollten ermordet und ihr Besitz geteilt werden. Eine Proklamation mit scharf sozialistischem Programm wurde vorgelegt. Stieber hielt einen Fabrikbesitzer Schlöffel in Hirschberg, eine bekannte und geachtete Persönlichkeit, für den Verfasser. Schlöffel hat sich dann 1848 an der Revolution beteiligt und mußte, wie so viele, als Flüchtling später nach Amerika gehen. Stieber konnte freilich nicht mehr feststellen, als daß Schlöffel »auffällig viel mit Arbeitern verkehrte«. Der Mann wurde verhaftet, saß vier Monate in Berlin in Untersuchungshaft und mußte alsdann entlassen werden. Man fand nichts Belastendes. Dieser »Fall Schlöffel« hing Stieber, nicht nur bei liberalen und freisinnigen Kreisen, jahrzehntelang an; auch Marx hat sich Material darüber beschafft und sich vorbehalten, es irgendwann gegen seinen Gegner zu verwenden, wozu es aber nicht kam. Mit den anderen »Verschwörern« hatte Stieber mehr Glück: Sechs Personen wurden wegen Hochverrats zu langjährigen Zuchthausstrafen verurteilt, erst die Amnestie von 1848 setzte sie wieder in Freiheit.

Stieber erwartete Belohnung und Beförderung; er wurde statt dessen in einem Disziplinarverfahren mit schwerer Rüge bedacht, weil er seinem Vorgesetzten, dem Präsidenten des Kammergerichts, von dem Geheimauftrag keine Mitteilung gemacht hatte. Damit begann seine lebenslängliche Fehde mit den Justizbehörden, die den »Kriminaler« nicht als vollgültigen Kollegen und Juristen ansehen wollten. Auch diese interdepartementale Eifersucht und Kabale ist kennzeichnend für das Arbeiten der Bürokratie.

Da man ihn beim Kammergericht nicht haben wollte, betätigte er sich nun als Verteidiger in Strafsachen, auch solchen politischer Art; doch ein weiteres Disziplinarverfahren wegen Gefangenenmißhandlung und Amtsüberschreitung veranlaßte ihn, aus dem Justizdienst auszuscheiden, dem er dennoch weiterhin unentbehrlich blieb, von Zeit zu Zeit herangezogen für besondere Missionen. Als Strafverteidiger – damals noch eine relativ neue Tätigkeit – war er erfolgreich; außerdem schrieb er Artikel für Berliner Zeitungen.

Es kam nun das Revolutionsjahr 1848, und Stieber trat als Volksmann auf. In einer Denkschrift an seinen späteren Vorgesetzten, den berüchtigten Polizeipräsidenten von Hinckeldey, hat er sich selber darüber ausgelassen: »Ich leugne es keinen Augenblick und werde es nie leugnen, daß ich anfangs im Jahre 1848 den demokratischen Theorien gehuldigt habe. Erzogen auf den Hochschulen des Landes in der klassischen, römischen und griechischen Literatur, welche von einem durchaus republikanischen Geist erfüllt ist, voll Bitterkeit gegen die vormärzliche Regierung, welche mir in der bekannten Schlöffelschen Angelegenheit mit dem schnödesten Undank gelohnt hatte, im Angesicht der Jämmerlichkeit dieser Regierung, welche im Augenblick der Gefahr im März 1848 nach Unternehmung der verkehrtesten Maßregeln feige entlief und den König der Revolution preisgab, mußten die demokratischen Theorien, welche damals in Berlin das ganze Volk, vom ersten Minister bis zum Bettler, erfüllten, auch wohl bei mir Eingang finden. Dennoch hat mich auch damals eine natürliche Anhänglichkeit und Verehrung für die Person Se. Majestät veranlaßt, gerade für diese Person stets zu tun, was in meinen Kräften stand.«

Und so wurde der Unentbehrliche, von den »Volljuristen« Abgelehnte, dem König Friedrich Wilhelm IV. als persönlicher Kriminalbegleiter attachiert, der auch bei dem bekannten Umzug des gedemütigten Herrschers durch die Straßen von Berlin nicht von seiner Seite wich, angeblich um ihn vor allzu zudringlichen und begeisterten Untertanen zu schützen. Die Berliner machten dann daraus die Legende, er sei mit der schwarzrotgoldenen Fahne in der Hand dem König vorangeritten. Er konnte gar nicht reiten; Stieber war durchaus ein Fußgänger.

Zu Fuß pilgerte er lange Zeit ins Schloß, um vom König, der ihn schätzte, Immediataufträge entgegenzunehmen; er war gewissermaßen eine Einmann-Geheimpolizei für besondere Zwecke, die der »normalen« Justiz nicht anvertraut werden konnten. Darunter waren die heiklen Verhandlungen mit den Wucherern und Geldleuten, in deren Händen die Schuldscheine und Wechsel der preußischen Gardeoffiziere – nach Stiebers Schätzungen etwa 50 Prozent von ihnen – kursierten. Die Prozentsätze für solche »Ehrenschulden« waren sehr viel höher als 50 Prozent und gingen angeblich bis zu 500 oder 1000 Prozent. Stieber nahm sich die Gläubiger vor, winkte mit Verhaftungen und Wucherprozessen und »regulierte« die Angelegenheiten, wobei die Zahlung des Nominalbetrages und ein Zinssatz von 6 Prozent anerkannt wurden. Wir werfen damit zugleich einen Blick auf die Zustände der preußischen Armee, die allerdings nicht nach ihren verschuldeten Gardeleutnants allein beurteilt werden darf. Und übrigens können auch solche Leichtfüße unter Umständen sehr wohl ehrenhaft zu sterben wissen, wenn es ernst wird im Kriege.

Karl Marx als Chefredakteur der »Neuen Rheinischen Zeitung» kam erst Anno 1848 konkret mit Stieber in Berührung. Er hatte die Notiz gebracht, der »bekannte königlich preußische Spion Stieber« sei nach Frankfurt gesandt worden, um die Untersuchungen wegen der Ermordung des Fürsten Lichnowsky und des Generals Auerswald zu führen. Stieber protestierte und drohte mit Verleumdungsklage; er sei nur einen Tag in Frankfurt gewesen, und dies in rein privaten Prozeßangelegenheiten einer Klientin – er sei Anwalt und nicht Spion oder Kriminalbeamter. Berichtigung also, bitte sehr!

Marx brachte in der Tat eine Berichtigung in seiner Zeitung. Gleichzeitig drohte er aber zurück, er wisse sehr wohl Bescheid über Stiebers Agententätigkeit in Schlesien, das Material stehe ihm zur Verfügung. Stieber schrieb abermals, und Marx bewahrte sich den Brief sorgfältig unter seinen Akten auf; er legte schon damals ein Archiv an für derlei Fälle.

Da entrüstete sich nun der Anwalt und Verteidiger Stieber: »Ich glaube, daß die Demokratie in neuester Zeit niemandem mehr Dank schuldig ist als gerade mir. Ich bin es gewesen, der Hunderte angeklagter Demokraten aus den Netzen der Kriminaljustiz gerissen hat. Ich bin es gewesen, der noch im hiesigen Belagerungszustand, als die feigen, erbärmlichen Kerle (sogenannte Demokraten) längst das Feld geräumt hatten, unerschrocken und emsig den Behörden entgegengetreten ist und der es noch heute tut. Wenn demokratische Organe (das heißt wie die »Neue Rheinische Zeitung«) in solcher Weise mit uns umgehn, so ist das wenig Aufmunterung zu ferneren Bestrebungen.« Was seine Spitzeltätigkeit in Schlesien angehe, so sei er damals kein Spion, sondern »öffentlich angestellter Polizeibeamter« gewesen und habe nichts getan als seine Schuldigkeit. Marx erwiderte nur ironisch: »Die in Ihrem Briefe enthaltenen Lektionen über Demokratie und demokratische Organe entschuldigen wir mit der Neuheit.«

Das war Stieber im Revolutionsjahr. Er genoß das Vertrauen des Königs, weniger das seiner Vorgesetzten. Friedrich Wilhelm IV. mußte ihn förmlich dem Berliner Polizeipräsidenten von Hinckeldey – dem anderen seiner Immediatvertrauten – aufdrängen, als in der Reaktionszeit immer schärfere Maßnahmen gegen unruhige Elemente unternommen werden sollten. Hinckeldey hatte wegen des Mannes Tätigkeit in den Revolutionsmonaten Bedenken. Der Innenminister von Manteuffel wollte auch nicht recht zugreifen. »Bester Manteuffel«, schrieb darauf der König, »ich bin auf einen Gedanken gekommen, den ich nicht gerade unter die lauteren klassifizieren will. Nämlich den, ob Stieber nicht eine kostbare Persönlichkeit ist, das Gewebe der Befreiungsverschwörung zu entfalten und dem preußischen Publikum das lange und gerecht ersehnte Schauspiel eines aufgedeckten und (vor allem) bestraften Komplotts zu geben? Eilen Sie also mit Stiebers Anstellung und lassen Sie ihn sein Probestück machen ... Verbrennen Sie dies Blatt.« Es blieb erhalten.

Der Gedanke einer generellen Verschwörung war dadurch aufgetaucht, daß Gottfried Kinkel, der Revolutionär von 1848, zum Tode verurteilt und zu lebenslänglichem Gefängnis in Spandau begnadigt, durch den Studiosus Carl Schurz, den späteren amerikanischen Minister, mit Hilfe einflußreicher Damen befreit worden war und nach London flüchten konnte. Dort war er eine der Gestalten der Emigration, die Marx mit unversöhnlichem Ingrimm verfolgte und mit einem Festungswall von gezielter und ständig ausgebauter Abneigung umgab, aus dem kein Schurz den etwas kümmerlichen Dichter, Kunsthistoriker und Freiheitshelden einiger Wochen befreien konnte. Minister von Manteuffel war äußerst beunruhigt und witterte ein Netz von Agenten am Werk. Aber gerade Stieber? Der König selber sah ja seinen Vorschlag – so zart waren damals noch die Gemüter der Herrschenden – als nicht gerade »lauter« an. Doch Stieber wurde ernannt.

Es begann nun die erste größere Kommunistenjagd, und es ist kennzeichnend, daß die Regierung trotz aller Verdächte über so äußerst geringe Informationen verfügte. Sie war lediglich auf den unentbehrlichen Stieber angewiesen. Der begab sich als preußischer Kommissar nach London, angeblich zur Teilnahme an der großen Weltausstellung, die eine Gesamtschau der Industrieentwicklung der Welt präsentierte. Es konnte ihm allerdings nicht gut entgehen, daß da in London ein reges Treiben unter den deutschen Flüchtlingen herrschte und daß der »bekannte sozialistische Schriftsteller Dr. Karl Marx«, wie er ihn in seinen Berichten nannte, eine einflußreiche Gruppe gebildet hatte, zu der auch »sein Freund Friedrich Engels, der Sohn eines wohlhabenden rheinischen Fabrikbesitzers«, gehörte sowie »der ehemalige preußische Leutnant Ernst Willich und der frühere Student Karl Schapper«. Diese bildeten den Vorstand oder, wie sie sich etwas hochtrabend bezeichneten, die »Zentralbehörde« des Bundes der Kommunisten; eine »Behörde« also, die sich quasi künftige Regierungsvollmachten zuschrieb. Viel mehr wußte Stieber zunächst nicht.

Er bekam alsbald mehr Material aus Berlin zugesandt. Ein Schneidergeselle Nothjung war, als er sich nicht recht ausweisen konnte, angehalten und untersucht worden. Man fand bei ihm eine ganze Menge Drucksachen und Schriftstücke. Daraus ging hervor, daß ein internationaler Kommunistenbund existierte, von dem man offenbar bis dahin nichts gewußt hatte, daß dessen Zentralstelle sich in London befand und diese in zahlreichen Städten Deutschlands, Frankreichs und der Schweiz Bundesgemeinden gebildet hatte. Ferner ersah Stieber den Dokumenten, daß vor etwa einem Jahre ein Schisma – er verwendet den alten theologischen Ausdruck für Spaltungen – in der Leitung eingetreten war und daß »Marx und Engels einerseits und Willich-Schapper andererseits zwei verschiedene Richtungen im Bunde vertraten. Marx und Engels wollten gemäßigtere Prinzipien einführen, während Willich-Schapper für den Kommunismus in seiner reinen Form eintraten. Dieser Gegensatz führte im Dezember 1850 zu einer Spaltung der Zentralleitung, indem Marx-Engels mit ihren Anhängern austraten und die Zentralleitung des Bundes nach Köln verlegten, Willich-Schapper mit ihrem Anhang dagegen in London ihre Position behaupteten und die Londoner Zentralbehörde mit ihren Gesinnungsgenossen besetzten. Sowohl die Londoner Zentralstelle als auch die Kölner Zentralstelle bemühten sich sodann durch Emissäre, die einzelnen Bundesgemeinden sich zu erhalten respektive zu sich hinüberzuziehen.«

Eine etwas komplizierte Behördenstaffelung für den Polizeirat, und nicht nur für ihn; auch der heutige Betrachter, dem ausführliches Material samt noch ausführlicheren Kommentaren vorliegt, hat es nicht ganz leicht, sich in dem Vereinswirrwarr zurechtzufinden und vor allem zu sehen, wieweit die Kölner Instanz denn nun wirklich »zentral« genannt werden konnte und wieweit sie nicht doch der Oberzentrale Marx-Engels unterstand.

Jedenfalls glaubte Stieber, nun einer ganz großen Kriminalsache auf der Spur zu sein, und arbeitete fieberhaft weiter. Er informierte seine Vorgesetzten noch darüber, daß bei dem Häftling Nothjung unter anderem Papiere gefunden worden waren – er meint ein Exemplar des »Kommunistischen Manifestes«, der Polizei bis dahin noch unbekannt –, aus denen eindeutig hervorging, daß der Bund den Sturz der Bourgeoisieherrschaft und die Eroberung der politischen Macht durch das Proletariat plane. Die Organisation solle bereits seit 1847 mit der Leitung in London tätig gewesen sein und wesentlich zur Vorbereitung der revolutionären Bewegungen von 1848 beigetragen haben.

Stieber trägt dick auf, um die Bedeutung seiner Entdeckungen zu unterstreichen. Er will auch nicht weniger als etwa dreißig »Gemeinden« des Verschwörerbundes aus den Papieren festgestellt haben, darunter in Deutschland Köln, Berlin, Braunschweig, Hannover, Hamburg, Frankfurt, Leipzig, Stuttgart; dazu noch im Ausland Brüssel, Verviers, Lüttich, Paris, Lyon, Marseille, Genf,

St. Gallen, La Chaux-de-Fonds, Le Locle, Bern, Dijon, Lausanne, Straßburg, Valenciennes, Metz, Basel, obendrein sogar Algier und schließlich New York und Philadelphia. Es mußte danach den Behörden scheinen, als ob da eine wahre Weltkonspiration bereits solide organisiert sei, wovon man leider bisher nicht die geringste Kenntnis gehabt hatte.

Der Unentbehrliche arbeitete fleißig weiter, wenn auch, wie Friedrich Wilhelm IV. schon angedeutet hatte, mit nicht ganz »lauteren« Mitteln. In London ließ er durch seine Agenten die Registratur der Zentralbehörde – der Zentralbehörde Willich-Schapper notabene – durch Einbruch oder Diebstahl beschlagnahmen; »durch List«, wie er betonte. Die englischen Behörden allerdings halfen dabei nicht im geringsten mit; sie zeigten sich auch recht kühl gegenüber aufgeregten Mitteilungen der preußischen und österreichischen Diplomaten, die von Königsmordplänen und sogar Anschlägen auf die Königin Viktoria aus den Kreisen der Verschwörer wissen wollten.

Stieber begab sich daher hoffnungsvoll nach Paris, wo er besser bedient zu werden hoffte. Darin täuschte er sich nicht. Der Polizeipräfekt ging bereitwillig auf Untersuchungen ein. Stieber konnte noch einen sehr brauchbaren Zeugen präsentieren, den er auf etwas kriminalromanhafte Weise gewonnen haben will. Ein gut gekleideter Lithograph namens Cherval, so erzählt er, meldete sich bei ihm und bedrohte ihn sowie die mitreisende Gattin Stiebers mit dem Dolche, wenn er nicht unverzüglich seine Ermittlungen einstelle. Stieber wehrte sich mit dem Stuhl, worauf Cherval Frau Stieber in die »nur durch ein leichtes Sommerkleid verhüllte Brust« biß. Der Angreifer wurde überwältigt, in Haft gesetzt, vernommen, bedroht und gegen Zusicherung von Straffreiheit zu ausführlichen Bekenntnissen gewonnen.

Danach bestanden in Paris allein drei kommunistische »Gemeinden«. Weitere Verhaftungen folgten. Unter den beschlagnahmten Protokollen fand sich ein Aufruf, in dem es hieß: »Ohne gewaltsame Revolution läßt sich die zeitige Herrschaft nicht stürzen. Es müssen sich die Proletarier auf diese Revolution vorbereiten. Wir müssen in der Revolution ohne alle Rücksicht handeln. Während und nach der Revolution Verhaftung aller Exminister, Beamten und Kreaturen der Contre-Revolution, Beschlagnahme ihres Vermögens und Übergabe der Verhafteten an ein Gericht von Männern unseres Prinzips.«

Es folgten Gerichtsverfahren für die Pariser Kommunisten, in denen sie zu schweren Freiheitsstrafen verurteilt wurden. In Deutschland erhob man nun gegen die Kölner Zentralbehörde des Bundes Anklage, nachdem ein von Marx entsandter Emissär, ein Handlungsdiener Haupt, der den Kölnern ihre Ernennung zur führenden Organisation des Bundes verkünden sollte, von Stieber zum Abspringen und Bekennen gewonnen war. Auch ein früheres Bundesmitglied, Hirsch, stellte sich als Agent Stieber zur Verfügung. Nach Hannover führten weitere Spuren, und dort wurde ein Tischlermeister Stechan verhaftet, dem Stieber wohlwollend »Energie und einen gewissen Grad von Bildung« bescheinigte. Er erschien ihm wichtig als das fehlende Bindeglied zwischen den beiden Zentralbehörden Marx-Engels und Willich-Schapper, da er mit beiden korrespondierte. Stechan entkam aber nach London.

Dem Polizeirat war deutlich, daß zur Belastung von Marx noch etwas mehr Material notwendig sein würde. Er ließ durch seine Agenten ein angebliches Protokoll fälschen, das bei den Sitzungen der Gruppe Marx aufgenommen worden sein sollte.

Nach langen Vorbereitungen und Bemühungen wurde dann in Köln die Anklage gegen zwölf Personen vor dem Geschworenengericht eröffnet; auch da gab es zunächst einen Rückschlag, der Vorsitzende des Gerichts fand das Material, da nur an »Propaganda« gedacht gewesen sei, nicht genügend. Stieber ließ nicht locker, und der Prozeß wurde schließlich doch anberaumt. Marx arbeitete in London fieberhaft, um die Einbrüche und Fälschungen des Polizeirats und seiner Agenten aufzudecken und das Material darüber nach Köln zu expedieren; Jenny Marx fungierte als Sekretärin, der unleserlichen Handschrift ihres Mannes halber. Das Gericht erkannte die Fälschungen als solche an; Marx triumphierte und sah bereits eine vernichtende Niederlage der preußischen Regierung kommen. Er bereitete eine umfangreiche Broschüre über den Fall vor, die auch gedruckt, aber alsbald durch Ungeschicklichkeit der Teilhaber an der Sache beschlagnahmt wurde. Die dicken Pakete mit zum Teil recht wilden Revolutionsschriften und ausführlichen Mitglieds- oder Adressenlisten, die den Emissären und Sendboten mitgegeben wurden, fielen fast durchweg in die Hände Stiebers, der allmählich ein ganzes Archiv zusammenstellen konnte. Das Gericht urteilte ab und ging über das von Marx vorgelegte Material hinweg. Es verhängte schwere Freiheitsstrafen; auch die von ernsterer Anklage Freigesprochenen erlitten zum Teil in der Haft bedenkliche Gesundheitsschäden. Der mit Marx persönlich befreundete Dr. Daniels in Köln starb einige Zeit nach der Freilassung, und Marx hat lange davon geträumt, ihn an seinem Henker Stieber rächen zu können.

Zunächst jedoch triumphierte die Polizei. Stieber bereitete, um den Erfolg auszunutzen, zusammen mit einem anderen Polizeirat eine zweibändige Publikation vor und brachte das Opus auch zum Druck. Es enthielt ganz umfassendes Material über die frühen kommunistischen oder sozialistischen Gruppen, Vereine, Grüppchen und Gruppierungen, einschließlich der deutschen Gesangsvereine im Ausland, sowie ihre diversen Spaltungen und Fehden. Es enthielt die Programmschriften, Flugblätter, interne Anweisungen und interne Auseinandersetzungen sowie, im zweiten Teil, ein wahres Verbrecherlexikon, alphabetisch geordnet, das fast 500 Namen mit jeweils genauem Steckbrief aufführte, sowie Erläuterungen Stiebers. Das Werk, zur Benutzung der hohen Polizeibehörden – übrigens nicht nur Preußens – gedacht und allen Interessenten in Deutschland und anderen Ländern »gewidmet«, ist ein wahres Archiv zur Kenntnis dieser sonst kaum greifbaren und überaus zersplitterten Bewegungen, selten je genügend ausgewertet und in vielem sicher unzuverlässig, in anderer Beziehung aber wichtig durch wörtlich abgedrucktes Material. Große Namen wechseln da, wie Mazzini, mit ganz obskuren wandernden Handwerksgesellen, Decknamen und Tarnbezeichnungen, auch Polizeirat Stieber nicht immer deutlich, mit allbekannten Verschwörern oder auch bloßen Freunden der Bewegung unbestimmtester Art. Immerhin erhalten wir in diesen Kurzbiographien ein anschauliches Bild der Frühmannschaft der Revolution in ihrem buntgescheckten Personal. Auffällig sind, wie schon erwähnt, die außerordentlich zahlreichen Schneidergesellen und auch Schneidermeister, die fast ein Drittel der ganzen Truppe bilden, sowie andere Handwerker, Tischler oder auch Maler; an Arbeitern ein paar Zigarrenarbeiter, doch von eigentlichen Industriearbeitern ist kaum etwas vertreten. Recht bemerkenswert sind jedoch Ärzte, die an Schlüsselstellen des Netzes aufgeführt werden, eine ganze Reihe von Anwälten und kaufmännischen Angestellten. Von einer auch nur einigermaßen stoßkräftigen oder zu ernsterer Aktion fähigen Mannschaft, die man »das Proletariat« nennen könnte, ist nicht die Rede. Es ist dabei zu berücksichtigen, daß der unermüdliche Stieber sich die größte Mühe gegeben hat, die Liste so gewichtig wie möglich zu machen. Es dürfte ihm nicht viel entgangen sein; es läßt sich eher annehmen, daß nicht wenige der aufgeführten Zellen und Ortsgruppen – oft noch unter romantischen Bezeichnungen oder gewaltig klingenden Titeln – aus einer Handvoll von Mitgliedern bestanden, wenn sie nicht überhaupt nur auf dem Papier verzeichnet waren.

Wir haben uns diesen damaligen Bestand vor Augen zu halten, wenn wir die Wirkungsgeschichte des »Kommunistischen Manifestes« realistisch, und nicht mythologisch, verstehen wollen. Unter einem Dutzend anderer ähnlicher oder noch radikaler klingender Pronunciamentos findet es sich da bei Stieber in toto als der früheste Nachdruck des welthistorischen Dokuments abgedruckt. Es ist nicht einmal sicher oder deutlich, wie viele der ersten »Verschwörer« die Schrift je in die Hand bekamen und lasen.

Die Polizeibehörden lasen sie jedenfalls, und insofern fand der stolze Anfangssatz »Ein Gespenst geht um ...« durchaus seine Berechtigung.

»Die Heilige Familie«

»Die Heilige Familie«: So nannten später die Eingeweihten der Bewegung die Familie Marx in London, ironisch auf den Titel von Marxens früher Broschüre anspielend. Das Problem der Familie hatte seine Bedeutung für die Lehre; Marx selber nahm freilich dazu nur unbestimmte Stellung, Engels war entschiedener zwar, aber erst in später Zeit. Beide unterschieden sich auch wesentlich in ihrer Lebensführung: Marx war Familienvater mit durchaus patriarchalischen Zügen, die bis zur robusten Haustyrannei, besonders der jüngsten Tochter gegenüber, gehen konnten; Engels blieb hartnäkkiger Junggeselle, der mit seiner Mary und dann deren Schwester Lizzie in freier Bindung lebte, wenn er auch im Falle der zweiten »Lebensgefährtin« der schon Sterbenden durch einen freundlichen anglikanischen Geistlichen eine Heiratsurkunde ausstellen ließ, was der frommen Katholikin erlaubte, wenigstens als »honest woman« ihr Leben zu beenden. Er hatte auch keine Kinder, abgesehen von dem »Gefälligkeitswechsel«, den er seinem Freunde ausstellte, als dieser mit dem getreuen Lenchen den unehelichen Sohn Frederick Demuth gezeugt hatte, den Engels als seinen Sprößling anerkannte, um die Ehe Marx' nicht scheitern zu lassen.

Marx jedoch hatte Kinder, zahlreiche und geliebte. Von sieben haben wir dokumentarische Kenntnis; nicht alle blieben am Leben, und der Tod des Sohnes Edgar war für ihn nach seinem eigenen Zeugnis einer der schwersten Schicksalsschläge seines katastrophenreichen Lebens. Er hat diesen Verlust nie verwunden und immer wieder davon gesprochen, in Tönen, die sonst nie bei ihm vorkommen. Auch darin war er der Familienvater alten Schlages: Die Geburt von Töchtern teilte er en passant oder ausgesprochen enttäuscht mit. Die Tatsache, daß ihm dieser legitime Stammhalter entrissen wurde, mag auch, wir sagen das mit Vorbehalt, der Grund dafür gewesen sein, daß er seinen illegitimen Sohn bis zu einem Grade verleugnete, der ihm schwerste Vorwürfe wohlmeinender Nachfahren eingetragen hat, die von ihm die Tugenden ihres Herzens verlangten. Frederick Demuth starb als Proletarier 1929 in London ohne direkte Nachkommen; ein von ihm als »Sohn« bezeichnetes Kind erwies sich bei Fredericks Tode als adoptiert. Marx verblieben drei Mädchen, und auch für sie hatte der Tod des Bruders Folgen. Denn Marx, der sie nicht gut in Jungen verwandeln konnte, tat doch sein Bestes, ihnen die Rolle »Ersatz für Edgar« aufzuzwingen. Überhaupt wandte er seinen Töchtern gegenüber ohne jede Bedenken die ganze väterliche Autorität im traditionellen Sinne an, doch die Töchter haben sich immer gefügt und selbst bei herzbrechendem Kummer nie gewagt, dem vergötterten Vater seine Eingriffe zu verargen. Nun, Marx bezauberte auch die Töchter, sie hielten zu ihm, nicht zu der Mutter. Die nie aufhörende finanzielle Malaise im Hause Marx, die ja am schwersten auf der Mutter lastete, trug dazu bei. Jenny Marx war früh ein Wrack, durch Lebensbedingungen, die auch eine stärkere Natur zermürbt hätten. Sie konnte immer noch bei Besuchern großen Eindruck machen durch Haltung, Liebenswürdigkeit und intelligente Konversation, die zeigte, wie sie völlig mit den Gedanken ihres Mannes vertraut war. Innerlich aber war sie gebrochen, und sie hat das verschiedentlich Freundinnen gegenüber bekannt. Die zeitweilig nervenzerrüttete Jenny mag tatsächlich, wie Marx einmal schrieb, »die Mädchen fast zu Tode geplagt« haben mit Mahnungen oder dem Versagen von Wünschen, die nun einmal nicht zu erfüllen waren; sehr gerecht mutet Marx' Vorwurf nicht an. Pädagogisch waren weder er noch Jenny begabt.

Er erzog und verzog die Töchter nach jeder Richtung hin. Sie waren alle drei, Jenny, die älteste, Laura, die zweite, Eleanor, dann üblich Tussy genannt, die jüngste, begabt und hätten wohl unter leidlichen Umständen und etwas sinnvollerer Leitung im Leben ihren Platz finden können. Zwei von ihnen endeten durch Selbstmord, Jenny, die älteste, starb früh nach einer ziemlich verpfuschten Ehe.

Aber es war nicht alles Jammer und Trübsal. Die frühe Kindheit – und das waren eigentlich die Jahre der schlimmsten Armut, wenn wir die wöchentlichen Bittbriefe an den unermüdlich zahlenden Engels zu Rate ziehen – erschien den Töchtern als wundervoll durch den innigen Kontakt mit dem Vater. Der grimmige Chef der Weltrevolution war der liebevollste Kindervater und Spielkamerad. Er ließ sich von seiner Brut beliebig im Zimmer umherzerren, und es gab Ausflüge, Landpartien auf den Hampstead Heath mit großem Freßkorb, den das gute Lenchen schleppte; Vater Marx hatte nichts dagegen, sich als ungeschickter Eselreiter zu produzieren. Seine Briefe enthalten immer die zärtlichsten Grüße an die Kinder, die mit allerhand Spitznamen wie Kakadu, Täubchen, Quoquo tituliert wurden, während der Vater den englischen Kinderschreck-Namen für den Teufel, »Old Nick«, führte. Von Entfremdung, wie sie mit seinen Schwestern und der Mutter schon zur Studentenzeit praktiziert wurde, bis sie in völliger Kälte erstarrte, war nichts zu spüren. Analyse, sonst mitleidlos betrieben, fand den Töchtern gegenüber nie statt. Vielmehr jubelte der Familienvater, wenn die Töchter Schulpreise bekamen oder bei kleinen Parties durch Rezitationen oder in Theaterrollen brillierten. Halt hier! Theaterspielen im kleinen Kreise, das ließ Karl Marx für seine Töchter gelten, es war gesellschaftlich – gesellschaftlich im bürgerlichen Sinne – nützlich, denn die Misses Marx sollten doch auch Bekanntschaften machen. Theater aber im Ernst, als Beruf? Seine Töchter als Schauspielerinnen, allen

Gefahren und Verführungen ausgesetzt? Am Ende halbe Huren oder große Kokotten? Nein, niemals! Dabei träumten sowohl Jenny wie Tussy von nichts so leidenschaftlich wie vom Theater. Selbst die Mutter Jenny, oft für die »viktorianischen« Anschauungen im Hause Marx verantwortlich gemacht, träumte ein wenig mit, als ihr Bekannte Komplimente über das Spiel ihrer ältesten Tochter machten. Doch einer, vielleicht sogar von der Mutter erwünschten, Karriere stand manches entgegen: Jenny, die Älteste, war kränklich als Kind und kränklich als Mädchen, litt ständig an Asthma; sie war keine Schönheit, das »Ebenbild des Vaters«, man konnte sie bestenfalls »pikant« aussehend nennen, wie die Mutter zugab. Es war gleichwohl dieser Traum, neben den ständigen Erbschaftshoffnungen, noch einmal der eigentümliche Komplex, »mit einem Schlage« die Wendung des Lebens herbeigeführt zu sehen, der im Hause Marx herrschte.

Tochter Jenny schlich heimlich zu einer Schauspiellehrerin; der Vater durfte davon nichts wissen, die Mutter war eingeweiht. Aber die Nerven des Mädchens hielten schon diese Lehrstunden nicht aus, sie mußte aufgeben. Shakespeare war bereits für das Kind *die* Lektüre, wie er überhaupt im Hause Marx *der* Dichter war. Die Mutter Jenny schrieb, als ihre Töchter schon vielfach Artikel publiziert hatten, eine Reihe von Feuilletons für die »Frankfurter Zeitung« über die neue Welle von Shakespeare-Interesse in England. Ihre Feuilletons sind ein schönes Zeugnis für ihre Begeisterungsfähigkeit und ihr Temperament; zugleich zeigen sie, wie im Hause Marx – denn alle schrieben da, der Vater, die Töchter, die Mutter – auch die Kunst der Bewegung zu dienen hatte. Eingeführt wurden die Feuilletons durch die noch blutjunge Tussy, die einen ihrer zahlreichen Verehrer, den stets hilfsbereiten und gefälligen Carl Hirsch, als Mittelsmann benutzte, um die Artikel zu plazieren. Dazu wurde etwas sensationell die Trommel gerührt: Vater Marx selber, schreibt Tussy, hätte am liebsten die Kritiken verfaßt, wenn ihm Zeit dazu geblieben wäre. »Wenn Sie Mamas Kritik in der ›Frankfurter‹ veröffentlichen lassen könnten, würden Sie uns eine große Freude bereiten. Vielleicht«, so meint sie hoffnungsvoll, »könnte man auch im ›Journal des Débats‹, im ›Temps‹ oder ›Siècle‹ etwas darüber bringen.« Als Nachschrift: »Mama trägt mir auf, Ihnen zu sagen, Sie wünsche nicht, daß ihr Name in der ›Frankfurter‹ erscheint, aber wenn Sie sagen wollen, wer die Kritik geschrieben hat, können Sie das ›unter Freunden‹ tun.«

Mutter Jenny schreibt robuster. Der »Fall Irving« – Henry Irving spielte erfolgreich »Hamlet« und »Macbeth«, wurde aber von der englischen Kritik überhaupt nicht anerkannt – ist für sie vor allem eine Gelegenheit, das englische Bürgertum zu »geißeln«. »John Bull schlägt sich auf seine Vollbrust, für seine glorreiche Konstitution, seinen Milton, den er nicht kennt, seinen pork-pie, den er sehr gut kennt, und last not least – für seinen William Shakespeare. Alles nur Phrase (nur mit seinem pork-pie nimmt er es ernst). Alles nationaler Dünkel und Scheinheiligkeit! Gilt es, dem ›Swan of Avon‹, dem größten aller Dichter, ein Denkmal zu setzen, so sind es nur die Scherflein der unteren Volksschichten, die es zur Ausführung bringen.« Nur die Arbeiter sind es, »die ihn aus billigen Schillingsausgaben kennen und ihren ›Will‹ im tiefen Herzen tragen«. Shakespeare war gänzlich vergessen, nur in den Arbeitervierteln tauchte einmal ein Hamlet oder Macbeth auf. Und erst ein junger Schauspieler, Henry Irving, wagte es, »der alten konventionellen Tradition vor den Kopf zu stoßen und statt des langgewohnten altherkömmlichen Hamlets ein eignes treues und originelles Gebilde Shakespeares zu schaffen«. Und zu dessen Macbeth noch handfester: »Sollte die englische Mittelklasse schon wieder ihrer Shakespeare-Fesseln, die der gute Ton ihr angelegt hatte, müde sein, sollte sich die Hautevolee schon wieder wegsehnen von wahren Kunstschöpfungen zu melodramatischen Spektakelstücken mit brennenden Schiffen, einstürzenden Felsen, leibhaftigen Fiacres, Pferden, Kamelen und Ziegen?« Der englische Philister ist »denkfaul: hat er doch jeden Morgen beim Frühstück mit obligater Eier- und Schinkenbegleitung seinen penny-a-liner parat, der für ihn denkt. Wie bequem ist es doch, mit den fertigen glatten Phrasen in der Tasche in den Omnibus zu steigen, in die City zu fahren oder im Clubhaus oder abends im Theater in der Loge zu sitzen. Da hat ihm ja morgens schon die ›Daily News‹ vorgepredigt, daß Irving den Macbeth falsch auffaßt.« Alle haben sie ihre fix und fertigen Meinungen in der Tasche. »Das ist der große Vorzug eines Arbeiterpublikums. Der Arbeiter läßt sich nicht von der Presse verblüffen. Er geht ins Theater, traut seinen eignen Augen und Ohren, klatscht und zischt nach Herzenslust.«

Jenny nimmt hier im Kern bereits die spätere Volksbühnenbewegung voraus. Was Irving angeht, so tat sie freilich des Guten etwas zuviel. Daß Kontroversen und Debatten um Schauspieler notwendig und nützlich für den Kritisierten und sein Renommee sind, ignoriert sie in ihrem Propagandaeifer. Kritisiert wurde an Irving vor allem, daß er den Persönlichkeitskult auf die Spitze trieb und »weder den Augen noch Ohren der Zuschauer je erlaubte, irgendeinen anderen Mitspieler zur Kenntnis zu nehmen«. Man kritisierte seinen manirierten, stelzenden Gang, seine affektierte Stimme und seine übertriebenen Gesten. Wenn Jenny in ihm gewissermaßen einen Vorkämpfer der Arbeiterklasse sehen wollte, so hatte der sehr ehrgeizige Mime ganz andere Ambitionen. Er wollte seinen Stand des Schauspielers gehoben und von den noch immer lastenden Vorurteilen befreit sehen. Er hat es in der Tat erlebt, daß er als erster Akteur zum Sir ernannt wurde. Aber seine Vorschläge zur Besserung waren doch recht »bourgeois«: Vor allem sollten junge Leute aus den besseren Klassen zum Theater gehen, so tönte er bei einer Vorlesung vor der »Philosophical Institution« in Edinburgh, akademisch Gebildete, ernstlich Interessierte und solche »mit guten gesellschaftlichen Beziehungen«.

Jenny Marx berichtet auch über die ernsteren Shakespeare-Forschungen, vor allem über die neue »Shakespeare Society« des unermüdlichen F. J. Furnivall, für den die Tochter Tussy zeitweilig tätig war. Da hätte Jenny nun dem deutschen Publikum einen charakteristischen englischen Typus präsentieren können, der nur für die Schwarzweißmalerei nicht gut verwendbar war. Wir halten ihn für sehr geeignet, die vielfachen Schattierungen anzudeuten, die sich am Rande der sozialen Bewegung ergaben. Ein Barrister und eifriger Sportsmann beim Rudern zunächst, dann in der Bewegung der »Christian Socialists«; ein Mitbegründer des »Working Men's College in London«, wo er Vorlesungen über Literatur hielt. Das nächste Stadium: überzeugter Agnostiker und als solcher Vorsteher des College. Dann jedoch ein an Arbeitsamkeit und Anregungen kaum je übertroffener Sekretär der »Philological Society«, die das Riesenwerk des großen englischen Wörterbuches unternahm; ein Gründer von Gesellschaften für die frühen englischen Texte, für Chaucer, für Faksimileausgaben der Shakespeare-Quartos, für Wiclif, Robert Browning, Shelley – all das schwerlich immer von höchstem Gehalt, aber unendlich nützlich und fruchtbar. Engels hat ihn nur als eine Art Kauz geschildert: »Heute morgen begegnete mir Furnivall in blauem um den Leib gegürteten Ulster und breitkrempigem Hut – er sah genau aus, als wäre er ein Pilgeram auf der Fahrt ins Heilige Land, um den Bart des heiligen Antonius zu holen.« Und derselbe Pilger gründete noch als Siebziger, lebenslänglich ein engagierter Ruderer, einen Ruderklub für Mädchen aus dem großen Kaufhaus Harrod's.

Das ist heute alles »am Rande« der großen sozialistischen Bewegung und mag nahezu unwichtig erscheinen. Am Rande war aber damals noch viel eher die Kanzlei Marx; Furnivall mit seiner Volkshochschule und seinen zahllosen literarischen Gesellschaften und schließlich seinem Ruderklub stand viel weiter im Vordergrund.

Es ist bezeichnend, daß Karl Marx keinerlei persönlichen Kontakt mit Engländern aus diesen Kreisen hatte. Er blieb einsam und wollte einsam sein. Und die »Heilige Familie«? Sie war unzweifelhaft eine »geschlossene Gesellschaft«, völlig beherrscht von den Gedanken des Vaters. Die Kinder schon wurden mit Geschichte, Politik und Sprachenkenntnissen aus vier oder fünf Sprachen gefüttert. Die Älteste arbeitete sehr bald als Sekretärin des Vaters, sammelte Zeitungsausschnitte für dessen Arbeiten – auch für »Das Kapitel« waren Zeitungsartikel eine wichtige Quelle. Sie schrieb selber Artikel zur irischen Frage und errang einen frühen Triumph, als sie sich der Angeklagten in einem Prozeß annahm, der gegen Mitglieder der »Fenian Society« geführt wurde, die gefangene Kameraden auf dem Transport ins Gefängnis befreit hatten, wobei ein Polizist erschossen wurde. Ihre Artikel, in dem Pariser Blatt »La Marseillaise« des Henri Rochefort erschienen, wurden auch von der Londoner Presse aufgenommen; es entstand eine Sympathiebewegung, das Parlament befaßte sich mit der Sache, und die Regierung Gladstone sah sich bewogen, die noch im Gefängnis verbliebenen Fenier freizugeben. »Sieg auf der ganzen Linie für Jenny!« triumphierte Marx im Brief an Engels. Jenny war die Lieblingstochter, sie war auch offenbar das Kind, das sich am innigsten mit dem Vater identifiziert hat. Sie konnte sich ein Leben ohne ihn nicht vorstellen, wie sie schrieb: »Obschon verheiratet, bleibt mein Herz, wie es immer war, an den Ort gebunden, wo mein Papa ist, und an einem andern Ort würde das Leben für mich kein Leben sein.«

Der Ehemann der Tochter Jenny war ein französischer Student, Longuet, der zusammen mit seinem Freund Lafargue, dem späteren Mann der Tochter Laura, bei Studentenunruhen in Lüttich relegiert worden war und nach London kam, um dort sein Medizinstudium zu beenden. Die Jungverheirateten gingen nach Oxford, wo Longuet Sprachunterricht gab; doch die Atmosphäre der Universitätsstadt gefiel ihnen nicht. Sie zogen dann nach Paris, und bald kamen Klagen über den Ehemann, der, wie Marx schrieb, den ganzen Vormittag über im Bett lag und sich erst am Nachmittag von Argenteuil, wo das Ehepaar wohnte, nach Paris zu journalistischen Arbeiten begab. Es kam ein Kind nach dem andern; als Jenny mit 39 Jahren an Unterleibskrebs starb, hatte sie in den neun Jahren ihrer Ehe sechs Geburten hinter sich, und dies bei von Anfang an stark geschwächter Gesundheit. Wir hören in den Briefen der Familie nur von großer Reizbarkeit und aufgeregtem Verhalten Longuets; zur Nervenberuhigung übernahm der Ehemann die Hausarbeit, wenn die Frau krank war. Auch dabei konnte er nicht gut Ruhe halten: »Er kocht, schreit und argumentiert wie früher«, schreibt Mutter Jenny an einen Freund in New York.

Das Seltsame ist jedoch, daß gerade aus dieser offenbar so ziemlich verpfuschten Ehe die einzigen Nachkommen von Karl Marx hervorgingen, denen ein längeres Leben beschieden war, während die Kinder der zweiten, an und für sich sehr viel gesünderen, Tochter Laura sämtlich starben und die Jüngste kinderlos blieb. Aus der Familie Longuet aber hat noch der Enkel Marxens, Jean Longuet, im Ersten Weltkrieg als Vertreter eines Verzichtfriedens eine gewisse Rolle gespielt; er stand in Verbindung mit Romain Rolland in der Schweiz, in dessen Tagebuch er häufig erwähnt wird. Und beim 150. Geburtstag von Marx waren bei den Feiern in Moskau vier Urenkel, alle Longuets, zugegen, einer davon Bildhauer, ein anderer Maler, der dritte Rechtsanwalt, der vierte Grundbesitzer auf Madagaskar und Fachmann für Landwirtschaft. Keiner war Kommunist.

Die Heirat der zweiten Tochter mit dem französischen Sozialisten Lafargue bot Marx noch einmal Gelegenheit, seine Auffassungen von Ehe und Heirat auf das deutlichste zu dokumentieren. Paul Lafargue, Sohn eines Weinhändlers in Bordeaux, war auch Mediziner. Marx und seine Frau hielten die Familie für reich; die Vorfahren waren Plantagenbesitzer in Westindien, eine Großmutter sollte

Mulattin gewesen sein, und Marx nahm darauf höchst abschätzig Bezug, wenn er sich über den Schwiegersohn ärgerte. Das war häufig der Fall; Lafargue und sein Freund Longuet waren Proudhonisten wie die meisten französischen Sozialisten, und das sollte für Marx bis zu seinem Ende ein ständiger Kummer sein. »Dieser verdammte Schlingel Lafargue belästigt mich mit seinem Proudhonismus und wird wohl nicht eher ruhen, bis ich ihm einmal tüchtig etwas auf seinen Kreolenschädel gegeben habe.« Er hatte sich bereits als Bräutigam mißliebig gemacht, diesmal nicht politisch, sondern durch sein Verhalten der Braut gegenüber. Marx war da prüde bis zur Groteske. Seine Freunde berichten auch, daß er, sonst bekannt für fröhliches Zoten, angstvoll zusammenschrak, wenn Gefahr bestand, daß ein Wort davon seinen Töchtern zu Ohren kommen könnte. Hier nun donnerte er den Bräutigam an, der sich zügellos seinem südländischen Temperament überlassen habe; es ist nicht gesagt, ob er etwa gewagt hat, die Marx-Tochter zu küssen oder gar unzüchtig zu umfassen. Mit Unmut, so heißt es in dem Vaterschreiben, habe er das Verhalten des Verlobten verfolgt: »Wahre Liebe äußert sich in der Zurückhaltung des Liebenden, bescheidenem Gebaren oder sogar Schüchternheit – nicht aber in hemmungsloser Leidenschaftlichkeit oder verfrühten Vertraulichkeiten. Wenn Sie sich zur Verteidigung auf Ihr kreolisches Temperament berufen sollten, so ist es meine Pflicht, mit meinem gesunden Menschenverstand zwischen Ihr Temperament und meine Tochter zu treten. Wenn Sie in ihrer Gegenwart Ihre Liebe nicht in einer Weise äußern, die dem Londoner Breitengrad entspricht, so müssen Sie sich damit abfinden, sie aus größerer Entfernung zu lieben. Sie verstehen mich sicher.«

Außerdem wünscht Karl Marx auch Aufklärung über Lafargues wirtschaftliche Lage. Und da fallen recht bezeichnende Sätze. Wir erinnern uns an den besorgten Brief seines Vaters Heinrich über die Verlobung mit Jenny von Westphalen; im Vergleich mutet Vater Marx allerdings merkwürdig »progressiv« an in seiner sehr vorsichtig und feinfühlig ausgedrückten Weise, unangenehme Probleme zu behandeln. Karl Marx indessen wünscht genauere Angaben über Vermögen und Berufsaussichten des Kandidaten. Er weiß nur, daß die medizinische Karriere des Lafargue durch seine Teilnahme an den Studentenunruhen in Lüttich halb gescheitert ist – solche Teilnahme scheint dem Chef der Weltrevolution recht bedenklich, falls es sich um einen Bewerber um die Hand seiner Tochter handelt. Für Fortsetzung der Studien in England fehlt Lafargue die Sprachkenntnis. Kurzum: seine Chancen sind nicht sehr gut. Durch eigene Beobachtung hat Marx sich zudem überzeugt, daß der Kandidat »von Natur nicht sonderlich arbeitsam ist«, allenfalls zeigt er dann und wann fieberhafte Aktivität und gute Absichten! Er ist also auf die Hilfe anderer angewiesen, wenn er mit der Tochter eine Ehe führen will. Von der Familie Lafargue weiß Marx gar nichts. Sollte sie vermögend sein? Hatte der Vater Weinhändler für die Ehe mit der Marx-Tochter nicht etwas von 100000 Francs verlauten lassen? Im Hause Marx jedenfalls war wieder einmal große Erwartung auf einen finanziellen Donnerschlag, der alle Sorgen niederschlagen würde. Die Groteske, daß er offenbar erwartete, eine Marx-Tochter müsse die »Mitgift« von seiten ihres Bräutigams empfangen, eine Art Brautkauf nach Sitte der Urvölker, ist ihm nie zu Bewußtsein gekommen. Und in seinem besten antithetischen Stil beendet er die Epistel mit dem eleganten Satz: »Sie, der Sie doch ein erklärter Realist sind, können nicht gut erwarten, daß ich die Zukunft meiner Tochter als Idealist behandele. Sie als ein Mann, der sogar so praktisch denkt, daß er die Poesie abschaffen möchte, können nicht gut auf Kosten meines Kindes sich in Poesie ergehen.« Vielmehr: »Sie müssen erst etwas erreicht haben, ehe Sie an Ehe denken können, und daher wird für Sie wie Laura eine lange Probezeit bevorstehen.«

An einer anderen Stelle des Schreibens gibt Marx sehr bezeichnende Gedanken über die Ehe zum besten, die er auch sonst Engels gegenüber geäußert hat, wenn er meinte, ein Revolutionär sollte doch besser überhaupt nicht verheiratet sein. »Sie wissen, daß ich mein gesamtes Vermögen dem revolutionären Kampf geopfert habe. Ich bereue das nicht. Im Gegenteil. Und wenn ich meine Laufbahn noch einmal von vorn beginnen müßte, ich würde wieder so handeln. Aber: ich würde nicht heiraten. Ich beabsichtige alles, was in meiner Macht steht, zu tun, um meine Tochter vor den Klippen zu bewahren, an denen das Leben ihrer Mutter gescheitert ist.«

Trotz allem: Laura heiratete, und Marx fand diese Tochter immer recht »kühl«, weil sie sich ihm entzog. Der Mediziner Lafargue beendete sein Studium nicht; von seiner Familie kam keine nennenswerte Unterstützung. Er war anfangs kein guter Ehemann, wurde politischer Agitator und versuchte sich dann in England geschäftlich mit einem graphischen Kopierverfahren nach einem französischen Patent; auch Marx beteiligte sich an dem Unternehmen, verlor dabei aber sein Geld. Später hat sich Lafargue als Redner in den verschiedenen Wandlungen der sozialistischen Parteigründungen einen Namen gemacht.

Der gute Onkel Engels jedenfalls mußte anfangs immer wieder eingreifen mit Geldsendungen für eine anständige Ausstattung Lauras mit Wäsche und Kleidern, so wie er schon vorher geholfen hatte, wenn die Marx-Töchter Schulgeld benötigten oder Honorare für Malstunden und Zeichnen, für Reitunterricht, Klavierstunden, Klaviermiete und für Gymnastik. Sie sollten den ganzen Kursus der obligaten »höheren Tochter« durchmachen, auch in gesellschaftlicher Hinsicht. Es bedrückte den Vater und, mehr noch, die Mutter, daß sie sich bei ihren Bekannten aus besseren Kreisen nicht entsprechend »revanchieren« konnten, und die erste Gelegenheit wird benutzt, einen Ball für 50 jugendliche Personen zu geben, der diese Lücke endlich ausfüllt. Aber das war doch nur eine Seite. Daneben sollten die Töchter Mitarbeiterinnen ihres Vaters sein, eifrig in der weltrevolutionären Bewegung. Vater Marx notierte mit Befriedigung die politischen Artikel der Tochter Jenny über die irischen Revolutionäre und ihre Briefe, die sie mit F. S. unterzeichnete, was Fenian Sister, Schwester des Fenierbundes, bedeutet. Er nahm ohne Skrupel die Dienste der jüngsten Tochter Tussy in Anspruch, nachdem die beiden älteren durch ihre Heiraten gen Paris entschwunden waren. Zuweilen machte er sich einmal Gedanken darüber, daß er dieses Kind so ganz für sich und seine Pläne einspannte. Es entging seinem vergleichenden scharfen Auge auch nicht, daß das recht ähnlich der bürgerlichen Anschauung seiner Zeit war, wonach zum mindesten *eine* Tochter ihr Leben dafür zur Verfügung zu stellen hatte, den Vater bis an dessen Ende zu betreuen.

Im Fall der ältesten und der zweiten Tochter hat Marx nur gewarnt und gedroht, als die Heiratskandidaten ihm nicht genügend erschienen. Im Fall der Jüngsten, die in den französischen Sozialisten Lissagaray verliebt war, hat er schlicht ein Heiratsverbot erlassen. Dieser Hyppolite-Prosper Lissagaray, aus einer alten, ehemals adligen baskischen Familie im Departement Gers stammend, war Journalist und Sozialist, Herausgeber einer ganzen Reihe kurzlebiger Journale und Teilnehmer an der Kommune von 1871. Er schrieb dann die ausführlichste und lange Zeit in verschiedenen Übersetzungen verbreitete Geschichte der Kommune, ein Werk, das Marx hoch schätzte und auf dessen weitere Auflagen er mit Verbesserungswünschen und Änderungen Einfluß nahm. Um kaum ein anderes Werk eines Zeitgenossen hat er sich solche Mühe gegeben, was jedoch die Frage der Heirat seiner Tochter nicht berührte. Da erließ der Vater sein ganz entschiedenes Verbot. Was er gegen Lissagaray einzuwenden hatte, ist nicht ganz deutlich. Es mag ihm zu Ohren gekommen sein, daß Lissagaray als ein »Hitzkopf« galt, der mehrere Duelle, auch mit erheblichen Verletzungen, absolviert hatte, daß er sich im anarchistischen Sinne gegen jede Form der behördlichen Organisation, auch der sozialistischen, geäußert hatte. Vor allem jedoch wollte Marx diese jüngste Tochter nicht hergeben, die noch eifriger als die beiden älteren als Sekretärin, Reisebegleiterin, bei Materialbeschaffung und Korrespondenz nach allen Seiten hin unentbehrlich wurde. Er mag anfangs nicht ganz unrecht gehabt haben, wenn er den romantischen Wünschen einer Neunzehnjährigen Halt gebot, aber er blieb starr und jahrelang bei dieser Haltung. Vergebens schrieb die Tochter nach sieben Jahren Brautschaft mit Lissagaray – ebensolange, wie Karl Marx selber um die Mutter Jenny geworben hatte – einen flehenden Brief an den gestrengen Vater:

»Mein liebster Mohr,
ich will Dich um etwas bitten, aber erst mußt Du mir versprechen, daß Du nicht sehr ärgerlich sein wirst. Ich möchte wissen, lieber Mohr, wann ich L(issagaray) wieder sehen kann. Es ist so sehr hart, ihn *nie* sehen zu dürfen. Ich habe mir die größte Mühe gegeben, geduldig zu sein, aber es ist so sehr schwer, und ich habe das Gefühl, ich kann es nicht mehr aushalten. Ich erwarte nicht, daß Du sagst, er könne herkommen. Ich wünsche das nicht einmal, aber könnte ich nicht ab und zu einen kleinen Spaziergang mit ihm machen? Du erlaubst mir doch, mit Utin oder Frankel auszugehen, warum nicht mit ihm? Außerdem wird niemand sich wundern, wenn er uns zusammen sieht, denn alle wissen doch, daß wir verlobt sind.

Als ich in Brighton sehr krank war (und in einer Woche hatte ich zwei oder drei Ohnmachten am Tage), kam L(issagaray), um mich zu sehen, und jedesmal fühlte ich mich gekräftigt und glücklicher und eher in der Lage, die schwere Last zu tragen, die mir auferlegt ist. Es ist so sehr lange her, seit ich ihn sah, und ich beginne mich kreuzunglücklich zu fühlen, trotz aller Anstrengungen, mich zu halten, denn ich habe versucht, so gut es ging, vergnügt und munter zu sein. Ich kann es nicht länger ertragen. Glaub mir doch, lieber Mohr, wenn ich ihn ab und zu sehen könnte, dann würde mir das besser bekommen als alle Arztrezepte zusammen – ich weiß das aus Erfahrung.

Wenigstens, lieber Mohr, könntest Du mir doch sagen, wann ich ihn sehen darf, wenn das schon jetzt nicht sein kann. Ich hätte dann etwas für die Zukunft zu erwarten, und wenn die Zeit bis dahin nicht so unbestimmt wäre, würde mir das Warten weniger schwerfallen.

Mein liebster Mohr, bitte sei nicht ärgerlich über diese Zeilen, und entschuldige, wenn ich egoistisch genug bin, Dich wieder zu behelligen Deine Tussy. 23. 3. 1874«

Marx blieb in diesem Falle der Sieger, ob zum Heile der Jüngsten, ist sehr fraglich. Statt des Journalisten Lissagaray, mit dem die Beziehung nach langen Jahren doch endgültig zu Ende ging, fiel sie in die Hände eines Dr. Aveling, mit dem sie vierzehn Jahre lang als Mrs. Marx-Aveling oder Aveling-Marx zusammenlebte. Aveling, Sohn eines Geistlichen, war Naturwissenschaftler mit guter Bildung und hatte zeitweilig sogar Erfolge auf diesem Gebiete; dann schweifte er mit Schauspielertruppen umher, hielt Vorträge für die Freidenkerbewegung und war schließlich rührig als Sozialist. Er hat nicht nur das recht törichte, hysterische und bereits bedenklich ältelnde Mädchen bezaubert, sondern sogar Engels, der zu ihm hielt und ihn gegen alle noch so fundierten Beschwerden verteidigte, Aveling sei hoffnungslos unzuverlässig, in Gelddingen wie in persönlichen Fragen, ein Charmeur, ein Schwindler, ja Betrüger. Selbst George Bernard Shaw, der ihn und Tussy in den Anfängen seiner Karriere kannte, als sein erster, erfolgloser, Roman »An Unsocial Socialist« erschienen war, ließ sich zeitweilig von ihm einfangen; er hat Aveling oder Züge von ihm für seinen »Arzt am Scheideweg« verwendet und, oft nach ihm befragt im späten Alter, die Formel geprägt, »er war ein ganz netter Mann, der für Sozialismus oder Atheismus auf den Scheiterhaufen gestiegen wäre, aber vollständig gewissenlos in seinem privaten Leben«. Daß er »allgemein« verdammt wurde von den Mitgliedern der Bewegung, braucht noch nicht das letzte

Wort zu sein; man war engherzig und verklatscht und verzankt genug in diesen Kreisen. Sicher ist, daß er die Marx-Tochter zugrunde richtete. Er hielt sie jahrelang hin mit dem Vorwand, seine erste Frau lebe noch und weigere sich, eine Scheidung zu bewilligen. Als diese dann starb, heiratete er heimlich eine junge Schauspielerin. Eleanor nahm Gift. In der deutschen sozialistischen Zeitschrift »Neue Zeit« wurde durch Eduard Bernstein, damals einer der Intimen der »Heiligen Familie«, der Vorwurf gegen Aveling erhoben, er habe Eleanor in den Tod getrieben, er habe um Selbstmordabsichten gewußt und nichts getan, sie zu verhindern.

Von Selbstmord war allerdings schon früh, lange ehe Aveling auf die Bühne trat, die Rede gewesen. Als Eleanor bei einer Lehrerin Schauspielstunden nahm und diese ihr nach einiger Zeit eröffnete, an eine Karriere großen Ranges sei schwerlich zu denken, eilte sie unverzüglich zu ihrer Freundin Marion, hockte sich in Türkenhaltung auf dem Teppich nieder und versicherte, sie sei lebensmüde. »Wenn du wirklich Mitgefühl hättest, würdest du mir anbieten, mit mir zusammen Selbstmord zu begehen.« Dazu kam es nicht, aber der Gedanke tauchte noch öfter auf.

Und bei der älteren Schwester Laura muß die Idee ebenfalls von Zeit zu Zeit ventiliert worden sein; es läßt sich sonst nicht gut erklären, weshalb die bereits Sechsundsechzigjährige mit ihrem fast siebzigjährigen Mann zusammen den Freitod wählte. Beide lebten nach anfänglichen Schwierigkeiten in offensichtlich guter Ehe. Sie hatten sich in der französischen sozialistischen Bewegung eine angesehene Stellung geschaffen und galten als »Säulen« der Partei. Sie waren durch das Testament von Engels in solide wirtschaftliche Verhältnisse versetzt und konnten sich bei Paris ein Landhaus kaufen. Alles deutete auf einen ruhigen Lebensabend hin. Statt dessen hatte Lafargue hinterlassen, daß er diesen Schritt aus der Furcht heraus unternommen habe, der Partei im Alter zur Last zu fallen; er habe keine Kinder mehr und keine Mittel, sich zu erhalten. Das traf die Genossen als bitterer Vorwurf, und sie gaben es bitter zurück: »Er hatte nicht das Recht, uns so betrügerisch im Stich zu lassen, die wir noch gestern fest auf ihn zählten!« So der »Populaire«, dessen Redakteur Lafargue gewesen war. Bei seinem Begräbnis sprachen Jean Jaurès, der große Mann der Partei, und ein noch weithin unbekannter russischer Emigrant namens Uljanow-Lenin. Auch Jaurès rief den Verstorbenen zur Ordnung: Der Kampf des Proletariats sei ein strenger Dienst; auch der verdiente Veteran dürfe seinen Posten nicht verlassen, solange er noch über einen Atemzug verfüge.

Die strenge Verurteilung des Freitodes, der in der römischen Antike durchaus als würdig und erlaubt galt, ist erst mit dem Christentum Brauch geworden, den die Sozialisten übernommen haben. Wir glauben, daß um jeden solchen Tod ein Geheimnis ist, das wir zu respektieren haben. Auch Rückschlüsse auf Marx aus dem Leben seiner Töchter erscheinen uns gewagt und leicht irreführend. Wohl aber sehen wir in diesen Schicksalen recht realistisch widergespiegelt, wie gefährdet und ständig bedroht sich diese Emigrantenexistenzen vollzogen. Von seiner eigenen Ehe hat Karl Marx mehr als einmal gesagt und geklagt, daß sie besser nie geschlossen worden wäre; das bedeutet nicht, wie grobschlächtigere Interpreten dies deuten könnten, daß er je ernstlich an Trennung von seiner Jenny gedacht hätte, die ihm vielmehr so unentbehrlich war, daß ihr Tod in der Tat auch für ihn das Ende herbeiführte. Die Flucht der Töchter Jenny und Laura in die Ehe war nur ein Ausweichen vor der unerträglich gewordenen Enge der Familie, unbeschadet der innigen Beziehung der Ältesten zu ihrem Vater. Das Leben der Jüngsten war eine ganze Reihe von Fluchtversuchen, die nie in die Freiheit führten. Auch für sie, wie für den Vater, bildete der stille Lesesaal des Britischen Museums die einzige wahre Zuflucht. Der größte Triumph ihres Lebens war es, wie sie stolz erzählte, daß der Direktor des Lesesaales, Garnett, ihr für ihre literarische Forschungsarbeit auch nach der üblichen Schlußzeit einen Sonderraum zur Verfügung stellte, ein Privileg, das sonst nur dem Premierminister Gladstone gewährt wurde. Sie hat auch in der aktiven Propaganda der Bewegung redlich zu wirken versucht, beim großen Dockarbeiterstreik, bei Gewerkschaftsgründungen der Gasarbeiter, bei Kongressen, mit Übersetzungsarbeiten und Berichten, in Parteikorrespondenzen nach aller Welt. Aber all diese Aktivitäten, die einen anderen Menschen sehr wohl befriedigen konnten, standen doch unter der wiederholten pessimistischen Sentenz: »Ich sehe nichts, wofür es sich lohnt zu leben.« So schrieb sie noch kurz vor dem Tode an den armen Frederick Demuth, an den sie sich hin und wieder verzweifelt anklammerte und der wohl schwerlich ihre Briefe überhaupt verstanden hat. Und so klingt das Familienleben der

Marx-Kinder in diesem, als Ton kaum vernehmbaren, nahezu abstrakten Versuch eines Kontaktes von Mensch zu Mensch aus.

Marx und das Britische Museum

Marx besaß keinerlei Heimatgefühle. Auch in London, wo er schließlich den größten Teil seines tätigen Lebens bis zum Tode verbracht hat, ist er nur der »foreigner« geblieben, ein distinguierter Ausländer in den Augen seiner weiteren Umgebung, der fast genau dem Bilde eines deutschen Professors entsprach, wie es damals kursierte: geistesabwesend, mit wallendem Bart und Schlapphut, völlig in seine wissenschaftlichen Arbeiten vertieft, und nebenbei auch mit reichlich abstrusen politischen Ideen schwanger gehend, wie man das einem solchen Gelehrten geruhig zugute halten konnte. Seine verschiedenen Wohnsitze, die heute unter einer Art unsichtbaren Denkmalsschutzes stehen und Wallfahrtsorte für Anhänger aus aller Welt sind, hat er kaum je anders angesehen als temporäre Aufenthalte, aus denen er jederzeit ohne Kummer ausziehen könnte, falls der Ruf dazu nach dem Sieg seiner Partei an ihn ergehen würde, was er immer wieder Jahr um Jahr erwartet hat.

Seine wissenschaftlichen Arbeiten nun vollzogen sich fast ausschließlich im Lesesaal des Britischen Museums, jener großartigen Einrichtung, für die damals nirgendwo auf der Welt etwas Ähnliches zu verzeichnen war. An Reichhaltigkeit der Bibliothek auf allen Sparten des Geistes und der Kenntnisse, an Manuskripten, Dokumentationen auch über entlegene Gebiete war diese Bücherei, schon vom 18. Jahrhundert an angelegt und ständig auf das großzügigste vermehrt, allen anderen Institutionen dieser Art weit überlegen. Außerdem war sie allgemein zugänglich. Auf liberalste Weise – der Liberalismus war nicht nur Manchestertum und Ausbeutung – wurde jedem ernsteren Forscher alles vorgelegt und beschafft, was er nur anforderte, auch wenn es sich um die peinlichsten Enthüllungen und Untersuchungen über das Funktionieren der geltenden Staatsordnung und der sozialen Zustände handelte. Anarchistisches, Brandschriften zur irischen Frage, Broschüren über internationale

Verschwörungen: bitte sehr, Herr Dr. Marx wünscht das einzusehen, hier ist es. Die furchtbaren, der damaligen gesellschaftlichen Konstellation bis ins Mark schneidenden amtlichen Berichte der neu ernannten Fabrikinspektoren, die »Blaubücher«, bildeten das Hauptmaterial, nein, das einzige Material für die entscheidenden Kapitel seines Werkes, das dem Kapital ein Ende bereiten wollte. Marx hat, was oft bemerkt worden ist, nie eine englische Fabrik aufgesucht und nur einmal, auf der Badereise nach Karlsbad, in eine deutsche Fabrik flüchtig hineingeblickt. Der Gedanke der »Feldarbeit« auf diesem Gebiete, die persönliche Befragung von Arbeitern, das Aufsuchen von Elendsvierteln – das Friedrich Engels immerhin in Manchester betrieben hatte –, war ihm völlig fremd. Ich habe keinen Hinweis gefunden, daß er auch nur das Londoner East End je gesehen hätte, wie überhaupt seine Kenntnisse der Riesenstadt sich auf einen ganz unbeschreiblich engen Zirkel beschränkten, ebenso seine Berührungen – stets auf Distanz, Distanz! – mit englischen Arbeiterführern oder radikalen Politikern.

Seine Heimat, wenn wir diesen Begriff hier gelten lassen wollen, war das Britische Museum. Da saß er, oft bis der Lesesaal schloß, vom Morgen an und las. Da fühlte er sich wohl, in seinem Element, gesichert vor jeder Störung, auch der unvermeidlichen durch das laute Familienleben und die ständig nervöser und schwerer erträglich werdende Frau, so unentbehrlich seine Jenny war und so heroisch sie alle seine Nöte und Schwierigkeiten teilte; oder vielmehr sie auf sich nahm, damit ihr Karl sich seinen großen Arbeiten widmen konnte. Ohne zu phantasieren, können wir uns gut vorstellen, wie er förmlich aufatmete, wenn er sich an seinem Platz im Lesesaal niederließ: Stille um ihn her, die große Kuppel zu seinen Häupten, wohltuend gemäßigtes Licht, ein Tisch, mit fingerdickem braunen Rindsleder bespannt, ein Diener, der die gewünschten und bestellten Bücher herbeitrug, Bibliothekare, die höflich und teilnahmsvoll auf Fragen nach weiterem Material gleich welcher Art eingingen. Dazu kam die sehr reichhaltige Präsenzbibliothek, für die wiederum sonst kein Beispiel unter den damaligen Umständen bestand: die Lexika, an der Spitze die Encyclopaedia Britannica in verschiedenen Ausgaben, das deutsche Riesenwerk von Ersch-Gruber, über 150 Bände mit ganz hervorragenden Beiträgen der bekanntesten Gelehrten, die französische große Enzyklopädie von Diderot und d'Alembert, die eben erst erschienenen oder erscheinenden Staatslexika der Liberalen Rotteck und Welcker oder des Konservativen Wagener, um nur einiges zu nennen. Wenn man etwas naiv bei der Suche nach Marxens »Quellen« sich fast ausschließlich auf seine ungeheuerlich aufgeschwemmten Notizhefte und die darin genannten Werke beschränkt, so vergißt man völlig diese stets paraten, immer wieder nachgeschlagenen »Nachschlage«-Werke, die erwünschte Gelegenheit zum Widerspruch, zur Anregung und zum Weiterdenken für Marx boten, deren »Einfluß« allerdings kaum direkt feststellbar ist. Man kann ihn nur vermuten – und in der Vermutung kaum überschätzen.

Aber Marx las nicht nur, um sich und seine Theorien, mochten sie noch so vorläufig formuliert sein, bestätigt zu erhalten, obwohl das im Grunde seine Lesemethode war. Er schweifte auch ab, wie es heißt. Er »verlor sich« in Sprachstudien, in Lektüre von Klassikern aller Sprachen, zum Schluß auch in russischer Literatur; er las Naturwissenschaftliches, Geologie. »Das schlimmste ist, daß ich jetzt plötzlich in meinen Bibliotheksstudien gehemmt bin. Ich bin so weit, daß ich in 5 Wochen mit der ganzen ökonomischen Scheiße fertig bin. Et cela fait, werde ich zu Hause die Ökonomie ausarbeiten und im Museum mich auf eine andere Wissenschaft werfen. Ca commence à m'ennuyer. Au fond hat diese Wissenschaft seit A. Smith und D. Ricardo keine Fortschritte mehr gemacht, soviel auch in einzelnen Untersuchungen, oft supradelikaten geschehen ist.« Im selben Brief an Engels vom 2. April 1851 heißt es: »In kürzerer oder längerer Zeit werde ich zwei Bände zu 60 Bogen herausgeben ...« Dazu erbittet er von Engels als dem Kriegswissenschaftler Beiträge über die ungarischen Feldzüge der Revolutionszeit 1848/49, »das wäre famos am Platze. Wenn Du einzelnes wissen willst über Intrigen, Schlachten, Persönlichkeit, so brauchst Du mir bloß die Briefe zu schicken – offen – mit der Adresse: An Frau Baronin von Beck. Ich habe mit ihr angebunden. Sie war Kossuths Spionin. Und ist eine wahre Chronik für den ungarischen Dreck. Il faut l'exploiter. Sie ist zu dumm, um die Wahrheit verbergen zu können. Ich habe Experimente in dieser Beziehung gemacht.«

Den Überdruß an der »dismal science«, wie Carlyle die politische Ökonomie nannte, wollen wir nicht allzu ernst nehmen; er erfaßt wohl so ziemlich jeden, der sich durch solche Bücherberge an ökonomischer Literatur durchfressen muß, wie Marx das tat. Charakteristisch erscheint mir aber, wie er immer wieder ausbrechen möchte und seine eigentliche Arbeit liegenläßt, um sich auf eine »andere Wissenschaft« zu werfen, mag diese noch so abgelegen sein oder scheinen. Es wird Aufgabe der Exegeten sein, gerade aus diesen »Abweichungen« und den Anregungen, die Marx daraus entnommen haben mag, Zusammenhänge und womöglich »große Linien« zu entwickeln.

Der Passus über die »Baronin« Beck – sie war keine Baronin, nur eine österreichische Abenteurerin, die auch für die österreichische Regierung Spionagedienste leistete – ist in anderer Beziehung bezeichnend. Über Marx' Mangel an Menschenkenntnis haben sich viele seiner Bekannten geäußert. Im Falle des ungarischen Abenteurers Bangya, der Marx und Engels das Manuskript über die »Großen Männer der Emigration« gegen Honorar abnahm, um es an den preußischen Kriminalbeamten Stieber weiterzuleiten, hat das sogar Folgen gehabt. Hier aber gilt Marx eine solche in der Londoner Emigration umhervagierende Dame ohne weiteres als wertvolle Geschichtsquelle. Sie ist dumm, wie er meint, aber man könnte ihr doch wohl wertvolle Details über so komplizierte und bedeutsame Vorgänge wie die ungarische Revolution entlocken. Zweifellos spielte dabei Marx' Abneigung gegen Kossuth eine Rolle. Aber was für geschichtliche »Wahrheiten« konnte denn eine solche Person überhaupt beisteuern? »Intrigen, Schlachten, Persönlichkeit« – die Schlachten sind dabei besonders spaßig. Zugegeben, es gab damals noch wenig zuverlässiges Material darüber, aber doch immerhin schon sehr viel Wichtigeres als das Gerede einer »Baronin« Beck, mit der Marx »angebunden« hat, das aber bestenfalls für ein bissiges Feuilleton zu verwenden gewesen wäre.

Wir stoßen hier auf einen Zug, der im ganzen Œuvre von Marx seine Spuren hinterlassen hat. Er arbeitet mit verbissenstem Fleiß in der Bibliothek des Britischen Museum an der »Literatur«, darunter zweifellos auch an den damals zugänglichen wichtigen Hauptwerken, daneben an Broschüren, Denkschriften, Zeitschriftenessays. Er verschmäht, soweit es zeitgenössische Ereignisse angeht, die Pressenachrichten, einschließlich solcher recht flüchtiger oder fragwürdiger Art, keineswegs; oft sind sie seine einzige Quelle. Gründliche Untersuchungen über »Marx und die Times« oder »Marx und der Daily Telegraph« und ähnliche Themen würden darüber noch erstaunliche Aufklärungen geben. Aber er hatte auch, wie schon in der intimen Korrespondenz mit Engels deutlich zutage tritt, einen unheilvollen Hang zu Klatsch und Tratsch, zu Pikanterien, vermeintlichen Intimitäten von Personen, und er benutzt dieses höchst brüchige Material unbedenklich, um daraus seine Schlüsse zu ziehen. Er verwendet es sogar ganz robust zur Beweisführung bei größeren Zusammenhängen. Man kann darüber hinweglesen, was meist geschieht, und sich an die großen Gesichtspunkte halten, man kann wiederum solche Züge überbetonen, was ebenso flüchtig wäre. Es geht aber nicht an, sie zu ignorieren: sie gehören zum Gesamtbild. In dem zahlen- und seitenmäßig gerechneten Riesenwerk von Marx und Engels bilden sie einen gewichtigen Komplex, der das Œuvre bedenklich reduzieren würde, wenn man ihn herausoperieren wollte. Es läßt sich immerhin argumentieren, daß selbst Klatsch, Gerüchte, das Ondit nun einmal in der Politik und damit in der Geschichte nicht gänzlich zu ignorieren sind. Und selbst die strengste und sorgfältigst sortierende Historiographie kann nicht an den Liebschaften, Intrigen, Kabalen und Gerüchten vorbeigehen, die nur zu oft »Geschichte« gemacht haben. Es ist aber bei Marx ein unverkennbares Behagen an diesen Dingen, das nichts damit zu tun hat, ob derartige Details vielleicht ihren Stellenwert haben könnten. Nicht verkannt werden soll, daß die Veröffentlichung auch der belanglosesten Quisquilien in der feierlichen Gesamtausgabe mit daran schuld ist, daß die Nachwelt nicht verschont geblieben ist von vielem, was bei anderen Großen rechtzeitig im Mülleimer der Zeit verschwunden ist.

Was aber soll nun die »andere Wissenschaft« bedeuten, der Marx sich gerne, nur zu gerne, zuwenden möchte, wenn die lästige Ökonomie endlich erledigt ist? In den nahezu endlosen Heften und Bänden mit Vorarbeiten und Notizen, meist – auch heute noch – unveröffentlicht, erst zur Publikation bestimmt in der vor Jahren schon begonnenen vollständigen und kritischen Gesamtausgabe, die allein für »Das Kapital« mitsamt Vorstudien über zwanzig oder dreißig umfangreiche Bände umfassen soll, wobei für jeden Band ein eigener Band Kommentar und Anmerkungen vorgesehen ist, wird sich darüber noch vieles finden lassen. Wir wissen immerhin schon genug aus dem, was vorliegt. Es gibt für Marx keine andere Wissenschaft als die Politik und, als ihr Kernstück, die Lehre von der Revolution. Die Ökonomie ist wichtig, entscheidend wichtig, soweit sie politische Ökonomie ist. Die Geologie, mit der er sich vielfach und ernstlich beschäftigt hat, bis zu Hunderten von Seiten mit Auszügen aus Lehrbüchern, ist für ihn, ihrer politischen Relevanz halber, wichtiger. Die großen Entdeckungen und Forschungen zur Erdgeschichte seit Anfang des 19. Jahrhunderts waren mehr als jedes andere Gebiet der Naturwissenschaften epochemachend gewesen in der Aufhebung des traditionellen biblischen Bildes und damit eine furchtbare Waffe gegen den Kirchenglauben. Darüber hinaus gab die Geologie wesentliche Parallelen und Anregungen zur politischen Theorie. Marx ist, in der Terminologie der Geologen vom Jahrhundertanfang, ein »Vulkanist«. Die »Vulkanisten«, die vulkanische Vorgänge und Katastrophen als die entscheidenden Ereignisse der Erdgeschichte ansahen, standen den »Neptunisten« gegenüber, die im Walten der sanfteren und allmählicher wirkenden Aufbauvorgänge der Meere und Gewässer die Entwicklung abgezeichnet sahen. Goethe war seiner Natur nach entschiedener »Neptunist« und wollte selbst den Basalt nicht als vulkanischen Ursprungs verdächtig gelten lassen. Er richtete sich einmal während der Fahrt von Marienbad nach Weimar zornig im Wagen auf, als ein solches verdächtiges Erdgebilde in Sicht kam, und murrte zornig: »Da steckt ja auch wieder der Basalt seinen verfluchten Mohrenkopf heraus!« Die »Neptunisten« waren – nach großen Erfolgen – unterlegen; die »Vulkanisten« hatten gesiegt, mußten aber wiederum in mancher Beziehung übertriebene Theorien über unablässige Katastrophen der Erdgeschichte revidieren. Überhaupt wurde die kontroverse Kampfhaltung und Teilung in zwei »Klassen« aufgegeben, je mehr die Geologie sich zu einer wirklichen, dokumentierten und kritisch betriebenen Wissenschaft entwickelte, die gänzlich unabhängig davon wurde, wieweit ihre Ergebnisse mit dem Bibelglauben übereinstimmten oder in Konflikt gerieten. Sie schied denn auch mit der Zeit überhaupt aus der politischen Streitzone aus. Für Marx jedoch waren die Vorstellungen des Kampfes, der Katastrophe, der »Eruption« von »revolutionären« feurigen Erdmassen maßgebend und richtungweisend. Wir können das nicht durch alle Gebiete verfolgen, die Marx von Zeit zu Zeit interessierten. Er griff nach allem, und zwar buchstäblich nach allem, was da im Britischen Museum um ihn aufgebaut war. Was von diesen »Abschweifungen« nun »notwendig« gewesen, kann nicht vom schulmeisterlichen Standpunkt her entschieden werden, der meint, Marx hätte sich besser auf sein »Fach«, nämlich die Wirtschaftslehre, konzentrieren sollen. Auch Engels war oft dieser Ansicht und mahnte: »Mach doch endlich zu! Heraus mit dem Buch!« Und später: »Wo bleibt der zweite Band zum Kapital, immer wieder versprochen? Verzettele Dich nicht!«

Marx gab den Vorwurf zurück und fand, Engels triebe zuviel Allerlei. Beide hatten wohl recht, aber wer will entscheiden, was einem solchen Gehirn als Futter notwendig ist? Die Universalität ihrer Interessen – und das gilt für beide – war ein entscheidender Zug und hebt sie in der Tat wohltätig heraus aus der nunmehr uferlosen Landschaft kleiner und kleinster Kommentatoren und Ackerleute auf längst umgepflügtem Boden.

Allerdings, und hier müssen wir einen Einwand machen: für Marx ist seine Arbeitsmethode vielfach verhängnisvoll geworden. Das gilt nicht nur für das ewige Nichtfertigmachen von Werken, was seinen Freund Engels oft zur Verzweiflung trieb. So eng die Zusammenarbeit war, so unerschütterlich die Freundschaft: Von seinen Hauptwerken hat Marx dem Freunde nichts, auch nicht eine Skizze gezeigt. Für Broschüren, Pamphlete, schnell für den Tag, die augenblickliche Situation Bestimmtes galt Mitarbeit – und war sogar willkommen. Den ersten Band des »Kapitals« hingegen bekam Engels erst zu sehen, als er gedruckt war. Die sogenannten Bände II und III fand er erst in Paketen und verstreuten Bündeln, und auch das nur mit Hilfe des vertrauten Hausgeistes Lenchen Demuth, versteckt und gänzlich ungeordnet unter den Bücherhaufen der Bibliothek; er wußte zunächst gar nicht, was er damit anfangen sollte, und hat sich bis zu seinem Tode redlich gequält, daraus etwas Lesbares herzustellen.

Die Schwierigkeiten, die er dabei zu überwinden hatte, lagen nicht nur darin, den komplizierten Gedanken des Freundes zu folgen. Einen ganz hartnäckigen »materiellen« Widerstand bot auch dessen Handschrift.

Karl Marx lernte die Kunst des Schreibens in der sonst recht unbekannten Epoche vor Eintritt in das Gymnasium bei dem Buchhändler Eduard Montigny, dem Namen nach wohl einem Überbleibenden aus der Franzosenzeit, der wenige Häuser von den Marx

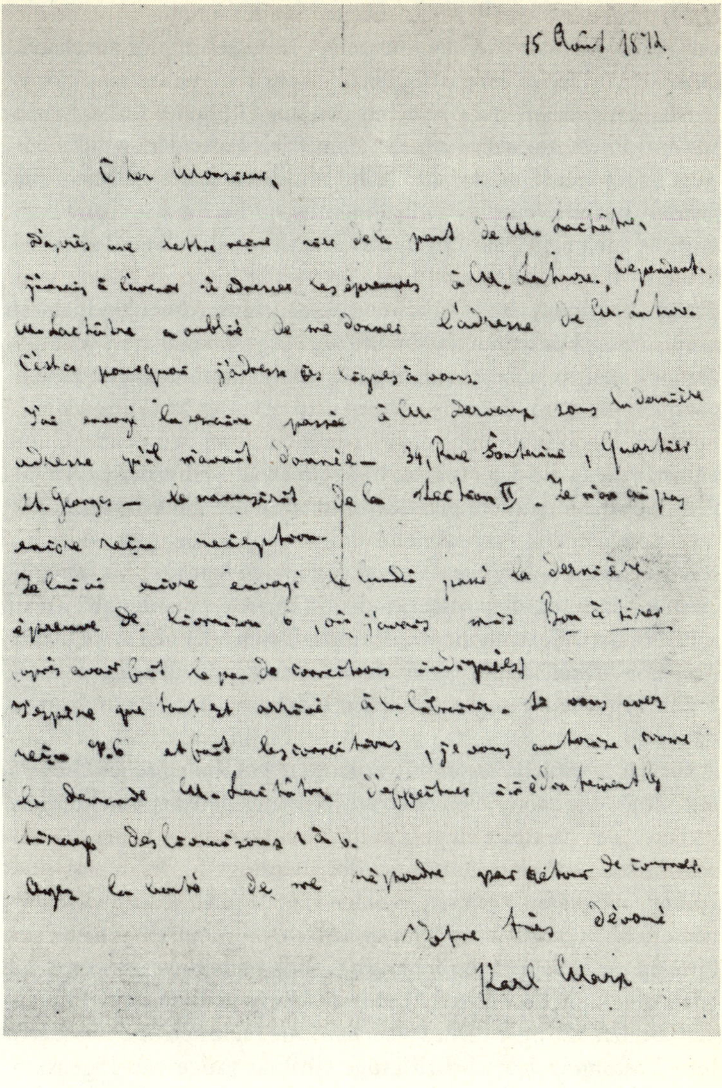

15 Août 1872.

Cher Monsieur,

D'après une lettre reçue hier de la part de M. Lachâtre, j'aurais à envoyer et adresser les épreuves à M. Lahure. Cependant M. Lachâtre a oublié de me donner l'adresse de M. Lahure. C'est ce pourquoi j'adresse ces lignes à vous.

J'ai envoyé la semaine passée à M. Dervaux sous la dernière adresse qu'il m'avait donnée — 34, Rue Fontaine, Quartier St. Georges — le manuscrit de la section II. Je n'en ai pas encore reçu réception.

Je lui ai encore envoyé le lundi passé la dernière épreuve de livraison 6, où j'avais mis Bon à tirer après avoir fait le peu de corrections indiquées.

J'espère que tout est arrivé à sa destination. Si vous avez reçu N. 6 et fait les corrections, je vous autorise, comme le demande M. Lachâtre, d'effectuer immédiatement le tirage des livraisons 1 à 6.

Ayez la bonté de me répondre par retour de courrier.

Votre très dévoué

Karl Marx

Ein Brief vom 15. August 1872

entfernt in der Simeonsgasse wohnte und der Familie auch Bücher verkaufte. Marx hat den Duktus seiner Handschrift auf die charakteristischste Weise lebenslänglich beibehalten. Es ist eine höchst persönliche »Klaue«, die in nichts den sonst üblichen Stilvorschriften entsprach, am wenigsten der damals als besonders wünschenswert angesehenen »Courantschrift« mit ihren schrägen, leicht fließenden Linien, die für das kaufmännische Leben als Vorbild galt und die auch Friedrich Engels als Grundtyp seiner Hand stets beibehielt. Marx schrieb steil und eigenwillig bis zum Exzeß; seine Handschrift mutet auf den ersten Blick auch im Alter »kindlich« an durch dieses Festhalten an dem Stil der vorgymnasialen Epoche und den offenbar recht bescheidenen Regeln des Buchhändlers. Eine irgendwie ins Auge fallende spätere Entwicklung ist kaum wahrzunehmen, höchstens eine immer rücksichtsloser werdende Unbekümmertheit, die dazu führte, daß schließlich selbst der unermüdlich buchstabierende Engels bei Durchsicht der hinterlassenen Manuskripte oft genug verzweifelte und sich auf Schätzungen oder Raterei verlassen mußte; vieles ist auch von den heutigen hochqualifizierten Textbearbeitern nicht eindeutig entziffert worden. Es würde schwerfallen, Textfragmente, die ohne Daten oder genauere Identifizierung durch Papier oder andere Merkmale überliefert sind, durch Hinweise auf den zeitlichen Charakter der Handschrift zu datieren.

Es soll hier nicht versucht werden, ein graphologisches Gutachten über die von allen Betrachtern zugegebene fürchterliche »Klaue« des Meisters zu geben; die Graphologie ist keine Wissenschaft, sondern eine Fertigkeit, die allerdings in der Hand eines eminent Begabten Resultate erzielen kann, immer jedoch viele Fragen offenläßt, vor allem, wenn sie an Schriftproben eines historisch Großen post festum erprobt wird, wo dann unvermeidlich die Kenntnis vom Leben und Wesen des Begutachteten hineinspielt. Wir wollen auch gar nicht versuchen, aus Häkchen und Schleifen, Druckbetonung oder Schriftgröße Charakterzüge wie Eigensinn, Selbstgefühl oder große Reizbarkeit festzustellen, für die es sonst genügend Belege gibt. Aber die Handschrift hat bei Marx, schon rein materiell gesprochen, ihre Bedeutung. Sie hat ihn immer wieder isoliert und auf sich selbst zurückgewiesen, und sie hat den Verkehr mit der Außenwelt oft entscheidend erschwert. Schon der Vater mußte »buchstabieren«, wenn der Sohn ihm einen Brief oder ein Gedicht zusandte; er entschuldigte sich geradezu rührend, wenn er etwas nicht recht verstanden hatte, was immer zugleich für Handschrift wie Inhalt galt. Zuweilen wurde Heinrich Marx auch ärgerlich und sprach Mahnungen aus, wenn er nach zwei Monaten ein »Schreiben ohne Form und Inhalt, ein abgerissenes, nichtssagendes Fragment« erhielt, »was mit dem Vorhergegangenen nicht in Berührung stand und sich nicht an die Zukunft knüpfte! Wenn Korrespondenz Interesse und Wert haben soll, so muß Konsequenz darin liegen, und der Schreibende muß notwendig sein letztes Schreiben vor Augen haben sowie die letzte Antwort ...«

Das betraf allerdings nicht nur die kaum leserliche Handschrift; es war vielmehr bezeichnend für Marxens schon frühe Übung, auf den Leser weder in der Handschrift noch im Text die geringste Rücksicht zu nehmen.

Beim Verkehr mit den Verlegern hat dann die »fürchterliche Handschrift«, wie es in einem Brief über die Verzögerung des ersten Heftes der mit großen Hoffnungen begonnenen Revue der »Neuen Rheinischen Zeitung« heißt, ihre Rolle gespielt. Später hat Marx nach Möglichkeit seine Frau erst eine Reinschrift herstellen lassen; wenn das nicht möglich war, dürfte das Originalmanuskript an nicht wenigen Aufenthalten und auch Ablehnungen schuld gewesen sein.

Bei dem einzigen Versuch, den Marx je gemacht hat, sich um eine Stellung zu bewerben, um die ständige Geldnot zu beheben, wurde die unmögliche Handschrift zum Grund für die Ablehnung gemacht; es handelte sich um eine Empfehlung des Vetters Philips in Holland, ihn bei einer Eisenbahnverwaltung unterzubringen. Wir kennen das Bewerbungsschreiben nicht, aber dürfen annehmen, daß es so unbekümmert um die Wünsche oder Bedürfnisse der Außenwelt geschrieben war, wie das Marxens Gewohnheit war, zumal er den Schritt nur halbherzig oder ganz widerwillig unternahm und letztlich froh war, daß aus der Sache nichts wurde.

Die publizistischen Beiträge, die Marx eine Reihe von Jahren für die »New York Herald Tribune« lieferte, mußten wieder von seiner Frau kopiert werden, ehe sie abgingen, soweit er sich nicht darauf verließ, daß sie sogleich direkt von Engels zu Papier gebracht waren; später haben die Töchter, besonders die älteste, Jenny, dann Eleanor, als Kopisten fungiert.

Weit ernster und bedeutsamer ist die Frage der Handschrift bei den Originalen seiner wichtigen Schriften, und da ist es nicht nur die »Klaue« als solche, sondern vor allem auch das Gesamtbild seiner Aufzeichnungen, das uns bezeichnend erscheint. Marx schreibt, streicht aus, setzt zu, schiebt ein, zuweilen dreht sich der Text förmlich im Kreise, und eine philologisch getreue Wiedergabe bereitet die größten Schwierigkeiten. Die Manuskripte des späten Hölderlin bieten ähnliche Probleme und wären vielfach nur durch Faksimilewidergabe befriedigend zu edieren. Es ist da bei Herausgabe und fortlaufendem Druck jeder Willkür die Tür geöffnet, und das hat seine Bedeutung für einen recht wesentlichen Teil von Marx' Œuvre, das ja in den vergangenen Jahren in seinen Skizzen, ersten Entwürfen und Notizen eine so große Beachtung gefunden hat, daß auch einzelne Zettel, Einlagen oder Zitate aus Notizbüchern und Fragmente mit unklarer Seitennumerierung oder mit von Marx falsch bezeichneter Seitenordnung als den gedruckten Hauptwerken nahezu ebenbürtig behandelt werden.

Es kommt da ein entscheidender Zug zutage: die völlige, geradezu grandiose Unwilligkeit, sich dem geringsten Zwang zu fügen, sei es auch der einer nur leidlichen Formgebung. Marx versucht gelegentlich einzuteilen oder stellt etwa in drei Kolumnen Texte nebeneinander, verläßt dieses Schema aber dann wieder. Er setzt immer wieder an, überarbeitet, verwirft, was alles höchst ehrenwert ist und für seine Redlichkeit und sein Bemühen zeugt, die beste Formulierung zu finden. Wenn er die Manuskripte Balzacs gekannt hätte, der immer erst in der sechsten oder siebenten Korrektur in den Druckfahnen einigermaßen zu Ende kam und aus dieser Taktik eine ständige Übung machte – zur Verzweiflung seiner Drucker –, so wäre ihm etwas Ähnliches wohl hochwillkommen gewesen. Es ist nur die Frage, ob selbst der gutwilligste und großzügigste Verleger die Kosten für solche Drucklegung auf sich genommen hätte.

Daß Marx selber die eigene Handschrift oft nicht mehr entziffern konnte, gibt Engels im Vorwort zu seiner Redaktion der Manuskripte des zweiten Bandes des »Kapitals« an, wo er auch das Gemenge von Sprachen erwähnt, »englische und französische technische Bezeichnungen, oft ganze Sätze und selbst Seiten Englisch«. Daneben tummeln sich im Deutschen »nachlässiger Stil, familiäre, oft derbhumoristische Ausdrücke und Wendungen ...«.

Es ist, wie Engels richtig meint, »Niederschrift der Gedanken in der Form, wie sie sich jedesmal im Kopf des Verfassers entwickelten«. Das wäre nun vollständig legitim bei einer ersten Skizze, bei vorbereitendem Material, aus dem dann bei Durcharbeitung das eigentliche Werk hergestellt wird. Doch das geschah so gut wie nie; Marx ist einer der größten Fragmentisten der Geistesgeschichte.

Das Genie Marx nun, so eminent begabt und berufen in allen Fragen der Analyse und Kritik zeitgenössischer Zustände, hatte bei allen universalen Interessen und Neigungen seine sehr begrenzten Arbeitsmethoden. Er las viel, unendlich viel in seinem Britischen Museum. Immer jedoch und nahezu ausschließlich, um seine bereits festgeformten und nicht einmal sehr zahlreichen Ansichten bestätigt zu finden. Man hat einige seiner dicken Notiz- und Auszugshefte verglichen mit den Originalen und gefunden, daß er ohne Skrupel ausließ, was ihm nicht ins Konzept paßte. Wenn er etwas entdeckte, was er oft verkündete, so war das nicht, oder jedenfalls nur sehr selten, eine neue Einsicht, sondern stets grob gesprochen das: »Da bist du ja! sagte ich's nicht längst?« Und, nicht zu vergessen: »Sagte ich's nicht längst schon viel besser?« Und auch oft im Tone grenzenloser Überlegenheit: Da habe etwa der »sogenannte Vater des Gedankens vom Klassenkampf«, der französische Historiker Auguste Thierry, diese These bereits vertreten – wie unvollkommen aber, wie falsch, wie ungenügend! Es folgt sogleich die These Marx'. Lob wird nur ganz verzweifelt selten ausgeschenkt, was zu verstehen sein mag. Aber auch nur bescheidene Anerkennung oder gar Respekt vor großen Leistungen ist kaum je zu verzeichnen. Allenfalls meint er über Adam Smith und Ricardo, denen er unzweifelhaft die Grundlagen seines Denkens über ökonomische Vorgänge verdankte, sie seien immer noch als Klassiker anzusehen, und nach ihnen sei nichts Rechtes mehr erschienen. Er geht noch weiter, nun gänzlich den Standpunkt des Wissenschaftlers verlassend, heraustretend auf den Markt, in die Zeitdebatte, die Polemik: Die Nationalökonomen seiner Zeit seien »Liebediener« des Kapitalismus, bezahlte, käufliche Subjekte, bestenfalls Opportunisten. Das wurde dann in der Tradition seiner Anhänger zum Kennwort für jede Darstellung, die sich auf gegenwärtige Zustände bezog und nicht die große Zukunft scharf im Auge behielt.

Die Zeitdebatte verfolgte Marx nicht nur in den Zeitungen, die er des Morgens las; er studierte auch die Zeitschriften, die eben erschienenen und die bereits gebundenen früheren Jahrgänge. Es war die große Zeit der englischen und schottischen Periodika, der »Edinburgh Review«, der »Quarterly«, der »Westminster Review«, auch der sehr gediegenen Finanzzeitschriften wie des »Economist«, einer Hauptquelle für Marx in seinen Prognosen über Krisen und andere aktuelle Vorgänge. Er las sie alle oder doch fast alle, und mit besonderem Vergnügen, wenn sie Kontroversen oder Angriffe auf die Ansichten des Gegners enthielten. Er las die Buchbesprechungen, und es ist heute kaum noch vorstellbar, wie umfangreich und gründlich sie damals waren: Wenn ein Werk von Jeremy Bentham erschien, so referierte die »Edinburgh Review« darüber mit enggedruckten sechsundzwanzig Seiten, und damit begann die Debatte erst. Das Bürgertum jener Zeit und auch die politisch interessierte Oberklasse hatten ein Informationsbedürfnis, das heute längst anderen Interessen und leichteren Formen der Wissensaufnahme gewichen ist. Das Geschriebene wurde in den Klubs gelesen und diskutiert, in Zeitungskorrespondenzen weitergeführt, in Parlamentsreden zitiert; das ganze englische politische Leben war ja, was Marx kaum je zu Bewußtsein gekommen ist, eine Art großer politischer Klub mit bestimmten Spielregeln und ungeschriebenen Gesetzen über Verhalten.

Marx hat bald gelernt, sich einige dieser Gesetze zunutze zu machen, so die Verpflichtung der Herausgeber, Berichtigungen zu bringen und auch Beschwerden, Aufrufe und Appelle zu drucken, selbst für Personen und Organisationen, die dem Standpunkt des jeweiligen Blattes sehr fern standen. Marx und Engels beherrschten diese Klaviatur sehr bald und spielten auf ihr mit Erfolg. Daß es in einer sonst überall in der Welt, abgesehen von den USA, sehr scharf zensierten und streng dirigierten Presse eine einzigartige Freiheit der Meinungsäußerung war, die man da besaß, konnte getrost übersehen werden, man schimpfte schon herzhaft und witterte allerhand dunkle Einflüsse, wenn einmal ein Eingesandt nicht gebracht wurde. Im ganzen stand Marx, wie er selber gelegentlich mit Befriedigung betonte, die englische Öffentlichkeit so ziemlich umfassend zur Verfügung. Ein mächtiger Mann demnach? Eine künftige Größe, mit der zu rechnen wäre?

Ach nein, so sah es nicht aus. Er war Flüchtling und Besucher des

Britischen Museums, einer von vielen, unter denen es Namen gab, die sehr viel bekannter waren und in der Presse eingehend debattiert wurden wie Herzen, Mazzini, Kossuth. Ein »gelehrtes Haus« mochte der Dr. Marx sein; diese Qualifikation hat ihm niemand streitig gemacht, nicht einmal der preußische Polizeipräsident von Hinckeldey. Der schrieb in einem Geheimbericht über die verschiedenen Verschwörergruppen, die Fraktion Marx stünde entschieden über den anderen. »Marx selbst ist persönlich bekannt, und man weiß, daß er in einer Zehenspitze mehr geistigen Fonds als die übrige Gesellschaft in ihren Köpfen hat.«

So der preußische Polizeipräsident. Sein englischer Kollege in London hat nichts Ähnliches, nein überhaupt nichts über den Mann verlauten lassen, der da so lange Jahrzehnte »unter seinen Augen« im Britischen Museum saß und die Weltrevolution organisierte. Die Augen der hohen Behörden waren auf ganz andere Dinge und ganz andere Personen gerichtet, die Aufsicht über die Flüchtlingswelt war minimal, nahezu nicht vorhanden. Wenn die Emigranten doch so häufig von Bespitzelung schrieben, ihre Post geöffnet glaubten, sich verfolgt fühlten, so war das teils Wichtigtuerei, teils tatsächliche Beobachtung durch Agenten ihrer Heimatländer oder, im Falle Italiens, der Besatzungsmacht Österreich. Mazzini, der seit 1837 in London weilte, hat einmal Gelegenheit gehabt, in aller Öffentlichkeit gegen den britischen Innenminister Graham zu protestieren, der den Postbehörden Anweisung gegeben hatte, die Briefe der italienischen Flüchtlinge zu öffnen und ihm deren Inhalt zu melden; Graham gab dann seine Informationen an die österreichische und neapolitanische Regierung weiter. Die Öffentlichkeit nahm sehr entschieden gegen solches Verfahren Stellung, und Graham war für eine Zeitlang der unbeliebteste Minister; man prägte das Wort »grahaming« als Bezeichnung für solche skandalösen Manipulationen. Damit schien solche Spitzelei im wesentlichen ihr Ende gefunden zu haben, und Marx und Engels haben später, als sie sich wieder kontrolliert glaubten, davon gesprochen, daß sie dem derzeitigen Innenminister, falls sich ihr Verdacht bewahrheiten sollte, sehr bald das Schicksal jenes unglücklichen Graham bereiten würden.

Auf seinem Platz im Lesesaal des Britischen Museums war Marx um so sicherer, als der Chefbibliothekar und Hüter der Bücherschätze, der Italiener Panizzi, selber ehemaliger Flüchtling war. Ein

Todesurteil aus dem heimischen Modena hing ihm noch nach; seine ganz eminente Begabung als Bibliothekar, die dem Lesesaal erst seine neue Ordnung verlieh und die unvergleichlichen Katalogwerke anschaffen ließ, sicherten ihm eine rasche Karriere. Daneben aber, und das ist bezeichnend für jene liberale Zeit, konnte Panizzi durchaus seine politische Konspirationsarbeit von seinem Posten im Britischen Museum aus weiterführen. Viele Fäden liefen in dem Lesesaal zusammen; genau katalogisiert wurde allerdings *dieses* Material nie. Jedenfalls war unter der großen Kuppel eine ganze Auslese von internationalen Verschwörern vereinigt. Einig allerdings waren sie untereinander nicht, und Karl Marx war der letzte, sich mit irgendwelchen »Auch«-Revolutionären zu liieren. Er war das Arbeitstier unter ihnen. Er las, exzerpierte, füllte Heft um Heft mit Auszügen und Randbemerkungen. Er jagte auch seine jüngeren Genossen, soweit sie sich bei ihm meldeten oder zu ihm hielten, zum Lernen in das Britische Museum. »Lernen! Lernen!« war die Parole. Recht gezwungen und widerwillig nahmen die Schüler diese Arbeit auf sich, und von den Resultaten ihres Lernens ist sehr wenig, eigentlich nichts auf uns gekommen. Der getreue Engels in Manchester war der einzige, der ernstlich an den Studien teilnahm und auch selber die dortigen Bibliotheken frequentierte.

Soweit gediehen also die Arbeiten des wissenschaftlichen Sozialismus – in Stille und Gelassenheit. Eifrigst wurde anhand der Literatur und der amtlichen Druckschriften geforscht, die mit so beneidenswerter Objektivität und Rücksichtslosigkeit die Brutalitäten der regierenden Klasse im Fabrikleben aufdeckten. Da gab es Entwürfe und Gedankengänge, die in großen Zügen die gesamte Weltgeschichte auf das übersichtlichste nach einer Formel ordneten – und die Arbeit eines Philosophen, eines Fanatikers der reinen Theorie, eines Utopisten und Idealisten, wie er nur je gelebt hat. Daß er selber diese Begriffe mit spöttisch gekräuselten Lippen aussprach und seinen Todfeinden als Makelbezeichnung vorbehielt, braucht uns nicht zu kümmern.

Aber Marx war nicht nur Theoretiker. Er konnte nicht still bleiben. Er vermochte nicht einmal, sich von dem höchst erbärmlichen Treiben der Flüchtlingswelt um ihn her zu lösen. Immer wieder trieb es ihn heraus aus dem vornehmen Lesesaal in die Kleinwelt der Gruppen, Organisationen, Fraktionen, Parteiungen. Wir müssen ihm auch dahin folgen, nicht ohne Bedauern und Mißbehagen. Denn es handelt sich hier um ein sehr wesentliches Stück seines Lebens, um eine sehr entscheidende Epoche in der Geschichte seiner Bewegung.

Lassalle

Wenn in der letzten Hälfte des 19. Jahrhunderts das Gespräch auf den Sozialismus kam, so wurde fast durchwegs ein Name an erster Stelle genannt: Ferdinand Lassalle. Lassalle war früh eine Berühmtheit, auch berüchtigt, gefürchtet als gefährlicher Demagoge und Volksaufwiegler, beliebt und verehrt in weiten Kreisen der Arbeiterschaft; er ist da auch heute noch nicht ganz vergessen, obwohl sein Bild stark verblaßt erscheint. Damals ging es von Hand zu Hand, der Kopf von Marx mit der Löwenmähne tauchte erst sehr viel später auf. Der Devotionalien-Kitsch, wie es bei religiösen Kulten heißt, grassierte auch bei der Arbeiterbewegung. Es gab Skatkarten mit dem Bild von Lassalle. Die literarisch Interessierten lasen seine Briefe und die Sensationsbroschüren über sein romantisches Ende im Duell. Romane wurden über ihn geschrieben, darunter »The Tragic Comedians« von George Meredith. Lassalles Werke standen in allen Arbeiterbibliotheken an vorderster Stelle; sie wurden gelesen von den jungen Parteigenossen, die vergeblich versucht hatten, sich, mit dem Fremdwörterbuch zur Seite, in das »Kapital« hineinzuarbeiten.

Es ist dennoch charakteristisch, daß eigentlich nie von einem »Lassallismus« als ideologischem Terminus die Rede gewesen ist. Man sprach nur von »Lassalle-Anhängern« oder, im Marx-Lager, von den »Lassalleanern«. Eine Lehre hat er nicht hinterlassen, eine Schule nie begründet. Es gab nur »gesammelte Werke«; sie bestehen vor allem aus Reden und Briefen, daneben Streitschriften und einigen umfangreicheren Bänden mit hohem fachgelehrten Anspruch, die für den Autor die größten Genugtuungen seines kurzen Lebens brachten, denn sie wurden auch von der akademischen Wissenschaft zur Kenntnis genommen und zuweilen gelobt.

Solche Anerkennung hat Marx zu seinen Lebzeiten nie erleben dürfen; er ist nicht, wie er glaubte, aus bürgerlichen Ängsten vor der zermalmenden Wucht seiner Beweisführungen »totgeschwiegen« oder infam verleumdet worden. Ihm wurde das für einen Autor viel empfindlichere Schicksal zuteil: Man überging ihn, aus schlichter Unkenntnis, oder rezensierte seine Werke, vor allem das »Kapital«, mit ein paar wohlwollend belanglosen Sätzen.

Die Eifersucht auf diesen jüngeren Konkurrenten, der sich so mühelos das Ohr der Öffentlichkeit gewann und obendrein noch glaubte, ein »Wissenschaftler« zu sein, hat das Verhältnis der beiden Männer ständig vergiftet, so leidenschaftlich Lassalle sich um Marx bemüht hat und so gern er Freund gewesen wäre. Es ist nie ganz klar, wieweit Marx in seinen maßlosen Ausfällen gegen Lassalle nach dessen Tode es wirklich ernst meinte und wieweit er sich in wütende Passagen hineinsteigerte. Er hat immerhin zugegeben – auch dies nur, um anderen zu widersprechen, die Lassalle verkleinern wollten –, daß der Mann »das unvergängliche Verdienst habe«, eine deutsche Arbeiterpartei geschaffen zu haben. Er hat zu Engels – mit dem er sich sonst einig war in antisemitischen Bemerkungen über den »kraushaarigen Nigger-Juden«, den »Baron Itzig« oder »Ephraim Gescheit« Lassalle – beim Tode des Gegners nachdenklich gemeint: »Das Unglück des Lassalle ist mir dieser Tage verdammt durch den Kopf gegangen. Er war doch noch immer einer vom alten Stamm und der Feind unsrer Feinde ... der Teufel mag wissen, der Haufen wird immer kleiner, neu kommt nichts zu.« Und Engels zu Marx ähnlich: »Politisch war er sicher einer der bedeutendsten Kerle in Deutschland ... Welcher Jubel wird unter den Fabrikanten und Fortschrittsschweinehunden herrschen, Lassalle war doch der einzige Kerl in Deutschland, vor dem sie Angst hatten.«

Dieses Bild, in der ersten Betroffenheit gezeichnet, änderte sich sehr bald, als es darum ging, den gefährlichen Einfluß der »Lassalleaner« zu bekämpfen und die von Lassalle begründete Partei in das Lager des Marxismus hinüberzuführen. Da wurde das Fell des »toten Löwen« – auch so hatte Marx ihn genannt – so zerdroschen, daß nur noch eine jammervolle Haut in Fetzen übrig blieb.

Man kann kein Profil von Lassalle zeichnen. Er muß von vorne gesehen werden, wie ihn auch die erhaltenen Photographien zeigen.

Er präsentiert sich da als ein gut aussehender jüdischer Intellektueller mit Denkerstirn, etwas starren Augen und kräftigem Kinn, sehr selbstbewußt, sehr selbstsicher. Gerade diese Selbstsicherheit war es, die Marx an diesem Schüler – als welchen Lassalle sich immer ihm bekannte – verdroß. Lassalle sprach gut in der Unterhaltung, und selbst Bismarck hat nach seinen Gesprächen bei Spaziergängen in der Friedrichstraße gemeint, er hätte sich gerne noch öfter mit dem hochgebildeten, geistreichen Gegenspieler unterhalten. Sie spielten gewissermaßen Schachpartien miteinander, und Bismarck liebte das; er langweilte sich tödlich bei Auseinandersetzungen mit treubraven und beschränkten Gefolgsleuten, noch dazu wenn sie zur Bürokratie gehörten.

Bismarck ist zu erwähnen, denn Lassalles Unterhaltungen mit dem »eisernen Kanzler« sind dem Toten dann als Hauptbeweis für seine »verräterische« Haltung auf der Schuldtafel angekreidet worden. Daß ein Mitkämpfer später, wenn nicht mehr benötigt, verketzert und ausgestoßen wird, ist ein Vorgang, den wir nur zu gut kennen. Diese späteren Ereignisse und Bewertungen sind vorauszunehmen, sie bestimmen und überlagern Lassalles Bild bis zum heutigen Tag.

Die Zeitgenossen sahen zuerst, als sein Name fiel, einen jungen jüdischen Exstudenten ohne Titel, der sich in einem Sensationsprozeß um die schwerreiche Gräfin Hatzfeldt, die sich im Ehestreit mit ihrem Mann befand, vehement einsetzte, ohne dazu juristisch als Fachmann legitimiert zu sein. Lassalle trat als Privatanwalt einer verfolgten, gequälten Frau auf, um an ihrem Fall vor allem die Korruption der dominierenden Großagrarier und deren Stellung im Staat anzugreifen. Es war die Zeit vor 1848, der Prozeß zog sich bis in die Revolutionsjahre hinein und darüber hinaus.

Woher kam dieser Mann? Es hieß, er sei der Sohn eines reichen jüdischen Seidenhändlers in Breslau. Er soll in Berlin Philosophie studiert haben, in Leipzig auf eine Handelsakademie gegangen sein, ohne sich als Kaufmann zu etablieren. Sein brillanter Kampf mit den Gerichten, in dem er sich als auch in Rechtsfragen ebenbürtiger Fechter erwies, seine zündenden politischen Vorstöße in der aufgeregten Zeit machten ihn alsbald zu einer bekannten Persönlichkeit. Dabei wurden die Prozesse – es waren ganze Ketten von Verfahren, man hat über dreißig im ganzen gezählt – von beiden Seiten mit denkbar fragwürdigen Mitteln geführt: gegenseitige Spitzelei, Bestechungen, Diebstahl, Vernichtung von Dokumenten und noch mehr. Es ging um große Vermögenswerte. Die Gräfin, selber eine geborene Hatzfeldt, war reich von Haus aus; der Ehemann, ihr Vetter, sperrte ihr alle Bezüge in verkrachter Ehe, hielt sie halb wie eine Gefangene und versuchte, ihr die Kinder zu nehmen; er lebte mit einer Baronin von Meyendorff als Mätresse und gedachte, dieser große Teile des Vermögens zuzuwenden. Lassalle, von zwei jungen Helfern, Mendelssohn und Oppenheim, unterstützt, versuchte, der Meyendorff bei einer Gelegenheit ihre Reisekassette abzunehmen, in der er die Schenkungsurkunde über eine opulente Leibrente vermutete. Mendelssohn und Oppenheim führten den Plan aus und wurden dabei gefangengenommen. Lassalle, als Anstifter, wurde ebenfalls verhaftet und vor Gericht gestellt. Er hielt die erste seiner großen Reden, als »Kassettenrede« dann berühmt, die er selber später als grundlegend für seine politischen Anschauungen ansah. Er wurde vom Geschworenengericht freigesprochen. In diese Zeit, es war 1848, fiel auch seine Zusammenarbeit mit Marx und dessen »Neuer Rheinischer Zeitung«. Er wurde nicht Kommunist, aber ein Parteigänger von Marx; er hielt sich lange Zeit für einen Gefolgsmann, ehe er eigene Wege ging. Von Marx stammten die Ideen, die er in seinen großen Reden vertrat.

Es blieb ihm 1848 nicht viel Zeit, sich politisch zu betätigen; von den Revolutionsmonaten saß er den weitaus größten Teil im Gefängnis. Aber auch aus der Untersuchungshaft konnte er – die Kontrolle war in der Revolutionszeit milde – seine Beiträge für die »Neue Rheinische«, Berichte über den Prozeß, liefern. Das Haus der Gräfin Hatzfeldt in Düsseldorf, in dem er mit ihr lebte, wurde dann zu einer Zufluchtsstätte für Verfolgte und Mitkämpfer; auch Marx' Feuilletonredakteur Georg Weerth wurde dort verborgen gehalten.

Die Regierung hielt ihr Auge auf ihn. Sie nahm Vorfälle, die sich noch vor der Revolution auf dem Gut der Hatzfeldts abgespielt hatten, zum Anlaß, Lassalle erneut zu verhaften und vor Gericht zu stellen. Die Bauern hatten sich für »ihre Gräfin« eingesetzt und sie gegen ihren Gatten geschützt; es war fast zu einem Privat-Bauernkrieg in der noch halbfeudalen Standesherrschaft gekommen, wobei die Staatsbeamten und die Funktionäre des Grafen nicht recht wußten, wie sie sich verhalten sollten. Lassalle hat diesen Aufruhr reichlich vergröbernd beschrieben: Die Gräfin hätte nur ein Wort zu sagen brauchen, und die Bauern hätten das Schloß gestürmt und sie befreit. Sie wollte jedoch nicht der Staatsautorität vorgreifen und befahl Abmarsch; die Bauern gehorchten ihr. Die schon aus den Bergwerken herbeigebrachten Brechstangen wurden beiseite gelegt.

Die Regierung hatte immerhin eine Handhabe, Lassalle nochmals anzuklagen. Das Verfahren wurde wegen Aufruhr und Widerstand gegen Staatsbeamte erst im Mai 1849 eröffnet, zu einem Zeitpunkt, wo die Niederlage der Revolution und die Rückkehr zur Reaktion schon entschieden waren. Marx begann bereits, sein Blatt zu liquidieren, und ging einen Monat nach Lassalles Prozeß in die Emigration. Die wäre auch Lassalles Schicksal geworden, wenn er nicht, zu sechs Monaten Gefängnis verurteilt, davor bewahrt geblieben wäre. Er wurde von den Geschworenen von der Anklage auf Hochverrat und Aufruhr freigesprochen, dann aber stellte man ihn sogleich noch vor das mit Berufsbeamten besetzte und sehr bezeichnend benannte »Zuchtpolizeigericht«, das die erwünschte Sentenz aussprach.

Für die Geschworenen hatte Lassalle die zweite seiner großen und dann berühmten Reden bestimmt, die sogenannte »Assisenrede«. Gehalten wurde sie nicht. Er hatte sie im Druck, achtzig Seiten stark, an die Geschworenen und ans Publikum verteilen lassen. Das Gericht sah darin unzulässige Beeinflussung der Geschworenen und schloß die Öffentlichkeit aus. Die Rede machte aber großen Eindruck im Publikum, Lassalle wurde als ein neuer Mirabeau gefeiert, und übrigens hat auch Heine, den er einige Jahre früher in Paris besucht hatte, ihn mit diesem Ehrentitel für Revolutionäre und große Rhetoren bezeichnet, wenn er den jungen Mann seinen Freunden vorstellte. Heine hatte ihm auch ein Empfehlungsschreiben an Varnhagen gegeben, das Lassalle durch Marx in der »Neuen Rheinischen Zeitung« abdrucken ließ, zum großen Ärger Heines, der vermeiden wollte, in die Prozeßaffären der Gräfin Hatzfeldt und ihres Herolds hineingezogen zu werden. Das Schreiben war fulminant genug, und man kann es Lassalle nicht gut verargen, daß er es überall wie einen geistigen Adelsbrief vorzeigte. Heine bescheinigte ihm »ausgezeichnetste Geistesgaben: mit der gründlichsten Gelehrsamkeit, mit dem weitesten Wissen und dem größten Scharfsinn, der mir je vorgekommen, mit der reichsten Begabnis der Darstellung verbindet er eine Energie des Willens und eine Habilité im Handeln, die mich in Erstaunen setzen, und wenn seine Sympathie für mich nicht erlischt, so erwarte ich von ihm den tätigsten Vorschub«.

Der letzte Satz war der Schlüssel zu diesem Hymnus. Heine fügte auch noch hinzu, und da wird er ahnungs- und beziehungsreicher: »Herr Lassalle ist nun einmal so ein ausgeprägter Sohn seiner Zeit, der nichts von jener Entsagung und Bescheidenheit wissen will, womit wir uns mehr oder minder heuchlerisch in unserer Zeit hindurchgelungert und hindurchgefaselt. Dieses neue Geschlecht will genießen und sich geltend machen im Sichtbaren: wir, die Alten, beugten uns demütig vor dem Unsichtbaren, haschten nach Schattenküssen und Blaue-Blumen-Gerüchen, entsagten und flennten und waren doch vielleicht glücklicher als jene harten Gladiatoren, die so stolz dem Kampftode entgegengehen.«

Eine immerhin erstaunliche Voraussicht auf das Schicksal Lassalles. Im Augenblick ging es Heine aber weniger um Entsagung und Bescheidenheit – er erwartete und erhielt von dem jungen Mirabeau »tätigen Vorschub« in seinem für alle Heine-Verehrer peinlichen Erbschaftsstreit mit seinem Hamburger Vetter um die Fortzahlung der vom Millionärsonkel Salomon Heine versprochenen Pension. Lassalle hat sich dabei durch Mobilisierung einflußreicher Persönlichkeiten nach Kräften bemüht und geholfen, einen Vergleich zustande zu bringen, der dem Dichter eine Lebensrente sicherte.

Der Heine-Brief war noch ein, freilich überlebensgroßes, Schülerzeugnis, die beiden Reden vor den Geschworenen wurden Lassalles selbstgeschriebenes Reifezeugnis. Rhetorik hat in Deutschland nie den Rang gehabt wie in Frankreich oder England, und vor allem die Art von großer Gerichtsrede, die Lassalle hielt, ist nie beliebt gewesen. Sie wirkte damals jedoch, und Lassalle wurde als einer der ersten Redner der Zeit gepriesen und anerkannt. Marx hat nie vor der großen Öffentlichkeit gesprochen; rhetorische Wendungen waren ihm sonst in seinen Schriften durchaus zur Hand, wo sich das ergab. Er war stark und oft entscheidend in Komiteesitzungen, bei der Formulierung von Programmen, aber er hat es stets vermieden, an die Rampe und ins Scheinwerferlicht zu treten. Und auch der Dialog war ihm fremd, das »geben und nehmen« im Gedankenaustausch, bei dem das Gegenüber als ein Partner angesehen wird, mit dem gemeinsam ein Ergebnis erarbeitet werden soll. Es ist übrigens bezeichnend, daß er auch in seinen Schriften die Dialogform nie angewandt hat, die von den französischen Sozialisten, so von Blanqui, gern benutzt wurde.

Auch dieser Gegensatz wurde verhängnisvoll für das Verhältnis von Marx und Lassalle. Sie haben sich nach der Revolutionszeit lange Jahre nicht gesehen, aber – mit erheblichen und immer von Marx veranlaßten Unterbrechungen – eifrig korrespondiert. Dabei war Lassalle stets der Werbende, der um Belehrung Ansuchende, der nach jedem Freundschaftszeichen Ausschauende, während Marx stets zurückhaltend blieb. Lassalle machte sich nützlich als Informant über Vorgänge in Deutschland und vor allem Berlin; er war unermüdlich in Kommissionen, er besorgte Verlagsverträge für Buchversprechungen Marxens, die dann nicht eingehalten wurden; all das half ihm nichts. Es kam dann nicht zum Bruch, aber zu einem lang hingezogenen Auseinandergehen, als Lassalle begann, seine größeren Werke zu publizieren, die Marx nur als unerhörte Anmaßungen erschienen.

Lassalle hatte, ehe er der Champion der Gräfin Hatzfeldt und der Mann der Kassetten- und Assisenrede wurde, ernsthaft daran gedacht, eine Leuchte der philologischen Wissenschaft zu werden. Sein »Herakleitos« – schon konzipiert auf der Berliner Universität, nur wenige Jahre nach Marxens Dissertation über Epikur und Demokrit – war bereits weit ausgearbeitet, als er alles hinwarf, um sich in den Kampf um die Gräfin Hatzfeldt zu stürzen. Die endlosen Prozesse kamen nach langen Jahren durch einen Vergleich des Grafen mit seiner Frau zum Ende; sie verfügte nun über große Bezüge, und Lassalle erhielt zum Dank für seine Dienste und übrigens auch sehr beträchtlichen Auslagen eine reichlich bemessene Rente. Er konnte hinfort ohne Sorgen, sogar elegant leben. Seine Versuche, als »Letzter der Mohikaner« der »Neuen Rheinischen Zeitung« im Rheinland noch eine Arbeiterbewegung zu schaffen, wurden durch die Polizei vereitelt; es kamen noch Kabalen und Differenzen mit den lokalen Parteileuten hinzu. So wandte er sich nach Berlin und erhielt Aufenthaltsgenehmigung zum Zweck wissenschaftlicher Forschungen. Sein »Herakleitos« war das Resultat. Marx hatte keine Lust, das Opus zu lesen, das in seinen stattlichen beiden Bänden wie ein Vorwurf auf seinem Schreibtisch lag. Lassalle hatte ihn noch durch die Übersendung seiner Tragödie in Jamben »Franz von Sickingen« belästigt, die Marx mit berechtigten Einwänden kritisierte: Sickingen sei als Vertreter einer durchaus reaktionären Klasse als Held unbrauchbar; die Bauern und die Plebejer in den Städten hätten sich als die Repräsentanten einer wahren Revolution eher geeignet. Lassalle wehrte sich dagegen in ganzen Abhandlungen, die Marx kaum mehr las, und verwahrte sich gegen die Behauptung, die Bauern seien das fortschrittliche Element, sie seien ebenso reaktionär wie der Adel gewesen, nur auf Erweiterung ihres Grundbesitzes bedacht, und man müsse in einem historischen Drama sich innerhalb des Horizonts der im Stoff gegebenen Zeit halten. Das sehr mäßige und auch unaufführbare Drama, das Gottfried Keller einen »dialogisierten Geschichtsaufsatz« nannte, kann Gelegenheit zu ideologischen Diskussionen geben, wenn man die Intentionen des Autors wie des Kritikers näher analysiert. Für Lassalle hatte das Stück die Bedeutung, daß er darin über die recht beunruhigende Frage, weshalb Revolutionen scheitern, meditierte.

Die Revolution von 1848 war gescheitert. Das war das ihm und Marx gemeinsame Erlebnis. Die große Tat des Aufstands der Massen war nicht erfolgt, obwohl Marx sie zuversichtlich vorausgesagt hatte. Weshalb nicht? Wer war »schuld« daran? Marx schrieb dieses Versagen der Feigheit und dem Verrat der Bourgeoisie zu, die sich ihrer »historischen« Aufgabe entzogen hatte, nämlich zunächst einmal im Verein mit dem Proletariat den Feudalismus zu zerschlagen und dann den Arbeitern Platz zu machen, um die Bourgeoisie zu zerschlagen. Lassalle dachte anders. Er glaubte an die entscheidende Rolle großer Persönlichkeiten und hielt sich entschieden für einen Berufenen. Revolution kann zwar nur gemacht werden mit der Masse und ihrer Begeisterung – nicht etwa mit »List« und bloßem Spielen mit der Idee –, aber Lassalle will es dabei nicht belassen. Er glaubt entschieden an die umformende Kraft des einzelnen. Er glaubt an sich.

An diesem Punkt mußten die beiden sich scheiden. Eine andere Frage brachte Schüler und Meister noch stärker in Gegensatz, der von vornherein gegeben war. Die deutsche nationale Frage, seit 1848 nur vertagt, trat in eine neue und entscheidende Phase mit den Ereignissen von 1859.

Um nun das Ausmaß dieser Ereignisse verstehen zu können, müssen wir uns hier in etwas längeren Zügen eines Mannes annehmen, der, von Marx »Boustrapa« getauft, der eigentlich erfolgreichste Verschwörer des 19. Jahrhunderts gewesen ist. Er hat sich nach vielen vergeblichen und oft grotesken Putschen zum Herrscher über ganz Frankreich gemacht, den glanzumwitterten Namen Napoleon angenommen und die europäische Politik für zwei lange Jahrzehnte beherrscht, bis er 1870 mit dem Deutsch-Französischen Krieg zu Fall kam. Diese Jahrzehnte der Napoleonischen Herrschaft sind die Mannesjahre von Marx, und was damals geschah, hat sein Denken und seine Vorstellung von praktischer Politik in größtem Ausmaß beherrscht.

Marx hat diesen Mann von vornherein und immer wieder verkannt. Er nannte ihn gern mit dem Hohnwort »Boustrapa«, gebildet aus den Anfangssilben der drei Ortsnamen Boulogne, Straßburg, Paris. Damit sollten die Stationen der drei vergeblichen Putsche bezeichnet werden, die der Abenteurer Louis Bonaparte, Neffe des großen Napoleon, absolvierte, ehe er in einer weiteren Überrumpelungsaktion nach der Revolution von 1848 Präsident der französischen Republik wurde, alsdann in einem nochmaligen Putsch, der schon den ehrwürdigeren Namen Staatsstreich verdiente, Diktator und am Ende dieser ganzen Kette teils hirnverbrannter, teils sehr wohl überlegter und erfolgreicher Umsturzaktionen Kaiser Napoleon III. Nie hat Marx ihm diesen Titel zugebilligt, und nie hat er die Bezeichnung »Zweites Kaiserreich« akzeptiert; er nannte es immer das »bas empire«, was eigentlich die damals übliche französische Bezeichnung für das Byzantinische Reich war, zugleich aber unverkennbar und kräftig herabsetzend klingen sollte. Marx hat im persönlichen Sprachgebrauch sehr nachdrücklich Wortmagie angewandt, um Gegner zumindest in der Benennung zu reduzieren. Es ist ein durchaus legitimes Mittel der Polemik; und jedenfalls etwas geistvoller als die sonst so reichlich benutzte Schimpferei, die oft genug monoton wird, wenn jeder Gegner oder auch nur Mißliebige ein Lump oder Vieh genannt wird und unerwünschte Schichten der Bevölkerung schlicht als »Lumpenproletariat« abgewertet werden. Bei der Polemik gegen Napoleon taucht dieser Begriff zum erstenmal auf, und »Boustrapa« selber wird als gehobener »Lumpenproletarier« abgewertet. Der sogenannte Kaiser ist für Marx in Wahrheit nichts anderes als ein Abenteurer, mag die übrige Welt sich immer vor dem Herrn in den Tuilerien verbeugen. Mag auch immer das leichtgläubige französische Volk in seiner ganz überwältigenden Majorität den Führer des »Lumpenproletariats« in den ständig wiederholten Plebisziten, in allgemeiner Wahl anerkennen.

Boustrapa, so meinte Marx nun, macht nicht Weltgeschichte, sondern spielt dem erstaunten europäischen Publikum eine »Farce« vor. Er beruft sich dabei auf Hegel, einem Wink Engels' folgend, der ihm geschrieben hatte, es sehe bei dem Staatsstreich Bonapartes doch so aus, »als ob der alte Hegel in seinem Grabe die Geschichte als Weltgeist leitete und mit der größten Gewissenhaftigkeit alles sich zweimal abspielen ließe, einmal als große Tragödie und das zweite Mal als lausige Farce«. Marx jedoch konnte es nicht lassen, die Ereignisse und Persönlichkeiten, die sich ihm präsentierten, wenn nötig auch komisch und lächerlich zu finden, und dafür ließen sich allerdings bei Louis Bonaparte Anhaltspunkte reichlich finden. Ob solche Punkte ein leidliches Bild ergeben, ist eine andere Frage. Es sind vielfach nur »Reizungen«, und Marx ließ sich leicht reizen in seinem stets ungeduldigen Temperament, sobald ein »Gegenspieler« die Bühne betrat.

Napoleon III. war nun sehr entschieden ein solcher Gegenspieler, und er ist wichtiger als viele der kleinen Antagonisten im Leben von Marx, die er als bloße Utopisten erledigen konnte oder, oft genug, als erledigt ansah angesichts seiner überlegenen systematischen Theorie. Mit der behalf er sich auch dem Phänomen Napoleon gegenüber. Er benutzte dafür den Begriff »Bonapartismus«, der sich in der historischen Forschung eingebürgert hat. Dieser Ausdruck ist für die höchst eigentümliche Form der Herrschaft des dritten Napoleon gebräuchlich geworden, die vor allem dadurch gekennzeichnet ist, daß sie das Plebiszit, die Zustimmung der Wählerschaft zum Regime, mit großem Erfolg anwandte und damit das demokratische Wahlrecht, die Hoffnung und das Allheilmittel ganzer Generationen des 19. Jahrhunderts, auf das empfindlichste diskreditierte. Unmittelbar stoßen Marxsche Theorie und die Praxis in Gestalt Napoleons in dieser Zeit aufeinander. Marx schrieb diesem gehaßten Feind langer Jahre einen ungemessenen Einfluß zu. Als Bourgeois konnte er ihn freilich nicht gut vorstellen, und wieweit das Zweite Kaiserreich eine Herrschaft der Bourgeoisie sein sollte, war auch nicht ganz leicht zu deuten. Bonapartistisch sollte übrigens nach Marx auch Bismarcks Politik lange Zeit gewesen sein, bis dann der

Schüler dem Lehrer über den Kopf wuchs. Für beide, Napoleon wie Bismarck, hat Marx keine zusammenhängende und publizierte Deutung versucht. Auch dies ist charakteristisch. Das Parteienspiel der kurzlebigen französischen Republik hat er hingegen sehr ausführlich und scharfsinnig analysiert. Eine Sammlung von Artikeln zu diesem Thema erschien unter dem Titel »Der achtzehnte Brumaire des Louis Bonaparte« in Weydemeyers New Yorker Blatt »Die Revolution«, das über zwei Ausgaben nicht hinauskam. Es ging um Klassenunterschiede, Gruppierungen, bei denen die Persönlichkeiten so gut wie unbeträchtlich waren. Marx ist immer stark, wenn er solche Schichten und Schichtungen analysiert; für das Gewicht und die Gestalt von Personen hatte er weder ein Auge noch die Geduld, noch war dafür in seiner Theorie ein genügender Platz vorgesehen.

Marx ist zu einem gewissen Grade entschuldigt, wenn er den Mann verkannte. Louis Napoleon war eine sehr undurchsichtige Gestalt, und selbst die schärfsten Beobachter seiner Zeit sind oft ratlos gewesen vor dieser Mischung von romantischen, hochfliegenden Zügen, von kalter Besonnenheit in der Aktion, geschicktestem Manipulieren und eklatantem Versagen in entscheidenden Augenblicken. Wieweit auch das »napoleonisch« ist, muß unbestimmt bleiben. Denn schon die Frage, ob er überhaupt ein legitimer Neffe des großen Napoleon gewesen ist, hat sich nicht schlüssig klären lassen. Seine Mutter, Hortense Beauharnais, hatte den Napoleon-Bruder Louis, der für einige Jahre zum König von Holland ernannt worden war, auf kaiserlichen Befehl geheiratet und sich dann von ihm getrennt. Ein zweifellos unehelicher Sohn von ihr hat dann als Graf und später Herzog von Morny seine Rolle unter dem dritten Napoleon gespielt. Ein holländischer Admiral Verhuel wurde als Vater des späteren Kaisers vermutet; auch Marx hat an diese Version geglaubt. Wie dem auch sein mag: Im Aussehen wies der dritte nicht die geringste Ähnlichkeit mit dem großen Napoleon auf; nur sein Vetter, der »Plon-Plon«, konnte sich eines echt napoleonischen Römerkopfes rühmen und machte bei seinen Versuchen, sich als Thronfolger der Dynastie Bonaparte zu empfehlen, viel Gebrauch davon.

Wir werfen bei dieser Gelegenheit einen Blick auf die bunte Musterkarte der dynastischen Bastarde einer Zeit, die offiziell die »Legitimität« als Grundprinzip so feierlich betonte. Auch ein Abkömmling des ersten Napoleon, Graf Walewski, aus der Beziehung zu einer polnischen Gräfin Walewska, gehörte zu den Würdenträgern des Zweiten Kaiserreiches. Die Hohenzollern steuerten einen Grafen Brandenburg, morganatischer Sprößling Friedrich Wilhelms II., als Ministerpräsidenten während der Revolutionszeit zu dieser Liste bei. Metternich selber, der Bannerträger der legitimistischen Idee, verwendete einen unehelichen Sohn unter dem Namen Baron Hübner für diplomatische Missionen. Und schließlich war es nicht einmal sicher, ob das russische Kaiserhaus in legitimer Linie zu recht »Romanow« hieß, denn es war höchst zweifelhaft, ob der unselige Peter III., Gatte der großen Katharina, der Vater des Knaben war, der dann Paul I. wurde. Um diesen Katalog zu beenden, der sich noch erweitern ließe: Dunkle Geheimnisse um die Thronfolge gingen noch bei anderen Fürstenhäusern um; der seltsame Findling Kaspar Hauser, mit dem der Vater des Philosophen Feuerbach, der große Kriminalist, sich eingehend befaßt hat, galt für viele als der legitime Thronerbe Badens. Das alles war nicht gerade neu; neu war nur, daß solche Fragen nun auch die Völker im Großen bewegten und angingen, nicht nur den kleinen Kreis einer Fürstenfamilie und Hofgesellschaft.

Mit dem Großen Napoleon hatte es schon begonnen, daß ganz neue Dynastien auf den Plan traten, die von unten her kamen und im Auge der altetablierten Herrschergeschlechter »Parvenüs« waren. Eine der Seiten des neuen »Cäsars« Napoleon III. und seines Bonapartismus war, daß er bewußt dies Parvenütum plakatierte und betonte, wie auch schon der große Onkel mit dem Plebiszit gespielt hatte. Heinrich Heine hat einmal die Herrschaft des kleinen Korsen als eine im Grunde »saint-simonistische« bezeichnet, bei der eben jeder, vom Kaiser bis zum einfachsten Soldaten, den »Marschallstab im Tornister« trug, wenn er das Zeug dazu hatte. Anerkennung fand der Emporkömmling aus bis dahin recht obskurem Geschlecht nicht nur bei den Höfen Europas, die ihm schließlich eine legitime Kaisertochter des uralten Hauses Habsburg als Frau offerierten, sondern auch in den allerbreitesten Schichten des Volkes. Das war das große Plebiszit zu Anfang des Jahrhunderts. Und der Neffe Louis konnte sich noch fast ein halbes Jahrhundert später darauf stützen. Es war zwar nicht »Demokratie«, wie man sie zu verstehen begann, aber doch eine große Volksabstimmung, auch wenn man darüber streiten kann, wie viele Stimmen und von welchen Schichten dabei abgegeben wurden.

Für Marx war ein Streit nicht nötig. Die Sache war einfach: Es gab nur einen »legitimen« Erben für die Herrschaft: das Proletariat. Und es gab nur einen großen Gegner des Proletariats, der gestürzt werden mußte: die Bourgeoisie. In diesem sehr schlichten Dualismus zeichnete sich auf seinem politischen Reißbrett die europäische Landschaft ab. Für das, was sich oberhalb der Bourgeoisie noch befand und zur Zeit nicht geleugnet werden konnte, wählte er den Sammelbegriff »Absolutismus«, und dieser war zunächst durch die Bourgeoisie mit Hilfe des Proletariats zu stürzen, worauf alsbald das Proletariat seinen endgültigen Umsturz vornehmen würde. Marx hoffte nun, und erst recht angesichts der Fragwürdigkeit des neuen Bonaparte, daß die nächste französische Revolution der Anfang für eine gesamteuropäische Umwälzung sein würde.

Vordringlichste Aufgabe war es, den unbezweifelbaren Hort und die große Stütze des Absolutismus, das Zarentum, anzugreifen, dessen Armeen die schon wankenden Throne Europas nur mühsam aufrechterhielten. So war es in der Geschichte des Dr. Marx vorgesehen. In dieser Erwartung von Revolution und daraus resultierendem Weltkrieg hat Marx die nächsten Jahrzehnte zugebracht, und im Lichte dieser Gedanken hat er Boustrapa und seine Politik betrachtet.

Wenden wir uns nun den Ereignissen von 1859 zu, die für die Entwicklung des Verhältnisses von Marx zu Lassalle so wichtig waren.

Napoleon III., Marxens »Boustrapa«, stand auf der Höhe seiner Macht; er beschloß, zugunsten der italienischen nationalen Sache gegen Österreich mit bewaffneter Hand einzugreifen. Rußland war durch seine Niederlage im Krimkrieg stark geschwächt; Österreich war bedroht durch die Aufstandsbewegungen in seinem italienischen Herrschaftsgebiet und auch, näher der Zentrale Wien, durch die nationalen Ansprüche der Tschechen, der Kroaten und der Ungarn. All diese Nationalbewegungen waren Marx wie Engels teils überhaupt unverständlich, teils geeignet, vom sozialen Kampf als dem Hauptpunkt der Zeit abzulenken. Es ist leicht, ihre Blindheit gegenüber dem Nationalismus aus nachträglicher Sicht aufzuzeigen, und sie gingen darin in der Tat so weit, Völker oder Volksgruppen, die sie nicht kannten, als bloße »geschichtslose Völkertrümmer« zu bezeichnen, nicht wert, daß die »große Geschichte« ihrer Auffassung sich um sie bekümmern sollte. Doch selbst heute, wo die einstigen »Völkertrümmer« Staaten geworden sind und die Welt gezwungen haben, von ihrer Existenz und Bedeutung Kenntnis zu nehmen, ist es nicht leicht, deren Probleme richtig einzuschätzen, zumal die Fragen der nationalen Gegensätze innerhalb dieser Neubildungen noch keineswegs verschwunden sind. Was aber konnte Marx von Slowaken, Slowenen, Kroaten, Südslawen im allgemeinen wissen? Er verließ sich da meist auf Engels als seinen Referenten für Außenpolitik und Militärfragen.

Es ist eine der zahllosen Ironien, daß Marx eine Mutter hatte, die von Haus aus Preßburg hieß; die mütterliche Familie stammte aus der slowakischen Hauptstadt Preßburg (Bratislava) und war von dort nach Holland ausgewandert. Marx hat nie Familienforschung betrieben, und solche Beziehung zum Osten – auch noch in dem Namen Lwow (Lemberg) für einen Vorfahren der väterlichen Reihe bemerkbar –, geschweige denn zum Ostjudentum, hätte ihm nur höchst unsympathisch sein können, wenn sie ihm von anderer Seite präsentiert worden wäre. Ich bin nicht sicher, ob er überhaupt je einen Blick auf die Karte geworfen hat, auf der zu seinen Lebzeiten Preßburg noch zu Ungarn gehörte und Lemberg zum österreichischen Galizien. Er konsultierte nicht die Karten, wie sein Partner Engels das für seine militärischen Studien sehr gründlich tat.

Militärische Studien von Engels waren es denn auch, die beide mit Lassalle in dem geschichtsträchtigen Jahr 1859 zusammenstoßen ließen. Marx und Engels waren Strategen der Weltrevolution, Lassalle sah die Ereignisse von Deutschland her an. Marx und Engels hofften auf europäischen, auf Weltkrieg; Lassalle, darin sehr viel mehr Mann der Zeitpolitik und der Gegenwart, sah in dem sich bereits ankündigenden Kampf zwischen Preußen und Österreich die Möglichkeit nationaler Einigung Deutschlands. Auch er erwartete dadurch die große Chance für das Volk, einen Volksstaat zu schaffen; das Kennwort ist hier aber »Staat«. Für Marx war Staat nur der Unterdrückerstaat des Feudalismus oder der Bourgeoisie; eine weitere und spätere Rolle nach Revolution und Sieg des Proletariats beschäftigte ihn nur in der ganz unbestimmten Fassung: klassenlose Gesellschaft mit allmählichem Absterben des Staates.

Das Jahr 1859 nun hatte die ganze deutsche Öffentlichkeit bis in die Tiefen aufgeregt. Die Italiener hatten die Frage der nationalen Einheit angeschlagen, die Deutschen wollten nicht zurückbleiben. Alle Hoffnungen der Paulskirche lebten wieder auf und damit auch alle damaligen Gegensätze der Parteiungen. Ein Sturzregen von Denkschriften und Broschüren brach herunter, und es ging immer um die seit 1848 ungelösten Fragen: Was soll mit Österreich geschehen, was mit Rußland, was würde Frankreich tun? Österreich war im Augenblick bei allen liberalen und für nationale Befreiung der noch unterdrückten Völker begeisterten Geistern das große Hemmnis. Noch aber waren sehr viele Liberale und Sozialisten »Großdeutsche«, die auf Österreich im Gesamt ihres künftigen geeinten Deutschland nicht verzichten wollten; selbst Wilhelm Liebknecht gehörte dazu. Die »kleindeutsche« Lösung unter Führung Preußens war noch weithin unbeliebt, und auch Marx und Engels standen aus Haß gegen Preußen auf der anderen Seite; sie sahen in einem Großdeutschland unter kommunistischer Führung das Bild der nahen Zukunft. Dafür mußte zuerst die größte und dringendste Gefahr beseitigt werden: das zaristische Rußland. Es hatte nun eine Annäherung zwischen Rußland und dem Frankreich des Boustrapa-Napoleon gegeben; damit wurde die Feindschaft gegen diesen anderen Hauptgegner ihrer Strategie bei Marx und Engels mobilisiert. In Deutschland rumorten schon sehr nachdrücklich Gedanken von Krieg mit Frankreich, und jeder, der dem Gedanken Vorschub gab, Frankreich zunächst zu verschonen, war ihnen verdächtig, ein »Bonapartist« zu sein; das schlimmste Hohnwort, das sie zur Verfügung hatten. Ein »Bonapartist« war für sie auch Bismarck, den sie hartnäckig noch für einen »dummen Krautjunker« hielten, mitsamt dem »schönen Wilhelm«, dem bloßen »Unteroffizier« und jetzt Prinzregenten, nachmals König und später Kaiser Wilhelm I.

Napoleon-Boustrapa spielte ein großes Spiel, und er gewann es – zum mindesten für den Augenblick. Er spielte auch militärisch mit hohem Einsatz und gewann, obwohl der Militärreferent Engels ebenso hoch auf die Österreicher setzte, aber verlor. Marx wie Engels wurden schwer enttäuscht in ihren Hoffnungen, daß die großen Mächte sich entzweien würden, daß daraus Krieg gegen Rußland und somit der Sturz der größten reaktionären Bastion unvermeidlich kommen müsse.

Napoleon diplomatisierte und fand auf italienischer Seite im Grafen Cavour, Premier von Piemont, den Mitspieler: Für sein Eingreifen gegen Österreich handelte er sich die Annexion von Nizza und Savoyen als Kompensation aus. Er hatte zudem das Glück, daß Österreich mit einem Vorstoß über das Tessin den Krieg begann, was Napoleon den Vorteil einräumte, als Verteidiger des angegriffenen Piemont-Italien aufzutreten. Die Österreicher wurden bei Magenta und Solferino empfindlich geschlagen, in einer der blutigsten Schlachten des Jahrhunderts. Die Verlustziffern dieser Schlacht erscheinen uns heute, die wir an geradezu astronomische Zahlen gewöhnt sind, nahezu winzig, mit 11600 Mann bei den verbündeten Franzosen und Italienern, 22000 Mann bei den Österreichern. Trotzdem ist dieser 24. Juni 1859 von großer und nachhaltiger Bedeutung: Der Anblick des Schlachtfeldes mit seinen Sterbenden und Verwundeten wurde für den Schweizer Philanthropen Henri Dunant zum Anlaß, eine Broschüre zu schreiben, wenige Jahre später die internationale Genfer Konvention zu begründen sowie die Organisation des Roten Kreuzes zu veranlassen. Über dessen Wirkung und Tätigkeit wäre nur zu sagen, daß sie alle damaligen, den Zeitgenossen so viel wichtigeren Ereignisse überlebt hat.

Auch Napoleon war vom Anblick des Schlachtfeldes schwer erschüttert. Er hatte nichts von der zynischen Seelenruhe des Großen Napoleon, der vor den Toten der besonders verlustreichen Schlacht von Friedland gegen die Russen 1807 mit kurzer Handbewegung erklärte: »Eine Nacht in Paris macht das alles wieder gut!« Der dritte Napoleon war auch als Stratege und Staatsmann etwas umsichtiger, als Marx und Engels ihn einschätzten. Er stürzte sich nicht in ungehemmte Verfolgung der immer noch respektablen Österreicher; er wußte, daß dieser Krieg auch in Frankreich keineswegs populär war. Er schloß den für ganz Europa wie ein Donnerschlag wirkenden Waffenstillstand von Villafranca, in persönlicher Zusammenkunft mit dem jungen Kaiser Franz Joseph. Die Österreicher mußten die Lombardei aufgeben. Das bis dahin recht kleine Piemont wurde zu einer europäischen Macht, die Begründung des danach sich unaufhaltsam entwickelnden Königreichs Italien kündigte sich an. Alle Hoffnungen von Marx und Engels auf Weltkrieg wurden zuschanden durch den Vorschlag, auf einer internationalen Konferenz der Großstaaten die Lage zu regulieren. Napoleon wollte dabei präsidieren, wie ihm das nach dem Krimkrieg mit der Konferenz von Paris gelungen war. Er gedachte, dabei weitere Kompensationen in Landgewinnen zu erreichen. Das glückte ihm nicht; er hatte, wie wir nachträglich sehen, bereits seinen Höhepunkt überschritten. Immerhin war für die italienische Einheit viel geschehen, wenngleich die Italiener keineswegs zufrieden, sondern entrüstet waren, daß die Franzosen nicht unverzüglich ganz Italien befreiten. Auch daß die Einigung nicht ihnen selber zu verdanken war, sondern dem Eingreifen einer ausländischen Macht, regte sie auf; in dieser Haltung sind sie noch lange verblieben. Dem Befreier Napoleon waren sie nicht im geringsten dankbar. Daß er seine Gründe hatte, die noch immer sehr mächtige Stellung des Papstes, der hartnäckig auf seinem Kirchenstaat beharrte, zu respektieren, und zwar aus Rücksicht auf die französischen Katholiken, eine Hauptstütze seines Regimes, ließen sie nicht gelten. Die italienischen Patrioten, Mazzini an der Spitze, waren zudem verbittert, daß keine italienische Republik entstand, sondern ein Königreich mit Piemont als Kern.

Engels faßte die allgemeine Stimmung, als Marx ihn aufforderte, nach seinen militärischen Prognosen nun über »diesen Frieden« zu schreiben, mit einer Zusammenstellung aller Fehlprophezeiungen aller Seiten wuchtig zusammen: »Außer der Fortsetzung des Kriegs konnte uns nichts Erwünschteres kommen als dieser Friede. Preußen blamiert, Österreich blamiert, Bonaparte blamiert, Sardinien und der vulgäre italienische Liberalismus blamiert, England blamiert ... Niemand gewinnt außer den Russen und den Revolutionären.« Und Lassalle mit seiner Broschüre über den Krieg in Italien, die scharf gegen Österreich gerichtet war, sei erst recht blamiert.

Die Formel, daß gerade das Gegenteil dessen, was die beiden Strategen prophezeit hatten, »richtig« war und die Revolutionstheorie bestätigte, wurde noch öfter angewendet, so im Kriege 1866, wo ebenfalls Österreich gegen Engels' militärische Prognose besiegt wurde. Marx hatte dafür schon bei seinen Betrachtungen über Indien in einem Brief an Engels gemeint: »Es ist möglich, daß ich mich blamiere. Indes ist dann immer mit einiger Dialektik wieder zu helfen. Ich habe natürlich meine Aufstellungen so gehalten, daß ich im umgekehrten Fall auch recht habe.«

Der Krieg ging nicht weiter, aber Marx und Engels hatten ihren Kleinkrieg weiter zu führen, der sich nun in der Hauptsache gegen die eigenen Mitarbeiter und unzuverlässigen Parteigenossen richtete. Lassalle stand dabei an erster Stelle. Beide fanden, daß er mit seinen Ansichten über die Lage gegen die »Parteidisziplin« verstoßen habe. Marx hatte noch zu Beginn des Jahres wohlwollend gemeint, der »Esel« habe doch viel Interesse an der Partei und sei auch zu gescheit, um es nicht »mit uns zu halten. Aber bei klugem Management gehört uns der Mann mit Haut und Haaren, so viele ›zündende‹ Bocksprünge er immer machen mag.« Nun jedoch wurde es damit zuviel. Dabei brauchten Marx und Engels seine Dienste noch. Lassalle war es, der Engels' Broschüren bei seinem eigenen Verleger unterbrachte. Lassalle war es, der Marx sein kommendes Hauptwerk »Zur Kritik der politischen Ökonomie« bei Duncker zum Druck befördern ließ.

Das Jahr 1859 ist in der sozialistischen Geschichte dadurch ausgezeichnet, daß dieses Werk, die erste Schrift des Dr. Marx über sein Kardinalthema, erscheinen konnte. Es sollte eine Serie von etwa fünfzehn Heften werden. Marx stellte nur das erste Heft fertig und gab die Sache dann auf. Erst im »Kapital« von 1867 nahm er diese Publikation wieder auf. Aber schon jetzt versprach er sich von dieser Ankündigung eines großen Werkes, das einige Grundgedanken enthielt, ungeheure Wirkung. Er war empfindlich enttäuscht über mangelndes Echo, und selbst die nächsten Freunde wußten nicht recht, was sie mit der Schrift anfangen sollten. Die große Öffentlichkeit, zur Zeit über sehr aktuelle Probleme tief aufgeregt, nahm kaum Notiz. Die gelehrte Welt rührte sich nicht. Marx war erbittert; er stritt mit dem Verleger, der nicht postwendend die Korrekturbogen sandte, er stritt mit Lassalle, den er beschuldigte, an der Misere schuld zu sein. Er beklagte sich – ewige Beschwerden eines ungeduldigen Autors –, daß nicht genügend Annoncen über dieses Heft in großen deutschen Zeitungen gebracht wurden. Er stritt mit den Londoner Anhängern und Mitstreitenden und meinte über den sicherlich ihm sehr ergebenen Wilhelm Liebknecht, er sei »ebenso schriftstellerisch unbrauchbar, wie er unzuverlässig und charakterschwach ist ... der Kerl hätte diese Woche einen definitiven Abschiedstritt in den Hintern erhalten, zwängen nicht gewisse Umstände, ihn einstweilen noch als Vogelscheuche zu verwenden.«

All diese krassen und willkürlichen Urteile über die Menschen seines nächsten Kreises – sie ließen sich beliebig vermehren – sind nur zu erwähnen, weil sie erklären, weshalb es Marx seiner unbezähmbaren Natur nach nie gelang, eine wirkliche, leidlich stabile Partei zu begründen. Der Begriff Partei, in seinem Briefwechsel so selbstverständlich angewandt, bedeutete ihm nur, daß er und Engels die Partei waren und daß ihren Weisungen ganz unbedingt und ohne jede Frage Folge zu leisten wäre. Solche bedingungslose Unterordnung kann nur erwartet werden, wenn große Macht hinter ihr steht. Das war nicht der Fall. Von der geistigen Macht des Dr. Marx auf nahezu alle, die mit ihm in Berührung traten, gibt es genügend Zeugnisse. Von seiner Unbegabung, mit Menschen umzugehen und sie richtig zu beurteilen, ist ebensooft in den Dokumenten der Zeit die Rede. Er hatte keinen Blick für Persönlichkeiten, ob das die führenden Staatsmänner der Periode waren oder auch nur die »kleinen« Leute, die auf seiner Seite standen.

Es lohnt sich, sosehr das in die Londoner Emigrantenwelt führt, die in der Tat recht klein war, kurz zusammenzustellen, woraus die »Partei« damals denn bestand. Außer Engels war da noch der alte Freund Wilhelm Wolff. Die Namen, die sonst in Marxens Briefen genannt werden, sind so verschollen, daß selbst die eifrigste Parteiforschung kaum etwas über sie hat eruieren können, außer daß sie dann später abfielen oder sich in irgendeinen Brotberuf zurückzogen. Andere ehemalige Freunde, wie Freiligrath, waren nur noch nützlich als Helfer in den ständigen Geldproblemen, versagten sich aber zunehmend der Forderung, durch dick und dünn in jeder Fehde gegen jeden Gegner mitzugehen. Die Mitglieder des Londoner Arbeiterbildungsvereins, seinerzeit die Keimzelle des Kommunistenbundes, wurden von Marx nur noch als »sogenannte Kommunisten« bezeichnet. Die alten Chartistenführer waren »weich« und unbrauchbar. Edgar Bauer, Bruder Bruno Bauers und Exgenosse aus dem Berliner Kreis, jetzt Redakteur der »Neuen Zeit«, wurde nur noch als »der Clown!« bezeichnet. Marx machte mit ihm zwar, in Erinnerung an alte studentische Tage, eine Kneiptour durch sämtliche Pubs von Tottenham Court Road, ließ ihn dann aber abrupt fallen. Überhaupt genügte ihm kein einziger Mitarbeiter; er mußte alles höchstselber tun, seine Artikel in dem kurzlebigen Miniaturblättchen »Das Volk« selbst redigieren, es verteilen und die

Subskriptionsshillinge einkassieren, Geld beschaffen, das nur von Engels kommen konnte. Der war zur Zeit selber bedrängt durch einen läppischen Prozeß mit einem englischen »Spießer«, dem er in »a drunken brawl«, wie er es in schöner Gerechtigkeit nannte, in einer Kneipenszene also, den Regenschirm über den Kopf geschlagen und dabei das Auge des Kontrahenten verletzt hatte; eine empfindliche Entschädigungsklage drohte und wurde nur unter erheblichen Geldopfern abgewehrt. Und Marx sah sich verhindert, die versprochenen und teilweise schon honorierten Fortsetzungen der von ihm so hoffnungsvoll angekündigten »Kritik der politischen Ökonomie« an den Verleger Duncker abzuliefern. Marx war ein unheilbarer Illusionist in allem, was praktische Dinge anging. Er sah sich, gestützt auf langjährige Vorarbeiten und Exzerpte, die in Ballen verpackt lagen, als den Herrscher über ein riesiges Reich der reinen Theorie, das von jedem unverzüglich anerkannt werden müsse, sobald er nur in Heft 1 einige Grundgedanken der materialistischen Geschichtsauffassung ans Licht gegeben hatte. Die Realität aber war, daß er als einsamer Gelehrter und zugleich ungeschickter, erfolgloser Organisator für kleine Zeitungen und Parteigründungsversuche an seinem Londoner Schreibtisch saß. Es ist nicht ganz deutlich, wieweit der einzig zuverlässige Freund Engels mit ihm einverstanden war; die Zeugnisse darüber sind verschwunden bis auf einige vorsichtige Bemerkungen, Marx solle sich doch nicht in Kleinkrieg mit unwürdigen Gegnern verzetteln. Gerade das aber tat er, mit Vehemenz und mit Behagen.

Bezeichnend ist hier noch, daß der alte Gegensatz zwischen den »Gelehrten« und der Basis, den Arbeitern, wieder aufbrach; er hatte sich bei dem Arbeiterbildungsverein hartnäckig erhalten. Marx, obwohl seinerzeit aus dem Bildungsverein ausgetreten, wollte sich noch immer vorbehalten, zu entscheiden, wer dort Vorsitzender oder Funktionär sein sollte. Die »Knoten«, wie er sie nannte, schickten ihm eine Deputation; sie legten Wert auf seine Mitwirkung. Er meinte, er könne in einem Verein nicht mitarbeiten, zu dessen Vorsitzenden Liebknecht und noch ein anderer ihm Mißliebiger gehörten. Als sie einwendeten, diese seien doch durch Vereinsbeschluß ernannt, und fragten, woher er denn die Autorität beanspruche, darüber zu entscheiden, erklärte er rundheraus, wie in einem Brief an Engels präzisiert: »Unsere Bestellung als Vertreter der proletarischen Partei hätten wir von niemand als uns selbst. Sie sei aber kontrasigniert durch den ausschließlichen und allgemeinen Haß, den alle Fraktionen der alten Welt und Parteien uns widmeten. Du kannst Dir denken, wie verblüfft die Ochsen waren.«

Es wird aus Marxens Vokabular greifbar deutlich, mit welchem Hochmut er die Leute behandelte. Sie merkten das sehr wohl, auch wenn er sie nicht ins Gesicht Esel, Ochsen, Viecher oder Knoten nannte. Es ist rührend, wie sie sich trotzdem um ihn bemühten. Marx konnte eine kleine Anzahl von ihnen, er spricht von zwanzig bis dreißig, zu einem Privatissimum über ökonomische Grundprobleme zusammenbringen; über den Inhalt dieser Vorlesungen wissen wir nichts. Er plante auch zusammen mit Engels ein neues Kommunistisches Manifest; das alte von 1848 schien ihnen in vieler Beziehung überholt. Doch dieses Manifest wurde nicht geschrieben. Wenn wir einen großzügigen Blick auf alle Freunde und Mitstreiter werfen wollen, so kommen wir auf etwa siebzig nähere Anhänger, die als »die Partei« angesehen werden können. Wieweit man das von vereinzelten Personen oder Gruppen in anderen Ländern sagen kann, ist völlig unbestimmt. Selbst in dem »allgemeinen Haß aller Fraktionen der alten Welt«, mit dem er seine Sonderstellung legitimiert sehen wollte, täuschte er sich, wie das mangelnde Echo auf das Heft 1 zeigte. Eine aktive sozialistische Arbeiterpartei bestand in Deutschland nicht; zur Partei Marx-Engels gehörte im Grunde nur Lassalle.

Der bemühte sich unablässig weiter für Marx. Nachdem der Verleger Duncker, verärgert durch Nichtablieferung des zugesagten Manuskripts und grobe Briefe des Autors, diesen schwierigen Autor aufgegeben hatte, versuchte Lassalle, das noch ungeschriebene Werk bei Brockhaus unterzubringen. All das half ihm jedoch nichts; die Gereiztheit blieb bei Marx. Denn der Schüler, den er durch »kluges Management« mit Haut und Haar für sich gepachtet glaubte, faselte nun davon, daß auch er sich mit ökonomischen Problemen beschäftigen werde. Das erschien Marx der Gipfel der Anmaßung. In zeitpolitischen Fragen mochte der Mann wohl ab und zu »Bocksprünge« machen; man rief ihn dann zur Ordnung im Namen der Parteidisziplin. Aber daß er nun glaubte, in Marx' allereigenstes, geheiligtes Gebiet, das der großen Theorie, einbrechen zu können, war unverzeihlich. Es wurde Lassalle auch nicht verziehen. Und gerade dann, wenn er Marxens Ideen verwendete und in leichter faßliche Ausführungen verwandelte, wurde er am grimmigsten gehaßt. Das war für Marx nur Diebstahl, Plagiat und Verfälschung der »reinen Lehre«. Es kam aber noch etwas anderes hinzu: Lassalle war praktischer Politiker, es ging ihm in erster Linie darum, sofort, im Hier und Heute, zu wirken; Marx hatte die »Hochziele« im Auge, in Gegenwartsfragen sah er trübe oder »rot«, wenn es sich um irgendeinen persönlichen Gegner handelte.

Noch aber brauchte er Lassalle dringend, auch in Geldfragen, wo er ganz unbefangen Wechsel auf den »Baron Itzig« ausstellte oder sich Geld in bar lieh. Auch das wurde zu einer der Ursachen für den Bruch, zumal Lassalle zuweilen die Dreistigkeit besaß, Rückzahlung von Schuldversprechungen zu erwarten, oder verlangte, daß Engels die Wechsel gegenzeichnen sollte. Lassalle hat – wie übrigens auch andere Zeitgenossen – nie gewußt, wie stark Marx dem Freund Engels finanziell verpflichtet war und in welcher ständigen Notlage er sich all diese Jahre hindurch befand. Das Bemühen Marxens, den »äußeren Schein« so gut wie irgend möglich aufrechtzuerhalten in Wohnung, Lebensstil und Ausgaben für die Töchter, hatte da verhängnisvolle Nebenwirkungen, und tödlich übel nahm er es Lassalle, als dieser einmal davon sprach, den beiden ältesten Marx-Töchtern Stellungen als Gesellschafterinnen zu verschaffen.

Der schon lange fällige Bruch kam dann durch zwei gegenseitige Besuche, nämlich Marxens in Berlin bei Lassalle und des »Baron Itzig« in London bei Marx. Sie sind Grotesken und können nicht gut mit dem Blick auf die großen prinzipiellen Gegensätze behandelt werden. Marx war in London in äußerst unbehaglicher Lage, um es untertrieben auszudrücken. Sein Haushalt war hoffnungslos verschuldet, die heroische Jenny ein nervöses Wrack, der unermüdliche Geldgeber Engels zur Zeit nicht in der Lage, mit mehr als kleinen Schecks auszuhelfen. Teuer war Marx zu stehen gekommen, daß er das Hauptwerk dieser Zeit, seine Broschüre gegen Karl Vogt, auf eigene – vielmehr Engels' – Kosten in London publizierte und damit zusammenhängende Gerichtsverfahren und Prozesse einheimste, ohne daß dieser neue Donnerschlag die geringste Wirkung hatte außer der, ihn von der wichtigen Arbeit an der Ökonomie abzuhalten. Er machte sich auf die Geldsuche bei dem reichen Onkel Lion Philips, und es gelang ihm, den – damals beträchtlichen – Betrag von 160 Pfund flüssig zu machen. Außerdem ließ er sich in dem harmonischen Haushalt des Onkels gründlich verwöhnen. Mit der Cousine Nanette wurde ein veritabler Flirt angeknüpft, dem wir Marx' charmanteste Briefe verdanken; Nanette war begeistert von dem interessanten Vetter aus London. Der Onkel hatte eine hohe Meinung von des Neffen schriftstellerischer Begabung, sowenig davon bisher im Druck erschienen war.

Weiter ging es auf Geldsuche, nun nach Berlin, wo Lassalle ihn mit einem großen Projekt erwartete, das Marx' ganzes Leben von Grund auf verändert hätte, wenn es zustande gekommen wäre. Der neue Preußenkönig Wilhelm I. hatte eine Amnestie erlassen, die vielen ehemaligen Flüchtlingen die Rückkehr in die Heimat ermöglichen sollte. Marx hoffte, auch darunter zu sein. Lassalle lief von einer Regierungsstelle zur anderen, um die Wiedereinbürgerung des Freundes möglich zu machen; er begnügte sich nicht mit untergeordneten bürokratischen Instanzen, sondern stieß bis ins Zimmer des Innenministers vor und gestikulierte und schrie dort so laut zugunsten des Freundes, daß der erschrockene Geheimrat seinen Sekretär zu Hilfe rief. Die Verhandlungen zogen sich längere Zeit hin und führten am Ende zu nichts; die Regierung berief sich auf Klauseln des Amnestieerlasses, die längere Abwesenheit als zehn Jahre von der Begnadigung ausschließen sollten. Während des ganzen Aufenthaltes von Marx bei Lassalle in Berlin dauerten dessen Bemühungen aber an, und auch für Engels verwandte er sich eine ganze Weile, obwohl dessen Fall etwas schwieriger war, da er (als militärpflichtiger Landwehrmann) 1849 gegen die preußischen Truppen beim Aufstand in Baden gefochten hatte.

Beide, Marx und Engels, sollten – und dies war das Projekt – für die geplante Zeitungsgründung in Berlin als Leiter der Redaktion herangezogen werden. Lassalle dachte an eine Fortsetzung der »Neuen Rheinischen Zeitung«, als deren Parteigänger er sich immer noch ansah. Die Gelder wollte er beschaffen. Man kann es ihm nicht verübeln, daß er auch für sich einen Platz in der Redaktionsleitung beanspruchte und fand, er dürfe dabei nicht unweigerlich in der Minorität bleiben, so daß Marx und Engels ihn nicht überstimmen konnten. Daran scheiterte die Sache. So erklärte Marx es dann nach seiner Rückkehr.

Man fragt sich aber überhaupt, was Marx bei dieser Übersiedelung nach Berlin und Preußen und seinen Wiedereinbürgerungswünschen gedacht haben kann. Glaubte er wirklich, der Zeitpunkt sei jetzt gekommen, die 1848/49 gescheiterte Arbeit mit Revolutionshoffnung für das nächste Jahr wiederaufzunehmen? Lagen dafür irgendwelche konkreten Anzeichen politischer Art vor? Und wäre er der Mann gewesen, Chancen zu nutzen – ganz abgesehen davon, daß er sich in dem ihm unsympathischen Berlin wohl schwerlich hätte eingewöhnen können? Seine Familie, Frau Jenny an der Spitze, war denn auch entsetzt über die Aussichten, das vertraute London, trotz aller Geldnöte und ständigen Pfändungsdrohungen, aufgeben zu müssen. So schrieb Frau Jenny, sobald sie von dem Projekt hörte, die Töchter hielten den Gedanken, das »Land ihres Shakespeare zu verlassen«, für schrecklich: »Sie sind durch und durch Engländer geworden und hängen wie Kletten am englischen Boden.«

Marx erwartete jedoch wieder einmal einen Umsturz: »Es herrscht ein allgemeiner Auflösungsduft, und Leute von jedem Rang betrachten eine Katastrophe als unvermeidlich«, so schrieb er aus Berlin an Engels. »Alles dreht sich um den Kampf mit der Polizei (nicht als ob diese sich jetzt das Geringste herausnähme; sie ist Muster von Artigkeit und Toleranz).« Der neue König hatte das streng reaktionäre Ministerium Manteuffel, in dem auch Frau Jennys Stiefbruder von Westphalen saß, entlassen und durch eine etwas liberalere Regierung ersetzt; auch der höchst unbeliebte Polizeipräsident von Zedlitz und andere Beamte waren ausgetauscht worden. Es war sogar, so Marx, davon die Rede, sie müßten bestraft werden. Der Gegensatz von Militär und Zivil hatte sich aber verschärft. Das Militär drängte auf beträchtliche Vergrößerung der Armee. Die Militärvorlagen und die Steuerbefreiung der Grundbesitzer, so sah Marx es, seien die Punkte, in denen es »zum Klappen kommen wird«. Er zitierte sogar einen Artillerieoffizier, Graf Tavernier, der ihm gesagt habe, »am liebsten würden sie ihre Batterien auf das Garde du Corps richten«. Ja, »der Ton, der in Berlin herrscht, ist frech und frivol. Die Kammern sind verachtet ... Unter einem großen Teil des Publikums ist große Unzufriedenheit mit der bestehenden Presse«. Bei den im Herbst bevorstehenden Wahlen würden zweifellos »das Gros der Burschen, die in der preußischen Nationalversammlung saßen, gewählt werden«. Das waren die liberalen und demokratischen Abgeordneten von 1848, die Marx damals in der

»Neuen Rheinischen« bitter verhöhnt hatte, weil sie sich mit all ihrer entschiedensten Opposition zur Regierung seinerzeit durch das neue reaktionäre Kabinett Manteuffel auseinanderjagen ließen. Jetzt hielt er sie für wichtig »nicht wegen jener Burschen, sondern weil ›Wilhelm der Schöne‹ sie für rote Republikaner versieht«. Überhaupt sei der neue König seit seiner Krönung vom »roten Gespenst« verfolgt, »er betrachtet seine ›liberale Popularität‹ als eine Falle, die ihm die Umsturzpartei gelegt«.

»Unter diesen Umständen nun wäre es in der Tat ganz zeitgemäß, wenn wir nächstes Jahr eine Zeitung in Berlin herausgeben könnten, so widrig mir persönlich der Platz ist.« Es folgt ausführlich der Vorschlag Lassalles; der sei zwar »geblendet durch das Ansehn, das er in gewissen Gelehrtenkreisen durch seinen ›Heraklit‹ und in einem andern Kreis von Schmarotzern durch guten Wein und Küche« besäße. Immerhin könnte der Mann aber »als einer der Redakteure, unter strenger Disziplin, Dienste leisten. Sonst nur blamieren. Aber Du siehst, ich war in großer Verlegenheit bei der großen Freundschaft, die er mir bewies, mit der Sprache herauszurücken.« Er wolle die Sache erst mit Engels besprechen, vertröstete er Lassalle.

»Der Bursche ist furchtbar pathetisch, und so blieb mir nichts übrig, als eine beständige Ironie ihm entgegenzustellen, die seine Eigenliebe um so mehr verletzte, als dadurch die Gräfin, der er sich als Universalgenie imponiert hat, bedenkliche Emanzipationsgelüste von diesem Buddha bekam.«

Marx scheint sich in der Tat mit dem Gedanken geschmeichelt zu haben, er könne die Gräfin Hatzfeldt Lassalle abspenstig machen und zu sich herüberziehen. In einem Brief an die Cousine Nanette komponierte er darüber ein feuilletonistisches Gespräch mit der »Egeria«, in dem er, nicht ganz uneitel, von dem Interesse der Dame für den großen Revolutionär berichtete. Tatsache ist jedenfalls, daß die Gräfin und Lassalle sich in Liebenswürdigkeiten, Gefälligkeiten und Diensten aller Art überboten. Die Gräfin führte ihn ins Theater, und Marx verzeichnete mit Genugtuung, daß sie provokatorisch eine Loge neben der königlichen nahm. Lassalle gab ihm, »zu Ehren meiner Rückkehr«, ein Diner und lud dazu alles ein, was er an Berliner Notabilitäten aufbieten konnte. Unter den Berühmtheiten war der alte General von Pfuël, einstmals Jugendfreund Heinrich von Kleists, später in der Revolution 1848 für ein kurzes Intermezzo Ministerpräsident – und damals wegen seiner Niederwerfung des polnischen Aufstandes von Marx auf das schärfste kritisiert –, jetzt zweiundachtzig Jahre alt, »aber noch geistig frisch und sehr radikal geworden«, bei Hofe in Ungnade gefallen und zu den »Jakobinern« gerechnet. Weiter der Schlachtenmaler Bleibtreu, berühmt durch seine panoramenartigen Bilder aus den Befreiungskriegen, dann ein Hofrat Förster, Historiker und ehemals der »Hofdemagog« genannt, weil er zum Kreise Friedrich Wilhelms IV. gehört hatte. Der Hofdemagog brachte den Toast auf Marx aus. Der Ehrengast saß zwischen der Gräfin und einem überaus schreibfreudigen und geschäftigen Fräulein Ludmilla Assing, der Nichte und Nachlaßherausgeberin Varnhagens, die zweifellos von Lassalle zugezogen war, um »Buchenswertes« aus dem Munde des illustren Revolutionärs sich vorzumerken. Marx meinte, sie habe ihn mit Wohlwollen geradezu überschwemmt; er notierte ihre »garstige jüdische Physiognomie«, die scharfe Nase, ihr ewiges Lächeln und Grinsen, »immer poetische Prosa sprechend ... Begeisterung heuchelnd und während der Verzückungen ihrer Ekstasen ihr Auditorium bespuckend«.

Der Besuch in Berlin wurde kein Erfolg. Weit schlimmer erging es dem immer noch rastlos für Marx tätigen Lassalle bei einem Gegenbesuch im nächsten Jahre in London. Er konnte zu keinem ungünstigeren Zeitpunkt eintreffen. Die Haushaltsführung Marxens hatte in diesen Jahren ihren niedrigsten Stand erreicht. Das Schuldenmachen bei sämtlichen Lieferanten, dem Hausbesitzer und der Gasgesellschaft, von den damals recht minimalen Steuerforderungen abgesehen, führte zu einer Art ständigen Belagerung durch die »Hunde«, die ihre Forderungen einzutreiben suchten. Marx stellte Wechsel so unbedenklich aus, wie jemand anderer Ansichtskarten schreibt. In dem ganzen Wirrwarr dieser Schulden und Schuldverschreibungen fand Marx selber sich kaum je zurecht, und es ist kein Wunder, daß niemand in der Lage gewesen ist, diesen Komplex auch nur ungefähr zu entflechten. Die deutschen Verleger weigerten sich, Werke zu verlegen, die nur aus Ansätzen bestanden oder überhaupt noch nicht geschrieben waren. Die Honorare aus Zeitungsmitarbeit für die »New York Herald Tribune« gingen während des amerikanischen Bürgerkriegs zurück. Die Mitarbeit an der Wiener »Presse«, durch Lassalle bei seinem Vetter Max Friedländer vermittelt, stieß auch bald auf Schwierigkeiten; Marx war kein Lieferant von zügigen und für eine Redaktion willkommenen Artikeln, er schrieb Abhandlungen über die Themen, die ihn gerade interessierten, und wurde wütend, wenn man sie nicht unbesehen druckte. Die erwarteten Honorare diskontierte er immer schon im voraus mit Hilfe des gefälligen Freiligrath, der die größte Mühe hatte, solche Wechsel des Dr. Marx unterzubringen, und zuweilen dabei »versagte«.

Es mag genügen, aus einem Brief an Engels vom 18. Juni 1862 zu zitieren: »Es ist mir höchst ekelhaft, Dich wieder von meiner misère zu unterhalten, aber que faire? Meine Frau sagt mir jeden Tag, sie wünschte, sie läge mit den Kindern im Grabe, und ich kann es ihr wahrlich nicht verdenken, denn die Demütigungen, Qualen und Schrecken, die in dieser Situation durchzumachen sind, sind in der Tat unbeschreiblich.« Jenny versuchte vergeblich, im Pfandhaus Bücher aus der Bibliothek Marxens zu verkaufen. Die Töchter taten Marx um so mehr leid, denn während der interessanten gesellschaftlichen Saison, in die die neue Weltausstellung 1862 fiel, mußten sie mitansehen, wie »ihre Bekannten sich amüsieren und sie nur Schrecken durchmachen, daß nur niemand sie besucht und den Dreck durchschaut«. Auch Lassalle hatte die Weltausstellung als Anlaß für seinen Besuch gewählt, und er stieg bei Marx ab, ahnungslos, in welche Situation er dabei geriet. Der Kontrast zu der eleganten Wohnung zu Berlin in der Bellevuestraße und dem Haushalt Marx, der kaum die nötigsten Lebensmittel und auch diese nur auf Pump beschaffen konnte, mußte zu geheimer Erbitterung bei den Gastgebern führen. Es kam aber noch ein entscheidender Grund für das Zerwürfnis hinzu. Lassalle hatte in der Zwischenzeit eifrig publiziert, Marx nicht eines der vielfach angekündigten Werke angegangen. Dabei fühlte er sich mitten unter allen Geld- und Gesundheitsplagen besonders produktiv aufgelegt, wie er an Engels schrieb: »Im übrigen arbeite ich jetzt stark drauflos, und sonderbarerweise ist mein Hirnkasten unter der misère ringsum besser im Gang als seit Jahren.« Er dehnte den versprochenen zweiten Band seiner »Kritik der politischen Ökonomie« auf mehrere Bände aus (in den Vornotizen und Exzerpten), »da die deutschen Hunde den Wert der Bücher nach dem Kubikinhalt schätzen«. Nebenbei sei er nun endlich auch mit der »Grundrentscheiße« im reinen und habe nunmehr den »Schwindel« der Theorie Ricardos herausgefunden; all dies aber auf dem Papier, noch ungeordnet, kaum zusammenhängend, jedenfalls unpublizierbar. Er füllte achtzehn umfangreiche Hefte mit diesen Vorstudien, deren Veröffentlichung sich bis in die Mitte des nächsten Jahrhunderts hingezogen hat und noch nicht völlig beendet ist. Der anmaßliche Lassalle hingegen schickte ihm einen gewichtigen Band nach dem andern zu, seine rechtshistorisch-politische Abhandlung »Das System der erworbenen Rechte«, mit der er Marx zur Seite treten oder, so sah Marx es, ihn überholen wollte; dann seine Arbeiten über Fichte und ein literarhistorisches Pamphlet gegen den beliebten Literarhistoriker Julian Schmidt. Darüber wollte er mit Marx sprechen, und er renommierte mit dem Aufsehen, das seine Publikationen gemacht hätten; er prahlte von künftigen großen Arbeiten auf allen möglichen Gebieten und traute sich sogar zu, es auch einmal mit der gerade sehr beliebt gewordenen Ägyptologie zu versuchen.

Man kann natürlich Lassalle taktlos und naiv finden; naiv besonders darin, daß er offenbar noch immer an Freundschaft mit Marx glaubte und völlig überhörte und übersah, welche offene Feindschaft ihm da entgegenschlug. Er hatte Marx nach dessen Besuch in Berlin reichlich Geschenke mitgegeben, elegante Damenmäntel für Frau und Töchter, mit denen sie hochvergnügt im Zimmer umherspazierten; Frau Jenny hatte darüber noch an Lassalle geschrieben: »So was imponiert dem Philistertum um uns herum, das gibt Ansehn und Kredit.« Nicht genug Kredit freilich, um den Aufenthalt eines so verwöhnten Gastes zu bestreiten, der allein für seine Fahrten mit den Cabs und seine Zigarren so viel aus seiner Tasche ausgab, wie Frau Jenny brauchte, um die Wochenspesen für das Frühstück aufzubringen. Lassalle sprach auch von seinen Börsenspekulationen und verriet, er habe dabei schwere Verluste gehabt, die in die Tausende von Pfund gingen. Und dies ohne daran zu denken, wie Marx erbittert meinte, einem Freunde tatkräftig unter die Arme zu greifen; er half nur immer wieder mit Einzelbeträgen aus. So machte Marx Engels gegenüber seiner Erbitterung nach endlicher Abreise des unwillkommenen Gastes in seinen geschmacklosesten antisemitischen Äußerungen über Lassalle Luft: »Es ist mir jetzt völlig klar, daß er, wie auch seine Kopfbildung und sein Haarwuchs beweist, von den Negern abstammt, die sich dem Zug des Moses von Ägypten anschlossen (wenn nicht seine Mutter oder Großmutter von väterlicher Seite sich mit einem Nigger kreuzten). Nun, diese Verbindung von Judentum und Germanentum mit der negerhaften Grundsubstanz müssen ein sonderbares Produkt hervorbringen. Die Zudringlichkeit des Burschen ist auch niggerhaft.«

Am Tage der Abreise Lassalles drohten gerichtliche Schritte der verschiedenen Gläubiger, und jetzt erst scheint Lassalle etwas gemerkt zu haben, wie es im Hause Marx aussah; er gab Marx fünfzehn Pfund in bar und sagte ihm, er könne Wechsel auf ihn ausstellen für weitere Beträge. Es folgten dazu jedoch noch höchst unerquickliche Briefe über Marxens Handhabung dieser Erlaubnis, in denen Marx sich teils entschuldigte, teils rechtfertigte und schließlich, da er Lassalle immer noch brauchte, meinte: »Sollen wir uns deswegen positiv entzweien? Ich denke, das Substantielle in unserer Freundschaft ist stark genug, um auch solchen chock ertragen zu können. Ich gestehe Dir, sans phrase, daß ich als Mann auf dem Pulverfaß eine Kontrolle der Umstände über mich erlaubte, die einem animal rationale nicht ziemt.« Es sei aber nicht großmütig von Lassalle, diesen Gemütszustand, »in dem ich mir am liebsten eine Kugel durch den Kopf geschossen«, nun womöglich juristisch gegen ihn geltend zu machen.

Damit endete die ausführliche Korrespondenz mit einem Mitstreiter über lange Jahre hinweg. Die Substanz der Freundschaft, wenn je vorhanden, war längst aufgebraucht. Das Kennwort ist das »mit Haut und Haar« in Marxens Anweisung an Engels, wie Lassalle bei »klugem Management« Dienste leisten könnte. Lassalle war kein Mann, der sich mit Haut und Haar einem andern ausliefern konnte. Er war selber Autokrat und Marx in vielen Zügen nur allzu ähnlich.

Es ging jedoch nicht nur um Wechseltransaktionen. Es ging allerdings auch nicht nur um tiefliegende weltanschauliche und prinzipielle Gegensätze. Man kann nicht gut – wie das nur zu oft geschieht – den kompletten Marx mitsamt seinen unveröffentlichten riesigen Manuskripten mit dem Lassalle von 1862 konfrontieren; das »Kapital« war ja noch längst nicht erschienen, das erst einige Jahre nach Lassalles Tode herauskam. Wenn Marx dann später unablässig von »Plagiaten« Lassalles aus seinen Werken und Gedanken sprach, so muß man fragen: Plagiat aus den noch unveröffentlichten Werken? Oder war es ein »Plagiat«, wenn Lassalle nun in seinen weiteren

Aktionen das »eherne Lohngesetz« als seine wirkungsvollste ökonomische Propagandathese für die Gewinnung der Arbeitermassen verkündete? Lassalle zitierte in seiner entscheidenden Rede, die zum Programm für die alsbald gegründete erste Arbeiterpartei in Deutschland führte, allerhand nationalökonomische Autoritäten dafür, daß der Arbeiter unter dem Kapitalismus nur eben so viel an Lohn erhielte, um sein Leben zu fristen, und nicht mehr. Er führte die Namen Say, Ricardo, Adam Smith und John Stuart Mill an, nicht aber den des Dr. Marx, der sich im ersten Band seines »Kapitals« unter »Kauf und Verkauf der Arbeitskraft« so ähnlich oder nahezu gleichlautend vernehmen ließ: »Der Wert der Arbeitskraft ist der Wert der zur Erhaltung ihres Besitzers notwendigen Lebensmittel«, mit weiteren Ausführungen, die eine ganze, höchst kunstvolle Systematik der Werttheorie auf wissenschaftlicher Grundlage entwickeln. Sie ist unwiderleglich, wie Marx sie auch ansah, soweit man als »wissenschaftlich« – und allein wahrhaft wissenschaftlich – die Theorie des Dr. Marx anerkennt, nicht als eine Hypothese mit bestimmten Voraussetzungen, sondern als den vorgezeichneten Gang der Geschichte. Doch all dies lag zu dieser Zeit noch nicht vor.

Lassalle war weniger gründlich und konnte das auch nicht gut sein, wenn er zu einer noch wenig vorgebildeten Arbeiterschaft sprach. Er berief sich zwar auch, wie Marx, immer wieder darauf, daß er ein bedeutender »Wissenschaftler« sei, und nichts hat Marx so bis ins Tiefste aufgeregt. Zudem wollte Lassalle unmittelbar wirken; auch Marx wollte das, es war ihm aber nicht gegeben. Beide waren Revolutionäre ihrem Temperament und ihrer Überzeugung nach. Es gibt nicht nur einen Typus des Revolutionärs.

So wurden die letzten beiden Jahre, die Lassalle noch vergönnt blieben, Jahre völliger Entfremdung. Lassalle reiste umher und sprach zu großen Versammlungen; Marx hörte und las darüber nur in Berichten. Lassalle ließ sich die Präsidentschaft des neugegründeten »Allgemeinen deutschen Arbeitervereins« antragen und übernahm die Führung mit diktatorischen Vollmachten. Für Marx war das alles nur wilder Ehrgeiz eines »Unbefugten«, die Schriften Lassalles schienen ihm lediglich »Sextanerweisheiten« oder, soweit Besseres darin vorkam, Diebstahl an seinem Geisteswerk. Er verkannte nicht nur die Persönlichkeit Lassalles, sondern auch völlig die zeitgeschichtliche Situation, in der dieser jetzt auf dem Höhepunkt seiner bunten Karriere auftrat. Lassalle schätzte sie sehr viel realistischer ein als der Weise von London, der in rein internationalen Kategorien dachte und eine gewaltige internationale Macht, »das Proletariat«, zu seiner Verfügung glaubte, bereit und fähig, bei richtiger Belehrung durch seine wissenschaftlichen Beweise den von ihm vorgezeichneten Umsturz aller Werte in Wirtschaft und Staatenwesen bei nächster Gelegenheit durchzuführen. Lassalle lebte in Deutschland, das Marx seit langem fremd geworden war, er erkannte die Machtverhältnisse dort mit sehr viel sichererem zeitpolitisch eingestellten Blick. Er glaubte nicht an Bedeutungslosigkeit des Staates und an die bloße Torheit seiner Repräsentanten; er hat wiederholt betont, daß der preußische Staat »gut bedient« sei und nicht nur durch »dumme Krautjunker« oder einen »schönen Wilhelm« repräsentiert. Er vertraute nicht auf ein noch unbestimmtes Proletariat; er sah und wußte, daß er es mit noch sehr ungeformten Arbeiter- und Handwerkermassen zu tun hatte. Aus diesen war zunächst eine schlagkräftige politische Partei zu formieren; daher sein erster Hauptpunkt der Propaganda: allgemeines Wahlrecht für die Arbeitermassen anstelle des noch geltenden 1849 oktroyierten Dreiklassenwahlrechts, das alle Nichtbesitzenden völlig entrechtete. Er ging darin konform mit der englischen Entwicklung, und es ist oft darüber spekuliert worden, welche Laufbahn Lassalle wohl beschieden gewesen wäre, wenn er wie Disraeli ein englischer und nicht ein deutscher Jude gewesen wäre. Hinein also in den Staat, ihn umbilden und die berechtigten sozialen Forderungen der Arbeiterschaft durchsetzen, am Ende – und das behielt er sich durchaus vor – ihn übernehmen. Bis dahin, was ein langer Prozeß sein würde, glaubte er daran, durch Produktionsassoziationen der Arbeiter, unter Mithilfe des bestehenden Staates, schon wesentliche Verbesserungen der wirtschaftlichen Lage und des Bildungsstandes der bisher Unterdrückten durchführen zu können; darin war er zweifellos den französischen »Utopisten« wie Fourier und vor allem Proudhon sehr nahe. Der unmittelbare Hauptgegner war für ihn die Bourgeoisie, der Liberalismus, die Fortschrittspartei, die gerade im preußischen Abgeordnetenhaus bei aller Behinderung durch die Reaktion die überwiegende Mehrheit errungen hatte, sich in vergeblichem Kampf um die von der Regierung ignorierte Verfassung aufrieb und dabei war, sich zu spalten. Im Gegensatz zum Internationalisten Marx sah er das nationale Verlangen nach Einheit als eine der großen bewegenden Mächte der Zeit. Damit geriet er in die Nähe von Bismarck, der denn auch aufmerksam wurde auf diesen Mann und ihm bei unverbindlichen Gesprächen auf Spaziergängen angelegentlich zuhörte. Er schien ihm als Gegengewicht für die immer lästiger werdenden Liberalen brauchbar zu sein, um vielleicht auch mit seinen sozialen Plänen zum Ausgleich der Gegensätze einiges beisteuern zu können. Lassalle wiederum hat sich zweifellos zugetraut, beim »Kirschenessen« mit diesem großen Gegner nicht nur die Kerne vor die Füße geworfen zu bekommen. Er traute sich zu, den Spieler zu überspielen und zu benutzen.

Für Marx war es ein Gottesgeschenk, daß diese Besprechungen dann nach Lassalles Tode, hauptsächlich durch Liebknecht, bekannt wurden und sich leicht als skandalöser Verrat der guten Sache interpretieren ließen. Solcher Verrat wurde dann zur geschichtlichen Wirklichkeit in der weiteren Entwicklung nicht nur der deutschen Arbeiterbewegung und des Sozialismus. Der Einfluß Lassalles und seiner Parteigründung ist ein höchst bedeutsames Kapitel in dieser Geschichte, das ich hier nicht zu schreiben habe. Ich möchte nur sagen, daß man ihn nicht als großen »Gegenspieler« von Marx aufbauen kann, ebensowenig zu einem bloßen zeitweiligen Verräter oder »Abweichling« von der reinen Lehre.

Die letzten beiden Lebensjahre zeigen viele hektische Züge, außerdem auch schwere Depressionen. Lassalle, bei aller fanatischen Regsamkeit, war schwer krank. Er litt an nicht ausgeheilter Syphilis, und Marx hat sich auch diesen Zug im Bild des Mannes nicht entgehen lassen. Lassalle hat vielleicht gerade aus diesem Grunde sich mit so verhängnisvoller Energie seinen stets sehr outrierten und oft genug phantastischen Liebesbeziehungen zu den verschiedensten Frauen hingegeben, abgesehen von der seit langem unerotischen Beziehung zu seiner »Egeria«, der Gräfin Hatzfeldt. Das ist in der Tat ein ganzer Roman und nur in solcher Form zu erzählen. Auch sein letztes Abenteuer, das zum tödlichen Duell führte, ist romantisch, grotesk, sinnlos, wenn man will, oder nur ein Zeugnis für seine maßlose Eitelkeit, wie Marx und Engels es sahen. Ein Flirt, eine anfangs belanglose Spielerei mit einem Fräulein von Dönniges, Tochter eines bayerischen Diplomaten, verleitete ihn zu einer Verlobung mit der Siebzehnjährigen, die schon als Backfisch mit einem rumänischen Adligen von Racowitza verlobt gewesen war. Das Mädchen bekam es mit der Angst, nachdem sie anfänglich mit Lassalle vor dem Einspruch ihrer Familie hatte fliehen wollen. Lassalle glaubte sich ihrer »Liebe« so sicher, daß er selber sie der Familie wieder zuführte. Er suchte sogar auf »diplomatischem Wege« den Vater zur Einwilligung in die Heirat zu bewegen; die Tochter verweigerte sich ihm jedoch, und diese Niederlage und die Heranziehung des Exverlobten schienen Lassalle so unerträglich, daß er den jungen Rumänen zum Duell forderte. Er sah sich in seiner persönlichen Mannesehre getroffen und, in der Verschränkung seiner verschiedenen Ehrgeize, als angehender Parteiführer kompromittiert; es ist auch möglich, daß ein geheimer Todeswunsch hineinspielte. Er war sich seines politischen Erfolges nicht so sicher, wie sein Auftreten es plakatierte. Ebensowenig wie die Motive für einen Selbstmord kann ein solcher Duellsuizid auf ein einzelnes Moment reduziert werden.

Der junge Rumäne schoß ihn bei dem Pistolenduell in den Bauch. Die Kugel konnte nicht entfernt werden, Lassalle starb nach wenigen Tagen, bei klarem Bewußtsein und nach Abfassung seines Testamentes, das die Nachfolge in der Führung seiner Parteigründung regeln sollte.

Marx schrieb der Gräfin Hatzfeldt einen formgerechten und formvollendeten Kondolenzbrief, in dem es hieß, der Verstorbene sei einer der Menschen gewesen, auf die er viel hielt. »Seien Sie überzeugt, daß niemand tiefern Schmerz über Lassalles Weggerafftsein empfinden kann. Und vor allem fühle ich für Sie. Ich weiß, was der Verewigte Ihnen war, was sein Verlust für Sie ist. Freuen Sie sich über eines: Er ist jung gestorben, im Triumph, als Achilles.«

Die Erste Internationale

Die Trennung von Lassalle hatte weitreichende Folgen für Marx. Er und Engels, dem Lassalle noch sehr viel unsympathischer war, fochten nun mit aller Macht gegen alles, was nur nach Lassalle »roch«, auch und gerade da, wo Lassalle den Weg vorgezeichnet hatte, der sich als entscheidend für die Zukunft erwies: Aufbau einer festgefügten, gut organisierten eigenen Arbeiterpartei, die sich im Kampf mit dem »Fortschritt«, dem linksliberalen Bürgertum, entwickelte. Marx hat es nie verstanden, eine Partei zu begründen; er hat es nicht einmal verstanden, die Parteigründungen anderer zu fördern oder auch nur anzuerkennen. Er witterte immer und überall Abfall von der reinen Lehre, Kompromißlerei, persönlichen Ehrgeiz oder gar »Käuflichkeit« der Führer, ein Wort, mit dem er sehr freigebig umging. Er hatte nicht das geringste Verständnis für die großen Umwälzungen, die sich »vor seinen Augen« im Gefüge der Arbeiterschaften aller Länder vollzogen. Für Deutschland mochte das noch begreiflich sein: Er war nun seit Jahrzehnten von den deutschen Verhältnissen entfernt und angewiesen auf Zeitungsnachrichten und gelegentliche Informationen in Briefen. Die deutsche Arbeiterbewegung war, als Lassalle seine Partei begründete, noch in den allerersten Anfängen.

Das Bürgertum wiederum, weit entfernt davon, einen soliden »kapitalistischen« Block zu bilden, spaltete sich: in die »Fortschrittlichen«, die entschiedene Gegner des preußischen Staates waren, aber in wirtschaftlicher und sozialer Hinsicht ebenso entschiedene Gegner des Sozialismus und resolute Vertreter des Manchestertums mit seiner Parole des »laisser faire«, der »Selbsthilfe«, des Freihandels, auch im Wirtschaftskampf der Klassen. Die andere Gruppe, zunächst noch schwächer, aber bald sehr stark werdend, waren die »National-Liberalen«, die vor allem nationale Einigung Deutschlands, die große Parole von Anno 1848, forderten und dabei, obwohl mit Bedenken, die Führung Preußens als unvermeidlich bejahten. Und rechts davon befanden sich die Konservativen, die wiederum keineswegs in sich einig waren, sondern aus den sehr einflußreichen »Altpreußen« bestanden, den Junkern und Großgrundbesitzern, die dem neuen Mann, dem »Krautjunker Bismarck«, das Leben äußerst sauer machten, dazu jedoch einen nicht unbeträchtlichen Teil der akademischen Intelligenz in ihren Reihen hatten, der Beamtenschaft sowie Vertreter der schon weit ausholenden Großindustrie. Nur ein Meisteropportunist und politischer Spieler höchsten Formats wie Bismarck hat es verstanden, sich in diesem fast unentwirrbaren Komplex von Interessen, materiellen Wünschen, idealistischen Beweggründen oder schlichtem Treiben und Getriebenwerden zurechtzufinden und dazu noch die gefährlichen außenpolitischen Kombinationen einigermaßen zu dirigieren, die jeder Einigung Deutschlands entgegenstanden. Denn dies muß doch gesagt werden, auch wenn es der üblichen Geschichtsauffassung in den meisten Ländern widerspricht: Niemand wollte im Ausland ein geeintes Deutschland, ganz gleich welcher Fassung.

Der spätere Abscheu und Hohn über Bismarcks »Blut- und Eisen«-Politik mutet etwas wunderlich an, wenn er von seiten der Staaten erhoben wird, die zur gleichen Zeit, sicher nicht auf dem Verhandlungsweg, ihre großen Imperien aufbauten. Die ganz überragende Rolle, die der Nationalismus, sagen wir besser das Nationalgefühl im 19. Jahrhundert, gespielt hat, ist immer nur jeweils in dem Land, das davon profitierte, gewürdigt worden; in anderen Ländern begnügte man sich mit höchst unverbindlichen Sympathien und harmlosen Kundgebungen. Der »Fall« oder die Frage Polen war dafür stets zur Hand. Man könnte eine eindrucksvolle Anthologie mit vielen der besten Namen zusammenstellen, wenn es darum ginge, die Polenlieder, Polenaufrufe, Polenbankette und Polenvereine aufzuzeichnen, die das ganze 19. Jahrhundert hindurch die Öffentlichkeit bewegten. Man fühlte sich großherzig, und pathetische Phrasen waren leicht bei der Hand, wenn man das Schicksal dieser Nation beklagte und ihre mutigen Vorkämpfer pries, die überall in Europa auftauchten, wo für die Freiheit gefochten wurde. Sobald es sich aber darum handelte, etwas Handgreifliches zu tun, versagten die Sympathiseure; man wußte nichts anderes vorzuschlagen, als daß eben Frankreich, Preußen oder sogar Österreich dem geplagten und mißhandelten Polen mit Waffengewalt zu Hilfe kommen müßte. Wie das aussehen sollte, blieb immer gänzlich unbestimmt angesichts der geographischen Situation und der Tatsache, daß Rußland eine Wiederherstellung Polens, noch dazu nach dem Stand vor der ersten Teilung, als tödliche Bedrohung auffassen mußte. Um so besser, so argumentierte auch Marx, dann gibt es eben europäischen oder Weltkrieg und damit allgemeine Revolution.

Immer wieder bricht bei Marx diese Revolutionserwartung durch: Er wartet nur auf das »auslösende Moment«, sei das nun ein erneutes »Krähen des gallischen Hahns« oder ein Zusammenstoß der Politik der großen Mächte. Vergeblich mahnte, zu seinem Ärger, Lassalle, der darin weit schärfer die zeitbedingte Situation vor Augen hatte und den nationalen Gedanken in Deutschland keineswegs unterschätzte. Denn wie sollte das eigentlich aussehen? Würde etwa ein Sieg der preußischen Waffen über die nach dem Krimkrieg geschwächten russischen Heere dazu führen, daß die preußische Armee nach siegreichem Einzug in Berlin sich gegen den König wandte und ihn verjagte? Marx immerhin hat so etwas noch später, in einem Interview mit einem englischen Politiker, für möglich gehalten. Seine Revolutionstheorie bestand ja darin, daß eine gewaltige, einheitlich durch gemeinsame Klasseninteressen verbundene Macht, »das Proletariat«, bereit stand, sich zu erheben und die Umwälzung herbeizuführen, sobald ein äußerer Anlaß dazu Gelegenheit bot. Solch ein Anlaß konnte eine Wirtschaftskrise sein, was am ehesten mit seiner Theorie zusammenstimmte, und unablässig hielt er danach Ausschau. Doch diese wollte sich nicht zeigen.

Die kapitalistische Wirtschaft, deren Höhe- und Endpunkt er schon 1848 so zuversichtlich bestimmt hatte, war überall in riesenhaftem Aufstieg begriffen, und damit entstand unvermeidlich ein ständig stärker werdendes Proletariat. Soweit hatte er im »Kommunistischen Manifest« richtig gesehen. In welchem Entwicklungszustand dieses Proletariat sich jedoch befand, das übersah er nicht und konnte es auch nicht gut übersehen von seinem kleinen Beobachtungsposten in London. Er glaubte aber nun, in den Jahren 1863/64, daß die allgemeine politische Lage so weit zum »unvermeidlichen« Zusammenstoß der großen Mächte gediehen sei, daß ein Krieg als auslösendes Element die Revolution herbeiführen müsse. Vielleicht würde Polen den Anlaß geben? Vielleicht der Krieg in Schleswig-Holstein? Vielleicht der Bürgerkrieg in den USA? Vielleicht die »orientalische Frage«, die durch den Krimkrieg nur in ein neues Stadium getreten war? Die wirtschaftliche Grundlage für die große Umwälzung, wie er sie in Hegelschen Gedankengängen formuliert hatte, konnte dabei zur Zeit in den Hintergrund treten. Der Hintergrund war das Dunkel seiner umfangreichen Vorarbeiten zum »Kapital«, an dem er in gewaltigen Anläufen und Materialsammlungen gerade um diese Zeit unablässig arbeitete. Da er jedoch nicht nur Theoretiker war, stürzte er sich mit Vehemenz immer wieder in die Tagesprobleme der Zeit und stellte das Hauptwerk zurück. Man hat darin eine Flucht vor der immensen Aufgabe sehen wollen, aber man verkennt dabei seine Doppelnatur, die eine Einheit war. Er fühlte sich durchaus befähigt und berufen, bei der Veränderung der Welt seinen Mann zu stehen. Und so kam es in diesen Jahren zur Gründung dessen, was dann später die Erste Internationale genannt wurde und unter dieser Bezeichnung geschichtlich geworden ist. Es war das politische Hauptwerk seines Lebens, und es hat seinen Namen zuerst weithin bekannt und gefürchtet gemacht.

Marx selber hat die Internationale nicht begründet; sie entstand recht zufällig und ohne sein Zutun, aber er hat ganz zweifellos verstanden, sich einzuschalten und die Führung zu übernehmen. Was daraus wurde, ist nun zu erzählen, und es ist eine deprimierende Geschichte mit vielen sehr kleinmenschlichen Zügen, Eifersüchten, Intrigen, Mißverständnissen und Antagonismen in grundsätzlichen Fragen wie in höchst persönlichen Neigungen und Abneigungen.

Es begann allen sehr hoffnungsvoll und auch mit guten realen Aussichten. Der Fortschritt der Wirtschaft und des Weltverkehrs hatte dazu geführt, daß auch die Arbeiter zu reisen begannen und den Kontakt mit ihren Berufsgenossen in anderen Ländern aufnahmen; sogar die Engländer, sonst dazu wenig geneigt, beteiligten sich daran. Die Regierungen selber beförderten solchen Austausch. Denn auch die Unternehmer waren zunehmend daran interessiert, das Bildungsniveau ihrer Arbeiter angesichts der immer stärkere Ansprüche stellenden Entwicklung der Technik zu heben, die nicht mehr mit stumpfen Arbeitssklaven auskommen konnte, um die unaufhaltsam komplizierter werdenden Produktionsprozesse sinngemäß zu bedienen. So wurden zahllose Versuche gemacht, durch relativ unschädliche, wohlmeinende Vereinsgründungen oder Organisationen dieser Tendenz Rechnung zu tragen. Auch in brennenden politischen Fragen gab man, jedenfalls wenn es der jeweiligen Regierungspolitik angemessen schien, den Stimmungen der nach Ausdruck drängenden Massen mehr Raum als zuvor. Kundgebungen, große Empfänge für Freiheitskämpfer wie Kossuth oder Garibaldi, Bankette, Sympathiedemonstrationen wurden nicht nur erlaubt, sondern gefördert. Man konnte all das, wie Marx, als reine Hinterhältigkeit ansehen; aber es waren dabei auch sehr gute Elemente im Spiel, und der Liberalismus des 19. Jahrhunderts ist, ganz wie zuvor die Aufklärung, einer völlig ungerechtfertigten Abschätzung verfallen. Es wäre leichtfertig, zu vergessen, wie viele tatsächliche Reformen nun doch durchgeführt wurden; dies gilt besonders für England, wo durch die Gewerkschaftsbewegung die Hauptpunkte der alten Charta, vor allem die Durchführung des allgemeinen Wahlrechts und die rechtliche Freigabe des Koalitionsrechts und des Streiks im Lohnkampf, zur Realität wurden – wobei der Tory Disraeli es war, der zum Schluß sogar die Rechtsbestimmungen über Streikposten und andere Kampfmittel, die bis dahin verboten waren, beseitigte.

All das hatte seine Bedeutung für die Gründung der Internationale. Als große Schaustellungen für den Glanz und die Pracht der Industrie waren die Weltausstellungen geschaffen worden; die erste in London 1851, dann kam Paris, eine zweite Schau war für London 1862 vorgesehen. Die französische Regierung beschloß, dazu eine starke Abordnung von Arbeitern zu entsenden; die politischen Beziehungen und auch die wirtschaftlichen waren mit dem Abkommen des freihändlerisch orientierten Handelsvertrages von 1860 freundlich geworden wie kaum je seit langem. Der Vetter Napoleons, der »Plon-Plon« genannte Prinz Louis, war dabei tätig; er liebte es, gewissermaßen am »linken Flügel« des Regimes zu stehen, demokratische Neigungen zu kultivieren. Es wurden aber nicht nur ausgewählte Regierungsschützlinge entsandt. Man veranstaltete eigene Wahlen in den Betrieben für die Delegaten, und einige der oppositionellen Politiker, die gerade dabei waren, eine eigene Arbeiterpartei aufzustellen, wurden gewählt. Eine Marschordnung war nicht vorgeschrieben. Die Delegierten kamen mit den englischen Gewerkschaftsvertretern zusammen. Wichtige Fragen sozialwirtschaftlicher Art standen dabei im Vordergrund, wie beispielsweise gemeinsames Vorgehen zum Schutz gegen die Praxis der Unternehmer, bei Streiks Streikbrecher aus dem Ausland zu importieren. Daneben stand Polen wieder einmal zur Debatte, das gerade seinen letzten, unglücklichen Aufstandsversuch unternahm. In Frankreich hatten die linken Arbeiter bereits Petitionen an den Kaiser gerichtet, zugunsten des geplagten Volkes zu intervenieren; Napoleon ging darauf nicht ein, aber sein Vetter gab unverbindlich zu verstehen, Frankreich würde das gerne tun, werde aber daran gehindert durch England. In England erklärte Palmerston seine Sympathie für die polnische Nation, berief sich aber darauf, daß Frankreich der Hemmschuh sei. Die Arbeiter wollten nun ihrerseits die Sache in die Hand nehmen.

Marx hatte sich auch, obwohl spät, mit Polen beschäftigt und, gemäß seiner Arbeitsweise, umfängliche Lektüre von etwa dreißig Werken betrieben. Polen selber war ihm dabei weniger wichtig als Polens entscheidende Position gegen Rußland, das ihm als ein »Thermometer« für Kampf und Revolution überhaupt galt. Er stand dabei weitgehend unter dem Einfluß des radikalsten Russenhassers im damaligen England, des konservativen David Urquhart, für dessen Parteiorgane er auch vielfach schrieb. Er plante, zusammen mit Engels, der die militärische Seite des Problems behandeln sollte, eine größere Publikation über die polnische Frage, und er sah diese vor allem im Zusammenhang mit seinen von Urquhart angeregten Studien über die »russenfreundliche« Politik der großen Mächte, wobei er sich in seine bis zur Marotte gesteigerte These verbiß, daß Palmerston ein geheimer Agent, ein »käuflicher, bestochener Agent Rußlands« sei. Aus dieser Schrift über Polen wurde nichts, aber die polnische Frage wurde nun zum auslösenden Moment für die Begründung der Internationale.

Die französischen Delegierten und die englischen Gewerkschaftsführer setzten dieses außenpolitische Problem auf das künftige Aktionsprogramm, das bei den ersten Kontakten während der Weltausstellung 1862 beschlossen wurde. Zwei Versammlungen wurden dann im April und Juli 1863 in London veranstaltet, und eine neue französische Delegation kam dazu aus Paris. Der englische Gewerkschaftsführer Cremer pries dabei den neuen polnischen Aufstand als eine der gerechtesten Revolutionen und versprach sogar, daß eine etwaige britische Intervention auf den Beistand des englischen Volkes rechnen könnte. In weiteren Zusammenkünften wurde internationale Zusammenarbeit gefordert, in sozialen Fragen wie in der großen Politik, Kampf gegen die Intrigen der »Geheimdiplomatie, dieser Geißel der Nationen«. Marx war an all diesen Verhandlungen nicht beteiligt. Er hatte nur eine private Begegnung mit einem der polnischen Aufstandsführer, Oberst Teofil Lapinski; die Unterredung, die Marx mit dem Oberst hatte, zeigt nur, wie völlig ahnungslos Marx in den realen Kräfteverhältnissen der Zeit war. Er pries im Brief an Engels Lapinski als den »unbedingt geistreichsten Polen – dabei homme d'action –, den ich bis jetzt kennengelernt«. »Statt der Nationalitätenkämpfe kennt er nur den Rassenkampf. Er haßt alle Orientalen, wozu er Russen, Türken, Griechen, Armenier usw. mit gleicher Vorliebe zählt.« Es störte Marx nicht einmal, daß Lapinski sich höchst abfällig über die polnischen Bauern äußerte; sie seien ein »urreaktionäres Pack«, das man beim Kampf gegen die Russen zunächst aus dem Spiele lassen müßte. »Aber sie seien jetzt reif und würden ... zur levée en masse aufstehen.« Lapinski wollte für den Aufstand eine deutsche Legion aufstellen, um mit der schwarzrotgoldenen Fahne den Russen in Polen entgegenzutreten, teils um die Pariser zu »exasperieren«, teils um zu sehen, ob es irgendwie noch möglich war, die Deutschen in Deutschland zur Besinnung zu bringen.

Was fehlte, war Geld. Marx wollte dazu die deutschen Vereine in London mobilisieren, Engels konnte vielleicht in Manchester etwas unternehmen. »Die Sache selbst wäre vorzüglich.«

Aus der Sammlung wurde nichts; ein kleines Manifest des Arbeiterbildungsvereins, ein Blättchen, auf blauem Papier gedruckt, vielleicht von Marx verfaßt, ist alles, was von dieser Aktion verblieben ist. Marx' eigene größere Studien zur polnischen Frage sind erst in jüngster Zeit bekannt geworden. Die polnische Frage jedenfalls spielte bei der Gründung der Internationale eine wesentliche Rolle; ein polnischer sozialistischer Historiker dieser ungemein verworrenen Vorgänge hat sogar gemeint, Marx sei gewissermaßen durch die »polnische Hintertür« erst in die neue Bewegung hineingeraten.

Die verschiedenen französisch-englischen Kontakte führten im Herbst 1864 in London zu einer großen öffentlichen Versammlung, genauer am 28. September, der als der Gründungstag der Internationale gilt. Es war eine buntgemischte, ausgezeichnet besuchte Kundgebung mit vielen pathetischen Reden – der polnische Aufstand war zu Anfang des Jahres schon zusammengebrochen und erhielt nur noch feierliche Nachrufe. Auch bürgerliche Kreise nahmen an der Versammlung teil. Den Vorsitz führte der Geschichtsprofessor am London University College, Edward Spencer Beesly. Beesly war zusammen mit seinem Jugendfreund Frederick Harrison einer der Führer der englischen Positivisten, die damals einflußreich unter den liberalen Reformern waren; er hatte sich als Mitglied der Kommissionen zur Beratung der Gewerkschaftsfragen bekannt gemacht und stand auch später mit Marx in freundschaftlicher Beziehung. Die Veranstalter hatten erst im letzten Augenblick an einen Dr. Marx gedacht. Der Mittelsmann zwischen den Franzosen und Engländern, Le Lubez, von den Kanalinseln stammend und daher doppelsprachig, wandte sich an Marx und bat ihn, doch einen deutschen Arbeiter für die Tagung zu entsenden. »Ich lieferte den Eccarius«, schrieb er an Engels. Der Schneider Eccarius war alter Kommunist von 1848 her und wurde dann von Marx hartnäckig für die wichtigsten Funktionärsposten der neuen Bewegung delegiert, obwohl er sich da immer nur mäßig bewährte und zum Schluß auch mit Marx zerfiel.

Die Tagung war als reine Demonstration ein Erfolg. Der überfüllte Saal applaudierte den Sprechern, der deutsche Arbeiterchor sang, die Italiener stellten, in London häufig als Instrumentenmacher tätig, die Kapelle, und Jenny Marx erinnerte sich bei der späteren Jubiläumsfeier noch an die Walzer, mit denen die Tagung abschloß.

Wichtiger war eine Resolution, wonach eine internationale Arbeiter-Assoziation mit Sitz in London geschaffen werden sollte. Ein Ausschuß sollte Programm und Statuten aufstellen. Marx war zwar an dem historischen Tage nur Zuschauer auf der Tribüne, aber er trat in den Ausschuß von fünfzig und mehr Mitgliedern ein und übernahm bei den folgenden Debatten mit verschiedenen Unterausschüssen nach einiger Zeit die Führung. Die von anderen Ausschußmitgliedern, dem Engländer John Weston und dem Vertreter Mazzinis, Luigi Wolff, vorgelegten Entwürfe erwiesen sich als zu wortreich und untauglich; bei einer Statutendebatte in Marxens Wohnung kam man bis gegen ein Uhr morgens nicht ganz zum Punkt 1 von 40 des Entwurfs. Der englische Gewerkschaftsführer Cremer verlor die Geduld und schlug vor, Dr. Marx das ganze bisher angelaufene Material zu übergeben, um daraus eine brauchbare Fassung herzustellen.

Marx ergriff diese Aufgabe mit Vehemenz und Genugtuung. Er

stieß das gesamte Statutenwerk, von dem verhaßten Mazzini stammend, um, der, so meinte er zu Engels, eine politische Zentralregierung mit Mazzini an der Spitze schaffen wollte. Er legte die biedere, aber ungeschickte Fassung des alten »Oweniten« beiseite und schuf statt dessen etwas ganz Neues, was ursprünglich gar nicht vorgesehen war: eine »Adresse an die Arbeiterklasse«, später berühmt als die »Inauguraladresse«. Sie wurde akzeptiert und bildete die »Verfassung« der Internationale für die acht Jahre ihres Bestehens.

Die »Inauguraladresse« war eine äußerst vorsichtig gehaltene, diplomatisch und taktisch balancierende Manifestation, kein Manifest mit revolutionären Fanfarenstößen wie 1848: kein »Gespenst«, das umgeht und die Regierungen erschreckt, kein Wort über Kommunismus, Enteignung, Diktatur des Proletariats, vielmehr weitestgehende Selbständigkeit der föderativ zusammengeschlossenen Arbeiterorganisationen der verschiedenen Länder. Das »Selbstbestimmungsrecht« der Mitglieder dieses sozialistischen Völkerbundes stand an der Spitze; Marx zielte dabei sehr wesentlich auf die englischen Gewerkschaftler als die weitaus stärkste Teilnehmergruppe, aber auch auf die Franzosen. Den großen Zielen und eigentlichen Programmpunkten wurde damit Rechnung getragen, daß in der Präambel der Adresse prinzipiell betont wurde, »daß die Emanzipation der Arbeiterklasse durch die Arbeiterklasse selbst erobert werden muß«. Der Kampf dafür sei kein Kampf um Klassenvorrechte und Monopole, sondern für gleiche Rechte und Pflichten und endgültige Vernichtung *jeder* Klassenherrschaft. Die wirtschaftliche Emanzipation der Arbeiterklasse sei das große Endziel, und alle politischen Bewegungen seien ihr unterzuordnen, denn: die wirtschaftliche Unterwerfung unter die Kapitalisten, die sich alle Arbeitsmittel angeeignet haben, ist die Grundlage für die Verknechtung in all ihren Formen, für das soziale Elend, die geistige Verkümmerung und politische Abhängigkeit.

Er gibt dafür auch einen historischen Rückblick über die letzten Jahrzehnte: Das Elend der breiten Massen sei trotz des allgemeinen wirtschaftlichen und technischen Fortschritts nicht beseitigt, sondern eher gestiegen, die sozialen Gegensätze haben sich verschärft und zugespitzt. Dafür seien immerhin – dies den englischen Gewerkschaftlern zu verdanken – einige bemerkenswerte Erfolge erzielt worden: Der Zehnstundentag und die Arbeit der Kooperativen, die jedoch erweitert werden müsse auf breiter nationaler Basis und mit Förderung durch nationale Mittel. Auch Polen wurde nicht vergessen und am wenigsten Rußland, die »barbarische Macht, mit dem Kopf in Petersburg und den Händen in jedem Kabinett Europas«. Als Schlußparole der nun schon zur Tradition gewordene Aufruf: »Arbeiter aller Länder, vereinigt euch!«; Marx legte dabei Wert darauf, »Länder« zu sagen, nicht »Nationen«, wie Mazzini es wollte.

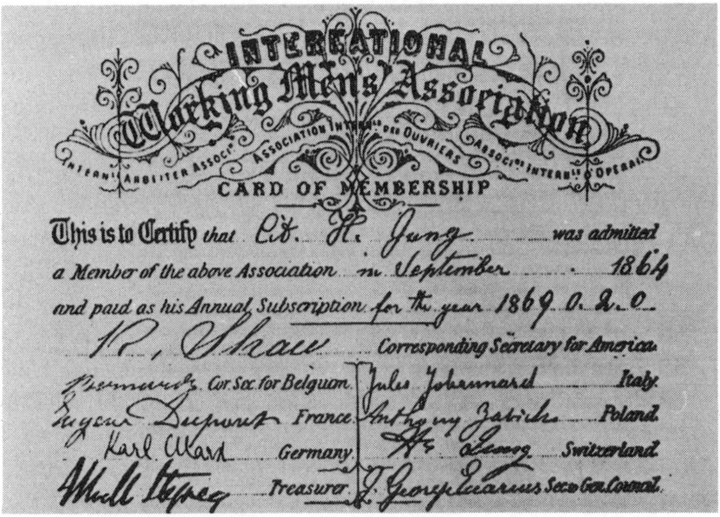

Mitgliedskarte der Internationalen Arbeiter-Assoziation von 1869

Auch eine ganze Reihe moralischer Hochziele wurden angefügt, über Wahrheit, Gerechtigkeit und Sittlichkeit aller Teilnehmer der Assoziation, im Verhalten zueinander und zu allen Menschen ohne Rücksicht auf Hautfarbe, Glauben oder Nationalität.

Marx entschuldigte sich Engels gegenüber: Solche Konzessionen seien nötig mit Rücksicht auf die Franzosen und Italiener, die nun einmal hochtönende Phrasen nicht entbehren könnten. »Es war sehr schwierig, die Sache so zu halten, daß unsere Ansicht in einer Form erschien, die sie dem jetzigen Standpunkt der Arbeiterbewegung akzeptabel machte.« Man brauche Zeit, bis die »wiedererwachte

Bewegung die alte Kühnheit der Sprache erlaubt«. Und in seinen weiteren Weisungen und Kundgebungen verfuhr er in der Tat während der ersten Jahre sehr umsichtig und behutsam. Er griff ein, mahnte, dirigierte und legte Wert darauf, als der oberste Schiedsrichter, über den Parteiungen stehend, zu vermitteln und auszugleichen, soweit ein Ausgleich möglich war. Und schon 1867 schrieb er hochgemut an Engels: »Les choses marchent. Und bei der nächsten Revolution, die vielleicht näher ist, als es aussieht, haben *wir* (d. h. Du und ich) diese mächtige Maschine in *unserer* Hand.« Und nahezu wohlgelaunt: »Dabei ohne Geldmittel! Mit den Intrigen der Proudhonisten in Paris, Mazzinis in Italien und der eifersüchtigen Odger, Cremer, Potter (der englischen Gewerkschaftsführer) zu London, mit den Schulze-Delitzsch und den Lassalleanern in Deutschland. Wir können sehr zufrieden sein!«

Es ist übrigens bemerkenswert, daß Engels sich lange sehr zurückhielt und erst ganz zum Schluß in die Leitung der Internationale eintrat; über seine Zweifel und Bedenken, auch an der Organisationsgabe seines Freundes, hat er sich nicht geäußert; jedenfalls ist darüber nichts erhalten.

Marxens Hochstimmung war berechtigt. Die Internationale wuchs über alle Erwartungen hinaus an, besonders in England. Und zweifellos war Marx der dirigierende Geist, obwohl er formell nur ein Mitglied der Zentrale, des Generalrats, wie sie dann hieß, war, mit der bescheidenen Stellung eines korrespondierenden Sekretärs für Deutschland. Die Beratungen dieser »Regierung« wurden strikt demokratisch geführt, mit Abstimmungen und unter Leitung eines Präsidenten; während der ersten Jahre war der englische Gewerkschaftler Odger der Vorsitzende, von Marx selber dafür vorgeschlagen, und als dieser dann mit der zunehmenden Entfremdung zwischen Marx und den Engländern ausschied, vermied Marx es, den Posten zu übernehmen. Er setzte vielmehr eine Statutenänderung durch, wonach ein Präsident fortfallen und durch ein engeres Führungsgremium ersetzt werden sollte. Marx hielt sich überhaupt fast ängstlich von allzu naher Beteiligung an den aktuellen Einzelproblemen zurück und nahm persönlich an den Kongressen der Internationale zu London, Genf, Lausanne, Brüssel und Basel gar nicht teil, sondern ließ sich nur durch seine persönlichen Vertrauten und Delegierten vernehmen. Es ging dabei um Probleme der Arbeitszeit, der

Frauen- und Kinderarbeit, um die sehr heikle Frage der Mitarbeit anderer fortschrittlicher Organisationen und generell um das Verhältnis zum Staat und zu den Regierungen. Er wollte sich in diesen unvermeidlich sehr kontroversen Fragen sowenig wie möglich festlegen. Erst bei dem letzten und sechsten Kongreß in Den Haag, der zugleich das Ende der Internationale bedeutete, trat er selber in Erscheinung und zog auch Engels hinzu. Es war aber nie ein Zweifel daran, daß er der »Kopf« des Unternehmens war; man respektierte ihn höchlichst, auch wo man anderer Meinung war. Man bewunderte sein ökonomisches Wissen, seine Gabe zu formulieren, und man nahm es geduldig hin, wenn er einmal mehrere Sitzungen lang den Generalrat mit einem regulären Kolleg über die soeben von ihm im »Kapital« erarbeiteten prinzipiellen Grundfragen des Wirtschaftslebens traktierte.

Aber es läßt sich nicht sagen, daß man ihn liebte. »Ein hochgelehrtes Haus«, so beurteilten ihn etwa die englischen Arbeiterführer, von denen keiner ein Akademiker war, sondern die in der Tat aus proletarischen Kreisen oder Handwerkerfamilien stammten. Sie waren Männer der Praxis und ließen sich nicht gerne darüber belehren, wie weit sie da gehen dürften und was sie zu vermeiden hätten. Bei den anderen Nationen spielten andere Antagonismen eine Rolle; mit den Franzosen hat er sich nie auch nur leidlich verstanden, er erschien ihnen als »typischer Deutscher« oder, wie man damals auch sagte, als »Germane«: tiefsinnig, schwerfällig und dann wieder autokratisch. Der Vorwurf, daß er ein autokratisches Regime in die lose föderative Organisation einführen wollte, wurde von vielen Seiten gemacht, besonders von den romanischen Nationen, in denen der Anarchismus seine überzeugtesten Vertreter hatte. Und schließlich fanden alle diese Stimmungen in einem repräsentativen Gegner und Erzfeind ihre definitive Gestalt: Michail Bakunin.

Zwischen ihnen entspann sich ein Kampf auf Leben und Tod, gegen den alle anderen kleineren oder ferneren Gegner zurücktraten: eine Auseinandersetzung, bei der es zugleich um große Prinzipien ging und ebenso um ganz persönliche Abneigungen – und um die von Marx nie gelöste Frage »Anarchismus oder Autorität«. Wir können uns die vorausgehenden Streitigkeiten bei den Verhandlungen der Kongresse der Internationale ersparen; sie sind oft über alle Begriffe kleinlich und gehässig, auch mit ganz persönlichen Gegensätzen verbunden, die kaum etwas wirklich Prinzipielles enthalten, sosehr das im Rückblick über mehr als ein Jahrhundert hineingedeutet wird. Marx hat immer die Prinzipien in bestimmten Personen verkörpert gesehen und gegen diese dann einen mitleidlosen Vernichtungskampf geführt. In der Geschichte der Internationale war Mazzini zuerst der Hauptfeind; er war verhältnismäßig leicht auszuschalten gewesen. Der weitere Gegner waren Proudhon und seine Anhängerschaft, mit der Marx zeit seines Lebens nur in Publikationen fertigwerden konnte. Nun stieß er aber auf eine menschliche und politische Urkraft, die nicht beiseite zu schieben war. Denn Anarchismus war ein Element, das unterschwellig auch in Marx sehr viel stärker wirkte, als es in seiner Lehre und seinen Kundgebungen ans Licht tritt. An-Archie, dem Wortsinn nach Negierung des Staates, eines jeden Staates, auch des künftigen kommunistischen, war eine entscheidende These in dem immer nur sehr unbestimmt gefaßten Bilde von der kommenden Gesellschaft. Anarchisch aber, eher im abschätzigen Wortsinn, war die Kampfweise, mit der Marx diesen neuen Gegner anging.

Durch den Kommunisten und Mitkämpfer Philipp Becker ließ Marx während des Genfer Friedenskongresses 1867 sein soeben erschienenes Buch »Das Kapital« an Bakunin übermitteln, das dieser als ein »wichtiges, gelehrtes, obgleich sehr abstraktes Werk« bezeichnete. Daß Bakunin vergaß, sich beim Absender selber darüber zu äußern, gab erneut Anlaß, das alte Mißtrauen gegen ihn und alles »Moskowitische« zu nähren. Es sollte schlimmer kommen. Zwei Jahre später begann Bakunin, »Das Kapital« ins Russische zu übersetzen, doch was auf Marx anerkennend und versöhnlich hätte wirken können, wurde der persönlichen Beziehung zwischen den beiden Männern endgültig zum Verhängnis. Ein junger russischer Wirrkopf und Revolutionär, Netschajew, hatte sich in jener Zeit Bakunin genähert und auf ihn durch seinen radikalen Aktionismus einigen Einfluß gewonnen. Es trat ein, was bei einem unsteten Geist wie Bakunin keineswegs schwierig vorauszusehen war – er gab die Arbeit an dem spröden Projekt bald auf. Ein Problem blieb nur der schon gezahlte Vorschuß von 300 Rubeln, die er von seinem Verleger erhalten hatte. Das regulierte Netschajew auf seine besondere Weise. In einem Erpresserbrief wurde der Verleger unter Todesandrohung aufgefordert, von einer Rückzahlung des Betrages Abstand zu nehmen.

Als Marx durch seine Mittelsmänner von dem Fall erfuhr, empfand er die Angelegenheit schmerzhaft als persönlichen Affront; doch als Mittel, um den wachsenden unheilvollen Einfluß Bakunins in der Internationale zu stoppen, war sie ihm hochwillkommen, zumal Netschajew es nicht immer nur bei Drohungen belassen hatte. Er war inzwischen in eine Art Fememord an dem Studenten Iwanow, einem abtrünnigen Mitglied des von ihm gegründeten »Revolutionskomitees«, in Moskau verwickelt. Auf der Flucht tauchte Netschajew erneut bei Bakunin auf, um dann schließlich 1872 von schweizerischen Gendarmen verhaftet und nach Rußland ausgeliefert zu werden. Verurteilt zu zwanzig Jahren Zwangsarbeit und lebenslänglicher Verbannung, starb er in den Kerkern der Peter-Pauls-Festung. Marx zog nun vehement gegen den »Mörder vulgaris« zu Felde und hoffte, in ihm seinen Gegner Bakunin politisch zu treffen. Schließlich hatte die Kontroverse zwischen dem Londoner Generalrat und den widerstrebenden nationalen Sektionen – vornehmlich der bakuninistischen Jura-Föderation, die sich von der romanischen Föderation der Internationale abgespalten hatte – noch erheblich an Spannungen zugenommen. In öffentlichen Rundschreiben wurden die Londoner Beschlüsse über die Notwendigkeit zur politischen Aktion der Arbeiterschaft heftig kritisiert und die Autorität des Generalrats ernstlich in Frage gestellt. Durch Marx kam postwendend die Antwort in dem vertraulichen Zirkular »Über die angeblichen Spaltungen in der Internationale«, in dem erneut Netschajew und der durch diesen kompromittierte Bakunin angegriffen sowie die unbotmäßigen anarchistischen Sektierer in den übrigen Ländern aufs Korn genommen wurden. Die Situation wurde nach Marx' Einschätzung immer brenzliger. Es wurde von Komplott der bakuninistischen Sektionen und Verschwörung gegen die Internationale gemunkelt. Der Kongreß in Den Haag im September 1872 sollte die endgültige Klärung bringen.

»Auf dem internationalen Kongreß ... handelt es sich um Leben und Tod der Internationalen, und bevor ich austrete, will ich sie wenigstens vor den auflösenden Elementen schützen«, schrieb Marx an den Vertrauten Kugelmann. Das konnte und wollte er bei diesem gewichtigen Gegner nicht nur wie bisher seinen wenigen Verbindungsleuten überlassen. Er trat nun selbst ins Rampenlicht. Zweck der Versammlung war nach seinen Worten, »die streitbare

Organisation eines Bundes zu befestigen« – der doch bei näherem Hinsehen beträchtliche Risse in seinem Fundament aufwies. In einem Eröffnungsbericht verurteilte Marx zwar die verschärften Verfolgungen, denen sich die Mitglieder der Internationale in den einzelnen Ländern ausgesetzt sahen, aber das Problem vom Leben und Tod der Organisation wurde in den eigenen Reihen ausgemacht. Erster und wichtigster Programmpunkt war für ihn also die Vernichtung Bakunins und seines Anhangs; da war ihm jedes Mittel recht und keines zu schlecht. Eine Unterkommission wurde auf Marx' und Engels' Betreiben eingesetzt, um den Beschuldigten zu vernehmen. Bakunin aber lehnte es ab, vor ihr zu erscheinen. So entschieden deren Aussagen über Bakunins Ausschluß aus der Internationale. Das Urteil lautete: Verstoß gegen die Statuten und – gemeine Erpressung. Als letzten Trumpf hatte Marx jenen Erpresserbrief von Netschajew ausgespielt, nachdem es ihm über Danielson – dem nunmehrigen Übersetzer des »Kapitals« – gelungen war, den Brief aus Petersburg zu beschaffen.

Erbittert konstatierte Bakunin nicht ohne Grund, der Kongreß sei »ein trauriges Produkt der Lüge und Intrige«, denn jenes gewichtige Corpus delicti war ohne sein Wissen geschrieben und zugestellt worden. Marx aber hatte seinen Sieg, einen Pyrrhussieg. Und das wußte er sehr wohl, hatte es schon vorausgeahnt: Der persönliche Feind war geschlagen, aber dessen Gedanken lebten in einer weitgestreuten Anhängerschaft fort. Daneben erhoben noch andere »Sekten« ihr Haupt. Um die Internationale fürderhin vor dem Einfluß der »auflösenden Elemente« zu schützen, griff er nun zu einem Mittel, das aus dem Arsenal seiner anarchistischen Gegner hätte entnommen sein können. Von Engels wurde der Antrag eingebracht, den Sitz des Generalrats nach New York zu verlegen – und damit auf den »Mond«, wie einige Delegierte entrüstet kommentierten. Doch Marx' Autorität war so stark, daß er den Kongreß zur Annahme seines Vorschlags und damit seiner faktischen Auflösung zu bewegen vermochte. Er konnte sich darauf berufen, was auch zu seinen Gunsten immer wieder geltend gemacht wird, daß er dabei keine persönlichen Ehrgeize oder Herrschaftsziele verfolgte. Doch das sind müßige Unterschiede: Er kämpfte für die gute Sache, und die war seine Sache. Er hatte auf diesem letzten Kongreß der Internationale triumphiert; die ging dabei in die Brüche, und damit fand seine aktive politische Tätigkeit ihr Ende. Auch dieses Hauptwerk des politischen Revolutionärs Marx blieb mithin ein Fragment.

Garibaldi

Das Jahr 1864 ist in den Annalen des Sozialismus das Gründungsjahr der Ersten Internationale, in der europäischen Politik das Jahr des preußisch-österreichischen Krieges gegen Dänemark um Schleswig-Holstein. In London sah es eine Demonstration der Volksmassen, die alles überstieg, was man je vorher gesehen hatte; es ist auch fraglich, ob je wieder so viele Menschen auf der Straße gewesen sind, fröhlich begeistert, ohne jeden Zwischenfall oder Trunkenheit, abgesehen von zuweilen an Delirium grenzendem Enthusiasmus. Das Ereignis galt dem Empfang des italienischen Nationalhelden Garibaldi, der, so ließ er verbreiten, nur gekommen war, um sich in London ärztlich behandeln zu lassen. Er litt seit vielen Jahren an schwerem Rheumatismus und außerdem an einer Fußwunde, einer von vielen Verletzungen, die er in dreißig Jahren immer wieder erneuter Kriegszüge als Freischarführer empfangen hatte: in Brasilien, Uruguay, in den Alpen, in Rom bei der Verteidigung der kurzlebigen römischen Republik von 1848, in Sizilien, Kalabrien und Neapel, wo sein berühmter Zug der Tausend vom Jahre 1860 den Kämpfen um die Einigung Italiens den großen und entscheidenden Sieg gebracht hatte. Noch war das Werk freilich nicht vollendet: Rom blieb noch unter der weltlichen Herrschaft des Papstes und der Protektion französischer Besatzungstruppen, Venedig und Venetien unter österreichischem Militär, und der Volksheld hatte es hinnehmen müssen, daß König Viktor Emanuel von Piemont-Sardinien, dem er als dem König des neuen Italien die südliche Hälfte des Reiches übergeben hatte, ihm weiteres Vorgehen verbot. Es war sogar zu einem bewaffneten Zusammenstoß mit Truppen des Königs gekommen, und dabei hatte der Heros die letzte Wunde durch einen Prellschuß empfangen; er war kurze Zeit in Haft gesetzt und hatte sich dann grollend auf sein kleines Gut auf der Insel Caprera zwischen Sardinien und Korsika zurückgezogen. Dort humpelte er an Krücken umher und wartete auf neuen Ruf zu den Waffen.

Dieses Mißgeschick gab seiner Gestalt erst recht den Glanz antiker Größe. Und hier war er nun, der Mann aus dem Volke, der General in seiner schlichten roten Bluse ohne jeden Orden, der Tracht seiner Freiwilligen, der Rothemden, die nun aufgelöst waren. Eine Tracht übrigens, die er sich aus seinen Kämpfen in Südamerika mitgebracht hatte, wo er in Uruguay einen Posten von Arbeitshemden für die Schlachthäuser in Argentinien gefunden hatte, den er beschlagnahmte und zur Uniformierung seiner Mannschaften benutzte.

Wir wollen das Hemd nicht unterschätzen, das ja dann in anderen Versionen noch seine Rolle gespielt hat, sowie den ganzen Stil des Mannes, der ebenfalls Schule gemacht hat. Einzigartig war jedoch zweifellos die Mischung von unbestreitbarem persönlichen Mut und Draufgehen mit seiner Gabe, die Menschen zu begeistern. Einzig war die Art, wie er, nun wirklich auf antike Weise, auf der Höhe seines Ruhmes und seiner Stellung als Diktator über Sizilien und das Exkönigreich Neapel dem piemontesischen König als dem Herrscher über das geeinte Italien die Macht übergab und sich auf sein Gut zurückzog, jede Beförderung, Dekoration oder Dotation ablehnend, und dort sein sehr steiniges Gütlein bestellte. Neu und wiederum Schule machend war der Stil seiner Ansprachen, die einer rhetorisch anspruchsvollen Zeit in allen Ländern eine neue Note gaben: brutal realistische, knappe, hallende Sätze, die Gefahren und Leiden nicht verschwiegen:

»Soldaten! Denen, die mir folgen wollen, biete ich: Hunger, Kälte, Hitze, kein Brot, keine Kasernen, keine Munition, sondern ständige Gefechte, Schlachten, Gewaltmärsche und Bajonettangriffe. Wer das Vaterland liebt, folgt mir. Garibaldi.«

So hatte er beim Auszug aus dem von den Franzosen eroberten Rom 1848 die letzten ihm verbliebenen Freiwilligen zum Weiterkämpfen aufgefordert; er schrieb die bald berühmt gewordenen Worte auch mit eigener Hand in eines der damals beliebten Autographenalben markanter Aussprüche, die lithographisch vervielfältigt wurden. Denn er verstand sich sehr wohl auch darauf, die rasch entstehende Garibaldi-Legende zu fördern. Die wuchs unaufhaltsam an, zunächst in Italien, wo seine tapfere Verteidigung der römischen Republik seinem Freund Mazzini als erstes Beispiel galt, daß auch die Italiener kämpfen könnten, und zwar gegen die damals renommierteste Armee, die französische. Das »Italia fara da se« Mazzinis, das sich bis dahin in vergeblichen Revolten nicht recht bewährt hatte, schien damit glorreich bestätigt zu werden, obwohl es im Augenblick wiederum versagt hatte. Und auch im weiteren Verlauf des Freiheitskampfes war es deutlich geworden, daß die internationale Konstellation der Mächte, die Hilfe ihrer Armeen und Flotten, nicht gut zu entbehren war, wenn tatsächlich etwas erreicht werden sollte. Das war die Stunde Cavours, des Architekten der italienischen Einheit unter Führung von Piemont. Garibaldi haßte ihn und fühlte sich ständig durch ihn enttäuscht, behindert, verraten, am schlimmsten dadurch, daß Cavour es verstanden hatte, Napoleon III. durch den Geheimvertrag von Plombières mit der Abtretung von Nizza und Savoyen zum Krieg gegen Österreich zu bestechen. Nie hat Garibaldi das verzeihen oder nur begreifen können, obwohl selbst König Viktor Emanuel begriff, daß ein Preis gezahlt werden mußte nach dem geltenden Brauch unter Dynastien und Nationen, der eine greifbare »Kompensation« dafür verlangte, wenn man Gut und Blut seiner Leute für die Ziele eines anderen Landes zur Verfügung stellte, und daß man nicht, lediglich aus Sympathie für die nationalen Ideale im allgemeinen, zu den Waffen griff. Das Wort »Verrat« galt da nicht, obwohl auch Mazzini sich mit seinem Ideal der italienischen Republik verraten fühlte. Und Garibaldi seinerseits hat sich dann wieder von Mazzini verraten gefühlt und sich erst bei seinem Besuch in London gerührt mit dem alten Freund und einstigen Mentor umarmt.

Die ganze Geschichte des Risorgimento und der Einigung Italiens ist, wenn man will, ein schwer zu durchschauendes Netz von »Verrätereien«; in Wirklichkeit von Unvollkommenheit und historischen Gegebenheiten, die den Mitkämpfern nur je nach den Gaben ihrer Person deutlich waren. Wir erwähnen dieses Beispiel, weil der Kardinalbegriff »Verrat« auch für Dr. Marx ein ständiger Vorwurf war, den er gegen alle und jeden erhob, die nicht bis in die taktischen Einzelheiten hinein die von ihm vorgesehene Linie verfolgten. Dafür ist auch sein Verhalten zu den Italienern charakteristisch; er hat sie samt und sonders abgelehnt, ob es nun Mazzini war oder der »Esel« Garibaldi. Die großen Leistungen, die sie vollbrachten, hat er gar nicht erst zur Kenntnis zu nehmen geruht. Sie fügten sich nicht in sein Denkbild ein, das eine ganz andere Revolution vorsah, für die allerdings gerade in Italien am allerwenigsten die elementarsten Vorbedingungen vorhanden waren. Denn da war weder das Bürgertum so kapitalistisch mächtig geworden, daß es nun zwangsläufig durch das Proletariat abgelöst werden mußte, noch konnte ein auch nur nennenswertes Proletariat in Rechnung gestellt werden.

Das Phänomen Garibaldi konnte indes von Marx und Engels nicht übersehen werden. Sie wurden schon durch ihre journalistische Mitarbeit an der New Yorker »Tribune« gezwungen, sich damit zu beschäftigen und Beiträge zu liefern. Dazu kamen noch einige Informationen von Personen, die etwas näher »mit dabei« gewesen waren; ein ehemaliger preußischer Offizier, Oswald, der bei Garibaldi mitgefochten hatte, berichtigte im Gespräch mit Marx die Legende vom großen Feldherrn und Strategen: »Irrtum, er ist wesentlich Guerillaführer und weiß auf größerem Terrain mit einer größeren Armee nicht zu wirtschaften«, was im wesentlichen wohl stimmte. Für Marx war Garibaldi auch sehr bald politisch und als Charakter bedenklich, wie erst recht die anderen führenden Gestalten des Risorgimento. So meinte er, schon ehe der Zug nach Sizilien begann, »Garibaldi scheint eine etwas zweideutige Rolle zu spielen«. Er ließ sich auch von einem Tory-Journalisten erzählen, er werde demnächst Material veröffentlichen, wonach Garibaldi durch Napoleon III. bestochen sei. »Nous verrons«, meinte er, die Sache schien ihm nicht unglaubhaft. Dies war gerade zu dem Zeitpunkt, wo Garibaldi einen Putsch gegen Napoleon in Nizza geplant hatte, der dann als das »kleinere Unternehmen« zugunsten des Zuges nach Sizilien aufgegeben wurde; ganz abgesehen davon, daß Garibaldi bei allen Vorwürfen, die ihm gemacht worden sind, der Bestechlichkeit, zumal durch den glühend gehaßten Bonaparte, nie beschuldigt worden ist, es sei denn von sensationshungrigen Zeitungsschreibern.

Engels, der militärische Generalstabschef, bewunderte allerdings den Zug der Tausend von 1860 in der New Yorker »Tribune« als »eine der erstaunlichsten militärischen Taten des Jahrhunderts« und wollte sogar sehen, daß Garibaldi, »bisher nur Guerillaführer«, sich jetzt auch auf strategischem Gebiet als ein »Meister seiner Kunst erwiesen« habe. Marx war weniger stark beeindruckt. Er las gerade, immer weit über die Gegenwart hinausgreifend, im Appian über den dritten römischen Sklavenkrieg und den Aufstand des Spartakus: »Großer General«, meint er dazu, »kein Garibaldi, nobler Charakter und représentative des antiken Proletariats.«

Die überraschende Wendung, daß Garibaldi seine Machtstellung als Diktator über Sizilien und Neapel ganz schlicht an den König Viktor Emanuel übergab und durch Plebiszit den Anschluß des Südens an das neue Königreich Gesamtitalien vollziehen ließ, mußte Marx und Engels, wie noch viele andere, völlig überraschen.

Plebiszit, Volksabstimmung? War das nicht die bewährte Praxis des Diktators Bonaparte, der freilich nicht daran dachte, die Macht abzugeben? Und wo und wann hatte man es erlebt, abgesehen von römischer Frühzeit, daß ein Diktator nach erreichtem Ziel verzichtete und sich bescheiden zurückzog? Hatten nicht alle Diktatoren ihre Herrschaft dann verewigen wollen? Diktatur war für Marx und Engels überdies etwas anderes: die revolutionäre Machtergreifung durch das Proletariat, auch diese allerdings für immer oder jedenfalls bis zum »Absterben des Staates«, für das keine Prognosen zu machen waren. Daß gerade dieser Schritt Garibaldis, noch dazu zugunsten der »elenden Bourgeois« zu Turin vom Schlage Cavours, von der europäischen Öffentlichkeit, nicht nur der bürgerlichen, sondern auch von der Arbeiterklasse, so besonders bewundert wurde, machte sie noch mißtrauischer. Überhaupt nahm nun der Ruf des Rothemdenführers Formen an, die ihnen entschieden unsympathisch sein mußten.

Immerhin war ein solcher Mann nicht zu verachten, wenn man ihn für die eigenen Pläne benutzen könnte. Eine merkwürdige Korrespondenz mit Lassalle folgte, als Garibaldi wieder auf seinem Gütlein auf Caprera den Acker bebaute. Er war nun in der Tat eine europäische Größe geworden. Zahllose Besucher machten die etwas mühsame Reise zu dem entlegenen Inselchen: Neugierige, Verehrer und Verehrerinnen, die Andenken mitnehmen wollten, Lords auf eigener Yacht, Politiker. Selbst die hohe Politik befaßte sich mit ihm. Die englische Regierung, die das Unternehmen in Sizilien diskret durch ihre Mittelmeerflotte unterstützt hatte, mahnte jetzt durch ihren Außenminister John Russell, man habe gehört, daß Garibaldi neuen Krieg für das nächste Frühjahr angekündigt habe, zur Eroberung von Rom und Venetien. »Kein Einzelmensch, so hervorragend er sein mag, hat das Recht, für sein Land die Schicksalsfrage von Krieg oder Frieden zu entscheiden.«

Unter den Besuchern auf Caprera fand sich 1861 auch Lassalle ein, der mit seinem Freund, dem ehemaligen preußischen Offizier und Militärschriftsteller Rüstow, einem Mitkämpfer Garibaldis, in Italien umherreiste und mit Garibaldi-Anhängern sprach. Auch er hatte von neuen Kriegsplänen des Heros gehört und teilte sie Marx unter dem Siegel der Verschwiegenheit bei seinem Besuch in London mit. Garibaldi sollte Österreich im Rücken angreifen, von Dalmatien aus, Ungarn würde folgen, Revolution in Pest sei Revolution in Wien. Marx lehnte diese Gedanken als Hirngespinste ab; er war ja überhaupt bei diesem Besuch Lassalles äußerst mißgestimmt und hielt das alles nur für ehrgeizige Aktionspläne des eitlen Wichtigtuers. Er konnte nicht wissen, daß auch Viktor Emanuel eine solche Verwendung des tatendurstigen Freischarführers vorgesehen hatte. Noch weniger konnte er ahnen, daß wenige Jahre später, beim Kriege 1866, selbst Bismarck ganz ähnliche Projekte erwog, als Napoleon mit Krieg gegen die siegreichen Preußen drohte im Zusammengehen mit dem geschlagenen Österreich. »Dann würden wir einen Revolutionskrieg führen«, sagte der Führer der preußischen Junker und der Reaktion zu dem italienischen General Gavone. Bismarck sagte das nicht nur: Er hat in der Tat eine ungarische Legion in Schlesien organisiert, und zwar durch den ungarischen Revolutionsgeneral von 1848, Klapka, den Marx als Mitemigranten in London kannte und ebenso gründlich haßte wie Kossuth. Bismarck hat dann nur auf dieses Kampfmittel verzichtet, weil er den energischen Widerspruch Rußlands fürchtete, und dann auch, weil sich Revolutionspläne nach dem überwältigenden Sieg über Österreich erübrigten.

So ganz hirnrissig waren also solche Projekte nicht, obwohl Lassalles Hoffnungen, sich an hochkomplizierten Konstellationen, noch dazu ohne jede Mannschaft hinter sich, anhängen zu können, phantastisch genug waren. Aber noch ein Jahr zuvor hatte Marx in der Korrespondenz mit ihm nicht weniger hochgemute Pläne erwogen. Er hatte Briefe Garibaldis an einen Londoner Bekannten gelesen, in denen dieser sich nun nicht als von Napoleon bestochen, sondern als dessen glühender Gegner zeigte, der hoffe, noch gegen ihn das Schwert ziehen zu können. Die Vergangenheit – damit meinte Marx die Differenzen mit Lassalle über Napoleons Rolle im Krieg von 1859 – sei jetzt gleichgültig. Sobald Garibaldi, und das sei sein Zweck, wie er ausdrücklich in seinem Brief erklärte, »die italienische Sache von Bonaparte befreit hat, hören alle Streitfragen *innerhalb der revolutionären Partei* auf«. Und in grandioser Unbekümmertheit um die Realitäten fährt er fort zu Lassalle:

»Nun ist es aber wichtig, daß *wir* uns über ein Programm verständigen. Wenn Du ein Brouillon aufsetzen willst, so werden Engels, Wolff und ich uns mit Dir über etwaige Modifikationen verständigen. Der Augenblick naht heran, wo unsere ›kleine‹, aber doch in gewissem Sinne ›mächtige Partei‹ (insofern die andern nicht wissen, was sie wollen, oder nicht wollen, was sie wissen) ihren Feldzugsplan entwerfen muß. Daß *gerade wir* (hier in England) national auftreten, scheint mir selbst als Taktik – von der inneren Berechtigung abgesehen – richtig.«

Wir kennen diesen Feldzugsplan nicht, aber wir dürfen aus den vielen sonstigen Äußerungen von Marx annehmen, daß die Entfesselung eines europäischen Krieges dabei eine Hauptrolle gespielt haben würde, der dann zwangsläufig zu einem Krieg mit Rußland führen müsse. Es gibt nicht viele Stellen bei Marx, die so deutlich seine Weltfremdheit gegenüber den geschichtlichen materiellen Bedingungen seiner Zeit aufzeigen. Und daß gerade Lassalle, dem er immer wieder so profund mißtraute, das »Brouillon« für einen solchen Feldzugsplan entwerfen sollte, mutet nahezu grotesk an. Wir können uns denken, wie mitleidlos Marx zusammen mit Engels den Entwurf zerfetzt hätte.

Nun aber, im April 1864, während gerade im Krieg gegen Dänemark die preußischen Pioniere zum Sturmangriff auf die Düppeler Schanzen ansetzten, erschien der italienische Nationalheld in London. Private Komitees hatten einen Empfang vorgesehen, dann aber nahmen die Gewerkschaftsführer die Sache in die Hand. Marx nannte die Chefs der Trade Unions in einem Brief an seinen Statthalter Weydemeyer in den USA die »wirklichen Arbeiterkönige von London, die dem Garibaldi den Riesenempfang bereiteten«. An der Spitze der Arbeiterdelegation stand George Potter, Zimmermann und Führer der Bauarbeiter. Er stand nicht, er ritt hoch zu Roß neben dem Wagen Garibaldis; er liebte es, sich der Menge zu zeigen.

Dr. Marx liebte es nicht, sich der Menge zu zeigen. Der Deutsche

Arbeiterbildungsverein wollte auch ihn mit einer Adresse an Garibaldi delegieren. »Ich habe rundweg abgelehnt«, schrieb er an Engels.

Es wurde dennoch ein Fest der Hunderttausende, und der Korrespondent der »Times« betonte: »Ein Empfang durch die Arbeiterklasse von Anfang bis Ende.« Der Anfang war die Eisenbahnstation Nine Elms, wo Garibaldi, von Portsmouth kommend, mit seiner Suite, dem Sohn Menotti, seinem italienischen Arzt und noch einigen Begleitern ausgestiegen war, um dann zum Stafford House in St. James Place, wo er als Gast des Herzogs von Sutherland wohnen sollte, gefahren zu werden. Er trug nicht das berühmte rote Hemd, sondern einfache dunkle Kleidung, aber rote Taschentücher und Schals wehten ihm überall entgegen. Die Fenster, Balkons, die Dächer waren besetzt, es wurde geklatscht, gejubelt, Musikcorps marschierten voran, italienische Landsleute sangen die Garibaldi-Hymne:

»Es bersten die Gräber, die Toten erwachen,
Der Geist unsrer Märtyrer greift zu den Waffen ...«

Es fehlte nicht einmal, wie sonst bei Begrüßungen von königlichen Besuchern, das kleine Mädchen mit dem Blumenstrauß, den der Gast huldvoll entgegennahm. Man bemerkte, daß sein sonst so ernstes Gesicht sich dabei etwas freundlich aufheiterte.

Keineswegs heiter nahm Königin Viktoria all diese Berichte entgegen. Es erschien ihr höchlichst ungehörig, daß dem Revolutionsmann Ehren erwiesen wurden, die doch sonst nur Fürstlichkeiten zuständen. Und nicht ganz unrichtig sah sie allerhand diplomatische Einsprüche voraus; die liefen denn auch von allen Seiten ein, aus Rom, aus Berlin, aus Paris, aus St. Petersburg. Und keiner der akkreditierten Gesandten, abgesehen vom amerikanischen Vertreter, beteiligte sich an den Veranstaltungen, die der Triumphfahrt durch die Stadt folgten. Die aristokratischen Salons öffneten sich mit Gusto, jede ehrgeizige Lady wollte den Wundermann bei sich zur Schau stellen, und Garibaldi ließ sich bereitwillig zeigen. »Wie einfach, wie würdig sein Auftreten!« hieß es allgemein. Die Regierung selber empfing ihn und fällte das gleiche Urteil, als hätte man eigentlich einen ungelenken Räuberhäuptling erwartet. Wie schlicht und bescheiden äußerte er sich! Keine Rede von wilden Pronunciamentos oder revolutionären Phrasen! Garibaldi besaß eine erhebliche Bauernschläue, oder besser Seemannsehrlichkeit, die er bei Gelegenheit wohl anzuwenden wußte. Und dann paßte seine Figur gerade sehr gut in das Spiel der englischen Politik zu dieser Zeit. Außenminister Russell begünstigte ihn nachdrücklich und ließ sogar Äußerungen über die englische Revolution von 1688 fallen, um zu zeigen, daß man nicht immer nur konservativ sein dürfe. Palmerston, als Premier etwas behutsamer, schloß sich an. Er legte immer großen Wert auf Beliebtheit in der Öffentlichkeit, und »Garibaldi and Palmerston!« stand mit Kreide an die Hauswände gekritzelt.

Gerade dies aber trieb den Unmut des Dr. Marx zu rabiater Wut. Garibaldi und Pam! Der von Rußland gekaufte Pam, den er soeben noch in seinen Artikeln und Broschüren als ständigen Soldknecht der Moskowiter entlarvt hatte! Ein Aprilscherz, ein etwas verlängerter Aprilscherz, ein vielwöchiger Narrentag!, so meinte er. »In dem geheimen Revolutionärskongreß in Brüssel (September 1863) mit Garibaldi als nominellem Chef wurde beschlossen, Garibaldi solle nach London kommen, aber inkognito, also die Stadt überrumpeln. Dann sollte er come out in the strongest possible way für Polen. Statt dessen fraternisiert der Kerl mit Palmerston! Wär ich doch lieber eine Laus in Schafwolle als solch tapfre Dummheit, sagt Shakespeare in Troilus und Cressida.« Und wo wohnte dieser Mann des Volkes im bescheidenen Röckchen nun? Im vornehmsten Stadtviertel beim Herzog von Sutherland, im Palais eines der begütertsten Großgrundbesitzer des Königreichs. Nein, das konnte Marx nicht gutheißen, das war »elend, eselhaft« geradezu.

Garibaldi ließ sich allerdings bereitwillig feiern und umherführen, nicht nur bei der Gesellschaft der Oberklasse. Er machte Besuch beim Nationaldichter Tennyson, der ihm »göttliche Simplizität« bescheinigte. Er sah Florence Nightingale, die Heldin der Lazarette im Krimkrieg. Er war nicht unempfindlich gegen Volksjubel, aber er hatte auch die bittersten Erfahrungen damit gemacht. In Neapel hatte man ihn beim Einmarsch buchstäblich wie einen Heiland gefeiert, ihm Füße und Hände geküßt, die Kinder zum Segnen entgegengehalten. Aber als es sich dann als notwendig erwies, die Befreiung erst in einem weiteren Feldzug zu befestigen und womöglich gegen Rom vorzustoßen, »Roma o Morte«, waren ihm aus dem ganzen Exkönigreich nur achtzig Freiwillige gefolgt als Zuzug zu seinen

Scharen, die ohnehin zu einem sehr wesentlichen Teil Ungarn, Deutsche, Engländer oder jedenfalls Norditaliener als Mitkämpfer zählten.

Er machte jetzt wieder eine bittere Erfahrung. Er glaubte sich nach solchen Empfängen und Sympathiekundgebungen, vom Erzbischof von Canterbury bis zu den Munitionsarbeitern, der »Sympathien Englands« sicher und meinte, den Vorwand des behandlungsbedürftigen Invaliden aufgeben zu können. Er sprach in einer Versammlung im Kristallpalast vom »armen kleinen Dänemark«, dessen Widerstand eben zusammenbrach. Er ließ Gesprächspartnern gegenüber wissen, daß er eigentlich gekommen war, sein Schwert beim erwarteten englischen Eingriff in den dänischen Krieg zur Verfügung zu stellen. Und in der Presse erschienen Berichte, wonach er immer wieder davon gesprochen habe, daß »die Arbeiter doch Brüder seien in aller Welt«. Die Regierung wurde unruhig.

Er hatte Besprechungen mit den in London bekanntesten europäischen revolutionären Emigranten: Alexander Herzen, bei dem er sich mit Mazzini traf, Ledru-Rollin, Louis Blanc und – von den Deutschen – Karl Blind. Ein Dr. Marx war dabei nicht vorgesehen.

Marx fuhr auf: Wie, waren diese Männer nicht samt und sonders seine Feinde? Und Karl Blind womöglich, mit dem er gerade seine Fehde über die Affäre des Herrn Vogt geführt hatte? »Was diese wasserköpfige Filzlaus für Talent in der Wichtigmacherei entwikkelt!« schrieb er an Engels.

Königin Viktoria wurde jetzt energisch, zumal noch der Prince of Wales ohne ihre Genehmigung sich unter die Besucher bei dem Volksmann gemischt und ihr sogar ganz taktlos geschrieben hatte, es sei schade, daß sie nicht auch bereit sei, Garibaldi zu empfangen. Sie rüffelte Premier Palmerston, der so optimistisch versichert hatte, er würde die Sache schon in der Hand behalten und verhindern, daß unerwünschte Elemente sich des Besuchers bemächtigten.

Es hieß nun gar, daß weitere Propagandazüge des Freischarhelden in der Provinz geplant wären. Über fünfzig Städte wollten ihn sehen. War er nicht gekommen, sich ärztlich behandeln zu lassen? Sein Londoner Arzt bescheinigte wunschgemäß, daß er nicht glaube, der Gesundheitszustand des Gastes erlaube solche Strapazen. Man legte ihm nahe, diesen Monsterplan auf etwa sechs Städte zu reduzieren. Garibaldi begriff. Er sagte alle weiteren Veranstaltungen ab. Das Arbeiter-Empfangskomitee protestierte: »Intrigen von oben! Der Gesundheitszustand nur ein Vorwand! England beugt sich wieder einmal den Wünschen ausländischer Mächte!« Garibaldi reiste in der Yacht des Herzogs von Sutherland ab.

Engels schrieb dazu an Marx: »Die Garibaldi-Schmiere nahm ein würdiges Ende. Diese Art, wie der Kerl an die Luft gesetzt wurde, nachdem die Swells ihn 8 Tage lang begafft, ist doch zu großartig und kann nur in England vorkommen. Für jeden anderen Menschen als Garibaldi wäre das ruinierend, und die Blamage bleibt auch für ihn ganz enorm, der englischen Aristokratie als ein days wonder gedient zu haben und dann vor die Tür geschmissen zu sein ... Wer jetzt nicht über den total bürgerlichen Charakter des Herrn klar ist, dem ist nichts klarzumachen.«

Marx und Engels ließen es sich dann später sehr wohl gefallen, daß der total bürgerliche Charakter sich mit seinem großen Namen – mehr konnte der Einsiedler von Caprera, endgültig zum Invaliden geworden, nicht gut bieten – für die italienischen Frühsozialisten und die Erste Internationale einsetzte und die Kommune von 1871 begrüßte. Aber wir wollen ihn nicht nur mit solchen Kontrastierungen aus unserer Darstellung entlassen. Es ist für uns wichtig zu sehen, wie Marx entscheidende Phänomene seiner Zeit sah, denn aus diesen bezog er doch seine Deutung der geschichtlichen, »materiellen« Bedingungen. So scharf analytisch und kritisch er die wirtschaftlichen Dinge zergliederte und eingliederte in sein System, so kurzsichtig war er den politischen Fragen und Ereignissen gegenüber, soweit sich diese nicht in das System einfügen wollten. Die nationalen Probleme ignorierte er. Die nationale Frage aber war die beherrschende und treibende Macht der Zeit. Und wer wollte sagen, sie sei inzwischen zur Ruhe gekommen, auch nur unter den sozialistischen Staaten und Gruppierungen von heute? Die Einigungen zuerst Italiens, dann Deutschlands waren auch Umwälzungen, Revolutionen größten Stiles. Sie änderten das Bild der Welt. Sie machten endgültig Schluß mit der Epoche Metternichs und der Heiligen Allianz von 1814/15. Garibaldi war dabei ein Hauptakteur. Er hatte unleugbar histrionische Züge. »Wenn er nicht Garibaldi wäre, so wäre er ein großer tragischer Schauspieler«, hat einer seiner intimsten Anhänger gemeint. Er war für strenge Hierarchie und zeigte sich darin als Schüler Saint-Simons, dessen Lehre nach den Parolen Mazzinis das stärkste Jugenderlebnis war. Er hielt seine Italiener für disziplinlos und meinte, daß sie eine starke Hand nötig hätten. Er war diktatorisch als Kommandeur seiner Freischaren, und im Felde geht es ja schwerlich ohne sehr straffe Befehlsgewalt ab. Zum Diktator im größeren Rahmen fehlte es ihm gänzlich. Er konnte weder organisieren noch disponieren. Seine Diktatur in Neapel führte schon nach wenigen Wochen zu größter Konfusion. Die Camorra der alten Hofleute, die er ahnungslos selber herangezogen hatte, die altetablierten Briganten im Lande waren sofort wieder mächtig und blieben es noch auf lange hinaus. Er war Romantiker, gewiß. Als romantische Gestalt wurde er in London gefeiert. Und bezeichnend ist sein Projekt, angesichts des Versagens der Volksmassen und Aktionen in allen Ländern zu Schiff zu steigen wie in seiner Jugend, mit einer Elite von entschlossen Männern, und eine »schwimmende Republik« zu begründen, die überall, wo für die Freiheit gefochten würde, eingreifen sollte.

Aber soviel man abstreichen will und kann, Garibaldi war eine Inspiration und hat als solche gewirkt wie kaum ein anderer, von seinem frühen Mentor Mazzini abgesehen. Es wird von den Späteren, die es leichthaben, Wünsche ihrer Zeit auf Gestalten vergangener Epochen aufzupropfen, übersehen, wie schwer es war, den Gedanken einer Einheit Italiens überhaupt erst zu einer lebendigen Kraft zu machen, Selbstbewußtsein zu erwecken und Ziele aufzuzeigen, die erreichbar waren und die erreicht wurden, wenn auch nicht in vollkommener Pracht.

Marx hatte 1843 noch aus Holland an Ruge geschrieben – und es lohnt sich, seine Zeilen gerade hier zu zitieren –, Deutschland werde immer tiefer in den Dreck hineingeritten: »Ich versichere Sie, wenn man auch nichts weniger als Nationalstolz fühlt, so fühlt man doch Nationalscham sogar in Holland. Der kleinste Holländer ist noch ein Staatsbürger gegen den größten Deutschen.« Ruge würde wohl antworten: Aus Scham macht man keine Revolution. »Ich antworte: Die Scham ist schon eine Revolution, sie ist wirklich der Sieg der französischen Revolution über den deutschen Patriotismus, durch den sie 1813 besiegt wurde. Scham ist eine Art Zorn, der in sich gekehrte. Und wenn eine ganze Nation sich wirklich schämte, so wäre sie der Löwe, der sich zum Sprunge in sich zurückzieht.«

Marx hat später diesen sehr wesentlichen Faktor Scham als zu gefühlsbetont nicht mehr gelten lassen wollen. Er ist jedoch ein Schlüssel für die Wirkung Garibaldis. Italien war nicht weniger zerrissen als Deutschland. Die Italiener schämten sich, kein Ansehen als Nation zu haben, als Luxus für Reisende und Kunstliebhaber zu gelten, die sich an den Ruinen der Vergangenheit delektierten. Sie besaßen Stolz, aber kein Selbstbewußtsein. Und das »Sich-selbst-erst-bewußt-Werden« war für Marx die Lösung des Rätsels der Weltgeschichte. Seine eigene ganze Lebensarbeit hat vornehmlich die Absicht gehabt, Selbstbewußtsein zu erwecken in der Arbeiterschaft als dem Träger der Zukunft. Ich wiederhole noch einmal seinen Satz von 1843: »Es wird sich dann zeigen, daß die Welt längst den Traum von einer Sache besitzt, von der sie nur das Bewußtsein besitzen muß, um sie wirklich zu besitzen.«

So 1843. 1864 war jedoch bereits eine festgefügte Doktrin, ein System entstanden, in dem die »dummen Kämpfe« eines Garibaldi keinen rechten Platz fanden. Es waren aber wirkliche Kämpfe. Und im Gang der geschichtlichen Entwicklung war es gegeben, daß so katastrophal disparate Gebilde wie Italien zunächst einmal, wenn auch nur leidlich, eine staatliche Einheit werden mußten, ehe an weitere und größere Umwälzungen gedacht werden konnte. Daß das Volk, die breiten Massen dafür noch nicht reif waren, hat gerade Garibaldi zu seiner ständigen Enttäuschung immer wieder erfahren müssen. Er bewies Einsicht, die ihm nicht immer gegeben war, und übrigens auch Einsicht in seine militärische Schwäche, wenn er König Viktor Emanuel als die hierarchisch höhere und im Augenblick gegebene Instanz ansah, die allein die italienische Einheit sichern konnte. Marx wollte das nicht sehen. Er war nicht für den »Gang« der Geschichte, er war für den Sprung. Das Bild vom Löwen, der sich zum Sprung zusammenfaßt, kam ihm nicht von ungefähr. Der Löwensprung Garibaldis nach Sizilien war nach seinem Herzen. Weiter nun, der nächste, der größere Sprung! Es war nach seiner Auffassung nur die Furcht des Königs Viktor Emanuel und der »elenden Bourgeois« in Turin vor einer wirklichen Volksbewegung, einer großen Revolution, die das verhinderte. Sicherlich hat auch das mitgespielt, nicht zuletzt aber die Furcht vor den weit überlegenen Armeen Österreichs und Frankreichs. Die mußten erst durch Preußen besiegt werden, 1866 und 1870, ehe Venedig in das neue

Königreich eingegliedert werden konnte – als »Geschenk der Preußen«, wie Garibaldi bitter sagte – und schließlich Rom die Hauptstadt Italiens wurde. Aus solcher Materie wird die Geschichte gemacht.

Träume sind dabei als erste und entscheidende Beweger gar nicht zu entbehren. Aktionen, die den Träumen Gestalt verleihen, noch weniger. Das erste war die Sache Mazzinis, das zweite erhielt durch Garibaldi Gewicht. Die stilleren und nicht weniger bedeutenden Aktionen, die Cavour zu verdanken waren, der nicht, wie Marx meinte, »von Bonaparte gekauft war«, sondern den Franzosenkaiser auf das glorreichste überspielte und ausmanövrierte, werden leicht verkannt. Sie haben nichts »Antikisches« wie Garibaldis Zug der Tausend; sie erinnern eher an alte italienische Traditionen, die man mit dem Wort »machiavellistisch« zu bezeichnen liebt.

Der große internationale Ruhm ist von den dreien nur Garibaldi zuteil geworden. Der Empfang der Fünfhunderttausend in London bildete das Gegenstück zum Zug der Tausend. Es war nicht nur Snobismus der aristokratischen Gesellschaft, nicht nur Mode, die sich in Garibaldi-Hemden aussprach. Daß gerade die Arbeiter in ihm eine Figur nach ihrem Herzen sehen wollten, mußte Marx empfindlich treffen. Die Pariser Kommune hat noch 1871 Garibaldi zum Führer ihrer Mannschaften gewünscht, als er mit einem Freischarcorps der Republik zu Hilfe eilte; er zog statt dessen in die Vogesen zur letzten und erfolglosen Kampagne.

Garibaldi hat vieles unternommen, was erfolglos blieb, ist auch Wagnisse eingegangen, die uns ausgesprochen töricht erscheinen. Aber es gibt bei ihm, sehr zum Unterschied zu anderen Freiheitshelden und Diktatoren, keine einzige unvornehme, schäbige Haltung zu verzeichnen, und das ist eine ganz seltene, nahezu einzige Auszeichnung unter denen, die von Zeitgenossen wie Geschichtsschreibern als Große bezeichnet werden.

Königgrätz oder Sadowa

Königgrätz – ein verschollener Schlachtenname heute, schon den Zeitgenossen schwer aussprechbar und meist durch das handlichere Sadowa ersetzt, ein kleines Dorf in Böhmen, das im Zentrum der Kämpfe der Ersten preußischen Armee lag. »Rache für Sadowa!« hieß dann der Schlachtruf für eine Reihe von Jahren, oder besser »Revanche pour Sadowa«. So in Paris, obwohl die Franzosen gar nicht mitgekämpft hatten. Sie waren nur mit ihrem Prestige beteiligt beziehungsweise mit dem Prestige ihres Kaisers. Besiegt worden waren die Österreicher, die Sachsen und die deutschen Mittel- und Südstaaten, die gesamtdeutsche Bundesarmee. Besiegt von der preußischen Armee, über die Friedrich Engels auf Wunsch seines Meisters noch soeben ein ausführliches Gutachten erstattet hatte.

Als »Die preußische Militärfrage und die deutsche Arbeiterpartei« erschien die Broschüre im Februar 1865 bei dem Hamburger Verlag von Otto Meißner, der dann »Das Kapital« herausbrachte, an dem Marx schon eifrig arbeitete. Engels hatte sich ziemlich eingehend mit militärischen Fragen beschäftigt; für Marx galt er in solchen Dingen als Autorität, sowenig er sonst irgendeine Autorität außer der seinigen gelten ließ. Engels selber, zur Eile gemahnt, meinte zwar, er habe die Sache »ohne alle literarischen Hilfsmittel rein aus dem Kopf zusammengeschmiert«; aber er hatte eine ganze Menge Tatsachen im Kopf. Er hatte sich intensiv mit der in Preußen befohlenen und vom Abgeordnetenhaus verweigerten Heeresorganisation auf neuer Grundlage befaßt und sah schwere Bedenken in dem Plan, den der Kriegsminister von Roon nun durchführte. Er begrüßte andererseits – Engels war sehr militärfreudig – die Einziehung immer größerer Mengen von Wehrpflichtigen, er kritisierte die bürgerliche Opposition scharf, die ihre Existenz durch beispiellosen Mangel an Mut friste. Sie glaube nur an das Steuerbewilligungsrecht; darüber werde mit der Regierung gefeilscht. Wer spricht hier? Ein Konservativer? Es spricht Friedrich Engels. »Solange man die französische Armee auf der einen, die russische auf der andern Seite hat und die Möglichkeit eines kombinierten Angriffs beider zu gleicher Zeit, braucht man Truppen, die die ersten Elemente der Kriegsschule nicht erst vor dem Feind zu lernen haben. Wir nehmen daher keine Rücksicht auf die Phantasien von einem Milizheer mit sozusagen gar keiner Dienstzeit; wie man sich die Sache vorstellt, ist sie heute für ein Land von 18 Millionen Einwohnern und sehr exponierten Grenzen unmöglich ...« Wir sehen, daß die Einkreisungsthese nicht erst im 20. Jahrhundert ihre Wirkung tat. Dafür gab es Gründe.

Nein, keine Bürgermiliz, wie das von liberalen Leuten diskutiert wurde: eine große, schlagkräftige Armee mit reichlichen Kadern der Linientruppe, in die dann auch die Landwehr sinnvoll und unauffällig eingefügt werden könnte, wie das schon durch die großen Armeereformer Scharnhorst und Gneisenau im Kampfe gegen Napoleon organisiert worden war. Die hatte die reaktionäre Militärclique von damals höhnisch die »Jakobiner« genannt mit ihren den Franzosen nachgeahmten Volksbewaffnungsplänen. Und ein erstes gewaltiges Volksheer hatte in der Tat der unvergessene Lazare Carnot seinerzeit als Kriegsminister der Revolution geschaffen, die erste Zusammenfassung aller »wehrfähigen Männer« für den Krieg, die erst Napoleons spätere Siege möglich machte und die heute noch andauernde Epoche der ganz großen Kriege und Massenarmeen einleitete. Engels hat einmal daran gedacht, ein Buch über dieses heimliche Vorbild zu schreiben; man hat ihn auch im Kreis der Getreuen als den »Carnot« der kommenden Revolutionsarmee angesehen. Und jedenfalls hieß er dann im Sprachgebrauch der Intimen unweigerlich »der General«, was übrigens englisch ausgesprochen wurde: »dschenneräll«.

Hier, Anno 1866, hatte der General freilich noch viel zu lernen. Er begrüßte die Einziehung so vieler Rekruten, über die bürgerliche Politiker jammerten, hoffnungsvoll. Große Mengen Arbeiter würden dabei sein? Je mehr, um so besser! Die allgemeine Wehrpflicht sei die Ergänzung des allgemeinen Stimmrechts. Wenn die Arbeiter erst einmal die Waffe in der Hand haben und sie zu gebrauchen gelernt haben ...

Engels sah in den Kriegsvorbereitungen 1866 die beste und schönste Möglichkeit für die immer wieder nahe bevorstehende Revolution in Deutschland. Er erklärte Marx am 11. Juni, drei Wochen vor Sadowa: »Ich glaube, in 14 Tagen geht es in Preußen los. Wenn diese Gelegenheit vorübergeht, ohne benutzt zu werden, und wenn die Leute sich dies gefallen lassen, dann können wir ruhig einpacken mit unseren revolutionären Siebensachen und uns auf die höhere Theorie werfen.« Dies wurde eine der wenigen Prophezeiungen, die sich für die Dauer seines Lebens bis aufs Wort erfüllten.

Es kommt uns nicht darauf an, Engels und Marx ihre verfehlten Voraussagen und Urteile nachzuweisen; es ist jedoch wichtig, sie festzuhalten, da sie gewissermaßen Konstanten im Denken ihrer Nachfolger gebildet haben, die immer wieder zu neuen Fehlurteilen und vor allem Fehlhandlungen führen. Die Leichtigkeit, mit der Revolutionen, oder auch Kriege, als notwendig und bequem durchführbar angesehen werden, kann blutige Opfer kosten – und hat sie gekostet.

Wir kehren zurück zum Jahre 1866. Zu Beginn des Jahres gab Marx dem Freunde in Manchester eine ausführliche Lektion über die Differentialrechnung, mit der Engels sich noch nicht befaßt hatte. Er plagte sich mit der Ersten Internationale, die »wie ein Inkubus« auf ihm laste. Er wäre froh, wenn er sie abschütteln könnte. Die verschiedenen Gruppen, besonders die Franzosen, aber auch die Engländer, fügten sich keineswegs seinen Vorstellungen; in Deutschland hatte Lassalle ganz ohne ihn seine Sozialdemokratische Arbeiterpartei gegründet. Marx arbeitete an der Reinschrift seines »Kapitals«; im März wollte er das Manuskript nach Hamburg zum Verleger bringen. Dazu heißt es zu Engels, als immer weitere Umarbeitungen notwendig werden: »Obgleich fertig, ist das Manuskript, riesig in seiner jetzigen Form, nicht herausgebbar für irgend jemand außer mir, selbst nicht für Dich.« Er beschäftigte sich mit Justus Liebigs großen Forschungsergebnissen, die in der Tat eine Revolution, die einzige im 19. Jahrhundert gelungene, bedeuteten. Eine Kette von Zitaten aus Liebigs Werk über die Chemie in Anwendung auf Agrikultur und Physiologie erhebt seine Gefühle sogar zu einer der ganz seltenen Lobpreisungen seines Geburtslandes: »I feel proud of the Germans. It is our duty to emancipate this ›deep‹ people.«

Die Deutschen sind gemeint, erst die durch Marx zu emanzipierenden; die Preußen waren für ihn, wie für Engels, etwas anderes. Sie spielten sich nur auf, ihr erst seit drei Jahren amtierender Politiker, kein Staatsmann, sondern ein waghalsiger Spieler, der pommersche Junker Bismarck, wagte ein törichtes Roulette: Zwischen Rußland, das die Fäden zog und ihn vorwärtstrieb, und dem Abenteurer Napoleon wollte er einen großen Gewinn einheimsen, die Vormachtstellung Preußens und womöglich die lang ersehnte Einigung Deutschlands unter preußischer Führung. Dabei würde er sich, so sah Marx es mit Sicherheit voraus, den Hals brechen. Während des ganzen Jahres vor der Entscheidung von Königgrätz notierte er unablässig – soweit der Streit innerhalb der Internationale ihm dazu Zeit ließ – die »plumpen« Manöver des Mannes. Es werde »eines schönen Morgens mit einfacher Absetzung des würdigen Bismarck enden«. Engels dazu: »Soviel ist sicher, Monsieur Bismarck hat sich in eine Sauce hineingeritten, mit der weder er noch das ganze bisherige Regime fertig wird.« Bismarcks Schachzug, im Bundestag die sofortige Einberufung eines durch allgemeine und direkte Wahl gewählten gesamtdeutschen Parlaments zu beantragen, wobei er sich auf die unselig entschlafene Reichsverfassung von 1849 berief, sei nur »komisch«. Wichtiger erscheinen Engels alarmierende Nachrichten über den Zustand des preußischen Heeres; in der Landwehr und den eingezogenen Reserven sieht es nicht zum besten aus, in Görlitz soll es Krawalle unter ihnen gegeben haben, die Linientruppe hätte einschreiten und sich dann zurückziehen müssen. »Wenn diese Kerle noch 3–4 Wochen untätig unterm Gewehr stehn, sind sie zu allem kapabel. Und da weder Preußen noch Italien fertig sind zum Angriff, müssen sie wohl noch bis Ende Mai wenigstens dastehn.« Trotzdem kann er sich nicht recht vorstellen, »daß in der Mitte des 19. Jahrhunderts Nord- und Süddeutschland aufeinander losschlagen, bloß weil Bismarck es im Interesse der Russen und des Bonaparte so haben will«. General Engels vergleicht nun die Heere der beiden Gegner und sieht die Österreicher als weitaus überlegen, »die entscheidende Schlacht könnte dann von 180000 Preußen gegen 240000–280000 Österreicher geschlagen werden und würde fast unfehlbar ein neues Jena bedeuten und direkt nach Berlin führen«. Und: »So rebellisch, wie die Kerle bei dieser Mobilmachung sind, waren sie nie. Eines schönen Morgens wird der Gehorsam verweigert werden. Dazu findet sich schon ein Anlaß, und bei einer solchen Armee, wenn ein Bataillon anfängt, so geht das wie ein Lauffeuer.« Die Heerführung erst! Der alte König Wilhelm! Der Prinz Friedrich Karl! Sie werden »sofort von den wütenden Österreichern unter Benedek« heillos geschlagen. Denn der, auch von Marx sehr viel höher eingeschätzt als die preußische Führung, hat sich jede Einmischung von Erzherzögen oder anderen Einflüssen des Hofes verbeten, während die Preußen von hohen Herrschaften kommandiert werden, bei denen alle möglichen Einflüsse mitspielen werden, die völlige Konfusion erzeugen müssen, falls, ja falls – diesen Vorbehalt macht er allerdings – nicht tüchtige Generalstabsoffiziere zur Seite stehen.

Der militärische Fachmann und Spezialist für Heeresfragen scheint zu diesem Zeitpunkt noch nichts von der Existenz einer so eminent bedeutsamen und kriegsentscheidenden Organisation wie dem Großen Generalstab gehört zu haben, an dessen Ausbau ein gewisser Moltke und sein Helfer als Kriegsminister, Roon, fleißig gearbeitet hatten; in Fachkreisen waren ihre Namen immerhin nicht unbekannt. Die Konfusion und fatale Einwirkung hoher Herrschaften war vielmehr auf österreichischer Seite zu verzeichnen; der hochgelobte Benedek hatte nur auf Drängen des Kaisers Franz Joseph das Kommando übernommen. Er wußte wohl, daß er für die strategischen großen Aufgaben ungeeignet war und allenfalls ein Korps erfolgreich kommandieren konnte; sein Kaiser hat dann noch durch den Befehl, nicht weiter zurückzugehen und die Schlacht anzunehmen, die Niederlage beschleunigt, ganz zu schweigen davon, daß Unterbefehlshaber Befehle nicht ausführten, und was der späteren Entschuldigungen für die Katastrophe mehr sind. Diese Details konnte Engels freilich nicht gut wissen. Aber seine Gesamteinschätzung der Verhältnisse war deshalb nicht viel weniger »weit vom Schuß«.

Die beiden Londoner waren in der Tat etwas allzuweit ab vom Schuß. Engels bezieht sich auf reichlich vage Quellen, und Marx wiederum gibt bei seinen politischen Übersichten zu, daß er keinerlei kontinentale Zeitungen in der letzten Zeit gelesen habe. Und so erwartet man auch in diesem Augenblick die Revolution. »Wunderschön ist die geschichtliche Ironie, die sich an dem Bismarck abspielt«, heißt es bei Engels.

Er war so überzeugt von seinen Thesen, daß er sich beim liberalen »Manchester Guardian« um eine zeitweilige Mitarbeit als militärischer Korrespondent bemühte. Sie wurde ihm zugeteilt, und er schrieb vier ausführliche Artikel, als die Kämpfe begannen. Engels hat sonst vielfach sehr respektable Einsicht in Feldzüge und Kampfhandlungen in seinen Aufsätzen gezeigt. Hier machte ihn sein rheinischer Preußenhaß blind. Der erste Artikel vom 20. Juni sieht auf österreichischer Seite die überlegene Führung, bessere Moral und modernere Ausbildung der Truppe. Die Preußen hingegen hätten nunmehr seit einem halben Jahrhundert nur noch Parade- und Gamaschendienst gemacht. Er geht sogar ins Detail und sieht die Preußen nach älterer Taktik in tiefgestaffelten Kolonnen vorrücken, die dann von der vorzüglich mit gezogenen Geschützen versehenen österreichischen Artillerie niedergemäht werden, ehe sie ins eigentliche Gefecht eingreifen können. Die Heerführung wird aus Ordre, Contreordre und Désordre bestehen, weil der König das Oberkommando übernommen habe; in der Politik folge er zwar Bismarck, aber in der Armee sei niemand vorhanden, der die Verantwortung übernehmen werde. Es sei kein System denkbar, das mit größerer Wahrscheinlichkeit schon im eigenen Führungsstab die Niederlage herbeiführen müsse.

Engels schreibt dann den Preußen die Defensive, den Österreichern energisches Vorstoßen als gegeben vor. Der vierte Artikel basiert schon auf den Nachrichten vom getrennten Vorgehen der drei preußischen Armeen in Böhmen. Er weist nach, daß damit gegen ein Grundgesetz der Strategie verstoßen wird, das dergleichen verbietet. Der Aufsatz erschien am Tage der Schlacht von Königgrätz. Die wurde dadurch gewonnen, daß Moltke sehr rasch nach Böhmen vorstieß und seine drei Armeekolonnen erst auf dem Schlachtfeld zusammenzog und gegen die sehr starken Höhenstellungen der Österreicher in den Flanken vorgehen ließ: ein Manöver von hohem Risiko, aber kühl und energisch durchgeführt. Von irgendwelcher Verwirrung oder Befehlsunsicherheit im Hauptquartier war schwerlich die Rede; der schon nahezu siebzigjährige König galoppierte allerdings in Erinnerung an die Napoleonischen Schlachten seiner Jugend auf dem Schlachtfeld umher, bis sein Ministerpräsident dafür sorgte, daß die hohe Suite in eine Seitenschlucht abgeführt wurde, wo sie vor dem feindlichen Geschützfeuer in Deckung war. Es hat auch spannende und bedenkliche Momente bei der Durchführung des Moltke-Planes gegeben, ehe die Armee des Kronprinzen in Eilmärschen in die vorgesehene Flankenstellung einrückte und den Tag entschied. Ein hohes Spiel war zweifellos gewagt, aber gewonnen worden. Noch auf dem Schlachtfeld meinte ein Generaladjutant des Königs zu Bismarck: »Exzellenz, jetzt sind Sie ein großer Mann.

Wenn der Kronprinz zu spät kam, waren Sie der größte Bösewicht.«

Engels machte es kurz mit der Manöverkritik: »Solch eine Entscheidungsschlacht in acht Stunden abgemacht, ist noch nicht dagewesen«, schrieb er an Marx. Er hatte allerdings seine Erklärung: »Das Zündnadelgewehr ist eine heillose Waffe, und dann schlagen sich die Kerle wirklich mit einer Bravour, die ich an solchen Friedenstruppen nie gesehen habe ... Benedek mit seinem tiefen ›Plan‹ stellt sich nicht nur als Esel, sondern auch als Schlafmütze heraus.« Er kann es nicht gut lassen, seinen eigenen Feldzugsplan vorzubringen: »Wie schön hätte er die Kerls, mit hinreichenden Kräften, im Gebirg abfassen können!«

Auf höherer Ebene aber sind nun seine Einsichten in die völlige Veränderung der europäischen Lage, die dieser Sieg bedeuten wird: »Jedenfalls wird Bismarck nun versuchen, sein deutsches Kaisertum zustande zu bringen.« In einem letzten Artikel für den »Guardian« spricht er von dem Selbstgefühl und der Kriegserfahrung, die man nun den Preußen zuerkennen müsse. »Sie werden sogar morgen schon den Franzosen gegenübertreten können.«

Daß auch diese Auseinandersetzung kommen würde, war nun so ziemlich allgemein klar. Denn Napoleon, der sich als Schiedsrichter Europas ansah – er hatte auf ein langes und erbittertes Ringen der beiden Mächte gehofft –, würde nicht zögern, die ihm von Bismarck in Aussicht gestellten Kompensationen für sein Beiseitestehen zu fordern, und das mußte notwendig zu neuen Konflikten führen. Marx sah das mit magistraler Überlegenheit und dialektischer Schärfe: »Nächst einer großen Niederlage der Preußen, die vielleicht (aber die Berliner!) zu einer Revolution geführt hätte, konnte nichts Besseres passieren als ihr immenser Sieg.« Wie denn dies? »Herr Bonaparte rechnete darauf, daß Sieg und Niederlage zwischen Preußen und Österreichern hin- und herschwanken würden, so daß er schließlich als Jupiter Scapin zwischen die Abgematteten dreintreten könnte. Der Erfolg der Preußen setzt sein Regime wirklicher Lebensgefahr in Frankreich aus, wenn es ihm nicht gelingt, die Friedensbedingungen zu diktieren.« Er wird getreu den Versprechungen Bismarcks eine gewaltige Kompensation für seine Neutralität fordern, und die Preußen werden ihm schwerlich das gewünschte linke Rheinufer oder ähnliches bewilligen können. Die

Entscheidung der Preußen wird, so Marx, von Petersburg abhängen. Man kann aber nicht sagen, was die Russen tun werden, »da man dazu das Material der russischen Staatskanzlei besitzen müßte«. Man müßte freilich, wie wir hinzufügen, auch etwas mehr über die preußische Staatskanzlei wissen; die Blicke der beiden Dioskuren waren noch immer vornehmlich auf Napoleon gerichtet und hielten die Schachzüge ihres in Wirklichkeit größten Gegners für sehr temporäre Manöver, die sehr bald ihr Ende finden würden. Nach dialektischer Methode nennt Engels das die Ironie der Weltgeschichte. »Gibt es etwas Feineres als diese praktische Verhöhnung Bonapartes durch seinen Schüler Bismarck, der, Krautjunker wie er ist, seinem Meister plötzlich über den Kopf wächst?«

Engels hat übrigens, um das nicht zu übergehen, im letzten seiner Artikel für den »Guardian« doch auch seine Zweifel gehabt, ob es nur die waffentechnische Ausstattung der Preußen gewesen sei, die ihnen diesen Sieg verschafft hatte: »Es ist alles ganz schön und gut, wenn man sagt, die Zündnadelgewehre taten es; die gehen aber nicht von selber los, sie verlangen tapfere Herzen und starke Arme, die sie führen.« Er hätte noch hinzufügen müssen, daß auch die militärische Führung eine gewisse Rolle bei einem Feldzug beanspruchen darf. Das hätte freilich allzusehr seinem ersten Artikel widersprochen. Zu einer Anerkennung der Gaben Moltkes hat er sich erst sehr allmählich durchgerungen, bis schließlich anläßlich seiner sehr viel treffenderen Artikel über den Krieg 1870/71 Frau Jenny Marx ihm den Ehrentitel »der junge Moltke« verlieh.

Immerhin hat er nun doch eine gewisse Bilanz gezogen, und zwar am 25. Juli, vierzehn Tage nach Königgrätz: »Die Geschichte in Deutschland scheint mir jetzt ziemlich einfach. Von dem Augenblick an, wo Bismarck den kleindeutschen Bourgeois-Plan mit der preußischen Armee und so kolossalem Sukzeß durchführte, hat die Entwicklung in Deutschland diese Richtung so entschieden genommen, daß wir ebensogut wie andre das fait accompli anerkennen müssen, we may like it or not. Was die nationale Seite der Sache angeht, so wird Bismarck jedenfalls das kleindeutsche Kaisertum in dem von den Bourgeois beabsichtigten Umfang, d. h. inkl. Südwestdeutschland herstellen, denn die Redensarten von der Mainlinie und einer Option für eine süddeutsche Föderation sind jedenfalls nur für die Franzosen berechnet.«

»Die Sache hat das Gute, daß sie die Situation vereinfacht, eine Revolution dadurch erleichtert, daß sie die Krawalle der kleinen Hauptstädte beseitigt und die Entwicklung jedenfalls beschleunigt. Am Ende ist doch ein deutsches Parlament ein ganz andres Ding als eine preußische Kammer. Die ganze Kleinstaaterei wird in die Bewegung hineingerissen, die schlimmsten lokalisierenden Einflüsse hören auf, und die Parteien werden endlich wirklich nationale statt bloß lokale.«

Den Hauptnachteil sieht der standhafte Rheinländer in der Verpreußung Deutschlands, und dagegen sei leider nichts zu machen. »Wir können also meiner Ansicht nach gar nichts anderes tun als das Faktum einfach akzeptieren, ohne es zu billigen, und die sich jetzt jedenfalls darbietenden größeren Facilitäten zur *nationalen* Organisation und Vereinigung des deutschen Proletariats benutzen, soweit wir können.« Die Annektierung Hannovers, Kurhessens und der alten Reichsstadt Frankfurt mag daher recht kalt lassen, denn »für die Arbeiter ist natürlich alles günstig, was die Bourgeoisie zentralisiert«.

Die dialektische Betrachtung erwies sich als ein vorzügliches Instrument. In der späteren Form der dialektischen Geschichtsauffassung konnte sie den überraschenden Ereignissen von 1866 sogar den Sinn abgewinnen, daß damit eine vorzeitige Übernahme der Verantwortung durch die Revolution auf das wohltätigste hinausgezögert wurde, bis die Bewegung dafür einigermaßen reif wurde. Bei allem Respekt vor der Lebensleistung der beiden Dioskuren muß doch gesagt werden, daß man sich nur mit Schaudern vorstellen kann, was daraus geworden wäre, wenn sie die politische und militärische Lage unter den damaligen Umständen hätten meistern müssen.

Ihr großer Gegenspieler, den sie jetzt erst – und nur in ungefähren Umrissen – erkannten, erwies sich als der Meister, zum mindesten in der Diplomatie. Er tat in allem genau das Gegenteil von dem, was sie erwarteten und was übrigens auch die meisten anderen Leute, eingeschlossen seinen König Wilhelm und seine Militärs, anzustellen gedachten. Bismarck ist keine legendäre Reckengestalt; er hat sich, nie stärker als in diesem Schicksalsjahr, als ein Politiker erwiesen, der die schwierigste und kaum je befriedigend gelöste Aufgabe behutsam und energisch zu lösen wußte: im Sieg Maß zu halten. Es gibt wenig andere Beispiele für solche Haltung in der ganzen neueren Geschichte. Die Militärs im preußischen Lager drängten vorwärts nach dem herrlichen Sieg, sie wollten auf Wien rücken, wie auch Engels, der Stratege in Manchester, erwartete. Bismarck wiegelte das ab, unter schweren Kämpfen, die jetzt im Hauptquartier einsetzten. Er setzte durch, wieder gegen stärkste Opposition, auch des Königs und anderer Hofkreise, daß Österreich geschont wurde. Nicht einmal Böhmen, das Marx wie Engels als sichere Kriegsbeute Preußens ansahen, wünschte er zu annektieren. Er gönnte Napoleon den bescheidenen Triumph, daß Österreich ihm Venetien übergab und daß er mit großer Geste dem italienischen Bundesgenossen der Preußen – im Feldzug recht kläglich versagend – diese noch fehlende letzte Provinz Norditaliens feierlich überreichen durfte. Die übrigen Hoffnungen des Empereurs auf Kompensationen am Rhein allerdings nahm der preußische Unterhändler mit gelassener Hand vom Verhandlungstisch. Es war dies, auch für Marx und Engels, die größte Überraschung. Die dialektische Betrachtung gewährte ihnen wenigstens den Trost, daß nunmehr Boustrapa, daß überhaupt der verhaßte Bonapartismus einen schweren Schlag erlitten hatte. Als »Bonapartismus« deuteten sie dann, nunmehr nach Berlin verpflanzt, die weiteren Schachzüge Bismarcks: die Gewinnung des liberalen Bürgertums durch das allgemeine Wahlrecht für den neugeschaffenen Norddeutschen Bund; die Einbringung einer Indemnitätsvorlage im preußischen Abgeordnetenhaus, die für die nun so glorreich gerechtfertigte Heeresvorlage nachträglich Absolution erlangte; auch dies nur gegen erbitterte Widerstände des königlichen Herrn, der sich sträubte, so gewissermaßen »Abbitte zu leisten« für das Getane. Wir können die vielverschlungenen Wege nicht aufzeichnen, die gegangen wurden und gegangen werden mußten. Bismarck selber hat einmal davon gesprochen, wie er bei den Vorfriedensverhandlungen in Nikolsburg in Weinkrämpfe ausgebrochen sei, als man ihm von allen Seiten zusetzte. Die Berliner sahen ihn in seinem Verhältnis zu König Wilhelm in der Gestalt eines Uhrmachers; jeden Morgen, so hieß es, muß er seinen König erst wieder aufziehen, da er leergelaufen ist.

Bismarck schloß Frieden mit den süddeutschen Staaten und sogleich geheime Militärbündnisse, was ungefähr ein Bild darüber gibt, wie feurig im Bruderkrieg gekämpft worden ist. Er löste den unseligen Bundestag auf und schuf statt dessen den Norddeutschen Bund, mit Parlament, zum Entsetzen aller preußischen Konservativen. Er kämpfte, militärisch gesprochen, einen Kampf an allen Fronten. Der führende Konservative Ludwig von Gerlach sah ihn als einen ganz gewissenlosen Verderber Preußens: »Immer rechnet und räsoniert er mit den eigennützigen Temperaments-, auch Nationalitätseigenschaften und Nicht-Eigenschaften der Nord- und Süddeutschen, der Geheimräte (seiner beständigen Gegner) und überhaupt den niederen Motiven der Menschen, worin er doch wohl ein Virtuose ist, aber es fehlt doch die Hauptsache.« Denn: »Bismarcks Grundfehler ist, daß er seine Aufgabe und die Gegensätze der Zeit und ihre Kämpfe nicht tief genug, nicht als religiöse auffaßt.«

Gewiß wurde der Staat, den er nun aufzubauen begann, nicht das, was viele, und nicht wenige der Besten, in der Paulskirche und noch später erhofft hatten. Aber niemand hat, auch in waghalsigen Konstruktionen am Schreibtisch, eine Lösung aufgezeigt, die auch nur leidliche Aussicht gehabt hätte, verwirklicht zu werden. Ein Großdeutschland mit dem Vielvölkerstaat der Habsburger Monarchie als Partner? Ein Deutschland von der Maas bis zu der Memel, von der Etsch bis an den Belt und noch etwas weiter ausgreifend? Auch Marx und Engels hatten ein solches Großdeutschland im Auge und polemisierten wütend gegen Vorschläge, etwa Böhmen und die slawischen Provinzen Österreichs doch aufzugeben und den Russen zu überlassen. Sie sahen hoffnungsvoll ein revolutioniertes Großdeutschland vor sich; daß dieses zunächst Krieg mit Rußland bedeuten müsse, störte sie nicht, im Gegenteil.

Das Schlußwort hierzu spricht Engels noch gegen Ende des Jahrhunderts, als abermals Zweifrontenkrieg zu drohen schien. Da wird die Lösung von 1866 und 1870 nachträglich anerkannt, in schwungvoller Phrasierung sogar: »Vor diesem nationalen Aufschwung verschwanden alle Klassenunterschiede, zerflossen alle Rheinbundsgelüste süddeutscher Höfe, alle Restaurationsversuche verjagter Fürsten in nichts.«

Der Kapitalist

Als der Verfasser des Buches über »Das Kapital« geboren wurde, kursierte das Wort »Kapitalist« nur in begrenzter Bedeutung. Der alles überragende Begriff »Kapitalismus«, seit Marx von der Welt übernommen und eine Parole im Klassenkampf, war noch unbekannt. Die Wortgeschichte ist zu beachten. Sie gibt, vornehmlich wenn sie sich auf den üblichen Sprachgebrauch und nicht so sehr auf die Definitionen von Fachgelehrten konzentriert, den Stand wieder, den die Dinge zu jener Zeit hatten.

Ein Kapitalist war ein Mann, der über flüssige Kapitalien verfügen konnte und bereit war, sie zu investieren. In größeren Fällen machte er auch Geschäfte mit dem Staat, der Regierung; in anderen Fällen investierte er in aufkommenden Industrien, im Handel. Er war ein »vermögender Mann«, so bezeichnet ihn noch 1848 das »Deutsche Wörterbuch« von Heyse. Reichtum war wesentlich identifiziert mit Grundbesitz, den erst Marx dann unter seinen Begriff Kapitalismus mit einordnete. Auch ein Industrieller galt nicht als Kapitalist; wohl aber konnte ein Kapitalist sich an einem Industrieunternehmen mit einer Einlage beteiligen. Gesellschaftlich hing dem Kapitalisten noch der üble Geruch des »Wucherers« von undenklichen Zeiten her an, auch das Mißtrauen gegen den »Spekulanten«, der ja ebenfalls seine Geschichte hatte. In der Gestalt des schottischen Abenteurers John Law hatte er in Frankreich zu Beginn des 18. Jahrhunderts ein lange nachwirkendes Beispiel dafür gegeben, wie eine ganze Volkswirtschaft auf Jahre hinaus durch Spekulationen ruiniert werden kann. Es gab viele kleinere Kapitalisten und einige große, besonders in den Städten. Ein französisches Wörterbuch, das während der Revolution 1790 erschien, meinte sogar, das Wort sei nur in Paris und einigen Städten bekannt, nicht in der Provinz und auf dem Lande.

Die Revolution brachte die Dinge in raschere Bewegung und »Zirkulation«, die immer raschere Zirkulation wurde dann für Marx der Ausgangspunkt des Kapitals und des Kapitalismus, wie er ihn verstand. »Es ist der letzte Endzweck dieses Werkes«, heißt es im Vorwort zur ersten Auflage des »Kapitals«, »das ökonomische Bewegungsgesetz der modernen Gesellschaft zu enthüllen«, und dabei kann man »naturgemäße Entwicklungsphasen weder überspringen noch wegdekretieren«.

Die Entwicklungsphasen werden bei Marx, wie nicht zu vermeiden bei einer ersten »Enthüllung«, sehr im großen behandelt. Es ist auch verständlich, daß er das, was zu seiner Zeit oder der direkt vorangegangenen Epoche vorging, nicht gut mit historischer Distanz betrachten konnte. Das galt besonders für die Französische Revolution, die als Ereignis, Vorbild und Schreckbild zugleich das ganze Denken des 19. Jahrhunderts beherrschte. Es galt noch mehr für die ökonomische Entwicklung, die Marx bereits am Endpunkt des Kapitalismus angelangt glaubte, während es sich doch zu Anfang des Jahrhunderts um die ersten Stadien dessen handelte, was er dann in seinen weiteren, sich erst herausbildenden Formen zu deuten suchte.

Der Kapitalist also, wie er während der Revolutionszeit in Erscheinung trat, war ein Mann, der über flüssige Kapitalien verfügte und sie anlegte. Diese Geschäfte waren in den höchst unsicheren Machtverhältnissen und dem rapiden Wechsel der Machthaber sehr risikoreich, dafür freilich auch ungemein lukrativ. Dieser Kapitalist hatte keinerlei Macht hinter sich, sondern nur vor sich, wenn er sich mit der jeweiligen Regierung einließ. Die blickte mit strengen Augen auf ihn und hatte nicht die geringsten Bedenken, die uralten Volksvorstellungen vom »ungerechten Mammon« der Bibel anzuwenden. Die Anklage auf Landesverrat war leicht zur Hand, um einen lästigen Kontrakt loszuwerden. Der Vorwurf des Wuchers galt ja theoretisch nach katholisch-kirchlicher Auffassung für jeden Zins oder Profit; er war auch oft genug berechtigt. Lebensmittelgeschäfte, besonders der »Kornwucher«, waren gefährlich bei den zahlreichen Hungersnöten – und besonders beliebt, sowohl in der Propaganda wie bei den unverbesserlich spekulierenden Kapitalisten. Das kam auch im Revolutionsparlament zur Sprache. Ein Mitglied des Konvents, Goujon, erklärte: »Woraus besteht unsere Republik? Aus kleiner Anzahl von Kapitalisten und großer Anzahl von Armen. Wer handelt mit Korn? Die kleine Anzahl von Kapitalisten. Und weshalb handeln sie? Um reich zu werden. Wie werden sie reich? Indem sie den Kornpreis erhöhen ... Aber diese Klasse von Kapitalisten und Grundbesitzern, die völlige Freiheit haben, den Kornpreis zu bestimmen, das ist auch die Klasse, die über die Länge der Arbeitszeit verfügt. Sie haben reiche Auswahl, denn für jede Arbeit, um die sich ein Arbeitsmann bewirbt, sind zehn Anwärter vorhanden. Sie nehmen den, der am wenigsten verlangt. Sie bestimmen den Lohn, und der Arbeitsmann muß sich fügen, aus Not um das tägliche Brot ...«

Ein System wurde dahinter jedoch nicht gesehen. An Abschaffung, ja nur wesentliche Beschränkung des Privateigentums war nicht gedacht. Selbst der Ultraradikale Hébert, den Robespierre dann köpfen ließ, kurz ehe er selber aufs Schafott getragen wurde, dachte nicht anders. In seinem sehr volkstümlichen Blatt »Le Père Duchesne«, in der Kommune von 1871 noch einmal wiederbelebt, hieß es im echten Hébert-Stil, der jeden zweiten Satz mit dem Fluch »foutre!«, »Hundsfott«, bekräftigte: »Niemand soll glauben, Hundsfott!, ich verachtete den Handel. Niemand respektiert besser als ich den anständigen Kaufmann, den patriotischen Mann der Geschäfte ... Ich habe so manchen Geschäftsmann gekannt, der wie ein Vater zu seinen Arbeitern war ... Leider sind solche Charaktere selten, aber die Republik wird mehr davon erzeugen, das wollen wir hoffen, ah, Hundsfott!«

Erst im 19. Jahrhundert war von »den Kapitalisten« als Machtgruppen die Rede, so wenn Lamartine in hallender Rhetorik 1843 verkündete: »Statt daß Arbeit und Industrie ihre Freiheit erhalten, wird Frankreich an die Kapitalisten verkauft.« Dies war zu der Zeit etwa, als Dr. Marx in Paris eintraf.

Im Diktionär von Larousse wird dann der Begriff »Kapitalismus« 1867 zuerst aufgeführt. Das Wort ist ausdrücklich als eine Neuprägung der Sprache bezeichnet, mit der Bedeutung, daß es »die Macht des Kapitals und der Kapitalisten« bezeichne. Dafür wird Proudhon herangezogen, nicht aber Marx.

Wir haben nur einige Beispiele gegeben, wollen uns aber nicht lediglich an den Sprachgebrauch halten, so wichtig er für die realen Verhältnisse ist. Die großen Kapitalisten sind nicht weniger bedeutsam. Dr. Marx hat, seiner eigentümlichen, an philosophischen Kategorien geschulten Denkweise nach, kein Interesse für selbst die markantesten Persönlichkeiten gehabt. Er denkt in Abstraktionen, in Begriffen; Einzelpersonen werden allenfalls einmal zur Illustration herangezogen. Dabei verwendet er durchaus, was aus der Tagespresse ihm zukam, und spricht etwa von dem »Börsenhaifisch

Fould«, der Finanzminister Napoleons III. wurde. Oder er erzählt von Jacques Laffitte, dem einflußreichsten Kapitalisten der Zeit, der Ministerpräsident des Bürgerkönigs Louis Philippe war, er habe nach der Revolution 1830, als er im Triumph das Pariser Rathaus betrat, die Worte fallenlassen: »Von jetzt ab werden die Bankiers herrschen.« Damit sei der Sinn dieser Revolution enthüllt worden. Marx las viel, auch kleinste Broschüren, soweit sie grundsätzliche theoretische Fragen behandelten, aber selten eine Biographie. Seine Betrachtungsweise ist so antiindividualistisch wie nur möglich. Das ist zugleich seine Stärke. Die von ihm geprägten generellen Begriffe und Formulierungen, die sich schon rein sprachlich fast stets durch die Endung »ismus« kennzeichnen, haben Wirkung getan. Sie hatten den Vorteil, daß sie große Zusammenhänge faßlich auf eine Formel brachten, die den Eindruck einer wissenschaftlichen Theorie oder These machte, während jede Darstellung einer Einzelperson, wenn sie nicht ganz oberflächlich gehalten ist, viele widersprüchliche Züge in der willkürlichen Mischung der Menschennatur aufweist. Und so verwandelt Marx alsbald den Bonaparte Napoleon III. in einen »Bonapartismus«; er formt sogar aus Napoleons Vetter, Louis Napoleon, üblicherweise Plon-Plon genannt, die groteske Neubildung »Plon-Plonismus«.

Aber den großen Erzkapitalisten vom Jahrhundertanfang, Gabriel Julien Ouvrard, den Finanzier der Revolutionsregierungen Napoleons und noch der Restaurationszeit, hat er nicht zur Kenntnis genommen, obwohl dessen Memoiren, als dreibändige Verteidigungsschrift des zum sechsten oder achten Male Angeklagten und ins Gefängnis Gesetzten 1826 publiziert, eine höchst wertvolle Quelle zur Geschichte der frühkapitalistischen Entwicklung darstellen. Wir nun wollen diese Phase weder überspringen noch wegdekretieren, wie es in der Vorrede zum »Kapital« heißt, auch wenn es sich um eine sehr vorübergehende Epoche handelt.

Denn dieser größte, intelligenteste aller Finanziers jener Zeit, immer wieder gerufen und unentbehrlich, wenn »Not am Mann« war, immer wieder abgehalftert, bankrott gemacht und eingesperrt von allen Regierungen, ob links, rechts oder in der Mitte, zeigt uns »das Kapital« bei der Arbeit. Er ist auch repräsentativ für das Verhältnis der Geldmacht zur politischen Macht; und schließlich für den eben sich kristallisierenden Typ des immer weiter ausgreifenden, immer gewagter über die Kontinente hinweg disponierenden Kapitalisten modernster Prägung, auch in den vielfach sehr gewagten Methoden zur Finanzierung seiner Projekte.

Die Zirkulation, so bedeutsam nach Marx: Ouvrard zieht seine Zirkel bis nach Peru, Mexiko, damals noch kaum zugänglich für Geschäfte in Kapitalien, nach Petersburg wie London und Amsterdam. Er beginnt mit Waffengeschäften, wie übrigens ein anderer Kriegs- und Revolutionsgewinnler, der Dichter des »Figaro« und Begründer der Autorentantieme, Beaumarchais, der die Waffenlieferungen nach Amerika für die amerikanische Revolution finanzierte und dann Flintenkäufe in Holland für die französische Armee. Ouvrard entwirft für Napoleon den grandiosen Plan, die Kontinentalsperre und den Kampf gegen England zu finanzieren. Er will die in Mexiko und Peru durch die englische Blockade festgefrorenen enormen Schätze an Edelmetall mobilisieren, und zwar durch seine Beziehungen zum spanischen Königshof und zugleich zu den großen internationalen Bankhäusern, darunter das Haus Baring in London, der feindlichen Hauptstadt selber. Napoleon, in Finanzfragen kaum je über das Niveau seiner Hauptmannsjahre hinausgewachsen, lehnt ab und setzt den durch unbequeme Forderungen aus Armeelieferungen lästigen Kapitalisten fest. Er beruft ihn alsbald wieder in den hundert Tagen und meint mit eiserner Stirn: »Meine Minister wollten Sie ruinieren!« Er war höchstwahrscheinlich fest entschlossen, Ouvrard abermals ins Gefängnis zu stecken, wenn er noch einmal siegen sollte. Die Restauration der Bourbonen bedient sich des offenbar Unentbehrlichen nochmals, und er führt einen ungemein ingeniösen Plan zur Bezahlung der Kriegsschulden und Besatzungskosten an die Alliierten durch, nachdem andere Experimente, wie die einer Zwangsanleihe, kläglich gescheitert waren.

Ouvrard will keinen Zwang gelten lassen; das sei ja als schädlich unter Napoleon zur Genüge bewiesen worden, der nichts kannte als Kontributionen, Beschlagnahmungen, erzwungene Subsidien und Ausbeutung der eroberten Länder. Vielmehr soll nun zum ersten Male die scheinbar aussichtslose Lage einer besiegten Nation in allgemeine Zufriedenheit und Prosperität verwandelt werden. Er benutzt geschickt die Friedenssehnsucht und vor allem die Furcht der Siegernationen vor weiteren revolutionären Unruhen. Und so wird sein Zahlungsplan durch eine neue Staatsanleihe, mit langfristiger

Amortisation auf zwanzig Jahre, in der Tat akzeptiert und durchgeführt, und zwar mit Hilfe der Bankhäuser Baring-London und Hope-Amsterdam. Die Siegermächte also sorgen selber dafür, daß Frankreich nicht bankrott geht, sondern sich so bald wie möglich erholen kann; schwerlich aus übertriebener Generosität, sondern im Rahmen der neuen Solidaritätspolitik aller europäischen Monarchien.

Marx hat diesen einzigartigen Vorgang einmal erwähnt, aber lediglich unter dem Aspekt der Funktion des Geldes als »Weltgeld«. Dies zeige sich in der »Leichtigkeit, mit der Frankreich, das erst im Begriff war, sich von der Erschütterung durch eine zerstörende Invasion zu erholen, in einem Zeitraum von 27 Monaten die Zahlung der ihm auferlegten Kriegsentschädigung von fast 200 Millionen £ an die verbündeten Mächte leistete, und zwar einen beträchtlichen Teil dieser Summe in Metallgeld, ohne merkbare Einschränkung oder Störung des inländischen Geldumlaufs oder irgendwelche alarmierende Schwankungen seines Wechselkurses«.

Es ging aber nicht um die Barzahlungen, sondern darum, den Kredit Frankreichs wiederherzustellen, und der war durch die übrigens nur sehr bescheidenen Metallzahlungen nicht zu retten. Kredit, und da stoßen wir auf einen wesentlichen Punkt im Denken des Dr. Marx, war für ihn nur eine letzte Steigerung des kapitalistischen Wuchersystems, eine besonders raffinierte und komplizierte Einrichtung des Systems der Expropriation.

Der Zahlungsplan Ouvrards fällt ziemlich genau mit dem Datum der Geburt von Karl Marx zusammen. Er hatte immerhin, wie sonst über Staatsschulden gedacht werden mag, den unmittelbaren Effekt, daß Frankreich die auf längere Jahre drohende alliierte Besatzung in unwahrscheinlich kurzer Zeit los wurde und ebenso unglaublich rasch wieder als gleichberechtigt in den Kreis der großen Mächte eintrat. Kredit bedeutet ja schließlich nicht nur eine Form des Geldverkehrs, sondern »Glaubwürdigkeit, Vertrauenswürdigkeit« überhaupt, die auch ein *politisches* Kapital ist, das nicht leicht aufs Spiel gesetzt werden kann.

Für Ouvrard, um dessen Laufbahn abzuschließen, erwies sich der Kredit, den er sich durch seinen Plan erworben hatte, als verhängnisvoll. Er ließ sich nicht abhalten – und auch darin sehen wir einen charakteristischen Zug des durch keine noch so empfindliche Lektion abschreckbaren Kapitalisten –, noch den Invasionsfeldzug des so rasch wiedererstarkten Frankreich bei den spanischen Wirren von 1822 zu finanzieren. Dabei kam er endgültig zu Fall; er wurde wiederum angeklagt, ins Gefängnis gesetzt und beendete sein Leben als verarmter Flüchtling in London und Verfasser seiner dreibändigen Rechtfertigungsschrift. Ein nahezu erbauliches Ende, wenn wir der Anklageschrift folgen wollen; ein Beispiel dafür, wie es mit der Macht des Kapitals stand, wenn es als Kontrahent auf die wahre Macht des Staates stieß, ob das nun der Konvent, Napoleon I. oder die Restaurationsregierung war.

Nicht nur Napoleon ging ganz unbedenklich über die theoretisch geheiligten Eigentumsbegriffe weg, ob das Eigentum nun Fürsten oder Privatleuten gehörte. Expropriation, für das Programm des Dr. Marx ein Kardinalbegriff, wurde schon von ihm im größten Stil geübt; er expropriierte ganze Dynastien und ganze Länder und behielt sich vor, die zunächst schon gründlich geschröpften Gebiete dann zur weiteren Ausnutzung an seine Verwandten und Generäle zu verteilen. Er behielt sich auch vor, wie Ouvrard erzählt, jeden Kontrakt zu »expropriieren«, indem er den Kontrahenten kurzerhand ins Gefängnis setzte und bankrott machte. Zum mindesten drohte er damit. Wenn ihm, er sah peinlichst auch die detailliertesten Rechnungen und Forderungen durch, ein solches Schriftstück vorgelegt wurde, so notierte er nur kurz am Rande: »zur Behandlung durch die Gerichte«. Der so Bedrohte entschloß sich dann meist zu akkordieren. Stand sein Fall besser und warnte Napoleons Großkanzler Cambacérès, der zuweilen ein offenes Wort riskierte, der Kaiser könnte den Fall vor Gericht vielleicht verlieren, so kam die strenge Antwort: »Wofür halten Sie mich denn, Herr Großkanzler?« Ein Napoleon verliert nicht; er dekretiert.

Das ist der Stil der Diktatur. Und es ist sehr zu beachten, daß dieser Napoleonische Stil auch Marx und anderen Sozialisten unbewußt vorschwebte, wenn sie von der Diktatur des Proletariats sprachen. Die antiken Beispiele, die dem Terminus zugrunde lagen, waren ja reichlich weit entfernt und überhaupt kaum zu gebrauchen; der römische Diktator erhielt seine Sonderbefugnisse nur in besonderen Notlagen; der letzte Diktator genannte Machthaber, Sulla, der allerdings länger und sehr blutig regierte, zog sich, nachdem er seine Aufgabe für beendet erklärt hatte, ins Privatleben zurück und schrieb seine Memoiren.

Die Napoleonische Art, Finanzfragen wie in dem Fall Ouvrard zu regeln, konnte ebenfalls, bewußt oder unbewußt, als Vorbild dienen. Die Parole vom Eigentum als Diebstahl, die Proudhon prägte, ist da schon vorgebildet. Napoleon sah in jeder Geschäftshandlung, so berichtet Ouvrard, »einen Diebstahl« seines Kontrahenten, den er immer niederschlagen könnte. Er betrachtete sich allein als »das Zentrum jeden Reichtums und den Austeiler aller Vermögen«. Und: »Der Kredit war für ihn eine Abstraktion; er sah darin nur die Träume der Ideologen und die krausen Ideen der Ökonomen.«

Marx hingegen entwickelte keine »krausen Ideologien«. Er faßte zusammen und wurde damit »faßlich«; er teilte ein und ab, so geradlinig wie möglich. Er verwendete auch gern Ausdrücke aus der Mechanik. So sind ihm »Konkurrenz und Kredit die beiden mächtigsten Hebel der Zentralisation«. Oder: »Mit den Staatsschulden entstand ein internationales Kreditsystem«, das er von Venedig und Holland oder England bis zur Gegenwart verfolgt und den Vereinigten Staaten. Nicht so sehr wissenschaftlich-nationalökonomisch als im revolutionären Propagandastil heißt es dann: »Manch Kapital, das heute in den Vereinigten Staaten ohne Geburtsurkunde auftritt, ist erst gestern in England kapitalisiertes Kinderblut.«

»Die öffentliche Schuld wird einer der energischsten Hebel der ursprünglichen Akkumulation. Wie mit dem Schlag der Wünschelrute begabt sie das unproduktive Geld mit Zeugungskraft und verwandelt es so in Kapital, ohne daß es dazu nötig hätte, sich der von industrieller und selbst wucherischer Anlage unzertrennlichen Mühe und Gefahr auszusetzen.«

Das Erschließen bis dahin unproduktiver Quellen hat ihn auch nachdenklich gemacht, wieweit dieser ominöse Kredit nicht vielleicht doch eine wesentliche Rolle auch in der sozialistischen Zukunft spielen werde. So selten er sich je über Details einer künftigen Ordnung nach der Machtübernahme durch Revolution geäußert hat, so hat er doch in seinen Studien zum »Kapital«, Band III, einmal gemeint: »Es unterliegt keinem Zweifel, daß das Kreditsystem als ein mächtiger Hebel dienen wird während des Übergangs aus der kapitalistischen Produktionsweise in die Produktionsweise der assoziierten Arbeit!« Er beeilt sich hinzuzufügen, »nur als ein Element im Zusammenhang mit anderen großen organischen Umwälzungen der Produktionsweise selbst«. Und sogleich stürzt er sich in die Polemik gegen die sozialistischen Zeitgenossen mit ihren Illusionen, die Saint-Simonisten oder den »Sensationsschriftsteller« Proudhon, der das wahre Ungeheuer eines »Gratiskredits« erträumt, eine »vorgebliche Realisation des frommen Wunsches des kleinbürgerlichen Standpunkts«.

Das ist unbestimmt genug. Wieweit auch in diesem Zukunftsstadium der Staat, soweit dann noch als solcher erhalten oder bezeichnet, sich an die urtümlichen Prinzipien von »Treu und Glauben« zu halten hätte, das heißt die Einhaltung eingegangener Verpflichtungen, wird nicht erörtert. Ebensowenig wird beschrieben, inwieweit die »Produktionsweise der assoziierten Arbeit« nicht vielleicht doch sich auf Bedingungen einlassen muß, die das »Kapital« geschaffen hat. Doch dies ist nicht unbedingt Sache dessen, der sein Werk darin sieht, zunächst mit den »Kapitalisten« selber aufzuräumen.

Die Pfandleihe

Dr. Karl Marx hat alle, aber auch alle Möglichkeiten der Reihe nach erschöpft, sich Geld zu verschaffen, durch Borgen, Leihen, Ausstellen von Wechseln; auch größere Anleihen wurden versucht, aber vergeblich. Er hat bei Bankiers geborgt, bei Freunden wie dem alten Kampfgenossen Freiligrath, bei Lassalle; einmal notiert er mit Ingrimm, daß er sogar bei den »Knoten« vom Arbeiterbildungsverein in London etwas bekommen hat. Einzig der Freund Friedrich Engels hat immer und so gut wie unverzüglich gegeben, und von Wiedergeben war da nie die Rede. Marx selber hat einmal wie abwesend davon gesprochen, als diese Geldwirtschaft ihn etwas drückte, daß das fast eine Art »Steuer« sei, die er hoffte demnächst aufheben zu können, was jedoch nie geschah. Nur eine Form der Geldbeschaffung für dringendste Ausgaben hat er lebenslänglich beibehalten, von den letzten, etwas besser konsolidierten Jahren abgesehen: den Gang zur Pfandleihe. Sie spielt in seiner Korrespondenz eine ständige Rolle und erscheint uns wesentlich für seine Lebenshaltung und Lebensführung.

Er hat sich zu der ehrwürdigen Institution der Pfandleihe nicht ausführlich geäußert; erst in den umfangreichen historischen Notizen, aus denen Engels dann den sogenannten Band III des »Kapitals« herstellte, finden sich einige Angaben von geschichtlichen Daten und Bemerkungen über den Umfang des Pfandleihwesens im London seiner Zeit. Er spricht über das zinstragende Kapital im modernen Kreditsystem, das sich den Bedingungen der kapitalistischen Produktion angepaßt hat: Der »Wucher als solcher existiert nicht nur fort, sondern wird bei Völkern entwickelter kapitalistischer Produktion von den Schranken befreit, die ihm ältere Gesetzgebung gezogen hat. Das zinstragende Kapital behält die Form von Wucherkapital gegenüber Personen und Klassen oder in Verhältnissen, wo nicht im Sinne der kapitalistischen Produktionsweise geborgt wird und geborgt werden kann; wo dem genießenden Reichtum für Verschwendung geborgt wird; oder wo der Produzent nicht-kapitalistischer Produzent ist, kleiner Bauer, Handwerker etc., also noch als unmittelbarer Produzent Besitzer seiner eignen Produktionsbedingungen; endlich wo der kapitalistische Produzent selbst auf so kleiner Stufenleiter operiert, daß er sich jenen selbst arbeitenden Produzenten nähert.«

Marx sieht den Unterschied des zinstragenden Kapitals zum Wucherkapital in keiner Weise im Charakter dieses Kapitals selber: »Es sind nur die veränderten Bedingungen, unter denen es fungiert, und daher auch die total verwandelte Gestalt des Borgers, der dem Geldverleiher gegenübertritt. Selbst wo ein vermögensloser Mann als Industrieller oder Kaufmann Kredit erhält, geschieht es in dem Vertrauen, daß er als Kapitalist fungieren, unbezahlte Arbeit aneignen wird mit dem geliehenen Kapital. Es wird ihm Kredit gegeben als potentiellem Kapitalisten.« Das erlaubt es dem Kapitalismus, sich stets mit neuen Kräften aus der gesellschaftlichen Unterlage zu rekrutieren. »Je mehr eine herrschende Klasse fähig ist, die bedeutendsten Männer der beherrschten Klasse in sich aufzunehmen, desto solider und gefährlicher ist ihre Herrschaft. Statt des Bannfluchs gegen das zinstragende Kapital überhaupt ist es daher umgekehrt seine ausdrückliche Anerkennung, wovon die Initiatoren des modernen Kreditsystems ausgehn.« Der »Bannfluch« ist hier das feierliche Zinsverbot der mittelalterlichen Kirche gegen den Zins – jeden Zins, der unterschiedslos zum Wucher erklärt wurde.

Marx kommt nun, etwas nebenbei, auf die Reaktion gegen den Wucher, die sich bei den ersten kommunalen Pfandleihen äußerte, zu sprechen; sie wurden fromm und hoffnungsvoll »Mons pietatis« genannt, als ob ein wahrer Berg des frommen Mitgefühls dahinter stünde, aus dem die Armen und Bedürftigen eine Geldhilfe in der Not erhalten könnten; er zitiert Perugia, wo ein Mönch Barnaba um 1400 eines der ersten Institute der Art eröffnete. Und er meint: »Sie sind nur merkwürdig, weil sie die geschichtliche Ironie zeigen, womit fromme Wünsche in ihrer Realisation ins grade Gegenteil umschlagen.« Und nun zur Gegenwart: »Die englische Arbeiterklasse zahlt nach einer mäßigen Schätzung 100% an die Pfandhäuser, diese Nachkömmlinge der Monts-de-piété.« Er merkt an, daß es vor allem die mehrfachen Versetzungen und Einlösungen im selben Monat oder Versatz eines anderen Artikels, um den ersten herauszubekommen, sind, die den Zins so hochtreiben.

»In London sind 240 konzessionierte Pfandverleiher und in der Provinz ungefähr 1450. Das angewandte Kapital wird auf ungefähr 1 Million Pfund geschätzt. Es wird wenigstens dreimal im Jahre umgeschlagen und jedesmal im Durchschnitt für 33½%, so daß die untern Klassen von England 100% jährlich bezahlen für den temporären Vorschuß einer Million, abgesehn von dem Verlust durch verwirkte Auslösungsfrist versetzter Artikel.« Aber er hält sich nicht bei den Pfandleihern auf. Er geht zu einer Skizze des sich entwickelnden Bankwesens über und zu den Problemen des Kredits und der Verpfändung und Verleihung im Großen. Die Vorstellung des Wuchers, und darin folgt Marx durchaus den mittelalterlichen Anschauungen, steht immer dahinter. »Der Wucher wie der Handel exploitieren eine gegebne Produktionsweise, schaffen sie nicht, verhalten sich äußerlich zu ihr. Der Wucher sucht sie direkt zu erhalten, um sie stets von neuem ausbeuten zu können.« Und er führt nun Luther mit seinem Traktat von 1540 über Wucher an: »Ich lasse mir sagen, daß man jetzt auf einem jeglichen Leiptzischen Markt 10 Gulden, das ist 30 aufs Hundert nimmt; etliche setzen hinzu den Neuenburgischen Markt, daß es 40 aufs Hundert werden; obs nur sei, das weiß ich nicht. Pfui dich, wo zum Teufel will denn auch zuletzt das hinaus? ... Wer nun jetzt zu Leiptzig 100 Floren hat, der nimmt jährlich 40, das heißt einen Bauern oder einen Bürger in einem Jahr gefressen. Hat er 1000 Floren, so nimmt er jährlich 400, das heißt einen Ritter oder reichen

Edelmann in einem Jahr gefressen. Hat er 100000, wie es sein muß bei den großen Händlern, so nimmt er jährlich 40000; das heißt einen großen reichen Fürsten in einem Jahr gefressen. Hat er 1000000, so nimmt er jährlich 400000, das heißt einen großen König in einem Jahr gefressen. Und leidet darüber kein Fahr, weder an Leib noch Wahr, Arbeit nichts, sitzt hinter dem Ofen und brät Äpfel ...«

Marx hat Martin Luther öfter und ausführlicher zitiert – auch in seinem »Kapital« – als irgendeinen deutschen Wirtschaftssachverständigen; er nennt ihn sogar einmal den »ersten deutschen Nationalökonomen«. »Höchst pittoresk« oder »allerliebstes Bild auf den Kapitalisten überhaupt«, applaudiert er Luthers Stil, und besonders haben es ihm die Angriffe auf die großen Monopolgesellschaften als »Schinder und Schaber« angetan. »In der altmodischen, wenn auch stets erneuten Form des Kapitalisten, im Wucherer, veranschaulicht Luther sehr gut die Herrschsucht als Element des Bereicherungstriebes.« Mit einem seitenlangen Zitat aus Luthers Lehrschrift an die Pfarrherren, wie sie über den Wucher predigen sollen, bestätigt er sich seine Interpretation der Habsucht als der kapitalistischen Grundeigenschaft, die noch mehr auf Machtgewinnung gerichtet sei als auf Genuß am Privateigentum. Nicht der Verschwender und im Luxus sich wälzende Kapitalist, erst der fanatisch sparende und auf fortschreitende Akkumulation bedachte Kapitalist ist der schlimmste Ausbeuter. Es verbleibt auf alle Fälle der Wucherer als Grundtyp, der in allen Wandlungen durchschlägt.

Wucher ist bei Luther noch im Grunde der mittelalterliche Begriff, der mit jedem Zins, auch dem bescheidenen oder üblichen »Interesse«, gleichgesetzt wird. Die Kirche hatte ihr generelles Zinsverbot erlassen, doch dieses wurde umgangen und stillschweigend geduldet durch Übertragung des an und für sich schändlichen Zinsvorgangs an die Juden, als außerhalb der christlichen Gemeinschaft stehend, und damit unverantwortlich, dann an die Lombarden oder die Cahorsen, die merkwürdigen Sonderprivilegierten aus der westfranzösischen Stadt Cahors, die ebenfalls wuchern durften. Überflüssig zu erwähnen, wie stark gerade in den höchsten Regionen der Kirchenverwaltung das Verbot ignoriert wurde – bis zu den großen Geld- und Leihgeschäften der Kurie, die am Anfang der neueren Geldwirtschaft und der ersten großen kapitalistischen Firmen und Banken stehen.

Marx steht durchaus auf diesem vorkapitalistischen Standpunkt und läßt sich nicht auf feinere Unterscheidungen zwischen gerechtem oder berechtigtem Zins und dem Wucher im neueren Sinne als Ausnutzung wirtschaftlicher Notlage und Bedrängnis des Schuldners ein. Und es ist denkwürdig, daß er persönlich von allen wirtschaftlichen oder nationalökonomischen Vorgängen konkret eigentlich nur die primitivste Form des Leih- und Zinsverkehrs kennengelernt hat, die Pfandleihe. Wie eine Handelsfirma, eine Fabrik, ein kaufmännisches Büro arbeitet, hat er lediglich aus der Literatur entnommen oder allenfalls Gesprächen mit dem Freund Engels. Selbst eine kleinere, bescheidene Kaufmannsfirma hat er kaum je betreten. Er hat sich mit dem Entstehen von kapitalistischer Akkumulation beschäftigt, mit den verschiedensten Formen des Kapitals und der raffiniertesten und für ihn empörendsten Verfeinerung der kapitalistischen Wirtschaft: dem Kreditwesen. Denn beim Kreditgeben, so urteilt er, werden ja nicht nur Waren, Rohstoffe, prospektive Werte berücksichtigt, sondern der Mensch selber wird mit der Geldwaage gewogen. Wenn die Geldwaage als »zu leicht« ausschlägt und der Mensch kreditunwürdig ist, so wird der Mensch damit vom Kapitalisten als unwürdig und wertlos erklärt.

Die Pfandleihe nun ist die Institution, die für den kreditunwürdigen Bedürftigen geschaffen ist. Sie leiht, wie das drastische Wort schon sagt, auf »Faustpfand«, ein Objekt, auf das der Geldgeber direkt und ohne Umstände seine gewalttätige Faust legt und das verfallen ist, wenn die Wucherzinsen nicht rechtzeitig entrichtet werden oder das Pfand ausgelöst werden kann. Die Objekte können nur bewegliche Güter sein, von Juwelen und anderen Wertsachen bis zu den Gegenständen des unmittelbaren und notdürftigsten Gebrauchs, Kleidungsstücken, Geräten, Einrichtungsgegenständen. All das betrifft Dr. Marx und seinen Haushalt nun nahezu ununterbrochen viele Jahre lang. Das Pfandhaus ist die ständige Zuflucht, wenn der Fleischer, der Gemüsehändler, der Zeitungsverkäufer oder der Hausvermieter zu sehr drängen. Bei diesen Lieferanten – und auch der Hausbesitzer ist ja schließlich ein Lieferant von Wohnraum – hat Dr. Marx noch etwas Kredit, zuweilen überraschend lang, denn dem äußeren Anschein nach ist er ein angesehener Bürger mit einer größeren Wohnung, Dienstpersonal, mit Töchtern, die in gute Schulen gehen, Mal- und Klavierunterricht nehmen, mit

Besuchern, die im Cab vorfahren. Er leiht sogar gelegentlich vom Bäcker, um den Fleischer zu bezahlen. Doch immer wieder wird ganz dringend bares Geld gebraucht, um einen hartnäckigen Gläubiger zu befriedigen oder eine notwendige Badereise zu finanzieren. Dann bleibt nichts anderes übrig als der Gang zum Pfandhaus, zu einem der 240 konzessionierten Pfandleiher in London, die er in seiner Aufstellung notiert.

Die Kinder wachsen in nächster Bekanntschaft mit dieser Ökonomie auf. Sie nennen die ehrwürdige Institution den »Onkel« oder das Pop-Haus. Meist muß das unermüdliche Lenchen die Gänge besorgen, wie Liebknecht erzählt, aber zuweilen macht sich Dr. Marx selber auf, oder Frau Jenny löst ihre Uhr aus und andere Schmucksachen, um, wie Marx schreibt, am Badestrand in Margate nicht völlig unstandesgemäß zu erscheinen. Das von den sehr entfernten schottischen Adelsverwandten der Westphalens ererbte Silber mit dem glorreichen Wappen des Hauses Campbell, das immer wieder erwähnt wird, muß wohl ein dutzendmal versetzt worden sein. Fast ebenso häufig werden die alten schottischen Servietten aus schwerem Damast genannt, die Frau Jenny dann gerührt nachzählt und mustert, wenn sie ins Haus zurückkommen. Auch Servietten konnte man damals also versetzen. Man konnte einen Wintermantel, ja ein Paar Stiefel, ein seidenes Taschentuch zur Pfandleihe bringen; sie brauchten nicht einmal besonders neu zu sein. Handwerker versetzten in arbeitsloser Zeit ihr Handwerkszeug und ließen sich, wenn sie einen Auftrag bekamen, erst das Geld für die Auslösung ihrer Hobel und Schnitzmesser geben. Der ganze, von heutigen Verhältnissen unvorstellbar weit verschiedene Zustand des Lebens auf dieser untersten Stufe der »Kreditunwürdigen« tritt uns im Institut der Pfandleihe entgegen.

Charles Dickens hat in seinen frühen Reportagen, die er noch unter dem Pseudonym »Boz« publizierte, eine solche Londoner Pfandleihe beschrieben, wie Marx sie benutzte. Wir erfahren den Namen des »Hauses mit den drei Kugeln«, dem Berufszeichen noch aus der Zeit der ersten Medici her, nicht, aber wir dürfen getrost Dickens' Beschreibung benutzen.

Dickens unterscheidet »Aristokraten und Plebejer« in diesem Gewerbe: »Der vornehme spanische Mantel und das plebejische Kalikohemd ... gehen nicht gut zusammen; und so nennt sich der bessere Pfandleiher einen Silberschmied und dekoriert seinen Laden mit hübschen Schmucksachen und Juwelierartikeln – ohne dezent seinen Beruf anzugeben; der bescheidene Pfandleiher zeigt resolut an, was man zu erwarten hat, und lädt ein, hereinzutreten.« Einen solchen – und Dr. Karl Marx hatte, abgesehen vom schottischen Silberservice, diese Klasse zu frequentieren – beschreibt Dickens.

Er lokalisiert ihn in der Nähe von Drurylane, an der Ecke eines Wohnblocks, der Gelegenheit gibt, einen Seiteneingang freizuhalten für solche Kunden, die es vermeiden möchten, von den Straßenpassanten beobachtet zu werden oder womöglich in der Straße auf Bekannte zu treffen. »Es ist ein schlechtklassiger, schmutziger, staubiger Laden, die Tür steht immer wie zweifelnd halb offen, halb einladend, halb zurückweisend für den zögernden Besucher. Wenn dieser noch nicht bekannt ist mit dem Geschäft, mustert er erst ein wenig die alten Granatbroschen im Schaufenster mit gespieltem Interesse, als wollte er sie kaufen. Dann blickt er vorsichtig um sich, um sicher zu sein, daß niemand ihn sieht, und schlüpft hastig hinein, die Tür schließt sich hinter ihm, gerade so weit sie offen stand. Die Ladenfront und die Fensterrahmen zeigen deutliche Spuren, daß sie einstmals gemalt gewesen sind, aber was das für eine Farbe war oder wann sie aufgetragen wurde, ist in dieser entfernten Periode nicht mehr festzustellen. Der Tradition nach trug das Transparent in der Eingangstür, das bei Nacht drei rote Kugeln auf blauem Grunde präsentiert, ehemals noch in schwungvollen Zügen die Worte: »Geldverleih auf Silber, Juwelen, Kleidungsstücke und Gegenstände aller Art«. Aber davon sind nur ein paar unleserliche Hieroglyphen übriggeblieben. Die Silbergeräte und Juwelen sind anscheinend mit dieser Ankündigung dahingeschwunden, denn die Artikel, die jetzt im Schaufenster prangen, bestehen nicht aus besonders wertvollen Luxusgegenständen ...« Dickens notiert Reihen von wollenen Decken, Bettlaken, baumwollene oder seidene Taschentücher, alles immer noch beleihbar mit irgendwelchen winzigen Summen. Er führt uns in den Seiteneingang für die »verschämten« Kunden, während im Hauptladen das Volk sich drängt, ohne an Hemmungen zu leiden. Sechs kleine Extra-Empfangskabinen sind in diesem Seitengang angebracht, die von innen noch mit einem Riegel geschlossen werden können. Wir dürfen annehmen, daß Dr. Marx, wenn er mit seiner schottischen Silberterrine kam, in einer dieser Kabinen mit dem Pfandleiher verhandelte. Dickens beschreibt den Wucherer, der natürlich nicht in Person auftritt, sondern durch einen Angestellten vertreten ist, als einen jungen Mann mit gekräuselter Haartolle, einem Diamantring und doppelter silberner Uhrkette. Er hat die Aufgabe, die beigebrachten Artikel zu schätzen, und nicht alles findet Gnade vor seinen Augen.

Wie rein wirtschaftlich gesehen die Chancen für diese kleinen Pfandleihen aussahen, mit in der Regel Pfennigbeträgen zu prosperieren, wird sich nicht leicht nachrechnen lassen; der Althandel mit gebrauchten Kleidungsstücken war immerhin ein weitverbreiteter Handelszweig. Aber gerade dieser Pfennigkampf um die letzten armseligen Besitztümer verlieh der Institution des Pfandleihers das Erbitternde. Von allen Arten des kapitalistischen Gläubigers war er derjenige, der den Nahkampf direkt über dem Objekt auskämpfte. Und schon bei den ältesten Pfandläden in Florenz, von denen wir urkundliche Nachricht haben, war die sinnreiche Einrichtung getroffen worden, daß das Leihen auf Faustpfand, die unterste Stufe des Pfandgeschäftes, den Juden überlassen oder vielmehr zwangsweise zugewiesen wurde, während die besseren Kategorien des Geschäfts den Mitgliedern der privilegierten Bankiersgilde vorbehalten blieb.

Diese Anfänge der kapitalistischen Wirtschaft, zunächst in Italien, dann in den Niederlanden, dann im Deutschland der Fugger, Welser, Höchstetter und Tucher, sind erst seit Ende des vorigen Jahrhunderts mit aller wünschenswerten Akribie erforscht worden, und man könnte nicht gut behaupten, daß die bürgerliche Nationalökonomie sich dabei zaghaft gezeigt hätte. Marx verfügte lediglich über sehr zufällige Daten und Fakten und schritt mit Siebenmeilenstiefeln über die Jahrhunderte hinweg. Zins und Beleihung jeder Art ist für ihn, wie für die katholische Kirche, die ihr Zinsverbot theoretisch und grundsätzlich bis heute nie formell aufgehoben hat, Wucher und Ausdruck der Habsucht, die schon bei den Wüstenvätern der frühen Kirche als eine der sieben Todsünden galt. Marx hat erst später die These entwickelt, daß die fortschreitende Geldwirtschaft eine historisch gegebene, notwendige Phase zur Ausbildung höherer Produktionskräfte gewesen ist, die nur jetzt, das heißt zur Zeit des Karl Marx, ihr Optimum erreicht hatte und daher zum Umschlag und zum Ersatz durch die neue Wirtschaftsform des Sozialismus reif geworden ist. Zunächst verbleibt er bei jener vorkapitalistischen Anschauung vom Wucher, und es ist von kaum zu überschätzender Bedeutung, daß er bei diesem Grundproblem so weit zurückgriff auf Früh- oder Urinstinkte. Wieweit allerdings die Habsucht durch Aufhebung des Privateigentums ein für alle Male beseitigt werden könnte, das überließ er dem Hegelschen Prinzip der Dialektik. Daß Habsucht nur *eine* Form der Herrschsucht ist, die sich allerdings des Geldes und des Privateigentums als besonders brauchbarer Äußerungsformen bedient, hat er nicht näher ins Auge gefaßt. Daß Herrschsucht noch andere und viele noch unerprobte Möglichkeiten benutzen kann, die Mitmenschen zu verknechten und auszubeuten, wird mit Gewißheit noch die nächsten Jahrhunderte beschäftigen.

Der Deutsch-Französische Krieg 1870/71

Die Jahre 1870 und 1871 fallen in der Chronologie sozialistischer Geschichte in die Epoche der Ersten Internationale, in der Welthistorie sind sie die Jahre des Krieges zwischen Frankreich und Deutschland, der zum Aufstieg des geeinten Deutschen Reiches und zu einer völligen Neugestaltung der europäischen Machtverhältnisse führte. Da, wo die beiden Betrachtungsweisen zusammenstoßen, kam es nach der katastrophalen Niederlage Frankreichs noch zur Errichtung der Kommune vom Mai 1871 in Paris, die in der Ausdeutung durch Marx und später auch Lenin zum weltbewegenden Ereignis ernannt wurde, an Bedeutung für die Zukunft weit überlegen den Auseinandersetzungen zwischen den Staaten und Machtgruppen jener Zeit.

Die Erste Internationale war Anno 1870 in großem Aufschwung. Wenn Engels, der sich gern über Karten und Pläne beugte, nach damaliger Sitte mit kleinen Fähnchen die Positionen bezeichnen wollte, so konnte er die ganze Landkarte Europas sowie einige Teile der Vereinigten Staaten mit roten Zeichen markieren und sich einen stolzen Überblick verschaffen. Überall waren Ortsgruppen entstanden, nicht alle sehr gleichmäßig besetzt, vielmehr höchst vielfältig, man würde heute sagen »pluralistisch«: Parteigänger von Marx und Engels, Anhänger Proudhons und Blanquis, »Anarchisten«, »Utopisten«, »Sektierer« und »Schwarmgeister«. Unverkennbar war, daß dieses ganze Treiben eine mächtige, weitverzweigte Bewegung darstellte, den herrschenden Mächten äußerst verdächtig.

Die Abwehr der Regierungen war verschieden. Im Frankreich Napoleons III., der sich vergeblich um die Gunst des liberalen Bürgertums bemühte, wurde mit scharfen Verfahren gegen die Gruppen der Internationale vorgegangen, vor allem gegen die Anhänger Blanquis und Proudhons. Es begann eine neue Flucht von Verfolgten nach England. Zu den bereits altetablierten Emigranten, zu denen Marx und Engels gehörten, kamen neue Rekruten, junge Leute vielfach. Sie konnten sich, nach englischem Brauche, in London recht ungezwungen bewegen; man konnte publizieren, und zahllos sind die Zeitschriften und Broschüren der »Weltverschwörung«, die in London erschienen. Sie waren meist recht kurzlebig, nicht weil sie verboten wurden, sondern weil sie unfehlbar mit gleichen oder ähnlichen Richtungen in Streit gerieten und sich grimmig befehdeten. Man konnte Versammlungen veranstalten und Demonstrationen. Man konnte sich auf Banketten feiern lassen, doch auch dabei traten die diversen Gegnerschaften und Frontbildungen sogleich zutage. Wer an solchem Festschmaus teilnahm und wer dabei das Wort ergreifen würde, war eine hochpolitische Angelegenheit. Dies wurde in Flüchtlingskreisen ausführlich debattiert, denn als Plattformen, für die Weltgeschichte bedeutsam, empfanden die Londoner Flüchtlinge ihre Bankette. Marx und Engels berieten sich sorgfältig über ihre jeweilige Teilnahme und verfolgten aufmerksam die Gästelisten, mit äußerst kritischen Kommentaren über die beteiligten Personen.

Nicht wenige der Flüchtlinge tauchten als Besucher im Hause Marx auf und wurden dort eingehend überprüft. Ein junger, großgewachsener und sehr kultiviert aussehender Pariser namens Gustave Flourens war darunter, der sich schon einen Namen in der revolutionären Bewegung gemacht hatte, Sohn eines in ganz Europa berühmten Physiologen an der Sorbonne. Dieser war durch seine grundlegenden Forschungen zur Gehirnphysiologie bekannt, die bei den Diskussionen um den wissenschaftlichen Materialismus eine

Rolle spielten. Auch Flourens junior war Naturwissenschaftler. Er hatte wie sein Vater an der Sorbonne doziert, war dann aber wegen schroff antiklerikaler Betätigung entlassen worden und hatte sich auf weite Reisen in den nahen Orient begeben. Auf den Spuren Byrons, der noch immer nach einem halben Jahrhundert als Vorbild für tatenlustige Jünglinge galt, hatte er sich auf Kreta an Guerillakämpfen der griechischen Aufständischen gegen die Türken beteiligt; er galt damit als »kriegserfahren«, was den meisten Revolutionären sonst abging.

Marx fand den jungen Mann sehr sympathisch, trotz dessen Neigung zum »Blanquismus«. Er war beeindruckt durch die naturwissenschaftliche Bildung und die Weltkenntnis Flourens', die er sich durch seine Fahrten in Südeuropa, der Türkei und Kleinasien angeeignet hatte. Er grenzte freilich ab: »Voll Illusionen und Revolutionsungeduld, but a very jolly fellow with all that, nicht von der ›ernschten Männerschule‹. Er ist für unseren Council, wo er als Gast zweimal assistiert hat, vorgeschlagen. Es wäre sehr gut, wenn er länger hierbliebe. Es ist worth while, auf ihn zu wirken.«

Dazu blieb jedoch kaum Zeit: Flourens wollte nach Frankreich zurückkehren, sobald Napoleon eine Amnestie erlassen hätte; das große Plebiszit, am Vorabend des Krieges gegen Deutschland, wurde vorbereitet, das noch einmal beweisen sollte, daß »ganz Frankreich« hinter dem Bonapartischen Regime stand.

Sehr viel weniger sympathisch war es Marx, daß man sogleich für Flourens und obendrein einen Anhänger Garibaldis ein Bankett veranstaltete. Die französische Freimaurerloge in London lud dazu ein. Noch bedenklicher aber war, daß auch die französische Sektion der Internationale, Marx seit längerem verdächtig, ebenfalls an dem Festessen beteiligt war. Die französische Sektion: das war die Sektion der französischen Emigranten in London, nicht die Gruppe der Mitglieder in Frankreich, die wieder eine eigene Abteilung bildeten.

Wir werfen nur eben einen Blick auf die recht komplizierte Struktur der Internationale, die den verfolgenden Regierungen in ihrer Unkenntnis als eine so solide und massive Einheit erschien. Wir greifen auch vor und sehen in Flourens dann ein Jahr später einen der Führer der Pariser Kommune, sicherlich einen, für den die Formel Dantons gelten muß: Kühnheit und nochmals Kühnheit. Er wurde im Hause Marx, wo die Tochter Jenny für ihn schwärmte und auch die Mutter Jenny sich für den jungen Helden begeisterte, zur Legende für die Männer der Kommune. Flourens erscheint uns sehr repräsentativ für die Bewegung.

Wir sind jetzt aber noch im Januar 1870, und da lautete das Urteil von Marx und auch das von Engels anders über den Revolutionsungeduldigen. Der »hirnrissige Flourens«, so nennt ihn Marx, als von einem Putschversuch des jungen Mannes in Paris gemeldet wurde. Die Marx-Tochter Laura Lafargue hatte Pariser Zeitungen geschickt, und ihre Schwester gab dem getreuen Anhänger Kugelmann in Deutschland darüber eine ausführliche Übersicht. Da hieß es über das Treiben in Paris zu Beginn des Jahres: »Der Tumult und die Aufregung, die in der Hauptstadt herrschen, sind unbeschreiblich. Alle Parteien, ja sogar alle Individuen liegen sich in den Haaren.« Sie bezeichnen sich gegenseitig als Spitzel. Tochter Jenny – und es dürfte mit großer Wahrscheinlichkeit Marx sein, der durch sie spricht – lobt den radikal-liberalen Publizisten Rochefort, den Herausgeber der »Marseillaise«, der überstürzte Aktionen weise verhindert habe. Ein skandalöses Ereignis hielt die Pariser in Atem: Der Prinz Pierre Bonaparte hatte den Journalisten Victor Noir von der republikanischen »Marseillaise« kurzerhand niedergeschossen, als dieser ihn in seiner Wohnung aufsuchte, um als Sekundant eines anderen Mitarbeiters eine Duellforderung zu überbringen. Ganz kurz vorher war die liberale Regierung Ollivier angetreten; Napoleon versuchte – in letzter Stunde, wie sich dann zeigte –, noch einmal durch ein parlamentarisches Kabinett sein schon recht brüchiges Regime zu stützen. Das Begräbnis des erschossenen Noir wurde zur großen republikanischen Demonstration. Ein schwerer Zusammenstoß mit dem Militär wurde erwartet, nach Ansicht von Marx und Engels sogar von der Regierung gewünscht. Wilde Hetzstimmen suchten die Republikaner und Arbeiter zu verleiten. Ein bonapartistischer Journalist klagte in »Le Pays« darüber, daß die Leute »nicht mehr für ihre Überzeugung zu sterben wüßten« und daß sie »nicht die rote Fahne hoch erhoben hätten«; eine frühere Generation habe sich für ihre Ideen geschlagen und den Kanonen und Bajonetten die »nackte Brust entgegengehalten«. Diese offene Brust, schreibt Jenny, wäre tatsächlich ein Fest für die Kanonen und Hinterlader des Napoleon gewesen.

Es kam, zum Glück für die Arbeiter, nicht zu diesem Zusammenstoß. Der ungeduldige Jüngling Flourens nur schreibt nach London über seine Sonderaktion im Arbeiterdistrikt Belleville. Engels meint, er habe kaum je etwas Lächerlicheres gelesen. »Famos der Anfang, wo er die Leute auffordert, ihm zu folgen, aber nur 100 mitgehen und diese auch bald zu 60 zusammenschmelzen, und dann auch diese verdunsten, bis er endlich allein ›mit einem Jungen‹ im Theater durchgehauen wird.«

Marx und Engels hatten eine sehr geringe Meinung von der Schlagkraft der französischen Revolutionäre. Engels mißtraute ihren militärischen Gaben, Marx hatte Vorbehalte gegen ihre politischen Weisheiten.

Jetzt aber, im Frühjahr und Sommer 1870, ging die Weltgeschichte mit wahren Siebenmeilenstiefeln über die Planer in London und Manchester hinweg. Es ist auffällig, wie äußerst schwach die Kontakte der beiden mit Deutschland waren, in dem sich eine gewaltige neue Konstellation zusammenbraute. Der getreueste der Getreuen, ihr Schüler Wilhelm Liebknecht, war nunmehr zwar zusammen mit August Bebel Abgeordneter des deutschen Reichstages des Norddeutschen Bundes – die ersten beiden »marxistischen« Sozialisten als gewählte Volksvertreter –, aber er wird in der Korrespondenz der beiden Dioskuren kaum je anders als Dummkopf und Tölpel bezeichnet und in direkten Mitteilungen aus London scharf angefahren wegen so ziemlich jeder Handlung, die er begeht. Keinerlei Rücksicht wird darauf genommen, daß Liebknecht schließlich »an der Front« kämpft, ständig mit Verhaftung bedroht, unter schwersten materiellen Bedingungen und Sorge für seine Familie. Unbeachtet bleibt, daß er sehr mühsam laborieren muß mit einer noch wenig organisierten Arbeiterschaft; er verteidigt sich einmal gegen die Jupiterblitze aus London sehr bescheiden damit, daß die deutschen Arbeiter doch noch keineswegs aus »geschulten Kommunisten« bestünden. Er muß außerdem in der Flanke gegen den am besten organisierten Teil, die Anhänger Lassalles, operieren, gegen halb oder ganz kleinbürgerliche Sympathiseure und unzuverlässige Anhänger. Gleichviel: er ist und bleibt ein »Rindvieh«, ein »kleiner Klugschisser«, ein »armer Teufel«, bestenfalls mitleidig und wohlwollend das »Wilhelmchen«, das man nun eben nehmen muß, weil nichts Besseres zu haben ist.

Kaum je aber fällt ein Wort über die großen Veränderungen, die seit 1866 in Deutschland vor sich gegangen sind und die sich überraschend geltend machen sollten: die zunehmende Wucht der Einigungstendenzen. Süddeutschland, das in der übrigen Welt, nicht zuletzt in Frankreich, noch als Feind Norddeutschlands, Preußens vor allem, beurteilt wurde und daher für den Fall eines Krieges also zum mindesten fragwürdig, wenn nicht gar als Bundesgenosse für einen Angriff galt, war sehr entschieden von der Einheitsbewegung erfaßt.

Wenig ließ Marx im Moment darauf schließen, daß Napoleon-Boustrapa so töricht sein würde, einen Angriffskrieg gegen Preußen-Deutschland zu führen. Von den Ereignissen in Frankreich werden von ihm nur die Wahlen zum Plebiszit erwähnt: »Die Wahlen in Frankreich sind sehr famos ausgefallen.« Allerdings erhielt Napoleon noch eine sehr starke Majorität; die Gegenstimmen waren jedoch sehr beachtlich, zumal sogar das Militär mitstimmen durfte und allein in der Hauptstadt etwa 40000 Soldaten ihr »Nein« abgaben. So hieß es dann alsbald bei Marx: »Überhaupt gibt das Plebiszit dem Empire den Todesstoß.«

Mit Recht sahen Marx und Engels in der neuen liberalen Regierung unter dem Advokaten Ollivier keinerlei Garantie für eine bessere Entwicklung. Seit langem hatten sie mit Besorgnis die alteingewurzelten Forderungen auf die Rheingrenze und die Einverleibung der linksrheinischen Gebiete Saarland und Pfalz verfolgt. Selbst die französischen Radikalen und Sozialisten waren sich darin mit dem Bürgertum und den Monarchisten einig. Auch Louis Blanc, sonst so fortschrittlich in seinen Ansichten, war darunter, und Engels hatte nach dem preußischen Siege bei Königgrätz und dem alsbald in Paris erhobenen Ruf »Rache für Sadowa!« gemeint: »Ein Krieg gegen Preußen ist auch beim Bauer und dümmeren Arbeiter populär.« Sogar die Schwiegersöhne von Marx, Lafargue und Longuet, waren nicht frei von diesen als nationale Dauer- und Mindestforderungen geltenden Vorstellungen, die unabhängig von jeder Regierungsform bestanden. In dieser Frage nun waren aber sowohl Marx wie besonders Engels deutsche Patrioten und scharfe Gegner jeder Annexionspolitik. Wie sich die deutsche Einigung vollziehen sollte, war in den verschiedenen Lagern unklar; durch demokratische Abstimmungen etwa bei den Liberalen, durch proletarische Revolution bei den Kommunisten. Die Gegenaktion zur Verhinderung eines geeinten und damit übermächtigen Deutschlands sollte nach französischer Ansicht nun darin bestehen, daß Frankreich die »natürliche Grenze« an der Rheinlinie erhielt, die es während der Napoleonischen Zeit besessen hatte, und daß die süddeutschen Staaten eine Art Rheinbund nach damaligem Muster bildeten, der zuverlässig unter französischem Einfluß stehen würde. Es war für viele zwar ärgerlich, daß Napoleon über einer solchen Lösung zunächst präsidieren würde, aber man würde nach dem Siege weiter sehen; für das »Weitere« hielten sich sowohl die Republikaner in Bereitschaft wie die Legitimisten der Bourbonen, die Orleanisten und selbst die Allerradikalsten der äußeren Linken.

Engels hat das nach Sadowa recht deutlich Marx gegenüber erklärt: »Eine französische Revolution mit von vornherein gegebener Eroberungsverpflichtung wäre sehr eklig«, und bald danach noch präziser: »Ich halte es für sehr wichtig, daß man die Herren daran gewöhnt, mit uns d'égal à égal zu verhandeln. Der Bismarckismus in Deutschland, nach ihnen, ist eine Natureigenschaft Deutschlands, die durch ihre Intervention kaputt gemacht werden muß – aber der Bonapartismus bei ihnen ist ein pures Akzidenz, das sogar durch einen Ministerwechsel abgeschafft und in sein Gegenteil verwandelt werden kann.«

Diese Fronten, die noch weit hinter den nunmehr aufmarschierenden Armeen Frankreichs und Deutschlands standen, haben wir im Auge zu behalten, wenn wir die Haltung von Marx und Engels verstehen wollen. Sie fühlten sich durchaus als die verantwortlichen Leiter einer künftigen Weltregierung – die »Welt« war für sie Europa –, und die Leitung der Internationale hatte ihre Parolen und Anweisungen an die weitverzweigten Organisationen auszugeben.

Nur im Vordergrund spielte sich hingegen zwischen den »zeitweiligen Regierungen«, also pro tempore Napoleon und auf der anderen Seite Bismarck, das ab, was dann für lange Zeit Gegenstand der Geschichtsbetrachtungen war. Das Diplomatenspiel hatte einen nahezu grotesken Vorwand für die Auseinandersetzung: die Frage, ob ein Hohenzollernprinz aus einer Nebenlinie die von Spanien angebotene Thronkandidatur annehmen dürfe oder ob ihm das als unvereinbar mit den Lebensinteressen Frankreichs untersagt werden müsse. Da ging es um Notenwechsel, Botschafterbesuche und »Wahrung des Prestiges«, eine auch heute noch keineswegs im Verkehr der Völker vergessene Form der Politik, die dann, nach Clausewitz, sehr leicht in die Fortführung mit anderen Mitteln, nämlich den Krieg, übergehen kann. So geschah es hier. Das Prestige Napoleons war seit Jahren stark gesunken, und Marx und Engels sahen das mit Genugtuung. Er hatte keinen einzigen Erfolg mehr zu verzeichnen, seitdem der große Gegenspieler Bismarck die Fäden in die Hand genommen hatte. Es sollte nun ein neuer und letzter Versuch gemacht werden, sein Ansehen wiederherzustellen. Die Aussichten schienen günstig. Die Militärs versicherten dem Kaiser, die Armee sei vollständig bereit und vorzüglich mit dem neuen Chassepot ausgerüstet, dem preußischen Zündnadelgewehr erheblich überlegen an Feuerkraft, besonders auf mittlere und weite Entfernungen. Dazu die Wunderwaffe der Mitrailleuse, die mit Handkurbelbedienung eine dichte Kugelgarbe aus gebündelten Gewehrläufen ausstieß. Österreich, so wurde spekuliert, würde nach den ersten französischen Siegen sich dem Angriff anschließen. Der Sympathie fast ganz Europas könne man sicher sein. Der Notenwechsel nahm seinen Lauf. Er endete mit der bekannten und berüchtigten »Emser Depesche«, in der Bismarck wohlberechnet die Ansprüche Frankreichs, nicht nur auf die Kandidatur des Hohenzollernprinzen zu verzichten, sondern dergleichen Versuche ein für allemal zu unterlassen, in scharfer Form zurückwies.

Das bedeutete für die französische kaiserliche Regierung einen empfindlichen Prestigeverlust, und daraufhin mußte Preußen der Krieg erklärt werden. Mußte, weil Napoleon einen weiteren Rückschlag seiner so ständig erfolglosen Politik kaum überlebt hätte, trotz der notdürftig arrangierten Liberalisierung seines Regimes. Es zeigte sich auch, daß der liberale Ministerpräsident Ollivier und die parlamentarische Mehrheit durchaus für den Krieg waren; die Gegenstimmen kamen nur schwach zur Geltung. Die Kriegserklärung wurde überreicht.

Berüchtigt war die auslösende »Emser Depesche« deshalb, weil sie eine verschärfende Version einer von Bismarcks Kabinettschef aufgesetzten telegraphischen Mitteilung aus Bad Ems war, wo König Wilhelm zur Kur weilte und zunächst die französischen Forderungen auf Zurückziehung der Kandidatur des Hohenzollernprinzen bewilligt, dann aber weitere Forderungen des Botschafters Benedetti damit beantwortet hatte, er könne ihn nicht mehr empfangen. Wir erwähnen diese weltgeschichtlichen Kleindetails nur, weil wir mit den eigenen Worten Bismarcks einen Blick in die Stube werfen wollen, in der Bismarck mit Moltke und Roon zusammensaß. Sie waren ihrer Sache keineswegs so sehr sicher. »Uhrmacher Bismarck« konnte seinen stets zögernden und vor Entscheidungen unsicheren Herrn in der Entfernung nicht gut »am Morgen aufziehen«. Der Generalstabschef und der Kriegsminister waren in düsterer Stimmung. Sie hatten alle Vorbereitungen getroffen; nun führten wieder die »Diplomaten« einschließlich Seiner Majestät das Wort. »Da wurde das lange neue Telegramm hereingebracht. Als ich's vorlas – es waren wohl zweihundert Worte – erschraken die beiden, und Moltke kriegte plötzlich ein ganz anderes Wesen, ganz alt, matt und gebrechlich. Es sah aus, als ob Serenissimus noch immer kneifen könnte. Ich fragte Moltke, ob alles so stünde, daß wir auf einen Sieg hoffen könnten. Als er's bejahte, sagte ich: Warten Sie mal, setzte mich an ein Tischchen und strich es zusammen, die 200 Worte zu ungefähr zwanzig, aber ohne sonst was zu ändern oder hinzuzufügen. Es war Abekens Telegramm, aber doch was andres, kürzer, bestimmter, zweifelloser. Ich reichte es ihnen zu und fragte: Nun, wie ist es jetzt? – Ja, so wird's gehen, sagten sie, und Moltke war auf einmal wieder jung und frisch wie vorher; denn er hatte nun den Krieg, sein Gewerbe.« So Bismarck beim Tischgespräch in Versailles während der Belagerung von Paris.

Der Krieg begann im Juli; die französische Mobilmachung wurde am 14. Juli vorgenommen, Preußen folgte am 16. Wie häufig lang erwartete und lange verzögerte Ereignisse kam die Entscheidung überraschend, zum mindesten für die sogenannten »weitesten Kreise«. Aber auch für so engagierte Beobachter der Lage wie die Strategen der Weltrevolution. In den Monaten vor Kriegsausbruch waren Marx und Engels damit beschäftigt, den kommenden Kongreß der Internationale vorzubereiten, der im September in Mainz stattfinden sollte. Marx las das Buch eines Russen Flerowski und ersah daraus, daß die gegenwärtige Situation in Rußland unhaltbar sei; die Leibeigenenemanzipation habe den Auflösungsprozeß nur beschleunigt. Eine furchtbare soziale Revolution im Zarenreich sei unvermeidlich. Zudem trieb er, wie Engels, Studien über die irische Frage. Im übrigen bereitete Engels seinen Austritt aus der Firma in Manchester und seine Übersiedelung nach London vor. Marx, der einige Wochen in Manchester bei Engels zugebracht hatte, diskutierte in Korrespondenz mit dem befreundeten Dr. Kugelmann eine Badereise nach Karlsbad. Am Tage der französischen Mobilmachung erließ Marx in einem englischen Brief eine genaue Programmanordnung für die kommende Tagung der Internationale in Mainz, da er nicht sicher war, ob er daran teilnehmen würde.

Punkt 1: Notwendigkeit, die Staatsschulden abzuschaffen, mit Debatte über etwaige Entschädigungen. Punkt 2: Zusammenhang zwischen politischer Aktion und sozialer Bewegung der Arbeiterklasse. Punkt 3: Praktische Mittel für Umwandlung des Grundeigentums in Gemeineigentum. Punkt 4: Umwandlung der Notenbanken in Nationalbanken. Punkt 5: Bedingungen der genossenschaftlichen Produktion auf nationaler Grundlage. Ferner Arbeiten zur Herstellung einer allgemeinen Arbeitsstatistik, entsprechend früheren Beschlüssen. Und als letzter Punkt, ganz allgemein gedacht, aber wie in Vorahnung des kommenden, vielmehr schon begonnenen Krieges: neue Diskussion der Frage, wie Kriege verhindert werden können.

Die Armeen waren schon aufmarschiert. Der ständige Staatssekretär im britischen Außenministerium hatte noch soeben versichert, die diplomatische Lage sei seit langem nicht so entspannt gewesen. Ein Minister, der als besonderer Kenner des Kontinents galt, versicherte den wartenden Reportern bei Kriegsausbruch in der Lobby des Parlaments: »Nun, ich nehme an, das bedeutet, daß die Franzosen in sechs Wochen in Berlin sind.« In Paris herrschte, so der Korrespondent der »Daily News«, Begeisterung. Große Scharen zogen auf den Boulevards entlang mit dem Ruf »à Berlin!«. Die ersten Nachrichten von der Grenze, so dieser Berichterstatter, verkündeten Sieg. Dann kamen unbestimmte Gerüchte, die Dinge gingen nicht ganz wie erwartet. Einige versprengte Kavalleristen ritten einer nach dem anderen in die Stadt ein. Sie behaupteten, sie seien nach wahren Wundern der Tapferkeit von ihrer Formation abgekommen, die – eine später noch oft verwendete Formel – gezwungen gewesen sei, eine »strategische Absetzbewegung« vorzunehmen. Sie wurden anfänglich als erprobte Kriegshelden begrüßt. Doch bald gab es so viele von ihnen, daß man sie als Deserteure anschrie.

Auguste Renoir, schon damals eine junge Berühmtheit, mußte sich als Rekrut melden; sein Gönner, Prinz Bibesco, wollte ihn in den Stab seines Generals bringen. »Sie nehmen Ihren Malkasten mit und malen. Die blonden, rotwangigen deutschen Frauen werden für Sie ausgezeichnete Modelle abgeben. Berlin ist natürlich keine amüsante Stadt, aber wir sind bald in München.« Renoir wurde in ein Kavalleriedepot abkommandiert und lernte Pferde zureiten. Die Heeresleitung, so erzählte er später dem Sohn, verstärkte vor allem die Kavallerie, um rascher nach Berlin zu kommen.

Marx und Engels teilten sich, wie so oft, die Aufgaben, die nun an sie herantraten. Marx übernahm die Redaktion von Manifesten für die Internationale, Engels die militärische Berichterstattung. Er hatte seit 1866 seine Hausaufgaben gelernt und sich ein gründlicheres Bild der preußischen Armee verschafft; auch von Moltke besaß er nun eine weitaus deutlichere Vorstellung. Er brannte geradezu darauf, seine neuen Kenntnisse einem breiteren Publikum mitzuteilen, und Marx verschaffte ihm den Auftrag der bürgerlichen »Pall Mall«-Gazette, über den Feldzug zu berichten. Anfänglich war sogar, auf eine Anregung Kugelmanns hin, davon die Rede gewesen, ob er nicht als Kriegskorrespondent für eine englische Zeitung sich zu einer der deutschen Armeen begeben sollte. Das erschien aber doch allzu bedenklich, zumal man hörte, daß der berüchtigte Polizeirat Stieber, aus den Kommunistenprozessen nur zu gut bekannt, die Leitung der Feldpolizei übernommen hatte. Bei der »Pall Mall« jedenfalls war Engels ein geschätzter Mitarbeiter für Militärfragen, und seine Voraussagen von strategischen Schachzügen Moltkes erlangten eine gewisse Berühmtheit. Im Hause Marx war man stolz auf »General« Engels.

Beide, Marx wie Engels, wünschten zunächst entschiedene Niederlagen der Franzosen! An der Spitze stand dabei für sie die Überlegung, daß ein französischer Sieg das Weiterbestehen der verhaßten Boustrapa-Regierung bedeuten würde. Nicht ganz ausschalten läßt sich auch, daß die ständigen Schwierigkeiten, die sie mit den französischen Sozialisten hatten, bei diesem Wunsch mitspielten. So heißt es bei Marx am 20. Juli während der ersten Grenzkämpfe im Saargebiet: »Die Franzosen brauchen Prügel. Siegen die Preußen, so (ist) die Zentralisation der state power nützlich der Zentralisation der deutschen Arbeiterklasse. Das deutsche Übergewicht würde ferner den Schwerpunkt der westeuropäischen Arbeiterbewegung von Frankreich nach Deutschland verlegen, und man hat bloß die Bewegung von 1866 bis jetzt in beiden Ländern zu vergleichen, um zu sehn, daß die deutsche Arbeiterklasse theoretisch und organisatorisch der französischen überlegen ist. Ihr Übergewicht auf dem Welttheater über die französische wäre zugleich das Übergewicht *unserer* Theorie über die Proudhons etc.«

Die Informationen aus Deutschland blieben nach wie vor recht dürftig. Wilhelm Liebknecht hatte sich noch einmal »selbst übertroffen an Dummheit« mit seinem letzten Artikel im »Volksstaat«. Der Gewährsmann Kugelmann erhält dagegen auch von Engels ein ironisches Bravo. »Man sieht, der Mann hat seine Schule nicht umsonst durchgemacht.« Seine Hypothese war, daß der Krieg zwischen Bismarck und Napoleon verabredet sei, daß Frankreich Belgien als Preis erhalten würde und Deutschland sich einigen dürfe; Süddeutschland sei als Kriegsschauplatz vorgesehen. »Ist sie aber in der Tat richtig, so ist wenigstens dem Bismarck die Geschichte schon über den Kopf gewachsen. Es ist den Herren gelungen, in Deutschland einen völligen Nationalkrieg hervorzurufen.« Die vielen Versuche Napoleons, deutsche Gebietsabtretungen zu verlangen, hätten beim deutschen Michel umgekehrt wie beabsichtigt gewirkt. Michel ist »offenbar diesmal ganz mit sich einig darüber, daß diesem Schwindel ein für allemal ein Ende gemacht werden muß. Demgegenüber, und auch den beiden Armeen und dem alten eigensinnigen (König) Wilhelm gegenüber, ist kein Scheinkrieg möglich, man wird aufs Ganze gehen.« Die Idee, daß Bismarck als Komplize Napoleons nur eine Spiegelfechterei beabsichtigt haben könnte, beherrschte noch das Denken der Londoner. Nebenbei meint Engels: »Ich wollte, die verdammte Panik (an der Börse von Manchester) hörte etwas auf, ich muß shares verkaufen.« Marx gibt dazu seinen Rat: »Was das Verkaufen von shares angeht, so ist meine Ansicht die: sie werden wieder heraufgehn, aber in der *allernächsten* Zukunft fallen, weil die Londoner Börse, seit lange faul, die Gelegenheit für Bankrotte benützt, und dies dito auf die kontinentalen Börsen wirkt, als Masse Papiere auf den Markt geworfen werden müssen.«

Wir wissen nicht, ob der Praktiker Engels, der sich sehr viel besser auf Börsengeschäfte verstand als der große Theoretiker des Geldwesens, diesen Rat benutzt hat. Er war völlig absorbiert von seinen militärischen Artikeln für die »Pall Mall«-Gazette und übersandte Marx den ausführlichen preußischen Feldzugsplan aus seiner Sicht: »Das Spiel, das Moltke wagt, ist sehr gewagt«, und »der Moltke rechnet oft ohne seinen (König) Wilhelm«. Immerhin ist er schon jetzt überzeugt: »Der schließliche Erfolg – daß die Deutschen am Ende siegen – ist mir ganz unzweifelhaft.« Zweifelhaft war vorläufig, nicht nur für Engels, die Frage, wie lange der Krieg sich hinziehen würde. Marx, politisch denkend, schreibt an die Tochter Laura und ihren französischen Ehemann in Paris: »Ich wäre dafür, daß alle beide, Preußen wie Franzosen, sich abwechselnd gegenseitig schlagen und daß – wie ich annehme – am Ende die Deutschen siegen. Ich wünsche das deshalb, weil die endgültige Niederlage Bonapartes in Frankreich wahrscheinlich zur Revolution führt – eine definitive Niederlage Deutschlands würde nur die heutige Lage um weitere zwanzig Jahre hinausziehen.«

Es ist ihm tröstlich, daß die Arbeiter sowohl in Deutschland wie in Frankreich gegen den Krieg protestieren, »zum Glück ist der Klassenkrieg in beiden Ländern schon so weit entwickelt, daß kein Krieg der Staaten das Rad der Geschichte für längere Zeit zurückdrehen kann. Im Gegenteil: ich glaube, daß dieser jetzige Krieg zu Resultaten führen wird, die von den ›Offiziellen‹ beider Seiten keineswegs erwartet werden.«

Er legt Zeitungsausschnitte aus dem »Volksstaat« Wilhelm Liebknechts bei, aus denen zu ersehen ist, daß Liebknecht und Bebel sich im norddeutschen Reichstag »außerordentlich gut benommen haben«. Es ist das erste Lob für Liebknecht, das der sonst unbarmherzig tadelnde Meister über ihn ausspricht. Liebknecht und Bebel hatten, als die beiden einzigen Abgeordneten bei der ersten Abstimmung des Parlaments über die Kriegskredite, sich der Stimme enthalten.

Auch Engels erkannte den Mut an, den solche Haltung in der allgemeinen Begeisterung kostete, bitter spottete er freilich noch über Liebknechts Vorschläge im Parteiorgan »Volksstaat«, wie sich die deutsche Arbeiterschaft verhalten solle: »Wenn das die allgemeine Meinung in Deutschland, so hätten wir bald wieder den Rheinbund, und der edle Wilhelm (Liebknecht) sollte einmal sehen, was er in dem für eine Rolle spielte und wo die Arbeiterbewegung bliebe. Ein Volk, das immer nur Hiebe bekommt und Tritte, ist allerdings das wahre, um eine soziale Revolution zu machen!«

Liebknecht hatte argumentiert, daß Bismarck als ehemaliger Spießgeselle Napoleons anzusehen sei und daß deshalb der richtige

Standpunkt für den Arbeiter sei, sich neutral zu verhalten. Engels hat diese Frage der Neutralität Marx gegenüber ausführlicher behandelt, und seine Ausführungen sind bedeutsam für ein Problem, das weit über den Krieg 1870/71 hinaus die Arbeiterbewegung in Atem gehalten hat.

Er schrieb am 15. August 1870: »Mir scheint der Kasus so zu liegen: Deutschland ist durch Napoleon in einen Krieg um seine nationale Existenz hineingeritten. Unterliegt es, so ist der Bonapartismus auf Jahre befestigt und Deutschland auf Jahre, vielleicht auf Generationen, kaputt. Von einer selbständigen Arbeiterbewegung ist dann auch keine Rede mehr, der Kampf um Herstellung der nationalen Existenz absorbiert dann alles, und bestenfalls geraten die deutschen Arbeiter ins Schlepptau der französischen. Siegt Deutschland, so ist der französische Bonapartismus jedenfalls kaputt, die deutschen Arbeiter können sich in ganz anderem nationalen Maßstab als bisher organisieren, und die französischen, was auch für eine Regierung dort folgen mag, werden sicher ein freieres Feld haben als unter dem Bonapartismus. Die ganze Masse des deutschen Volkes aller Klassen hat eingesehen, daß es sich eben um die nationale Existenz in erster Linie handelt, und ist darum sofort eingesprungen.« Er fügt hinzu: »Daß eine deutsche politische Partei unter diesen Umständen à la Wilhelm Liebknecht die totale Abstention predigen und allerhand Nebenrücksichten über die Hauptrücksicht setzen, scheint mir unmöglich.«

Engels betont, daß Napoleon den Krieg nicht hätte führen können »ohne den Chauvinismus der Masse der französischen Bevölkerung«. Es ist bedenkenswert, daß Engels neben den Bourgeois und Bauern auch das von Napoleon durch die Großbauten des Pariser Stadtpräfekten Haussmann geschaffene Proletariat der Bauarbeiter aufführt, eine eigene Abart des Proletariats offenbar. »Solange dieser Chauvinismus nicht auf den Kopf gehauen, und das gehörig, ist Friede zwischen Deutschland und Frankreich unmöglich. Man konnte erwarten, daß eine proletarische Revolution diese Arbeit übernehmen würde; seitdem aber der Krieg da ist, bleibt den Deutschen nichts übrig, als dies selbst und sofort zu tun.«

Es ist unangenehm, daß dieser Krieg von Bismarck und seinem König kommandiert wird, aber nicht zu ändern. »Darum aber den Antibismarckismus zum alleinleitenden Prinzip erheben wäre absurd. Erstens tut Bismarck jetzt, wie 1866, immer ein Stück von unserer Arbeit, in *seiner* Weise und ohne es zu wollen, aber er tut's doch. Er schafft uns reineren Bord als vorher.«

Als Richtlinien für die Parteigenossen wäre daher folgendes zu verkünden: Anschluß an die nationale Bewegung, »soweit und solange sie sich auf Verteidigung Deutschlands beschränkt«, und er fügt hinzu: »was die Offensive bis zum Frieden unter Umständen nicht ausschließt«. Zweitens aber: der Unterschied zwischen nationalen deutschen Interessen und den dynastisch-preußischen muß betont werden; drittens ist jeder Annexion von Elsaß-Lothringen entgegenzuwirken, und viertens muß ein »ehrenvoller Frieden« geschlossen werden, sobald in Paris eine republikanische, nicht chauvinistische Regierung am Ruder ist. Fünftens: Einheit der Interessen der deutschen und französischen Arbeiter.

In der von Marx verfaßten »Adresse des Generalrats der Internationale« war in ganz ähnlichem Sinne erklärt, daß die Deutschen einen Verteidigungskrieg gegen Bonaparte führten. Scharf gewarnt wurde dagegen vor Rußland, das als unheilvolle Macht im Hintergrund stünde. Es wurde zwar ein Zusammenbruch des Zarenreiches für die nahe Zukunft erwartet, aber vorläufig war seine Militärmacht noch sehr in Betracht zu ziehen. Russische Militärhilfe und Bündnis zwischen Preußen und Rußland, mit allen Folgen für die innere Politik Deutschlands, wurden daher in Rechnung gestellt. Die Adresse fand auch in bürgerlichen Kreisen viel Interesse, und die liberale Friedensgesellschaft finanzierte einen Sonderdruck in hoher Auflage; auch John Stuart Mill äußerte sich, wie Marx befriedigt verzeichnete, mit hohem Lob über das Manifest.

Die Gedankengänge, auf denen die »Adresse« basierte, wurden sehr bald völlig überholt durch das Tempo der deutschen Siege. Sie waren auch viel zu kompliziert erdacht, und selbst die getreuesten Anhänger fanden sich mit den Weisungen aus London nicht zurecht. Kugelmann in Hannover schrieb zu dem Passus der Generalratsadresse, die Deutschen sollten sich auf Abwehr beschränken, aber nicht gegen das französische Volk Krieg führen: »1. Weiß ich nicht, wie das strategisch möglich ist. 2. Muß ein Volk, welches einen von seiner Regierung so frivol provozierten Krieg nicht verhindert hat, für dessen Konsequenzen aufkommen?« Marx dazu ärgerlich zu Engels: »Kugelmann verwechselt einen defensiven Krieg mit defensiven militärischen Operationen. Also wenn ein Kerl mich auf der Straße überfällt, so darf ich nur seine Hiebe parieren, aber nicht ihn niederschlagen, weil ich mich damit in einen *Angreifer* verwandeln würde! Der Mangel an Dialektik kuckt allen diesen Leuten aus jedem Wort heraus.«

Es war nicht leicht, Marx in seiner jeweiligen Stellungnahme bedingungslos zuzustimmen. Das ist erst den späteren Betrachtern gegeben. Das weltgeschichtliche Faktum war, daß die deutschen Armeen ganz überraschend schnell und völlig überwältigend siegten, in Schlachten, die dann in die kriegsgeschichtlichen Lehrbücher aller Armeen als Beispiele eingingen.

General Engels referierte in der »Pall Mall« und hatte die Genugtuung, daß auch andere Zeitungen in London seine strategischen Mutmaßungen nachdruckten. Er schilderte seinen Lesern die Überraschung, die der rapide deutsche Aufmarsch, bei starker Benutzung der Eisenbahnen als neuem Kriegsmittel, verursacht hatte; auch er war davon überrascht worden. Er hatte ein Bombardement von Mainz und französische Vorstöße weit nach Süddeutschland hinein in Rechnung gestellt. Noch am 3. August sieht er ein Risiko darin, daß die Franzosen in den deutschen Aufmarsch hineinfahren könnten, ehe dieser fertig wäre. Hätte Napoleon rechtzeitig losgeschlagen, so hätte er ohne Schwierigkeiten bis an den Rhein kommen können. Zwei Tage später jedoch schreibt Engels an Marx über die Kämpfe bei Saarbrücken: »Was sagst Du aber zu unsern Soldaten, die eine verschanzte Position gegen Mitrailleusen und Hinterlader mit dem Bajonett nehmen? Prachtkerle!« (Er schreibt das übrigens mit kyrillischen Buchstaben und dem russischen Ausdruck für Prachtkerl.) Eine Woche später stellt er bereits fest, daß die Franzosen jede Initiative verloren haben, daß die Deutschen nicht nur zahlenmäßig, sondern auch durch Führung und Disziplin überlegen seien. Die politischen Konsequenzen beginnen sich bereits abzuzeichnen. Das Kaiserreich scheint sich »in einen Furz aufzulösen«. Napoleon muß den Oberbefehl an Bazaine abgeben, »das heißt doch in der Tat, er dankt überhaupt ab. Es scheint, als solle den Leuten die Revolution sehr leicht gemacht werden, alles geht von selbst aus dem Leim ... Ich glaube, einer Republik gegenüber verstehn sich die Preußen zu einem im ganzen ehrenhaften Frieden. Allerdings erhebt sich in Deutschland bereits der Schrei nach Elsaß und Lothringen.« Daß der Elan der französischen Revolutionsarmeen von 1793 sich wiederholen könne, »und zwar wirksam, dazu gehören auch die *Feinde* von 1793, und etwas andere Franzosen als die soeben aus dem Reiche des 3. Napoleon herkommen«.

Marx sieht bereits ein deutsches Kaiserreich im Entstehen. Alle »Mogelei«, so nennt er Bismarcks diplomatische Kontakte mit Napoleon, der dabei so fulminant durch einen besseren Spieler überspielt wurde, habe nur dazu geführt, daß die Ziele von 1848 erreicht wurden: ein geeintes Italien, ein geeintes Deutschland. Diese Bewegung sei jedoch erst zu Ende, wenn es zum Krieg zwischen Preußen und Rußland kommt. »Das Prestige Rußlands wird offenbar noch mehr ›verletzt‹ durch ein deutsch-preußisches Kaisertum, als das Empire Napoleons es durch den Norddeutschen Bund ward.« Es wird also, wie 1866 mit Napoleon, jetzt zwischen Preußen und Rußland zu »Mogeleien« kommen, und all das, trotz der Devotion der Hohenzollern Rußland gegenüber, muß in Krieg mit Rußland endigen. »Wie albern immer der deutsche Michel sei, sein neugestärktes Nationalgefühl (namentlich jetzt, wo man ihm nicht mehr vorreden kann, er müsse sich alles gefallen lassen, um die deutsche Einheit erst zustande zu bringen) wird sich kaum *in russischen Dienst* pressen lassen, wozu gar kein Grund, nicht einmal ein pretext mehr vorhanden ist. Qui vivra, verra.«

Marx hat diesen Krieg, sosehr er ihn herbeisehnte, nicht mehr erlebt, auch Engels nicht, der seinen Freund so lange überlebte. Was sie beide vielmehr zu sehen bekamen, das waren Schlachten und Gefechte in Frankreich; sie folgten so rasch aufeinander und endeten in Umzingelungen und Kapitulationen ganzer Armeen, wie sie die neuere Kriegsgeschichte noch nicht gekannt hatte. Am 2. September schon, also sechs Wochen nach Kriegsausbruch, kapitulierte die Armee des Marschalls MacMahon bei Sedan an der belgischen Grenze; rund 100000 Mann gingen in Gefangenschaft, der Kaiser Napoleon wurde nach Kassel abgeführt, begleitet zu Beginn von einer Ehreneskorte des Ersten Kürassierregiments.

Engels schrieb: »Der Krieg ist am Ende. Armee gibts keine mehr in Frankreich. Sobald Bazaine (in Metz eingeschlossen) kapituliert, was in dieser Woche wohl kommen wird, geht die halbe deutsche Armee vor Paris, die andre Hälfte über die Loire und fegt das Land von allen Anhäufungen von Bewaffneten.« So in den Tagen nach

Sedan. Engels war etwas voreilig mit seiner Schätzung. Der Krieg war noch nicht zu Ende, und Engels verlor nun die Übersicht über die weitverzweigten und selbst den beteiligten Militärs beider Seiten nicht recht klaren Kampfhandlungen. Er war sehr besorgt, daß die Arbeiter in die Katastrophe hineingezogen und womöglich losschlagen könnten. In Paris war auf die Nachricht von Sedan hin die Republik ausgerufen worden, die Kaiserin Eugénie mit ihrem Hofstaat geflüchtet, das Regime Boustrapa beseitigt, ohne daß sich im Augenblick nennenswerter Widerstand rührte. Die bürgerlichen Politiker, die in Opposition zu Napoleon gestanden hatten und nun eine Regierung der Verteidigung bildeten, erschienen ihm nur als »Lausepack«. Marx meinte: »Das jämmerliche Schauspiel, das Paris in diesem Augenblick, ich meine während des ganzen Kriegs bildet, zeigt, daß eine tragische Lektion zur Rettung Frankreichs nötig war.« Engels wiederum: »Die Verteidigung von Paris – wenn nichts Außerordentliches drinnen passiert – wird eine heitere Episode werden.« Er befürchtet einen Aufstand der Arbeiter, womöglich eine Terrorherrschaft: »Man bekommt bei diesen ewigen kleinen panics der Franzosen – die alle aus der Angst vor dem Moment hervorgehn, in dem man endlich die Wahrheit erfahren muß – eine viel bessere Idee von der Schreckensherrschaft (von 1793). Wir verstehn darunter die Herrschaft von Leuten, die Schrecken einflößen; umgekehrt: es ist die Herrschaft von Leuten, die selbst erschrocken sind. La terreur, das sind großenteils nutzlose Grausamkeiten, begangen von Leuten, die selbst Angst haben, zu ihrer Selbstberuhigung. Ich bin überzeugt, daß die Schuld der Schreckensherrschaft Anno 1793 fast ausschließlich auf den überängsteten, sich als Patriot gebarenden Bourgeois, auf den kleinen hosenscheißenden Spießbürger und auf den bei der terreur sein Geschäft machenden Lumpenmob fällt. Bei der jetzigen terreur sind es auch gerade diese Klassen.« Das waren erstaunliche Worte, besonders wenn wir sie dann gegen die Ereignisse der Kommune im kommenden Frühjahr halten.

Marx erließ eine zweite »Adresse« an die Arbeiter; der Text dafür ist nicht aufgefunden worden, ebensowenig ein Feldzugsplan zur Rettung Frankreichs, den Engels aufgestellt hatte. Seine Nachlaßverwalter Bebel und Bernstein haben das Manuskript vernichtet, weil sie fürchteten, es könnte der aufsteigenden Sozialdemokratie recht schädlich sein und der Partei als Hochverrat ausgelegt werden.

Engels glaubte, als der Krieg sich durch die Einschließung und Belagerung von Paris um eine Reihe von Monaten verzögerte, daß die Franzosen neue große Armeen aufstellen und damit Paris entsetzen könnten; die deutschen Truppen würden dann gezwungen sein, bis zur Grenze zurückzugehen.

Die Armeen wurden in der Tat aufgestellt, größtenteils durch die Energie von Léon Gambetta, der im Ballon aus dem belagerten Paris geflüchtet war und im Süden und Westen des Landes neue Truppen organisierte. Allerdings waren das zum großen Teil ungeschulte Mannschaften; Engels selber hatte bei anderer Gelegenheit eingehend nachgewiesen, daß eine Truppe mindestens zwei Jahre Drill brauchte, um schlagkräftig zu werden. Es ging nun nicht um Jahre, sondern um Wochen oder Tage, bis die nicht aus der Erde gestampften, sondern sehr konsolidierten und obendrein sieggewohnten deutschen Armeen alle solche Versuche, nach Paris durchzustoßen, vereitelten.

Als letzte und äußerste Möglichkeit blieb noch der Freischarkrieg. Franctireurs wurden zusätzlich aufgeboten. Engels hat für diese Form der Kriegführung in seinen Artikeln recht ausführlich eine Lanze gebrochen, mit historischen Parallelen aus Spanien, aus Italien unter österreichischer Herrschaft und aus Ungarn: »Wo immer ein Volk es zuließ, daß man es unterwarf, bloß weil seine Heere unfähig geworden waren zum Widerstand, wurde es als eine Nation von Feiglingen der Verachtung der Welt preisgegeben; wo aber ein Volk energisch diesen irregulären Widerstand durchführte, fanden die Eroberer es sehr bald unmöglich, den altüberlieferten Blut- und Feuerkodex durchzuführen.« Engels rechnete zahlenmäßig aus, daß ein solcher Guerillakrieg durch Brückenzerstörungen und Angriffe auf die rückwärtigen Verbindungen die deutschen Armeen, mit ihren wesentlichen Kräften durch die Belagerung von Paris und Metz gebunden, zum Rückzug zwingen könnte. Nun hatte sich die Guerilla in Spanien gegen Napoleon I. und noch jüngst beim ruhmlosen Krieg Boustrapas in Mexiko bewährt. Der dort siegreiche jetzige mexikanische Präsident Juárez sandte sogar ein Schreiben an einen Freund in Paris und wies seinen damaligen Gegner Bazaine, nunmehr in der Festung Metz eingekesselt, auf sein Beispiel hin. Engels kamen allerdings bei seinen Überlegungen auch Zweifel auf, ob ein derartiger Guerillafanatismus unter »zivilisierten Nationen« noch möglich sei; allenfalls könne man eben bei den Mexikanern oder Türken darauf rechnen. Nicht aber im »geldmachenden westlichen Europa« und schon gar nicht bei den Franzosen, sie seien durch zwanzig Jahre des Zweiten Empire erschlafft. Der Guerillakrieg ist dann auch militärisch bedeutungslos geblieben; er hat nur zu nutzlosen Menschenopfern und erbitternden Repressalien von seiten der Sieger geführt.

Überhaupt läßt sich für die Fortführung des Krieges um ein halbes Jahr wenig sagen. Keine der neuen Armeen Gambettas hat nennenswerte Erfolge errungen, von kleinen Scharmützeln abgesehen. Die gelegentlichen Geländegewinne, wie die »Eroberung von Orleans« für einige Wochen, wurden von den Franzosen als gleichbedeutend mit dem Verlust der gesamten aktiven Feldarmee bei Sedan und Metz angesehen. Und dann blieb noch immer eine Hoffnung: die Riesenfestung Paris mit ihrem seinerzeit von Thiers geschaffenen Gürtel von modernsten Forts.

Seit der Einschließung der Festung Paris wurde der Krieg etwas grundsätzlich anderes, als er es zu Beginn gewesen war. Die eigentlichen Kampfhandlungen traten zurück. Die Politik rückte vor und beherrschte schließlich ganz das Feld. Die verschiedenen Gefechtshandlungen und »Schlachten« nach damaligem Sprachgebrauch sind nur anhand von Generalstabskarten zu verfolgen und zeigen lediglich, daß die Sache für die Franzosen hoffnungslos verloren war. Das freilich will ein stolzes und so lange Jahrzehnte mit Siegesnachrichten gefüttertes Volk nicht leicht einsehen. Darin waren sich fast alle Parteien einig, so bitter sie sich bekämpften. Der Verlust der gesamten Feldarmee und der gesamten Grenzfestungen mit Ausnahme von Belfort wurde abgeschrieben und als nahezu unbeträchtlich angesehen. Man lebte in den Erinnerungen an die Revolutionskriege und glaubte, mit »aus der Erde gestampften« neuen Armeen die Deutschen recht leicht aus dem Lande jagen zu können. Auch Engels als Generalstabschef der Revolution verfiel diesen Illusionen in ganz erstaunlichem Ausmaße. Marx vertrat in seinen politischen Manifesten nun in schroffer Kehrtwendung die These, daß der Krieg, anfangs ein Verteidigungskrieg der Deutschen gegen französischen Angriff, nunmehr ein Eroberungskrieg der preußischen Militärmacht und der Hohenzollern geworden sei. Mit der Abdankung Napoleons und der Ausrufung der Republik sei die Lage völlig verändert. Er ging dabei so weit, die republikanische Regierung als Vorkämpferin für die Interessen Europas auszurufen, obwohl er über ihre Zusammensetzung die größten Zweifel hatte und sehr bald ihre maßgebenden Leute, wie Thiers und Favre, als Verbrecher ansah. Daß diesen Männern die unangenehme Aufgabe zufiel, nun Frieden zu machen, wollte weder Marx noch vielen Franzosen einleuchten. Jede Verhandlung darüber, die noch leidliche Bedingungen auszuhandeln versuchte, galt als Verrat – doch woran? Marx konnte privat Engels gegenüber recht sarkastisch sein über die Pariser Genossen, die nun urplötzlich glaubten, man könne auf den bloßen Kredit der Bezeichnung »Republik« hin den Feind an die Grenzen zurückbeordern, als ob er überhaupt nur die Aufgabe gehabt hätte, Frankreich von dem lästigen und erfolglosen Bonaparte zu befreien. Uferlos waren auch die Hoffnungen auf Eingreifen des übrigen Europa, besonders der Engländer. Selbst General Engels hielt ein englisches Expeditionskorps für durchaus möglich, trotz des ganz kläglichen Zustandes der britischen Streitkräfte. Vielleicht aber könnte eine englische Blockade helfen? Der General beschäftigte sich auch mit Seestrategie und Seerechtsfragen.

So leicht aber pflegen sich die Machtfragen dieser Welt nicht dirigieren zu lassen. Die Belagerung von Paris wurde durchgeführt, und Preußen-Deutschland verlor dabei viele Sympathien in der europäischen Öffentlichkeit. Vergebens verteidigten sich die Preußen: Paris sei keine offene Stadt, sondern eine Festung, von den Franzosen gerühmt als uneinnehmbar, auch im Innern starrend von Militär, Nationalgarden und Artillerie. Ein solches Objekt zu beschießen, sei anerkanntes Kriegsrecht. Jawohl, aber doch nicht im Falle von Paris, dem Zentrum des europäischen Kulturlebens! Auch am preußischen Königshof machten sich solche Stimmen bei gebietenden Damen bemerkbar, wie Bismarck voll Ingrimm verzeichnete. Die Hungerblockade kam noch dazu, die Weltöffentlichkeit erregte sich. Bismarck mußte sich beeilen, mit einem großen, weithin sichtbaren Coup die Aufmerksamkeit von solchen unliebsamen Dingen abzulenken und zu verhindern, daß doch womöglich gewichtige Interventionen anderer Mächte erfolgten. Er schlief schlecht und hatte schon damals den »cauchemar des coalitions«, wie er es in der Diplomatensprache nannte. Er stand sich schlecht mit den Militärs, die fanden, er habe nun das Seine getan und solle ihnen das übrige überlassen. Er arrangierte die Gründung des Kaiserreiches in ziemlicher Hast.

Die Kaiserkrönung Wilhelms I. von Preußen im Spiegelsaal von Versailles bildete für die sehr bald nachfolgende deutsche Legende die Krönung des großen Bismarck-Plans, den man sich als von vornherein feststehend und mit überlegener Weitsicht ausgedacht vorstellte. In Wirklichkeit war sie das Ergebnis zahlreicher Kompromisse im Rahmen äußerst fragwürdiger Gegebenheiten. Das Ergebnis war fraglich, besonders in bezug auf die süddeutschen Bundesgenossen, bis fast zum letzten Augenblick und mußte mit schweren Konzessionen erkauft werden. Dies auch buchstäblich und mit geheimen Privatzahlungen, die man auch Bestechungen nennen kann, an den romantischen Bayernkönig, der das preußische Geld nur unter der Hand nahm, in einer Saffianmappe eines stillen Sendboten überbracht, der nach Berlin fuhr und beladen zurückkam. Daneben mehr offizielle und auch den Untertanen sichtbare Konzessionen wie: eigene Armee, Uniform, vor allem eigene Briefmarken und sogar, schwerer wiegend, eigene diplomatische Missionen ausländischer Mächte in München und noch manches mehr. Bis in die Feierlichkeiten hinein spielten noch die Widerstände der Alt- und Nurpreußen, nicht zuletzt des alten Wilhelm, der bekanntlich seinem »eisernen Kanzler« die größten Scherereien wegen des Titels machte, den er als Herabwürdigung empfand. »Deutscher Kaiser«, so sagte er, das sei so gut wie der »Charakter-Major«, der verdienten Hauptleuten verliehen wurde, wenn sie wegen treuer Dienste, aber ungenügender Befähigung zu weiterer Beförderung in den Ruhestand versetzt wurden. Er soll sogar bei der Zeremonie Bismarck betont geschnitten haben.

So agierte Bismarck mit souveräner Gleichgültigkeit gegenüber den Wünschen und Bedenken seines obersten Herrn und Souveräns. Bei anderen Gegenspielern, die gewichtiger waren, konnte er nicht so unbekümmert vorgehen. Da waren die Militärs, Moltke vor allem, auch Roon, die auf das entschiedenste darauf bestanden, daß die großen Festungen Metz und Straßburg unbedingt behalten werden müßten, mitsamt den dazugehörigen Landesteilen, die ihnen sehr viel weniger wichtig waren. Es ist bekannt, daß Bismarck auch da zunächst seine erheblichen Bedenken hatte und besonders Lothringen mit seiner fast durchweg französischsprechenden Bevölkerung gerne den Franzosen belassen hätte. Es mutet heute gespenstisch an, wenn man liest, wie die französischen Unterhändler bei dem Handeln um diese Positionen das Angebot machten, im Tausch für Metz und Lothringen doch den Deutschen die von ihnen neu eroberten asiatischen Kolonien, heute Vietnam genannt, zu überlassen, die sie als sehr wertvoll und aussichtsreich schilderten. Bismarck, nun wieder mit imponierender Ironie, erklärte, daß dafür das neue deutsche Reich nicht reich genug sei. Er war, was oft übersehen wird, Gegner jeder Kolonialpolitik und stellte sie nur insoweit in Rechnung, als er hoffte, den Ehrgeiz der Franzosen damit von der Rheingrenze ablenken zu können. Diese Spekulation schlug bekanntlich fehl; Algerien, große Teile Afrikas und Südasiens befriedigten nur zum Teil die französischen Ansprüche auf Weltgeltung, während Elsaß und Lothringen die Revancheidee lebendig hielten.

Diese Fragen von 1871 haben die europäische Politik bis zum Ersten Weltkrieg bestimmt und das Zusammengehen Frankreichs mit Rußland herbeigeführt, wie Marx schon damals voraussah, der allerdings nicht gut 1914 im Auge haben konnte, sondern einen viel früheren Revanchekrieg, der in der Tat bereits ziemlich bald nach 1871 sehr ernstlich drohte.

Die wahre große Realität, die eigentlich durch keinerlei Friedensbedingungen, wie immer man sie sich vorstellen mag, zu beseitigen gewesen wäre, war die Tatsache, daß mit Versailles ein neuer und sehr mächtiger kontinentaler Staat, eine Großmacht, sichtbar in Erscheinung trat. Die weitere Entwicklung, daß sich in dem geeinten Deutschland auch eine sehr gewichtige wirtschaftliche Großmacht heranbildete, mußte viele beunruhigen.

Welche Möglichkeiten für eine bessere Lösung hätten sich aber ergeben? Wir zitieren dazu Victor Hugo, der ja als standhafter Gegner Napoleons III., den er als »Napoléon le Petit« verhöhnt hatte, gewissermaßen »unbescholten« war. Auch er plädierte für Rache und Genugtuung für die erlittene Schmach und eine siegreiche militärische Revanche: »Frankreich wird sich wieder erheben! Es wird Lothringen und das Elsaß wieder an sich reißen. Und mehr noch: Trier, Mainz, Köln, Koblenz, das ganze linke Rheinufer!« Eine Forderung, die ebenfalls die französischen Sozialisten, wenn auch nicht ganz so deutlich und spezifiziert, erhoben, worüber Marx und Engels sich untereinander amüsierten. Alsdann aber kam des Dichters völlig neuartige und grandiose Lösung: »Dann aber wird Frankreichs Wort an Deutschland erschallen: Hier stehe ich! Als deine Feindin? Nein, als deine Schwester! Alles habe ich wiedererobert, und alles gebe ich dir zurück. *Eine* Bedingung nur stelle ich: daß wir hinfort nur noch ein einziges Volk, eine einzige Familie, ein Staatswesen zusammen bilden sollen. Ich schleife meine Festungen und du die deinen. Meine Revanche heißt Verbrüderung. Nieder mit den Grenzpfählen! Der Rhein für alle! Ein Hoch für die vereinigten Staaten von Europa.«

Es läßt sich denken, daß solche dichterischen Phantasien vielleicht einmal, in noch keineswegs sichtbarer Zukunft, als mehr denn große Rhetorik empfunden werden, zum mindesten in den Schlußsätzen. Daß aber eine siegreiche Revanchearmee unter ihren Generälen von damals, oder auch nur die politische Leitung, wie revolutionär man sie sich immer vorstellen mag, dem Senator Hugo nur einen Augenblick Gehör geschenkt hätte, ist außerhalb auch der gewagtesten Kalkulationen.

Die Kommune Paris

Frankreich war besiegt! »Nein, nicht Frankreich: Bonaparte-Boustrapa-Badinguet war besiegt, und ruhmlos abgetreten. Frankreich, das nunmehr republikanische, würde sich erst in seiner ganzen historischen Größe erheben, getreu den Traditionen der Großen Revolution. ›Levée en masse‹: die ganze gewaltige Volkskraft, das ›Volk in Waffen‹, nicht die bonapartistische Armee würde den preußischen Eindringling aus dem Lande jagen und den ›geheiligten Boden‹ des Landes befreien.« So hatte es geheißen. Die Wirklichkeit sah anders aus. Auch Marx war für kurze Zeit von dieser Illusion erfaßt.

Alle Festungen, außer dem entfernten Belfort in der äußersten Ecke des Landes, fielen eine nach der anderen in wenigen Wochen, Toul, Straßburg und als schwerste Niederlage Metz mit der letzten größeren Linienarmee. Dann noch, es ist eine stattliche Reihe, Soissons, Schlettstadt, Verdun, Diedenhofen, La Fère, Pfalzburg,

Montmédy, Mézières, Longwy; erst nach dem Waffenstillstand kapitulierte auch Belfort. Die neu aufgestellten Armeen Gambettas wurden zerschlagen, als letzte trat die Armee Bourbakis nach der Schweiz über und ließ sich dort internieren.

Paris hatte immerhin vier Monate lang, vom September 1870 bis zum Januar des folgenden Jahres, der Belagerung widerstanden und mußte erst dann kapitulieren. Mußte? Nein, nein, riefen die Patrioten, und das waren zum mindesten in Paris die große Mehrzahl, einschließlich der Linken und der äußersten Linken, oder gerade dieser. »Verrat« hieß die Parole, die schon gleich zu Beginn des Krieges bei jeder der unaufhörlichen Niederlagen erhoben wurde. Verrat der bonapartistischen Generäle; Bazaine wurde wegen der Übergabe von Metz sogar nach dem Kriege ein Prozeß vor dem Kriegsgericht gemacht, mit Todesurteil, das nur durch seinen Marschallkollegen MacMahon, inzwischen zum Präsidenten der Republik aufgerückt, in Begnadigung umgewandelt wurde. Verrat der Führung immer wieder, auch nach Ausrufung der Republik, Verrat der bürgerlichen Regierung, der nationalen Verteidigung unter Thiers, die es nicht dulden wollte, daß das Volk in Waffen nun womöglich siegte und den Feind aus dem Lande trieb. Diese These vertrat auch Marx.

»Ein Sieg von Paris über den preußischen Angreifer wäre ein Sieg gewesen des französischen Arbeiters über den französischen Kapitalisten und seine Staatsparasiten.« So formulierte er monumental in seiner Adresse des Generalrats der Internationale, unmittelbar nach der letzten und furchtbarsten Niederlage dieses Krieges, der Niederschlagung der Kommune von Paris durch die Truppen der neuen Republik. Auch hier bot sich das Wort Verrat an: »In diesem Konflikt zwischen nationaler Pflicht und Klasseninteresse zögerte die Regierung der Nationalen Verteidigung nicht einen Augenblick – sie verwandelte sich in eine Regierung des Nationalen Verrates.«

Glaubte Marx im Ernst, daß der Krieg noch zu gewinnen war, daß es einen »Sieg von Paris« hätte geben können? Daß überhaupt irgendeine französische Regierung, gleich welcher Farbe, geschweige denn eine sozialistische, bessere Friedensbedingungen hätte erreichen können?

Marx glaubte an all dieses nicht. Er glaubte nicht einmal, als die neue Erhebung in Paris sich ankündigte, daß sie erfolgreich sein würde. Er glaubte an sich und seine Theorie. Die fand er bestätigt, auch wenn die Ereignisse, das heißt die Fakten, die ihm vor Augen standen, sich nur sehr schwer einfügen wollten in das, was er vorgeschrieben und vorausgesagt hatte. Revolution sollte sich ganz anders vollziehen als das, was da nun in Paris geschah; organischer, zwangsläufiger und vor allem unwiderstehlicher.

An seinen Freund und Korrespondenten Kugelmann in Hannover schrieb er im April 1871, als die Kämpfe der Kommune schon im Gange waren: »Die Weltgeschichte wäre allerdings sehr bequem zu machen, wenn der Kampf nur unter der Bedingung unfehlbar günstiger Chancen aufgenommen würde. Sie wäre andrerseits sehr mystischer Natur, wenn ›Zufälligkeiten‹ keine Rolle spielten. Diese Zufälligkeiten fallen natürlich selbst in den allgemeinen Gang der Entwicklung und werden durch andere Zufälligkeiten wieder kompensiert. Aber Beschleunigung und Verzögerung sind sehr von solchen ›Zufälligkeiten‹ abhängig – unter denen auch der ›Zufall‹ des Charakters der Leute, die zuerst an der Spitze der Bewegung stehn, figuriert.«

Es ist dies eine Passage, die wohltätig empfindliche Lücken oder Widersprüche im Weltgeschehen zudeckt oder auflöst. Er fährt fort: »Der entscheidend ungünstige ›Zufall‹ ist diesmal keineswegs in den allgemeinen Bedingungen der französischen Gesellschaft zu suchen, sondern in der Anwesenheit der Preußen in Frankreich und ihrer Stellung dicht vor Paris.« Dieses Faktum war nun allerdings so unwiderlegbar, daß es zum mindesten für die Zeitgenossen von damals nicht ganz außer acht gelassen werden konnte. Ob man es aber nun gerade einen Zufall nennen kann, der gewissermaßen ärgerlich in die Quere kam, ist fraglich. Marx wischt diese Erkenntnis der Lage auch sogleich zugunsten seiner Theorie weg: »Das wußten die Pariser sehr gut. Das wußten aber auch die bürgerlichen Kanaillen von Versailles. Ebendarum stellten sie die Pariser in die Alternative, den Kampf aufzunehmen oder ohne Kampf zu erliegen. Die Demoralisation der Arbeiterklasse in dem letzteren Fall wäre ein viel größeres Unglück gewesen als der Untergang einer beliebigen Anzahl von ›Führern‹. Der Kampf der Arbeiterklasse mit der Kapitalistenklasse und ihrem Staat ist durch den Pariser Kampf in eine neue Phase getreten. Wie die Sache auch unmittelbar verlaufe, ein neuer Ausgangspunkt von welthistorischer Wichtigkeit ist gewonnen.«

Eine höchst charakteristische Äußerung, bis in die einzelne Wortgebung hinein. Die »Anwesenheit« der Preußen vor Paris klingt so bescheiden, als ob es sich dabei um eine Art Zuschauer bei der Auseinandersetzung zwischen den beiden französischen Klassen handelte. Und nicht nur Marx hat so gedacht. Auch die Männer der Kommune haben geglaubt, den Eroberer wie einen unwillkommenen Besucher ignorieren oder ihm sogar vorwerfen zu können, daß er sich nicht peinlich genau neutral bei der Auseinandersetzung mit ihren Gegnern verhielt. Und was geworden wäre, wenn die Kommune »gesiegt« hätte in Paris, ist auch von der Nachwelt fast immer großzügig aus der Diskussion ausgelassen worden. Konnte irgend jemand in Paris annehmen, daß die deutsche Armee sich alsbald bis an die Grenzen zurückziehen würde vor einer sozialistischen oder kommunistischen Regierung, die nicht wie die »Verräter« der bürgerlichen Observanz kläglich über Gebietsabtretungen und Kriegsentschädigungen verhandelte, sondern bereit und entschlossen war, den Krieg wiederaufzunehmen, und nunmehr erst mit der unwiderstehlichen Volkskraft und dem Elan von 1793?

Ja, nicht nur irgend jemand nahm das an. Es war allgemeine Überzeugung in Paris, bei Arbeitern wie Kleinbürgern und Bürgern.

Marx wußte, daß Waffenstillstand und Frieden geschlossen werden mußten. Er wußte recht gut, daß die sehr unangenehme Aufgabe, die Katastrophe zu liquidieren, am besten einer bürgerlichen Regierung überlassen würde, die an diesem Odium lange und vielleicht lebensgefährlich leiden müßte. Er hat zu Beginn der Kommunebewegung unaufhörlich abgemahnt und gebremst. Er hat die französischen Mitglieder der Internationale immer wieder »zur Ordnung zu rufen« versucht: Es wäre unsinnig, die eben geschaffene republikanische Regierung der Verteidigung durch überhitzige Einzelaktionen zu gefährden. Durch Eugène Dupont, seinen Vertrauensmann und französischen Sekretär der Internationale, ließ er aus London nach Lyon an die dortigen Internationalisten schreiben:

»Unter den jetzigen Umständen muß es die Rolle der Arbeiter, ja ihre Pflicht sein, das bürgerliche Ungeziefer den Frieden mit den Preußen abschließen zu lassen und sie nicht durch Aufstände zu schwächen. Das wird uns möglich machen, die Freiheiten zu benutzen, die sich aus den Umständen ergeben, und somit alle Kräfte der Arbeiterklasse zu organisieren.«

Seine Haltung fand wütenden Widerspruch bei den französischen Internationalisten, mit denen er ohnehin nicht gerade auf bestem Fuß stand und denen er, wie wir sahen, ebenso noch einige »Prügel« wünschte wie den Franzosen überhaupt. Man verdächtigte ihn sogar, und ließ das drucken, er sei im Solde Bismarcks. Bürgerliche Blätter nahmen das mit Vergnügen auf und wollten sogar wissen, er sei einmal Sekretär Bismarcks gewesen, was wohl durch irgendwelche Verwechslungen mit seinem früheren Mitkommunisten von Anno 1848, Lothar Bucher, zusammengebraut wurde. Man wußte sehr wenig über Dr. Marx in Paris, selbst unter den Parteigenossen der noch sehr unbestimmten Partei und erst recht nicht bei den Schreibern der Presse.

Seltsam und kaum erklärlich: Marx selber hat den Gerüchten von so scheinbar aberwitziger Art Nahrung gegeben. Er hat bei seinen und Engels' disparaten Versuchen, die aussichtslose Lage doch noch zu wenden und Feldzugspläne oder Informationen nach Frankreich zu senden, davon gesprochen und geschrieben, er habe durch einen deutschen Kaufmann, der Zugang zum belagerten Paris hatte, der Kommune wichtigste Informationen zukommen lassen, meist mündlich, einige aber auch schriftlich. So behauptet er in einem Schreiben an Professor Beesley, den nahen Freund der Internationale, er habe der Kommune, um ihren Kampf gegen die Thiers-Regierung zu unterstützen, alle Einzelheiten des geheimen Abkommens zwischen Bismarck und Favre in Frankfurt zugeschickt.

»Mir ging die Information zu von Bismarcks rechter Hand – einem Manne, der früher (von 1848 bis 1853) der geheimen Gesellschaft (dem Bund der Kommunisten) angehörte, deren Führer ich war. Dieser Mann weiß, daß ich noch alle Berichte besitze, die er mir aus und über Deutschland zusandte. Er hängt von meiner Diskretion ab. Deshalb sein Bemühen, mir fortgesetzt seine guten Absichten zu beweisen. Es ist derselbe Mann, der mir, wie ich Ihnen sagte, die Warnung zugehen ließ, daß Bismarck entschlossen sei, mich verhaften zu lassen, falls ich in diesem Jahre wieder Dr. Kugelmann in Hannover besuchen sollte.«

Ähnliches hat er an Liebknecht geschrieben, der darüber etwas veröffentlichen wollte, wobei Marx als Namen des Informanten Johannes Miquel nannte, der allerdings auch ehemals Mitglied des Kommunistenbundes gewesen war, inzwischen aber sich zu den

Nationalliberalen gewandt und als Oberbürgermeister von Osnabrück Karriere gemacht hatte. Marx mahnte Liebknecht, seinen Namen aus dem Spiel zu lassen, »da ich ja, wenn nicht direkt durch Miquel gezwungen, das ›Geheimnis‹ bewahren muß«.

Ein seltsames Spiel, und es wird nur erwähnt, um die grenzenlose Verwirrung und Überkreuzung von Fäden im Netz der damaligen Zeitereignisse zu zeigen, der »bloßen Zufälle« im Gewebe der Weltgeschichte. Das Schreiben von Marx scheint nicht erhalten zu sein, und was es mit diesem Geheimplan und der Information »Miquels« auf sich hat, ist völlig ungeklärt. Denn dieser war keineswegs Bismarcks »rechte Hand«, wenn auch einflußreich als Führer der Nationalliberalen. Der andere ehemalige Kommunistengenosse von Anno 1848 her aber, Lothar Bucher, war in der Tat inzwischen zu Bismarcks nahem Mitarbeiter, vor allem für Pressefragen, avanciert. Er weilte als Legationsrat sogar im Hauptquartier zu Versailles.

Wir werfen einen Blick auf die dortige Tafelrunde und ihre Unterhaltungen nach dem Tagebuch von Moritz Busch. Da spricht man, kurz vor dem Waffenstillstand im Januar 1871, zunächst vom Bombardement. »Die Rede kam hiernach auf die internationale ›Friedensliga‹ und deren Zusammenhang mit der Sozialdemokratie, als deren Haupt für Deutschland man Karl Marx in London bezeichnete. Diesen nannte Bucher einen gescheiten Kopf mit guter wissenschaftlicher Bildung und den eigentlichen Führer der internationalen Arbeiterverbindung. Der Chef äußerte über die Friedensliga, ihre Bestrebungen seien bedenklicher Natur, und ihre Zielpunkte bestünden in ganz anderen Dingen als im Frieden. Es versteckte sich der Kommunismus dahinter. ›Ja‹, schloß er, ›aber gewisse hohe Herrschaften haben davon noch heute keinen Begriff. Ausland und Friede!‹«

Wir sehen, daß von den beiden großen Gegnern keiner vom anderen so recht etwas wußte. Der Name des Dr. Marx in London mußte Bismarck erst durch seinen Pressechef Bucher vorgetragen werden, und er scheint ihn zu diesem Zeitpunkt kaum wichtig genommen zu haben, während ihn sehr viel mehr die Querverbindungen der Friedensliga interessierten, an der sich auch hohe Persönlichkeiten beteiligten. Über deren Einflüsse, besonders der Königin, auf die Friedensverhandlungen hat Bismarck immer wieder bitter geklagt.

Ob jedoch nun Miquel oder Lothar Bucher, wer immer es gewesen sein soll, es gewagt hätte, mitten im Kriege, selbst unter noch so massiven Drohungen, mit Enthüllungen aus der Vergangenheit eine so schwere hochverräterische Handlung zu begehen, die den Kopf kosten konnte, ist fragwürdig. Nur Detektivarbeit der Historiker könnte da Aufschluß bringen. Das Ganze ist eine Episode, aber sie scheint mir doch bezeichnend genug für die grenzenlose Fremdheit, mit der sich Hauptakteure des Weltgeschehens auf dem Spielfeld der Zeit gegenseitig bewegen.

Es ist Zeit, daß wir die Kommune vorstellen, und nicht nur, wie Marx sie in seinem nachträglichen Bericht beschrieben hat. Der war nach den furchtbaren Metzeleien des Endes, den Schreckensnachrichten der internationalen Presse über Geiselermordungen, Terror und die angeblichen »Petroleuses«, die mit der Fackel Feuer an die bekanntesten historischen Gebäude von Paris gelegt hätten, eine »Brandschrift« im wahrsten Sinne des Wortes. Sie war auch als solche gemeint und hat als solche gewirkt. Sie hat zum ersten Male den Namen des Dr. Marx in London ganz international bekannt gemacht. Mit Stolz erwähnt er in einem seiner Briefe: »Ich habe die Ehre, in diesem Augenblick der bestverleumdete und meistbedrohte Mann von London zu sein. Das tut einem wahrhaft wohl nach der langweiligen zwanzigjährigen Sumpfidylle.«

Es war also eher ein Aufatmen nach den langen Jahren, in denen »nichts geschah« und nichts geschehen wollte. Auch jetzt war das immer vergeblich erwartete Ereignis, die große Revolution, nicht gekommen, jedenfalls nicht so, wie er es programmiert hatte. Es war aber immerhin unleugbar eine Revolution, die letzte des 19. Jahrhunderts, und sie bot Marx Gelegenheit, in ihr eine welthistorische Begebenheit zu sehen. Er entnahm den Vorgängen, die er so aufmerksam beobachtet hatte – er legte eine ganze Aktensammlung von Zeitungsausschnitten darüber an –, grundlegende Erkenntnisse für seine Lehre. Er fühlte sich bestätigt, sosehr er ursprünglich abgewiegelt und so vorsichtig er sich auch während der Kämpfe zurückgehalten hatte, trotz aller Mahnungen, der Londoner Generalrat müsse nun doch endlich, wie versprochen, Stellung nehmen. Er entschuldigte sich durch Krankheit, obwohl Engels gleichzeitig Gerüchte über den Gesundheitszustand des Freundes energisch dementierte. Er habe doch Hunderte von Briefen an alle Parteigenossen in den verschiedensten Ländern geschrieben, um der Kommune zu helfen, so verteidigte Marx sich selber gegen solches Drängen. In Wirklichkeit wollte er sich nicht festlegen und eventuell kompromittieren, was leicht geschehen konnte bei seinem Zweifel an dem ganzen Unternehmen und vor allem seinem intensiven Mißtrauen gegen die führenden Männer, unter denen er kaum einen einzigen wirklich zuverlässigen Parteigänger seiner Partei, der Partei Marx, wußte, wohl aber eine ganze Reihe von Feinden. Nun jedoch, da die Sache abgeschlossen war, konnte er, unbeschadet des grausigen Ausgangs, in der Kommune das Modell der Zukunft sehen: zum ersten Male eine wirkliche Diktatur des Proletariats. Zum ersten Male offener Ausbruch des Klassenkampfes in echtem Bürgerkrieg. Zum ersten Male nicht Revolution als Übernahme der Regierungsgewalt, sondern »Zerschlagung des Staates« der Ausbeuter und Errichtung ganz neuer Formen des politischen und sozialen Lebens. Er stand dabei unter dem Eindruck der Manifeste der Kommune, die eine weitgehende Föderalisierung und Teilung der Gewalten verkündeten, im Gegensatz zu seinen sonstigen straff zentralistischen Anschauungen, und für völlige Aufgabe des napoleonischen, auf Paris als Zentrum begründeten Regierungs- und Verwaltungssystems eintraten: Jede Kommune bis hinunter zu den Landgemeinden sollte jetzt selbständig sein. Die Armee als ein Hauptorgan der Unterdrückung abgeschafft; statt dessen Volksmiliz mit ganz kurzer Dienstzeit. Der gesamte bürokratische Beamtenapparat ersetzt durch vom Volk, der Arbeiterklasse, gewählte Vertreter, die jederzeit abrufbar sein sollten und nicht wie die Abgeordneten des parlamentarischen Systems drei oder womöglich sechs Jahre »unabhängig« – in Wirklichkeit Werkzeuge ihrer bürgerlichen Herren –, sondern ständig dem »mandat impératif« unterworfen, den formellen Instruktionen der kommunalen Wähler. »Die wenigen, aber wichtigen Funktionen«, so begrenzt er die Aufgaben der Zentralinstanz, die an die Stelle der Staatsgewalt treten sollte, sollten durch kommunale und daher strikt verantwortliche Agenten ausgeübt werden. Eine »Kommunal-Verfassung« also. Und wenn Übelwollende, die er fortwährend zitiert, als sei eine lebhafte Debatte über die Pläne im Gange, fragen sollten, woher denn die rechten Männer für all diese Aufgaben kommen sollten, so führt er als Beispiel, wir trauen unseren Augen nicht recht und lesen zweimal, das Beispiel des bestehenden Geschäftslebens an: »Es ist wohlbekannt, daß Handelsfirmen, wie auch Individuen, wo es um wirkliche Geschäfte geht, im allgemeinen gut wissen, den richtigen Mann an den richtigen Platz zu stellen, wenn sie Arbeiter, Aufseher und Buchhalter aussuchen, und falls sie einmal einen Irrtum machen, den prompt korrigieren. Andererseits konnte nichts dem Geist der Kommune fremder sein, als das allgemeine Wahlrecht durch eine hierarchische Investitur zu ersetzen.«

Wo sind wir hier? Wir sind mitten unter den Proudhonisten, seinen verachteten Gegnern, die freilich die stärkste Gruppe unter den Führern der Kommune bildeten. Oder etwa bei Saint-Simon mit dem Glauben an die Geschäftsleute. Oder, wenn wir vorgreifen wollen, bei den Räten, die eine Episode in der nächsten, dann wirklich großen Revolution bilden sollten.

Er polemisiert aber sogleich gegen »proudhonistische« Auslegungen der Absichten der Kommune, vor allem in Fragen wirtschaftlicher Zusammenschlüsse. Das wahre Geheimnis der Kommune sei dies: »Sie war wesentlich eine *Regierung der Arbeiterklasse*, das Resultat des Kampfes der hervorbringenden gegen die aneignende Klasse, die endlich entdeckte politische Form, unter der die ökonomische Befreiung der Arbeit sich vollziehen konnte.« Solche Sätze waren es, die diese Adresse des Generalrates sehr wohl geeignet erscheinen ließen, als grundlegende, kanonische Schrift dekretiert zu werden, wie es dann später, besonders nach Anweisung Lenins, geschah.

Es kann dabei, wie überhaupt bei den Werken von Marx, davon ausgegangen werden, daß ohnehin nur Haupt- und Kernsätze von Bedeutung sind und diese wiederum in entsprechender Deutung, während die Einzelheiten ohnehin durch ihre vielfache Bezugnahme auf Zeitumstände und Ereignisse, die niemand ohne ausführlichen Kommentar nach achtzig oder hundert Jahren noch versteht, beiseite bleiben können.

Marx selber hat das mit seinem Instinkt für das Zukünftige schon vorausgenommen und sich damit abgesichert: »Die Arbeiterklasse verlangte keine Wunder von der Kommune. Sie hat keine vorgefertigten Utopien durch Volksdekret einzuführen. Sie weiß, daß sie, um ihre eigne Befreiung auszuarbeiten und damit jene höhere Lebensform, der die gegenwärtige Gesellschaft unwiderstehlich durch ihre eigne ökonomische Entwicklung entgegengeht, durch lange

Kämpfe gehen muß, daß sie eine ganze Reihe von historischen Prozessen durchmachen muß, durch die Umstände wie Menschen verwandelt werden. Sie hat keine Ideale zu verwirklichen. Sie hat nur die Elemente der neuen Gesellschaft freizusetzen, mit denen die alte zusammenbrechende Gesellschaft selber schwanger geht.«

Das war durchaus für die Zukunft geschrieben. Für die Gegenwart von 1871 jedoch war die Adresse zugleich eine Trotzschrift. Marx adoptiert die Kommune als sein Kind, unbekümmert um sein ganzes unväterliches Verhalten während der Ereignisse selber. Er ruft *sein* Programm als ihr Ziel aus, und zwar gleich mit dem Hauptpunkt: Abschaffung des Privateigentums und Übernahme der gesamten Produktion durch das Proletariat. Seine Gegner behaupten, die Kommune wolle das Eigentum, die Grundlage aller Zivilisation, abschaffen. »Jawohl, meine Herren, die Kommune wollte das Klassen-Eigentum abschaffen, das aus der Arbeit der vielen den Reichtum der wenigen macht. Ihr Ziel war die Expropriation der Expropriateure ... und das ist ›Kommunismus‹, der ›unmögliche‹ Kommunismus!« Zum Schluß nimmt er die Revolutionstat der Kommune, die gegen seinen Rat erfolgt war, ganz selbstverständlich für seinen Generalrat in Anspruch. Die internationale Assoziation der Arbeiterklasse »ist nichts anderes als das internationale Band, das die am weitesten fortgeschrittenen Arbeiter der verschiedenen Länder der zivilisierten Welt vereinigt. Wo immer, gleich in welcher Form, gleich unter welchen Bedingungen, der Klassenkampf Gestalt annimmt, da stehen, wie nur natürlich, Mitglieder unserer Assoziation im Vordergrund. Der Boden, auf dem sie wächst, ist die moderne Gesellschaft selber. Sie kann nicht unterdrückt werden durch noch so große Schlächtereien ... Das Paris der Arbeiter mit seiner Kommune wird für immer gefeiert werden als der glorreiche Vorbote einer neuen Gesellschaft ... Seine Märtyrer sind im Schrein des großen Herzens der Arbeiterklasse aufbewahrt.«

Auch solche pathetischen Töne verwendet Marx bei dieser Gelegenheit, wie überhaupt die Schrift, sogleich als Broschüre »Der Bürgerkrieg in Frankreich« in großer Auflage erschienen und in viele Sprachen übersetzt, die verschiedensten Wirkungsmöglichkeiten mit Vehemenz verwendet. Er feuert ganze Mitrallieusensalven von Haß- und Schimpfworten auf die Gegner ab, den »monströsen Zwerg« Thiers, »Meister der kleinen Staatsschufterei, Virtuosen in

Meineid und Verräterei«, den Erbschleicher Favre, den Innenminister Picard, Bruder eines Börsenschiebers und selber an dunklen Spekulationen beteiligt. Er verschmäht nicht die Andeutung enormer Unterschlagungen: Der Finanzminister habe mit Thiers eine Anleihe von zwei Milliarden vereinbart zur Deckung der ersten Kriegsschulden. Dabei sollen mehrere hundert Millionen »Trinkgeld« für Thiers, Favre, Picard usw. abfallen, sobald das aufständische Paris »pazifiziert« ist. Marx fragt: »Stimmt das oder nicht?«

Marx wechselt den Ton: Er gibt eine ausführliche historische Übersicht von 1848 an, fast ein Kolleg. Er wendet sich nach allen Seiten: an die Gewerbetreibenden, ja auch diese, soweit sie nicht Großbourgeoisie sind; die Kommune habe auch diese Schichten berücksichtigt und ihre Situation erleichtert. Er spricht zu den Bauern, die man hätte gewinnen können, wenn nur drei Monate lang ungestörte Verbindung zwischen der belagerten Hauptstadt und den Provinzen bestanden hätte. Der »Wenn« sind noch mehr, und sie sind alle so siriusfern von der wirklichen Lage, daß man sie nicht gut im Ernst diskutieren kann. Er kritisiert auch die Kommune an einigen Stellen, daß sie seine und General Engels' taktische und strategische Ratschläge nicht beachtet habe, und vor allem, daß sie nicht unverzüglich nach Verkündung ihres Sieges nach Versailles marschiert wäre, das noch nicht seine Kräfte organisiert hatte. Das hätte dem Spuk der »Nationalregierung« ein rasches Ende gemacht.

Diese These hat sogar bei späteren, auch nichtsozialistischen, Geschichtsbetrachtern einigen Beifall gefunden. Die ganze Geschichte der Kommune zeigt jedoch, daß die zahlenmäßig so imposanten Kräfte der Nationalgarde, die mit über 300000 Mann angegeben werden, nur stark waren auf den Straßen in Paris und wirklich stark überhaupt nur in den Arbeiterbezirken, wo in der Tat bis zum blutigen Schluß, für »Heim und Herd« gewissermaßen, erbittert gekämpft worden ist. Daß sie aber völlig und katastrophal versagten, wenn es sich darum handelte, über die Stadtgrenze hinaus vorzustoßen, ganz gleich ob unter Führung bonapartistischer Generäle, wie während der ersten Belagerung, oder dann unter ihren selbstgewählten revolutionären Führern.

Wir können es nicht dabei belassen, die einzelnen Behauptungen von Marx mit den wirklichen Ereignissen zu konfrontieren. Es gibt da keine echten Fronten; es ist auch immer wieder fragwürdig, was

Marx für möglich gehalten hat und was er lediglich als revolutionärer Taktiker in seiner Adresse für brauchbar und nützlich hielt. In einem – und sehr wesentlichen – Punkte hat er zweifellos richtig gesehen: Der Klassenkampf war mit aller Schärfe entbrannt. Er war, besonders nach dem Blutbad am Ende, keine bloße Forderung oder Theorie, sondern eine Realität geworden, die nicht mehr wegzuleugnen und nicht mehr zu beseitigen war. Darauf kam es ihm an, und insofern hat seine Broschüre als eine Grundschrift seiner Bewegung gewirkt.

Die Legende der Kommune hat sich als sehr viel stärker und dauerhafter erwiesen als alles, was über die Realität von damals geschrieben worden ist, eine ganze Bibliothek schon von den Zeitgenossen, die noch heute jedes Jahr einen Anbau erfordert. Mitkämpfer, von beiden Seiten, haben geschrieben, Parteigänger – aber welcher Partei? Es waren sehr verschiedene Richtungen vertreten, die sich sogleich zu Worte gemeldet haben, soweit sie den Zusammenbruch überlebt hatten. Als erster und ausführlichster der Kommunarde Lissagaray, den Marxens jüngste Tochter Eleanor gerne geheiratet hätte. Marx hat sein Werk geschätzt, nicht den Mann, und wollte das Buch nach seinen Intentionen bearbeiten, wozu es nicht kam. Proudhonisten haben geschrieben, Blanquisten, Fürst Kropotkin hat in der Kommune die erste große Demonstration seines Anarchismus sehen wollen, und schon diese Vielfalt deutet an, wie disparate Elemente zusammenkamen oder vielmehr sich stritten, während die Sache im Gange war. Und so ist es geblieben, mit Parteischriften und vergeblich »objektiven« historischen Analysen oder dokumentarischen Darstellungen, die wiederum je nach ihrer Einstellung die Dokumente ordnen und auswählen. Die Legende ist stärker. Auch sie ist eine Realität, und ich gedenke nicht, gegen sie zu polemisieren.

Wohl aber scheint es mir notwendig, da eben diese Realität nicht nur Vergangenheit, sondern sehr lebendige Gegenwart ist, die wichtigsten Ereignisse, so wie sie den Mitlebenden sich präsentierten, zu erzählen. Es *war* eine Revolution, die letzte der drei Erhebungen, die Marx erlebt hat, und sein letztes großes Erlebnis. Danach kam nichts mehr, trotz hartnäckig beibehaltener Hoffnungen.

Es ist eine historische Erfahrung, daß »unvollendete« große Bewegungen, ja gerade mißlungene Erhebungen, die nur »beinahe«

ihr Ziel erreichten, sehr viel mehr die Phantasie und die Gefühle beschäftigen als etwa die größeren Umwälzungen, die sich glatt vollzogen haben. Engels hatte eben während der ersten Monate des Krieges im September 1870 eine neue Auflage seiner Aufsätze über den deutschen Bauernkrieg der Lutherzeit durch Liebknecht herausgegeben, ein anderes Beispiel sehr ähnlicher Art. Sie waren ursprünglich in der kurzlebigen »Revue« der »Neuen Rheinischen Zeitung« 1850 erschienen und sollten zeigen: »Auch das deutsche Volk hat seine revolutionäre Tradition.« Er hatte darin als Ursache für das nur »beinahe« der mächtigen Bewegung davon gesprochen, daß die Zersplitterung der Kräfte den Ruin herbeiführte, »wie weder die Bürger noch die Bauern, noch die Plebejer zu einem konzentrierten, nationalen Auftreten kamen«. Er hatte die Parallele zur gleichen Zersplitterung bei der Revolution 1848 gezogen und kategorisch erklärt: »Wer nach den beiden deutschen Revolutionen von 1525 und 1848 und ihren Resultaten noch von Föderativrepublik faseln kann, verdient nirgend anders hin als ins Narrenhaus.« Über die Kommune hat er nur wenige Jahre später von dem »riesenhaften Anstoß« gesprochen, den sie der Arbeiterbewegung gegeben habe, oder noch später, als man ihn fragte, wie die Diktatur des Proletariats denn aussehen solle: »so wie die Kommune von Paris 1871!« Auch er vertrat nun die Legende.

Ein anderer Mythos war das Verhängnis für die Kommune selber: die Tradition vom unwiderstehlichen Volk der Revolution von 1789. Die »Jakobiner«, nach dem Vorbild von ehedem, spielten eine Hauptrolle unter den Führern der Kommune, und noch das letzte Bulletin der schon in den letzten Zügen liegenden Erhebung war davon Zeuge. Es wurde durch den greisen Jakobiner Delescluze verkündet, der nach langer Deportation an Schwindsucht litt und nur leise und mühsam sprechen konnte. Er ließ die Proklamation drukken, während die Versailler Regierungstruppen bereits einen Teil von Paris besetzten und mit dem Massaker begannen: »Bürger! Schluß jetzt mit dem militaristischen Treiben! Keine Stabsoffiziere mehr, mit Goldlitzen dekoriert! Platz für das Volk, die Kämpfer, die nackten Arme! Die Stunde des Revolutionskriegs hat geschlagen.«

Einen Tag danach sah man ihn, gestützt auf den Stock, auf eine der Barrikaden zuschreiten. Er stieg mühsam hinauf und stand dort oben, einsam, die Barrikade war sonst leer. Es war schon spät am

Tage. Die Leute, die das berichteten, sahen nur von weitem, wie die Gestalt im schwarzen Bürgerrock, mit der breiten roten Schärpe des »Delegierten für den Krieg«, unter den Schüssen des Versailler Militärs zusammensank. Das war das Ende der Kommune und der Anfang der »blutigen Woche« mit den Massakern der Armee. Über die Zahlen der schon gleich am Ort niedergemetzelten Männer, Frauen und Kinder wird gestritten, es werden Zahlen von 20000 bis 40000 genannt. Es folgten noch lange Prozesse gegen die Gefangenen mit weiteren Todesurteilen und Massendeportationen in die Kolonien.

Der Anfang sah anders aus und führte zunächst zu festlichem Jubel im eben beginnenden Frühling – nach den langen und schweren Wintermonaten der Belagerung mit Hunger und Kälte. Das belagerte Paris von 1870 war für die Generation unserer Groß- und Urgroßeltern eine große Sensation, und die pittoresken Berichte der schon zahlreich vertretenen Weltpresse warteten mit vielen Neuigkeiten auf. Da waren die Ballons, die den sonst unterbrochenen Verkehr mit der Außenwelt aufrechterhielten; es gab eine regelrechte Ballonpost, deren Faltbriefe jetzt ein Sammelobjekt bilden. Gambetta, als erster Staatsmann, wagte es – die Ballons waren noch undirigierbar, und einer trieb bis nach Norwegen ab –, auf diese Weise zu flüchten und den Widerstand in den Provinzen zu organisieren. Es gab pikante Feuilletons über die Hungerblockade und angebliche Rattengerichte, Rattenpasteten, Katzenragouts oder gehackten Elefantenrüssel aus dem Zoo von Paris. Die Welt hat inzwischen andere Hungerblockaden erlebt und andere Bombardements als die damalige Beschießung, die erst nach langen Wochen auf Drängen Bismarcks und gegen den Rat Moltkes begann. Die ernsteren Blätter berichteten bald über einsetzende Schwierigkeiten der republikanischen Regierung der »ersten Revolution« vom Anfang September, die das Regime Napoleons wie Spreu hinweggefegt hatte, nicht aber die bonapartistischen Generäle und Beamten in den Provinzen. Und dies wurde einer der Hauptfaktoren für die kommende Auseinandersetzung. Paris war nicht nur militärisch isoliert. Ein Gegensatz bahnte sich an, der nicht nur Bürger gegen Proletariat hieß, sondern Paris gegen die Landbevölkerung des übrigen Frankreich bedeutete.

Das waren nach der Struktur der Zeit rund achtzig Prozent der Gesamtbevölkerung. Man nannte sie die »rureaux«, was den spöttischen Beiklang hatte: »die da draußen«, die Zurückgebliebenen,

Landpomeranzen und Bauernjockel. Marx übernahm den Ausdruck und vereinfachte wieder, als ob es sich nur um die proletarischen Landarbeiter handelte; während die Bauern, und das war eine der Errungenschaften der Großen Revolution, gerade an dem einmal eroberten Eigentum zäh festhielten und es zu vermehren suchten. Dazu kamen die vielen Marktflecken, Landstädte, und alle die fest in der Hand der lokalen Notabeln, die schon die Revolution von 1848 zu Fall gebracht hatten. Das war keine flottierende und in sich gespaltene Menge wie in Paris, sondern eine sehr solide, festgefügte Majorität mit Traditionen, die noch weiter zurückreichten als die Große Revolution. Sie fühlte sich als das »wahre Frankreich« und sah in Paris nur landfremde Gesellen, wurzellose, wichtigtuerische Literaten und Bohemiens am Werke, bestenfalls einen großen Jahrmarkt und eine Schaustellung für die Touristen, und jedenfalls weigerte sie sich entschieden, den politischen Führungsanspruch der Hauptstadt anzuerkennen. Eine genauere Konzeption, was nun nach Abtritt Napoleons werden solle, war nicht vorhanden. Monarchisten waren die meisten, aber welche der beiden streitenden Linien, die Legitimisten oder die Orleans, jetzt ans Ruder kommen sollte, blieb noch unbestimmt und ist unentschieden geblieben bis zum Ende des Jahrhunderts. Gegenüber der Gefahr Paris jedoch bildeten sie eine geschlossene und aktionsfähige Einheit. Während in Paris aufgeregt und erbittert über eine künftige Verfassung und auch über neue Formen der sozialen Gerechtigkeit debattiert wurde, sahen die »rureaux« auf das Nächste und Allernächste. Sie wollten den Krieg liquidieren, wie ein in Schulden geratenes Geschäftsunternehmen liquidiert wird. Von Kriegsbereitschaft und Widerstand »bis zum äußersten« war nur in Ansprachen einmal die Rede. Die Bauern – und die Armee bestand aus Bauernsöhnen, die Arbeiter in Paris und den Industriezentren dienten meist nicht – wollten nach Hause. Nur in Paris war man noch feurig kriegsbereit, ja man versprach sich erst jetzt den großen Aufstand der bewaffneten Massen mit Verjagung der Eindringlinge. Der Bürgerkrieg, der schon während der Belagerung anhob, wurde zu einer Auseinandersetzung zwischen den Provinzen und der Hauptstadt. Eine Auseinandersetzung zugleich über Krieg oder Frieden. Die Provinz wollte Schluß des Krieges, Paris die Fortsetzung.

Das ist auch ein entscheidender, meist übersehener Unterschied zu der nächsten großen Revolution von 1917, die gerne als geradlinige Fortsetzung der Kommune angesehen wird. Lenin, dessen Name schon gefallen ist, erwies sich dabei als der weitaus größere Realist Marx gegenüber, daß er seine Revolution mit dem Friedenswunsch der Soldaten verband, die ebenfalls Bauernsöhne waren und nach Hause wollten, wo die Aufteilung des Großgrundbesitzes im Gange war. Und für den Aufbau seiner Roten Armee, auch das ist nicht ohne Bedeutung, standen ihm einige Millionen sehr lang gedienter und in drei Jahren Krieg im Kampf geschulter Soldaten zur Verfügung, mitsamt nicht wenigen ihrer bisherigen Führer bis hinauf zu den höchsten und höchstdekorierten Spitzen.

Marx verstand nichts von militärischen Dingen. Er überließ das seinem Generalstabschef Engels, bei dem aber auch, wie wir sahen, das politische Wunschdenken den anfangs so klaren Überblick verwirrte. Marx besaß nicht einmal einen Plan von Paris und suchte ihn sich vergeblich zu beschaffen, als Paris Kampfschauplatz wurde und die Bezeichnungen von Orten und Bezirken an sein Ohr pochten, von denen er nie etwas gehört hatte. Da waren Namen wie Belleville, der Arbeiterbezirk im Nordosten von Paris, der jedem etwas interessierten Zeitgenossen ein Begriff wurde als das Zentrum der »Roten«. Die Einteilung von Paris in zwanzig Arrondissements, bis dahin eine lokale Verwaltungsangelegenheit, wurde eine hochpolitische Realität für eine Zeitlang. Und es waren gerade diese Einteilung und die »lokale Borniertheit«, wie Engels das in seinen Studien zum Bauernkrieg von 1525 nannte und beklagte, die der Kommune das Kennzeichen gaben. Frankreich war geteilt in die Hauptstadt und die »rureaux«, die Provinzen; Paris war geteilt in seine Arrondissements, und die waren unter sich noch sehr viel mehr unterschieden als die Provinzen. Es gab ausgesprochene Arbeiterbezirke, die durch die große Stadtveränderung des Präfekten Haussmann mit den Boulevards und Straßendurchbrüchen entstanden waren. Es gab das alte Zentrum, nun vor allem der große Markt und das Ausstellungsstück mit seinen aufblühenden Luxusgeschäften, den Passagen als Schaustraßen und den ersten großen Warenhäusern mit den Konsumartikeln für die Menge. Es gab große Viertel, die rein bürgerlich waren oder halbbürgerlich mit jener überwiegenden Klasse von Handwerkern, die Marx entweder unter »Proletariat« einbezog oder als unweigerlich ins Proletariat absinkend klassifizierte. Es gab Villenvororte für die Großbourgeoisie und Straßen der Aristokraten. Wir können nicht alle Unterschiede aufzählen, es muß hier genügen, auf diesen Pluralismus hinzuweisen.

Von einem nur, das war zu Anfang ein stark einigendes Moment auch in der Kommune, waren die Pariser aller Bezirke überzeugt: Paris war Frankreich, es war nicht nur die Hauptstadt und das Verwaltungszentrum. Es war die Seele Frankreichs, wie es hieß, sein Geist. Es war das Paris der Revolutionen für die Revolutionäre, der Mode und des tonangebenden Geschmacks auf allen Gebieten, auch für die Künste und die Literatur. Es wachte eifersüchtig über seinen Rang und reagierte empfindlich auf jede Minderung dieser Stellung. Ein als unerträglich empfundener Übelstand war es, daß Paris, die Stadtgemeinde Paris, sich nicht selbst regieren sollte, sondern, wie andere Provinzen, durch einen staatlichen Präfekten beherrscht wurde, als welcher der besagte Seinepräfekt seine große Rolle gespielt hatte. Und die erste revolutionäre Tat der Kommune wurde es, nicht daß sie Paris kommunistisch machte, sondern zur selbstverwaltenden Kommune. *Die Kommune Paris:* das hieß ein neues, freies, selbständiges Paris; die sozialen Fragen und Forderungen kamen erst danach. Symbolisch war denn auch das Hôtel de Ville, wie schon das Ziel aller früheren Erhebungen, das Zentrum, der Sitz der Regierung, die »Seele« der Erhebung.

Das wurde schon während der Belagerung eingehend und erbittert debattiert. Die eben proklamierte Republik mußte unaufhörlich diskutieren, was sie denn eigentlich sein sollte. Die Leichtigkeit, mit der sie den eben noch so mächtigen Napoleon losgeworden war – nicht gerade aus eigener Kraft, wie Marx spottete, sondern als Geschenk des Preußenkönigs –, verwirrte alle Gemüter. Es mußte ebenso leicht weitergehen – wenn nicht, ein großes »wenn«, der Verrat überall lauerte. Die Regierung der nationalen Verteidigung war sehr bald unbeliebt in Paris. Verteidigte sie die Republik mit allen Kräften? Sie verhandelte mit dem Feind: Verrat! Sie verteidigte nicht einmal Paris erfolgreich und richtig. Die Stadt starrte von Waffen. Die Waffen gehörten in die Hand des Volkes. Es begannen sogleich Bemühungen, sie in die Hand des Volkes zu bringen, die Kanonen vor allem, die in den verschiedensten Bezirken abgestellt waren. Und um die Kanonen von Paris entspann sich der Aufstand der Kommune.

Außerdem bildeten sich die ersten revolutionären Zellen und Ausschüsse. Die ersten Ausschüsse nannten sich Vigilanten, die wachsam auf die Reaktion zu achten hätten. Es sprangen wie bei einem Frühlingsregen Klubs auf, nach dem Muster von ehedem. Die Klubs diskutierten, forderten, mahnten, kritisierten und entwarfen Verfassungspläne. Viele waren nur »Schwatzbuden«, zu denen jeder Zutritt hatte, in denen jeder das Wort ergreifen konnte. Andere, die von erfahrenen Berufsrevolutionären, wie dem Eisenkopf Blanqui, gegründet wurden, trafen sorgfältige Auswahl und verlangten Loyalität von den Mitgliedern. Sie vertraten die These, daß eine kleine, entschlossene Mannschaft, eine Elite, genügen würde, die Macht zu erobern. Sie gingen von der Debatte zur Aktion über und verließen sich nicht auf die etwas mühsam zusammengebrachten kommunalen Ausschüsse, die immer das Wort »Zentral« im Wappen führten. Es gab einen Zentralausschuß der Arrondissements mit den Bezirksbürgermeistern, die von der republikanischen Regierung neu ernannt waren. Darunter war ein gewisser Georges Clemenceau, Arzt und militanter Republikaner, der ein Jahr Gefängnis in Opposition zum Kaiserreich zu seinem Kredit hatte. Ein anderer Zentralausschuß vertrat, wieder nach den Bezirken zusammengesetzt, die lokalen Bataillone der Nationalgarde. Diese wurden dann ein Hauptorgan unter der Kommune, neben der eigentlichen Kommune und dem späteren Sicherheitsausschuß.

Zu kritisieren gab es genug. Die Verteidigung des »uneinnehmbaren« Paris wurde lasch betrieben. Ein neuer Kommandeur, General Trochu, war zwar ernannt worden, bekannt als Gegner Napoleons, dem er vergeblich eine Armeereform vorgeschlagen hatte. Er sollte einen geheimnisvollen Kriegsplan haben, der nur nicht zum Zuge kam. Die Liedermacher spotteten über ihn und seinen »plan-plan-plan«. Er ließ einige Ausfallversuche machen, die sämtlich mißglückten. Verrat, hieß es sogleich wieder: Er habe die gewaltige Macht der Nationalgarden nicht genügend beteiligen wollen, aus Eifersucht des Berufsoffiziers gegen die Volksmiliz und außerdem in stillem Einverständnis mit den Defätisten der Regierung. Das stimmte höchstwahrscheinlich. Trochu, wie jeder General, hätte zwar gern einen Sieg zu verzeichnen gehabt, schätzte aber auch die Kampfkraft der Miliz sehr gering ein. Erste Putschversuche, geführt von Blanqui und dem jungen Gustave Flourens, den wir im Hause

Marx kurz vor dem Kriege kennengelernt haben, scheiterten und endeten mit Verhaftung der beiden Wagemutigen. Als Trost und neue Hoffnung, eine sehr wesentliche Hoffnung der Erhebung, kamen Nachrichten über revolutionäre Aufstände in anderen großen Städten. Auch sie mißlangen völlig. In Lyon rief Bakunin, aus der Schweiz zugereist, seine Revolution aus und verschwand, wie Marx mit grimmiger Genugtuung über seinen Erzfeind notierte, nach einem Tage. In Marseille, Toulouse und Saint-Étienne dauerten die Erhebungen nicht sehr viel länger. Die Erwartung, daß das ganze Land oder wenigstens die wichtigsten Zentren sich Paris anschließen würden, erwies sich als Chimäre. Die Regierung der Kapitulation gewann für eine kurze Zeit die Oberhand. Ein Plebiszit in Paris, das für die »Linke« ziemlich schlecht ausfiel, stärkte ihre Stellung. Sie schloß nun mit Bismarck einen Waffenstillstand ab und akzeptierte seine Friedensbedingungen: Abtretung von Elsaß und Lothringen sowie fünf Milliarden Francs Kriegsentschädigung. Zum Abschluß des Friedensvertrages wurde eine im ganzen Lande zu wählende Nationalversammlung beschlossen, die in Bordeaux zusammentrat und nur eine schwache Minorität von linken Abgeordneten zu verzeichnen hatte. Sie nahm mit 546 Stimmen gegen 107 den Friedensvertrag an. Gambetta und einige andere Abgeordnete, darunter Victor Hugo, legten ihr Mandat nieder.

Die Spaltung zwischen Paris und der Provinz wurde nun eklatant und verwandelte sich in Bürgerkrieg. Schon rein geographisch war Paris durch den Sitz der Nationalversammlung in Bordeaux und dann Versailles »geköpft«, wie es hieß. Es erhob sein Haupt um so stolzer. Es erkannte den Vertrag nicht an. Es bewaffnete sich.

Der Streit um die Kanonen wurde das auslösende Element. Die militanten Bezirke organisierten den »Raub der Geschütze«, wie Thiers als Premier der Kapitulationsregierung es bezeichnete. Sie schleppten die in der Stadt verteilten Kanonen auf dem Montmartre zusammen. Es war ein imposanter Artilleriepark von Hunderten von Geschützen, Rohr an Rohr. Man hätte damit viel ausrichten können. Wir haben jedoch zu verzeichnen, daß sie unbenutzt und bald verschmutzend und ohne Munition dort auf der beherrschenden Höhe über der Stadt abgestellt blieben, ohne einen Schuß abzufeuern, bis sie beim Endkampf in die Hände der Regierungstruppen fielen.

Thiers hatte versucht, sie durch einen Handstreich zurückzuholen, und damit begannen die Kämpfe im Ernst, die bis dahin zumeist Wortgefechte gewesen waren. Der General Lecomte, der die Aktion kommandierte, hatte zunächst Glück, er gelangte bei Nacht mit seiner nicht sehr starken Truppe unangefochten auf die Butte Montmartre und nahm die Geschütze in Beschlag. Er konnte sie nur nicht abtransportieren; es fehlten die Pferde, die größtenteils während der Belagerung geschlachtet worden waren. Es fehlte auch an Organisation. Die Bevölkerung des Bezirks versammelte sich beim Morgengrauen. Die Frauen, die zum Milcheinholen gingen, fraternisierten mit den Soldaten. Man neckte sich und spottete: »Wo wollt ihr unsere Kanonen denn hinbringen? Nach Berlin?«

Inzwischen dröhnten die Trommeln der Nationalgarde den Appell. Trupps der Miliz trafen von allen Seiten ein. Auch sie fraternisierten mit den Liniensoldaten. Die Offiziere wurden gefangengenommen. Der General Lecomte, der vergeblich auf die Menge zu feuern befohlen hatte, wurde erschossen. Ein anderer General, Thomas, der in Zivil und aus Neugier auf die Straße gegangen war, wurde ebenfalls erschossen, als »einer der Mörder von 1848« bei der Niederwerfung des Aufstands von Blanqui. Die Revolte griff um sich. Die Nationalgarde marschierte vor den Ministerien auf. Thiers gab Order für die Regierung und die regierungstreuen Truppen, Paris zu evakuieren und sich nach Versailles zu begeben. Versailles und »die Versailler« gegen Paris – so hießen fortan die Fronten. In Versailles tagte inzwischen die Nationalversammlung.

Im revolutionären Paris herrschte Konfusion. Die Regierung hatte ein Vakuum hinterlassen. Eine führende Partei der Revolution war nicht vorhanden, es gab nur Revolutionäre der verschiedensten Richtungen. Auch die Ratschläge, die jetzt gegeben wurden, kamen von den gegensätzlichsten Seiten. Einige wollten unverzüglich Versailles angreifen; Vorsichtigere warnten, das würde unweigerlich zum Eingreifen der deutschen Besatzungstruppen führen, die bis zur Bezahlung der Kriegsschulden verblieben waren und Paris in weitem Halbbogen umgaben. Paris mußte sich beeilen zu versichern, daß die Bedingungen des Präliminarfriedens skrupulös beachtet würden, und die konstituierte Kommune hat dann erklärt, sie werde pünktlich die Raten der Kriegsentschädigung bezahlen, worüber sich auch bürgerliche Zeitgenossen, die in Paris geblieben waren, entrüsteten. Man hatte die reichlich naive Vorstellung, daß die Revolution eine rein »innerfranzösische« Angelegenheit sei. Bestärkt wurde diese Illusion dadurch, daß Bismarck angeordnet hatte, die Aufständischen zunächst behutsam und abwartend zu behandeln. Sie waren ihm nicht unwillkommen als Druckmittel gegen die Regierung Thiers, die ihm verdächtig war, die Waffenruhe nur zu benutzen, um Kräfte zu sammeln und den Krieg dann von neuem zu beginnen.

In das Vakuum stießen nun vor, oder wie man auch sagen kann, rutschten und stolperten hinein die wenigen Organisationen kommunaler Observanz, die schon unter der Belagerung bestanden hatten. Sie mußten jetzt, ob sie wollten oder nicht, »regieren«. Der Zentralausschuß der Bürgermeister der zwanzig Bezirke war der erste; er bestand nur aus mehr gemäßigten Republikanern. Er ernannte »Delegierte« für die verlassenen Ministerien. Es ging dabei nicht ohne Grotesken ab. Das Erziehungsministerium übernahm ein proudhonistischer Sozialist, der sich als Medizinstudent bezeichnete und einfach in den leeren Ministersessel setzte: »Ich übernahm das Ministerium, um das kein Mensch sich kümmerte.« Eine andere wichtige Instanz, die Polizeipräfektur, sah einen anderen Studenten, Rigault, der zu einer bedeutsamen und hochgefürchteten Person wurde. Er hatte jahrelang aufmerksam und intensiv die Polizeimethoden des Kaiserreichs studiert und war der Ansicht, sie seien schon in zwanzig Jahren so perfektioniert worden, daß die Kommune nur ihr Beispiel befolgen könne. Der Hauptunterschied war, daß er dem Amt amtlich den Titel *»Ex-Präfektur«* gab. Er baute es aber weiter aus und wurde zu einer allen Mitkommunarden gefährlichen Größe eines Stiles, der zu unserer Zeit noch erheblich weiter vervollkommnet worden ist. Berühmt wurde seine epigrammatische Antwort auf Beschwerden über ungerechtfertigte Verhaftungen: »Gerechtigkeit? Wir machen nicht Gerechtigkeit, wir machen Revolution.«

Wenn Marx das Charakteristikum der Kommune darin sehen wollte, daß sie zum ersten Male den bestehenden Staat »zerschlug«, so sah das doch in der Realität ganz anders aus. Die Regierung, nach Versailles geflüchtet und dort mit der im ganzen Lande gewählten Nationalversammlung zusammenwirkend, war nicht zerschlagen. Sie war *verlegt* worden. Thiers, als Organisator kein Dilettant, sondern ein in langen Jahrzehnten hocherfahrener Politiker von Rang, vor allem ein sehr zäher und unermüdlicher Arbeiter, begann sogleich und systematisch mit dem Aufbau seiner Machtstellung. Es war eine Art Diktatur, aber er konnte sich dabei immerhin auf die überwiegende Majorität der Nationalversammlung stützen. Er disponierte vorsichtig: die Republik sollte – vorläufig – nicht angetastet werden, obwohl in der Nationalversammlung die Monarchisten die Mehrheit bildeten, diese allerdings geteilt in Legitimisten und Orleanisten, dazu noch schwache Reste der Bonapartisten, die sich alle angesichts des drohenden Bürgerkriegs zusammenschlossen. Es war alles »provisorisch«, wie die Republik überhaupt, und dies Provisorium hat bis gegen Ende des Jahrhunderts bestanden, wo die Möglichkeit einer Restauration der Monarchie ihr Ende fand vor der Weigerung des legitimistischen Kandidaten, die Trikolore zu akzeptieren; einer jener ärgerlichen »Zufälle«, die nun einmal in der Geschichte nicht selten das Bild der großen Zusammenhänge verwirren. Für das Jahr 1871 bestanden diese Zusammenhänge darin, daß »Versailles« mit seinem zeitweilig geschlossenen Block von »ruraux«, Monarchisten, gemäßigten Republikanern, Bürgerlichen und Reaktionären den Frieden wollte, auch unter den schweren Bedingungen, die Thiers und Favre erhandelt hatten, und daß Paris mit seiner neuen Revolution und dem Programm einer grundsätzlichen Umgestaltung der gesellschaftlichen Zustände dagegen stand.

Thiers baute, wiederum sehr energisch und in zähem Ringen mit den Generälen, die den »Zivilisten« als entscheidende Instanz haßten, als Machtinstrument aus den zunächst stark ramponierten Resten der Linientruppen eine neue Armee auf. Bismarck half ihm dabei; er entließ vorzeitig, in vorsichtigen Dosen, Mannschaften aus der Gefangenschaft. Es wurde exerziert, es wurden Felddienstübungen abgehalten. Der Marschall MacMahon, in Sedan gefangengenommen und nun freigegeben, übernahm das Kommando. Die Chance, gegen Versailles auszurücken, die in den ersten Tagen für die Pariser noch bestanden haben mag, schwand mit jeder Woche. Statt dessen mußte Paris sich gegen eine zweite Belagerung, nach der eben überstandenen durch die Deutschen, nunmehr durch die eigenen Landsleute, verteidigen. Es unterlag nach zweiundsiebzig Tagen.

Was geschah nun in diesen beiden Monaten? Man muß der Kommune zugute halten, daß sie in dieser kurzen Frist nur ganz winzige und gelegentliche Maßnahmen aus ihrem Programm durchführen konnte. Auch andere und größere Revolutionen haben Jahre gebraucht, ehe sie wesentliche Forderungen in Angriff nehmen konnten. Aber besaß die Kommune überhaupt ein Programm in dem Sinne, den Marx ihr nachträglich unterlegte? Sie besaß kein Programm. Sie besaß keine Führung, die überhaupt ein Programm hätte vertreten können. Sie besaß keine Organisation und vermochte sich auch in den zwei Monaten ihres Bestehens keine leidlich funktionierende Form zu geben. Über die Einteilung der maßgebenden Kräfte wird auch heute gestritten, je nach Parteieinstellung. Nach damaligem Sprachgebrauch, der inzwischen für den nicht mit den Ereignissen genauer Vertrauten verdunkelt ist, waren die Führer und zeitweiligen Machthaber Anhänger Proudhons, Blanquis und die sogenannten Jakobiner, oft ältere Männer oder halbe Greise, die schon 1848 die Traditionen der Großen Revolution und die Bezeichnung »Montagne« hochgehalten hatten. Die Internationale war rein zahlenmäßig ganz eindrucksvoll vertreten, aber die französischen Mitglieder waren alles andere als Anhänger von Marx. Seine engeren Vertrauensleute beschränkten sich auf zwei oder drei, vielleicht vier Männer. Auch mit diesen unterhielt er nur sehr schwache Verbindungen. Nicht mehr als zwei Briefe von ihm sind davon erhalten, und sie sind nicht sehr ergiebig.

Die Arbeiterklasse nun, die den bestehenden Staat »zerschlug« – woraus bestand sie? Paris war eine Arbeiterstadt nur in sehr begrenztem Sinne. Größere oder gar große Industrieunternehmungen waren selten und vorwiegend in der Provinz lokalisiert; in Le Creusot waren die mächtigen Rüstungswerke von Eugène Schneider, dem französischen Krupp, in Lyon und Lille saß die Textilindustrie, ebenso im Elsaß in Mülhausen, in Marseille waren Hafen und Werften. In Paris dominierten die Klein- und Zwergbetriebe oder das noch ausgesprochene Handwerk, allenfalls die Bauarbeiter. Unter den führenden Leuten der Kommune sind nur ganz wenige Arbeiter zu finden, viele allerdings dann unter den Opfern der »Endabrechnung« von Thiers, und auch unter diesen eine überraschend hohe Anzahl von kaufmännischen Angestellten und kleinen Beamten. Dabei befand sich auch der Dichter Paul Verlaine, eben verheiratet mit einer blutjungen Bürgertochter; er hockte im Sturmzentrum der Revolution, im Hôtel de Ville, als Magistratsbeamter in einem eigenen Zimmer. An dessen Tür hatte er stolz das Plakat »Zutritt nur nach Anmeldung« geklebt und schnitt für die neuen Machthaber aus den zahlreichen Zeitungen Artikel aus und heftete sie auf große Foliobogen, die dann mit dem Brand des Rathauses untergingen.

Proklamationen wurden reichlich erlassen; beim »Journal officiel« war Charles Longuet tätig. Viele Kommunarden waren jung, Studenten oder Exstudenten wie Longuet, ein guter Schuß Boheme, eine Reihe von Künstlern kam dazu. Courbet, schon weit berühmt wegen seiner Opposition zum Regime Napoleons und der akademischen Malerei, wurde in der Kommune Präsident der Künstlervereinigung und wollte sie zu einer von allen Staatseinflüssen grundsätzlich unabhängigen Organisation machen. Er war der am direktesten »engagierte« Künstler der Kommune, präsidierte noch in den letzten Tagen über der Niederreißung der Vendôme-Säule und mußte dafür den Rest seines Lebens im Exil verbringen. Den Gegenpol zu seiner Einstellung in politischen Dingen bildete Auguste Renoir, der ebenfalls die Kommune miterlebte, nachdem er vom Militärdienst entlassen war. Er malte und tat nichts als malen. Er malte mitten unter dem Bombardement und den Kämpfen. Er kümmerte sich nicht einen Deut um militärische Grenzziehungen. Er stellte seine Staffelei am Seineufer bei den Vorposten gegen Versailles auf und wurde alsbald als Spion verhaftet. Passanten eilten herzu und wollten ihn – der übliche Lynchtod – in den Fluß werfen. Die Polizisten der Kommune schleppten ihn zur nächsten Bürgermeisterei, wo ein ständiges Exekutionskommando stationiert war. Zufällig ging der Polizeigewaltige Exstudent Rigault mit großem Gefolge von galonierten Offizieren vorbei. Renoir rief ihn an. Er hatte unter dem Kaiserreich Rigault einmal vor Verhaftung durch die Napoleonische Polizei gerettet. Rigault umarmte ihn; Renoir blieb uns erhalten. Er malte weiter und ließ sich von Rigault einen Passierschein ausstellen, um seine Familie, vor der Stadt bei den Großeltern untergebracht, besuchen zu können. Sein aristokratischer Gönner Prinz Bibesco, nun beim Stab in Versailles, stellte ihm einen Versailler Passierschein aus. Renoir deponierte die beiden Ausweise an der »Zonengrenze« zwischen den Fronten in einem hohlen Baumstamm und holte das jeweils gültige Papier bei seinen Wanderungen heraus.

Zwischen diesen beiden Polen, Engagiertheit und gänzliche Unbekümmertheit, spielten in allen Farben die Schattierungen der Haltung zur Kommune. Obendrein wechselten die Einstellungen während der beiden Monate. So stellte selbst der Gewährsmann von Marx, Auguste Seraillier, den er als Berichterstatter des Generalrats nach Paris entsandt hatte, zu Anfang fest: »Seltsam genug, die Bourgeoisie ist der festeste Rückhalt der Kommune.« Das schrieb er freilich nicht an Marx, sondern an seine Frau in London.

Die Nationalversammlung in Versailles hatte nun eine ganze Reihe von höchst kurzsichtigen und reaktionären Gesetzen und Verordnungen beschlossen. Sie wollte es, grob gesagt, »den Parisern zeigen«, daß nun Ordnung im Lande herrschte und daß Handel und Geschäfte wieder in Gang kommen müßten. Daher: Aufhebung des Moratoriums für Wechsel und andere Zahlungsverpflichtungen, das während der Belagerung erlassen war. Prompte Zahlung der Rückstände! Prompte Zahlung rückständiger Mieten! Das traf die kleinen und selbst mittleren Gewerbetreibenden. Schluß mit der ebenfalls seit Monaten geübten Praxis der staatlichen Pfandleihe, Pfänder stehen zu lassen; sie waren nun alsbald nach Verfallstermin zu versteigern. Das traf die Ärmsten. Man drohte sogar damit, die Nationalgarde aufzulösen und die Löhnungszahlungen einzustellen. Das traf den Kern der Revolte: die Miliz. Es hatte auch seine wirtschaftliche Bedeutung: Die Nationalgarde war wesentlich eine Versorgung für die Arbeitslosen geworden, und die Arbeitslosigkeit hatte während der Belagerung und des Krieges sehr wesentlich zugenommen.

Dafür zu sorgen, daß die Nationalgarde unverkümmert ihre Löhnung und Verpflegung erhielt, wurde eine der wichtigsten Aufgaben der Kommunebehörden. Das war auch der Grund, weshalb sie sorgfältig die Stellung der »Banque de France« respektierten und ihr nur einen Delegierten ins Haus schickten, der sich sehr zurückhielt. Marx hat, als er von der Kommune mit größerem Abstand sprach, dies als ihren erheblichsten Fehler bezeichnet und gemeint, sie hätten die Bank und ihre Goldschätze als Pfand nehmen und gegen Versailles aushandeln sollen. Als der holländische Genosse Domela Nieuwenhuis im Februar 1881 die Frage stellte, was denn im Falle eines sozialistischen Sieges unmittelbar getan werden müsse, wies er ihn zurecht: das »hängt natürlich ganz und gar von den gegebenen historischen Umständen ab, worin zu handeln ist. Jene Frage aber stellt sich im *Nebelland*, stellt also in der Tat ein Phantomproblem, worauf die einzige Antwort – die *Kritik* der Frage selbst sein muß. Wir können keine Gleichung lösen, die nicht die Elemente ihrer Lösung in ihren Data einschließt ... Sie werden mich vielleicht auf die Pariser Kommune verweisen; aber abgesehen davon, daß dies bloß Erhebung einer Stadt unter ausnahmsweisen Bedingungen war, war die Majorität der Kommune keineswegs sozialistisch, konnte es auch nicht sein. Mit geringem Quantum common sense hätte sie jedoch einen der ganzen Volksmasse nützlichen Kompromiß mit Versailles – das allein damals Erreichbare – erreichen können. Die Appropriation der Banque de France allein hätte der Versailler Großtuerei ein Ende gemacht etc. etc.«

Es ist nicht recht einzusehen, wie ein solcher Kompromiß denn hätte aussehen sollen; von bloßer »Großtuerei« der Versailler war schwerlich die Rede. Wir halten uns besser an die »gegebenen historischen Umstände«.

Mit dem Kampf um die Kanonen hatte der Bürgerkrieg am 18. April 1871 im Ernst begonnen. Das Zentralkomitee der Nationalgarden schrieb Wahlen für die Kommune Paris aus, die einen Sieg der »Linken« in allen Schattierungen erbrachten. Am 28. April wurde vom Hôtel de Ville aus die Kommune Paris verkündet, bei Sonnenschein und in festlicher Veranstaltung mit einer imposanten Parade der gesamten Nationalgarde; der Vorbeimarsch dauerte bis in den Abend. Am nächsten Tag folgte die erste Proklamation:

»Bürger! Ihr habt euch soeben eine Verfassung gegeben, vor der alle Angriffe scheitern müssen. Ihr seid Meister eures Schicksals. Stark durch eure Unterstützung, werden eure Repräsentanten die Schäden reparieren, die durch die gefallenen Autoritäten verursacht sind – die Industrie in Gefahr, die Arbeit aufgehalten, der Handel paralysiert, sie alle werden energisch belebt werden.

Heute: die erwartete Entscheidung über die Mieten.

Morgen die über das Moratorium.

Alle öffentlichen Dienste reorganisiert und vereinfacht.

Die Nationalgarde hinfort die einzige bewaffnete Macht der Stadt; sie wird ohne Verzug reorganisiert.

Solches sind unsere ersten Maßnahmen.

Die Repräsentanten des Volkes fordern nur Vertrauen, und der Triumph der Republik ist gesichert.

Ferner:

Die allgemeine Wehrpflicht ist abgeschafft.

Keine militärische Truppe außer der Nationalgarde kann aufgestellt oder nach Paris eingeführt werden.

Alle wehrfähigen Bürger bilden Teile der Nationalgarde.

Die Kommune Paris.«

Das waren die ersten und dringendsten Maßnahmen. Sie sicherten der Kommune für eine kurze Zeit auch den Beifall – weniger die tatkräftige Unterstützung – eines erheblichen Teils des mittleren und kleinen Bürgertums. Die Nationalgarde sollte das Machtinstrument der neuen Ordnung bilden. Sie bestand aus streng lokal orientierten Bataillonen: aus den »guten« (nach Ansicht des Bürgertums) und den »schlechten«, die aus den Arbeiterdistrikten kamen. Diese waren führend, aber nicht in Disziplin und Kampfkraft, wie sich zeigen sollte.

Proklamiert und verfügt wurde noch vieles, und für weit entfernte spätere Kommentatoren und Ausleger lassen sich eine ganze Reihe von Programmpunkten dabei herausfinden. Verfügt wurde noch, meist nach erbitterten Debatten in der Kommune als dem Revolutionsparlament von neunzig Mitgliedern, die Trennung von Staat und Kirche; die Kirchen wurden in Klublokale oder Lazarette umgewandelt. Verfügt wurde die Abschaffung von Nachtarbeit in den Bäckereien. Verfügt wurde, daß Ordnungsstrafen in den Betrieben, den Arbeitern besonders verhaßt, abgeschafft seien. Verfügt wurde, daß solche Betriebe, deren Inhaber geflüchtet waren, als Assoziationsbetriebe der Arbeiter weitergeführt werden sollten. Wie oft das geschehen ist, wissen wir nicht; es war wenig Arbeit und noch weniger Absatzmöglichkeit vorhanden. Verfügt wurde, daß die Gehälter für Magistratsbeamte und Angestellte, auch der höheren Ränge, den durchschnittlichen Arbeiterlöhnen angeglichen würden. Verfügt wurde neben vielem anderen Kleinzeug, daß die Straßen sauber zu halten seien, das noch weithin übliche Urinieren an den Straßenecken und Bäumen habe zu unterbleiben, und die vorgesehenen Toiletten seien zu benutzen.

Marx hat in dem einen seiner Briefe nach Paris darüber geklagt, daß die Kommune so viel Zeit mit Unwichtigem verschwende. Er klagte auch, vorsichtig, über die Uneinigkeit unter der Führung, die keine war.

Die Zeitumstände verfügten, daß die Armee zu Versailles wuchs und sich disziplinierte, während die Nationalgarde, zahlenmäßig gewaltig mit ihren Hunderttausenden von Lohnempfängern, in lokale Bezirksgruppen zerfiel. Und das gab den Ausschlag. Ein früher, noch tastender Vorstoß der Versailler gegen den Westen von Paris bei Neuilly führte zu der ersten Schlappe der Nationalgarde. Die Bataillone aus Belleville spielten dabei eine besonders enttäuschende Rolle. Die Aufregung wuchs. Das Wort Verrat bot sich wieder an. Der eben gewählte neue Kommandant der Nationalgarde wurde verhaftet. Allgemein erscholl die Parole: Es müsse nun die schon unter der Belagerung immer wieder geforderte »sortie torrentielle«, der »Gewittersturm eines Ausfalls«, mit der gesamten Macht des Volkes erfolgen. Er wurde unternommen. Ihn führten Flourens für die Belleviller, ein Buchhandlungsgehilfe Bergeret, der zu einem der Delegierten für die Kriegführung und zum General ernannt war, für eine zweite Kolonne, und der Stahlarbeiter Duval, Mitglied der Internationale und ein weiterer Kriegsdelegierter und General, für die dritte Kolonne. Am 3. April marschierten die drei Heerhaufen aus gegen Versailles. Sie waren überzeugt, daß das fast ein Spaziergang sein würde. Sie führten weder Geschütze mit, die auf dem Montmartre abgestellt waren, noch nennenswerte Verpflegung. Sie hatten keine Vorhut, keine seitlichen Sicherungen. Sie hatten nicht einmal irgendwelche Aufklärung vorgenommen. Das mächtige Fort Mont-Valérien in beherrschender Höhe über den Wegen nach Versailles war unbeachtet geblieben, während man die Forts im Süden besetzt hatte. Wenn im Mont-Valérien Versailler Truppen sein sollten, hieß es, so würden sie sicherlich fraternisieren.

Sie fraternisierten nicht. Sie schossen mit den starken Festungsgeschützen. Die Kolonne Bergeret, angeführt vom General in einer Kutsche – er konnte nicht reiten –, brach unter einigen schweren Granaten zuerst auf und zerstreute sich in wilder Flucht. Die Kolonne Flourens wurde ebenfalls von der Panik erfaßt; der Ruf »wir sind verraten« genügte. Die Flüchtenden bedrohten Flourens, der vergeblich versuchte, sie zum Stehen zu bringen. Er wagte nicht, sich ihnen anzuschließen, und irrte mit seinem Adjutanten Cipriani im offenen Gelände umher. Die dritte Kolonne unter Duval wurde von der Versailler Kavallerie zersprengt, Duval als Gefangener nach Versailles abgeführt und auf dem Wege am Straßenrand erschossen. Flourens kehrte am Abend, erschöpft und verzweifelt, in einem kleinen Gasthaus in Rueil ein. Der Gastwirt und seine Leute verständigten die Gendarmen, das Haus wurde umstellt. Cipriani feuerte seinen Revolver ab; die Gendarmen begannen, ihn mit den Gewehrkolben niederzuschlagen. Flourens trat heraus, barhaupt in seiner aus den Kämpfen auf Kreta inspirierten Uniform mit breitem türkischen Scimitar zur Seite und hohen Reitstiefeln, eine Zigarette in der Hand, und protestierte gegen die Behandlung seines Adjutanten gegen alles Kriegsrecht. Der Kapitän Desmarets zog seinen Degen und spaltete ihm den Kopf. Die Leiche wurde nach Versailles gebracht und der Familie übergeben.

Die Versailler Kommandeure ließen noch eine Reihe von Gefangenen, die als Deserteure der Armee bezeichnet wurden, füsilieren. Die Kommune antwortete darauf, daß für jeden erschossenen Kommunarden die dreifache Zahl von Geiseln exekutiert werden würde. Dies »Geiselprinzip« spielte dann bis zum Ende und noch in den nachfolgenden Propagandaschriften seine sehr unheilvolle Rolle.

Der Ausfall nach Versailles war die letzte kompakte Kampfhandlung der Kommune, die immerhin noch sieben Wochen zu leben und zu sterben hatte. Die Nationalgarde ging nach ihrem katastrophalen Versagen, das diesmal nicht bonapartistischen Generälen, sondern den selbstgewählten Führern zugeschrieben werden mußte, nicht mehr aus dem unmittelbaren Bannkreis der Stadt heraus. Sie beschränkte sich in der Hauptsache auf Wachehalten an der Wallbefestigung der Stadtgrenze und Verteidigung der heimischen Bezirke. Die Kommune ernannte zwar einen Berufsgeneral Cluseret, der abenteuernd in den Vereinigten Staaten und in Südamerika gefochten hatte und bei den kurzlebigen Revolten in Lyon und Marseille beteiligt gewesen war, zum Kriegsdelegierten. Er versuchte aber vergeblich, die Nationalgarde zu reorganisieren und zu disziplinieren. Man rief inmitten der Diktatur ständig nach einer straffen Befehlsgewalt, im Grunde nach einem Diktator, der dann, sobald er nur kleine Zeichen von Strenge an den Tag legte, als »Diktator« verdächtigt und beseitigt wurde. Cluseret wurde verhaftet, weil er erfolglos blieb; sein Nachfolger, ebenfalls ein Berufsoffizier, Rossel, hatte ebensowenig Glück. Außer der Kommune als zentraler Regierungsinstanz und dem Zentralkomitee der Nationalgarden wurde nach dem Muster von Anno 1792 ein »Sicherheitsausschuß« gebildet, der sogleich gegen die beiden anderen Zentralen zu intrigieren begann. Rossel sandte seine Resignation ein mit dem monumentalen Schluß: »Ich kann die Hindernisse nicht beseitigen (für eine erfolgreiche Weiterführung der Kämpfe), denn das Hindernis seid Ihr und Eure Schwäche. Ich will der Souveränität des Volkes nicht Gewalt antun; ich trete zurück und habe die Ehre, um eine Zelle im Gefängnis zu bitten.«

Das Fort Issy, die deckende Schlüsselstellung im Süden, ging verloren durch Flucht der Besatzung. General Engels in London fuhr auf: »Jene Burschen, die von Fort Issy fortliefen, ohne angegriffen zu werden, verdienen erschossen zu werden. Die militärische Situation ist durch diesen Akt der Feigheit viel schlimmer geworden.« Genauso hatte sich Rossel geäußert, ehe er abtreten mußte.

Es war aber nicht alles Disziplinlosigkeit und Feigheit. An einigen Stellen, aber eben nur an einigen, wurde erbittert unter tüchtigen Kommandeuren gefochten. Es war charakteristisch, daß polnische Emigranten, ehemalige Offiziere, dabei sich besonders auszeichneten. Jaroslav Dombrowski, Sohn eines Kleinadligen und Mitkämpfer des polnischen Aufstands von 1863, galt als der beste Befehlshaber. Er war kein Kommunist; er focht für Polen und führte in den Ruinen von Neuilly nahezu einen Sonderkrieg. Seine aristokratische Gestalt, in eigener Uniform mit langem schwarzen Mantel und weißem Käppi, beeindruckte die ausländischen Korrespondenten; er klirrte nur zuweilen in die Sitzungen des Kriegskomitees hinein und mißbilligte alles, was dort beschlossen wurde. Frauen auch, und diese sehr prominent, spielten eine Rolle. Die ehemalige Lehrerin Louise Michel, als unermüdliche Mahnerin und Sturmvogel bei Aktionen, wurde zu einer Separatlegende; Frauenbataillone wurden formiert, und sie haben zum Schluß hartnäckiger gekämpft als die Männer. Das war alles sporadisch, unkoordiniert, obendrein durchsetzt mit Verdächtigungen, Eifersüchteleien und Drohungen mit Verhaftung, die auch Dombrowski nicht erspart blieben. Der Ring der Belagerung schloß sich systematisch enger. Thiers, der sich durch seine historischen Schriften qualifiziert als Stratege fühlte, wünschte diesen Feldzug nach allen Regeln der Kunst zu führen und nichts unnötig zu riskieren.

Damit wurde die wochenlange zweite Belagerung, die eigentlich eine Agonie war, ein seltsames Schauspiel. Erst ganz zum Schluß erschollen die verzweifelten Parolen und Proklamationen: Es müsse nun vom Volk in allem Ernst gekämpft werden. Bis dahin zeigte die in einem Kampf auf Leben und Tod stehende Stadt ein Bild, das sehr verschieden war von der ersten Belagerung. Es gab keine Hungerblockade. Lebensmittel kamen reichlich herein. Die Weinvorräte waren noch unerschöpft. Papier für die bunte Vielfalt von Zeitungen war überreichlich vorhanden und wurde bedruckt; die Zeitungsverkäufer riefen alles aus und steckten weniger erwünschte Blätter den Passanten auf Gesicht und Kleidung hin zu. Die Omnibuslinien verkehrten, die Gasbeleuchtung funktionierte. Die Theater spielten, es gab patriotische Konzerte und Rezitationen. Die Eisenbahnen fuhren bis an die Bannmeile heran, und man konnte mit einem Paß der preußischen Besatzungstruppen im Norden der Stadt passieren.

Die Euphorie war so groß, daß Marx zwei Briefe erhielt, die ihn allen Ernstes aufforderten, doch nach Paris zu kommen. Sein Genosse Viktor Schily schrieb Ende April: »Wenn Du heute kommen willst, so könntest Du bequem die Amtsberichte des Landwirtschaftsministeriums Dir zu Gemüte führen, und zwar im Kabinett des Ministeriums selber, wo Leo Frankel ist. Du könntest auch interessante Studien in den anderen Ministerien und Staatsbibliotheken machen. Du mußt Dich aber beeilen, denn ich fürchte sehr, daß die Kommune nicht lange dauert.« Wohlgemerkt, er lädt den Forscher Dr. Marx ein, der in Paris seine Studien fortsetzen könnte. Ein anderer Genosse und Kommunarde, der Exsekretär Heines, Reinhardt, schrieb dazu noch im Mai, als die Truppen der Versailler bereits an die Wallbefestigung herangerückt waren: »Kann man Dich in Person erwarten, wie Schily uns hoffen läßt? Das wäre die schönste Tour, mit der Du uns erfreuen könntest. Wir hätten viel zu erzählen.«

Marx hatte schon ein halbes Jahr zuvor, als Engels aufgefordert wurde, sich mit seinen Feldzugsplänen doch zu Gambetta zu begeben, den Freund gewarnt: Da könne man doch, ganz gleich was man leiste, als Spion erschossen werden. Das war nun keine leere Furcht. Félix Pyat, einer der führenden Leute der Kommune, war überzeugt, Marx – mit dem er schon als Emigrant in London auf schlechtestem Fuß gestanden hatte – sei ein preußischer Spitzel. Pyat war jetzt Mitglied des Sicherheitsausschusses.

Spionenfurcht und Spionenjagd bildeten überhaupt ein wesentliches Element der Atmosphäre. Das Gerede vom Verrat bei jeder Niederlage, bei jedem Rückschlag heizte unablässig an. Verschärft wurde dieser Zustand noch dadurch, daß die lokalen Bataillone der Miliz die Aufgaben der Polizei übernommen hatten, die teils nach Versailles geflüchtet war, teils erschlagen, teils verängstigt, abgesehen von der »Ex-Präfektur« des Exstudenten Rigault. Verhaftet wurde blindlings, wenn aus dem Volke des Distrikts der Ruf erscholl: »ein Spion, hängt ihn! Werft ihn in die Seine«, wie wir im Falle Renoirs sahen, und der war nicht vereinzelt.

Wenn es einen Polizeistaat gibt – und wir sind sehr fern davon, das zu negieren –, so gibt es auch eine Mobherrschaft. Man kann sie nicht gut Volksjustiz nennen; sie trifft ohne Auswahl völlig Unschuldige. Die übliche und strohdumme Beschönigung lautet: »Man kann keine Revolution machen, ohne Eier zu zerschlagen.« Wessen Kopf dabei zerschlagen wird, ist gleichgültig, so wird gemeint, auch wenn es die »Eierköpfe« von großen Gelehrten wie Lavoisier sind bei der Großen Revolution – oder im weiteren Lauf der Dinge die Schädel der ersten Revolutionäre selber. Marx hat das großzügig berücksichtigt, wenn er meinte, es könne bei einem solchen Ereignis nicht »auf den Untergang einer beliebigen Anzahl von ›Führern‹ ankommen«. Es treten dann, 1871 nicht ganz so ungehemmt wie bei der Großen Revolution, Urinstinkte der Mordsucht ans Sonnenlicht. Georges Clemenceau, gewiß kein Weichling oder Zartfinger, hat diese Züge als Mediziner, der er war, eindrucksvoll beschrieben bei seinem Versuch, die erste Bluttat der Kommune an dem General Lecomte in seiner Eigenschaft als republikanischer Bürgermeister des Distrikts zu verhindern: dieses Umhertaumeln der Menge wie in einem Rausch, »sie schrien wie wilde Tiere, ohne zu realisieren, was sie taten; ich beobachtete damals das pathologische Phänomen, das man Blutgier nennen kann«.

Solche Züge waren indes seltener als bei der Großen Revolution. Marx hat sogar gemeint, die »Gutmütigkeit« der Kommune sei wesentlich am Mißlingen schuld gewesen; er vermißte den eigentlichen

Terror. Aber nicht der Terror oder die Lynch»justiz« war das Kennzeichen der Kommune, sondern vielmehr eine ganz unbeschreibliche Sorglosigkeit und Unbekümmertheit um die Aufgaben des Tages. Die Sonne schien. Die Straßen waren ständig voll von Passanten und Spaziergängern, auch wenn zuweilen irgendwo Geschosse der Belagerer fielen.

Die Kommune feierte Feste, ganz nach dem Vorbild der großen Vorgängerin. Die Totenehrung für die Gefallenen des Ausfalls gegen Versailles wurde mit einer disziplinierten Feierlichkeit begangen, die abstach gegen die Leichtfertigkeit des Ausmarsches. Die Nationalgarden marschierten, hier in wohlgeschlossenen Formationen, auf, Gewehr mit der Mündung nach unten, die Musikkorps spielten Trauermusik, die Menge trug Immortellen und marschierte schweigend mit. Der Kommunarde Lissagaray meinte dazu in seinem Bericht über den Zug zum Friedhof Père Lachaise, auf dem dann die ersten Massenerschießungen der Kommunarden wenige Wochen später stattfanden: »Diese Via sacra der Revolution, die Szene so vieler Leiden und Freuden, hat vielleicht nie eine solche Verbindung der Herzen gesehen.«

Es gab mehr solcher festlicher Aufzüge. Mit ihnen ergriff das Volk von Paris Besitz von »seiner Stadt«, aus der es durch den Seinepräfekten Haussmann in die Außenbezirke vertrieben worden war. Sogar die Freimaurerlogen, fünfundsechzig an der Zahl, im Zylinder, unter der roten Fahne und einem weißen Banner mit der Aufschrift »Liebet einander!«, bekundeten ihre Sympathie mit einem Zug durch die Straßen und Entsendung einer Delegation nach Versailles. Thiers ließ sie warten und lehnte ihre Vermittlung ab. Eine Guillotine wurde vor der Statue Voltaires feierlich verbrannt unter Rufen »Fort mit der Todesstrafe!«.

Andere Rufe wurden in den Klubs laut, die das Zentrum, vielmehr die verschiedenen Zentren des politischen Lebens bildeten. Aus ihnen waren die Führer, soweit man von Führung reden kann, gekommen. Nach dem Prinzip, daß die Volksmeinung die entscheidende Instanz zu sein hätte, und zwar in unmittelbarer und ständig erneuter Aktion, wurden die »Zentral«instanzen und ihre Männer unablässig kritisiert, als zu weich, als zu zaghaft, als unentschlossen, und die skrupelloseren unter den Führern benutzten diese Klaviatur nach Kräften, um ihre Ansichten durchzusetzen und ihre Kollegen

Die Zeitungen der Kommune und ihre Herausgeber

zu bedrohen. Die wildesten Parolen sprangen auf, und vieles, was dann in den Berichten der Auslandspresse und der innerfranzösischen Zeitungen als Greuelpropaganda serviert wurde, ging auf diese Klubdiskussionen und lärmenden Sitzungen zurück. Massenerschießungen aller Priester oder »Polizeiagenten« wurden gefordert, schärfste Maßnahmen gegen die Drückeberger für den Dienst in der Miliz, die zahlreich waren; phantastische chemische Kampfmittel wie eine Zyankalispritze, mit der die Frauen den Feind empfangen sollten, fanden hoffnungsvollen Beifall.

Es wurde nicht geredet, es wurde geschrien. »Le Cri du Peuple« hieß eines der Revolutionsblätter. Doch darüber kann man nicht rechten. Es waren die Unterprivilegierten, die Entrechteten, die auch mit den Kirchen, die sie besetzt hatten, ihr altes Paris, *ihr* Paris sich zurückerobern wollten. Sie trugen nicht wohldurchdachte Theorien oder gefeilte Pläne vor. In ihnen suchten die uralten Stimmen der Armen gegen die Reichen nach Ausdruck. Der Dichter Villiers de l'Isle-Adam, Spätromantiker und gepackt von diesem Schauspiel, hat das so empfunden: »Eine ganze Bevölkerung diskutiert ernste Fragen, und zum ersten Male kann man Arbeiter hören, die ihre Ansichten austauschen über Probleme, die bis jetzt nur von den Philosophen behandelt wurden ... ein neues Jahrhundert zeigt sich an.«

Die letzte große Feier wurde die Niederreißung der Vendôme-Säule als des Symbols der Napoleonischen Herrschaft. Sie erforderte umfangreiche technische Vorbereitungen; der Platz mußte mit Stroh und Mist belegt werden, um die Kanalisationsleitungen gegen den Fall des mächtigen Monuments zu schützen, Flaschenzüge waren anzulegen, Absperrungen vorzunehmen. Fünf Tage vor dem Ende, die Versailler standen unmittelbar vor den Stadttoren, war es soweit. Die kaum noch funktionierenden Zentral- und Sicherheitsinstanzen waren zur Stelle. Courbet präsidierte als Präsident der Künstler. Beim ersten Versuch rissen die Seile. Sie wurden erneuert. Dann neigte sich die Säule, fiel und zerbrach.

Der dumpfe Fall läutete die Selbstvernichtung ein. Aber auch jetzt kam es noch zu keiner entschlossenen Aktion. Vielmehr spaltete sich noch die Kommune in eine Minorität und eine Majorität; bei der Minorität waren die Mitglieder der Internationale. Sie stritten sich über die Rolle des »Sicherheitsausschusses«, den die Minorität als Diktatur bezeichnete. Sie erklärten, daß sie ihren Wählern verantwortlich seien und sich in ihre Bezirke zurückziehen wollten, um dort mit ihren Brüdern von der Nationalgarde zusammenzuarbeiten. Es erhoben sich Stimmen, die Minorität zu verhaften; der Polizeigewaltige Rigault, der seine eigene Diktatur praktizierte, traf dafür schon Vorbereitungen und ließ sich zum Generalankläger ernennen. Für gegenseitige Hinrichtungen im Stile der Großen Revolution blieb keine Zeit. Immerhin fand Rigault noch Gelegenheit, seine Geiseln, mit dem Erzbischof an der Spitze, für ein Schlußmassaker aufzubewahren; er hatte ursprünglich versucht, sie gegen Freigabe von Blanqui auszutauschen, was Thiers ablehnte. Der Jakobiner Delescluze übernahm nun das Kriegsministerium. Die Nationalgarden gehorchten ihm kaum. Sie fanden, es sei nun entscheidend, sich in die heimischen Bezirke zurückzuziehen. Die Wachen auf der Wallbefestigung wurden nur noch teilweise bestellt. Die Kommune debattierte über Pensionszahlungen, auch für die illegitimen Kinder von Gefallenen, und am Tage vor dem Ende über die Säkularisierung des Erziehungswesens. Zur Straffung des Widerstandsgeistes wurde eine Reihe von Zeitungen verboten.

Am 21. Mai fühlte eine Abteilung der Versailler behutsam gegen die Befestigungen bei der Porte de Saint Cloud vor. Die Wälle schienen verlassen. Die Soldaten fürchteten eine Falle. Ein Mann winkte mit der weißen Fahne. Am Nachmittag marschierten die ersten Formationen in Paris ein, zunächst in die bürgerlichen Distrikte im Westen. Der Einmarsch ging nahezu unbemerkt vor sich. Geschossen wurde, zum mindesten durch die Belagerungsgeschütze, ohnehin fortwährend. Der Rest der Kommune tagte und verhandelte über den verhafteten Exkommandeur Cluseret, der freigelassen wurde. Im Garten der Tuilerien fand noch ein großes Promenadenkonzert statt. Ein Offizier der Nationalgarde verkündete: »Bürger! Monsieur Thiers versprach gestern in Paris einzumarschieren. Monsieur Thiers ist nicht einmarschiert, er wird nicht einmarschieren. Ich lade alle Anwesenden ein, sich am nächsten Sonntag hier wieder einzufinden!«

Magistratssekretär Verlaine saß nach wie vor in seinem Pressezimmer und schnitt Artikel aus. Er erfuhr von der Katastrophe erst früh am nächsten Morgen. Das Dienstmädchen brachte ihm und der jungen Frau die Morgenschokolade und die Croissants ans Bett, setzte die Tassen ab und rief: »Madame, sie sind eingerückt, sie sind bei der Porte Maillot!«

»Paul«, sagt die junge Frau, »erlaubst du mir, zum Montmartre zu gehen (wohin ihre Eltern ihren Wohnsitz verlegt hatten)? Ich komme gleich zurück!«

»Geh nur«, erwidert Verlaine, »und bring vor allem Nachrichten mit!« Er bleibt und wirft Blicke auf das Mädchen, das Angst hat und »getröstet werden wollte«, wie er etwas novellistisch in seinen »Confessions« erzählt.

Freunde, Nationalgardisten, kommen. Sie verbrennen die Uniformen. Sie essen »mit großem Appetit«, bedient durch das Mädchen. Vom Balkon aus betrachten sie die beginnenden großen Feuersbrünste, ein »schaurig schönes Schauspiel«. Sie hören das Geschützfeuer in den Straßen, die Explosion des Pulvermagazins im Luxembourg. Verlaines Mutter kommt, Witwe eines aktiven Unteroffiziers. Sie hat die ersten Massaker in der Rue de Poissy gesehen, »Männer, Frauen, Kinder«, und sagt bebend: »Oh, ich bin die Frau eines Militärs, aber heute habe ich einen Horror vor der Uniform und den Waffen.«

Die »blutige Woche«, wie sie genannt wurde, hatte begonnen. Und nun, erst jetzt, wurde gekämpft, acht Tage lang. Am Rand ihrer Bezirke, vor ihren Wohnungen, in den Häusern, auf den lokalen Barrikaden wurde in der Tat gefochten, wild, erbittert. Die Frauen kämpften, oft mutiger als die Männer, alte Männer mit Erinnerungen an die früheren Revolutionen, halbe und ganze Kinder. Die festliche Stimmung, die bis zum Anfang des Endes vorgehalten hatte, schlug um in ein wahres Fest der Selbstvernichtung. Die akademisch Gebildeten zitierten Numantia oder Karthago, man sprach vom Brand von Moskau 1812. Brände gab es bald genug. Die Tuilerien standen in Flammen; man hatte die Gobelins mit Petroleum besprengt und Fässer mit Pulver verteilt. Der »General« Bergeret gab das Kommando und meldete dem Rest der Kommune: »Die letzten Spuren des Royalismus sind soeben untergegangen!« Die Präfektur brannte; Rigault sorgte noch dafür, daß seine Geiseln erschossen wurden, obwohl einige führende Kommunarden das zu verhindern suchten. Von irgendwelcher Befehlsgewalt war seit langem nicht die Rede. Alles löste sich auf in isolierte Aktionen, bei denen viel Heroismus gezeigt wurde. Die Massaker durch die Armee gingen in das über, was jetzt mit dem wissenschaftlich klingenden Terminus »Genozid« bezeichnet wird. Es wurde offenkundig, daß nicht nur Kämpfende, sondern überhaupt die Bevölkerung bestimmter Bezirke mit Vernichtung getroffen werden sollten.

Es soll darauf verzichtet werden, die Opfer der »blutigen Woche«

gegeneinander aufzurechnen oder die immer umstrittenen Zahlen zu analysieren. Wir haben es erlebt und erleben es noch, daß solche Zahlen, falls sie nicht stimmen sollen, viele Menschen dazu führen, die noch verbleibenden genügend grausigen Summierungen dann unbeträchtlich oder überhaupt zweifelhaft zu finden. Wir lassen auch ästhetische Betrachtungen über das »schaurig schöne« Schauspiel des brennenden Paris, wie Verlaine sie vornahm, beiseite. Beobachter gab es in großen Mengen. Von den entfernteren Höhen über Paris starrten die Neugierigen, viele Fremde darunter, mit Feldstechern auf das Flammenmeer. Die Korrespondenten der Weltpresse berichteten in Sensationsartikeln. Die angeblichen »Petroleusen« spielten dabei eine Rolle, wie überhaupt die »Selbstverbrennung« einer großen Stadt lange Pressekampagnen entfesselte.

Im fernen Bayreuth sprach auch Richard Wagner nach den Zeitungsnachrichten über das Ereignis mit seiner Cosima, die bemerkte, es sei doch erstaunlich, daß eigentlich die künstlerisch wertvollen Dinge gerettet seien. »Ja«, meinte Wagner, »der Dämon der Menschheit ist zugleich ein Genius ... erhaltend wie zerstörend, alles ist bei ihm Tat.« Er hatte keine Sympathie für die Kommune, die er wegen ihres »Regierungsspiels« und ihrer »pedantischen Organisation« kritisierte. Aber er fügte hinzu, wie in Erinnerung daran, daß er einmal, 1849 bei der Revolution in Dresden, an der Seite Bakunins gestanden hatte: »Übrigens: daß die Kommunisten wirklich ganz Paris in Brand stecken wollten, ist der eine grandiose Zug ...« Er fand auch in den Berichten über das Paris der Sieger, das unmittelbar nach der »blutigen Woche« in ein hektisch vergnügungssüchtiges Treiben zurückfiel, mitsamt einem Rausch von Denunziationen und Racheakten, nichts als »Wahnsinn und Nichtswürdigkeit«.

Mir ist dieses Ende der letzten französischen Revolution weder ästhetisches Beispiel noch Anlaß für philosophische Betrachtungen über den Dämon der Menschheit und seinen Tatendurst. Ich kann auch nicht die Opfer lediglich als Blutzeugen, gewissermaßen als »Geiseln« für die Zukunft ansehen. Es waren Menschen, die starben, in Verwirrung und Verzweiflung; mit Erinnerungen, die weit zurückreichten und die Enttäuschungen und vergeblichen Hoffnungen eines ganzen Jahrhunderts in Aktion zu verwandeln suchten. Es war eine Aktion des »irgendwie«, formlos und führerlos, unter völlig aussichtslosen Zeitumständen. Marx selber, wie wir sahen, hat das später deutlich formuliert und nur von einem bescheidenen Kompromiß gesprochen, der möglich gewesen sei. Er vermißte den »common sense«, der nun freilich bei Revolutionen nicht in Kraft zu treten pflegt.

Auch seine unmittelbare Reaktion war nicht vom »common sense« eingegeben. Sie hatte mit seiner »Brandschrift« – unbeschadet ihrer Wirkung auf die weit späteren Generationen – die unmittelbare Folge, daß die soeben noch so weitgreifend aufgebaute Internationale zerbrach.

Lebensabend

An unablässiger Tätigkeit im weitesten Rahmen war keinerlei Nachlassen zu verspüren. Marx schrieb ohne Unterbrechung, Briefe, Denkschriften, vor allem Aufzeichnungen von Material, über dreitausend Seiten davon sind gezählt worden, die nun nach und nach mit ausführlichen Kommentaren veröffentlicht werden.

Der Sozialismus machte in allen Ländern Fortschritte; doch nicht immer und eigentlich selten in seinem Sinne, so daß er wieder und wieder mahnend intervenieren mußte.

Nur in einem Punkte ist ein völliges Nachlassen und Ablassen zu verzeichnen – von dem Hauptwerk seines Lebens. Erinnern wir uns an sein Aufstöhnen nach der mühseligen Arbeit im Britischen Museum, schon bei den Vorarbeiten zu ersten Fassungen des »Kapitals«: In wenigen Wochen werde er mit der ganzen »Scheiße« fertig sein und sich dann anderen Wissenschaften in der Bibliothek zuwenden. Nicht immer hat er sich so drastisch geäußert. Aber daß das große Buch, der Dreibänder, oft wie ein Feind vor ihm stand, den er haßte – »entfremdet« wie in seiner Theorie das Arbeitsprodukt dem Arbeiter –, ist sicher.

Das »Kapital« wurde nicht vollendet, nicht einmal weitergeführt über den ersten Band hinaus, so zuversichtlich der unmittelbare Abschluß des Ganzen ehedem angekündigt worden war. Immer wieder feilte und änderte er zwar an der ersten Auflage, besonders in der

Übersetzung ins Französische, und es ist nicht auszudenken, wie stark er das Buch noch umgeschrieben hätte, wenn die Arbeitsfrische ihm erhalten geblieben wäre. Doch sein Nachlassen lag nicht nur an den Kopfschmerzen, die ein solches Unternehmen sehr wohl machen konnte, oder an dem Rat der Ärzte, doch das Arbeitstempo und die Arbeitszeit zu reduzieren; das wurde höchstens als willkommene Ausrede vor den Freunden und sich selbst gegenüber benutzt. Marx hat aber unter ganz anderen, auch physischen, Bedrängnissen das erste Buch und das, was dann als zweiter und dritter Band publiziert worden ist, konzipiert und niedergeschrieben. Als Engels nach Marx' Tod die sorgfältig vor ihm versteckt gehaltenen Kisten, Schachteln und Pakete aufmachte und begann, »daraus etwas zu machen«, wie Marx zu der Tochter gesagt hatte, stand er vor einer unlösbaren Aufgabe und war entsetzt über das, was sich ihm darbot. Er hat sich Bebel gegenüber etwas merkwürdig verteidigt: »Wenn ich das gewußt hätte, ich hätte ihm Tag und Nacht keine Ruhe gelassen ...«

Wie denn? Sie sahen sich so gut wie täglich, sie marschierten im Arbeitszimmer auf und ab, sie diskutierten zusammen, über eben Gelesenes, Nachrichten aus der Bewegung, Weltwirtschaftskrisen, Kriegsgefahren (oder »Kriegs-Hoffnungen«), den törichten Liebknecht, das »Wilhelmchen«, das immer alles verkehrt machte, Bismarck, der es richtig machte, ohne es zu wissen, und die Sache des Sozialismus wider Willen vorantrieb. Oft schwiegen sie nur und pilgerten in stillem Einverständnis nebeneinander her. Sie waren offenbar auch darüber einverstanden, daß kein Wort über »das Kapital« fallen sollte. Engels sah wohl zu den Bücherschränken hinauf, auf denen in den obersten Fächern Pakete lagerten. Und er wußte, daß in den Bodenräumen ganze Kisten mit den kostbaren Manuskripten langer Jahre der Vorarbeiten gestapelt waren.

Er kannte den Freund. Er hat nicht gewagt, wie er es früher so oft getan, ihn zu drängen; denn in nichts war der so ungeheuer reizbare Marx so empfindlich, wie wenn man ihn mahnte. Auch die Freundschaft mit dem Hannoveraner Arzt Dr. Kugelmann, dem er – und nicht dem Partner Engels – seine Pläne für die Gesamtanlage des »Kapitals« anvertraut hatte, ging in die Brüche, als Kugelmann ihm nahelegte, doch die Arbeit an der Agitation zurückzustellen und das große Buch endlich fertigzumachen. Da erschien ihm der eben noch so nahe Vertraute plötzlich als unausstehlicher Philister und Haustyrann, der seine um vieles klügere Frau kujonierte und für weiteren Umgang nicht mehr in Frage kam.

Wieweit er auch Engels gegenüber gereizt wurde, ist nicht genau zu sagen; die Korrespondenz endigte ja zum großen Teil mit dessen Übersiedelung nach London. Daß allerdings die Freundschaft, die so viele ungewöhnliche, ja fast einzigartige Züge aufweist, nie ernstlich in Frage gestellt wurde, ist ausschließlich das Verdienst von Engels, der sonst nicht zu den duldsamen Naturen gehörte und oft noch schroffer und unversöhnlicher als Marx sein konnte.

Um so seltsamer dieses »Ich habe es nicht gewußt«. In den sehr vorsichtig gehaltenen Einwänden und Vorschlägen zu den Druckbogen des ersten Bandes – und es war da ja überhaupt schon zu spät, noch allerhand zu ändern – läßt sich erkennen, daß Engels vieles zu sagen und zu verbessern gehabt hätte. Nicht freilich zu Grundsätzlichem – da erkannte er immer ohne jeden Vorbehalt die Überlegenheit des Freundes an –, wohl aber zu der Form, der Anordnung, der Darbietung. Und in der letzten Arbeit, die beide noch einmal bei einer Publikation zusammenführte – wobei Marx nur geruhig nickte und einen kleinen Beitrag beisteuerte –, kam das deutlich zum Ausdruck.

Die »deutsche Partei«, die noch keine feste Partei war, aber bereits eine Bewegung mit vielen Randerscheinungen und Mitläufern, griff nach allen Seiten aus und fand auch starken Zuzug oder Sympathie in akademischen Kreisen, was Marx besonders mißtrauisch machte (»die Befreiung der Arbeiterklasse kann nur das Werk der Arbeiterklasse selbst sein«). Die deutschen Genossen waren sehr anfällig dafür, wenn ein Universitätsgelehrter sich für den Sozialismus zu interessieren begann. Und so fand auch der Berliner Privatgelehrte Eugen Dühring großen Anklang bei ihnen. Dühring hatte als Privatdozent zurücktreten müssen, wegen seiner rabiaten Angriffe auf die bekanntesten Professoren und auch wegen seines entschieden verkündeten konsequenten Materialismus. Das empfahl ihn den Sozialisten, die nicht schärfer hinsahen, was hinter diesem Materialismus steckte. Dühring war als Mensch eine bewegende Gestalt: erblindet, nach der Entlassung von der Universität von seinen Publikationen lebend, sanft und freundlich im persönlichen Umgang, doch im Kampf auf dem gedruckten Papier ein wilder, oft wüster und grenzenlos geschmackloser Kämpfer und Raufbold. Auch das sprach bei den Sozialisten zu seinen Gunsten: ein Mann, der sich vor nichts fürchtete, und seien es die geheiligten Namen der Geistesgeschichte. Er nannte Goethe »das Köthchen«, Helmholtz einen »Helmklotz«, die Mathematik von Gauß »Geometrie des Stumpfsinns«. Dabei verfaßte er kenntnisreiche große Übersichten über die allgemeinen Prinzipien der Mechanik, eine »kritische Geschichte« der Philosophie und eine solche zur Geschichte der Nationalökonomie, immer mit rücksichtslosester Polemik gegen alle »Größen« und Schulmeinungen. Er war ein robuster Individualist und pries zugleich die preußische Pflichtauffassung. Der körperlich so schwer Beeinträchtigte plädierte für »Lebensmut« und eine »Naturfrömmigkeit«, die das Ganze des Naturgeschehens zu bejahen und sich dabei allen »von der Materie abschweifenden Phantastereien« und jedem »Gespensterglauben« fernzuhalten hätte. Er hat noch auf Nietzsche stark gewirkt.

Daß dieses Paket und Sammelsurium von ethischen Forderungen und »Ich-einzig-Wahn«, von Anarchismus und Systemgebäuden eine Sekte fördern konnte, ist kaum verwunderlich. Es gab bald begeisterte und sogar fanatische Anhänger in allen Kreisen, auch in denen der noch recht ungeformten sozialistischen Partei. Dagegen mußte etwas geschehen. Die Partei hatte sich für Diskussionen über »wissenschaftliche« Fragen ein Beiblatt zum offiziellen Organ, dem »Vorwärts«, geschaffen, und Engels übernahm es, dort etwas zu veröffentlichen. Marx hatte zum Kampf gegen Dühring keine rechte Lust, und nichts zeigt so deutlich sein Altern an; man kann sich unschwer vorstellen, wie er früher diesen neuen Popularmaterialisten und Verkünder eines »denkerischen Gesamtsystems verstandessouveräner Geisteshaltung«, wie Dühring sich bezeichnete, in überlange Fetzen zerrissen hätte.

Engels ging ungern an diese Aufgabe heran. Er arbeitete seit Jahren an einer »Dialektik der Natur«, die den dialektischen Materialismus nicht als Theorie oder Denkvorgang, sondern in dem Naturgeschehen als solchem schon begründet aufweisen sollte. Er machte dazu umfangreiche naturwissenschaftliche Studien, die er jetzt beiseite legen sollte. So schrieb er anfangs etwas ironisch-unmutig an Marx: »Du hast gut sprechen. Du kannst im warmen Bett liegen – russische Bodenverhältnisse im besondern und Grundrente im allgemeinen treiben, und nichts unterbricht Dich – ich aber soll auf der harten Bank sitzen ... und dem langweiligen Dühring auf den Pelz rücken.« Engels hatte sich einige Werke des Vielschreibers Dühring kommen lassen und entwickelte sogleich mit gewohntem »Talent« seinen Plan: erst scheinbar ernsthaft auf den »Kram« eingehen, dann sich verschärfen, »und zuletzt regnet's dann hageldick«. Er entnahm einem der Bücher Dührings über »Careys Umwälzung der Volkswirtschaftslehre« den Titel und nannte das seine »Herrn Eugen Dührings Umwälzung der Wissenschaft«. Als der »Anti-Dühring« ist die Schrift dann »klassisch« geworden und hat lange Zeit sogar sehr viel stärker auf die Bewegung gewirkt als Marxens Bücher. Es war übersichtlich gegliedert, scharf und packend geschrieben, und es brachte die Grundlehren der Marxschen Theorie in gut faßlicher Darstellung, die Marx großzügig genehmigte. Zunächst jedoch mißfiel das Werk weithin in der Partei; man fand die Artikel zu lang und im Ton zu aggressiv – das Beiblatt zum »Vorwärts« sollte die Sozialisten als ebenbürtige Teilnehmer an der wissenschaftlichen Debatte präsentieren. Mit Mühe nur entging Engels einem Verbot seiner Artikel auf dem Parteikongreß 1877. Der Zwischenfall zeigte noch einmal die Spanne zwischen dem Fußvolk der Bewegung und den »Gelehrten«, den »Theoretikern« auf, die sich schon in den Anfängen so entschieden bemerkbar gemacht hatte. Der einflußreiche Johann Joseph Most, Reichstagsmitglied und Redakteur, Buchbinder von Haus aus, behauptete in einem Antrag auf dem Kongreß, die Artikel seien für die meisten Leser »völlig ohne Interesse« oder sogar anstoßerregend und sollten eingestellt werden. Nur schwer gelang es Liebknecht und Bebel, die Weiterführung des Kongresses durchzusetzen. Engels schrieb wütend an Liebknecht, der versucht hatte, die Opponenten als eine winzige Minorität abzuwerten: »Ich habe nie gesagt, die Masse Eurer Leute wolle keine wirkliche Wissenschaft. Ich sprach von der *Partei*, und die ist, als was sie vor der Öffentlichkeit, in Presse und Kongressen, sich gibt. Und da herrscht jetzt die Halbbildung und der sich zum Literaten aufblähende Ex-Arbeiter vor.« Es zeigt sich hier ein wesentliches Problem: das zwischen Führung und Geleit. Die Führung, so wird es verstanden, verfügt über die Theorie, die wissenschaftliche Grundlage; das Geleit muß erst erzogen und geschult werden, und solche Exproletarier wie Most, die nun nur noch Literaten sind, können dabei nur Unheil stiften. Most bestätigte diese These noch; er schlug sich später zu den Anarchisten.

Der »Anti-Dühring« trat erst als Buch seinen Siegeszug durch die Arbeiterbibliotheken an. Und schon als die ersten deutschen Führer der Bewegung, Bebel und Bernstein, drei Jahre vor Marx' Tod in London ihren Besuch machten, um sich wegen ihrer Haltung und Taktik zu rechtfertigen, da wußten sie von den theoretischen Grundbegriffen nicht viel mehr, als sie im »Anti-Dühring« gelesen hatten. Die »Altmeister« wiederum wußten von beiden nur durch indirekte Briefberichte und über die Lage in Deutschland aus den Zeitungen. Bernstein bezeichnete sich und Bebel als die »Sünder«, die sich zu verantworten hatten, und Engels, den sie zuerst sahen, wurde Bernstein gegenüber, der ihm als »Salonsozialist« geschildert war, erst zugänglicher, als dieser ihm verriet, er habe überhaupt noch kein Buch geschrieben. Bebel empfahl sich eher durch seine sehr pessimistischen Prognosen über die Wirtschaftslage in Deutschland, einer Bestätigung für Marx' Voraussagen vom nahe bevorstehenden Ende des Kapitalismus. Marx, den sie dann besuchten, war milder und gab sich als Patriarch. Er entsprach keineswegs dem vorgefaßten Bild eines reizbaren alten Wetterers und bot Bebel alsbald das Du an, auf das Bernstein noch zu warten hatte. Bebel konnte ein Bild der Lage der Partei geben, das die mißtrauischen Altmeister überzeugte; er wurde hinfort ihr Vertrauensmann.

Es war ein Verhör, eine Vorladung wie seinerzeit in Brüssel im Falle des armen Weitling – nur daß hier die Verhältnisse anders lagen. Marx und Engels waren die »großen Alten«, hochverehrt und immer noch sehr zu respektieren; von bedingungsloser Unterordnung war gar keine Rede. Die Partei, bereits eine Macht, hatte sich in Deutschland zu behaupten; die beiden »Großen« saßen auf der Insel England, nicht nur durch den Kanal getrennt von dem, was auf dem »Kontinent« vor sich ging. Die Entwicklung vollzog sich unter ständigen Auseinandersetzungen, die hier nicht zu schildern sind, und ist Geschichte der Partei. Vorauszunehmen ist nur, daß Bernstein dann der führende Mann des »Revisionismus« wurde, der auch vor Grundthesen nicht haltmachte und um den der Kampf noch immer geht.

Wie wir jetzt sehen, war Engels schon sehr viel mehr als nur das Sprachrohr und der Handlanger von Marx, und der »Engelsismus«

wurde im generell »Marxismus« getauften Fortgang der Dinge stetig einflußreicher. Marx erschien, und das war keine bloße Pose, hauptsächlich als der Patriarch bei dieser Begegnung mit der nächsten Generation. Anläßlich des Einigungskongresses der »marxistischen« Sozialisten mit den Parteigängern der Richtung Lassalles im Jahre 1875 war das bereits zum Ausdruck gekommen. Da verhielt sich Marx vorsichtig und zurückhaltend, während Engels der »Wetterer« war, der schon den gänzlichen Verfall der Partei durch Kleinmut und Prinzipienlosigkeit im Gange sah. In der Praxis behielt Wilhelm Liebknecht mit der Taktik recht, zunächst einmal die Einigung der beiden wesentlichen Gruppen zu bewerkstelligen. Liebknecht ging sogar so weit, die Randglossen zu dem Programmentwurf, die Marx zugesandt hatte, vor den Teilnehmern aus Vorsichtsgründen geheimzuhalten. Sie sind erst 1891 veröffentlicht worden und seither als die letzte autoritative Zusammenfassung von Grundgedanken »kanonisch« geworden. In der Tat spricht Marx hier ex cathedra wie der Papst bei Kernfragen der Lehre; zugleich aber äußert er sich zu höchst aktuellen Problemen und immer weit über die Köpfe der »kleinen Leute« hinweg, als die ihm alle, seinen Verteidiger Liebknecht eingeschlossen, erschienen. Seine Thesen gegen die verhaßten »Lassalleaner« hätten in der Tat die geplante Einigung unmöglich gemacht; ein Satz wie der über den Staat, der nämlich bei Umwandlung der Gesellschaft nichts anderes sein könne »als die revolutionäre Diktatur des Proletariats«, wäre unter den damals geltenden Verhältnissen zur Katastrophe für die Bewegung geworden, wenn man ihn in das Programm aufgenommen hätte. Nicht von ungefähr hat Lenin später diese »Kritik des Gothaer Programms« als »Grundschrift« bezeichnet.

Im Augenblick jedoch hielten sowohl Marx wie Engels es für klüger zu schweigen. Engels hatte anfangs an Spaltung geglaubt und sie wohl auch gewünscht, doch die nachfolgende unaufhaltsame Aufstiegsbewegung der nunmehr geeinten Partei bei den Reichstagswahlen, die auch durch Bismarcks scharfes »Sozialistengesetz« nicht dauernd gehemmt werden konnte, fand bei beiden begeisterte Zustimmung. Lassalles Betonen des allgemeinen Wahlrechts als der wichtigsten Waffe im Kampf um die Macht fand damit eine Rechtfertigung, die sie nie hatten zugeben wollen.

Mit den Glossen zum Gothaer Programm nahm Marx' tätiges

Eingreifen in die deutschen Verhältnisse ein Ende. Er hat überhaupt nur noch ungern deutsche Besucher empfangen, außer den wenigen Vertrauensmännern. Man mußte sich gut ausweisen, wenn man vorgelassen werden wollte. Seine Studien und Aufzeichnungen galten ganz anderen, weit vom Tageskampf abliegenden Problemen: Mathematik, und zwar die höhere, das Gebiet der Infinitesimalrechnung; Vorgeschichte, die ganz frühe, die Urzeit; naturwissenschaftliche Fragen, die Bildung der Zelle; Geologie. Im Umgang bildeten russische Besucher eine ganz neue und überraschende Kategorie. Er beschäftigte sich mit Fragen der Sprache. Er lernte Russisch, wollte auch Türkisch und Rumänisch lernen. Der allseitige Mensch, den er in seinen Pariser Jugendschriften verkündet hatte und der frei werden würde, seine vollen Geisteskräfte zu entfalten, sobald der physische Druck des Kapitalismus ihm abgenommen sei, konnte in dieser letzten Spanne des Lebens sich ausleben. Er durfte, wie es in der »Deutschen Ideologie« hieß, heute dies, morgen jenes tun oder angreifen – auch am selben Tage des Morgens, Mittags und Abends und am Spätabend sich durchaus als Kritiker betätigen, ganz nach seinem Lebensgesetz.

Als Kritiker hat er denn ja alle diese genannten Arbeiten angefaßt; er betrieb sie, wie er zuweilen selbst gesagt hatte, als Erholung von der trockenen oder schmutzigen Gegenwart und Wirklichkeit. Er konnte sich da im »reinen« Reich des Denkens und Schließens ergehen. Marx hatte auf dem Gymnasium nicht allzuviel Mathematik gelernt und im Abitur die algebraische Aufgabe nicht gelöst. Er schrieb auch noch später, 1858, als er sich bei den Berechnungen in seinen Vorstudien zum »Kapital« so häufig verrechnet hatte: »Diese verfluchten falschen Rechnungen soll der Teufel holen«, und »ich bin bei der Ausarbeitung der ökonomischen principles so verdammt aufgehalten mit Rechnungsfehlern, daß ich mich aus despair drangesetzt habe, rasch die Algebra durchzuschlagen. Arithmetik blieb mir immer fremd. Auf dem algebraischen Umweg aber schieße ich mich rasch wieder ein.«

Nachdem er sich »eingeschossen« hat, findet er alsbald, daß die bisherigen Größen der Mathematik, so »klassisch« sie geworden sind, doch ungenügend gedacht und geschlossen haben. Er korrigiert sie, besonders Newton als den Urheber der Infinitesimalrechnung, und er hat offenbar auch geglaubt, Lagrange, den wichtigen

Weiterführer der Theorie, zu überholen. Mit Lagrange, der 1812 gestorben war, endet die Liste der großen Mathematiker, die er sich vorgenommen hat. Daß gerade zu der Zeit, da er schrieb, bereits eine entscheidende Weiterentwicklung der Mathematik im Gange war, hat er nicht mehr zur Kenntnis genommen. Die Mengenlehre Cantors, die heute die Schulkinder bereits buchstabieren müssen, blieb ihm so unbekannt wie die umwälzenden Theorien Riemanns oder, was ihm noch näher gelegen hätte, die Versuche, mathematische Berechnungen in die politische Ökonomie einzuführen. Einer der jungen Russen, die ihm damals als Umgang dienten, der junge Professor Kowalewski, hat aus den Gesprächen nachträglich berichtet, Marx habe in der höheren Mathematik die dialektische Bewegung in ihrer logischen Form wiedergefunden; er habe auch damit »zu der damals im Entstehen begriffenen mathematischen Richtung in der politischen Ökonomie«, an deren Spitze zu Marx' Zeiten bereits Jevons stand, »bewußt Stellung nehmen wollen«. Das dürfte reichlich retrospektiv gesehen sein; von Jevons und der »Grenznutzentheorie«, die Jevons mitbegründete, hat Marx nichts gewußt; sie wurde auch erst später in Österreich weiterentwickelt.

Um die Lehre aber, die Dialektik, ging es ihm bei seinen mathematischen Versuchen. Sie sind inzwischen als »Mathematik« überholt, wie unvermeidlich im unaufhaltsamen Fluß der Dinge, aber zur Charakteristik seiner Denkmethode sind die kritischen Bemerkungen zu seinen Berechnungen von Wert. Marx sucht auch in den Differentialgleichungen die Dialektik auf, seine Dialektik, die er in der Entwicklungsreihe durchaus an die Spitze stellt. Zugleich wendet er auch den historischen Materialismus an. In einer Parallele der Philosophie zum Gang der mathematischen Theorien stellt er neben die Reihe Kant-Fichte-Schelling-Hegel (mit freigelassenem Platz für Marx) die Reihe Newton-d'Alembert-Taylor-Lagrange, in der ebenso seine noch nicht genauer formulierte Lösung Platz finden würde. Er wird aber noch schärfer: Die Männer des Anfangs sind für ihn (wie Hegel in der Philosophie) »Mystiker« mit ihrer Verwendung von Symbolen, »es ist hier wie überall wichtig, der Wissenschaft den Schleier des Geheimnisses abzureißen«, und noch bei Lagrange, dem ihm nächsten, sieht er »metaphysische« Vorstellungen.

Hinter diesen Ausfällen, die bis zu »Kinderei« für den Begriff

»Grenzwert« gehen, der »undeutbar und beständig umgedeutet« sei, steckt mehr als seine unhemmbare Angriffslust. Denn schon das »unendlich« der ganzen Infinitesimallehre, das Rechnen mit »unendlich kleinen« oder »unendlich großen« Werten war ihm fern, metaphysisch verdächtig, unfaßbar, wie es das in der Tat auch ist. Das Wort »unendlich« kommt denn auch in seinen Ausführungen nicht vor. Der »metaphysische Schauder« war ihm so fremd wie die Arithmetik.

Professor Kowalewski hatte ihm von seiner Reise nach Amerika das Buch von Lewis Henry Morgan über die Urgesellschaft mitgebracht. Marx exzerpierte hundert Seiten daraus und dachte daran, dem deutschen größeren Publikum etwas darüber vorzulegen, wie Engels meinte. Engels selber hatte für seine Broschüre vom »Ursprung der Familie« Morgans Werk sehr wesentlich zugrunde gelegt. Er jubilierte förmlich: »Ein entscheidendes Buch, so entscheidend wie Darwin für die Biologie, es ist natürlich wieder von Marx entdeckt worden ... Morgan hat die Marxsche materialistische Geschichtsanschauung in den durch seinen Gegenstand gebotenen Grenzen selbständig neu entdeckt und schließt für die heutige Gesellschaft mit direkt kommunistischen Postulaten ab.« Marx war etwas mißtrauischer Morgan gegenüber, aber er ist nicht mehr dazu gekommen, seine Ideen über die Urgesellschaft genauer auszuführen. Sie hätten ihn zweifellos – wie bei seinen mathematischen Versuchen – weit über den Anreger hinausgeführt. Aber auch hier, in den Regionen des »Ur«, zu denen nur gewagte Hypothesen und Vergleiche mit noch lebenden angeblichen »Urvölkern« führen, sah er seine materialistische Geschichtsauffassung und Dialektik bestätigt. Engels hat das in seiner Arbeit über die Familie, die sogleich sehr erfolgreich war und vielfach übersetzt wurde, in wiederum sehr faßliche Darstellung umgewandelt, die wie bei Rousseau vom Urzustand als goldene Zeit mit kommunistischer Gemeinschaft (bis zum »ursprünglichen« Zustand der absoluten Promiskuität) über Arbeitsteilung, Tausch und die Niederungen der kapitalistischen Wirtschaft zur künftigen neuen Glanzzeit führt. »Die Gesellschaft, die die Produktion auf Grundlage freier und gleicher Assoziation der Produzenten neu organisiert, versetzt die ganze Staatsmaschine dorthin, wohin sie dann gehören wird: ins Museum der Altertümer, neben das Spinnrad und die bronzene Axt.«

Auch Morgan, den man schon damals bald scharf angriff, ist als »verspäteter Schüler Rousseaus« bezeichnet worden. Die Stellung als eines epochemachenden Anregers in der Geschichte der Ethnologie ist ihm jedoch kaum je bestritten worden. Er hätte übrigens Engels' Lob als entfernter Genosse im Kommunismus nur mit Kopfschütteln angehört, wenn ihm davon etwas zugekommen wäre. Er war Senator für die republikanische Partei seines Heimatstaates New York, hatte sich als wohlhabender Mann nach geschickten Investitionen von den Geschäften zurückgezogen und war frommer Presbyterianer. Seine Forschungen, die er sehr umfassend betrieb, galten zunächst einem Einzelphänomen, der Liga der Irokesen, die im Staate New York domiziliert waren. Er hatte als persönlichen Freund und tätigen Mitarbeiter einen Indianer namens Parker, der sich im Sezessionskrieg ausgezeichnet hatte und staatlicher Kommissar für die Indianer wurde. Zusammen schrieben sie das erste Buch, das nur den Irokesen galt; die Forschungsmethoden gingen deren »Urmythen« und ihrem Fortleben nach, die Verwandtschaftsnamen der fünf Stämme der Liga wurden überprüft und daraus Schlüsse auf Urzustände und deren Weiterentwicklung gezogen; sie benutzten auch schon, was Schule machen sollte, Fragebogen und führten Befragungen der »ältesten Leute« durch; sie setzten sich für die in ihrem Reservatbesitz stark bedrängten Stämme ein, und Morgan wurde mit einem klangvollen indianischen Namen als Ehrenmitglied in den Stamm der Seneca aufgenommen. Die Kategorien, in die er die Entwicklung der Urzeit einteilte, sind inzwischen überholt: Das weite Ausgreifen auch auf andere »Ur«-Völker in der ganzen Welt hat mit der neueren Ethnologie ganz andere Resultate und Methoden gebracht, und das unaufhaltsame Verschwinden der letzten noch wahrhaft »Primitiven« wird erst recht neues Nachdenken nötig machen.

Vom »Ur« der Gesellschaft zum Ursprung des Lebens der Zelle – auch damit hat sich der enzyklopädische Geist des Dr. Marx befaßt. Die Naturwissenschaften überließ er im allgemeinen dem Partner Engels, aber er blieb doch nicht ganz unberührt von dem, was da unaufhörlich, schon in den Zeitungen, ihm vor die Augen kam. Seine Zeitungslektüre, keineswegs unwesentlich für seine Kenntnisse, können wir freilich nicht mehr genauer verfolgen, denn Engels hat die »halbe Tonne« von Zeitungen, die neben den unvollendeten

Aufzeichnungen aufgetürmt lag, beseitigt; er hätte am liebsten auch den riesigen Stapel von russischen Statistiken dazugetan, die Marx sich hatte kommen lassen.

Die Diskussion um die Zelle spielte eine große Rolle in der Debatte um den wissenschaftlichen Materialismus. Die fortschreitenden Entdeckungen in der Zellforschung, vom ersten Nachweis der Gleichförmigkeit der Zelle bei Pflanze und Tier bis zu den Untersuchungen über Zellkern und Zellstruktur, wurden vielfach sehr resolut und hoffnungsfreudig ausgedeutet; man glaubte, den Welträtseln nun experimentell und durch Aufstellung von Modellen unmittelbar auf der Spur zu sein. Die populäre Literatur darüber füllte ganze Regale, und die ersten Arbeiterbibliotheken (»Wissen ist Macht«) legten eine besondere Vorliebe für naturwissenschaftliche Publikationen an den Tag. Der um die Zellforschung hervorragend verdiente Matthias Jakob Schleiden hat, wie auch Helmholtz, Virchow und andere Gelehrte von erstem Rang, durch populäre Vorträge diesem Bedürfnis Rechnung getragen. Die ganze Populär- oder abschätzig »Vulgär«-Wissenschaft mitsamt ihren häufigen Kraßheiten und Denkfehlern bildet überhaupt ein ungemein kennzeichnendes Phänomen jener Zeit und ist nur zu oft mit ungerechter Überlegenheit behandelt worden. Es ging auch nicht nur um »Materialismus« oder »Idealismus« oder auch um die nie ganz verschwindende Romantik, die noch das Seelenleben der Pflanzen und der Gestirne, wie Gustav Fechner das tat, einbeziehen wollte. Die Naturwissenschaft war nicht nur Diskussion; sie begründete unablässig neue Industriezweige. Sie scheute vor dem Wort »künstlich« nicht im geringsten zurück, schuf künstliche Farben, künstlichen Dünger – sollte es ihr nicht auch gelingen, künstliches Leben, eine lebendige Zelle zu fabrizieren?

Marx schrieb im Juni 1875 aufgeregt an einen anderen jungen russischen Freund, Peter Lawrow: Dem Physiologen Traube in Berlin sei es durch Mischen kolloidaler Zellen gelungen, künstliche Zellen herzustellen. »Allerdings sind das noch keine natürlichen Zellen: sie haben keinen Kern.« Hier noch liegt seine unverkennbare Ansicht, daß man damit auf dem Wege sei, die Sache auch durchzuführen.

Moritz Traube war Chemiker und experimentierte unablässig, wie sein Bruder Ludwig, bedeutender Kliniker und Pathologe an der Berliner Universität, der durch seine Tierexperimente berühmt wurde. Moritz Traube hat mit seinen Versuchen zu Erscheinungen des osmotischen Drucks, die erst später durch van't Hoff theoretisch begründet wurden, wichtige Bausteine für die weitere Forschung geliefert. Er benutzte bei Versuchen zur Osmose als erster statt einer organischen »halbdurchlässigen« Scheidewand (wie Schweinsblase) für den Durchtritt der Flüssigkeiten eine physikalisch-chemisch hergestellte Membran aus Ferrozyankupfer. Diese Membran begann sehr aufregende Phänomene zu zeigen, Tropfenbildung, ein »Wachstum«, das man künstlich zu fördern glaubte. Daraus schloß man, daß man es mit einem ähnlichen Vorgang wie dem Wachstum der natürlichen Zelle zu tun habe. Marx schrieb darauf im Brief an den russischen Freund: »Damit hat die Bildung von Membranen und das Wachstum von Zellen das Reich der Hypothesen verlassen.« Er kann es sich wie so oft nicht versagen, sogleich eine Polemik anzuhängen: »Damit ist ein großer Schritt getan, der um so gelegener kam, als Helmholtz und andere im besten Zuge waren, die absurde Doktrin zu verbreiten, daß die Keime des irdischen Lebens fertig vom Mond herunterfallen, d. h. daß sie durch Meteore zu uns gebracht worden seien. Ich verabscheue derartige Erklärungen, die ein Problem lösen, indem sie es in eine andere Sphäre verweisen.«

Es ist dies zwar nur eine Episode, aber mit ihr schließt sich der Kreis seines Denkens: vom Atom in der jugendlichen Dissertation bis zur Zelle als dem Anfang des Lebens, das nun seinem Ende entgegengeht. Auch das Atom hatte, wie wir sahen, ein »Herz«, das ihm die Abweichung vorschrieb. Die Sphäre, in der Marx sich mit scharfer Ablehnung »anderer« Sphären bewegt, ist die des Individuums Karl Marx und seiner Ideen, obwohl er das Entstehen und Walten von Ideen, als lediglich auf den ökonomischen Grundbedingungen einer ganz bestimmten Periode beruhend, zum fundamentalen Grundsatz seiner Lehre gemacht hatte. Er ist darin ein Kind seiner Zeit und der Mann seiner Zeit, die an unumstößliche Gesetze glaubte, die nur entdeckt und in das Bewußtsein überführt zu werden brauchten; die Naturwissenschaft vor allem lieferte dafür die eklatant erscheinenden Beweise. Beweise, wie die Mathematik sie verlangt, die sich dabei im engen Rahmen ihrer Axiome bewegt, waren das Hauptinstrument seiner Methode – das »Karl Marx hat *schon* bewiesen« ist das übliche Argument seiner Anhänger; »Marx hat *noch* geglaubt, beweisen zu können« das seiner Gegner. Zwischen »schon« und »noch« vollzog sich sein Leben wie sein Denken; Widerspruch aber war gerade der Zellkern seiner Dialektik. Im Widerspruch gegen seine Zeit, und doch viel mehr, als ihm je bewußt geworden ist, im Einklang mit ihr, hat er sein Werk geschaffen, und im Widerspruch gegen seine Hoffnung und Erwartung, daß es »wie ein Blitz« einschlagen müsse, hat es erst lange nach seinem Tode gewirkt – in unendlichen Abwandlungen, Mißverständnissen und Übertragungen auf völlig veränderte Lebensverhältnisse in jeder Beziehung, in Technik, Wirtschaft und sozialen Bedingungen. Völlig verändert haben sich auch die für ihn noch unverrückt geltenden »Gesetze« des Denkens und der Naturbetrachtung bis nahezu zur Unkenntlichkeit, und wenn wir nur eines jetzt wissen, so dies, daß sie veränderlich sind und sich immer wieder abwandeln werden. Das »Ändern« und »Ändernkönnen«, im Gegensatz zur bloßen Interpretation, war aber auch für ihn der Grundsatz seiner Lehre und Philosophie, seines Glaubens an eine bessere Welt, die schon hier auf der Erde, nicht in »anderen Sphären« vom Menschen geschaffen werden könnte.

Der späte Kreis

Das letzte Jahrzehnt im Leben des Dr. Karl Marx weist fast noch mehr Widersprüche auf als sein bisheriger Werdegang. Man hat es als eine lange Agonie oder als ein langsames Absterben bezeichnet. Physische Gründe waren dafür zur Hand: seine schlechte Gesundheit, die Erschöpfung durch den jahrzehntelangen Kampf mit dem Elend, die übermäßige Nachtarbeit. Seine Krankengeschichte kann ich nicht zuverlässig beschreiben, obwohl viel darüber in seinen Briefen steht; oft als Ausrede bei unerwünschten Anforderungen und »psychosomatisch« bedingt, oft aber sehr real und »materiell«, und dann wiederum sehr erheblich verschärft durch seine völlige Disziplinlosigkeit als Patient. Er aß und trank nach Belieben die reichsten, stark gewürzten Speisen, die schwersten Weine und Spirituosen; er schluckte auch einmal eine Woche lang Milch, die aber mit einem guten Drittel Brandy erträglich gemacht werden mußte. Er nahm ungeheure Dosen von Arsen oder Opium zu sich, wenn das verordnet wurde; er war für »Gewaltkuren« und erklärte alle Ärzte für Ignoranten, wenn das nicht half. Gelegentlich operierte er mit dem Rasiermesser an sich selber herum bei seiner Furunkulose, und es ist ein Wunder, daß er nicht an Blutvergiftung starb. Doch er hatte einen erstaunlich zähen Körper, der all diesen Anschlägen gegenüber lange standhielt. Er erholte sich überraschend schnell, sobald er aus seiner Londoner Studierhöhle herausgerissen wurde und in einen Badeort gehen konnte, wo er auch einmal baden mußte und leidlich diätetisch lebte.

Die Großzügigkeit des Freundes Engels, die weit hinausging über die schon an und für sich stattliche Jahresrente von 350 Pfund, ermöglichte ihm in den letzten Lebensjahren ständige Badereisen und Aufenthalte in verschiedenen Kurorten. Da erschien er nicht als Kranker oder Greis, sondern frisch, »jugendlich«, als fröhlicher, wenn auch immer etwas spöttischer Gesellschafter, als geistreicher Causeur, der Erinnerungen über seine romantische Jugend in Bonn zum besten gab oder von Heine erzählte.

Er war nun berühmt geworden; Journalisten und Interviewer bemühten sich, vom »grand old man« des Sozialismus ein Feuilleton zu erhaschen. Selbst die deutsche Kronprinzessin Viktoria, die Tochter der Königin, bekannt für ihre »liberalen« Neigungen und ihre Abneigung gegen Bismarck, sandte ihm einen Berichterstatter zu. Grant Duff, liberaler Abgeordneter, galt als eine Autorität für außenpolitische Fragen, besonders des Orients und Indiens, und wurde Staatssekretär im India Office; er hatte schriftstellerische Neigungen und publizierte später in vierzehn Bänden Notizen über die soziale Geschichte seiner Zeit. Ein Karl Marx war nun zweifellos ein »exotisches Phänomen« für ihn, aber der Doktor verstand es, auf den Diplomaten gehörigen Eindruck zu machen. Sie trafen sich zum Lunch im Devonshire Club und hatten eine dreistündige Unterhaltung. Marx konnte auch als Mann von Welt und kenntnisreicher Politiker auftreten. Grant Duff verwunderte sich, wie so viele andere, die sich einen Revolutionär nur als einen Mann vorstellen konnten, der »kleine Kinder in der Wiege zu fressen pflegt, wie das etwa die Ansicht der Polizei ist«; so schrieb er der Kronprinzessin. Vielmehr: ein gebildeter, ein hochgelehrter Mann. Er interessiert sich für vergleichende Grammatik, hat sogar Altslawisch getrieben und andere ausgefallene Studien. Er spricht trocken, mit satirischen Wendungen, leicht zynisch, aber zeigt oft »sehr richtige Ideen« über Vergangenheit und Gegenwart; unbefriedigend freilich äußert er sich über die Zukunft.

Vom Altslawischen zu den Neuslawen und Rußland: er glaubt an großen und nicht allzu fernen Umsturz im Zarenreich, durch Reformversuche von oben ausgelöst, die das alte Staatsgebäude nicht wird aushalten können. Völliger Zusammenbruch wird die Folge sein. Wann aber, und nun wird es interessant für den Befrager, wird sich die Bewegung wohl nach Deutschland ausbreiten? Revolte gegen das Militärsystem!

Frage: »Aber können Sie erwarten, daß sich die Armee gegen ihre Befehlshaber erheben wird?«

Marx antwortet, mit Lieblingsideen seines Militärreferenten Engels, die deutsche Armee und die Nation seien nahezu identisch. Die Sozialisten, von denen jetzt so viel die Rede ist, sind auch ausgebildete Soldaten, besonders in der Landwehr. Sogar im stehenden Heer gibt es durch die scharfe Disziplin viel Unzufriedenheit. Selbstmorde sind häufig: »Der Schritt vom Entschluß, sich selbst zu erschießen, zu dem, seinen Vorgesetzten zu erschießen, ist nicht groß. Ein solches Beispiel wird bald nachgeahmt.«

Grant Duff hält dagegen – und er bringt seinerseits Lieblingsideen der Kronprinzessin vor, an die er schreibt: Die Herrscher Europas könnten sich doch über Rüstungsbeschränkungen verständigen und die Lasten des Volkes erleichtern. Was würde dann aus der Revolution werden?

Marx kurz: »Dazu sind sie nicht imstande.« Der Fortschritt der Technik fordert ständig vollkommenere Zerstörungsmittel, die Ausgaben werden unaufhaltsam steigen; es ist ein Teufelskreis ohne Ausweg!

Grant Duff: »Aber es hat noch nie ernsthafte Volksaufstände gegeben, außer wenn wirklich großes Elend herrschte.«

Marx: »Sie ahnen nicht, wie furchtbar die Krise war, durch die Deutschland in den letzten fünf Jahren gegangen ist.«

Grant Duff nun: Nehmen wir einmal an, daß die Revolution stattgefunden hat und daß es eine Republik gibt; dann ist es immer noch ein sehr langer Weg bis zur Verwirklichung Ihrer Ideen!

Marx, diplomatisch: Gewiß, aber alle großen Bewegungen sind langsam! Er macht dem Whig-Politiker noch das Kompliment, an die englische Revolution von 1688 zu erinnern.

Er spricht auch verschiedentlich über die Kronprinzessin und ihren Mann, »jedesmal mit gehörigem Respekt und Anstand«. Über andere hochgestellte Persönlichkeiten hingegen durchaus nicht mit Respekt, sondern beißend und sarkastisch. Damit ist Bismarck gemeint, den der Briefschreiber vorsichtshalber nicht mit Namen nennt. Denn selbst die Briefe der Kronprinzessin – sogar die Korrespondenz mit ihrer Mutter, der Königin – wurden von Bismarck überwacht und unter Umständen auf der Post geöffnet.

Fazit: das wären etwa die Ansichten des Mannes über die nahe Zukunft Europas. Sie sind zu träumerisch, um gefährlich zu sein, ausgenommen, daß die Rüstungsfrage mit ihren tollen Ausgaben in der Tat brisant ist. »Wenn in den nächsten zehn Jahren die Herrscher Europas nicht die Mittel finden, mit diesem Unheil fertigzuwerden, ohne Warnung vor der geplanten Revolution, dann werde ich für meine Person an der Zukunft der Menschheit verzweifeln, besonders für unseren Erdteil.«

»Im ganzen war mein Eindruck von Marx angesichts der Tatsache, daß er mir völlig entgegengesetzte Ansichten hat, durchaus nicht ungünstig; ich würde ihn gerne wiedersehen. Nicht er wird es sein – ob er es wünscht oder nicht –, der die Welt auf den Kopf stellen wird.«

Ähnlich, mit Ausblicken auf lange Sicht und unmittelbarer Revolutionserwartung im gleichen Atem, äußerte Marx sich zu Zeitungsleuten, die ihn befragten, sowie bei anderen öffentlichen Gelegenheiten. Er deutet, vorsichtig und in taktischer Absicht, an, daß die »Revolution« etwa in England, Amerika, vielleicht auch Holland – wenn er gerade in Amsterdam spricht beim letzten Kongreß der Internationale – auch andere, friedlichere Wege gehen könne. Seine Vorstellung von »Revolution« hat keinerlei genaueren Zeitpunkt im Auge; nur eines ist immer und unverrückbar sicher: Sie wird erfolgen. Entweder, so in der großen Theorie, dadurch, daß der Umschlag kommt, weil die alte Form – der Produktionskräfte – abgelöst wird durch die neue, bessere, also durch das Proletariat. Oder aber, und das bleibt seine lebenslängliche Hoffnung, weil Krieg und Umsturz irgendwo entstehen, in Rußland, Frankreich, Polen, gleich aus welchen Ursachen. Das wäre dann die Stunde des Proletariats, das sich für kurze Zeit, wie es seine Ansicht schon 1848 war, der bürgerlichen, fortschrittlichen Demokraten bedienen kann. Oder aber auch einfach durch die proletarische Diktatur einer kleinen, entschlossenen Führungselite: Das war Blanquis Formel, die Lenin dann verwirklichte.

Inzwischen, und er alterte, rapide und früh, überkamen ihn auch pessimistischere und fatalistische Stimmungen. Sie blieben immer nur Stimmungen und wurden nicht in die Theorie eingebaut, die rein zu bleiben hatte. Es kommt hier noch ein Faktor hinzu, der meist und zu Unrecht vernachlässigt wird: die Langeweile, der Überdruß. Grimmig hat er zum Beispiel der Tochter Laura über die endlose Lektüre, zu der er sich verurteilt hatte, geschrieben: Er fühle sich wie eine Maschine, die Bücher verschlingen muß, um sie zu verdauen und dann in veränderter Form auf dem Dunghaufen der Geschichte abzulegen. Oder zur Frau seines zeitweiligen Freundes Kugelmann, die meinte, sie könne sich jemand wie ihn, der doch durchaus aristokratische Neigungen und Gewohnheiten habe, nicht gut in einer künftigen nivellierenden Zeit vorstellen: »Ich auch nicht«, antwortete er. »Diese Zeiten werden kommen, aber wir müssen dann fort sein.« An die Tochter Jenny schrieb er zur Geburt ihres fünften und letzten Sohnes – sie starb bald danach – nicht gerade sehr behutsam: Er müsse ihr eigentlich gratulieren mit allen guten Wünschen. Aber wem soll das dienen »als unseren Illusionen über unsere eigne Hilflosigkeit«?

Der engere Kreis und die Familie bestimmen nun das Bild seines letzten Jahrzehnts.

Der engere Kreis: das sind auch die neuen jüngeren Bekannten, vor allem die jungen Russen. Es gibt in der südslawischen Sozialgeschichte das Phänomen der Großfamilie, der »Zavruga«, die bis zu fünfzig oder sechzig Personen in einer Kommune zusammenfaßte, unter entschiedener Führung des »Gospodar« im Kern. Eine solche »Zavruga« wurde zeitweilig sein Verkehr mit den emigrierten oder reisenden Russen. Sie waren eine ganz neue, sehr revolutionär eingestellte Generation, meist Leute aus verschiedenen, vor allem bescheideneren, Ständen, zahlreiche Popensöhne darunter, Kinder von Ärzten, in voller Opposition zu den allmächtigen Gutsbesitzern, und »reuige« Adlige. Ihre politischen und wirtschaftlichen

Ansichten waren noch völlig ungeklärt. Sie suchten nach Belehrung und Richtunggebung, und Dr. Marx war einer derer im Westen, von denen sie sich Erleuchtung versprachen.

Marx war bis dahin sein Leben lang ein eingefleischter Russenhasser gewesen, abgesehen von der kurzen Episode seiner Jugend in Paris, wo es ihm wohl tat, von reisenden russischen Aristokraten eingeladen zu werden, bis auch diese ihm bald verdächtig wurden, zaristische Geheimagenten zu sein. Diesen Verdacht behielt er dann ständig und gegen jeden Russen bei, auch gegen so unzweifelhafte große und durch ihren revolutionären Kampf ausgewiesene Gegner des Zarismus wie Alexander Herzen. Mehr wissenschaftlich, mit eifrigem Studium der englischen Blaubücher zur diplomatischen Geschichte, versuchte er sich sogar an einer Geschichte der englischen Geheimdiplomatie, die nach ihm ständig vor Rußland gekatzbuckelt habe; das sollte, wie vieles, ein ganzes Buch werden und frappante Enthüllungen bringen. Es waren allererste und ganz flüchtige Einblicke in die ungeheuere Geschichte Rußlands, und Marx hatte dafür nur westeuropäische Werke, meist des 18. Jahrhunderts, konsultiert; er geriet auch bald mit der Redaktion des winzigen Blattes der Urquhart-Anhänger in Sheffield, das die Artikel brachte, in Streit, und zwar über Streichungen an seinen geheiligten Texten, wonach er die Sache aufgab. Es kam ihm auch nur darauf an, die ständige Korruption und Hinterhältigkeit des Zarismus bis zum heutigen Tage aufzuzeigen, und interessant ist an dieser Brotarbeit nur allenfalls der Passus, wo er das lange Mongolenjoch dafür sehr entscheidend verantwortlich macht, daß die Herrscher Rußlands die tückischen Methoden der Asiaten, Unterworfene zu behandeln, übernommen hatten.

Nun trat ihm aber, nach Ende des Kampfes mit Bakunin, in dem er den »typischen Russen« gesehen und gehaßt hatte, eine ganz andere, hoffnungsvollere Generation von jungen Russen gegenüber, obwohl sein Mißtrauen immer wach blieb. Daß er dabei sich unter den verschiedenen Richtungen und Parteiungen nur sehr unvollkommen zurechtfinden konnte, nimmt nicht wunder; sie wußten oft selber nicht recht, wer gegen wen stand. Eines aber war offenkundig: Sie alle, mochten sie noch so sehr revolutionär, noch so erbitterte Feinde des Zarentums sein, waren zuerst und ausschließlich nationale Russen; auch und gerade, wenn sie Hegel, Schelling, deutsche und französische Philosophen oder Naturwissenschaftler kultivierten und ins Russische übersetzten. Allen war das Sendungsgefühl der russischen Nation eigen, das ja weit zurückreicht; sie glaubten, daß die westlichen Kenntnisse, Formeln in Chemie wie Philosophie oder Ökonomie, als Know-how nützlich und notwendig seien, daß aber das russische Volk, die breite, noch dumpfe Masse des Bauernlandes, seine ganz eigene Aufgabe habe und darin dem Westen unvergleichlich überlegen sei. Die Volkstumsbewegung der »Narodniki« – die üblich gewordene deutsche Übersetzung »Volkstümler« hat einen ungerechtfertigt abschätzigen Beiklang – war dafür der Ausdruck. Der russische Bauer, der Muschik, wurde zum Mythos.

Marx begann auf seine Art, Russisch zu treiben; wie weit er mit der Kenntnis der nicht ganz einfachen Sprache gekommen ist, bleibt mir recht fraglich, aber er las und las, blätterte und fegte durch Broschüren, Bücher, Dichtungen und offizielle Statistiken. Die jungen Russen versorgten ihn mit ganzen Bibliotheken; Engels haßte diese Massen von Material, die den Abschluß des »Kapitals« verhinderten, und hätte sie gerne verbrannt; er hat auch nach Marx' Tode – zum namenlosen Kummer der Forschung – den größten Teil dieser Bücher fortgegeben. Marx nun, in seinem universalistischen Geist, wollte ganz Rußland erfassen, von den Warägern, die angeblich das Reich begründet hatten, und vom Igorlied bis zu Puschkin, Gogol, Lermontow und den Jüngsten, von den Intrigen und Infamien der Zaren bis zur neuesten Industrie und Wirtschaft, die zunächst nur aus Anfängen bestanden und seiner Theorie erhebliche Schwierigkeiten machten. Daß Rußland zu einer revolutionären Katastrophe hindrängte, war ihm sicher. Wie aber sollte die Revolution aussehen in einem Bauernland mit winziger Oberschicht? Die jungen Besucher stellten ihm Fragen, und sie waren nicht leicht zu beantworten. Konnte Rußland einen Sprung machen, wie noch kein anderes Land der Erde, direkt von der Bauernkommune zum Sozialismus, ohne die langen, nach Marx' Theorie unentbehrlichen und organischen Zwischenstadien einer Entwicklung des Bürgertums und damit des Kapitalismus? Eine junge Revolutionärin, Vera Sassulitsch, berühmt geworden durch einen Anschlag auf den Polizeigewaltigen von Petersburg und dann in den Westen geflüchtet, richtete darüber, im Auftrag einer kleinen Gruppe von Gesinnungsgenossen in

Genf, einen ausführlichen Brief an ihn. Marx zögerte lange mit der Antwort. Er setzte viermal an und schickte schließlich nur ein kurzes Blatt ab, das zunächst erklärt, er könne ihr keine präzise, für die Öffentlichkeit bestimmte Antwort geben. Er verweist auf den Text seines »Kapitals«, das jedoch keinen Hinweis für russische Verhältnisse geben könne, die »historische Unvermeidlichkeit« der Entwicklung sei »auf die Länder Westeuropas beschränkt«. Das »Kapital« enthält also »keinerlei Beweise weder für noch gegen die Lebensfähigkeit der Dorfgemeinde, aber das Spezialstudium, das ich darüber getrieben und wofür ich mir Material aus Originalquellen beschafft habe, hat mich davon überzeugt, daß diese Dorfgemeinde der Stützpunkt der sozialen Wiedergeburt Rußlands ist«; er fügt hinzu, es müßten allerdings erst die zerstörenden Einflüsse beseitigt werden, die von allen Seiten auf sie einstürmen und die »normalen Bedingungen einer natürlichen Entwicklung« in Frage stellen.

Die Sassulitsch hatte in ihrem Brief von großen Diskussionen der Revolutionäre über die Agrarfrage gesprochen. Solche, die die Dorfkommune für eine archaische Form hielten, zum Untergang verurteilt, »nennen sich Ihre Schüler im wahrsten Sinne des Wortes: Marxisten«. Das war wohl das erste Mal, daß diese Wortprägung auftritt, und es ist denkwürdig, daß sie in diesem Kreise von jungen Russen auftritt.

Ironischerweise war Marx jedoch gerade gegen diese Gruppe der Narodniki mißtrauisch und ablehnend. Sie schienen ihm anarchistischer Einflüsse, womöglich des inzwischen verstorbenen Bakunin, verdächtig, wie er an seinen Statthalter in Amerika, Sorge, schrieb. Er beschuldigte die Genfer Gruppe sogar, sie seien meist alle freiwillig aus Rußland fortgegangen – und dies, obwohl er ja selber auch aus Deutschland fortgegangen war. »Um Propaganda *in Rußland* zu machen – ziehen sie nach *Genf*! Welches Quid pro quo! Diese Herren sind gegen alle politisch-revolutionäre Aktion. Rußland soll durch einen Salto mortale ins anarchistisch-kommunistisch-atheistische Millenium springen! Unterdes bereiten sie diesen Sprung vor durch ennuyanten Doktrinarismus ...«

Der Passus zeigt, wie wenig er sich auskannte unter den Parteiungen. Denn gerade diese Genfer »Herren« waren es, die als erste Organisation – nach gründlichem Studium der Doktrinen von Marx und ausdrücklich in seinem Namen – die früheste russische »marxistische« Propagandazelle bildeten, und zwar unter Führung des damals fünfundzwanzigjährigen Georgij Plechanow. Der war dann der unbestrittene theoretische Wortführer des strengen Marxismus für die Russen auf lange Jahre hin, bis er durch einen anderen Führer abgelöst wurde. Es ist charakteristisch, daß Plechanow gerade aus dem, was er Marx entnommen hatte, den »Sprung ins Millennium« Lenins nicht mitgemacht hat.

Marx war in diesem Augenblick, das Jahr ist 1880 und nicht 1917, begeistert für die russischen Terroristen und stand mit ihrem Exekutivkomitee in Petersburg in Verbindung. Er pries die Terroristen: »Sie sind durch und durch tüchtige Leute, ohne melodramatische Phrasen, einfach, sachlich, heroisch.« So zu dem 1881 geglückten Bombenattentat auf den Zaren Alexander II. und dem Prozeß über die Attentäter, die sich vor Gericht sehr aufrecht und stolz zeigten. Der Zar hatte in der Zeit seiner Reformen wichtige Änderungen in der Verwaltung und dem Justizwesen Rußlands durchgeführt, die besonders den Provinzen weitgehende Selbstverwaltung zuteilten. Und aus der Reform des Justizwesens ging eine ganz Rußland erfassende Organisation der zaristischen Geheimpolizei hervor. Sie war, zum Unterschied von der bis dahin gefürchteten »dritten Abteilung«, in ihren himmelblauen Uniformen mit weißen Fangschnüren nicht mehr eine nahezu private Einrichtung des Herrschers, die nach seinen höchstpersönlichen Weisungen eingriff. Sie war und wurde eine gewaltige modern bürokratisch organisierte Macht im Staate, die auch die Provinzen erfaßte. Sie verfügte über Mitarbeiter für die »äußere« und solche für die »innere« Kontrolle der Verdächtigen, die ohne Angabe von Gründen verhaftet werden konnten. Die »innere Kontrolle« bestand aus Spitzeln und geheimen Mitarbeitern, die sich als Gesinnungsgenossen in die revolutionären Organisationen einfädelten. Die »Ochrana« genannte Polizei legte sogleich nach dem Tode Alexanders II. ihr Probestück ab. Sie zerschlug in kurzer Zeit die Attentatsgruppe der »Narodnaja Wolja«, »Volkswille«; die spätere sowjetische Geschichtsschreibung hat die Terroristen, bei aller Anerkennung ihres Mutes, nur noch historisch und abwertend als »individuelle« Attentäter bezeichnet, die nicht verstanden hätten, den notwendigen »Massenterror« des Proletariats zu entfesseln.

Marx wußte von solchen Zusammenhängen nichts und konnte

auch die Anfänge des Proletariats in Rußland nicht beobachten, sosehr er sich bemühte, anhand der ihm zugesandten Statistiken über das russische Steuerwesen, die Militärstatistik und andere offizielle Dokumentationen schon einen Übergang zum Kapitalismus im Zarenreich aufzufinden. Er war im Augenblick für Terrorismus. Und Engels schrieb darüber, bald nach Marx' Tode, an dieselbe Vera Sassulitsch, mit Dank für eine ihm übersandte Schrift Plechanows, es komme nur darauf an, daß jetzt losgeschlagen würde.

Er bekennt zunächst, und es ist charakteristisch für Engels, daß er oft sehr viel zurückhaltender und »realistischer« ist als der immer völlig ungehemmt »entscheidende« Marx: »Ich weiß zuwenig über die gegenwärtige Lage in Rußland, um mir die Kompetenz anzumaßen, die Einzelheiten der Taktik zu beurteilen.« Und »außerdem ist mir die innere und geheime Geschichte der russischen revolutionären Partei, besonders die der letzten Jahre, fast völlig unbekannt. Meine Freunde unter den Narodowolzen haben darüber niemals mit mir gesprochen.« Nur, und das stellt er voran: die historische Theorie von Marx »ist nach meiner Meinung die Grundbedingung jeder *zusammenhängenden* und *konsequenten* revolutionären Taktik; um diese Taktik zu finden, braucht man nur die Theorie auf die ökonomischen und politischen Verhältnisse des betreffenden Landes anzuwenden«.

Diese Auffassung ist von geschichtlicher Bedeutung, die ich nicht auszumalen brauche. Die Theorie ist überragend für die beiden Meister; die Tatsachen und die »geschichtliche« Entwicklung haben sich ihr zu fügen, und die Ausdeutung des Ganges der »zusammenhängenden und konsequenten« Taktik, die hier nicht gut »Taktik« zu nennen wäre, ist danach dialektisch zu erklären.

Was beide, Marx wie Engels, aber mit Sicherheit annehmen, ist: daß Rußland vor seiner großen Revolution steht. »Die Revolution *muß* zu gegebener Zeit ausbrechen; sie *kann* jeden Tag ausbrechen. Dies ist einer der Ausnahmefälle, in denen es einer Handvoll Leute möglich ist, eine Revolution zu *machen*, d. h. durch einen kleinen Anstoß ein ganzes System zu stürzen, dessen Gleichgewicht mehr als labil ist (um mich der Metapher Plechanows zu bedienen).« Engels hat die übersandte Schrift sogleich gelesen; er zitiert auch höchst überraschend Blanqui und den Blanquismus – die Gegnergruppe so langer und erbitterter Kämpfe für Marx – als die »Phantasie, eine ganze Gesellschaft durch die Aktion einer kleinen Verschwörergruppe umzuwälzen«. Hier habe der Blanquismus eine »gewisse Daseinsberechtigung«; vorwärts nur, »einmal das Feuer ans Pulver gelegt, einmal die Kräfte befreit ... so werden die Männer, die das Feuer an die Mine gelegt haben, durch die Explosion fortgerissen, die tausendmal stärker sein wird als sie und sich ihren Ausweg suchen wird, wie sie kann, wie die ökonomischen Kräfte und Widerstände entscheiden werden.«

Und weiter: »Nehmen wir an, diese Leute bilden sich ein, die Macht zu ergreifen, was schadet das? Wenn sie nur ein Loch bohren, das den Deich zerreißen wird, der Strom selbst wird sie bald über ihre Illusionen aufklären. Aber wenn diese Illusionen zufällig bewirken, ihnen überlegene Willensstärke zu verleihen, warum sich darüber grämen? Die Leute, die sich rühmten, eine Revolution *gemacht* zu haben, haben noch immer am Tag darauf gesehen, daß sie nicht wußten, was sie taten, daß die *gemachte* Revolution jener, die sie machen wollten, durchaus nicht ähnlich sah. Hegel nennt das die Ironie der Geschichte ... Nur wenige historische Persönlichkeiten entgehen dieser Ironie.« Und nachdenklich fügt er, nur im Entwurf seines Schreibens, hinzu: »Vielleicht wird es uns allen so ergehen.«

Jetzt aber sieht er alle Vorbedingungen in Rußland erfüllt, »wo alle Stufen der gesellschaftlichen Entwicklung vertreten sind, von der Urgemeinschaft bis zur modernen Großindustrie und Hochfinanz«! Marx war nicht weniger enthusiastisch. Einer der jungen Russen berichtet, er habe bei den Attentaten der »Narodnaja Wolja« gemeint, dieser Kampf gegen die zaristische Selbstherrschaft erschiene ihm als »etwas Märchenhaftes, wie ein Vorgang aus einem Roman«.

Ein Roman war es denn auch, »Was tun?« des Nikolai Tschernyschewski, der ihm als das weitaus bedeutendste Werk der jungen russischen Literatur vorgestellt wurde. Es sei die Bibel der ganzen Generation, versicherte man ihm, die Laienbibel mit strengstem Atheismus. Die jungen Russen, das heißt die Petersburger Intellektuellen, sahen in den Gestalten dieses Romans die Vorbilder für ihr künftiges Verhalten und ihren Lebensstil, bis in ihre Liebesaffären hinein. Denn auch ihre persönlichen Angelegenheiten haben bei Tschernyschewski nach den theoretischen Grundsätzen der Vernunft behandelt zu werden. »Diese Theorie ist kalt, lehrt aber den

Menschen, Wärme zu erzeugen. Die Lanzette darf sich nicht biegen, der Patient wäre sonst zu beklagen ... diese Theorie ist prosaisch, aber sie enthüllt uns die wahren Beweggründe des Lebens.« Naturwissenschaft ist das neue Wissen, das man sich anzueignen hat, der »neue Mensch« ist naturwissenschaftlich bedingt und geschult. Und kühl wie ein Vivisektionist ist der eigentliche Held des Romans, Rachmetow, der erste bewußte Berufsrevolutionär; gegen den zuvor von Turgenjew so benannten Nihilisten Basarow seines Romans »Väter und Söhne« hatte Tschernyschewski seinen Typus aufgestellt. Turgenjew ließ seinen Helden erfolglos und melancholisch enden. Rachmetow ist ganz anders: »aus reinem Stahl geschmiedet«, ein Asket der Revolution, er verzichtet auf persönliches Glück: »Ich muß die Liebe in mir ersticken ... solche Menschen wie ich haben kein Recht, das Schicksal anderer an sich zu binden.« Aber sie sind die »Motore der Motoren, das Salz der Erde«. Lenin hat dann Tschernyschewski als junger Mann gelesen, viele Sätze auswendig gelernt und seinen Namen kanonisch gemacht.

Worin des Helden revolutionäre Tätigkeit besteht, das mußte der Autor aus Rücksicht auf die Zensur unbestimmt lassen. Er saß zur Zeit, da er den Roman schrieb, bereits in der Peter-Pauls-Festung und wurde dann auf lange Jahre nach Sibirien verschickt.

Das Bild der Zukunft, das Tschernyschewski im Roman malt, ist so phantastisch wie das ganze Buch. In Träumen der weiblichen Heldin Vera wird es uns vorgeführt. Der Mensch der Zukunft wird sich die Welt mit Hilfe wunderbarer Maschinen erobern und die Natur, nicht nur den Menschen, umformen. Arbeit ist keine Last mehr, sondern leicht und erfreulich. Der Gegensatz von geistiger und körperlicher Arbeit verschwindet. Der Mensch wird ein vielseitiges Wesen sein: Musiker, Dichter, Philosoph, Schauspieler, daneben auf dem Feld oder in einer Fabrik arbeiten. Das Vorbild Fouriers ist unverkennbar, wie in Marx' eigenen Zukunftsphantasien seiner Pariser Zeit. Und bezeichnend heißt die sehr literarische Überschrift für die Schlußapotheose: »Dekorationswechsel« – ein ominöses Wort, wenn wir die ganz außerordentliche Wirkung bedenken, die dieser Roman, wie nur ganz wenige literarische Produkte sonst, auf die eigene Generation wie noch weitere gehabt hat.

Wenn Marx das las – vielleicht ließ er sich darüber nur referieren –, so konnte ihn das nur an eine nun weit zurückliegende Jugendphase erinnern, die durch gründliche theoretische Arbeit am System überholt war. Er beschäftigte sich vornehmlich mit Tschernyschewskis politischem Kampf gegen den Zarismus und seinen ökonomischen Arbeiten über die Dorfgemeinde. Er sah sehr wohl, daß es sich da um einen Mythos handelte, der nun erst in die Wirklichkeit überführt werden sollte. Er glaubte aber, in diesen Formen der Gemeinschaft an Grund und Boden doch schon »rationelle Elemente« zu entdecken vom Geist des Kollektivismus und der kameradschaftlichen Assoziation. Er hatte sich vielfach mit dem Problem des »Mir«, der Dorfkommune, beschäftigt, auch unter deutschen mittelalterlichen Verhältnissen, wofür ihm die Bücher des Münchener Professors und Reichsrats Ritter von Maurer über die »Markgenossenschaften« wie eine Offenbarung erschienen; die in seiner Redaktionszeit an der ersten »Rheinischen Zeitung« so wütend angegriffene »historische Rechtsschule« hatte da einen sehr wertvollen Beitrag zum Thema »Gemeineigentum« erbracht. Die russische »Mir«-Verfassung war in Deutschland schon in den fünfziger Jahren weithin bekannt und durch die Berichte des westfälischen Freiherrn von Haxthausen diskutiert worden, der im Auftrag der preußischen und später der russischen Regierung Rußland bereist hatte. Die Regierungen versprachen sich von »Mir«-Gedanken, die in konservativen Kreisen viel Beachtung fanden, Stärkung des Bauerntums und nicht zuletzt auch ihrer Finanzen. Denn die Dorfkommune hatte, abgesehen von ihren mythisch seelischen Eigenschaften, die sehr wesentliche praktische Bedeutung, daß die Gemeinschaft kollektiv für das bäuerliche Steueraufkommen verantwortlich war und somit eine Gelegenheit bot, auch das sonst – und immer – sehr schwer überschaubare flache Land zu erfassen.

Das wiederum konnte Marx nicht gebrauchen; er vermochte auch mit dem Gedanken, die Dorfkommune sei eine urslawische Einrichtung, sich nicht zu befreunden. Er schloß keinen Kompromiß, er äußerte sich einfach so vieldeutig wie das Delphische Orakel. Im Vorwort zu der neuen Übersetzung des Kommunistischen Manifestes, die in Genf erschien, von Plechanow übertragen, hieß es dann: »Wird die russische Revolution das Signal zu einer proletarischen Revolution im Westen, so daß sich beide ergänzen, so kann das jetzige russische Gemeineigentum am Boden zum Ausgangspunkt einer kommunistischen Entwicklung dienen. Rußland bildet die Vorhut der revolutionären Aktion in Europa.« Lenin hat diese Hoffnung und These lange, bis zu seinen Friedensverhandlungen mit dem Deutschen Reich in Brest-Litowsk, vertreten.

Die Russen, die Marx aufsuchten, waren nicht alle Terroristen oder Revolutionäre. Es waren angehende oder schon beamtete Professoren darunter, und Marx war stolz darauf, daß sein »Kapital« zuerst ins Russische übersetzt und in den akademischen Zeitschriften eingehend besprochen wurde, was ihm sonst nirgendwo zuteil werden wollte. Er äußerte sich über die Russen mit einer Wärme, die ihm sonst ganz fremd war. Und ein Zug seines Wesens kam bei der Zusammenarbeit mit ihnen zutage, der sonst im ständigen Kampf und Widerstreit verkümmern mußte: der Lehrer, der Pädagoge, der ein Universitätsprofessor und Schulhaupt hätte werden können, wenn er nicht eben der Revolutionär Marx gewesen wäre. Der jugendliche Petersburger Maxim Kowalewski, der jedes Jahr zu Studien im Britischen Museum nach London kam, früh schon Professor an der Petersburger Universität, dann lange Jahre als liberaler Gegner des Zarismus in der Emigration, ehe er nach der Revolution von 1905 seine Professur wiederaufnehmen konnte, hat noch als Sechzigjähriger erklärt, er fahre fort, Marx »als teurem Lehrer ein dankbares Andenken zu bewahren«, durch den er in seinem wissenschaftlichen Werdegang bestimmt worden sei. Er habe in ihm »einen jener geistigen und moralischen Führer der Menschheit kennengelernt, die mit Recht zu den großen Persönlichkeiten gerechnet werden können, da sie die größten Träger der fortschrittlichen Strömungen ihrer Zeit sind«.

Näher und mehr zur »Großfamilie« gehörend standen ihm freilich die jungen Aktivisten, wie der blutjunge German Lopatin, über den er sich geradezu schwärmerisch äußerte. Lopatin hatte einen sehr wagemutigen Befreiungsversuch für den in Sibirien verbannten Tschernyschewski gemacht, der mißlang; er selber war aber nach längerem Gefängnisaufenthalt entkommen. Tschernyschewski wurde für Marx zum entfernten »Freund« und Gegenstand der Heldenverehrung, sein Bild hing über dem Kamin, und Frau Jenny schrieb über ihn in einem ihrer Feuilletons für die »Frankfurter Zeitung« als »den größten der modernen revolutionären Schriftsteller«. Sie erklärte es für eine Schande, daß sein Hauptwerk, die Übersetzung von John Stuart Mills »Principles of Political Economy«, dem europäischen

Publikum unbekannt geblieben sei. Marx selber las gerade diese Arbeit und meinte, Tschernyschewski sei »der einzige wirklich originelle Denker, während alle anderen nur simple Kompilatoren sind«.

Ein anderer junger Russe, damals Angestellter einer Kreditgesellschaft in Petersburg, Nikolai Danielson, wurde zusammen mit Lopatin der Übersetzer des »Kapitals« und der unermüdliche Korrespondent und Übersender von Literatur aller Sparten. Er schickte sogar, für die Tochter Eleanor bestimmt, die Klavierauszüge der beiden Opern Glinkas, von denen die erste, »Iwan Sussanin«, auf Wunsch des Monarchen in die bekanntere Titelfassung »Das Leben für den Zaren« umgetauft werden mußte. Glinka wurde mit diesem Werk der Wegbereiter der neuen russischen Musik und ihr erstes richtunggebendes Beispiel. Seltsam zu denken, daß diese Musik, von Tussy sicher etwas mühsam auf dem Klavierauszug buchstabiert, von einem Zimmer mit dem Piano herüberklang in Marxens Studio, wo die jungen Terroristen mit ihm darüber berieten, wie die letzten Zaren jener nun seit dreihundert verhängnisvollen Jahren regierenden Dynastie beseitigt werden sollten.

Auch russische Volkslieder wurden im Hause Marx kultiviert; er mag dabei an die Volksliederstudien seiner Studentenzeit zurückgedacht haben. Und ein Nachklang von Romantik schwebt um diese ganze russische kleine Enklave in London, neben und über dem vergeblichen Bemühen, die Dorfkommune wissenschaftlich in den Gang der Geschichte nach seiner historischen Methode einzubauen.

Die anderen Nationen, die Franzosen, Engländer und, eigentlich so gut wie an letzter Stelle, die Deutschen, waren nur schwach unter seinen Besuchern vertreten und gehörten jedenfalls nicht zur »Großfamilie«. Es ist übrigens auch bemerkenswert, daß wir den Russen die weitaus besten und eingehendsten Berichte über das Haus Marx und seine Familie verdanken.

Sein immer waches Mißtrauen war besonders den Franzosen gegenüber auf der Hut. Seine beiden ältesten Töchter, Jenny und Laura, hatten Franzosen geheiratet, aber auch diese Schwiegersöhne blieben ihm stets verdächtig: Der eine sei der »letzte Proudhonist«, der andere »der letzte Bakunist«.

Die Schwiegersöhne waren nicht die letzten Proudhonisten oder Bakunisten; es gab mehr, und eine lange Strähne davon zieht sich durch die ganze Entwicklung des französischen Sozialismus. Marx hat nur die ersten Anfänge noch erlebt und versucht, sich in Briefen und Weisungen einzuschalten. Aber die Franzosen, auch sein zeitweiliger Gewährsmann Jules Guesde, verstanden ihn nicht oder nur ungenügend. Guesde suchte Marx in London auf und legte ihm seinen Programmentwurf für die erste französische Arbeiterpartei vor. Marx fand darin »allerhand Allotria« und Torheiten, wie den Vorschlag, Minimalgehälter festzusetzen: »Ich sagte ihm, wenn das französische Proletariat noch so kindisch ist, solcher Köder zu bedürfen«, so sei es nicht der Mühe wert, überhaupt irgendein Programm aufzustellen. Trotzdem schrieb er ein Vorwort und sah in dem Entwurf das kommunistische Ziel definiert. Er war, wie immer, sehr hoffnungsvoll. Er erklärte sogar, ein wenig grotesk: »Georges Clemenceau ist zu uns übergetreten ... ob er hält, was er verspricht, ist ganz gleichgültig. Jedenfalls hat er unser Element eingeführt in die radikale Partei.« Und Engels schrieb in einem seiner Briefe nicht weniger ahnungslos: »Clemenceau ist ein ruhiger, berechnender Mann, ganz bereit, weiterzugehen, wenn er die Notwendigkeit einsieht, ja Kommunist zu werden, wenn man ihn überzeugen kann.« Dies alles bezog sich auf eine Rede, in der Clemenceau auch soziale Forderungen vorgebracht hatte; die Bezeichnung »ruhig« für den unruhigsten und geschäftigsten aller jungen Politiker zeigt nur, wie wenig Marx und Engels ihre Leute in Frankreich kannten.

Man muß ihnen zugute halten, daß das Bild unübersichtlich genug war: die Republik noch sehr ungefestigt und bis zum Jahrhundertende in Gefahr, von den Monarchisten überrannt zu werden. Die Arbeiterklasse noch unorganisiert, und als sie sich dann zu organisieren begann, zerfiel sie alsbald in Parteiungen und Gruppen; es bestanden schließlich vier sozialistische »Parteien«, die sich zumeist nach ihren Führern benannten: die Guesdisten, die sich noch am ehesten auf Marx berufen konnten, die Allemanisten, die Broussisten und die Possibilisten, die für »mögliche« und unmittelbar erreichbare Ziele eintraten. Daneben und sehr viel einflußreicher waren die Anarchisten und die Gewerkschaftsbewegung, die sich zum Syndikalismus bekannte, antizentralistisch war und in den Gewerkschaften in örtlicher Verteilung die Grundelemente der neuen vergesellschafteten Ordnung sah; durch »direkte Aktion« statt durch parlamentarische Reformen, im spontanen Kampf an Ort und Stelle, dem Arbeitsplatz, sollte der Umsturz erreicht werden, nicht durch zentrale Lenkung des Staates oder selbst einer Zentralbehörde revolutionärer Art. Marx wurde nicht müde, vor den Anarchisten zu warnen, die auch in der Gewerkschaftsbewegung einflußreich waren. Er hatte ständig seine Bedenken über den Nationalismus und Chauvinismus der Franzosen und versuchte, seine Gedanken durch anonyme Artikel bei ihnen einzuschleusen. »Wenn man es mit den Herren Franzosen zu tun hat«, schrieb er an Sorge, »muß man das anonym tun, um nicht ihr ›Nationalgefühl‹ zu schockieren. Und wie es jetzt steht: die Anarchisten denunzieren unsere Mitarbeiter bereits als ›Preußische Agenten‹ unter der Diktatur des ›notorischen‹ preußischen Agenten – Karl Marx.«

Die Abneigung war und blieb gegenseitig, und sie hatte sich, wie wir sahen, schon früh bemerkbar gemacht.

Nicht viel anders ging es ihm in England, wo er nun seit über dreißig Jahren wohnte oder, wie man besser sagt, sein Hauptquartier aufgeschlagen hatte. Er genoß und benutzte die großen Vorteile, die ihm das bot. Er konnte unbehelligt seinen Arbeiten und politischen Plänen nachgehen; niemand kontrollierte ihn. Die offiziellen Instanzen nahmen einfach keine Kenntnis von Dr. Marx, aus dem einfachen Grunde, weil er ihnen nicht wichtig genug erschien. Er konnte in den englischen Blättern und Zeitschriften publizieren, wenn sie seine Artikel oder Eingesandtes für bemerkenswert hielten. Zur Zeit der orientalischen Krise 1877 mit dem drohenden Krieg zwischen Rußland und der Türkei – wobei er überzeugt war, die Türken würden siegen und damit den Sturz der Zarenherrschaft herbeiführen – schrieb er über den recht unbedeutenden, aber geschäftigen Maltman Barry, Korrespondent zahlreicher konservativer Blätter, an Sorge in New York:

»Barry ist mein Faktotum hier; er dirigierte auch die Berichterstatter der ›Times‹ ... Durch ihn namentlich unterhielt ich aber während Monaten inkognito ein Kreuzfeuer gegen den Russomanen Gladstone in der Londoner fashionable Press (›Vanity Fair‹ und ›Whitehall Review‹) wie in der englischen, schottischen und Provinzialpresse ... dito wirkend durch ihn auf englische Parlamentarier des Unter- und Oberhauses, die die Hände über dem Kopf zusammenschlagen würden, wüßten sie, daß der ›Red Terror-Doctor‹, wie sie mich nennen, ihr Ohreneinbläser in der orientalischen Krise ist!« Dazu hielt er fest: »Diese Krise ist ein neuer Wendepunkt der europäischen Geschichte ... Die Revolution beginnt diesmal im Osten, wo das bisher unverletzte Bollwerk und die Reservearmee der Konterrevolution ist.«

Es ist nicht wesentlich, daß er sich in dieser Prophezeiung irrte; in Kriegsfragen haben auch die weisesten Staatsmänner sich oft geirrt. Die Türken wurden geschlagen, und die Russen standen nach neun Monaten mit ihrer Vorhut in Sicht von Konstantinopel. Wesentlich aber ist seine unbedenkliche und willkürliche Methode, ganze Völker und Machtgruppen je nach augenblicklichem Belieben zu beurteilen und in sein Schema einzusetzen. Hier optierte er für die Türken; der türkische Bauer, den er eingehend studiert haben will, sei »unbedingt einer der tüchtigsten und sittlichsten Repräsentanten des Bauerntums in Europa«. Er wollte sogar Türkisch lernen, um die Quellen zu lesen; seine bisherige Kenntnis der Sachlage stammte von dem inzwischen verstorbenen Urquhart. Engels entwarf militärische Exposés über die unweigerliche Niederlage der Russen. Beide, Marx und Engels, fühlten sich als der große Generalstab der Revolution. Es ist richtig, daß auch Generalstäbe der neueren Art Aktionspläne zu entwerfen pflegen, die »nach allen Seiten« hin gehen und unheilvoll genug sich auswirken, wenn sie dann »bei Gelegenheit« hervorgeholt werden, wie das 1914 geschah. Es ist richtig, daß auch die erleuchteten Staatsmänner, selbst solchen Formats wie Bismarck oder Disraeli, mit ihren »Lösungen für den Augenblick«, wie sie diese dann im Berliner Kongreß von 1878 für die orientalische Frage fanden, nur allenfalls eine »Gefechtspause« zuwege bringen; die orientalische Frage verwandelte sich nämlich in die »Balkanfrage« und führte damit in gerader Linie zum Ersten Weltkrieg. Immerhin sicherten Bismarck und Disraeli für den nicht unbeträchtlichen Zeitraum von fast vierzig Jahren den Frieden in Europa; daß Konferenzen von Staatsmännern für längere Zeiträume oder Jahrhunderte eine Lösung gefunden hätten, ist geschichtlich nicht belegt.

Eine Gefechtspause war aber das letzte, was Marx und Engels wünschten. Als sich die Niederlage der Türken deutlich abzeichnete, meinte Marx nur: »Die Sachen sind anders gegangen. Warum? Infolge des Verrats von England und Österreich ... endlich: die Türken versäumten eine Revolution in Konstantinopel zu machen.« Im Hintergrund sieht er Bismarck, der aus persönlicher Wichtigkeit

»die jetzt eröffnete *Aufeinanderfolge* europäischer Kriege in Aussicht stellt« und damit »den Untergang all dieser säbelrasselnden Shampowers«.

Barry war so ziemlich der einzige englische Journalist, mit dem Marx Kontakt hatte; er hat keinen der damals schon sehr einflußreichen englischen Publizisten, die oft die inoffizielle Stellung von Botschaftern des Empire einnahmen, je kennengelernt. Mit der akademischen Welt hatte er keinerlei Fühlung; ein einsamer jüngerer Publizist, Ernest Belfort Bax, fand sich bei ihm ein und wurde ein, nie ganz sicherer, Gefolgsmann. Engels bezeichnete ihn als »brav, aber noch grün«. Später spricht er dann von »unverdauter Hegelscher Dialektik« und »in allen politischen Dingen von kindlicher Unerfahrenheit«; oder: »Was die Unkenntnis der Umwelt anbelangt, so übertrifft so ein englischer Stubengelehrter ganz und gar an eremitenhafter Naivität und Fremdheit mitten in der größten Stadt der Welt seine deutschen Kollegen.« Wie eremitenhaft jedoch Marx und auch Engels selber in ihren beiden Häusern zu Hampstead hausten, zeigt nichts besser als die fast jubelnde Hoffnungsfreudigkeit beim Zuzug dieses vereinzelten Anhängers. Bax schrieb einen Artikel über Dr. Marx in der Zeitschrift »Modern Thought«, und Marx, der sonst so Überkritische, fand: »Das ist nun die erste englische Publikation dieser Art, die von wirklicher Begeisterung für die neuen Ideen durchdrungen ist und sich dem britischen Philisterium kühn entgegenstellt.« Er kann freilich nicht verfehlen anzumerken, daß die biographischen Angaben falsch und die Wiedergabe seiner ökonomischen Grundgedanken verworren sind, fügt aber hinzu, die Ankündigung dieser Nummer in »großen Lettern auf Plakaten im Westend« habe enormes Aufsehen gemacht. Es hat etwas Ergreifendes, daß er dieses winzige Zeichen der Anerkennung noch seiner schon sterbenden Jenny auf die Bettdecke legte, um ihr eine letzte Freude zu machen.

Bax stellte auch, in Marx' Sterbejahr 1883, die erste sozialistische Zeitschrift in England zusammen. Mit »To-day« glaubten Marx wie Engels, »ihr Organ« gefunden zu haben; Bax riskierte dabei seine eigenen bescheidenen Mittel und mußte das Blatt sehr bald in finanziell potentere Hände übergeben. Die Liste seiner Mitarbeiter führt einige der besten Namen der Generation auf, die unmittelbar vor der Tür stand, aber bei Marx nicht mehr die Schwelle überschritten hat: Bernard Shaw publizierte hier seinen ersten Roman »An Unsocial Socialist«; William Morris, der dann zusammen mit dem weiteren Herausgeber Hyndman die erste sozialistische Arbeiterföderation gründete, aus der nach manchen Wandlungen später die Labour Party hervorging; William Archer, der künftige führende Theaterkritiker der Moderne; Havelock Ellis, der zum Herold der Sexualpsychologie werden sollte, damals im streng »puritanischen« England eine höchst gewagte Angelegenheit; Edward Carpenter, ein Missionar auf anderem Gebiet, der Lebensreform: Er hatte seine Universitätskarriere hingeworfen, sich in ein Dorf zurückgezogen, sagte seiner Klasse und dem korrupten Leben des Bürgertums wie allen viktorianischen Konventionen Fehde an, verdiente seinen Lebensunterhalt durch Gemüsegärtnerei und Herstellung von Sandalen und publizierte in den Abendstunden seine zahlreichen Schriften, von denen die Prosahymne »Towards Democracy« berühmt wurde. Eine »gemischte Gesellschaft«, wie Engels zu Recht meinte. Es half nichts, daß die Marx-Tochter Eleanor eifrig an der Zeitschrift mitarbeitete, wie auch sein Schwiegersohn Lafargue und Eleanors Lebensgefährte Aveling: Engels sprach im Namen der Partei Marx das Urteil aus. Das Blatt wurde verdammt, nachdem Hyndman es übernommen und Bax ausgezahlt hatte. Aber er war der einzige aus diesem Kreise, der Marx noch persönlich für ein kurzes Jahr nahetrat.

Henry Mayers Hyndman war die »gemischte Gesellschaft« in einer Person: sehr wohlhabend, juristisch gebildet, umsichtig in Börsengeschäften und waghalsig in seinen literarischen und sozialen Versuchen. Er hatte auf seinen Reisen die französische Übersetzung des »Kapitals« gelesen und war hingerissen. Er ließ sich bei Marx einführen und bekannte sich als sein Schüler und Bewunderer. Marx hatte einen Artikel über Indien von Hyndman gelesen und empfing ihn, so vorsichtig er sonst Engländern gegenüber war. Hyndman hatte sich zuvor für Mazzini begeistert, dessen Charakter ihn vor allem anzog, wie er in seiner Autobiographie sagt, »während ich zu Marx ging, bezwungen von der Größe seines analytischen Genius und darauf brennend, als Lernender mich von ihm belehren zu lassen«. Der erste Eindruck war der eines kräftigen, unbändigen, zottigen Alten, begierig, sich in Konflikte zu stürzen, jeden Augenblick einen Angriff erwartend. Seine Augen sprühten, wenn er über die Liberalen, besonders ihre Politik Irland gegenüber, wetterte. Darüber verstanden sie sich alsbald; auch Hyndman war gegen die Liberalen, er hatte sich einige Jahre früher, vergeblich, als konservativer Kandidat aufstellen lassen. Marx wechselte dann seinen Ton und sprach über Wirtschaftsfragen. »Er vertauschte ohne sichtliche Anstrengung die Rolle des Propheten und heftigen Anklägers mit der des ruhigen Philosophen, und ich empfand vom ersten Augenblick, daß noch manches lange Jahr vergehen würde, bis ich aufhören würde, auf diesem Gebiet wie ein Schüler vor dem Meister zu stehen.«

Hyndman sah ihn als jüdischen Propheten, mit gebieterischer Stirn und feurigen Augen, breiter Nase und beweglichem Mund, das Ganze umrahmt von ungepflegtem Haar und Bart – der »gerechte Zorn der großen Propheten«, vereint »mit dem kalten analytischen Verstand eines Spinoza und der jüdischen Doktoren«; zweifellos sei es, daß »sein Haß gegen das ihn umgebende System der Ausbeutung und Lohnsklaverei nicht nur ein intellektueller und philosophischer, sondern auch ein leidenschaftlich-persönlicher war«.

Hyndman wurde akzeptiert. Er durfte bald sogar zusammen mit dem Meister im Zimmer auf und ab marschieren, wie auf Deck eines Dampfers, wie Engels das tat, dem solche Intimität höchst suspekt wurde. Hyndman hat denn auch im Rückblick Engels beschuldigt, er habe das Verhältnis gestört und den Bruch herbeigeführt. Der Anlaß war bald zur Hand. Hyndman publizierte eine Broschüre »England for All«. Sie war gut und wirkungsvoll geschrieben und brachte zum ersten Male Marx' Gedanken, mit ausführlichen Zitaten aus dem »Kapital«, einem breiteren englischen Publikum zur Kenntnis. Das Heft hatte nur einen Kardinalfehler: Hyndman erwähnte den Namen Marx nicht im Text. Er fügte lediglich am Schluß seines Vorworts einen Satz hinzu, er sei »für die Ideen und einen großen Teil des stofflichen Inhalts der Kapitel II und III dem Werk eines großen Denkers und schöpferischen Schriftstellers verpflichtet«. Marx schäumte. Hyndman erklärte brieflich, das englische Publikum habe nun einmal einen Horror vor dem Namen Sozialismus, und »sie wollen sich nicht gern von Fremden belehren« lassen. Marx ließ das nicht gelten und distanzierte sich überhaupt vom Inhalt des Heftes, das zur Verteilung unter die Mitglieder der von Hyndman gegründeten »Democratic Federation«

bestimmt sein sollte. Er brach den Verkehr, der zeitweilig recht intim gewesen war, ab. Und Engels hat bis an sein Lebensende Hyndman und dessen Parteigründungen mit Erbitterung und Haß verfolgt. Der Mann war hinfort für ihn nur noch der »ehrgeizige Streber«, der ohne Rückhalt bei der Arbeiterklasse nach einer Partei suche und sich dabei ständig blamiere. Hyndman revanchierte sich damit, daß er Engels den »Groß-Lama von Regents Park Road« nannte.

Ich will Hyndman nicht einen Kopf größer machen, als er war; wenn Engels ihn einmal wütend eine »elende Karikatur von Lassalle« nannte, so war das nicht ganz weit ab vom Ziel geschossen. Aber er hat mit seinen Parteigründungen seine Spur in der britischen Arbeiterpartei-Bewegung hinterlassen.

Doch alle diese »mittelmäßigen« jungen Leute waren Marx und Engels verdächtig. Engels hat denn auch, als Bernard Shaw zusammen mit Sidney und Beatrice Webb die »Fabian Society« gründete, nur gemeint: »Eine dilettantische Bande unerhört eingebildeter Leute, die sich gegenseitig bewundern; sie schweben hoch über solchen ignoranten Menschen wie Marx und versuchen, die Bewegung in ihren Händen zu konzentrieren.«

Dilettanten waren sie allerdings – oder besser Außenseiter und zweifellos Mittelklasse. Wie in Rußland die »reuigen Adligen« gab es in England die »reuigen« Söhne und Töchter der Bourgeoisie. Die Einbandzeichnung ihres von Shaw herausgegebenen Manifestes »Sozialismus« von 1889 zeigt einen übervollen Apfelbaum, an diesen gelehnt eine Leiter mit der Aufschrift »Kapital«, oben darauf ein breiter Bürger mit Zylinder und Bauchbinde »Privilegien«, am Fuß die beiden Repräsentanten der Zukunft: der Arbeiter mit der Axt in der Hand, der Bauer mit dem Spaten, beide setzen schon ihren Fuß auf die Sprossen der Leiter. Aber der Privilegienmann soll nicht mit der Axt heruntergeholt werden, sondern durch Reformen, Organisation und Planung. Als Großväter und Großmütter der Planung, der Reformen in Verwaltung und Sozialwesen haben diese Engländer in der Tat gewirkt; der Wohlfahrtsstaat ist ihr Enkelkind. Und was das Lernen anbetrifft, so saßen die beiden Webb nicht weniger fleißig als Marx im Britischen Museum und studierten alle offiziellen Dokumente der Regierung. Sie schrieben eine ausführliche Geschichte der britischen Gewerkschaften, die ein Standardwerk wurde, aber mit dem Proletariat hatten sie wenig Fühlung.

Wie stand es aber mit Marx und Engels in dieser Beziehung? Ein Arbeiter wird unter den Besuchern im Hause Marx nicht erwähnt, geschweige denn ein Gewerkschaftsführer. Daß noch zu seiner Lebenszeit die ersten künftigen Führer der Arbeiterbewegung, Tom Mann, Keir Hardie, John Elliot Burns und andere, schon sehr aktiv waren, hat er nicht bemerkt. Diese waren nun entschieden nicht »middle-class«, sondern von proletarischer Herkunft. Sie hatten nichts gelernt als allenfalls ein Handwerk. Sie besaßen keine Theorie des Sozialismus, kein theoretisch begründetes Programm. Ihre Lehrzeit war der Gewerkschaftskampf, waren Streiks, auch Verhaftungen und Gefängnis; keiner von ihnen hatte das »Kapital« oder nur das »Kommunistische Manifest« gelesen. Sie agitierten, organisierten, schrieben, waren Redner, zuweilen im biblischen Predigerton wie Hardie.

Die gesamte Gewerkschaftsbewegung war für Marx und auch noch Engels eine Fehlleitung der Kräfte der Arbeiterklasse. Die Gewerkschaftsführer, die anfangs an der Internationale mitgearbeitet, nach der Pariser Kommune sich aber abgewandt hatten, waren nur »Renegaten«. Bald hieß es noch schärfer über »das ganze Pack«, sie seien käuflich und könnten sich vor den eigenen Arbeitern nicht sehen lassen, ohne verprügelt zu werden. Am unverständlichsten war Marx, von solchen Ausbrüchen seines maßlosen Temperaments abgesehen, ihr »Hunger« nach Parlamentssitzen, der dazu führte, daß sie lange Zeit auf eine eigene Arbeiterpartei verzichteten und sich vom radikalen Flügel der Liberalen protegieren und ins Parlament wählen ließen. »Die englische Arbeiterklasse war nach und nach durch die Korruptionsperiode seit 1848 tiefer und tiefer demoralisiert worden und endlich so weit gekommen, nur noch den Schwanz der großen liberalen Partei zu bilden, d. h. ihrer Knechter, der Kapitalisten. Ihre Lenkung war ganz übergegangen in die Hände der verkäuflichen Trade-Unions-Führer und Agitatoren von Handwerk«, so schrieb Marx zur Information und Weitergabe an die deutschen Sozialisten. Und Engels meinte, von einer wirklichen Arbeiterbewegung in England könne überhaupt keine Rede sein; Berichterstattung darüber könnten sie sich ersparen.

Doch die englischen Arbeiter hatten ihre eigenen Traditionen vom Chartismus her – und einige der Führer waren in ihren Anfängen noch aktive Chartisten gewesen. Doch schon die Charta der

Chartisten sah als wesentlichen Punkt die Erringung des Wahlrechts für die Arbeiter vor, die für Marx nur eine gewaltige potentielle Kraft waren, die Revolution machen könnte. Er wurde in dieser Hoffnung schon 1848 enttäuscht; er war jetzt noch stärker enttäuscht, daß die englischen Arbeiter ins Parlament drängten. Es schien ihm gleichgültig, daß die wesentlichsten Punkte der Charta bereits ihre Erfüllung gefunden hatten, wenigstens auf politischem Felde; das alles war in seinen Augen Ablenkung, Opium für das Volk.

So konnte er der englischen Arbeiterbewegung keinen Rat geben; er wurde auch nicht gesucht. Wenn Streiks stattfanden, die sehr zahlreich waren um diese Zeit und zuweilen schon mit gewaltigen Massendemonstrationen verknüpft, so stand er nur einmal auf der Tribüne als Zuschauer und hoffte, es werde nun »losgehen«. Es ging nicht los. Wenn Wirtschaftskrisen auftraten, und es gab sie in fast regelmäßigen Abständen, so konnte er erneut hoffen. Da sah er auch mit scharf analytischem Blick, daß England-Großbritannien bereits begann, seine wirtschaftliche und industrielle Überlegenheit an die Vereinigten Staaten zu verlieren, mit allen unvermeidlichen Folgen für das britische Proletariat, das bisher eine privilegierte Stellung genossen hatte.

Ein amerikanischer Besucher von einigem Rang hat ihn nie aufgesucht. Was ihm an Nachrichten von drüben durch seinen Freund Sorge zukam, war verwirrend; das Buch des Matrosen, Goldgräbers, Buchdruckers und Zeitungsherausgebers Henry George über »Fortschritt und Armut«, das weitestes Aufsehen machte, erschien ihm nur als ein »letzter Versuch, die Kapitalistenherrschaft zu retten«, und zwar gerade dadurch, daß George als Allheilmittel für die sozialen Fragen sehr radikal vorschlug, das Eigentum an Grund und Boden aufzuheben und dem Staat zu übertragen. Die Lohnarbeit, das kapitalistische System solle bestehen bleiben; es werde, meinte Marx, durch Lösung des bloßen Teilproblems des Grundeigentums nur gestärkt.

Irreführende Teillösungen des Grundproblems wie bei George; reformerischer Sozialismus; Anarchismus, Syndikalismus, Utopisten, wohlmeinende Philanthropen, böswillige Renegaten der großen Sache; unzuverlässige Parteigänger, die ausgeschieden werden mußten – das Gesamtbild hätte Marx deprimieren können. Doch er war kein depressiver Mensch; Kritik war sein Lebenswerk, doch Kritik an den eigenen Anschauungen oder Zweifel nur hat er nie aufkommen lassen. Verbesserungen wohl, unaufhörlich, soweit sie das einmal Konzipierte bestätigten und erweiterten, Revision jedoch nie. Es hat seinen Sinn, daß Revision und Revisionismus, seitdem sie gegen Ende des Jahrhunderts in der deutschen sozialistischen Bewegung auftraten, dann zu fluchwürdigen Verdammungswörtern für jeden Zweifel am »orthodoxen« Marx geworden sind.

In dieses Gesamtbild allseits ungenügender Gefolgschaft fügten sich auch schon in seinen letzten Lebensjahren die deutschen Sozialisten ein. Sie waren allesamt verdächtig, entweder unter Lassalles Einfluß zu stehen, anarchistisch zu denken wie die Ultras der äußersten Linken oder mit pseudosozialistischen Wissenschaftlern zu kokettieren. Soweit sie ergebene Parteigänger sein wollten, gingen sie unaufhörlich Irrwege und machten es falsch; es war ihm ständig zweifelhaft, wieweit die deutschen Sozialisten die reine Lehre auch nur leidlich erfaßt hatten. Sie bauten in emsiger Kleinarbeit, unter sehr schweren Bedingungen, mit vielen Gefängnisstrafen und Gefängnisdrohungen, finanziell auf minimale und oft ausbleibende kleine Zeitungshonorare angewiesen, die erste und damals einzige sozialistische Partei auf, die Bestand hatte und unaufhaltsam wuchs, während alle Gründungen in anderen Ländern kurzlebig waren. Marx kritisierte ohne Unterlaß ihre Publikationen, ihre taktischen Maßnahmen, ihre fehlerhaften Programmpunkte. Er geriet dabei in den Ruf eines großen, hoch zu respektierenden, aber grimmigen und bösen Alten, der gegen jeden und alle seine Blitze wie der Donnergott Zeus schleuderte. Und ein maliziöser Franzose, der Anarchist Reclus, der als einer der ganz wenigen Franzosen einmal bei einer Konferenz über seine Schwelle trat, hat behauptet, Marx habe sich dabei bewußt unter die Gipskopie des Zeus auf seinem Bücherschrank gestellt, um diese Vorstellung noch drastisch zu unterstreichen. Die Zeus-Büste war ein Geschenk des Exfreundes Kugelmann, der übrigens auch zu denen gehörte, die ausgeschieden werden mußten. Die deutsche demokratische Partei kam also ohne ihn und fast gegen ihn zustande, sie wuchs und gedieh ohne ihn und oft genug gegen seinen Rat, der unzweifelhaft zu Spaltungen geführt hätte, wenn man seine und Engels' Worte befolgt hätte. Es ging Marx dabei immer um die »reine Lehre«, die auch auf die Gefahr noch so großer Konflikte hin gewahrt werden müsse. Die reine Lehre, die ja etwas Geistiges ist, zumal in »absoluter Form«, ist immer in Gefahr, beschmutzt zu werden, wenn sie in die trübe Welt der politischen Wirklichkeit gerät. Um auf Marx' philosophischen Lehrer Hegel zurückzugreifen: Der Weltgeist, nachdem er sich genügend in der antithetischen Wirklichkeit mit all ihren Fragwürdigkeiten abgemattet hat, kehrt in der Schlußsynthese in sich selbst zurück und findet damit seine Vollendung im Absoluten. Er ist endlich »bei sich« – »daheim«.

Das Daheim des Dr. Marx nach Abschluß seines Lebenswerkes, so fragmentarisch er es hinterließ, ist seine Welt in den letzten zehn Jahren. Die engere Familie, die Großfamilie der jungen Leute, die Korrespondenz nach vielen Seiten hin und einige Studien in möglichst weit abgelegenen Gebieten: das wurde sein Lebensabend. In allen Berichten neuer Besucher steht unweigerlich die Verwunderung voran, daß der allgemein gefürchtete Donnergott und Blitzeschleuderer doch im persönlichen Umgang sich so ganz anders präsentierte: kein grimmiger Alter, sondern freundlich, umgänglich, gastfrei, bereit, lange Gespräche zu führen. Ein vorbildlicher Familienvater, der seine Frau herzlich liebte, die Töchter verwöhnte, mit den Enkelkindern spielte und mit sich spielen ließ. Für die Bettelkinder auf der Straße hatte er die Taschen voll Zuckerwerk. Es wurde sogar berichtet, er habe aus der christlichen Lehre immerhin das »lasset die Kindlein zu mir kommen« als einzige versöhnliche Maxime gelten lassen.

Das Haus erschien, dank der unerschöpflichen Generosität von Engels, gut bestellt; es wurde reichlich gegessen und gut getrunken. Es gab Festlichkeiten; der junge Russe Kowalewski beschreibt eine Weihnachtsfeier, bei der zur Klaviermusik der Tochter Eleanor getanzt wird. Kein wilder Reigen freilich: Gravitätisch schritt Marx, die Gattin zur Seite, zu einer Polonaise dahin.

Er konnte nun als Patriarch leben, im geräumigen Hause mit dem Blick auf den Park, mit kleinen Krankheiten, großen Dosen Medizin und vielen Badekuren, im Kreise der Familie oder die Töchter in Frankreich besuchend. Die eigentümliche Unruhe, die Todgeweihte in ihrer letzten Zeit heimzusuchen pflegt, machte sich trotzdem bemerkbar. Er kam jedesmal erfrischt und verjüngt aus Karlsbad, Neuenahr, Malvern und von den Kanalinseln zurück. Dann fielen die Schläge, die ihn fällten. Seine Frau Jenny starb Ende 1881. Die Longuet-Gattin Jenny, die älteste Tochter, starb kurz nach der Geburt ihres sechsten Kindes, ein Jahr danach. Sein Umherreisen bekam etwas Hektisches. Die Anzahl der Ärzte, Ratgeber, Kurvorschläge für verschiedene Übel ist kaum zu übersehen, es heißt: hartnäckige Bronchitis, die Lunge, die Leber, der Darm, der Kehlkopf. Er geht an die See, nach Ventnor auf der Isle of Wight, und die ebenfalls – aber am Gemüt – leidende Tochter Eleanor muß ihn begleiten. Sie litt an einer schweren Nervenkrise, da der Vater die Heirat mit ihrer Jugendliebe, dem französischen Kommunarden Lissagaray, ganz strikt verbot. Jetzt hatte sie offenbar eine Art Hungerstreik oder Selbstmord durch Hunger im Sinn; Marx empfand das und meinte selbstvergessen, das Kind dürfe sich nicht einbilden, sie solle als befohlene Betreuerin des Vaters am Familienaltar geopfert werden!

Engels gab den Rat, nach Algier zu gehen, das damals mit der Konsolidierung der französischen Kolonialherrschaft als Sonnenquelle beliebt zu werden begann. Doch es war kalt und feucht in Algier. Zwei Monate verbrachte er in einem Hotel. Der Arzt behandelte ihn mit auf die Haut aufgetragenen blasenziehenden kolloidalen Kantharidenlösungen (»meine Tätowierung«, nannte Marx es). Die Blasen gingen des Nachts, wenn er sich unruhig hin und her warf, auf und überschwemmten sein Bett; ein freundlicher junger Assistent legte ihn trocken. In den Pausen dieser Kur beobachtete Marx interessiert die Landschaft und das Volksleben auf dem Markt. Algier sei, so notierte er, eine der am wenigsten unter Zwang stehenden Städte, die man sich nur vorstellen könne. Die Polizei sei auf ein absolutes Minimum beschränkt; völliges Laisser-faire in der Atmosphäre. »Die Moslems kennen praktisch keine Unterordnung; sie sind weder Subjekte noch Objekte der Verwaltung, sie erkennen keinerlei Autorität an.« Er geht auch auf die Bibliothek – ohne eine Bibliothek konnte er sich selbst in diesem Zustand, da sich in den Briefen schon zuweilen die Sätze verheddern und die Orthographie ausbleibt, das Leben nicht denken – und versucht, Werke über Algier zu studieren. Er findet eine kleine arabische Fabel heraus und teilt sie der Tochter mit:

Ein Philosoph nimmt ein kleines Fährschiff, um einen stürmischen Fluß zu überqueren; ein Dialog mit dem Fährmann folgt.

Der Philosoph: Fährmann, kennst du die Geschichte?

Fährmann: Nein!

Der Philosoph: Dann hast du dein halbes Leben verloren! Hast du Mathematik studiert?

Fährmann: Nein.

Der Philosoph: Dann hast du mehr als die Hälfte des Lebens verloren!

Der Wind dreht sich, das Schiff kentert, beide fallen ins Wasser.

Der Fährmann: Kannst du schwimmen?

Der Philosoph: Nein ...

Der Fährmann: Dann verlierst du dein ganzes Leben.

Aus Sturmwinden in Algier ging es weiter nach Monte Carlo; das Regenwetter folgt ihm. Der Arzt empfiehlt Höhenluft. Marx hat nur Zeit, einige Beobachtungen über das »trübselige Nest« zu machen, das ausschließlich aus Hotels mit Spielerpublikum besteht. »Keine plebejische Masse gibt es hier, außer Hotel- und Kaffeehaus-Kellnern und Dienstboten, die zum Lumpenproletariat gehören.«

Von Monte Carlo nach Cannes: heißer Wind mit Staubwirbeln. Die Natur, so schreibt er, habe ihren eigenen »philisterhaften Humor«. Die Elemente schienen sich in der Tat verschworen zu haben, sein stürmisches Leben mit korrespondierender Begleitung abzuschließen. Die nächste Station ist Argenteuil mit dem nahen Enghien und seinen Schwefelbädern. Die Patienten, wie Mumien in Gummimäntel eingewickelt, treten schweigend in dem dampfgeschwängerten Raum in fünfminütigem Abstand an die Inhalationsröhren mit verstellbarem Leitungshahn heran, um ihre vorgeschriebene Dose Schwefeldunst einzuatmen; eine Szene »aus Dantes Inferno«, wie er an Engels schreibt. Weiter, immer vom Wetter verfolgt, nach der Schweiz, Lausanne und Vevey. Der französische Arzt in Argenteuil schickt ihm die Verordnung nach, jeden Morgen das Schwefelwasser von Enghien zu trinken. Engels weiß ein besseres Heilmittel; er verordnet die guten Schweizer Weine, die er von seiner fröhlichen Weinfahrt während des Revolutionsjahres 1848/49 in bester Erinnerung hat: den Yvorne der Lausanner Gegend, Roten aus Neuchâtel, den etwas moussierenden Cortaillod und, als besten, den Veltliner. Er solle tüchtig trinken; nur damit könne er seine alte Form wiedererlangen. Marx fühlte sich nach diesem Rezept besser. Nun wurde die Tochter Laura, anstelle der durch ihren Liebeskummer unbrauchbar gewordenen Tussy, als Pflegerin herbeizitiert. Er sprach lange mit ihr über Verbesserungen am »Kapital« und andere Pläne. Laura hat sich nach seinem Tode auf diese Unterredungen berufen und sich, gegen Engels und Eleanor, als die berufene Hüterin und Verwalterin des Nachlasses angemeldet. Sie war dafür jedoch völlig ungeeignet, und es kam nicht dazu.

Engels scheint sich über den Zustand des Freundes ganz klar gewesen zu sein, und sein Weinrezept mag damit seine Begründung haben. Er hat später auch gemeint, die Ärzte hätten vielleicht dieses hoffnungslose Leben noch eine ganze Weile verlängern können; es sei aber ein Glück gewesen, daß Marx ein solches Hindämmern mit nur gelegentlichem Aufwachen in flüchtigen Momenten erspart blieb.

Noch einmal ging es nach Ventnor auf der Isle of Wight, in eine kleine Pension. Die unaufhörliche Flucht zeigt nun an, daß er sich instinktiv nicht mehr »daheim«, »bei sich zu Hause« fühlte. Trotzdem scheint er über seinen Zustand keine wirkliche Vorstellung gehabt zu haben. Er korrespondierte mit Engels über seine mathematischen Entwürfe, von denen er sich Klärung seines Geistes versprach, über die ethnologischen Forschungen zur Urgesellschaft, über eine russische Publikation über das Schicksal des Kapitalismus. Der Arzt verordnete Hausarrest. Die Heiserkeit nahm zu. Er erhielt nur noch Linderungsmittel.

Das Ende kam nach der Rückkehr in die gewohnte Londoner Umgebung trotz unermüdlicher Pflege durch Lenchen Demuth. Sie rief Engels, der zum gewohnten Nachmittagsbesuch gekommen war, herauf. Marx saß in seinem Lehnstuhl, sanft entschlafen. Er wurde auf dem Friedhof von Highgate neben seiner Frau und dem frühverstorbenen ersten Enkelkind begraben. Eine einfache Steinplatte verzeichnete die Namen, zu denen später noch der von Helene hinzukam, die für weitere lange Jahre den Haushalt von Engels betreute. Sie wurde mit Recht von den Angehörigen zur engsten Familie gerechnet.

Marx hinterließ keinerlei Testament oder auch nur Weisungen, was mit seinem literarischen Nachlaß geschehen sollte. Er hat über Tod und Sterben nie meditiert; zuweilen jedoch zitierte er den Epikur seiner Jugendlektüre: »Tod ist kein Unglück für den, der stirbt, sondern für die Überlebenden.«

Nachwort

Große Männer sind zumeist umstritten – Karl Marx stellt keine Ausnahme dar. Die Legende hat sich seiner bemächtigt, gebildet sowohl von seinen fanatischen oder blindgläubigen Anhängern wie auch von seinen Gegnern und Feinden. Ausgerechnet in der Auseinandersetzung mit Karl Marx, dem Begründer der materialistischen Geschichtsauffassung, wurde vielfach das rein Materielle, der Tatsachenbestand der Zeit und des Lebens, vernachlässigt zugunsten der Analyse seiner Theorie und Lehre. Die vorliegende Biographie von Richard Friedenthal will weder eine neue Exegese des Marxschen Werkes sein noch Kritik an seiner Philosophie und Lehre üben. Vielmehr ging es Friedenthal darum – er hatte es bereits im Titel angedeutet –, zu zeigen, wie dieses Werk aus der Lebensgeschichte von Karl Marx hervorging und wo es in seiner Zeit stand.

Motiviert durch die eigenen, oft bitteren Erfahrungen seines Lebens in der Emigration, hatte Richard Friedenthal zunächst geplant, eine Darstellung der bunt zusammengewürfelten Londoner Exilwelt des vorigen Jahrhunderts zu schreiben. Dort waren die unterschiedlichsten Gruppierungen von Emigranten aus Italien, Ungarn, Deutschland, Spanien, Südamerika und Rußland tätig, die, gleichsam wie in einer politischen Retorte, alle nur erdenklichen Rezepte zur Heilung der Welt erdachten und erprobten. Zunehmend aber rückte für Friedenthal die Gestalt Karl Marx' in den Vordergrund seines Interesses: dessen Leben, Denken und Wirken wurden ihm bald so wichtig und faszinierten ihn derart, daß er den Philosophen und Revolutionär ebenso wie das Panorama seiner Zeit schließlich zum Thema seines Buches machte.

Die Anfänge der Beschäftigung Richard Friedenthals mit Marx gehen bis ins Jahr 1919 zurück, als er mit Freunden eine der ersten sozialistischen Studentengruppen in Jena ins Leben rief. Eine ehemalige Assistentin seines Vaters, eine Russin, die Lenin und Trotzki persönlich gekannt hatte und die für die soeben gegründete Kommunistische Partei Deutschlands als Redakteurin der »Roten Fahne« tätig war, machte ihn mit den ersten damals erschienenen Schriften Lenins vertraut. Friedenthal war noch einigen Sozialisten der alten Garde begegnet, so Eduard Bernstein und Rudolf Hilferding, aber auch zum jungen Georg Lukács hatte er Verbindung. Ich erwähne dies, um deutlich zu machen, daß Friedenthal lange Phasen der geschichtlichen Entwicklung und der großen Wandlungen des Sozialismus und des Kommunismus als Ohren- und Augenzeuge miterlebt hat. Dadurch verfügte er über Einsichten, die sich allein aus Büchern nicht gewinnen lassen. Schließlich verband ihn mit Karl Marx eine ganz persönliche Erfahrung: Er erlitt das Emigrantenschicksal, das dieser für den größten Teil seines Lebens zu bestehen hatte, am eigenen Leibe.

Richard Friedenthal schildert ein Leben und eine Zeit – die seiner unmittelbaren Vorfahren: Sein Urgroßvater promovierte in Berlin mit einer Dissertation über die eleatischen Philosophen. Das Diplom trägt die Signatur von Friedrich Julius Stahl, dessen gestrenger Prüfung sich, fast zur selben Zeit, der Kandidat Karl Marx entzog, indem er von Berlin aus seine Doktorarbeit bei der Jenaer Universität einreichte.

Ein Großonkel, Rudolf Friedenthal, war Abgeordneter des Norddeutschen Bundestages und später Landwirtschaftsminister im ersten Kabinett Bismarcks. Damals kam es zum ersten Kontakt zwischen den Familien Soetbeer und Friedenthal durch meinen Urgroßvater Georg Adolf Soetbeer, einen Währungsfachmann und Liberalen, der die Goldwährung im Deutschen Kaiserreich durchsetzte und sowohl von Karl Marx im »Kapital« zitiert als auch mehrfach von Friedrich Engels, unter anderem in seinem Briefwechsel mit Karl Kautsky, erwähnt wird. Mit zeitbedingten Unterbrechungen blieb dieser familiäre Kontakt erhalten. In Dr. Richard Friedenthal fand ich einen väterlichen Freund und Lehrer, obwohl der Altersunterschied ein halbes Jahrhundert betrug.

Als mir nach dem Tod Richard Friedenthals im Jahre 1979 die Aufgabe zufiel, das hinterlassene Material zu seiner Biographie zusammenzustellen, Texte, Notizen und Stichwortsammlungen zu sichten und zu ordnen, war das Buch, an dem er acht Jahre gearbeitet hatte, nahezu abgeschlossen. Die wenigen Lücken ließen sich mit

Hilfe der vorhandenen umfangreichen Aufzeichnungen schließen. Der Tod Richard Friedenthals hat es verhindert, daß in dem Werk »Das Kapital« in dem Maße gewürdigt wird, wie es in der Absicht des Autors lag. Eine mit Kommentaren und Hinweisen versehene Bibliographie, wie die Leser sie aus den beiden großen Biographien Friedenthals über Goethe und Luther kennen, war im nachhinein und ohne Vorgabe des Autors nicht zu erstellen.

Zentral für Friedenthals Verständnis von Marx und seiner Zeit ist der Begriff der Gerechtigkeit, so wie er ihn verstanden wissen wollte: nicht so sehr bestimmt von moralischen Wertmaßstäben als vielmehr im Sinne eines Zurechtrückens von unangemessen verschobenen Urteilsweisen. Er glaubte weder an »Objektivität« noch an »wissenschaftliche Wertfreiheit«. Allerdings war er überzeugt davon, daß man sich bemühen kann, diesen Idealen nicht geradezu aus dem Weg zu gehen.

Vor allem aber wollte Friedenthal erzählen: nicht mit dem Anspruch Rankes, »zu sagen, wie es eigentlich gewesen« – das »eigentlich« war ihm dabei schon zuviel. Richard Friedenthal wollte erzählen, wie es, seiner Auffassung nach, gewesen sein könnte.

Mai 1981 — Christine Soetbeer

Zeittafel

1818 5. Mai: als Sohn des Justizrats Heinrich Marx (1782–1838) und seiner Frau Henriette (1788–1863) in Trier geboren.

1824 26. August: evangelisch-lutherisch getauft.

1830/35 Gymnasium in Trier. Abitur.

1835/41 In Bonn und Berlin Studium der Rechtswissenschaft und der Philosophie. Literarische Versuche.

1836 Verlobung mit Jenny von Westphalen (1814–1881).

1837 Verkehr im Berliner »Doktorclub«.

1841 Promotion zum Dr. phil. (in absentia) in Jena.

1842/43 Mitarbeiter, später Chefredakteur der Kölner »Rheinischen Zeitung«.

1843 19. Juni: Eheschließung mit Jenny von Westphalen.
Oktober: Übersiedlung nach Paris.

1844 Geburt der Tochter Jenny (gestorben 1883).
Mit Arnold Ruge Herausgabe der »Deutsch-Französischen Jahrbücher«. Beiträge zum »Vorwärts«. Begegnung mit Michail Bakunin, Pierre Joseph Proudhon und Heinrich Heine. Besuch von Friedrich Engels; Beginn der Zusammenarbeit und Freundschaft.
Zur Kritik der Hegelschen Rechtsphilosophie; Zur Judenfrage; Nationalökonomie und Philosophie

1845 Geburt der Tochter Laura (gestorben 1911).
Februar: nach Ausweisung aus Frankreich Ankunft in Brüssel.
Juli–August: Studienreise nach England.
Die Heilige Familie; Die deutsche Ideologie (beide in Zusammenarbeit mit Engels)

1846 Mit Engels Gründung des Kommunistischen Korrespondenzkomitees in Brüssel.

1847 Geburt des Sohnes Edgar (gestorben 1855).

	Beiträge zur »Deutschen Brüsseler Zeitung«. Mitglied des »Bundes der Kommunisten«.
	Das Elend der Philosophie
1848	April: nach Ausweisung aus Belgien Rückkehr nach Köln. Chefredakteur der »Neuen Rheinischen Zeitung«.
	Manifest der Kommunistischen Partei (mit Engels)
1849	Geburt des Sohnes Heinrich Guido (gestorben 1850).
	Mai: Ausweisung aus Preußen.
	Juni–Juli: Ankunft in Paris und Ausweisung.
	August: Übersiedlung nach London.
	Lohnarbeit und Kapital
1851	Geburt der Tochter Franziska (gestorben 1852)
1852/62	Beiträge zur »New York Herald Tribune«.
1852	*Der achtzehnte Brumaire des Louis Bonaparte*
1853	*Enthüllungen über den Kommunisten-Prozeß zu Köln*
1855	Geburt der Tochter Eleanor (gestorben 1898).
1859	*Zur Kritik der politischen Ökonomie*
1861	März–April: Besuch bei Ferdinand Lassalle in Berlin. Beiträge zur Wiener »Presse«.
1864	Gründung der Internationalen Arbeiter-Assoziation (Erste Internationale) in London.
	Inauguraladresse und Provisorische Statuten
1865	*Lohn, Preis, Profit*
1866	1. Kongreß der Internationale in Genf.
1867	*Das Kapital*, 1. Band (2. Band 1885; 3. Band 1894)
1870	*Erste* und *Zweite Adresse des Generalrats über den Deutsch-Französischen Krieg*
1871	*Der Bürgerkrieg in Frankreich*
1872	6. und letzter Kongreß der Internationale in Den Haag.
1875	Vereinigung der deutschen Arbeiterparteien in Gotha.
	Kritik des Gothaer Programms
1877	Mitarbeit an Engels' »Anti-Dühring«.
1882	Reisen nach Algier, Frankreich und in die Schweiz.
1883	14. März: Tod von Karl Marx.
1905/10	*Theorien über den Mehrwert*
1932	*Der Historische Materialismus*. Die Frühschriften
1939	*Grundrisse der Kritik der Politischen Ökonomie*
1961	*Die polnische Frage*

Register

Aachen 144
Aachener Kongreß von 1818 7
Abdera 101
Abeken, Heinrich 527 f.
Absolutismus 368, 443
Ägypten 100, 184
Ägyptologie 84, 458
Ästhetik 106, 118, 138, 144, 278, 282 f., 329
Afrika 381, 542
Agrarreform 334
Agrarrevolutionäre 334
Aischylos 32, 98
Akkomodation 110, 133, 140
Albert (Arbeiter) 348
Alembert, Jean-Baptiste d' 219, 417 f., 589
Alexander der Große 101
Alexander II., Zar von Rußland 602
Algerien 57, 197, 542
Algier 81, 398, 620 f.
Alienistik 239
Allemanisten 609
»Allgemeine Literatur-Zeitung« 262 f.
»Allgemeine Zeitung« 150, 156 f., 162 f., 168
Altenstein, Karl, Freiherr vom Stein zum 78 f., 93, 121 f., 137, 175, 182
Alton, Johann Wilhelm Eduard d' 61
Amenophis III. 84
Amerika 45, 187, 300 f., 310, 334, 369, 374, 392, 508, 590, 597, 601
Amsterdam 508 f., 597
Anarchismus 190, 300, 372, 412, 416 475 f., 521, 584, 609, 617
Anhalt-Köthen 355
Anneke, Friedrich 368 ff., 374
Annenkow, Pawel Wassiljewitsch 208, 288, 294
Ansbach 129
Anthropologie 126 f.
Antike 80, 93 ff., 97 f., 101, 103, 108 f.
Antisemitismus 90 f., 224, 229 f., 232, 432, 456, 458 f.
Antwerpen 303
Appianus 64, 483
Arbeiterbewegung 431, 464 f., 532 f., 555
Arbeiterbibliotheken 586, 592
Arbeiterbildungsvereine 306–309, 312, 373, 449 f., 485 f., 512
Arbeiterklasse 192, 238, 243, 254, 306, 330, 394, 406, 460 f., 472, 483, 486, 530 f., 545 f., 550 ff., 565, 583, 609, 616
Arbeiterorganisationen 372
Arbeiterpartei-Bewegung 615
Arbeiterverbrüderung 297, 362, 375
Arbeitervereine 131, 363, 367 f., 374, 460
Arbeitshaus 11, 252
Arbeitsteilung 245, 281 f., 285
Archer, William 613
»Archiv des Atheismus« 117, 270
Argenteuil 408, 621
Argentinien 480
Argyll, Archibald, Earl of 49
Aristokratie 187, 218, 300, 332, 559
Aristoteles 79, 92, 95, 101, 106, 138
Armengesetz 252
Armut 165 f.
Arndt, Ernst Moritz 65, 218, 317
– »Erinnerungen aus dem äußeren Leben« 65
– »Geist der Zeit« 65
Arnim, Achim von 78
Arnim, Bettina von 72
Assing, Ludmilla 456

Ataraxie 102, 100
Atheismus 98f., 103, 108, 113, 117f., 125, 127f., 154, 157, 213, 217, 221, 223, 230, 259, 270, 276, 318, 363, 413
Atheismusstreit 78
Athen 100ff., 103f., 113
»Athenäum« 68, 143
Atom 103–107, 111f., 114f., 593
Atomforschung 274
Atomtheorie 103, 105, 112, 114
Auber, Daniel François Esprit
– »Die Stumme von Portici« 58
Auerbach, Berthold 143, 230
– »Schwarzwälder Dorfgeschichten« 143, 230
Auerswald, Hans von 394
Aufklärung 18f., 27, 35, 75, 79, 126f., 190, 220, 259, 468
Augsburg 150, 157, 162
Augustus, römischer Kaiser 102
Ausbeutung 331, 509f., 552
Aveling, Eduard 413f., 613

Babeuf, François Noël 218ff.
– »Manifest der Gleichen« 219
Babylonien 100
Bachmann, Carl Friedrich 96
Baden 153, 171, 350, 353, 355, 361, 453
Bakunin, Michail Alexandrowitsch 88, 207f., 236, 269, 293, 360, 380, 475–478, 561, 580, 599, 601, 608
Balzac, Honoré de 202, 246, 274, 276, 384, 426
– »César Birotteau« 202
– »Le Père Goriot« 391
Bamberg 136
Bangya 419
Bankwesen 514
Banque de France 567f.
Baring (Bankhaus) 508f.
Barmen 249, 276, 364
Barnaba (Mönch) 514
Barrikade 54f., 337, 347, 351, 555
Barrot, Camille Hyacinthe Odilon 347
Barry, Maltman 610, 612
Basel 398, 474
Baudelaire, Charles 384
Bauer, Heinrich 306, 327
Bauer, Bruno 27, 92ff., 116ff., 120ff., 151, 162, 212, 223, 229, 262–267, 270, 272f., 283, 301, 449
– »Vollständige Geschichte der Parteikämpfe in Deutschland während der Jahre 1842–46« 119
Bauer, Edgar 115, 162, 449
Bauernkommune 600
Bax, Ernest Belfort 612f.
Bayern 322, 355
Bayle, Pierre 126
Bayreuth 580
Bazaine, François Achille 535f., 538, 544
Bazard, Saint-Amand 198
– »Auslegung der Doktrin Saint-Simons« 198
Beamtentum 180ff.
Beaton, David 49
Beaumarchais, Pierre Augustin Caron de 508
– »Figaros Hochzeit» 508
Bebel, August 199, 326, 524, 532, 537, 582, 585f.
Beck, Baronin von 418f.
Becker, Johann Philipp 476
Beesly, Edward Spencer 471, 547
Belfort 198, 539, 543f.
Belgien 58, 66, 185, 303, 349, 531
Belleville 524, 558, 579
Benedek, Ludwig von 496f., 499
Benedetti, Vincent 527
Beneke, Friedrich Eduard 79
Bentham, Jeremy 276, 428
Bergeret (Buchhändler) 570, 579
Berlin 25, 40, 43, 45f., 67f., 74–89, 92f., 98, 115, 117f., 120–123, 127, 134, 137, 144f., 147, 151, 153f., 158–161, 167f., 171ff., 179, 192, 236, 262, 278, 297, 341, 351f., 357, 359, 365, 369, 375, 383, 392ff., 396f., 433, 437, 452–458, 486, 502, 529f., 541, 562, 592
– Disconto-Gesellschaft 146
– Universität 64, 74, 91, 95f., 114, 135, 297, 592
Berliner Kongreß von 1878 611
Berliner Revolution vom März 1848 53
»Berliner Schnellpost« 138
Bern 339, 398
Bernays, C. L. 269

Bernstein, Eduard 414, 537, 586, 624
Bervi, Wassily Wassiljewitsch (Pseudonym: N. Flerowski) 528
Bibel 15, 212, 228, 273
Bibesco, Prinz 529, 566
Bildungs-Gesellschaft für Arbeiter 314, 325
Birmingham 170
Bismarck, Otto von 47, 74, 137, 146, 148, 169, 175, 337 ff., 389 f., 392, 433, 440 f., 445, 462, 464 f., 484, 495 ff., 498–503, 526 ff., 531–534, 536, 540 ff., 547 f., 556, 561, 563 f., 582, 587, 595, 597, 611
– »Blut- und Eisen«-Politik 465
Blanc, Jean Joseph Louis 202, 318, 333, 346, 348, 488, 525
– »Organisation du travail« 222
Blanqui, Louis Auguste 185, 305, 380, 437, 521, 554, 560, 562, 565, 578, 598, 603
Blaubücher 260, 417
Bleibtreu, Georg 456
Blind, Karl 488
Blum, Babette 42
Bluntschli, Johann Kaspar 305
Böckh, August 79, 93
– »Der Staatshaushalt der Athener« 92
Böhmen 74 f., 354, 493, 498, 502 f.
Börne, Ludwig 124, 178 f., 215 ff., 227
Börnstein, Heinrich 235 f, 268 f.
– »Memoiren eines Unbedeutenden« 235
Bolívar, Simón de 382
Bonaparte, Napoléon (später Jérôme; genannt Plon-Plon), Prinz 441, 468, 507
Bonaparte, Pierre Napoléon, Prinz 523
Bonapartismus 344, 440, 442, 445, 502, 507, 526, 533
Bonn 37, 60–74, 79 f., 82, 93, 115 f., 118 ff., 165, 270
– Universität 27, 60, 94, 299, 381
Bordeaux 347, 408, 561
Born, Stephan 297 ff., 304, 312, 318 362, 375 f.
– »Erinnerungen eines Achtundvierzigers« 298, 318
Bornstedt, Adalbert von 298, 301, 350
Boston 300
Bothwell, James Hepburn, Earl of 49
Boulogne 439
Bourbaki, Charles Denis Sauter 544
Bourgeoisie 257, 261, 306, 320, 438, 440, 443 f., 461, 501, 533, 559, 567, 615
Brasilien 206, 479
Braunschweig 46, 59, 397
Brecht, Bertolt 375
Bremen 65, 123 f.
Brentano, Clemens von 78
Breslau 122, 177, 312, 433
Brest-Litowsk 607
Brighton 175, 412
Broca, Paul 385
Brockhaus, Friedrich Arnold 173, 451
Brontë, Charlotte 384
Brook Farm 206 f.
Broussisten 609
Browning, Robert 406
Bruckberg 129
Brüssel 58, 256, 269, 271, 273 ff., 284, 288 ff., 294, 297 ff., 301, 303, 309–312, 314, 317, 319, 327, 336, 348 f., 365, 367, 371, 375, 397, 474, 487, 586
Buber, Martin 225
Bucher, Lothar 547 ff.
Budapest 357 f.
Bürgerkönig 343, 346, 348
Bürgerrechte 229 f.
Bürgers, Heinrich 236, 371
Bürgertum 14, 155, 166, 181, 192, 220, 235, 287, 305 f., 313, 324, 329–334, 344, 350, 355, 360 f., 363, 368, 373, 397, 428, 464, 482, 521, 556, 569, 600, 613
Bull, John 405
Bund der Geächteten 305
Bund der Gerechten 131 f., 220, 305 f., 312 f., 315, 369
Bund der Kommunisten 314, 321, 326, 349, 363, 365, 368, 375, 381, 386, 396, 449, 547
Burckhardt, Jacob 125
Burgund 291
Burns, John Elliot 618
Burns, Lizzie 298, 401
Burns, Mary 274, 298

Burschenschaften 61
Busch, Moritz 548
Buttermilch (Makler) 297
Byron, George Noel Gordon, Lord 522
Byzantinisches Reich 439

Cabet, Étienne 318
– »Kommunistischer Katechismus« 222
– »Die Reise nach Ikarien« 222
Cäsar, Gajus Julius 108
Cahors 515
Cambacérès, Jean Jacques Régis de, Herzog von Parma 510
Campbell-Argyle 49, 517
Campe, Julius 209
Camphausen, Ludolf 146, 364
Camphausen, Otto 146, 364
Cannes 621
Canterbury 260, 488
Cantor, Georg 589
Caprera 184, 479, 483 f., 489
Carlyle, Thomas 184, 266, 418
– »Past and Present« 262
Carnot, Lazare Nicolas 494
Carpenter, Edward
– »Towards Democracy« 613
Cassirer, Bruno 329
Cavaignac, Eugène 356
Cavour, Camillo, Graf Benso di 446, 481, 483, 492
Cervantes Saavedra, Miguel de 277, 388
– »Don Quijote« 273
Charbonnerie 198
Chartismus, Chartisten 147, 149, 212, 248–262, 278, 306, 309, 321, 323, 334, 449, 616
Chaucer, Geoffrey 406
Chauvinismus 533
Chemie 114
Cherbourg 56
Cherval (Lithograph) 398
Choleraepidemie 86, 344 f., 369
Chopin, Frédéric 343
Christentum 101, 117, 194
Christian Socialists 406
Cicero, Marcus Tullius 97, 108
Cipriani (Adjutant) 570 f.
Clausewitz, Karl von 369, 527
Clemenceau, Georges 560, 574, 609
Cluseret, Gustave Paul 571, 578
Cobbett, William 261
Code Napoléon 8 f., 23, 145
Colmar 198
Combe, George 385
Communistes matérialistes 321
Comte, Auguste 189, 384
Condorcet, Antoine 219
Considerant, Victor 163
»Constitutionel, Le« 26
Coppet 188
Cotta von Cottendorf, Johann Friedrich, Freiherr 54, 150
Courbet, Gustave 566, 577
Cousin, Victor 221
Cremer, Sir William Randall 469, 471, 474
Creusot, Le 344, 565
»Cri du Peuple, Le« 577

Dahlmann, Friedrich Christoph 65
»Daily News« 405, 529
»Daily Telegraph, The« 405, 420
Dalton, John 274
Daniels, Robert 304, 309, 369, 400
Danielson, Nikolai 478, 608
Dante Alighieri 71, 275, 621
Danton, Georges 522
Darboy, G. (Erzbischof von Paris) 578
Darmstadt 276
Darmstädter Bank 147
Darwin, Charles 128, 590
Daumer, Georg Friedrich 212 f.
Deismus 19, 94
Delacroix, Eugène 53 f., 302
Delahodde (Polizeispitzel) 222
Delescluze, Louis Charles 555, 578
Demagogenverfolgung 14, 60, 64 f., 129, 175
Democratic Federation 614
Demokratischer Verein 357
Demokrit 80, 93 f., 99–103, 105, 107, 114, 274, 305, 437
Demuth, Frederick 402, 415
Demuth, Helene 271, 402 f., 422, 517, 622
Desmarets (Offizier) 571

Deukalion 113
»deutsche Bote aus der Schweiz, Der« 160f., 178
»Deutsche Brüsseler Zeitung« 298, 300, 311, 324
»Deutsche Jahrbücher« 151, 176, 178
Deutsche Nationalversammlung 308, 352ff., 359, 362, 367, 369
Deutscher Bund 14, 60, 81, 350
Deutscher Idealismus 95, 221
»Deutsche Tribüne« 60
»Deutsch-Französische Jahrbücher« 125, 131, 151, 174, 176, 178, 207, 220f., 223, 235f., 262, 311, 326, 439
Deutsch-Französischer Krieg 1870/71 326, 380, 389, 392, 439, 491, 500, 520–543, 556
Deutschland 8, 14f., 24, 27, 53, 59, 63, 66, 74f., 77, 155, 157, 160f., 168, 171, 175, 180, 194, 212, 214, 220, 223, 230, 233, 235ff., 249f., 273, 280, 283, 285, 299, 303, 315, 320, 333f., 336f., 339, 342, 349f., 354, 357, 359f., 362ff., 365, 371, 373, 396f., 399f., 432, 436f., 444f., 461, 464f., 470, 474, 490f., 496, 500f., 503, 519f., 522–526, 531–534, 536, 540, 542f., 547, 586, 596, 697
– Literatur 177, 301f.
– nationale Frage 438, 462
Dézamy, Théodore 240
Dialektik 176, 294f., 594
Dickens, Charles (Pseudonym: Boz) 384, 517ff.
Diderot, Denis 180, 220f., 417
Diedenhofen 543
Dijon 398
Diokletian 9
Direktorium 201, 219
Disraeli, Benjamin 461, 468, 611
Dönniges, Helene von 462f.
Dogmatismus 107, 294
Doktorclub 86, 98, 133, 151, 158, 176
Dombrowski, Jaroslav 572
Donaumonarchie 76, 356
Dossenbach 350
Dostojewski, Fjodor Michailowitsch 40
Dreiklassenwahlrecht 461
Dreißigjähriger Krieg 74
Dresden 176, 360f., 580
Drittes Reich 224
Dronke, Ernst 371, 381
Droste zu Vischering, Klemens August, Freiherr von 27f., 145
Droysen, Johann Gustav 175
Duchâtel, Charles Marie, Graf 269
Dühring, Karl Eugen 583ff.
– »Careys Umwälzung der Volkswirtschaftslehre« 585
Düsseldorf 434
Duff, Grant 595ff.
Dufour, Guillaume 341f.
DuMont-Schauberg (Verlag) 145
Dunant, Henri 446
Duncker, Karl Friedrich Wilhelm 448, 450f.
Dupont, Eugène 546
Duval 571

Eccarius, Johann Georg 471
»Economist, The« 428
Edikt von Potsdam 1685 75
Edinburgh 49, 406
»Edinburgh Review« 428
Eichhorn, Johann Albrecht Friedrich 93, 121f., 172
Eichhorn, Karl Friedrich 77, 158
Eigentum 198, 223, 245, 294, 367, 510
Elberfeld 123f., 249, 361
Ellis, Henry Havelock 613
Elsaß-Lothringen 66, 534ff., 542, 565
Emanzipation 183, 193, 229, 231, 235, 247, 308, 319
Emigration 208, 214f., 376–383, 396, 415, 429
Empirismus 276, 284
Emser Depesche 527
Encyclopaedia Britannica 417
Enfantin, Barthélemy Prosper 195, 197
Engels, Friedrich (Vater) 364
Engels, Friedrich 13, 17, 23f., 30, 33, 38–42, 46, 50, 52, 55, 65f., 69, 81f., 88, 94, 121, 124ff., 131, 133, 144, 147ff., 152, 156, 160, 170, 174, 186, 189, 193, 196, 199, 201f., 207f., 213f., 216ff., 221, 228, 232, 236f., 246, 248f., 251ff., 255, 257, 261f., 265f., 270–276, 283, 288f., 292ff.,

297–301, 304f., 307, 310f., 314f., 317ff., 320–324, 326, 329, 333, 337f., 348, 354, 361, 364, 366, 371f., 374–379, 382, 384, 388f., 396f., 401f., 407, 410f., 413f., 417f., 420, 422, 424–430, 432, 440, 443–455, 457ff., 462, 464, 469–475, 478, 482f, 485f., 488f., 493–500, 502f., 512f., 516, 520f., 523–540, 542, 547, 549, 553, 555, 558, 572f., 582–587, 590f., 595f., 600, 603, 609, 611–616, 618–622
– »Der deutsche Bauernkrieg« 555, 558
– »Herrn Eugen Dührings Umwälzung der Wissenschaft« (»Anti-Dühring«) 186, 193, 585f.
– »Der gehörnte Siegfried« 123ff.
– »Die Lage der arbeitenden Klasse in England« 250, 257, 307, 319
– »Kritik des neuesten Reaktionsversuchs gegen die freie Philosophie« 125
– »Ludwig Feuerbach und der Ausgang der klassischen deutschen Philosophie« 132
– »Die preußische Militärfrage und die deutsche Arbeiterpartei« 493
– »Rienzi« 123f.
– »Der Triumph des Glaubens« 120
– »Umrisse zu einer Kritik der Nationalökonomie« 262
– »Der Ursprung der Familie, des Privateigentums und des Staats« 590
Enghien 621
England 8, 56ff., 63, 71f., 147, 149f., 170, 174f., 182, 192, 194, 202, 234, 250, 261, 281, 285, 287, 297, 307, 313, 323, 326, 331, 334, 336, 351, 354, 364, 376, 404, 410f., 436, 447, 468f., 474, 485, 489, 508, 511, 521, 586, 597, 610f., 617
– Arbeiterbewegung 309, 617
– Aristokratie 489
– Gewerkschaftsbewegung 63, 255, 258f., 468f., 471f., 474, 485
– Insurrektion von 1842 285
– Revolution von 1688 487
– Staatskirche 259
Enteignung 333, 472
Entfremdung 38, 207, 237–247, 265f.
Epikur 80, 93ff., 97–108, 112ff., 234, 274, 305, 437, 622
Erbgesetze, Erbrecht 16, 198, 333
Ermen, Gottfried 251
Ermen, Peter 248
Ermen & Engels 248, 255, 377
Ersch, Johann Samuel
– »Allgemeine Enzyklopädie der Wissenschaften und Künste« 417
Erweckungsbewegung 47
Esser (Oberrevisionsrat) 178
Ester, d' (Arzt) 369
Eugénie, Kaiserin der Franzosen 537
Euripides 92
Europa 20, 54, 60, 323, 326, 337, 339f., 342, 443, 446, 465, 473, 499, 520, 527, 540, 597, 607, 611
»Evangelische Kirchenzeitung« 213
Evolution 296
Ewerbeck, August Hermann 236, 365, 369

Fabian Society 258, 615
– »Sozialismus« 615
Fabrikleben 204
Fabrikwesen 245
Favre, Jules 540, 547, 553, 564
Fechner, Gustav Theodor 592
Fenian Society 407, 411
Ferdinand, Herzog von Braunschweig 48f.
Fesch, Joseph 21
Feudalismus 330, 438, 444
Feuerbach, Anselm 129
Feuerbach, Ludwig 115–134, 140, 175, 212f., 220, 237, 244, 270, 272f., 283, 285, 306, 442
– »Vorläufige Thesen zur Reformation der Philosophie« 131, 178
– »Das Wesen der Religion« 132
– »Das Wesen des Christentums« 125, 131f.
Feuerbach, Paul Johann Anselm, Ritter von 128f., 442
Feuerbach-Renaissance 131
Fichte, Johann Gottlieb 27, 70, 77f., 84f., 89, 95, 458, 589
Fielden, John 251
Fischer, Karl Philipp

– »Die Idee der Gottheit« 94
Flerowski, N. *siehe* Bervi, Wassily Wassiljewitsch
»Fliegende Blätter« 53
Flocon (Radikaler) 348f.
Florenz 519
Flourens, Gustave 521–524, 560, 570f.
Flourens, Marie Jean Pierre 521f.
Förster, Friedrich Christoph 456
Fontane, Theodor 87
Fouché, Joseph, Herzog von Otranto 359, 391
Fould, Achille 506f.
Fourier, François Marie Charles 162, 196, 199–207, 220, 247, 294, 313, 332, 334, 461, 605
– »Le nouveau monde industriel et sociétaire« 291
Fourier-Assoziation 206
Franche-Comté 291
Frankel, Leo 412, 573
Frankfurt am Main 42, 263, 315, 353f., 359f., 394, 397, 501
– Bundestag 124
– Paulskirche 65, 352, 355, 445, 503
»Frankfurter Zeitung« 404, 607
Franklin, Benjamin 187
Frankreich 7f., 16, 25, 27, 53, 55, 58, 66, 74ff., 126, 168, 174, 178, 182, 185, 187, 192, 194, 197, 204, 234, 255, 285, 291, 321, 334, 336, 341, 349, 355, 362, 391, 396, 436, 438, 445f., 465, 468f., 491, 504, 506, 509f., 520f., 525ff., 531f., 536f., 540, 542f., 545, 556, 558, 597, 609, 619
– Antisemitismus 91
– Kommunismus 319
– Nationalversammlung 293, 348, 355, 562
– Sozialismus 221, 409, 414
Franz Joseph I., Kaiser von Österreich 446, 497
Französische Revolution 7, 15f., 18, 20, 54, 56ff., 135, 190, 201, 210, 218f., 230, 240, 263, 265, 279f., 321, 332, 338, 344, 357, 369, 376, 379, 391, 504f., 543, 555, 557, 565, 574, 578
Franzosenhaß 65, 135
Frauenbewegung 196ff.
Frauenrechte 202, 300, 308
Frauen- und Kinderarbeit 475
Freiburg im Breisgau 65
Freien, Die 151, 157, 160, 174
Freiligrath, Ferdinand 88, 302ff., 358, 363, 371, 381, 449, 457, 512
– »Auswandererlied« 302
– »Löwenritt« 302
– »Der Mohrenfürst« 302
Freimaurerloge 522
Freud, Sigmund 386
Friedländer, Max 456
Friedrich II., der Große, König von Preußen 48, 75, 98, 127, 180, 359
Friedrich Karl, Prinz 496
Friedrich Wilhelm I., König von Preußen 75–79, 82
Friedrich Wilhelm II., König von Preußen 442
Friedrich Wilhelm III., König von Preußen 14, 19, 25, 118f., 180
Friedrich Wilhelm IV., König von Preußen 65, 118f., 122f., 145, 152ff., 158, 160f., 167f., 171f., 178, 180, 209, 303, 321, 351f., 359, 393–396, 398, 456
Fröbel, Julius 151, 236
Frost, John 254
Frühkapitalismus 507
Frühkommunismus 196, 252, 296–313
Frühsozialismus 187
Fugger 519
Furnivall, Frederick James 406f.

Galignani, John Antony 235
Galignani, William 235
Galizien 444
Gall (Regierungssekretär) 13
Gall, Franz 385f.
Galton, Francis 128
Gambetta, Léon 230, 539, 544, 556, 561, 573
Gans, Eduard 79, 82, 88, 91, 123, 142f., 192
Garibaldi, Giuseppe 184, 378, 380, 468, 479–492, 522

Garibaldi, Menotti 486
Garnett, Richard 415
Gassendi, Pierre 97
Gaudy, Franz 64
Gauß, Karl Friedrich 584
Gauthier-Villars, Jean Albert 292
Gavone (General) 484
Gemeineigentum 529, 606
Genf 188 f., 341, 397, 474, 601, 606
– Friedenskongreß 1867 476
Genfer Konvention 446
Genossenschaften 223, 255
Geologie 421, 588
George, Henry 617
– »Fortschritt und Armut« 617
Geppert, Karl Eduard 92
Gerlach, Ernst Ludwig von 47, 503
Germanentum 459
Germanistik 122
Gescheit, Ephraim 232
Geschichte 246 f., 300 f., 332
Geschichtsschreibung 110, 282, 285 f.
Gesellenvereine 229
Gesellschaft 35, 190, 192, 333
Gesellschaftsordnung 218, 259
Gewerbe 222
Gigot, Philippe-Charles 303
Gladstone, William Ewart 407, 415, 610
Glinka, Michail Iwanowitsch
– »Das Leben für den Zaren« 608
– »Ruslan und Ludmilla« 608
»Globe, Le« 16, 184, 196
Gneisenau, August, Graf Neidhardt von 14, 369, 494
Godesberg 62
Görlitz 496
Görres, Joseph von 14 f., 27
– »Teutschland und die Revolution« 14
Goethe, Johann Wolfgang von 10 f., 16, 40, 56, 72, 76, 78, 85, 102, 108, 136, 141 f., 159, 184, 265, 277 f., 280, 315, 330, 385, 421, 584
Goethe, Katharina Elisabeth 29
Göttingen 158 f.
Gogol, Nikolai Wassiljewitsch 600
Gottschalk, Andreas 368 f., 373 ff.
Goujon (Konventsmitglied) 505
Graach 172
Graham, Sir James George 429
Graphologie 424
Grillparzer, Franz 356
Grimm, Jacob 165 f., 353
Großdeutsches Reich 359, 445, 503
Großindustrie 465
Gruber, Johann Gottfried
– »Allgemeine Enzyklopädie der Wissenschaften und Künste« 417
Grün, Karl 278 f., 297, 315, 317, 321
Grundbesitz 333, 504, 529, 617
Guesde, Jules 609
Guesdisten 609
Guizot, François Pierre Guillaume 268 f., 286, 347

Haag, Den 474 f., 477
Habsburger 351, 354, 442
Hadrian (Publius Aelius Hadrianus) 103
Halle 175
»Hallische Jahrbücher« 117 f., 120 f., 175 f.
Hambacher Fest 59 f.
Hamburg 122, 153, 171, 209, 306, 397, 493, 495
Hampstead Heath 69, 403, 612
Handel 330, 504
Handelskammern 146, 363
Handwerkerkommunismus 212, 304, 315 f.
Hannover 48, 397, 399, 501, 534, 545, 547, 582
Hansemann, David 146 f., 168, 364 f.
Hardenberg, Karl August, Freiherr von 12, 19, 76, 230
Hardie, Keir 616
Harney, George Julian 252, 257, 323, 326
Harrison, Frederick 471
Hatzfeldt, Sophie von 43, 433 ff., 437, 455 f., 462 f.
Hatzfeldt-Wildenburg, Edmund, Graf von 433 f.
Haupt (Handlungsdiener) 399
Hauser, Kaspar 442
Haussmann, George-Eugène, Baron 55, 533, 558 f., 575
Haw (Bürgermeister von Trier) 26
Hawthorne, Nathaniel 206 f.

– »The Blithedale Romance« 207
Haxthausen, August, Freiherr von 606
Hebbel, Friedrich 354
Hebel, Johann Peter 20
– »Schatzkästlein des Rheinischen Hausfreundes« 21
Hébert, Jacques René 506
Hecker, Friedrich 353
Hegel, Georg Wilhelm Friedrich 15, 52, 82, 85, 87, 89, 91, 93, 95, 97, 105, 110, 113f., 118, 122f., 125, 127, 131, 133–143, 149, 158, 181, 212, 223, 237, 239, 243, 262f., 266f., 270, 272, 283, 286, 292, 440, 466, 589, 599, 604, 619
– Dialektik 15, 79, 132f., 135, 141f., 240ff., 264, 612
– dialektischer Materialismus 133f.
– dialektische Theorie 138
– Entfremdungstheorie 139
– »Enzyklopädie der philosophischen Wissenschaften« 88, 136
– »Grundlinien der Philosophie des Rechts« 88, 180
– Hegel-Clubs 120
– Hegelianer 84, 121, 143, 187, 272
– Hegel-Polemik 84
– Jugendschriften 134
– Junghegelianer 95, 101, 103, 111, 117f., 120, 124, 143f., 147, 151, 159, 262f., 283
– Linkshegelianer 86, 135
– materialistische Dialektik 141
– neuhegelianische Philosophie 125
– »Phänomenologie des Geistes« 88
– Philosophie 79f., 84, 86, 88, 124, 133ff., 139
– Rechtshegelianer 86, 135
– Schüler 87f., 110, 132, 138
– Schule 133, 176, 212, 270
– »System der Wissenschaft« 136
– Weltgeist 135ff.
– Weltphilosophie 140
– Werke in 18 Bänden 88
– »Wissenschaft der Logik« 88, 126
Heidelberg 129, 136
Heilbronn 134
Heilige Allianz 7, 54, 57f., 489
Heiliges Römisches Reich 9
Heine, Heinrich (Harry) 53f., 73, 82, 124, 143, 157, 159, 161f., 171, 176, 179, 184, 197, 207–217, 222f., 227, 231, 235ff., 269, 271, 302, 306, 322, 336, 342, 344ff., 350, 371, 435f., 442, 573, 595
– »Atta Troll. Ein Sommernachtstraum« 72
– »Buch der Lieder« 211
– »Deutschland. Ein Wintermärchen« 209ff., 213, 215, 217
– »Geständnisse« 212
– »Zur Geschichte der Religion und Philosophie in Deutschland« 210
Heine, Mathilde (geb. Mirat) 214
Heine, Salomon 171, 436
Heinrich LXXII. von Reuß-Lobenstein-Ebersdorf 355
Heinzen, Karl 157, 173, 298–301, 311
– »Die Bürokratie in Preußen« 299
– »Ein Steckbrief« 299
Helmholtz, Hermann von 134, 584, 592f.
Hengstenberg, Wilhelm 212
Herder, Johann Gottfried
– »Stimmen der Völker in Liedern 71
Hermes, Carl Heinrich 27, 94, 98
Hermesianismus 27f., 94
Herwegh, Georg 151, 161f., 172f., 177f., 221, 236, 268, 302f., 337, 350
– »Gedichte eines Lebendigen« 160
Herzen, Alexander 488, 599
– »Erlebtes und Gedachtes« 299, 379
Heß, Moses 143, 148f., 151, 157, 162, 178, 193, 221, 226, 232, 249, 268, 273, 279, 299, 319, 323, 363, 365, 368
– »Die europäische Triarchie« 149
– »Die heilige Geschichte der Menschheit« 149
– »Kommunistisches Manifest französischer Sozialisten« 151
– »Rom und Jerusalem. Die letzte Nationalitätenfrage« 149
Hessen 308, 360
Heyse, Karl Wilhelm Ludwig
– »Handwörterbuch der deutschen Sprache« 504
Highgate 622
Hildebrand, Bruno 307ff.

– »Die Nationalökonomie der Gegenwart und Zukunft« 307f.
Hilferding, Rudolf 624
Hinckeldey, Karl Ludwig Friedrich von 393, 395, 429
Hippokrates 100
Hirsch, Carl 399, 404
Hirschberg 392
Historische Schule 82
Historismus 285
Hitler, Adolf 224
Hitzig, Julius Eduard
– »Gelehrtes Berlin« 76
Höchstetter 519
Höfken, Gustav 150, 157
Hölderlin, Friedrich 235, 426
Hoff, Jacobus Hendrikus van't 593
Hoffmann und Campe (Verlag) 122
Hoffmann von Fallersleben, August Heinrich 122, 177
Hohenzollern 46, 355, 442, 536
Holbach, Paul Heinrich, Baron von 127, 143, 221
Holland 28, 42, 44, 58, 66, 74, 425, 444, 490, 508, 511, 597
Homer 61, 93, 115, 274
Hontheim, Johann Nikolaus von (Pseudonym: Febronius) 27
Hope (Bankhaus) 509
Horaz (Quintus Horatius Flaccus) 217
Hortense (Eugénie Beauharnais) 441
Hübner, Joseph Alexander, Baron 442
Hufeland, Christoph Wilhelm 77
Hugenotten 75, 87
Hugo, Gustav 158f.
– »Lehrbuch des Naturrechts als einer Philosophie des positiven Rechts« 158f.
Hugo, Victor 302, 542f., 561
Humanismus 131, 241
Humboldt, Alexander von 114, 123, 303
Humboldt, Wilhelm von 77ff.
Hume, David 98
Hunsrück 12, 23
Hyndman, Henry Mayers
– »England for All« 614

Idealismus 84, 101f., 116, 276f., 338, 592
Identitätsphilosophie 125
Ideologie 24, 281, 284
Ikarier 222
Indien 100, 447, 595
Industrialisierung 250, 258, 305
Industrie 146, 330f., 373, 468, 504
Internationale 44, 286, 314, 466–479, 489, 495f., 520ff., 526, 528ff., 546f., 549, 551f., 565, 567, 570, 577, 581, 597, 616
Interventionskrieg 8, 10
Ionien 100
irische Frage 229, 416, 528
Irving, Sir Henry 405f.
Israel 224
Issy 572
Italien 184, 339, 354, 356, 369, 429, 446f., 474, 479f., 482, 484, 490f., 502, 519, 538
– Einigung 479ff., 489
– Freiheitsbewegung 184
– Frühsozialismus 489
– revolutionäre Aufstände 59
Iwanow (Student) 477

Jacquerie 285
Jakob II., König von England 49
Jakobiner 555, 565
Jaurès, Jean 414
Java 299
Jellacic, Banus 357f.
Jena 78, 89, 136, 159, 308
– Universität 80, 96
Jenaer Burschenschaft 175
Jerusalem 21
Jesaja 226
Jevons, William Stanley 589
Johannesevangelium 36f.
Jones, Ernest Charles 252f., 257
»Journal des Débats« 73, 156, 262, 404
»Journal des Économistes« 319
»Journal officiel« 566
»Journaux de la Commune« 576
Juárez García, Benito 558
Judaismus 232
Juden, Judentum 17, 20f., 23f., 29, 90f., 223–237, 444, 459, 515, 519
Juden-Dekret vom 17. März 1808 21f.
Julian (Flavius Claudius Iulianus) Apostata 119

Julikönigtum 53
Julirevolution, Paris 1830 52–60
Julirevolution 1848 222
Jung, Georg 117, 121, 147f., 150ff., 154, 172f., 181
– »Geschichte der Rheinischen Zeitung« 177
Junges Deutschland 124, 150, 159
juste milieu 53, 58, 343

Kairo 197
Kalabrien 479
Kamptz, Karl Albert Christoph Heinrich von 175
Kanalinseln 619
Kant, Immanuel 27, 70, 79, 84f., 89, 95, 103, 126f., 221, 589
– »Kritik der reinen Vernunft« 280
Kanton 303
Kapitalismus 148, 202, 204, 228, 240, 243, 245, 248f., 254, 257f., 295, 331, 348, 351, 427, 460, 464, 466, 472, 482, 504ff., 513, 586, 588, 600, 603
Kapp, Friedrich 130
Karbonari 198
Karl der Große 186
Karl Friedrich August Wilhelm, Herzog von Braunschweig 59
Karl X. Philipp, König von Frankreich 53, 56ff.
Karlsbad 71f., 417, 529, 619
Karlsbader Beschlüsse 14, 61, 64
Karlsruhe 21
Karthago 579
Katharina II., die Große, Kaiserin von Rußland 180, 442
Katholizismus 14, 213
Kautsky, Karl 214, 624
Keller, Gottfried 129, 306, 438
Kerr, Alfred 344
Kett, Erhebung des Gerbers 285
Kiel 309, 375
Kinderarbeit 252, 258, 333, 475
Kinkel, Gottfried 381, 395f.
Kirche 218, 226, 290
Kirchenstaat 59, 447
Kirchenväter 101
Klapka, Georg 484
Klassenkampf 16, 198, 285f., 331, 333f., 427, 504, 550, 552, 554
Kleinbürgertum 186, 192, 278, 324, 373, 569
Kleindeutsches Reich 359
Kleingewerbe 12, 368
Klein Oels 14
Kleist, Heinrich von 78, 455
Knebel, Karl Ludwig von 136
Knox, John 49
Koblenz 10, 14, 16, 542
Köln 11, 26, 62, 120, 143–174, 176f., 210, 299, 306, 309, 337, 361f., 364ff., 375, 397, 399f., 542
– Arbeiterverein 368, 375
– Bürgergarde 370
– Demokratische Gesellschaft 374
– Kommunistenprozeß 371, 381, 389
– Schaaffhausen'scher Bankverein 146f.
Kölner Kirchenstreit 26, 28, 154
»Kölnische Zeitung« 145, 150, 364
Königgrätz 175, 493–503, 525
Königsberg 161
Köppen, Karl Friedrich 98, 160
Körner, Theodor 317
Kollektivismus 606
Kolowrat-Liebsteinsky, Franz Anton, Graf von 351
Kolping, Adolf 229
Kommune von Paris 1871 8, 55, 326, 412, 439, 489, 492, 506, 520, 522f., 537, 543–581, 616
Kommunismus 47, 131, 151f., 162ff., 204f., 211f., 218, 222f., 236ff., 241, 245ff., 249f., 268, 277f., 281f., 284f., 287ff., 294, 300, 305, 332f., 344, 371ff., 375, 378, 397, 400, 472, 548, 552, 580, 591
Kommunismus, agrarischer 218
Kommunistenjagd 396
Kommunistenprozeß 371, 381, 389
Kommunistenverschwörung 47
»Kommunistischer Katechismus« 222
kommunistische Urgesellschaft 242
Konrad von Würzburg 274
Konstantinopel 183, 197, 611
Konstitution 14, 20, 25f.
Konterrevolution 611
Kontinentalsperre 280f.
Korrespondenzkomitee 310, 312, 314

Korsika 479
Kosel, Esther 42
Kossuth, Lajos 354, 380, 418f., 429, 468, 484
Kowalewski, Maxim Maximowitsch 589f., 607, 619
Kreta 522
Kreuznach, Bad 179, 280
Kriege, Hermann 310
Krimkrieg 443, 447, 466, 487
Kropotkin, Peter Alexejewitsch, Fürst 554
Krupp, Friedr. 565
Künzli (Psychograph) 81
Küpper (Religionslehrer) 36f.
Kugelmann, Gertrud 598
Kugelmann, Ludwig 477, 523, 529ff., 534, 545, 547, 582, 598, 618
Kunst 81, 106, 118, 133, 144, 222, 283
Kunstgeschichte 144
Kurhessen 501

Labour Party 613
La Chaux-de-Fonds 398
Lafargue, Paul 408ff., 414, 525, 532, 613
Lafayette, Marie Joseph de Motier, Marquis de 187
La Fère 543
Laffitte, Jacques 58, 507
Lagrange, Joseph Louis 588f.
Laibach 57
Lamartine, Alphonse de 348, 506
Lamennais, Félicité Robert de 215
Lamettrie, Julien Offray de
– »Der Mensch eine Maschine« 127
Lanark 260
Lapinski, Teofil 470
Lappland 200
Larousse, Pierre 506
Lassalle, Ferdinand 9, 41, 43, 232, 431–463, 483ff., 495, 512, 524, 587, 615, 618
– »Assisenrede« 435, 437
– »Franz von Sickingen« 437
– »Der italienische Krieg und die Aufgabe Preußens« 447
– »Kassettenrede« 434, 436f.
– »Die Philosophie Herakleitos' des Dunklen von Ephesos« 437, 455
– »Das System der erworbenen Rechte« 458
Lassalleaner 431f., 474
Latour, Theodor, Graf von 357f.
Laube, Heinrich 138, 175
Lausanne 398, 474, 621
Lavater, Johann Kaspar
– »Physiognomische Fragmente zur Beförderung der Menschenkenntnis und Menschenliebe« 385
Lavoisier, Antoine Laurent 574
Law, John 504
Lawrow, Peter Lawrowitsch 592f.
Leach, James 252
Lecomte (General) 562, 574
Ledru-Rollin, Alexandre Auguste 488
Le Locle 398
Le Lubez 471
Leeds 252, 255
Legitimismus 7, 355, 381
Leibniz, Gottfried Wilhelm 18, 75, 126
Leipzig 118, 276, 397, 433
»Leipziger Allgemeine Zeitung« 162, 173, 175
Lemberg 444
Lenin, Wladimir Iljitsch 83, 225, 414, 520, 551, 558, 587, 598, 602, 605, 607
Leonardo da Vinci 282
Leopold I., König von Belgien 58, 269
Lermontow, Michail Jurjewitsch 600
Leroux, Pierre 163, 222
Leske, Carl Friedrich Julius 275f.
Lesseps, Ferdinand, Vicomte de 184
Lessing, Gotthold Ephraim 102, 127, 143
Leßner, Friedrich 387
– »Erinnerungen eines Arbeiters an Karl Marx« 305
Leukippos von Milet 104
Levy, Mordechai 17
Levy-Elkan (Graphiker) 62
Liberalismus 122, 168, 308, 416, 461, 468
Lichnowsky, Felix, Fürst 394
Lichtfreunde 297
Liebig, Justus von 495
Liebknecht, Wilhelm 232, 387, 445, 448, 450, 462, 524, 531ff., 547, 555, 582, 585, 587

– »Karl Marx zum Gedächtnis« 62f., 69, 372, 378, 380, 384, 517
Lille 344, 565
Lissagaray, Prosper 411ff., 554, 620
– »Histoire de la Commune de 1871« 412, 554, 575
List, Friedrich 150
»Literarisches Comptoir« 151, 178, 221
Locke, John 18, 70
Löffelkommunismus 318
Loers, Vitus 37
Löw, Bertha 129
Lohnarbeit 266, 297
Lombardei 446
London 11, 45, 48f., 59, 62, 73, 163, 202, 248, 250, 252–257, 287, 298, 305ff., 309, 312, 314, 319, 327, 376f., 381ff., 396, 398, 401f., 408, 429, 452ff., 456, 461, 466, 470f., 474, 479, 481, 484, 488, 490, 492, 508ff., 513f., 517, 524, 535, 542, 546, 549, 572f., 583, 586, 608f., 622
– Britisches Museum 34, 52, 246, 415–431, 581, 607, 615
– East End 417
– Red Lion 307
– Somerset House 252
– University College 471
Longuet, Charles 90, 408f., 525, 566, 619
Longuet, Jean 408
Longuet, Marcel 598
Longwy 544
Lopatin, German Alexandrowitsch 607f.
Lothringen 66, 535f., 541f.
Louis Philippe, König von Frankreich 53, 56, 58, 342f., 346ff., 356, 507
Lovett (Tischler) 253
Ludwig I., König von Bayern 209, 323
Ludwig II., König von Bayern 541
Ludwig XIV., König von Frankreich 75, 187, 217
Ludwig Bonaparte, König von Holland 441
Ludwig Philipp Joseph, Herzog von Orléans 58
Lüttich 397, 408f.
Lukács, Georg 624
Lukrez (Titus Lucretius Carus) 98f., 106
– »Von der Natur der Dinge« 108
Lumpenproletariat 287, 332, 346, 439f., 621
Luther, Martin 32, 228, 301, 335, 514f., 555
– »Kleiner Katechismus« 320
Lyon 55, 201, 343f., 397, 546, 561, 565, 571

Mably, Gabriel Bonnot de 218
Macdonald, Alexandre, Herzog von Tarent 14
MacMahon, Maurice, Marquis de, Herzog von Magenta 536, 544, 564
März-Vereine 360, 376
Mäurer, Friedrich Wilhelm German 220
Magenta 446
Mairevolution in Sachsen 1849 175
Mainz 528f., 535, 542
– Zentraluntersuchungsbehörde 60
Malibran, Maria Felicità 197
Malmö 354
Malthus, Thomas Robert 266
Maltzahn (Gesandter) 50
Malvern 619
Manchester 170, 174, 245, 248f., 251, 255, 274, 309, 364, 377, 381, 417, 430, 464, 470, 495, 502, 524, 528f., 531
– Old-Chatham-Bibliothek 274
»Manchester Guardian, The« 497, 499f.
Manchestertum 416, 464
Mann, Tom 616
»Mannheimer Abendzeitung« 153, 173, 278
Manteuffel, Otto, Freiherr von 47, 395f., 454f.
Mao Tse-tung 83
Maoismus 225
Marburg a. d. Lahn 308
Marcus (Verleger) 94
Margate 517
Marie Antoinette, Königin von Frankreich 219
Marienbad 421

Mark Aurel (Marcus Aurelius Antoninus) 103
Markgenossenschaften 23, 606
Marrast, Armand 215, 348
»Marseillaise, La« 407, 523
Marseille 397, 561, 565, 571
Marx, Edgar 402
Marx, Eduard 30
Marx, Eleanor (Tussy) 18, 23f., 31, 214, 271, 401, 403f., 406, 411–414, 425, 554, 608, 613, 619–622
Marx, Heinrich 9, 11f., 16–19, 21–26, 28, 30f., 34f., 37f., 51, 53, 60ff., 64–67, 73, 79f., 82f., 88, 90, 92, 97, 115f., 170, 409, 424f.
Marx, Henriette 17, 28–32, 38–43, 61, 64, 82, 90, 92, 116, 170, 349, 403, 444
Marx (geb. von Westphalen), Jenny 42, 45f., 48–51, 67f., 80f., 90, 115f., 120, 179, 182, 192f., 214, 228, 245, 269, 298f., 302, 328, 349, 366, 399, 402–406, 408, 411f., 415, 417, 425, 452, 454, 457f., 471, 500, 517, 523, 607, 612, 619f., 622
Marx, Jenny (Tochter) 69, 91, 214, 349, 403f., 407f., 411, 415, 425, 452, 522f., 598, 608, 620
Marx, Karl
– »Der achtzehnte Brumaire des Louis Bonaparte« 441
– »Adressen des Generalrats der Internationale« 534, 537
– »Anti-Dühring« 186, 193, 585f.
– »Bemerkungen über die neueste preußische Zensureninstruktion« 151, 178
– »Betrachtungen eines Jünglings bei der Wahl eines Berufes« 34ff.
– »Der Bürgerkrieg in Frankreich« 544, 549–554, 581
– »Die deutsche Ideologie« 204, 247, 270–289, 300, 311, 319, 329, 588
– »Differenz der demokritischen und epikureischen Naturphilosophie« (Dissertation) 80, 90–115, 117, 137, 140, 156, 158f., 234, 246, 274, 437, 593
– »Das Elend der Philosophie« 294
– »Thesen über Feuerbach« 272, 288
– »Epigramme« 85
– »Die großen Männer des Exils« 419
– »Die Heilige Familie« 132f., 267, 273, 289, 311, 363, 400
– »Herr Vogt« 49, 452, 488
– »Inauguraladresse und Provisorische Statuten« 471ff.
– »Das Kapital« 33, 44, 87, 192, 202, 239f., 245f., 312, 330, 333, 407, 420, 422, 426, 431f., 448, 459f., 466, 475f., 478, 493, 495, 504f., 507, 511, 513, 515f., 581f., 588, 600f., 607f., 613f., 616, 622
– »Kommunistisches Manifest« 186, 314, 317, 319ff., 323–337, 367, 397, 401, 451, 466, 606, 616
– »Kritik des Gothaer Programms« 587
– »Kritik der Hegelschen Staatsphilosophie« 180
– »Luther als Schiedsrichter zwischen Strauß und Feuerbach« 131
– »Metaphysik des Rechts« 84
– »Musentänze und Satyrmusik« 84
– »Nachtliebe« 68
– »Pariser Manuskripte« 68, 70, 132, 238f., 276
– »Philosophie und Kunst« 144
– »Das philosophische Manifest der historischen Rechtsschule« 158
– »Die polnische Frage« 469f.
– »Scoorpion und Felix« 70
– »Über die angeblichen Spaltungen in der Internationale« 477
– »Über die Erhaltung der Kraft« 134
– »Die Vereinigung der Gläubigen mit Christo nach Joh. 15,1–14« 36
– »Wilde Lieder« 68
– »Zur Judenfrage« 229
– Zur Kritik der Hegelschen Rechtsphilosophie. Einleitung« 223, 233
– »Zur Kritik der politischen Ökonomie« 163, 275, 448, 450ff., 457
Marx, Laura 69, 271, 403, 408, 410f., 414f., 452, 457, 523, 532, 598, 608, 621f.
Marx, Sophie 38, 92
Marxismus 225, 229, 432, 524, 587, 602
Materialismus 35, 102, 127, 130, 217, 276, 281, 288, 385, 521, 585, 592

Materialismus, dialektischer 226, 271, 584
materialistische Geschichtsauffassung 102, 241, 264, 284, 313, 450, 590
Mathematik 588ff., 593
Maurer, Georg Ludwig 606
Mayer, Julius Robert von 134
– »Über die Erhaltung der Kraft« 134
Mazzini, Giuseppe 59, 378, 380, 400, 429, 447, 471ff., 476, 481, 488, 490, 492, 613
Mediatisierungs-Debatte 355
Medici 517
Meißner, Otto 493
Mendelssohn, Joseph 434
Mendelssohn, Moses 76
Mendelssohn-Bartholdy, Felix 76
– »Paulus« 230
Meredith, George
– »The Tragic Comedians« 431
Meslier, Jean 217f.
Messenhauser, Wenzel 358
Messianismus 225
Metternich, Klemens, Fürst von 342, 350f., 382, 442, 489
Metz 10, 398, 536, 538f., 541ff.
Mevissen, Gustav von 146f.
Mexiko 39, 508, 538
Meyendorff, Baronin von 434
Meyer, Lorenz 45
Meyerbeer, Giacomo 231, 236
Mézières 544
Michel, Louise 572
Michelangelo Buonarroti
– »Moses« 386
Mignet, François Auguste Alexis 286
Milder, Anna Pauline 138
Mill, John Stuart 460, 534
– »On the Principles of Political Economy« 607
Milton, John 405
Miquel, Johannes 547ff.
Mirabeau, Honoré Gabriel Victor Riqueti, Marquis de 435
Miranda, Francisco de 382
Mischehen 26ff.
Mittelalter 165f., 181, 256, 281
Mittelstand 162, 180
Modena 59, 430
»Modern Thought« 612
Mohr (Kaufmann) 11
Mohr (Spitzname von Karl Marx) 412f.
Moll, Joseph 306, 327, 374
Moltke, Hellmuth, Graf von 497f., 500, 528, 530ff., 541, 556
Mommsen, Theodor 237, 286
Monte Carlo 621
Montez, Lola 322
Montigny, Eduard 422f.
Montmédy 544
Moore, Samuel 326
Morelly, N.
– »Code de la nature ou le véritable esprit des lois« 218
Morgan, Lewis Henry 590f.
– »The League of the Ho-dé-no-sau-nee or Iroquois« 591
– »Die Urgesellschaft« 590
»Morgenblatt für gebildete Stände« 54
Morny, Charles, Herzog von 441
Morris, William 613
Moselbauern 13, 169–172
Moskau 180, 408, 477, 579
Most, Johann Joseph 585f.
Motte Fouqué, Friedrich, Baron de la
– »Undine« 123
Mozart, Wolfgang Amadeus 282
Mühsam 134
Müllhausen 565
Müller, Adam Heinrich, Ritter von Nittersdorf 78
Müller, Johannes Peter 114
München 14, 122, 530, 541
Münster 369
Mundt, Theodor 124

Napier, Robert 256
Napoleon I., Kaiser der Franzosen 7–10, 14, 19–22, 24, 72, 76f., 135f., 230, 280f., 344, 369, 391, 439, 442, 446, 494, 507f., 510f., 538
Napoleon III. (Louis Napoleon), Kaiser der Franzosen 55, 187, 341, 356, 381, 438–447, 468f., 481f., 484f., 492f., 496, 499f., 502, 521ff., 525ff., 530–540, 542f., 556f., 559f., 566
Narodnaja Wolja 602, 604
Narodniki 600f.

Narodowolzen 603
Nassau 355
»National, Le« 215, 348, 361
Nationalismus 16, 78, 338, 444, 465, 610
Nationalökonomie 243f., 246, 266, 268, 274, 321, 387
National-Liberale 464
National-Werkstätten 348, 355
Naturalismus 241
Naturphilosophie 82, 114, 126
Naturrecht 158
Naturreligion 132
Naturwissenschaften 127, 134, 189, 192, 421, 591f., 605
Neander, Johann August Wilhelm 91
Neapel 479f., 483, 487, 490
Negerbefreiung 300
Neopietismus 47
Netschajew, Sergej Gennadijewitsch 476ff.
Neuchâtel 621
Neuenahr 619
»Neue Rheinische Zeitung. Organ der Demokratie«, Köln 303, 337, 353, 356, 361–376, 381, 389, 394f., 434f., 437, 453, 455, 555
»Neue Rheinische Zeitung. Politisch-ökonomische Revue«, London 370, 425, 555
»Neue Zeit, Die« 414, 449
Neuilly-sur-Seine 572
New Harmony 259
New Lanark 258, 260
»New Moral World« 289
Newton, Sir Isaac 18, 588f.
New York 310, 398, 408, 441, 478, 482, 591, 610
»New York Herald Tribune« 201, 246, 425, 456, 482
Niebuhr, Barthold Georg 77, 286
Niethammer, Friedrich Immanuel 136
Nietzsche, Friedrich 584
Nieuwenhuis, Ferdinand Damela 567
Nightingale, Florence 487
Nikolaus I. Pawlowitsch, Zar 172, 352, 355, 362
Nikolsburg 502
Nimwegen 22
Nizza 446, 481f.
Noir, Victor 523
Norddeutscher Bund 502f., 524, 636
»Northern Star, The« 252, 255, 321, 323
Nothjung, Peter 396f.
Novalis (Friedrich Freiherr von Hardenberg) 70f.
Nürnberg 130, 136

O'Brien, Bronterre 253
Ochrana 602
O'Connor, Feargus 253, 255ff., 323
Odenwald 362
Odger, George 474
Oeben, Jean-François 317
Österreich 8, 14, 148, 341, 350, 353f., 356f., 359, 361, 398, 419, 429, 443–447, 465, 481, 484, 491, 502, 527, 611
Ollivier, Émile 523, 525, 527
Olmütz 358
Oppenheim 434
Oppenheim, Abraham 147f.
Oppenheim, Dagobert 147f., 150f., 155, 158, 172f.
Oppenheim, Salomon 147f.
Oppenheim, Simon 147f.
Orient 183, 197, 595
Orléans 539
Osnabrück 548
Oswald (Pseudonym von Friedrich Engels) 124
Ouvrard, Gabriel Julien 507–511
Owen, Robert 200, 257–261, 275, 289, 334
Oxford 408

Paguerre (Sozialist) 348
Paine, Thomas 335
Palacký, Franz 354
»Pall Mall Gazette« 530f., 535
Palmerston, Henry John Temple, Viscount 469, 487f.
Panizzi, Antonio 429f.
Paris 26, 53–59, 73, 131, 143, 149, 151, 162, 168, 178, 182ff., 188, 192, 196f., 207ff., 217–223, 233, 235ff., 262, 269, 271, 287, 289, 292–294, 297f., 305, 307, 314f., 317, 319, 321f., 324, 336, 341–346, 349ff.,

355, 361, 363 ff., 369, 371, 382 f., 397 f., 408, 411, 414, 435, 439, 447, 474, 486, 493, 504, 523, 528, 532, 534, 536–540, 544 ff., 550, 552, 555 ff., 560 f., 564, 567 f., 570, 573, 578, 580, 599
– Gemäldeausstellung von 1831 53 ff.
– Grisetten 322
Parker (Indianer) 591
Parma 59
Passion 203, 206
Paul I., Zar 442
Pauperismus 287
»Pays, Le« 523
Peel, Sir Robert 377
»Père Duchesne, Le« 506
Périer, Casimir 58
Peru 508
Perugia 514
Peter III., Zar 442, 608
Peter-Pauls-Festung 477, 605
Petersburg, Sankt 172, 473, 478, 486, 508, 600, 602, 607
Pfänder, Karl 385 f.
Pfalz 361, 525
Pfalzburg 543
Phalanstères 201, 203 f., 206, 210
Pfandleihe 512–520
Pfuël, Ernst Heinrich Adolf von 455
Philadelphia 398
Philips, Antoinette 43, 453, 455
Philips, Karl 425
Philips, Lion 29, 40, 42 ff., 452 f.
Philister 63, 405
Philological Society 406
»Philosophical Transactions« 73
Philosophie 85 f., 89, 92 f., 97 f., 100, 104–107, 110–114, 117 f., 125, 127 f., 131 f., 136 f., 139 f., 142 ff., 147, 166, 176, 182, 210, 235, 283, 289, 294, 301, 319, 371, 594, 600
Philosophie, antike 94, 97 f., 103
Philosophie der Tat 113, 120
Philosophie, deutsche 221, 234, 237, 275
Philosophie, französische 220
Philosophiegeschichte 80, 101, 103, 112, 131
Philosophie, politische 233
Philosophie, positive 111, 133
Phrenologie 383–389
Physik 114, 134, 267
Physiognomik 384
Physiokraten 218 f.
Picard, Ernest 553
Picardie 188
Piemont 446, 481
Piemont-Sardinien 479
Pietismus 117 f., 228
»Pionier« 300
Platon 95, 99 ff., 109, 258
Plebiszit 442, 522
Plechanow, Georgij Walentinowitsch 602 f., 606
Plombières, Geheimvertrag von 481
Plutarch 95, 97, 108 f.
Poe, Edgar Allan 384
Poesie 66–69, 71, 84, 96, 143, 189, 211, 213
Polen 58 f., 74, 218, 334, 339, 343, 354, 456, 465 f., 468 ff., 473, 572, 597
politische Ökonomie 294, 418, 589
politische Satire 208–211
Polizei 389–401
Pommern 65
Pompadour, Jeanne Antoinette Poisson, Marquise de 218
»Populaire, Le« 414
Portsmouth 486
»Posaune« 119
Posen 28, 354
Positivismus 189, 207, 226, 471
Possibilisten 609
Potsdam 75 f., 81, 118
Potter, George 474, 485
Prag 356
Preßburg 444
Preßburg, Isaak 22, 29
»Presse, Die« 456
Pressefreiheit 152, 300, 343, 350, 362, 375
Preußen 8 ff., 13, 19, 22, 24, 26 ff., 39, 59, 74 ff., 79, 82, 87, 91, 98, 118 f., 122, 127, 135 ff., 140 f., 143–146, 148, 153, 155, 161 f., 164 f., 168, 170, 172, 174 ff., 178, 180, 182, 209, 221 f., 230, 236, 268, 298, 312, 336, 341, 350, 352, 354 f., 359 ff., 365 ff., 378, 381, 390 f., 394 ff., 398 ff., 429, 445, 447,

453f., 461, 464ff., 484ff., 491–499, 501ff., 525, 527f., 530, 532, 534ff., 540f., 545f., 559, 574, 610
preußischer Krieg gegen Dänemark 354
preußisches Expeditionskorps 14
preußische Staatsphilosophie 137
preußisch-österreichischer Krieg 1866 148, 389, 447, 484, 491
preußisch-österreichischer Krieg gegen Dänemark 1864 466, 470, 485, 488
Privateigentum 16, 165, 218, 241, 243, 246f., 265f., 268, 289ff., 294, 506, 515, 520, 552
Produktionsassoziationen 461
Produktionskräfte 128, 191, 281, 284, 287, 313, 329, 333, 362, 519, 597
Produktionsverhältnisse 213, 281, 283f., 334
Produktivkräfte 192, 295f., 330
Produktiv- und Konsumgenossenschaften 201, 291
Proletariat 81, 183, 185, 192, 194f., 198f., 209, 223, 225, 233, 235, 240, 249f., 255, 257, 262, 264ff., 285ff., 288, 296f., 300, 304, 309, 311, 313, 315, 319f., 323f., 329–335, 344, 346f., 350, 362, 368, 371, 377, 387, 397f., 401, 415, 438, 443ff., 461, 466, 482f., 501, 533, 552, 556, 558, 597f., 603, 609, 615, 617
Proletariats, Diktatur des 190, 313, 472, 510, 550, 555, 587
Prometheus 98, 113
Properz (Sextus Propertius) 61
Proudhon, Pierre Joseph 185, 207, 223, 226, 268, 289–297, 311, 313, 317ff., 324, 363, 380, 384, 409, 461, 474, 476, 506, 511f., 521, 531, 551, 554, 565, 608
– »System der ökonomischen Widersprüche oder Philosophie des Elends« 294f.
– »Was ist Eigentum?« 266, 289
Provinziallandtage 25
Puschkin, Alexander Sergejewitsch 600
Pyat, Félix 573f.

»Quarterly Review, The« 428
Quesnay, François 218f.
– »Tableau économique« 219

Racowitza, Janko von 463
Raffael (Raffaello Santi) 144, 282
Rambouillet 56
Ranke, Leopold von 237, 625
– »Zur Kritik neuerer Geschichtsschreiber« 286
Reaktion 19, 57, 160, 207, 300, 362, 373, 395, 435, 461, 554
Realpolitik 130, 137, 202, 207, 213, 338
Rechtsgeschichte 165f.
Rechtsphilosophie 89, 140, 143
Reclus, Élisée 618
Redern, Friedrich Wilhelm, Graf von 188
»Red Publican« 326
Reformation 49, 149, 153, 210, 228, 301
»Réforme, La« 348, 361
Reichsverfassung 355, 360, 494
Reil, Johann Christian 77
Reinhardt, Ernst 93
Reinhardt, Richard 214, 573
Reinhold, Karl Leonhard 89
Religion 37, 118, 128, 130f., 233f., 283
Renard (Buchhändler) 145, 148
Renoir, Auguste 529f., 566, 574
Republikanismus 363
Restauration 54, 57f., 171, 190, 263, 359, 507f.
Revisionismus 586, 618
Revolution 15, 51, 55, 150, 176, 209, 211f., 215, 217, 220, 227, 240, 252, 254f., 257, 261, 279, 284f., 288, 296, 300f., 303, 308ff., 313f., 324, 330, 332, 334–339, 343f., 351, 362, 365, 373, 381, 398, 400, 421, 435, 438, 444, 482, 539, 549ff., 554, 559, 596f., 603f., 611
»Revolution, Die« 411
Revolution, amerikanische 508
Revolution, belgische 58f.
Revolution, englische 487
Revolution in Dresden 1849 360f., 580
Revolution, industrielle 252

Revolution, kommunistische 335
Revolution, proletarische 62, 265, 533, 606
Revolution, soziale 532
Revolution, sozialistische 229
Revolution, spanische 308f.
Revolution, tschechische 418f.
Revolution, ungarische 418f.
Revolution von 1525 555
Revolution von 1830 8, 25, 240, 379, 507
Revolution von 1848 8, 20, 47, 53, 55, 129, 146, 207, 218, 317, 320, 324, 335, 337–362, 369, 378f., 382, 392f., 418, 435, 438f., 455, 555, 557
Revolution von 1905, russische 607
Revolution von 1917, russische 558
Revolutionserwartung 57, 466
Revolutionstheorie 284, 466
»Revue des Deux Mondes« 73
Rheingrenze 66, 525f., 542
rheinischer Landtag 25, 147, 152, 163
rheinisches Gerichtswesen 23
»Rheinische Zeitung für Politik, Handel und Gewerbe« 13, 121, 145–154, 157, 159f., 162ff., 167ff., 171–174, 177ff., 182, 221, 278, 280, 298f., 302, 336, 363f., 368, 371, 606
Rheinland 8f., 12f., 19f., 22, 25–28, 59, 79, 82, 144f., 151, 154, 158, 170ff., 275, 312, 337, 361, 437
– Industrie 146f., 170
Rheinprovinz 8, 10, 16
Ricardo, David 266, 418, 427, 457, 460
– Arbeitswert-Theorie 267
Riemann, Georg Friedrich Bernhard 589
Riesener, Jean-Henri 317
Rigault (Polizeichef) 563, 566, 574, 577ff.
Ripley, George 206
Risorgimento 481f.
Ritschl, Albrecht 175
Ritter, Karl 79
Robespierre, Maximilien de 188, 222, 279, 374, 506
Rochau, August Ludwig von
– »Grundsätze der Realpolitik« 338
Rochefort, Henri 407, 523
römische Republik von 1848 479
Roentgen, David 317
Rolland, Romain 408
Rom 27, 98, 102, 105, 108, 211, 233, 479f., 483, 486f., 492
Romanow (russisches Herrscherhaus) 442
Romantik 67, 73, 82, 85, 115, 119, 124, 126, 133, 141, 143f., 158, 302, 592, 608
Roon, Albrecht, Graf von 493, 497, 528, 541
Rossel (Offizier) 571f.
Rote Armee 558
Rotes Kreuz 446
Rothschild (Bankhaus) 226, 231
Rotteck, Karl von
– »Staatslexikon« 65, 418
Rousseau, Jean-Jacques 18, 35, 143, 201, 218, 220, 590f.
Royal Society 73
Rückert, Friedrich 123
Rügen 65
Rüstow, Friedrich Wilhelm 484
Rütten, Joseph 263
Ruge, Arnold 117f., 120, 144, 151, 154, 171, 174–177, 179, 208, 212, 214f., 220f., 223, 236f., 269, 305, 311, 490
– »Anekdota zur neuesten deutschen Philosophie und Publizistik« 178
Ruhrgebiet 249
Russell, John, Lord 483, 487
russisch-türkischer Krieg 610f.
Rußland 8, 57f., 154, 172, 354, 362, 443, 445, 465, 469, 473, 477, 484f., 487, 495, 503, 528, 534, 536, 542, 596f., 599–604, 606, 615
Rutenberg, Adolf 158, 169

Saar 525, 530
Saarbrücken 535
Sachsen 8, 118, 153, 360f.
Sadowa 493–503, 526
Saint-Cloud 56
Saint-Étienne 561
Saint-Just, Louis Antoine Léon de 279
Saint-Simon, Claude Henri de Rouvroy, Graf von 16, 115, 149, 183–

199, 226, 291, 313, 334, 380, 384, 490, 551
– »Neues Christentum« 183 f., 194
– »Der Organisator« 189, 191
Saint-Simon, Louis de Rouvroy, Herzog von
– »Erinnerungen« 187
Saint-Simonismus 183–200, 206, 221 f., 442, 512
Salzburg 75
Sand, George 296
Sanhedrin 20 f.
St. Gallen 397 f.
Sankt Helena 136
Saphir, Moritz Gottlieb 138
Sardinien 447, 479
Sassulitsch, Vera Iwanowna 600 f., 603
Savigny, Friedrich Carl von 77, 82, 158 ff., 165 f.
– »Das Recht des Besitzes« 89
Savoyen 446, 481
Say, Jean Baptiste Léon 193, 460
Schärttner, August 378
Schaper (Oberpräsident) 163, 169, 171 f.
Schapper, Heinrich 47, 306–310, 314, 327, 374, 396–399
Scharnhorst, Gerhard von 369, 494
Schelling, Friedrich Wilhelm Joseph von 89, 122–126, 131, 158, 222, 589, 599
– »Philosophie der Offenbarung« 123
Scherenberg, Christian Friedrich 24
Schiller, Ernst von 11
Schily, Viktor 573
Schlegel, Friedrich von 61, 71–74
Schleiden, Matthias Jakob 592
Schleiermacher, Friedrich 77
Schlesien 394 f., 484
Schleswig-Holstein 354, 466, 479
Schlettstadt 543
Schlöffel (Fabrikbesitzer) 392 f.
Schmidt, Julian 458
Schmidt, Wilhelm 392
Schneider, Eugène 565
Schneiderhandwerk 304 f.
Schneiderkommunisten 315
Schottland 259
Schreinerkommunisten 315
Schuckmann, Friedrich, Freiherr von 19
Schulze, Johannes 135, 182
Schulze-Delitzsch, Hermann 474
Schurz, Carl 338, 395 f.
Schwab, Gustav 175
Schwaben 161
Schwarzenberg, Felix, Fürst zu 359
Schweiz 131, 160 f., 178, 298, 303, 305, 323, 334, 339 f., 342, 396, 408, 544, 561, 621
– Industrie 323
– Sonderbundskrieg 339–342
Schwerin-Putzar, Maximilian, Graf von 47
Sedan 536 f., 539
Seiler, Sebastian 299
Semper, Gottfried 360
Seraillier, Auguste 567
Sezessionskrieg 45, 369, 466, 591
Shakespeare, William 69, 71, 115, 256, 275, 277, 404 ff., 454, 487
– »Hamlet« 405
– »Macbeth« 405
– »Timon von Athen« 71
– »Troilus und Cressida« 487
Shakespeare Society 406
Shaw, George Bernard 377, 615
– »Der Arzt am Scheideweg« 413
– »An Unsocial Socialist« 413, 613
Sheffield 170, 599
Shelley, Percy Bysshe 406
Sibirien 200, 605
Siebenjähriger Krieg 46, 48
Siebenpfeiffer, Philipp Jakob 60
»Siècle, Le« 404
Simeon von Trier 10
Simon, Ludwig 362
Sismondi, Jean Charles Léonard Simonde de 193
Sizilien 479 f., 482 f., 491
Skandinavien 74
Smith, Adam 138, 170, 193, 292, 418, 427, 460
– »Der Reichtum der Nationen« 266
Soetbeer, Georg Adolf 624
Soissons 543
Sokrates 100

Solferino 446
Sorge, Friedrich Adolph 601, 610, 617
Soult, Nicolas Jean, Herzog von Dalmatien 343
Sowjetunion 218, 270
Sozialdemokratie 130, 334, 537, 548
Sozialdemokratische Arbeiterpartei 495
»Sozialismus« 615
Sozialismus 16, 119, 131, 151 f., 185 f., 198, 221 ff., 226, 229, 233, 236 f., 249 f., 253, 257, 274, 276, 278, 288 f., 291, 310, 315, 326, 332, 338, 352, 336 f., 374, 380, 384, 400, 407, 411 ff., 415, 431, 437, 448, 464, 472, 479, 520, 530, 542, 581–584, 595, 600, 608, 614, 616 f.
Sozialismus, Geschichte des 195
Sozialismus, kritisch-utopischer 334
Sozialismus, proletarischer 317
Sozialismus, wissenschaftlicher 207, 248, 263, 284, 430
Sozialistengesetze 389, 587
Sozialisten, marxistische 524, 587
sozialistische Partei 584
sozialistische Presse 255
Sozialrevolution 60
Sozialwerkstätten 222
Spätantike 101
Spätmarxismus 282
Spätromantik 577
Spanien 8, 188, 308 f., 369, 526, 538
Sparta 104
Spartakus 64, 108, 483
Spinoza, Baruch de 143, 149, 614
Spitta, Karl Johann Philipp 230
Staat 139, 152 f., 155, 171, 178 f., 181 f., 190 f., 196, 198, 291, 299, 333, 444, 461, 476, 504, 550, 610
Staatschristentum 131
»Staatszeitung, Die preußische« 155 f., 168
Staël, Germaine de 188, 221
– »Über die Literatur im Verhältnis zu den sozialen Einrichtungen« 188
Stahl, Friedrich Julius 91, 137, 230, 624
– »Umkehr der Wissenschaft« 123
Standesversammlungen 25
Stechan (Tischler) 399
Steffens, Henrik 82, 126
Stein, Karl, Reichsfreiherr vom und zum 19, 65, 76, 230
Stein, Lorenz von 151 f., 193, 222
– »Der Sozialismus und Kommunismus des heutigen Frankreich« 152
Stephens (Methodistenprediger) 251, 253, 262
Stettin 161
Stiebel (Bankier) 39
Stieber, Wilhelm 47, 182, 363, 389–401, 419, 530
– »Praktisches Lehrbuch der Kriminalpolizei« 390 f.
Stirner, Max 272 f., 277 ff., 281 ff., 285, 287, 301, 311
– »Der Einzige und sein Eigentum« 276, 279
Stoa 80, 95, 101 f.
Stork, Sir William 50, 52
Stralow 83, 85 ff.
Stralsund 175
Straßburg 14, 159, 162, 398, 439, 541, 543
Strauß, David Friedrich 127, 175
– »Das Leben Jesu« 119, 126
Strauß, Salomon 216
Streik 254, 295, 468, 617
Struve, Gustav von 353
Stuttgart 397
Südamerika 184, 381, 480, 571
Südasien 542
Sue, Eugène
– »Die Geheimnisse von Paris« 262 f.
Sueskanal 184
Sulla, Lucius Cornelius 510
Sutherland, Herzog von 486 f., 489
Syndikalismus 292, 609, 617

Tauroggen 14
Tavernier, Graf 454
Taylor, Brook 589
»Temps, Le« 404
Tencin, Pierre Guérin de 218
Tennyson, Alfred, Lord 487
Terrorismus 300, 602 f.
Texas 222
Textilindustrie 144, 245, 565
Theben 84

Themistokles 113
Theologie 126, 130f.
Theorie 155, 234, 283
Thierry, Auguste 198, 286, 427
Thiers, Adolphe 58, 539f., 544, 547, 552f., 561–565, 572, 575, 578
Thomas (General) 562
Tieck, Ludwig 67, 123
»Times, The« 300, 486, 610
Tizian (Tiziano Vecellio) 282
»To-day« 612
Tolstoi, Leo Nikolajewitsch, Graf 143, 208
Toul 10, 543
Toulouse 561
Trade Unions 485
Traube, Ludwig 592
Traube, Moritz 592f.
Treitschke, Heinrich von 250
Trendelenburg, Friedrich Adolf 79, 92f.
Treptow 85, 87
Trier 7–13, 16, 22f., 27, 37, 40ff., 45, 53, 79, 81f., 90, 115, 120f., 170, 174, 228, 278, 287, 362, 366, 542
– Gymnasium 16, 22, 31–34, 52, 60, 62, 67, 422, 588
– Juden 17f.
– Kasinogesellschaft 12, 25f.
– Landsmannschaft 61f., 74, 228
– Lokalforschung 32
– Maxberg 31
– Porta Nigra 9f.
– Presse 26
Trochu, Louis Jules 560
Tschernyschewski, Nikolai Gawrilowitsch 605–608
– »Was tun?« 604f.
Tucher von Simmelsdorf 519
Türkei 522, 610
Turgenjew, Iwan Sergejewitsch
– »Väter und Söhne« 605
Turin 483, 491
Tyler, Wat 285

Überbau 106, 229, 260
Uhland, Ludwig 317
Ungarn 354, 356ff., 380, 444, 484, 538
Unkel 303
Unruh, Hans Viktor von 390
Unterbau 260
Unterhaus 256
Urquhart, David 169, 599, 611
Uruguay 479f.
Utilitarismus 278
Utin, Nikolai Isaakowitsch 412,
Utopie 16, 184ff., 199ff., 203, 206, 222, 241, 246, 250, 258, 277, 311, 313, 315, 334, 338, 348, 430, 440, 461, 521, 617

Valenciennes 398
Van-Diemens-Land 254
»Vanity Fair« 610
Varnhagen von Ense, Karl August 456
Vatikan 26f.
Veltheim, Werner von 45
Venedig 479, 491, 511
Venetien 479, 483, 502
Venezuela 382
Ventnor 620, 622
Verdun 10, 543
Vereinigte Staaten von Amerika 150, 206, 259, 337, 428, 466, 485, 511, 520, 571, 617
Verhuel, Carel Henrik, Graf von Zevenaar 441
Verlaine, Paul 565f., 578ff.
– »Confessions« 579
Verona 57
Versailles 217, 392, 528, 542, 545, 548, 561–564, 566ff., 570f.
Verviers 397
Vevey 621
Vidocq, François 391
Viktor Emanuel II., König von Italien 479, 481, 483f., 491
Viktoria, Königin von Großbritannien 398, 486, 488, 595
Viktoria, Adelheid Marie Luise, Kaiserin Friedrich 595ff.
Villafranca 446
Villevorde 302
Villiers de l'Isle-Adam, Jean-Marie Mathias Philippe-Auguste, Graf von 577
Virchow, Rudolf 592
Vischer, Friedrich Theodor 175
Vogesen 492

Vogt, Karl 49, 452, 488
»Volk, Das« 449
Volksbewaffnung 369
Volksmiliz 550
»Volksstaat, Der« 531 f.
»Volkstribun, Der« 310
Voltaire (François-Marie Arouet) 18, 44, 143, 180, 218 f., 221, 575
Vormärz 53, 65, 393
»Vorwärts« (Berliner Volksblatt) 584 f.
»Vorwärts! Pariser Signale aus Kunst, Wissenschaft, Theater, Musik, Literatur und geselligem Leben« 207 209, 235 f., 268, 305, 312

Wagener, Hermann 418
Wagner, Cosima 580
Wagner, Richard 40, 360, 580
– »Rienzi« 360
Wahlrecht, allgemeines 254 f., 461, 468, 494, 502, 587, 617
Wales 285
Walewska, Maria, Gräfin 442
Walewski, Alexandre, Graf 442
Wallau, Karl 298, 312
Warschau 343
Washington 187
Waterloo 24
Webb, Beatrice 615
Webb, Sidney 615
– »Die Geschichte des britischen Trade Unionismus« 615
Weber, Carl Maria von 76
Weber, Georg 375
Weberaufstände in Schlesien 209, 312, 362, 392
Weerth, Georg 236, 312, 364, 371 f., 381, 434
Wehrpflicht, allgemeine 82, 494
Weill, Alexandre 268
Weimar 141, 421
Weimarer Republik 391
Weitling, Wilhelm 212, 301 f., 304, 309 f., 315, 317, 319, 324, 326, 374, 586
– »Garantien der Harmonie und Freiheit« 305 f.
– »Die Menschheit, wie sie ist und sein sollte« 305 f.
Welcker, Friedrich Gottlob 61, 65
Welcker, Karl Theodor 122, 418
– »Staatslexikon« 65, 418
Wellington, Arthur Wellesley, Herzog von 256
Welser (Augsburger Handelsgeschlecht) 519
Weltausstellung 396, 457, 468
Weltgeschichte 140, 226, 282, 284, 430, 491, 545
Welthandel 285, 287, 283
Weltkrieg, Erster 408, 5425, 611
Weltrevolution 64, 296, 377, 410, 429, 444, 528
Weltverkehr 285, 287, 466
Westindien 408
»Westminster Review« 428
Weston, John 471
»Westphälisches Dampfboot« 301
Westphalen, Christian Heinrich Philipp von 46, 48
Westphalen, Edgar von 39, 45, 299
Westphalen, Ferdinand Otto Wilhelm von 45–48, 90
Westphalen, Heinrich Georg von 50
Westphalen, Karoline von 39, 46, 50, 90 f.
Westphalen, Ludwig von 46, 115 f., 118, 192, 228
Weydemeyer, Joseph 271, 301, 311, 441, 485
»Whitehall Review« 610
Wiclif, John 406
Wien 49, 76, 151, 341, 351, 356., 382 f., 443, 484
Wiener Kongreß 7, 9, 136
Wigand, Otto 273, 276
Wight, Isle of 620, 622
Wilda, Wilhelm Eduard 165 f.
– »Das Strafrecht der Germanen« 165
Wilhelm I., Deutscher Kaiser 445, 453 ff., 496, 498, 501, 527, 531 ff., 541
Willich, August von 168 ff.
Willich, Ernst 47, 396–399
Windischgrätz, Alfred, Fürst zu 358 f.
Wirth, August 59 f.
Wirtschaftskrise 252, 261, 616
Wishart, George 49
Wishart, Jeanie 49
Wohl-Strauß, Jeanette 216

Wolf, Friedrich August 77, 93
Wolff, Ferdinand 312, 371
Wolff, Luigi 471
Wolff, Oskar Ludwig Bernhard 96
Wolff, Wilhelm 42, 311 f., 371 f., 381, 449, 485
Working Men's Association, London 254
Working Men's College, London 406
Wojciechowski, Titus 343
Wrangel, Friedrich, Graf von 359
Wucher 20 f., 504 f., 512–520
Württemberg 355
Würzburg 123
Wuppertal 228
Wyttenbach, Johann Hugo 10, 34 ff., 37, 60

Yorck von Wartenburg, Ludwig Graf 14

Zaltbommel 40, 42
Zarenreich 528, 596
Zarentum 443, 599, 607
Zedlitz-Neukirch, Konstantin von 454
Zeno, oströmischer Kaiser 285
Zensur 14, 57, 60, 66, 151–156, 159, 162, 164, 168 f., 172 f., 176 ff., 182, 221, 270, 428, 605
Zentralmärzverein 362
Zentrumspartei 26, 145, 229
Zeus 98, 618
Zionismus 149
Zollverein 170 f.
Zürich 305, 308, 339
Zunftwesen 315
Zweites Kaiserreich 230, 439 f., 442
Zychlin von Zychlinski, Franz (Pseudonym: Szeliga) 263

Bildnachweis

Archiv für Kunst und Geschichte, Berlin: S. 325, 423
Bildarchiv Preußischer Kulturbesitz, Berlin: S. 328, 576
Bilderdienst Süddeutscher Verlag, München: S. 370, 473

Brigitte Hamann

Bertha von Suttner

Ein Leben für den Frieden. 552 Seiten mit 29 Faksimiles im Text und 23 Fotos auf Tafeln. Leinen

Weitere Titel der Autorin:

Die Habsburger

Ein biographisches Lexikon.
Herausgegeben von Brigitte Hamann
435 Seiten mit zahlreichen farbigen und schwarzweißen Abbildungen. Leinen

Von Rudolf von Habsburg über Kaiserin Leopoldine von Brasilien, Marie Antoinette von Frankreich bis Kaiser Franz Joseph – das vollständige Lexikon des berühmten europäischen Adelsgeschlechts in 400 Lebensbildern ist gleichzeitig ein historisches Lesebuch zu 600 Jahren europäischer- und Weltgeschichte.

Elisabeth

Kaiserin wider Willen. 660 Seiten mit 57 Fotos. Serie Piper 990

Kronprinz Rudolf
Majestät, ich warne Sie…

Geheime und private Schriften. Herausgegeben von Brigitte Hamann. 448 Seiten. Serie Piper 824

PIPER